## 作者简介

刘宁,博士,教授级高级工程师,国家注册咨询工程师,中国工程勘察设计大师,首批"新世纪百千万人才工程"国家级人选。先后获国家优秀设计金奖3项,国家发明专利3项,国家科学技术进步二等奖2项以及省部级科技进步特等奖2项、一等奖1项,发表论文100多篇,撰有《工程目标决策研究》等多部著述。

刘宁／著

# 公共安全工程
# 常态与应急统合管理

Routine and Emergency Coordinated
Management of Public Security Programme

科学出版社

北京

## 内 容 简 介

本书基于作者长期从事灾害应对管理和处置实践的经验与心得，通过研究国际、国内公共安全工程管理，在探讨公共安全理论的基础上，提出了公共安全工程常态与应急统合管理的概念及理论。

本书主要内容分八章。第一章介绍了公共安全的基本概念、事件分类、特点以及公共安全工程管理的发展历程与系统框架。第二章阐述了国际公共安全工程管理理念的变迁及理论方法。第三章梳理了中国公共安全工程管理发展历程和体系架构。第四章通过分析当今公共安全挑战与管理目标，由实际的观察和认知，对公共安全工程管理方向进行了探究。第五章提出了构建常态与应急统合管理的基本概念、理论框架、决策方法及实施路径。第六章在统合管理的概念下对近年来国内外发生的典型公共安全事件进行了分析。第七章提出了公共安全工程统合管理的总体构想及重点措施。第八章以中国水资源安全管理为实证探索，剖析并构建了基于水文全过程的水资源安全管理方法、途径及适应性对策。

本书可为公共安全工程管理及相关领域的工作人员、科研人员和管理人员提供参考借鉴，也可作为高等院校相关专业的本科生、研究生教学参考用书。

---

图书在版编目（CIP）数据

公共安全工程常态与应急统合管理/刘宁著.—北京：科学出版社，2014.6

ISBN 978-7-03-040438-1

Ⅰ.公… Ⅱ.刘… Ⅲ.公共安全-安全管理-研究-中国 Ⅳ.D63

中国版本图书馆 CIP 数据核字（2014）第 075150 号

责任编辑：李 敏 吕彩霞／责任校对：鲁 素
责任印制：徐晓晨／封面设计：王 浩

**科 学 出 版 社** 出版
北京东黄城根北街 16 号
邮政编码：100717
http://www.sciencep.com

**北京京华虎彩印刷有限公司** 印刷
科学出版社发行 各地新华书店经销

\*

2014 年 6 月第 一 版　开本：787×1092　1/16
2017 年 4 月第二次印刷　印张：30 1/4
字数：720 000

**定价：198.00 元**
（如有印装质量问题，我社负责调换）

謹以此書獻給為公共安全做出努力的廣大人員

劉寧 二零二四年五月

作者将自己长期的管理经验与心得，经过国际视野的提炼和实际案例的审视上升为理论方法，这是一种创新性的建树。在我看来，这本书不仅是作者访学的成果，更是对公共管理的深度思考，它向人们揭示了实际需要并已在其中，但又必须进一步深化规律性认识，进而以这种管理规律配置资源、强化方法措施的公共安全工程统合管理的魅力，有助于政府治理能力现代化的实操方法探究。

全国政协常委
新世界发展有限公司主席　郑家纯

作者将应急与常态管理有机联系起来,构建了两者统合管理的理论框架、决策模型,并探索了这一概念下的适应性策略和措施,具有现实意义和价值,有助于公共安全管理领域的理论探索和实践。期冀统合管理理论能够为健全公共安全管理体系的理论创新和实践运用作出贡献。

国务院参事
国务院应急管理专家组组长　闪淳昌

作者通过大量系统的研究工作，提出了公共安全工程常态与应急统合管理的理念，将公共安全管理过程中可能遇到的各种先期制约和实时需求进行统筹考虑，寻求不同管理阶段之间有机结合的解决方案，通过常态管理与应急管理间协同衔接，有效避免管理方式的缺位或错位。作者在本书中提出了统合管理更加适应对于安全保障和应急响应具有关键功能的工程和实际问题的管理需求，并探索构建了一种新型"常态—应急"统合管理模式。这一理论的提出有望促进公共安全管理领域的理论发展、探索与实践。

中国工程院院士<br>清华大学公共安全研究院院长

# 序 一

去年九月初，我的一些朋友和学生聚在一起，在长沙为我举行了一个简单而情深意切的活动——"从事科教工作60年暨地球物理与工程管理学术研讨会"。在这个会上，刘宁谈到了他的新书《公共安全工程常态与应急统合管理》初稿即将完成，并结合他的工作把这本书的主要观点和内容做了简要介绍，这本书也是他2012年在美国哈佛大学肯尼迪学院ASH中心访学的研究课题内容的汇总和延续。听去，这是一本难得的工程管理方面的论著，为此我欣然应邀为这本书写下这篇文字。

我和刘宁相识于2000年，彼时，他在水利部长江水利委员会工作，负责长江重要堤防隐蔽工程和中国乃至世界上最大跨流域调水工程——南水北调的设计研究和技术管理工作，积淀了丰厚的工程设计经验。时隔不久，他便进入中南大学管理科学与工程博士后工作站，我是合作指导导师，与他共同研究工程管理方面的课题。在此期间，他十分关注工程管理方面研究的新动向，时常提出一些经过深入思考的观点和认识。博士后出站后，我邀请他参加过几次中国工程院主办的工程管理论坛和有关研究工作，他亦就工作实践、研究所思的一些想法与大家交流讨论。与我不经意言谈间，他表达过在"减灾工程管理"方向的研究兴趣，我也认为这是工程管理学科应当关注和着力研究的课题，有利于提高管理效率、保障发展。此后，便不断看到他在这方面的研究文章，或为工作体会，或为研究心得，涉猎面广，思维活跃，积淀颇丰。后来，他由减灾工程管理的实践，通过进一步理论探讨，提出了将常规管理与应急管理相结合，针对公共安全工程管理领域实施统合管理的想法和概念，使我感到他在工程管理科学研究方面有了更深刻的认识。十多年的时光已将我和刘宁的师生情谊淬炼升华，可谓既有师生情，也有朋友谊。现在，为他的辛勤笔耕之作题记，油然为他生出许多收获的喜悦之情。

纵观人类文明的发展史，从一定意义上讲，也是一部不断遭遇挑战、战胜挑战的历史。预防和应对各种类型、大大小小的突发性公共安全事件，贯穿于人类历史发展的全过程。从历史早期的灾荒饥馑、瘟疫兵祸，到近代工业革命后的技术事故、环境灾难，再到现代全球化背景下的金融危机、恐怖袭击，公共安全事件的种类和形态随着时代的发展而日趋多样。随着全球化、现代化的日益泛化和深化，以及生态环境的恶化与自然界本身活动的周期性变化，不仅潜在的风险在不断增加，而且由各种风险转化、引发的影响公共安全的突发性事件也频繁发生。

在应对这些种类繁多的公共安全突发事件过程中，各国政府不断总结经验教训，从监测预警、防范准备、抢险救援、恢复重建等各个环节，从政策、法律、规划、预案、队伍等各个方面，不断提高应急处置能力，形成了各具特色的公共安全工程管理模式。但如何从提高效率、资源节约、科学配置的角度，将应急处置和一般的常态管理结合起来，却是共同面对的新课题。

当前，我国正处于全面建成小康社会的关键时期，美丽中国和生态文明建设正稳步推进，公共安全工程管理的重要性日益凸显。2006年发布的《国家中长期科学和技术发展规划纲要》将"公共安全"喻为"国家安全和社会稳定的基石"。另外，近年来，经济增长放缓、气候变化加剧、各方利益交织冲突，而群众期望增高、长期积累的各种矛盾显现，突发事件时有发生，公共安全形势严峻。鉴于此，对公共安全工程管理方面的重大理论和实践问题进行深入研究，积极推进我国公共安全工程管理体系建设，是一件十分有意义的事情。

公共安全事件突发性强，发生前具有潜伏性，往往是在意料不到的情况下突然爆发，其发展途径、演化规律以及严重程度受多种因素影响，很难预测，而且经常伴随次生灾害，引发一系列相关反应，形成一个公共安全事件链。因此，公共安全工程管理制约因素、实现目标、管理主体与客体都较多，需要综合统筹、不断实时优化调整。

近年来，刘宁多次参加过许多重大突发事件应急处置，如易贡滑坡堵江、青海玉树地震、甘肃舟曲特大山洪泥石流……当然，最为读者所熟知的是四川唐家山堰塞湖的排险除险。在成功处置这些影响公共安全的重大突发事件中，他积累了丰富的应急减灾管理经验，同时也很有感悟。他体会到，减灾不仅是减小损失、保护发展成果，从某种意义上来说，减灾也是发展。为此，他结合一些突发事件进行研究，发表了不少颇有见地的减灾工程管理方面的论文。鉴于此，2008 年，达沃斯世界风险论坛专门邀请他赴会发表主旨演讲、参加专题论坛，并于 2009 年聘其为亚洲研究中心副主任，对综合灾害管理、灾害风险管理等方面进行研究。2012 年初，我得知他将要赴美访学，脑海里就不经意浮现出他在博士后工作站研究期间的结合实际积极探索、认真研讨的研学印象。我想，他在异国访学亦会如此。这本书研究分析了众多案例，对统合管理的理论基础进行了阐述，并探讨了构建常态与应急统合管理的实现路径和适应性策略，为公共安全工程管理乃至工程管理学科的研究和实践提供了有益的理论基础和探索方向。为此，他被清华大学特聘为教授、博士生导师，公共安全研究院国际咨询专家组专家。

记得 2006 年，刘宁出版《工程目标决策研究》专著前，曾让我审读原稿，那也是一本工程管理科学方面涉及工程目标科学决策方面研究的书籍，潘家铮院士和陆佑楣院士都为这本书作过序。几年荏苒，刘宁又撰写了这本工程管理科学方面的专著，我感到他确在这方面下了工夫，这当然与他现在所从事的防汛抗旱减灾方面的工作需求密切相关，也充分体现出了他有志于工程管理科学方面研究和实践的非同一般的兴趣和独立的思考。这本书花了他 4 年多时间，实属不易。毕竟他不是科研院所的专职研究人员，身上承担着很多管理方面的实际工作，我想这本书的内容和成果应该是他多年工作实践的心得和认识所在，也是他在工程管理科学方面的情结所在。在我从事科教工作 60 年之际，允诺为刘宁这本书著序，也是我们师生间情谊的自然表达，期望他在工程管理科学方面的研究和探索能够更进一步，并能够藉以在他所从事的工作中发挥应有的作用。

中国工程院能源与矿业学部院士<br>
中国工程院工程管理学部院士　何继善<br>
湖南省科学技术协会名誉主席<br>
2014 年 5 月于长沙

# Preface II

On January 23, 2012, the first day of the Year of Dragon, visiting fellows from all around the world gathered at the Ash Center for Democratic Governance and Innovation, Harvard Kennedy School, to celebrate the beginning of the new semester. Among the visiting fellows getting ready to embrace the coming challenges was Professor Liu Ning from the Chinese Ministry of Water Resources. His fellow scholars at Harvard described him as modest, sagacious, and witty, an assessment with which I heartily agree.

At Harvard, Professor Liu conscientiously studied public safety management models from different countries, and chose to probe into public safety management as his major research topic.

Today, in a world characterized by diversified development, emergencies occur frequently, are varied and bring high risk. The multifarious risks and conflicts intertwine and coexist, whether the emergencies are traditional or nontraditional, natural or social, leading to a grim situation for public safety. In recent years, multiple natural disasters have occurred frequently, including extreme weather and climate events, increasingly active moderate and strong earthquakes, etc. The unpredictability, complexity, and damage of natural disasters and their secondary disasters keep aggravating. To name some examples in point: Hurricane Katrina in the U. S. , Nargis Strong Tropical Cyclone in the Bay of Bengal, Super Typhoon Saomai in China, the deadly Tsunami in Indonesia, the devastating Zhouqu Mudslide in China, the 2010 Chile Earthquake, the 2010 Haiti Earthquake, and the 2008 Sichuan Earthquake in China. They have all caused significant casualties and great losses. People all over the world are also frequently hit by other natural disasters such as floods, droughts, snowstorms, and forest and grassland fires, some of which have impacted negatively on the stability of a nation as a whole. The 2011 severe flooding in Thailand put the capital, Bangkok, on the ropes, creating serious tests of social stability and political security.

Moreover, mass outbreaks of new pandemics and diseases of unknown origin occur from time to time. Such biological attacks as SARS, bird flu, and the anthrax scares in the U. S. spread rapidly and can cover a wide scope, making them difficult to prevent and control and thus resulting in heavy losses. In addition, severe industrial accidents in mining, oil production, and transportation occur frequently. Some mishaps severely affect the environment and marine ecology, such as oil spills in the Gulf of Mexico, an oil pipe explosion in Dalian, China, and the Bohai Bay oil spills in China caused by the U.S. company, ConocoPhillips. Some other industrial accidents have caused enormous casualties, including gas explosions in coal mines, severe traffic accidents, plane crashes. Last but not the least, the rise of international terrorism along with the aggravation of ethnical, religious, and regional conflicts poses grave threats to global security. Given this context, Professor Liu focused his research on public safety management, a decision that is both timely and significant.

During his fellowship at the Ash Center, Professor Liu immersed himself in the Harvard libraries to read volumes of literature and to collect and analyze cases in different countries. By studying a wide variety of successful practices and lessons of failures, he fulfilled his research project. By the end of his stay at Harvard, Professor Liu modestly invited me to read his research report. I was greatly impressed by the innovative management concept proposed in the report, as were all the other fellow scholars at his final presentation.

With in-depth analysis of public safety management practices in different countries around the world, Professor Liu observes that each country is equipped with distinctive strategies for both routine management and emergency management. However, despite the effectiveness of these strategies, public safety incidents still keep occurring one after another, leaving the administration of each country to struggle with the grave consequences. Following animated discussions with public safety experts from all over the world, Professor Liu Ning carried out in-depth analysis on a case by case basis, and located the crux of this thorny problem: currently, in the prevalent management models in response to public safety incidents, routine management and emergency management systems operate relatively independently from each other; in other words, the two models are barely integrated. Based on his experience in many influential public safety management practices, the author proposes the notion of coordinated routine and emergency management, and further gives a theoretical analysis through a discussion of the fundamental theoretical framework and specific measures of this notion. This pioneering notion is forward-looking in nature, providing a useful theoretical basis and practical instruction for public safety management practices.

After returning to China, Professor Liu Ning has continued to discuss with me the issue of public safety management. Following multiple edits, he sent me the perfected draft of "Routine and Emergency Coordinated Management of Public Security Programme", kindly asking me to provide a foreword for this book. In the summer of 2012, I visited the Titanic museum in Ireland and I could not help but being reminded that its sinking, a great historical tragedy, was caused by the negligence of routine and emergency coordinated management. In April, 1912, the Titanic set sail. The gigantic ship was operated by the White Star Line, standing 882 feet 9 inches (269.06 m) long with a maximum breadth of 92 feet 6 inches (28.19 m), her total weight measuring 46 328 gross register tons (net weight 21 831 tons) and her maximum speed reaching 24 knots (44 km/h; 28 mph). It was described as "unsinkable" by The Shipbuilder. However, this liner was broken in two and sank in the Atlantic Ocean after colliding with an iceberg during her maiden voyage from Southampton, UK to New York City, US. The sinking of Titanic caused the deaths of more than 1 500 people among the 2 208 crew members and passengers, one of the deadliest peacetime maritime disasters in modern history. Tracing the cause of this tragedy, the Titanic was flawed from the time of its design. To free up space for the top Boat Deck, Bruce Ismay, the Chairman of White Star Line, decreased the number of lifeboats from the original 48 to 20. After learning that the Titanic would survive with four compartments being flooded, he asked the bulkheads to be lowered, so that the first class cabins would look more luxurious. The Titanic also lacked efficient operational management: it was equipped with only a pair of binoculars for lookout; however, this pair of binoculars was locked in a cabinet by the Second Officer who did not get aboard. As a result, the lookouts had to observe with naked eyes at night. A lack of safety awareness also led to the sinking of the ship. Due to the colder weather in the winter between 1911 and 1912, the icebergs moved farther south than usual. During her cruise, the Titanic's radio operators received many messages from other ships warning of drifting ice. But although the crew was aware of ice in the vicinity, the ship's speed was not reduced, and she continued to steam at 22.3 knots on this dark, cold ocean. Now in retrospect, this disaster could have been avoided if its regular design, operation, and safety management could have taken into consideration its needs in times of emergency.

It's been over a century since Titanic wreck sunk deep under the cold ocean. Since its discovery in 1985, thousands of precious artifacts have been recovered by explorers. In my opinion, the most precious legacy, however, should be reflection on this accident. Unfortunately, a century has passed, but the prevalent reflections are still focused on technicalities. It was not until I read this book that it dawned on me: this precious legacy has been found in the ocean of cognition.

The completion of this book is no easy task. Professor Liu has long been engaged with engineering design and management with fruitful achievements. At Harvard, he often attended cross-disciplinary and cross-national seminars to spark critical thinking. Not only did he study carefully the theories and experience of the US and other countries, but also made field trips to probe into the public safety management mechanism of the US-indeed vivid embodiment of a famous Chinese saying "knowledge comes from both books and experience of the world". Professor Liu Ning is equipped with not only a profound theoretical training but also the practical mindset to put ideas into exploration, thus producing such a first-rate book.

The core of the notion of routine and emergency coordinated management illustrated in this book is to be prepared for danger in times of safety anytime anywhere. This should serve as the guiding principle to tackle today's compound public safety threats. I am privileged to write this preface and I highly recommend this book in the hope that it will inspire further innovative practices in the public safety management sector.

Director, Ash Center for Democratic Governance and Innovation
Daewoo Professor of International Affairs
Harvard Kennedy School

Anthony J. Saich
May, 2014, Boston

# 序 二

2012年1月23日，中国农历龙年大年初一，哈佛大学肯尼迪学院正在举行开学仪式，来自世界各地的访学者聚集在艾什民主与治理创新研究中心的礼堂里准备迎接新的挑战，这其中就有来自中国水利部的刘宁教授。他谦逊平和、低调睿智、语言风趣幽默，这是他的同学们后来给予他的评价，我亦深以为是。

来到哈佛大学后，刘宁教授仔细了解世界各国公共安全管理模式，多次沟通之后，选择了公共安全管理作为他的主攻课题研修。

当今，世界呈现多元化发展的格局，突发事件也呈多样性、多发性、高危性的特点，各种传统的和非传统的、自然的和社会的风险与矛盾交织并存，公共安全面临的形势严峻。近年来，自然灾害进入多发频发期，极端天气气候事件频发，中强地震呈活跃趋势，自然灾害及其衍生、次生灾害的突发性、复杂性和危害性进一步加重、加大。美国"卡特里娜"飓风、孟加拉湾"纳尔吉斯"强热带风暴和中国"桑美"超强台风，印尼海啸、中国舟曲特大山洪泥石流，智利地震、海地地震和中国四川汶川地震等都造成大量人员伤亡和巨大损失，洪涝、干旱、暴雪以及森林草原火灾等灾害更是频繁侵袭世界各地，有的甚至影响到整个国家的安全稳定，2011年泰国洪水使得首都曼谷经受了岌岌可危、社会稳定、政治安全的严峻考验，就是个很好的例证。同时，全球新发重特大疫情和群体性不明原因疾病时有发生，SARS、禽流感以及美国炭疽生物恐怖等传播速度快、波及范围广、防控难度大、造成损失重。矿山、石油、交通等重特大安全生产事故频繁发生，墨西哥湾漏油、中国大连输油管道爆炸火灾、美国康菲公司渤海溢油等事故对环境质量和海洋生态造成严重影响，煤矿瓦斯爆炸、重大交通事故、空难等各类生产事故造成大量人员伤亡。国际恐怖主义抬头，民族宗教矛盾和地区冲突加剧，对世界安全构成现实威胁。在这样的背景下，选择公共安全管理作为研究方向，恰逢其时，尤显重要！

在访学研修期间，刘宁教授在哈佛大学图书馆的浩瀚资料中查阅大量文献，收集分析各国案例，借鉴公共安全管理成功之经验、失误之教训，完成了研修课题。在访学完成之前，刘宁教授谦虚地送来了他的研修报告，请我阅读。读完之后，报告中所提出的创新型管理概念给我留下了深刻印象——这份报告在毕业演讲时也引起其他学者的浓厚兴趣！

刘宁教授在对世界各国公共安全管理的实践分析中发现，各国在公共安全常态管理或者应急管理方面均有各具特色的对策，也取得了良好的成效，但是近年来世界范围内的公共安全事件仍然层出不穷，形势严峻，各国管理机构似乎正陷入疲于应付的境地。通过与各国的公共安全专家研讨，结合具体案例分析，他找到了导致这种情况的症结所在：当前各国的管理模式在应对公共安全事件时，常态管理和应急管理往往是相对独立的，或者说两个管理模式之间较少考虑两者的衔接。针对这种情况，刘宁结合自己参与的一些重大公共安全管理实践，提出了常态与应急统合管理的理念，并进行了理论分析，探讨了构建常态与应急统合管理的基本理论框架及建设内容。这是公共安全管理方面具有前瞻性的创新理念，为公共安全管理实践提供了有益的理论基础和实践方向。

刘宁教授访学回国后，仍然多次与我交流探讨公共安全管理方面的问题。这次他又寄来多次修改并完善后的《公共安全工程常态与应急统合管理》稿件，并索序于我。2012年夏天，我参观了爱尔兰的泰坦尼克博物馆，不禁让我想到了泰坦尼克号不幸沉没这起历史上的巨大悲剧，就是由于不注重常态与应急统合管理而导致的。1912年4月，美国白星公司投资建造的泰坦尼克号下水，这艘巨轮全长约269.06m，宽28.19m，注册吨位46 328t（净重21 831t），最大时速可以达到24节，被《造船专家》（*The Shipbuilder*）杂志认为其"根本不可能沉没"。然而在她的从英国南安普敦至美国纽约的处女航中撞上冰山，船裂成两半后沉入大西洋，船上2208名船员和旅客中有1500多人丧生，为和平时期死伤最惨重的海难之一。究其原因，泰坦尼克号在设计时就有缺陷：白星航运公司常务董事布鲁斯·伊斯梅（Bruce Ismay）为了使泰坦尼克号的顶层甲板更为宽敞，将泰坦尼克号的救生艇数量从原先的48艘削减为20艘，另外，为了使泰坦尼克号的头等舱更为奢华，他在得知这艘巨轮能承受4间底舱灌满海水而不下沉后，降低了船身中段的隔水板高度。运行管理不到位：泰坦尼克号配备了一副双筒望远镜以便瞭望观察，但是这唯一的双筒望远镜当时被二副锁在了柜子里，而那位保管

## 序 二

柜子钥匙的二副最后并没有上船，瞭望员不得不用肉眼进行夜间观测。安全意识不高：1911~1912年是冷冬，冰山比往年向南漂得更远，泰坦尼克号航行途中接到附近很多船只发来的冰情通报，但其仍以22.3节的速度在这片漆黑冰冷的洋面上极速航行。现在看来，若能统合常态与应急管理，在正常状态时进行的设计、运行管理和安全管理充分考虑紧急状态的需求，这场灾难也许能够避免。

转眼间，泰坦尼克号已沉睡在冰冷的海底100余年了。1985年以来，一些探险家打捞出了许多珍贵的文物。在我看来，最应该打捞出来的是对泰坦尼克号事件的反思，然而一个世纪过去了，人们的反思大多停留在工程技术层面。读完这本书，我突然意识到：这个珍贵的"文物"已在认知的海洋中打捞而出！

要完成这本论著并不容易。刘宁长期从事工程设计、管理方面工作，建树颇丰。在哈佛大学期间，他经常参与跨学科、跨国际的研讨，激发思辨。他详细研究美国等有关国家的理论和经验，并仔细考察了美国公共安全管理机制，中国有句名言"读万卷书、行万里路"正是他探索研究的写照。刘宁教授既有深厚的理论基础，又有躬耕探索的精神，这本书才能如此精彩地呈现在读者面前。

本书所阐述的常态与应急统合管理理念的核心思想——居安思安、居安思危甚至居危思危、居危思安——正是人们当前处理各种复合公共安全威胁所需要的指导原则。故欣然著序，推荐给读者，希望其能激发公共安全管理领域的创新与实践。

哈佛大学肯尼迪学院教授
艾什民主治理与创新中心主任

托尼·赛奇
2014年5月于波士顿

# 前　言

本书分析了当前公共安全工程管理面临的形势，在阐述国际国内公共安全工程管理现状及实践探索的基础上，对常态与应急统合管理进行了理论研究和典型案例分析，进而对公共安全工程管理统合策略进行了初步探索，并以中国水资源安全统合管理为例进行了实证探讨。在编写过程中，查阅了大量中外文献资料，进行了深入分析研究，与许多国内外专家学者进行了交流，结合了多年的工作体会，旨在从工程管理科学的角度，将"自发式"的管理行为和认识加以梳理和归纳，并为其上升到"自觉式"的管理理念和方法，开展更具系统性和适应性的研究。

在本书研究、撰写过程中，得到了许多领导、专家和同行的指导、支持、鼓励与帮助。我十分感念随同水利部陈雷部长等领导应对处置四川唐家山堰塞湖、舟曲特大山洪泥石流堵江、西藏易贡藏布巨型滑坡堵江、江西唱凯堤决口等抢险减灾工作的考验和锤炼；十分感谢中国工程院何继善院士，哈佛大学肯尼迪学院ASH中心主任托尼·赛奇（Tony Saich）教授，人力资源社会保障部副部长、国家外国专家局局长张建国先生给予的关心、鼓励，感谢他们为本书作序、题跋；由衷感激哈佛大学海曼·罗纳德［Herman（Dutch）B. Leonard］教授和ASH中心阿诺德·荷维特（Arnold M. Howitt）副主任在我研修期间给予的指导、帮助。并对哈佛大学肯尼迪学院及其ASH中心提供的很多便利、支持，在此一并致谢。

在本书出版之际，我要特别向全国政协常委、新世界发展有限公司主席郑家纯先生和中国国务院参事、国务院应急管理专家组组长闪淳昌先生以及中国工程院院士、清华大学公共安全研究院院长范维澄先生致以由衷谢意，他们对本书的出版给予了热忱的支持和评价。感谢中国水利水电科学研究院水资源所王建华教授以及他带领的研究团队提供的倾力协助。

我时常怀念在研究过程中，给予我莫大关怀的那些教授以及学者，中国水利水电科学研究院水资源所王浩院士及其相关研究人员认为统合管理的概念与理论具有重要意义，并设立了这方面的课题，将其引入水资源管理研究中加以探讨求证，我也非常高兴地为他们的研究提供了一些有益的技术支持。我更是格外的感激本书撰稿过程中给予我特别支持的朋友和携手并肩工作的同事，在某种意义上，他们就是这本书中理论概念的探索者和实践者。

2014 年 5 月 12 日于北京

# 目 录

引言 ······················································································· (1)

## 第一章 公共安全与管理 ······················································ (16)
第一节 公共安全 ································································· (16)
第二节 公共安全事件分类及特点 ············································· (18)
第三节 公共安全工程管理 ······················································ (55)

## 第二章 国际公共安全工程管理 ············································ (69)
第一节 国际公共安全工程管理理念变迁 ····································· (69)
第二节 国际公共安全工程管理通用理论 ····································· (70)
第三节 国际公共安全工程管理实践 ··········································· (73)
第四节 国际公共安全工程管理经验 ··········································· (94)

## 第三章 中国公共安全工程管理 ············································ (98)
第一节 中国公共安全工程管理发展概况 ····································· (98)
第二节 中国公共安全工程管理体系解构 ···································· (109)
第三节 区域公共安全工程管理实践探索 ···································· (129)
第四节 中国公共安全工程管理特色分析 ···································· (133)

## 第四章 现代公共安全工程管理 ··········································· (138)
第一节 当今公共安全挑战与管理目标 ······································ (138)
第二节 管理科学与公共安全工程管理 ······································ (145)
第三节 公共安全工程管理方向 ··············································· (161)

## 第五章 常态与应急统合管理理论 ········································ (179)
第一节 常态与应急状态及其管理概述 ······································ (179)
第二节 常态与应急统合管理 ·················································· (185)
第三节 常态与应急统合管理决策方法 ······································ (190)
第四节 实施统合管理路径 ····················································· (197)

## 第六章 典型案例分析 ······················································· (208)
第一节 地震灾害 ································································ (208)

第二节　滑坡和泥石流次生灾害 ………………………………………（240）
　　第三节　台风灾害 ……………………………………………………（283）
　　第四节　矿井安全事故 ………………………………………………（298）
　　第五节　公共卫生事件 ………………………………………………（308）
　　第六节　国际社会安全事件 …………………………………………（319）
　　第七节　国际突发事件与合作 ………………………………………（338）
第七章　公共安全工程统合管理策略 ……………………………………（363）
　　第一节　适应性策略分析 ……………………………………………（363）
　　第二节　统合管理策略总体构想 ……………………………………（367）
　　第三节　统合管理策略构建重点措施 ………………………………（373）
第八章　中国水资源统合管理观察与实证 ………………………………（379）
　　第一节　中国水资源情势 ……………………………………………（379）
　　第二节　中国水资源常态与应急管理现状 …………………………（387）
　　第三节　水资源统合管理 ……………………………………………（407）
　　第四节　水资源统合管理适应性对策 ………………………………（412）
参考文献 ……………………………………………………………………（428）
附录 …………………………………………………………………………（433）
索引 …………………………………………………………………………（451）
跋 ……………………………………………………………………………（456）

# 引　言

在人类社会发展的历史长河中，突发事件总是如影随形——从起初的似无还有，到过程中的若隐若现，最终是不期而至——影响着公众安全、社会发展、自然演进。人们一直尝试从纷繁缭乱的现象中发现它的端倪，试图加以控制、抑止，但却很难如愿。从管理科学的规律看，我们知道它肯定就在那里，一定会在特定的情景中现身，或是会从意想不到的角度，或是在某个不经意的地方和始料不及的时间突如其来，仿佛从"四维空间"穿越到我们眼前。正如纳西姆·尼古拉斯·塔勒布（Nassim Nicholas Taleb）在 Black Swan（《黑天鹅》）一书中描述的"黑天鹅事件"一样，它具有意外性，即它在通常的预期之外，也就是在过去没有任何能够确定它发生的可能性的证据；它会产生极端效果；人们常常在事后为它的发生编造理由，并且或多或少地认为它是可解释和可预测的。简而言之，"黑天鹅事件"具有稀有性、冲击性和事后（而不是事前）预测性。塔勒布所论及的"黑天鹅事件"是指不可预测的重大稀有事件，罕有发生。笔者认为"黑天鹅事件"可以表现为不同尺度的突发事件及其危害所造成的影响，在一定的时间和空间内，由突发事件导致的管理目标和进程的改变都具有"黑天鹅事件"的基本特征。"黑天鹅事件"一旦出现，就具有很大的影响力。认识"黑天鹅"，才能更深刻地认识事物管理的复杂性，并从不可预知的未来中获益。

从古至今，很多突发事件，即大大小小的"黑天鹅"，有的悄然湮灭于历史长河之中，有的突变为影响巨大的"黑天鹅事件"。有鉴于此，为防范应对突发事件的恶化而导致"黑天鹅事件"的出现，人们不断从策略、方法乃至技术手段上加以研究整合，久而久之形成了诸多的管理理论和行为，以应急管理、风险管理、危机管理为引领的管理科学理论体系不断建立完善。然而，时至今日，人类并不能认为已有足够的能力应对所有的突发事件，比如发生于 2014 年 3 月的马来西亚 MH370 国际航班失联事件，即便数十国倾全力动用现代手段搜救搜寻，也难觅其踪，尽管可以相信，终有一天会揭开谜底。这让人们意识到，我们所能做的仍在于努力探索管理的科学化，提高预防突发事件的水平和应急处置能力，以尽可能地减少发展进程中的突发事件概率，以及当突发事件来临时，努力减轻其危害，使之不至于向"黑天鹅事件"转化，并力所能及地为未来的发展提供借鉴和准备。

我们在日常管理工作中，既要时刻监测"黑天鹅"的出现，又要采取相应的措施，抑制"黑天鹅"的长大；而在应急管理工作中，既要用强有力的手段处置突发事件，又要采用适宜的策略抑制突发事件向"黑天鹅事件"转变。人类发展进程中,能够诱发"黑天鹅"出现的因素很多,但只要谋划周密、准备充分、应对及时有效,这些幼小的"黑天鹅"并不会长大,进而发展成为"黑天鹅事件",而是在发展过程中被转化、隔离甚或消亡。古今中外无数的例证表明,我们应该有"积跬步以至千里"的信心和决心,只要对那些"小而患大、以小见大"的突发事件,以如履薄冰、戒慎恐惧的态度去认真应对和处置,就能够如愿以偿。

笔者曾亲身参与一些涉及公众利益的重大基础工程建设项目,也曾身临如唐家山堰塞湖、舟曲特大山洪泥石流堵江以及水旱灾害、强台风登陆等一些突发事件现场组织应对,并在自己的访学研究机会里,结合国内外一些事例,潜心思考过公共管理科学个别问题。下述几方面的认识,是笔者最初的感悟,也是笔者开展这方面研究的初衷。在公共安全问题日益复杂化、综合化、国际化的今天,经济与生态并重,发展与保护并行,常态与应急统筹,并由此研究制定更具适应性的公共安全工程管理策略,推动管理科学循序渐进发展,非常重要而紧迫。

### 1. 1776 年的华尔街金融事件

2012 年,笔者赴美国哈佛大学肯尼迪学院访学进修,在 Widener 图书馆,查阅过一些文档资料,为其中一些未经考证的记载而触动,并与怀揣已久的研究意向产生共鸣。期间,笔者还曾几赴位于华盛顿的世界银行总部和位于华尔街南侧的纽约证券交易所访问有关人员。在此简写这段有关华尔街的资料如下,以证心路。

图 0-1  华尔街铜牛

现今繁华富丽的纽约,当初只是荷兰北美殖民地的一个几乎不被人所知的贸易前站,后来被英国抢占。它最终成为世界性的商业都市和金融中心,竟然与 17 世纪发生在地球另一端的荷兰"郁金香泡沫"事件有着千丝万缕的联系。然而在美国开国元勋杰斐逊看来,纽约却是"人类本性堕落的大阴沟"。这一切要从荷兰的"郁金香泡沫"事件说起……

作为第一个建立资本主义制度的国家，荷兰人具有浓厚的商业精神，最早发明了最早操控股市的技术，这些技术在以后的历史中被反复应用，投机者们乐此不疲。然而这种精神和技术被用于投机活动，导致了历史上著名的"郁金香泡沫"事件。这一事件，昭示了人类投机活动中的各种要素和环节：对财富的狂热追求、羊群效应、理性丧失、泡沫破灭、倾家荡产。当荷兰人漂洋过海来到北美这片新大陆时，也将他们的商业精神和在泡沫中运用娴熟的金融技术带到了纽约，这种至今仍渗透每个角落的商业精神或许是除自身地理条件和人文力量外推动纽约成为世界商业都市和金融中心的重要驱动力。17世纪60年代，在新大陆，一场针对当时原始货币——贝壳串珠的金融投机活动揭开了北美350年金融投机史的序幕。即使在美国独立战争期间，这种投机活动也存在于纽约的咖啡馆中。

在这个阶段，同是美国开国元勋的两位历史人物——杰斐逊和汉密尔顿——开始登上历史舞台。他们不同的理念和斗争对美国这个新生国家的发展路径起到了重要的作用，也影响了华尔街的未来。汉密尔顿扶持和鼓励商业活动，强调政府在建立金融体系和维护经济秩序中的作用。而杰斐逊则憎恶投机，认为投机是人类本性的堕落。两人的头像最终都被印制在美元上，只不过汉密尔顿的头像印在10美元上，而杰斐逊的头像印在2美元上。

1776年，美国建国，这个新生的国家处于蓬勃发展的时期，作为当时财长的汉密尔顿发行大规模债券造就了证券市场的活跃，而美国历史上第一支蓝筹股的出现则激发了这个国家的第一轮股市投机狂热。时任联邦政府财政部部长助理的威廉·杜尔大肆参与投机，企图操纵股市。他在表面上做多纽约银行的股票，私下里却利用纽约最有权势的家族——利文斯顿家族做空纽约银行。利文斯顿家族为达此目的，启动了信用收缩，迫使货币供应减少，给杜尔做多的行为以毁灭性打击，引发了美国历史上第一次金融恐慌。对于杜尔这种投机和利欲熏心的行为，汉密尔顿给予了极大的鄙视，并断然采取财政措施，包括大量购进证券等，确保了股市危机没有对经济造成长期负面影响。汉密尔顿的行动直接促进了华尔街早期金融规则的建立，杜尔也被绳之以法，并在监狱中了结余生。而时任美国国务卿的杰斐逊一向痛恨投机者，此时他几乎掩饰不住自己的兴奋，正乐意地看着这些参与股市的人陷入危机。他的追随者们——被称为杰斐逊主义者，只看到汉密尔顿在拯救一些赌徒，没有意识到汉密尔顿所做的，正是在构建金融外部监管和调节机制。

那是一个鱼龙混杂、良莠不齐的时代。在那个时期，现代企业制度的基石——有限责任制度开始建立，各州通过了普通公司法，带动了新一轮经济增长；也是在那个时期，有些投机者竟然利用公职进行股市投机。就是后来成为美国副总统的亚伦·伯尔也曾在法规明显缺失的情况下，通过设立自来水公司，以为纽约市民提供自来水的名义获取了成立一家银行的许可证。

那是一个投机遍地与规则萌发的时代。许多投机者在狂热的股市中发迹，又或者湮灭，抒写着传奇与叹息；也是在那个时期，纽约出现了第一批证券经纪人。他们签订了防止场外交易的协议，即《梧桐树协议》，建立了纽约股票交易委员会——这些都是后来华尔街的雏形。从那个时候起，华尔街和美国政府的精英们就一直竭尽全力试图寻找一种方法，来区分投机者和受人尊敬的投资者。2011年，美国发生了影响大、时间长的"占领华尔街"运动，笔者了解到该运动后来衍生出"占领哈佛"等针对性活动，对哈佛大学经济学派乃至经济学教授都产生了一定的冲击，甚至波及欧洲一些国家。这说明，两个多世纪以来，美国华尔街金融精英们的努力所得到的"充其量不过是一个喜忧参半的结果"。

即便金融如此发达的美国，亦是在两个多世纪的跌跌撞撞中不断探索规范金融管理的方法，以期通过日常的交易规则和严格的监管来防止金融危机发生或减小其发生的概率。正是因为有这种为应对危机而开展的不懈探索和持之以恒的规则建立，纽约才能成为当今世界的金融中心。不过，尽管如此，近年发生的源于美国次贷危机的世界性经济危机，也证明了这一金融大厦存在着岌岌风险。

从这方兴未艾的投机与规则的较量中，从本性与利益的抗衡中，我们或许可以得到些许启迪。无论是"郁金香泡沫"事件还是美国股市第一次投机狂潮，投机均是促使金融危机发生的主要因素，而金融规则中存在的漏洞使投机活动成为可能。汉密尔顿发现了这个现象，试图通过采取应急措施应对危机，从而建立日常监管机制将投机活动纳入可控范围，减小金融危机发生的概率甚至避免其发生。后来的事实也证明，他的这种从建立日常规则来防范危机和从危机应对衍生出常规监管的做法是事半功倍的。可惜的是，就是在美国金融发展史上如此重要的汉密尔顿也无法将他的这些有益的做法长久确立下来——他所建立的体系很快被摧毁，使得华尔街仅仅凭借自身的领导机构和调节机制，在一个权力真空中发展，这也是2008年金融危机后，华尔街被广为诟病的原因所在。由此可见，良好的做法还需要强有力的管理机制为其保障，需要坚实的法律为其"护航"。

看来，如何考虑发生危机时的可能应对方案去设定常规的管理规则，并及时采取有效的手段去抑制危机的扩张，不仅对金融市场、证券交易十分重要，对整个经济社会的发展和公共安全秩序的维护也具有特别的意义。2013年8月16日，光大证券自营的策略交易系统生成巨量市价委托订单，直接发送至上海证券交易所，导致多个权重股瞬间涨停，带动整个股指和其他股票上涨，上证指数出现大幅拉升，大盘一分钟内涨幅超过5%，最高涨幅5.62%，仅仅两分钟后，指数又像被抛高的石块一样直直下坠，收盘时以下跌终场。当日下午，光大证券将18.5亿元股票转化为ETF（交易型开放式指数基金）卖出，并卖空7130手股指期货合约，暴露出金融监管漏洞。足见，金融市场的管理更需要日常规则和应急规则的联合约束，以预防类似"乌龙指"以及"价格操纵和内幕交易"的违规行为,维护金融领域乃至社会领域稳定的运行秩序。从管理意义上来讲,这是一种常规管理规则与应急管理规则的融生共进。

### 2. 良渚文明中的安全工程印记

笔者作为工程师曾先后参加过三峡工程建设、南水北调工程论证、长江重要堤防隐蔽工程咨询等,始终认为人类经济社会发展离不开工程的建设,工程是连接人与自然的纽带和桥梁,传承着人类的智慧,集成着各方面利益诉求,直接映射着人类的管理科学思维,也是工程管理的重要基础与标向。一直以来,笔者对工程保持着浓厚的兴趣并报以极大的关注。偶然间笔者从见诸报端的消息中了解到,位于浙江的良渚古城遗址(图0-2),2001年被评选为"20世纪中国百项考古重大发现",2007年被评为"全国十大考古新发现",在中国文明发展史上占有很重要的位置。笔者在后来机缘巧合的实地调研中,也曾听到过考古人员这样的说法,良渚古城的建设、兴盛、发展甚或衰败均与防治水患灾害的工程相关,其简单而考究的"筑坝建城"方法和防洪保城措施值得深思。或许这正是人类早期文明活动中将生活方式与灾害防御相结合的萌芽,是一种安保管理"思维方式"的考古发现。

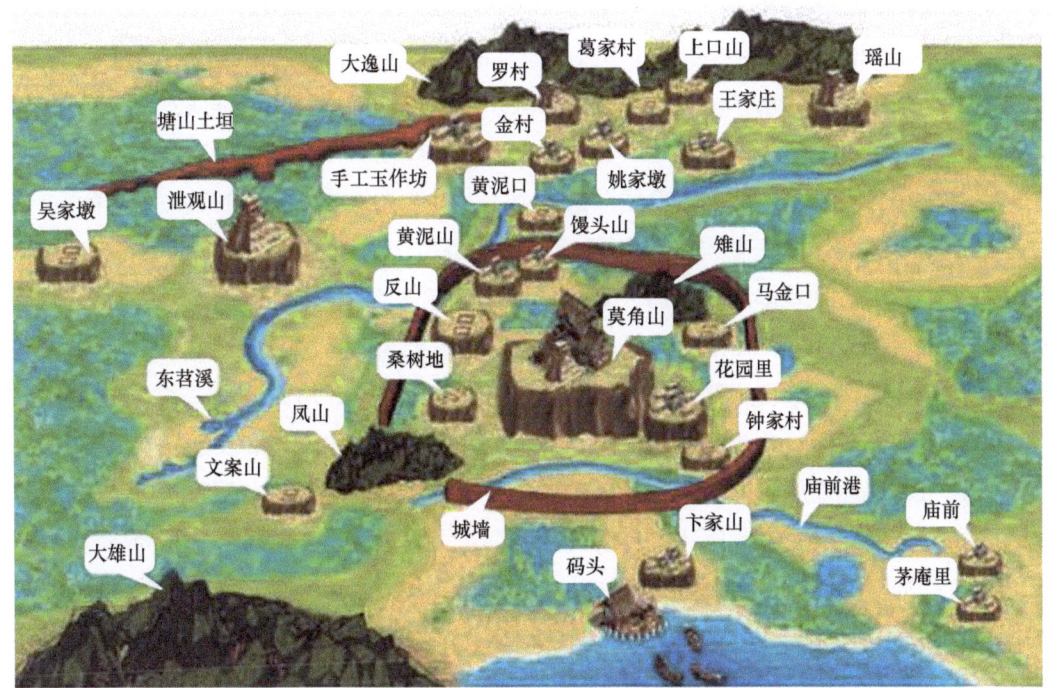

图 0-2 良渚古城示意图

4300 年之前,当时的人们在现今杭州附近修建了一座 290 多万平方米的良渚古城。在中国史前文明的各大遗址中,其规模最大,水平最高,可称为"中华第一城",标志着当时良渚文化进入了成熟的史前文明发展阶段。

良渚古城的南面和北面都是天目山脉的支脉，南北与山的距离大致相等，东苕溪和良渚港分别由城的南北两侧向东流过，凤山和雉山两个自然的小山，分别被利用到城墙的西南角和东北角，因此，专家推断，古人在建城时显然对地理位置进行过精心"勘查"和"规划"。

令人感到神奇的是，在良渚遗址中还发现了用于引水排水的沟渠遗迹，再联系到许多开沟犁的出土，说明良渚文化可能已经出现了灌溉农业。长江下游的良渚文化遗址处于比较低洼的水网地区，主要农作物是水稻。水稻的生长既怕干旱，又怕水涝，控制适当的水量是保证水稻生长、丰收的基本措施。良渚文化的先民逐渐摸索并发明了农业生产中的灌溉技术，从而大大增强了抗旱与排涝的能力，使稻作农业置于更加稳定的基础之上，为南方广大地区的农业发展做出了巨大的贡献。

更让笔者震撼的是，在良渚古城西北约 2~3km，有一条呈东西走向，全长近 5km，宽约为 20~50m，高约为 2~7m，北距天目山余脉山脚 100~200m 的大坝——塘山土垣。它是迄今所见良渚文化时期规模最大的营建工程之一，依托自然山体，以不同的土、不同的方式堆筑连接。此项工程远比我们想象的复杂，它分为高坝区和低坝区，高坝更靠近北面的山体，相对比较短，主要依托自然山体，用于堵住山谷的水，海拔高 30~40m，一般相对高 15~20m；低坝区在高坝的南部，更靠近古城，用于堵住高坝漫出来和其他地方汇聚的水，相当于一个蓄水区。塘山属于低坝系统，也就是说，塘山的西北面当时是一个大型的蓄水池——我们可以理解为现在的"蓄滞洪区"。

看到这里，笔者不禁为良渚古城深谋远虑、工程浩大的昔日辉煌和其映射出的古代先民的"居安思危、居危思安"智慧所折服。正是由于修建了这个大坝，雨季来临时拦挡了山洪，洪水过多排泄不畅时，还有"蓄滞洪区"可加利用，才使得处于低洼地带的良渚古城得以保安，良渚文化得以兴盛、繁荣。如果没有这个防洪体系，良渚古人也许只能择高而居，采食野粟，不可能聚居种植，衍生文明。由此可见，古人在考虑常态与应急、发展与保护的两全思维方面，曾有过怎样了不起的探索和实践！

根据古城周边地形和气候变化分析，笔者赞成这样的一种推断，那就是良渚文化的衰亡也很有可能是洪水灾害所致。良渚文化晚期，太湖地区气候由寒冷变得温暖湿润，平均温度比如今高 2℃，年降水量多 200~300mm，雨量明显增多，加之当时的海平面高出以前约为 2m，留于内陆的水宣泄不畅，江河水涨，洪水泛滥，陆地被淹，水患肆虐。限于当时对自然的认识和工程技术发展水平，原有发达的良渚古城周边各种设施，包括大坝，不能抵御更为凶猛的洪水而被摧毁，其耕地更是被常年淹没。特大洪水灾难很可能延续了若干年，当地生存条件遭到破坏，幸存的人们只有背井离乡，被迫大规模迁徙。"中华第一城"乃至良渚文化从此没落乃至消失在历史的长河中。

若真是如此，良渚文化的兴衰与"筑坝建城"有着密切的关系，正所谓"生于斯、败于斯"！且不论工程如何，笔者认为，筑坝建城本身就是令人惊叹不已的社会发展与防患未然相结合的真实例证，那古朴而宏浩的大城和大坝，那近乎完美的城防体系，映射出了良渚文化在"管理思维"上的光辉，很可能这种"管理思维"只是一种自然行为，朴素而初阶，但在笔者眼里，它却比代表良渚古人"天圆地方"宇宙观的玉琮更为弥足珍贵。它证明了人类发展过程中的一种现实需求和理性探索，那就是在社会进步过程中，人们通过采取力所能及的手段向自然谋取更多利益的开始，这一开始，首先是建立在自然灾害的防范上。由此可进一步说明，发展的过程也就是管理的过程，过程中的突发事件必须要有应急处置的措施，以抵御其可能导致的秩序破坏、过程中断、目标转向，这是一种原始的需求。而为了这种需求，古时候人们便已经自然而然地采取了发展与保护共建的措施，或者可用管理语言表述为：常态管理与应急管理最初意义上的结合。

### 3. 2013 年黑龙江流域大洪水启示

作为防汛抗旱工作者，笔者参与了多次重大防汛抗旱防台风工作，组织安排、调度工程甚至直接参加抢险救援。2013 年 8 月中旬，笔者曾到防御任务艰巨、形势危急的同江抚远一线协助指导防御抢险，随后又单日驱车约 1500km，赶往嫩江上的尼尔基水库、月亮泡蓄滞洪区会商工程运用情况。在这场刚刚过去的洪水防御中，笔者深切感受到包括工程和非工程措施在内的预防措施的有无、好坏直接关乎着灾害是否发生、如何发展乃至损失的程度。下面笔者简述这场大洪水侵袭及防御的概况，意欲向读者求证：减灾是保护也是一定意义上的发展，减灾需要统合应急与常态管理。

2013 年，黑龙江流域发生了百年不遇的洪水。黑龙江支流中国境内的松花江及其支流嫩江等均发生了 1998 年以来最大流域洪水，俄罗斯境内的结雅河、布列亚河也发生了流域性洪水，尤其是黑龙江干流两岸包括俄罗斯的犹太州和下游的哈巴罗夫斯克边疆区以及中国境内的黑龙江省黑河至同江抚远沿线都遭受了洪水的威胁和侵袭。松花江流域的洪水，具有影响范围广、超警河流多、河库水位高、洪水量级大、持续时间长等特点，但由于 1998 年洪水以后，中国政府积极斥资兴建了水库、堤防等重要防洪工程，加之沿江各地积极组织人员防御，整个松花江流域并没有出现大的险情灾情。其中，2005 年投入使用的尼尔基水库便曾将嫩江上游最大入库流量超 50 年一遇的 9440m³/s 洪峰调蓄下泄，最大出库流量仅 5500m³/s，削峰率达 42%，最大拦蓄洪量 15 亿 m³。经尼尔基水库拦洪调蓄后，嫩江中下游、松花江干流洪水相当于 10~20 年一遇。第二松花江上游白山水库将最大入库流量 9270m³/s、重现期超过 20 年的洪峰调蓄后，最大出库流量仅 4080m³/s，削峰率达 56%，拦蓄洪量 10 亿 m³；中游丰满水库将最大入库流量 10 700m³/s、重现期为 10 年的洪峰调蓄后，最大出库流量仅 1800m³/s，削峰率达 83%，拦蓄洪量 18 亿 m³。经此三座水库科学调蓄后，下游洪峰在前期底水高的情况下没有遭遇，避免了大的灾害发生，保护了松嫩平原的大片良田、重要化工基地以及城市的安全。

  黑龙江干流则是另一番景象。由于黑龙江干流为中俄两国界河，没有控制性调控工程可利用，堤防标准低，中方一侧只有为数不多的真正达标堤防，更多的是不达标或号称达标实则是堤身、堤基差，缺少基本防渗措施的民堤、农堤。此次洪水过程中，中方利用前述的三座水库拦蓄嫩江、第二松花江的洪水，俄方利用结雅水库、布列亚水库拦蓄结雅河、布列亚河洪水，迟滞了进入黑龙江干流的洪水。其中，俄罗斯结雅水库将最大入库流量 11 700 $m^3/s$ 洪峰拦蓄，控制下泄流量 3500 $m^3/s$，最大削峰 70%；布列亚水库将最大入库流量 5050 $m^3/s$ 洪峰拦阻，控制出库流量不超过 1200 $m^3/s$，最大削峰 73%。虽然两国运用支流水库尽力拦蓄，两国政府动用大量的人力物力进行积极防御，对受威胁地区的人员进行转移，但由于干流洪峰大、持续时间长，黑龙江两岸仍遭受了洪水严重侵袭，无论是俄方还是中方沿岸都有局部的洪水漫溢，大片民房、耕地、路桥等设施被淹，黑瞎子岛中国所属的地域全部淹没。截至 8 月 28 日，俄方远东地区有 125 个居民点被淹，共疏散 12 万人，阿穆尔州有 5000 多座房屋被淹，犹太州 M58 号公路沿江一侧的土地都被洪水淹没。中方一侧，从佳木斯市同江市的八岔乡来看，其堤防为原有民堤加高加固所成，防御标准仅为 20 年一遇，大部分为砂基，有的堤身是砂土填筑，长时间高水位浸泡后出现大量管涌和散浸；8 月 23 日，此段堤防发生决口（图 0-3），淹没土地在百万亩①以上，转移 6500 余人。

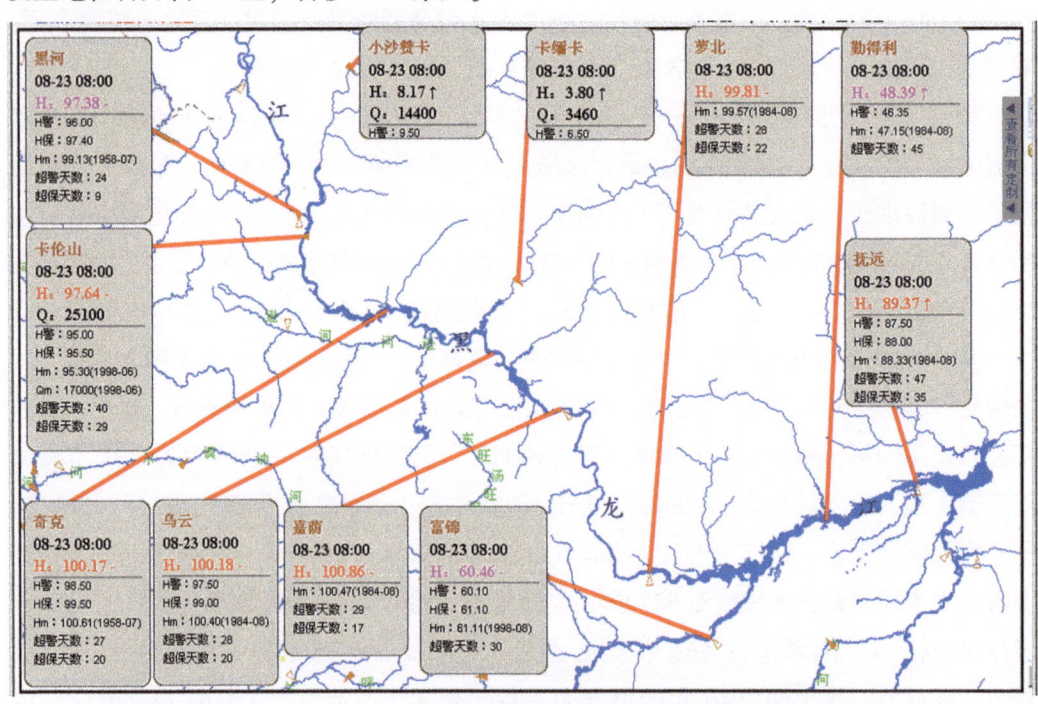

图 0-3　2013 年 8 月 23 日（同江市的八岔乡段决口）黑龙江重要站点水位示意图

---

① 1 亩 ≈ 666.7 $m^2$。

长时间持续的洪水严重影响了当地民众的生产生活，引起了两国领导人的高度重视，中国国家主席习近平、俄罗斯联邦总统普京都十分关注洪水防御工作，李克强总理和梅德韦杰夫总理两次通话，共同研究洪水防御相关协作对策和救灾援助、信息沟通交流等事宜。中国国家防汛抗旱总指挥部总指挥汪洋副总理与俄方副总理晤谈协商，亲临一线。9月20日，黑龙江干流抚远站水位退至警戒水位以下，标志着嫩江、松花江、黑龙江抗洪抢险斗争的全面胜利。据初步计算，整个洪水过程中，黑龙江最大60天洪水总量为1630亿 $m^3$，其中黑龙江上游来水414亿 $m^3$，俄方结雅河和布列亚河来水537亿 $m^3$，松花江来水493亿 $m^3$，其他区间来水186亿 $m^3$。事后，中国黑龙江海事局与俄罗斯运输部阿穆尔河国家海河监督管理局等部门经过磋商，于9月26日，在黑龙江上举行了防汛应急联合演习，检验两国对界江水上共管水域汛期突发事件的应急反应、信息沟通、指挥决策等协同作战能力，提高两国水上应急处置和搜救能力。

有的学者分析，中俄此次防洪合作取得了很有意义的效果，互通情况、及时沟通甚至提供物资援助，但如果双方能在7月下旬洪灾初期就建立紧密的合作机制，或许更有利于两国更早更好地筹划合作抗洪事宜。比如，2009年两国签订了《中俄界河应急合作协定》，意味着对界河上的紧急事件、危机管控、联合救援等建立应急合作机制，但在应对边境地区大规模自然灾害方面，却疏于考虑。未来，双方应该加大这方面的合作力度，建立合作机制，形成抗灾合力。由此可见，国际合作机制良好，防洪设施完善，指挥抢险有力，洪水防御得就好，就能够有效减轻损失；如果防洪工程简陋，防洪能力不足，即使花费大量人力物力，损失也在所避免。在自然灾害面前，"临时抱佛脚"的防御方式作用不大，需要未雨绸缪、深谋远虑。一个足以说明这一论点的例证就是，在抗御1998年大洪水的过程中，中国形成了"中华民族是不可战胜的"抗洪精神，但仅凭这种精神是不够的，之后建成的三峡工程和长江堤防为防御流域性大洪水奠定了坚实的工程基础，为洪水管理提供了保障。2011年，长江上游宜昌以上发生了71 200$m^3/s$的大洪水，超过1998年洪水时流量，经过三峡工程调蓄后下泄43 000$m^3/s$，消减洪峰40%，使下游沿江水位均未超警，极大地减轻了洪水防御的人力物力消耗和洪水可能造成的灾害损失。这里，常态管理措施即水利工程建设在防洪减灾工作中的重要性，以及水利工程对于社会经济发展的保护作用得到了充分证明。

就中国而言，2/3的国土面积可能产生各种类型、不同程度的洪水，其中大部地区会形成洪水灾害。特别是东部和南部地区有全国50%以上的人口、35%的耕地、2/3的工农业总产值受到洪水威胁。干旱在中国分布更为广泛，绝大部分地区面临不同程度的干旱威胁，东北、西北、华北地区十年九春旱，长江以南地区一些年份也发生严重伏旱。而这些受洪水、干旱威胁最严重的地区，也是人口最集中、财富最密集的地区。水旱灾害对社会经济造成的损失居各类自然灾害之首。1990年以来，中国年均洪涝灾害损失约占同期国内生产总值（gross domestic product，GDP）的2%，发生流域性大洪水的年份，这一比例可达3%~4%；年均旱灾经济损失约占同期GDP的1%以上，严重干旱年份，该比例超过2%。

天灾难测，但是可以长远谋划、周密准备、积极防御，以最大可能减轻灾害损失。这不仅包括防御工程的建设，也还有保护环境、维护生态健康、从根本上消灭灾害发生因子抑或遏制灾害扩大的要求所在，而这些又都需要在减灾意义上加以统筹兼顾。只有这样，才能使社会的可持续发展之路更加顺畅、平稳。因此，减灾是科学发展的应有之义。虽然减灾表面上没有产出，却是对已有资源和已创造价值的保护。这一点，在防洪抗旱工作中表现得尤为明显，如果任由洪水泛滥，不仅是生灵遭难，诸多建设成果甚或已形成的社会文明成果都可能会毁于一旦。"洪灾一条线，旱灾一大片"，同样，对严重的干旱来说，如果平常舍不得投入，没有建设抗旱水源、灌溉渠系等工程以及常备物资，当旱情发展肆虐时，没有足够的能力来化解，最终影响的还是发展，灾害损失也会转变成为一系列的社会成本。然而要更好地减灾，就需要将关乎发展目标实现的常规管理措施与保护发展的应急管理措施有机统合起来，形成机制，探求方法，制定方案，以更低的成本和更高的效率，实现防灾减灾的目标。

就如法律之于社会平稳发展的作用一样，减灾工作绝不仅仅是减少灾害损失，减灾工作更是对现有发展路径和策略、信息和资源客观上的保护，至少不让其他不利因素对其产生严重影响。笔者在工作中感觉到，发展到一定阶段，保护的重要性越来越凸显。保护对于保护对象而言就是减灾！这种保护的必要性甚至行动往往发生在高风险下的紧急状态，使突发事件不至于对社会经济发展造成大的影响。这样的保护已用不争的事实证明了它的不可替代价值。2008年北京奥运会的成功举办，除了赛事组织、后勤保障、工程建设得力以外，还采取了一系列鲜为人知的工程的、非工程的措施，比如"鸟巢"的集水装置、场馆的安保措施、专划的奥运车道、专门的气象服务等，来保障赛事的顺利进行。此外，事前针对各类突发事件编制的大量预案和无数次的应急演练也发挥了重要作用。众所周知，奥运会的成功举办与颇具中国特色的管理相关，但实际上，这一中国特色的管理正是更强调了保护的重要性，也就是在重大体育赛事的常规管理情景中，加入了更具应急特征的管理措施。奥运会的成功举办，对中国来讲，具有十分重要的历史和现实意义，不仅彰显中国国力，更能凝聚共识、提振信心。由此可见，在日常管理中若对可能出现的重大、突发、危机事件进行预先的防范准备，就真正能起到"保护"的作用。管理者要把握好发展过程中的凸点和变点，尽量保持发展路径平滑连续，避免突变或断点式的飞跃，使之成为科学的、连续的、渐进的过程。反过来，人类对经济社会和自然规律的认识发展到一定阶段，也会对我们保护的方式方法和减灾手段产生促进作用，提升这方面的能力和水平，更为关键的是在管理内容上要通过有机的纽带把发展与保护更紧密地衔接在一起。

从这个意义上讲，减灾是保护也是发展，反之，无论是发展还是保护，都应该将避免灾害发生，或至少将可能发生的灾害损失尽可能减到最低程度作为重要的目标之一。发展与保护相辅相成，发展状态下的常规管理和保护状态下的应急管理已成为我们必须予以正视和重视的要求。在发展中保护、在保护中发展的理念如果落实在管理机制中，就应该成为或者能融合成为：在发展状态下的常规管理中有保护状态下的应急管理考虑和在保护状态下的应急管理中有发展状态下的常规管理基础！

读到此处，我想读者必定已有了自己独特的看法，无论您的看法是否与笔者共鸣，都冒昧地请您继续耐心将下面的申论读下去。

笔者查阅有关资料，2012年中国GDP为51.89万亿元，财政收入为11.7万亿元，外汇储备余额为3.31万亿美元，居民消费价格指数（consumer price index，CPI）同比上涨2.6%，全国城镇新增就业1266万人，经济已经跃居世界第二位。2013年中国GDP为56.88万亿元，财政收入为12.9万亿元，外汇储备余额为3.82万亿美元，居民消费价格指数同比上涨2.6%，全国城镇新增就业1310万人。中国改革开放30多年来，以经济建设为中心，经济社会发展迅速，这其中，以发展为第一要务的策略功不可没。但中国人口多，土地资源少，水资源短缺、发展布局不够合理，尤其是前些年以高投入、高消耗、高污染、低效益为表现方式的"三高一低"粗放型经济增长方式导致了诸如雾霾天气、水污染、土壤重金属超标、荒漠石漠扩大等生态和环境问题。虽然这些矛盾和问题的形成，与中国的自然禀赋、国情和发展阶段密切相关，但是必须认识到，这些生态问题的累积，不仅会造成环境的破坏，影响到人们生活质量的提高，有的甚至还会带来灾难性的后果，制约经济社会持续健康发展，如近期常常笼罩多地的雾霾天气不仅短期内造成巨大的经济损失，长期看更将危害民众健康、影响区域竞争力。以2013年1月为例，中国中东部大部分地区出现4次较大范围雾霾天气过程。据有关专家研究评估，该月雾霾造成的交通和健康直接经济损失约为230亿元，如考虑慢性病对健康的影响，损失还要更大。

从国际上看亦是如此。以日本为例，第二次世界大战后为快速恢复实力，日本借助美国和西方国家的帮助，将发展作为首要任务，一切活动围绕经济增长展开，其发展势头位居当年"亚洲四小龙"之首。在发展的同时，20世纪50~60年代，日本国内出现了严重环境问题，如50年代后期，日本熊本县氮肥企业排放未经处理的含汞废水，经食物链富集造成甲基汞中毒，受害者高达12 615人，其中死亡1246人。之后，日本政府开始逐渐认识到环境保护的重要性，加大了环境保护力度，采取多种措施保护环境。在欧洲，1952年伦敦发生了"毒烟雾"事件，短短四五天就造成上千人死亡，成为人类历史上最严重的空气污染灾难之一。此后，欧洲工业国家对传统发展道路进行了反思，签署、通过了《人类环境宣言》《21世纪议程》等一系列重要文件，并将一些20世纪工业时代最典型的煤矿设施和钢铁冶炼厂在完成其工业使命后，经过保护和改造，变成了纪念公园和工业历史博物馆，作为"古迹"和"工业文化"加以保留，如世界文化遗产——弗尔克林根炼铁厂、关税同盟煤矿和北杜伊斯堡旧钢铁厂景观公园等。这些国家都曾经走过先发展后治理的道路，这既是发展的规律，也是管理科学中需要客观认识并要积极采取适应性管理策略的需求所在。中国的发展，既要努力避免重蹈这些国家的覆辙，也要积极减轻因生态环境破坏导致的灾害损失。

中国自古就有关于人与环境、人与自然关系的朴素认知，儒家的"仁爱万物"，道家的"道法自然"以及"天人合一"等，都强调人与自然和谐相处。20世纪七八十年代，中国就将环境保护作为基本国策。2003年，中国提出了生态文明建设理念，强调发展的科学性、可持续性，要求既要统筹经济发展与自然规律的关系，也要兼顾经济增长与减少损失的需求。2012年，中国政府又将生态文明建设与经济建设、政治建设、文化建设、社会建设同步纳入"五位一体"总体布局之中，强调从源头扭转生态环境恶化趋势，推动经济发展方式转变，发展与保护并重，为人民创造良好生产生活环境，努力建设美丽中国，实现民族复兴的"中国梦"。这是政府层面上的发展与保护认识的契合，也是经济社会层面上的常态与应急管理的统合。这种统合，不是在常规管理中无意识、不自觉地采取一些具有应急特征的措施，等到危机来临时才发现原来已经有所考虑，因为这种"考虑"及应对与发展要求存在难以衡量的差距，有着无法弥合的缝隙与不足，甚至会纵容危机的扩大与突变；我们要做的应该是在常规管理中，从政府大政方针制定、区域（行业）规划编制、具体措施拟定等方面一开始就有机地、有理性地、有步骤地统筹应急管理需求，积极采取统合措施，合理配置常规与应急资源，以"效高本少"的统合管理去实现发展的目标。这样可以使管理者在危机初显时就能知晓哪些方面已有所准备，哪些方面应对手段措施更强，从而使常态管理与应急管理相得益彰。

### 4. 效率与成本关乎管理策略的适应性

作为一名设计工程师，要时刻考虑工程的功能和安全，如果工程达不到预期的要求，则工程就不达标或者说不是优质的。但若工程是不安全的，则工程一定是失败的，甚至贻害无穷。确保工程安全、工程功能的实现是设计工程师的重要职责，而要承担起这样的责任、完成好设计任务、建造出优质工程，设计工程师必定要对相关利益、工程目标和社会与自然条件进行科学而艺术的统筹设计。非经过周密研究、方案比选、安全考虑，就不能达到宜材适构、安全高效、功能完善、经济合理的期望。这时候，安全是常态效能的基础和保障。

作为一名抢险救援人员，要考虑快速高效地将可能发生的灾害风险降至最低，就是经常说的化险为夷。实际中，险情一旦发生，特别是诸如水坝、堤防工程以及堰塞湖等出现溃决风险，很难做到化险为夷，我们所能够做的是尽最大可能将风险降至最低，将损失降为最小，正所谓"从最坏处着想，向最好处努力"。我们将这样的事件从具体而实际的例证中抽象出来，这往往就如一个工程设计建造的逆过程，所不同的是我们希望这个过程更快、更迅捷地回到安全点。这个过程中，应急效能是安全的基础和保障。

"因险适举"是十分重要的。若以工程为例来说，确保工程始终处于安全状态、发挥正常功能才是我们希望的，这就要求设计伊始就要考虑安全余度、运行条件，常规工程状态下要做到未雨绸缪，确保万无一失；同理，一旦有险情出现，我们期望能够及时处置、快速响应、化险为夷，即便不能如此，也期望通过排险除险措施，将灾害减为最低程度，这就要求我们在应急状态下的行为更加科学高效。

作为一名防汛抗旱工作者，需要研究和解决的正是这样的问题，即如何让常态下建设的常规设施在应急时发挥作用，安全运用；在紧急状态下，集各种能力与措施，全力应对，使之"临险如常、有危不惧"，并将可能的灾害损失减到最低！这样的管理目标，如果能在最低成本、最高效率下得以实现，则管理的目标便成为最优。这不仅仅是政府的期望，更是社会公众的期望。

效益与成本不仅衡量着管理策略本身的适应性，还关系着管理方式的成败和管理终极目标的实现。如果不提高效率、不关心成本，有些突发事件将难以应对，或在处置过程中投入大而收效小——即"得不偿失"。问题是管理者如何实现这种"两全"的目标？笔者认为，关键在于从一开始就不要忽略了这两个"所谓目标"的存在，"视而不见"，在管理方法和资源安排上顾此失彼、重此轻彼或只知有其一，不知有其二；更不要将这个内在统一的目标割裂而分成两个目标，甚至从方向上发生分离，或者设立为不同层级的目标。因为这无疑会使得管理者分离，并在方向和驱动上变化或者行为有别。然而，现行的管理，毕竟已在一定模式下设定、建立并运转起来，即使我们去重新进行顶层设计并进行大刀阔斧的改革，仍难达到"发展和保护"、"成本与效率"的理论极致、合辙无缝与机制和合的统一。当今条件下，我们能够尽力做的，只能是在管理层级上就将这两种目标统合考虑、统筹兼顾。笔者认为，在实际管理工作中，统合管理的确能够达到"效高本少"的管理要求，因为其本身就被设定为常规与应急管理有机融合的适应性机制，是经过"循环往复"的实际管理探索，在更高层面上统合相依的管理策略。笔者经常这样想，也这样问，对吗？不对吗？笔者也明白要做到统合管理，在机制上该有多难！甚至可能只是臆想！因为更高层级上的统合管理有太多的管理难题、难点要克服。以至于这么多年来，这个概念就存在于管理工作中"呼之欲出"，而难以"现身说法"。虽然典型范例比比皆是，但却似"捕风捉影"，难以"据典立规"，甚至就是研究也显得"无从下手"，不经意间便随时间消失在浩瀚的史实资料之中。

以一直备受关注的粮食储备为例。中国古代就有粮食储备的"常平仓"制度，在粮食丰收或价格较低时托底收购储存，欠粮或价格较高时平价出售，既避免"谷贱伤农"，又防止"谷贵伤民"，对平抑粮食市场大幅波动、缓解供求矛盾、维护粮食安全起着重要作用。这其中，收储粮食的数量是一个很关键的因素，收储多了，储备、管理成本高，常备不用也是浪费；收储少了，无法起到平抑波动缓解矛盾的作用，甚至引发社会不稳。减仓与增仓不仅是粮食安全问题，也是粮食生产问题。针对粮食常规储备和应急需求的平衡关系，现今一些有识之士提出，在不降低保障水平的前提下，鉴于当前国际合作与现代农业发展的形势，可以通过制定科学合理的应急预案，包括全球化视野下的粮食种植和采购方案，以及市场化条件下的粮食储备措施等，适当降低原有常规粮食储备数量标准（一般在40%~50%左右），盘活粮食存量资源，减少粮食储备成本，抑制粮食供求失衡风险。笔者认为，这是一种缘于实际的粮食管理策略，它展现了粮食供求常规管理与应急管理的统合思考和统合方法，关键是应急预案的合理性和可操作性是否能够经得住粮食供求风险的考验，而这个考验极具复杂性并事关天下大局。

图0-4　2006年5月被列为第六批国家级重点文物保护单位的蔚县常平仓

笔者万分庆幸有机缘在工作实际中对常态与应急统合管理的概念有所感悟，从工程的到减灾的认知，从管理的到理念的体会，并能在多种认知和体会后到哈佛大学肯尼迪学院ASH中心就社会公共安全工程管理进行访学、求证、探索。在那里，有更多时间和精力查阅书籍、资料，求教于相关领域的教授、学者，确实感到这一管理方面问题的重要性。从管理科学的发展来看，在最初阶段，由于人们的认知和技术能力有限，突发事件往往被认为是"上天旨意"无法违抗，更不能进行管理，因而应急管理最初的一些认识和措施蕴含在常规管理之中；之后，随着认知的提升和社会组织的出现以及突发事件影响越来越大，人们开始对其采取区别于常规管理方式的方法，久而久之形成了较为完善的应急管理理论与方法，并在管理实践中逐步突出、强化；到了现代，突发事件更具潜伏性和复杂性，其应对工作也更具长期性和反复性，需要常规管理和应急管理相互融合、协作并行才能更加有效。这种两类管理措施在现代条件下更高层面的融合共进，是笔者致力于研究并推荐众多管理者给予更多重视的用心所在,也是笔者对统合管理之所以需要进一步研究并被运用于实际管理中的寄望所在。虽然统合管理的概念无论是从前还是当今看来都不具显性特征,但它却真实存在,不仅有反例,也有正例。虽然统合管理在诸如前述金融管理、减灾管理等社会管理中已经常使用、应用,但却至今"藏在深山人不知",从未被明确提及,或"犹抱琵琶半遮面",需要进一步去发现。这或许是因为它的成本核算、目标设定,甚至管理行为可能"不合常规",也"不合应急",如要统合管理,这样的管理或许是两难的,甚至是需要在多维空间展开的。这种两难甚至多维的博弈和其博弈程度的选择,正是统合管理的关键。在常规管理中对一些策略、方案甚至工程建设适当考虑应急管理的需求,貌似增加了常规管理的成本,但在应对突发事件时,却可以大幅度减少应急管理的难度和投入,保护常规管理成果和目标实现,避免遭受重大损失。因此从整个社会发展来看,这样的统合是高效率、低成本的,正如此前所述的那样。

读到这里,读者也许会问,为什么要提出研究常态与应急统合管理?既然常态管理和应急管理都已经存在于诸多历史事实中,这样的事实是那么的自然,就如人和人的影子,相随相伴!但从管理科学的发展历程中不难发现,在历史与时代的光辉明暗中,这种曾经紧密融合的关系被掩映或者分离,应急管理随着时代的需求从常规管理中分离并强劲发展起来,从而在两者关联上,出现了松弛、疏远,甚至纽结、断裂;当今,随着现代社会的发展,人们生存与生活的空间和速度不断扩展、提升,进而将常态和应急事务重新拉近,而且越来越近,管理科学的发展进入再融合的螺旋演进阶段。因此,开展常态与应急统合管理研究便成为管理所需、时代必然!

图 0-5 哈佛校园初春

# 第一章　公共安全与管理

公共安全与人类生存、生活和发展息息相关，是人最基本的需求之一，同时也是保障社会经济和生活秩序正常运转的基础。公共安全问题涉及范围广，既包括地震、海啸、洪灾等自然灾害带来的安全问题，还包括战争、流行疾病、资源短缺、环境污染事故、生产安全事故等社会因素造成的安全问题。随着经济社会的不断发展，人与人之间的联系程度越发紧密，社会系统的整体特性不断加强，公共安全在社会安全中的重要性进一步凸显，也成为社会管理研究的焦点。

## 第一节　公 共 安 全

任何研究对象，都有其特定的概念、定义、范围和主要内容。规范的概念与定义、确定的研究范围和清晰的研究内容是发现科学规律的基础。因此，在深入探讨公共安全问题之前有必要对公共安全的一些基本概念进行理论上的分析和梳理。

### 一、何谓"公共"

在《辞海》中，"公共"指公有的、公众的、政府的、公家的、社会的等多种意思，突出大多数人，与"私人"相对。直观来看，其概念比较明确，容易理解。但从公共的具体内涵及其应用情况来看，其概念就显得比较宽泛。从辞典释义来分析，只要不是"私人""个人"独有的事物就应当划归"公共"的范畴；在实际应用中，往往与国家、政府行政职能背景相关联并局限于此，而忽略了许多非政府性社会组织在其中的作用。由于各国的国情、社会观念、政府职能行为在不同时期均存在一定的变化，因而对于"公共"内涵的理解就显得较为复杂。不过，用社会学、人类学等学科中的概念对"公共"在宏观层面上的含义进行的解读还是得到大多数人的认可的。

### 二、何谓"安全"

"安全"是人们最常用的词语之一。在《辞海》中，"安"指不受威胁，没有危险、太平、安全、安适、稳定等，可谓"无危则安"；"全"指完满，完整或没有伤害、无残缺等,可谓"无损则全"。除此之外,对于"安全"的内涵已有较多的探讨,例如,认为"安全"是指没有危险,不受威胁,不出事故,即消除能导致人员伤害,发生疾病或死亡,造成设备或财产破坏、损失以及危害环境的条件;还有人认为"安全"是一种心理状态,是一种理念。可见,用一个简单的定义来表述"安全"的复杂内涵是异常困难的。因此,需要从宏观的角度去全面地把握"安全"的概念。

进一步来看,"安全"包括事物安全的状态与维持事物保持某种安全状态的行为过程两层涵义。上面谈到的"安全"实际上是指"安全"在某一时空条件下的瞬时状态。事物都是不断发展变化的,公共事物的安全状态也并非一成不变,当受到某种外界因素刺激或干扰时,就可能发生改变,从安全转向不安全。因此,采取措施保障和维持事物在遇到外界因素刺激或干扰时仍保持在安全允许的范围就构成了另一层含义,这也是在研究与实践中关注最多的方面。很多对安全、公共安全的定义及认识均体现了这一特点,即安全是指在自然灾害、意外事故、公共卫生或治安事件发生过程中,能将人员伤亡或财产损失控制在可以接受的状态。另外,一些学者认为还有主观与客观的二元属性,即主观感觉上不存在恐惧感,客观环境上不受到威胁。其中,安全的主观感觉是指人们对于自己生命和相关事务的无忧与放心;安全的客观环境存在,则指具有对抗一切现实或潜在威胁的确切保障(夏保成和刘凤仙,1999)。

在实践中,对安全的理解还有狭义和广义之分。以往,受人类活动范围及关注焦点的限制,人们常说的安全往往是指劳动生产过程中的安全,是指在生产过程中,在从事职业活动中要保障劳动者(职工)不伤、不病、不影响身体健康、不出意外人身事故,这是工业社会中最普遍的安全标准,也是当代各国的一种工业文明标志(吴超和吴宗之,2006)。这就是所说的狭义安全的概念。随着人类文明的不断进步,对安全的要求不再仅仅局限于生产过程,对生活、生存、科学实践等一切人可能涉及的活动领域与场所都提出了安全的要求。简单的说,只要有人存在的地方,就有安全需求。这就是对安全的一种更为广义的理解,其内涵及外延包括三方面的内容,即人的身心安全(包括身体和心理的健康与安全)、安全的时空领域(包含了人能够进行活动的一切领域)、安全需求的质量和水平(这一需求随着时代的发展而有新的内容和标准)。

## 三、公共安全概念

前面已经详细讨论了"公共"与"安全"的基本定义及对其内涵的理解,那么,从字面来看,"公共安全"包括了"公共"和"安全"两层概念,强调多数人利益的不受威胁,没有危险和损失,而不是"私人"的利益。这里的利益包括生命、健康、财产、价值观念、社会秩序等多个方面。规范来说,公共安全是指保护社会公共的生命、健康、财产、价值观念、社会秩序等免受自然灾害、社会事故等危险的威胁,或即使受到威胁，也能将损失控制在可以接受的状态。

对于公共安全的研究对象及范围，有学者从生产安全、公安学和国家安全三个角度对其进行阐述和解释，分析不同领域人们对于公共安全问题关注的重点。例如，对企业生产而言，生产安全是第一位的，关注的焦点在面对可能的灾害事故时如何预防与应急以保障生产安全（库尔曼，1991；邓国良和贾江滔，2005；张勇，2011）；从公安学角度来看，社会秩序的平稳有序是期望的安全状态，关注的焦点在于如何保障大众在从事生产、经营、文化娱乐及其他社会活动时，不会遭受违法者的侵害和治安事件的损害，保护好大众的人身及财产安全与社会生活秩序（麦永雄，2003；夏保成和张平吾，2011）；而对国家安全而言，除战争外，关注的焦点包括与国家安全密切相关的资源安全、能源安全、生态安全、经济与金融安全、信息安全、地震海啸、洪旱灾害、流行疾病、民族宗教等诸多方面（David and Bloom，2007；战俊红和张晓辉，2007；张勇，2011）。除此之外，还可以根据安全问题的起因将公共安全的研究对象分为自然灾害、社会危机两大类（左然，2003；冯占军，2007），即以地震海啸、洪旱灾害、地质灾害等为代表的自然灾害引起的人类社会安全威胁，和以社会政治、经济安全事件、流行疾病等为代表的社会因素引起的公共安全事件。其中，社会公共安全问题根据其具体特性进一步划分为政治性社会公共安全问题、经济性社会公共安全问题、生产性社会公共安全问题、社会群体性的公共安全问题。这些划分对更加全面地认识公共安全问题具有重要的意义。

公共安全工程则是指综合利用自然规律、技术手段和管理科学等方面的知识和方法，辨识和预测公共安全领域存在的或可能存在的突发而不确定的可变因素，并采取有效的控制措施防止灾害、事故、事件发生或减轻其损失的行为集合，具有明确的指向性、复杂的系统性，以及实时的可操作性。

# 第二节 公共安全事件分类及特点

## 一、公共安全事件分类

公共安全事件是指突然发生，造成或者可能造成重大人员伤亡、财产损失、生态环境破坏和严重社会危害，危及公共安全的紧急事件，往往是自然因素和人为因素综合作用的结果。从大的方面来看，公共安全事件按其主要诱发因素可以分为自然因素类公共安全事件和人为因素类公共安全事件（Shaluf and Ahmadun，2006；Shaluf，2007）。

（一）自然因素类

自然灾害是自然界所发生的一种异常现象（突变）。对人类社会来说，当这种自然突变给人类生产、生活或发展带来严重的危害时，就构成了自然灾害。从古至今，自然界一直在这种渐变与突变过程中交替发展演化（Landesman，2001）。

自然灾害是许多复杂因素作用的结果，考虑的因素或出发点不同，就会得到不同的分类结果，目前也没有统一的分类标准。从灾害的过程特征来分，可以分成突变型、发展型、持续型和环境演变型（葛全胜和彭桂堂，1999）。其中，突变型自然灾害如地震、泥石流、海啸等，灾害发生往往比较突然、历时较短，缺乏先兆，但是破坏性很大；发展型灾害如暴雨、洪水等，这类灾害具有一定的先兆，往往是自然过程积累的结果，其发展过程虽然较突变型灾害缓慢得多，具有一定的可估计性，但仍然是比较迅速的；持续型灾害如旱涝灾害、传染病、生物疾病等，其持续时间从几天到几年，是致灾因子持续发展的结果，较发展型灾害又缓慢许多；环境演变型灾害如气温升高、海平面上升、地面沉降等，这类灾害是一种长期的自然过程，是自然环境演化的必然伴生现象，较难控制或减轻。

从灾害的成因来看，引起自然灾害的因素主要由天文系统和地球系统两大类构成，因此可以分为天文灾害和地球灾害两大类（李树刚和常心坦，2008）。其中，天文灾害主要包括行星爆炸、陨石撞击等；地球灾害则根据不同的分类需求而具有多种分类结果。例如，按照灾害发生的地理位置可以分为陆地灾害和海洋灾害两类，其中陆地灾害包括气象灾害、地质灾害、水文灾害、生物灾害、环境灾害等，海洋灾害则包括海啸、海底火山、海温异常、赤潮、风暴潮、海冰、海浪等。

根据灾害波及的范围，可以分为全球性灾害、区域性灾害和局域性灾害（马宗晋等，1998），如气候变化、环境演变等全球性灾害，火灾、盐碱化等区域性灾害，以及滑坡、泥石流等局域性灾害。

根据灾害地貌类型，还可以分为山地灾害、平原灾害和滨海灾害。

根据灾害出现时间的先后（主次），分为原生灾害、次生灾害和衍生灾害，其中原生灾害是指主发灾害，即最先出现的灾害；次生灾害是指由原生灾害诱发的灾害；衍生灾害是指由原生灾害、次生灾害衍生的间接性灾害。

根据灾害与其环境的关系，可分为生态灾害和非生态灾害。生态灾害是指环境变化引起的生态变化进而诱发的灾害，例如，由气候、地理环境、海洋环境等变化引起物种灭绝事件；非生态灾害是指与生态环境变化没有直接关系的一类灾害，如交通事故、生产事故等。

根据灾害预防的可行性，可分为可避免性灾害和不可避免性灾害。显然，可避免性灾害是指通过人类施加的一些预防措施能够避免灾害发生或导致损失的一类灾害，如污染灾害、卫生灾害等；不可避免性灾害则不以人的意志为转移，只能通过防范或控制措施进行规避或减少损失的一类灾害，如地震、火山爆发等。

根据灾害发生的具体对象，还可以分为城市灾害、农村灾害、工矿灾害、农业灾害、林木灾害、卫生灾害、海洋灾害等。

综上所述，自然灾害的分类多种多样，通过不同的分类方法从多个角度认识和把握灾害的属性特征，将有利于制定行之有效的针对性灾害预防与救助对策，提高灾害管理的水平。因此，从灾害成因和预防救助管理角度出发，结合灾害事件对人类的影响程度，将自然灾害中的地球灾害划分为地震灾害、气象灾害、水旱灾害、地质灾害、海洋灾害、生物灾害、森林草原火灾等。下面对上述灾害特征进行简要的介绍。

### 1. 地震灾害

（1）地震灾害概述

广义地说，地震是地球表层的震动，包括天然地震、人工地震及脉动三类。其中，天然地震即自然界发生的地震现象，也就是人们常说的地震，是一个相对狭义的概念；人工地震指由爆破、核试验等人为因素引起的地面震动；脉动则是指由于大气活动、海浪冲击等原因引起的地球表层的经常性微动。下面具体介绍狭义范畴的地震灾害的情况及典型的大地震灾害，即天然地震灾害。

地震灾害是一种严重危及人们生命财产安全的突发性自然灾害。一般可分为构造地震、火山地震和陷落地震三类，其中构造地震最为常见，破坏力也最大，全球地震的90%以上都是构造地震。据监测统计，全球每年发生约500多万次地震，也就是说，每天要发生上万次地震。不过，它们之中绝大多数太小或离我们太远，感觉不到。真正能对人类造成严重危害的地震，全世界每年大约有一二十次（表1-1），而像1976年唐山大地震（图1-1）、2008年汶川特大地震等这样极为严重的地震，一般发生频率比较低。根据地震震源的深度可以分为浅源地震、中源地震和深源地震。世界上大多数的地震为浅源地震，震源深度在60km以内，约占全球地震总数的70%。浅源地震具有波及范围较小但破坏程度较大的特点；而深源地震则相反，波及范围较大而破坏程度较小，当震源深度超过100km时，一般不会引起灾害。

表1-1　20世纪以来全球地震次数统计　　　　　　　　　（单位：次）

| 地震次数统计 | 地震级别 | | | |
| --- | --- | --- | --- | --- |
| 统计时间 | 大于或等于8级 | 大于或等于7级 | 大于或等于6级 | 大于或等于5级 |
| 1900年以来 | 43 | 647 | 4 534 | 21 648 |
| 2000年以来 | 22 | 233 | 1 586 | 8 793 |

注：数据来自中国地震台网，截至2012年

（2）地震灾害特点

一是突发性强，猝不及防。地震灾害是瞬时突发的自然灾害，一次地震持续的时间

图 1-1 1976 年唐山大地震中被扭曲的铁路

图片来源：http://news.xinhuanet.com/mil/2008-05/28/content_8344550.htm

往往只有几十秒，但能够在短时间内造成大量的人员伤亡、房屋倒塌，甚至摧毁一座城市等灾难性后果，且事发前通常没有明显的预兆，或者发现时已经来不及做出反应，不能及时发布预警信息提醒人们躲避，从而酿成大规模的灾难。

二是破坏性大，成灾广泛。地震波到达地面以后造成大面积的房屋和工程设施的破坏，若发生在人口稠密、经济发达地区，往往可能造成大量的人员伤亡和巨大的经济损失，尤其是发生在城市里。近 10 年来，在伊朗、印度尼西亚、中国、海地等多个国家均发生了伤亡超万人的巨大地震灾害，造成的经济损失难以估量。

三是社会影响深远。由于地震突发性强，造成的伤亡惨重、经济损失巨大，由此带来的社会影响通常比其他自然灾害更为广泛、强烈，甚至会产生一系列的连锁反应，给受灾地区甚至其所在国家的社会生活和经济活动造成巨大的冲击。另外，严重的地震灾害还会给人的心理带来无法磨灭的伤害，甚至可能引发较大的社会问题。

四是预防难度大。与洪水、干旱、台风等气象灾害相比，地震的预测与防御要困难得多。地震预报是一个世界性的难题，目前的技术水准还很难做到对地震的准确预报及预警；与此同时，提高抗击地震的能力似乎是唯一可行的途径，但是也面临巨大困难，仅就提高建筑物抗震性能一项来说，就需要大量、持续的资金投入；另外，减轻地震灾害还涉及社会的方方面面，需要各部门团体的协调与配合，需要全社会长期艰苦细致的工作，难度巨大。

五是地震经常伴生多种次生灾害。地震不仅直接导致严重的灾害，而且还伴生崩塌、滑坡、泥石流、堰塞湖等自然类次生灾害，有些次生灾害的严重程度甚至远远超过地震本身造成的损害。例如，1933 年 8 月 25 日四川叠溪地震引发崩塌和滑坡 100 余处，致使岷江被堵塞，形成总库容 4 亿~5 亿 $m^3$ 的堰塞湖；当年 10 月，堰塞湖溃决导致近万人伤亡。

六是灾害影响持续时间长。在大地震发生之后的很长一段时期内，往往还会发生一系列持续不断的余震，甚至还会有震级较高、破坏力较大的余震。例如，汶川地震发生后的两年时间内，在主震区监测到高于 4.0 级以上的地震就达到 300 余次。另外，由于地震破坏性大、影响范围广，往往给灾区恢复重建带来巨大挑战，恢复和重建的周期比较长。

(3) 全球地震灾害分布

全球的地震主要分布在环太平洋火山地震带、欧亚地震带和大洋海岭地震带三个地震带上。其中，环太平洋地震带主要分布在太平洋周围，包括南北美洲太平洋沿岸和从阿留申群岛、堪察加半岛、日本列岛南下至中国台湾省，再经菲律宾群岛转向东南，直到新西兰，是全球分布最广、地震最多的地震带，其所释放的能量约占全球的 3/4。如图 1-2 所示，全球的重大地震几乎集中在环太平洋东西两侧。欧亚地震带从地中海向东，一支经中亚至喜马拉雅山，然后向南经我国横断山脉，过缅甸，呈弧形转向东，至印度尼西亚；另一支从中亚向东北延伸，至堪察加，分布比较零散。海岭地震带主要分布在太平洋、大西洋、印度洋中的海岭地区（海底山脉）。

据统计，截至 2012 年，全球 20 世纪以来记录到的超过 5 级的地震 21 648 次。其中，6 级以上的地震 4534 次，7 级以上地震共 647 次，8 级以上地震共 43 次。2000 年以来发生的大于 8 级的地震就有 22 次，占 20 世纪以来 8 级以上地震数量的一半；大于 7 级的有 233 次，超过 20 世纪以来 7 级以上地震数量的 1/3。

据不完全统计，20 世纪以来，全世界单次地震死亡人数超过 10 000 人的共有 41 次，主要分布在亚欧大陆。其中，中国发生的次数最多，共有 8 次，其次是印度和伊朗，各有 5 次，见表 1-2。死亡人数最多的地震是 2004 年发生在印度尼西亚的大地震，地震引起巨大的海啸，导致相关国家 29.2 万人死亡或失踪；其次是 1976 年发生在中国唐山的 7.8 级大地震，死亡人数达 24.2 万人。从上述统计的结果可以发现，中国是一个地震频发、地震灾害严重的国家。从成因上来看，主要是因为中国地处环太平洋地震带和欧亚地震带之间，有些地区本身就是这两个地震带的组成部分，受太平洋板块、印度洋板块和菲律宾板块的挤压作用，加上地质构造复杂，地震断裂带十分发育，地震活动的范围广、强度大、频率高。在全球大陆地区的大地震中，约有 1/4~1/3 发生在中国。

# 第一章 公共安全与管理

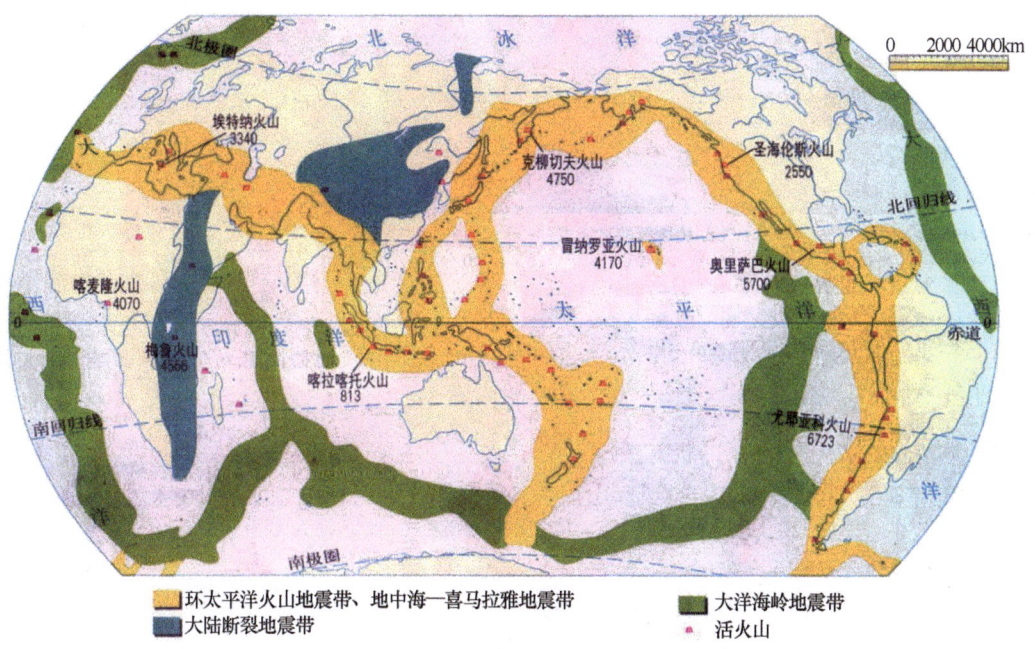

图 1-2 世界地震带分布

图片来源：http://a2.att.hudong.com/55/09/01300001162321130103096115420.jpg

表 1-2  20 世纪以来死亡人数超过万人的地震统计资料

| 序号 | 时间 | 地点 | 震级/级 | 死亡人数/人 |
| --- | --- | --- | --- | --- |
| 1 | 1905 年 4 月 4 日 | 印度 | 8.6 | 19 000 |
| 2 | 1905 年 4 月 4 日 | 阿富汗 | 8.6 | 20 000 |
| 3 | 1906 年 4 月 18 日 | 美国 | 8.3 | 60 000 |
| 4 | 1906 年 8 月 16 日 | 智利 | 8.6 | 20 000 |
| 5 | 1907 年 10 月 21 日 | 塔吉克斯坦 | 8 | 12 000 |
| 6 | 1907 年 10 月 21 日 | 乌兹别克斯坦 | 7.8 | 12 000 |
| 7 | 1908 年 12 月 28 日 | 意大利 | 7.5 | 110 000 |
| 8 | 1915 年 1 月 13 日 | 意大利 | 7.5 | 30 000 |
| 9 | 1917 年 1 月 21 日 | 印度尼西亚 | — | 15 000 |
| 10 | 1918 年 2 月 13 日 | 中国 | 7.3 | 10 000 |
| 11 | 1920 年 12 月 16 日 | 中国 | 8.6 | 100 000 |
| 12 | 1923 年 9 月 1 日 | 日本 | 8.3 | 100 000 |
| 13 | 1927 年 5 月 22 日 | 中国 | 8.3 | 200 000 |
| 14 | 1932 年 12 月 25 日 | 中国 | 7.6 | 70 000 |
| 15 | 1933 年 8 月 25 日 | 中国 | 7.4 | 10 000 |
| 16 | 1934 年 1 月 15 日 | 印度 | 8.4 | 10 700 |
| 17 | 1935 年 5 月 30 日 | 巴基斯坦 | 7.5 | 30 000 |

续表

| 序号 | 时间 | 地点 | 震级/级 | 死亡人数/人 |
|---|---|---|---|---|
| 18 | 1939年1月25日 | 智利 | 8.3 | 28 000 |
| 19 | 1939年12月26日 | 土耳其 | 7.9 | 32 700 |
| 20 | 1948年10月5日 | 土库曼斯坦 | 7.3 | 19 800 |
| 21 | 1950年8月1日 | 印度 | 8.5 | 20 000 |
| 22 | 1960年2月29日 | 摩洛哥 | 5.8 | 12 000 |
| 23 | 1962年9月1日 | 伊朗 | 7.1 | 12 000 |
| 24 | 1968年8月31日 | 伊朗 | 7.4 | 12 000 |
| 25 | 1970年1月5日 | 中国 | 7.7 | 15 000 |
| 26 | 1970年5月31日 | 秘鲁 | 7.7 | 66 800 |
| 27 | 1972年12月23日 | 尼加拉瓜 | 6.2 | 10 000 |
| 28 | 1976年2月4日 | 危地马拉 | 7.5 | 26 000 |
| 29 | 1976年7月28日 | 中国 | 7.8 | 242 000 |
| 30 | 1978年9月16日 | 伊朗 | 7.7 | 250 00 |
| 31 | 1980年10月10日 | 阿尔及利亚 | 7.7 | 11 000 |
| 32 | 1985年9月19日 | 墨西哥 | 8.1 | 10 000 |
| 33 | 1988年12月7日 | 苏联 | 6.8 | 25 000 |
| 34 | 1990年6月20日 | 伊朗 | 7.7 | 50 000 |
| 35 | 1993年9月30日 | 印度 | 6.4 | 20 000 |
| 36 | 1999年8月17日 | 土耳其 | 7.8 | 15 637 |
| 37 | 2001年1月26日 | 印度 | 8 | 20 005 |
| 38 | 2003年12月26日 | 伊朗 | 6.8 | 30 000 |
| 39 | 2004年12月26日 | 印度尼西亚 | 8.7 | 292 000 |
| 40 | 2008年5月12日 | 中国 | 7.8 | 80 000 |
| 41 | 2010年1月12日 | 海地 | 7.3 | 220 000 |

资料来源：中国地震台网；江见鲸，2005

(4) 地震造成的灾害

前面已经提到，地震造成的灾害包括直接灾害和次生灾害。地震直接灾害是指由地震的原生现象，如地震断层错动，大范围地面倾斜、升降和变形，以及地震波引起的地面震动等所造成的直接后果。如建筑物和构筑物的破坏或倒塌，地裂缝、地基沉陷、喷水冒砂等地面破坏，崩塌、滑坡、泥石流等自然物（如山体）的破坏，海啸、湖震等水体的振荡以及地光烧伤人畜等。这些破坏作用是造成震后人员伤亡、生命线工程毁坏、社会经济受损等灾害后果最直接、最重要的原因。

地震次生灾害是指由于地震打破了自然界原有的平衡状态或社会正常秩序而导致的灾害。例如，地震引起的火灾、水灾，有毒容器破坏后毒气、毒液或放射性物质等泄漏造成的灾害等。另外，地震后还会引发种种社会性灾害，如瘟疫与饥荒。社会经济技术的发展还带来新的继发性灾害，如通信事故、计算机事故等。这些灾害是否发生或灾害大小，往往与社会条件有着密切的关系。

### 2. 气象灾害

根据中国《气象灾害防御条例》，气象灾害是指台风、暴雨（雪）、寒潮、大风（沙尘暴）、低温、高温、干旱、雷电、冰雹、霜冻和大雾等所造成的灾害，往往是由于大气环流异常而对人类的生命财产、国家经济建设、社会稳定造成损失及危害。例如，暴雨引起洪涝问题，导致农田被淹，造成人类生命财产损失；长期无雨形成干旱，粮食减产、绝收，甚至形成饥荒；雷电击死、击伤人畜，引发火灾；飓风破坏房屋、危及居民生命安全等。气象灾害属于原生灾害，往往还会引起一系列的次生灾害及衍生灾害，如暴雨山洪在一定的地质条件下演变为泥石流。据联合国统计，全世界10种主要的自然灾害中，有7种是气象灾害，其造成的损失也最大。根据IPCC（政府间气候变化专门委员会）在2007年发布的第四次气候变化报告，气象灾害所带来的保险赔偿和直接经济损失从20世纪60年代的约70亿美元、400亿美元增至20世纪90年代的800亿美元、2900亿美元。可见，气象灾害造成的经济损失在迅速增加。

根据气象灾害的规律特征，可将其分为天气灾害和气候灾害两类，二者之间既有区别又相互联系。

（1）天气灾害

天气灾害是指一次天气过程所造成的灾害，如一次暴雨、一次龙卷风、一次寒潮等。比较常见的天气灾害如下：

1) 暴雨。暴雨是降水强度很大的雨，一般指降雨量16mm/h以上，或连续12h降雨量30mm以上，或连续24h降雨量50mm以上的降水。根据中国气象部门规定，24h降水量大于（含）50mm的雨称为"暴雨"。按降水强度大小又分为三个等级，即24h降水量为50~99.9mm称"暴雨"；100~250mm称"大暴雨"；250mm以上称"特大暴雨"。暴雨天气往往给民众生命财产、社会秩序带来极大危害。例如，2012年北京"7·21"特大暴雨（图1-3），降水持续近16h，北京全市平均降水量达170mm，城区平均降水215mm，最大降水点房山区河北镇达到460mm，接近500年一遇标准。暴雨导致全市受灾，对城市交通等基础性设施造成重大影响，受灾人口190万人，79人遇难，直接经济损失近百亿元。河南"75·8"特大暴雨，一次降水过程从1975年8月4日持续到8月8日，暴雨中心最大过程雨量达1631mm，其中3天（8月5~7日）最大降雨量为1605mm，持续暴雨引发溃坝、洪水、瘟疫等一系列次生及衍生灾害，6.7万$hm^2$农田受到毁灭性破坏，1100万人受灾，人员伤亡惨重，经济损失巨大。

图 1-3 北京"7·21"暴雨中被淹的汽车

图片来源：http://www.chinanews.com/tp/hd2011/2012/07-21/116075.shtml#nextpage

2）热带气旋。热带气旋是发生在热带或副热带洋面上的低压涡旋，是一种强大的热带天气系统。登陆陆地的热带气旋往往会带来强风、暴雨以及风暴潮，给影响区域居民生命财产安全造成严重威胁，是夏秋季节的主要灾害性天气之一。全球每年平均约有 80 个热带气旋生成，主要产生于北太平洋西部、北太平洋东部、北大西洋、南太平洋西部、北印度洋、南印度洋东部与西部区域，如图 1-4 所示。目前有确切记录以来影响范围最大、强度最大，中心海面气压最低的热带气旋是 1979 年 10 月 12 日生成于北太平洋西部的台风"泰培"，为 5 级超级台风（萨菲尔—辛普森飓风等级 Saffir-Simpson Huricane Scale．简

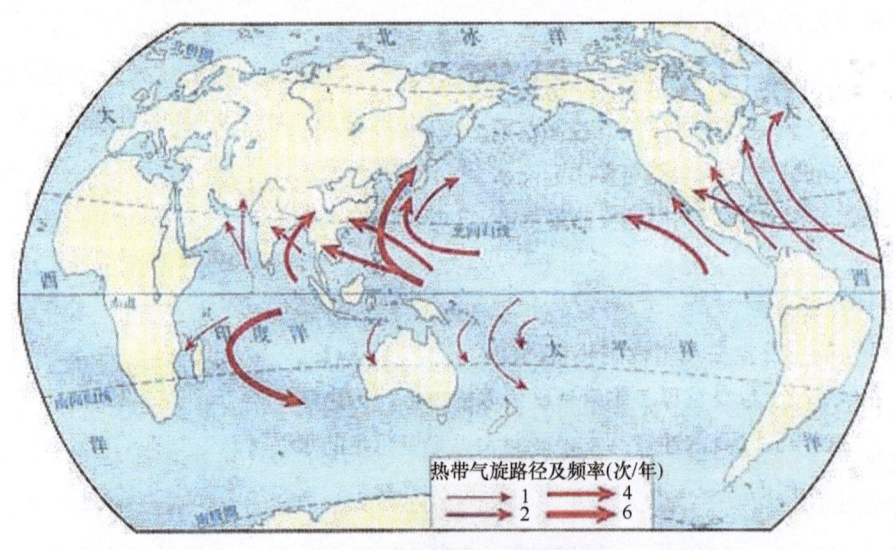

图 1-4 全球热带气旋分布图

图片来源：http://wt.zjzszx.cn/imagemeterial/view.asp？id=31158

称 SSHS），中心风速 306km/h，最低气压 870mbar，环流宽 2174km，足以遮蔽半个美国。"泰培"造成日本 1979 年的大范围洪灾，死伤数百人，对我国福建省也造成了一定的影响。2005 年 8 月，"卡特里娜"飓风多次登陆美国，登陆瞬时风速高达 344km/h，是大西洋有飓风记录以来的第四强的飓风。由于"卡特里娜"飓风中心气压低（仅 918hPa，为美国有记录以来第三低的登陆飓风），形成了 5 级强飓风，成为美国历史上影响最为严重的飓风事件（王晓东等，2005）。

3）龙卷风。龙卷风是指在极不稳定天气下由空气强烈对流运动而产生的一种伴随着高速旋转的漏斗状云柱的强风涡旋。其中心附近风速为 100~200m/s，最大可达 300m/s，比台风（产生于海上）近中心最大风速大好几倍。龙卷风的破坏性极强，其经过的地方，常会拔起大树、掀翻车辆、摧毁建筑物，甚至把人吸走。美国、英国、加拿大是龙卷风发生最频繁的地区。美国平均每年遭受 1200 次龙卷风的袭击，约有 50 人因此死亡，在美国中西部和南部的广阔区域以"龙卷风道"最为著名（图 1-5）。有记录以来美国最致命的龙卷风是发生于 1925 年 3 月 18 日，越过密苏里州东南部、伊利诺伊州南部和印地安那州北部的"三洲大龙卷"（Tri-State Tornado），导致 695 人死亡。2013 年 5 月 20 日，一场强度达到最高的 EF5 级的龙卷风袭击了美国俄克拉荷马州摩尔市的郊区。由于移动路线异乎寻常，经过人口密集区域，造成数十人死亡，经济损失巨大。

图 1-5 龙卷风

图片来源：http://www.uux.cn/viewnews-24689.html

4）寒潮。寒潮又名寒流，是指某一地区冷空气过境后，气温24h内下降8℃以上，且最低气温下降到4℃以下；或48h内气温下降10℃以上，且最低气温下降到4℃以下；或72h内气温连续下降12℃以上，并且最低气温下降到4℃以下的一种天气现象。寒潮是一种大型天气过程，往往伴随着大风和雨雪天气，引发多种严重的气象灾害。2008年年初的中国南方低温雨雪冰冻也是一次典型的寒潮天气灾害（图1-6），受灾区域涉及湖南、湖北、安徽、贵州、江西、江苏、浙江、广西等南方大部分省份，灾害直接或间接导致129人死亡，引发电力中断、交通受阻等一系列问题，直接经济损失超过1000亿元。

图1-6　被凝结冰凌拉断的电力铁塔

5）暴风雪。暴风雪是指-5℃以下大降水量且伴有强烈的冷空气气流天气的统称。1888年的美国东北部暴风雪，巨大的降雪量，极低的温度，狂风掀起的滔天积雪导致近400人丧生；1993年，世纪大风雪袭击了美国东海岸，成为美国有记录以来暴风雪影响覆盖范围最广的一次，多个地区积雪超过1m。2010年12月，欧洲多个国家遭受严重的暴风雪袭击，导致交通堵塞、航班取消、电力供应中断，造成数十人死亡。2013年，美国东部又一次大范围遭受了暴风雪袭击，损害严重。

6）雷暴。雷暴是发生在积雨中的雷击、闪电的局地对流性天气现象，常伴随狂风、暴雨、冰雹、龙卷风等灾害性天气共同发生。形成雷暴的条件是大气层不稳定，有充沛的水汽和足够的冲击力。雷暴有一定的地区性和时间性，主要发生在内陆地区，以中低纬度的山区为多；发生时间主要在雨季，以下午为多。雷暴过程一般比较短促，主要危害有造成人畜伤亡，击毁建筑物、输电线路、通信线路，威胁飞机、火箭、导弹安全，影响交通运输，干扰无线电通信，有时引起爆炸和森林大火，造成严重破坏损失，如图 1-7 所示。1962 年 3 月 6 日，一架法航波音 707 飞机在起飞时遭遇强雷暴天气失事坠毁，造成乘客和机组人员 100 多人丧生。

图 1-7　芝加哥地标建筑威利斯大厦和川普国际大厦同时遭遇闪电

图片来源：http://men.ycwb.com/2010-07/26/content_2584767_2.htm

(2) 气候灾害

气候灾害是指由于气候异常而对人类生活和生产所造成的灾害。在形式上往往通过天气灾害表现出来，反映的是长时间、大范围、持续性和累积性的天气灾害效应，这种效应达到一定强度和范围就表现为我们常说的气候异常。从一般意义上说，按照多年的一般规律应该降雨的季节却久久不见雨水，应该干旱少雨的季节却阴雨绵绵，气温异常偏高或偏低等反常的现象，导致人类生活及生产的不适应甚至生命财产损失。

近 100 多年来，全球平均气温经历了冷→暖→冷→暖四次波动，总的来看气温为上升趋势。进入 20 世纪 80 年代后，全球气温明显上升，气候变暖趋势明显。全球变暖指的是在一段时间中，地球大气和海洋温度上升的现象，主要是指人为因素造成的温度上升。世界范围内认为可能是由于温室气体（$CO_2$）排放过多所造成的。全球变暖会使全球降水量重新分配、冰川和冻土消融、海平面上升等，危害自然生态系统的平衡，造成气候异常，极端天气事件频发，威胁人类的食物供应和居住环境。2013 年，科学家发现北极冰盖覆盖范围有所增加，有的学者认为气候可能转冷，但无论气候变冷还是变暖，其变化会给人类现今的生产、生活方式带来影响。

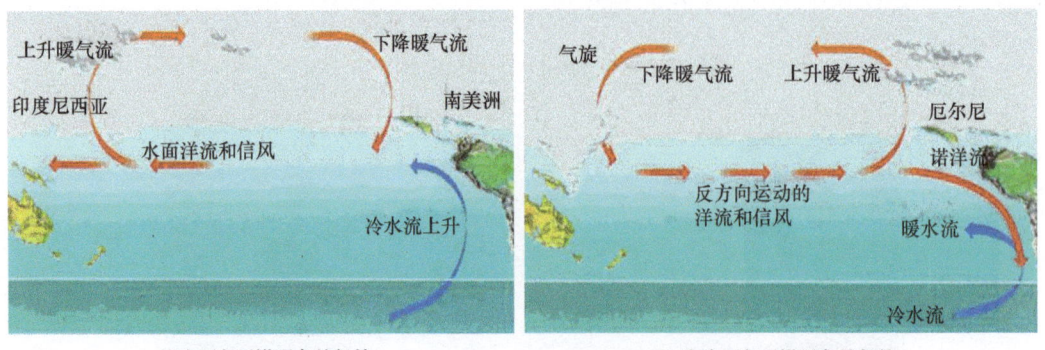

a. 没有厄尔尼诺现象的年份　　　　b. 发生厄尔尼诺现象的年份

图1-8　厄尔尼诺现象示意图

图片来源：http://www.baike.com/wiki/厄尔尼诺现象

气候灾害的另一种典型表现形式是厄尔尼诺和拉尼娜现象，如图1-8所示。厄尔尼诺是指在南美洲西海岸（秘鲁和厄瓜多尔附近）向西延伸，经赤道太平洋至日期变更线附近的海面温度异常增暖的现象。每当这种现象发生时，全球气候出现异常，一些地区暴雨成灾，洪水泛滥；而另一些地区则久旱无雨，农业歉收。拉尼娜现象是指赤道太平洋东部和中部海面温度持续异常偏冷的现象（与厄尔尼诺现象正好相反），是热带海洋和大气共同作用的产物。如中国1931年、1954年和1998年洪水，都发生在厄尔尼诺年的次年；1998年遭遇的特大洪水，厄尔尼诺便是最重要的影响因素之一，而1997年强厄尔尼诺发生的当年，中国北方的干旱和高温十分明显。

在中国历史上，气候灾害经常发生，比较典型的气候灾害如明朝末期的"崇祯大旱"，自1637年开始到1642年结束，持续了7年之久，是中国近500年持续性时间最长、范围最大、受灾人口最多的旱灾。根据历史资料（赫治清，2007），"崇祯大旱"正处于近1000年中的第4个低温期的末段，气温骤然下降到了1000年以来的最低点；降水量也显著低于正常年份，其中1637年、1639年、1640年和1641年，华北地区降水量不足400mm，5～9月降水量不足300mm，比常年偏少30%～50%，连续干旱使旱灾扩散至黄河、海河、淮河和长江流域23个省（区），导致禾苗尽枯、庄稼绝收，山西汾水、漳河均枯竭，河北9河俱干，白洋淀涸，淀竭、河涸现象遍及各地。1640年山西、河北、山东、河南严重的疫灾，使灾害更趋严重，随后1644年爆发农民起义，间接导致了明朝的覆灭。可见，气候异常所造成的灾害后果远大于一次天气灾害。

总的来说，气象灾害主要有以下几个特点：①种类多，包括暴雨洪涝、干旱、热带气旋、霜冻低温等冷冻害、风雹、连阴雨、浓雾及沙尘暴等其他灾害共7大类20余种，如果细分，可达数十种甚至上百种。②范围广，一年四季都可出现气象灾害，无论在高山、平原、高原、海岛，还是在江、河、湖、海以及空中，处处都有气象灾害。中国

70%以上的国土、50%以上的人口以及80%的工农业生产地区，每年均不同程度受到气象灾害的冲击和影响。③频率高，中国旱、涝和台风等灾害频发，自公元前206年至1949年的2155年间，共发生较大的洪水灾害1092次，发生较大旱灾1056次，平均每两年发生一次较大水灾或严重干旱。1949年以来，黄河、长江、淮河等7大江河发生较大洪水50多次，发生较大范围的严重干旱近20次。④持续时间长，同一种灾害常常连季、连年出现。例如，1951～1980年华北地区出现春夏连旱或伏秋连旱的年份有14年。⑤群发性突出，某些灾害往往在同一时段内发生在许多地区，如雷雨、冰雹、大风、龙卷风等强对流性天气在每年的3～5月常有群发现象。1972年4月15～22日，从辽宁到广东共有16个省、自治区的350多个县、市先后出现冰雹，部分地区出现10级以上大风以及龙卷风等灾害天气。⑥连锁反应显著，天气气候条件往往能形成或引发、加重洪水、泥石流和植物病虫害等自然灾害，产生连锁反应。⑦灾情重，联合国公布1947～1980年全球因自然灾害造成人员死亡达121.3万人，其中61%是由气象灾害造成的。据有关部门统计，1991～2009年，中国每年平均因各类气象灾害直接造成的死亡人数为3973人，约3.98亿人次受灾，直接经济损失约2026亿元人民币。

### 3. 水旱灾害

水旱灾害，主要是指洪涝与干旱事件给人类生命财产带来损失等不利影响的现象。在诸多文献专著中经常会将洪涝和干旱引起的灾害作为气象灾害的一种具体类型进行论述。以往，人类对自然天气如暴雨、连年少雨等不利天气几乎没有抵御能力，只能听之任之，只要发生不利的天气事件就会给人类造成灾害；然而，随着人类开发利用自然的能力不断增强，对气象引起的洪水与干旱事件的抵御能力也在不断提高，相同等级的洪涝与干旱事件造成的灾害损失也会显著降低，甚至不会给人类带来灾害性后果。可见，洪涝与干旱灾害的具体内涵已经发生了变化，已经不同于气象意义上的洪涝与干旱问题，即使发生了气象意义上的洪涝或干旱现象，未必会因洪涝或干旱造成灾害。因此，有必要结合现代人类社会发展水平及特征来阐述洪旱灾害问题。

（1）洪涝灾害

洪水和雨涝主要是由大雨、暴雨引起的，因此洪水灾害与雨涝灾害有着密切的联系，但二者在概念上是有区别的，洪水灾害是指因暴雨急流或河流泛滥所造成的灾害，雨涝是指因渍水、淹没造成的灾害。从影响的对象及范围来说，二者的区分在于雨涝的主要危害是影响农作物生长、造成农作物减产或绝收，易形成盐碱地；而洪水除了会淹没冲毁农作物之外，还会损毁房屋、建筑、水利工程设施、交通设施、电力设施等，甚至造成不同程度的人员伤亡。由于洪水、雨涝往往同时或连续发生在同一地区，所以进行灾情调查统计和分析研究时，很难明确的区分与界定，因而统称为洪涝灾害。

根据洪灾的成因可分为三大类，即降雨性洪灾、融冰（雪）性洪灾和工程失事性洪灾。例如，常见的暴雨洪灾、融雪洪灾、冰凌洪灾、山洪洪灾、溃决洪灾、泥石流等，其概念如下：

1）暴雨洪灾。当暴雨发生，汇入河道的水流超出天然堤或人工堤坝时，就有可能造成洪灾。通常，中低纬度地区的暴雨洪灾发生比例相对较高，尤其是大江、大湖附近。在中国，暴雨洪水多发生在夏秋季节，发生的时间自南向北逐渐推迟。大范围暴雨主要由两种天气系统形成：一是西风带低值系统，包括锋、气旋、切变线、低涡等，影响中国大部分地区；二是低纬度热带天气系统，主要是热带气旋，常见于中国东南沿海和南方各省。暴雨洪水一般具有涨落快、起伏较大、破坏力强的特点。

2）融雪洪灾。融雪洪灾是指在高纬度、高海拔地区，冬季较厚的积雪在春季气温大幅上升后，短时间内融化形成洪水，进而演化成洪灾的一种现象。融雪洪灾主要分布在我国东北和西北高纬度山区，一般发生在4~5月，洪水历时长、涨落缓慢；受气温影响，洪水过程呈锯齿形，具有明显的日变化规律。

3）冰凌洪灾。冰凌洪灾是指由于大量冰凌阻塞河道，形成冰塞或冰坝，使上游水位显著壅高，当冰塞融解或垮塌，冰坝突然破坏时，水量突然下泄导致的灾害现象。这种现象在中国黄河的部分河段较为常见（图1-9）。例如，1969年2月黄河下游涄口以上形成20余公里的冰坝，冰坝上游水位壅高超过了1958年特大洪水水位，黄河大堤出现渗水、管涌、漏洞等险情。

图1-9　2009年1月黄河壶口瀑布被冰封情景

4）山洪洪灾。山洪洪灾是指在河道、冲沟和坡面等坡度较大的区域，降水汇流速度很快，迅速在干流河道中形成波高较大的洪峰，并给沿岸及下游的人类造成生命和财产的损失。山洪属于暴雨洪灾的一种特殊类型。

5) 溃决洪灾。由于河流上游来水量过大,摧毁水库堤坝或河流沿岸堤坝,形成溃决洪水并演变为洪灾,这种类型的灾害可称之为溃决洪灾。中国历史上的黄河决堤就是典型的溃决洪灾。除此之外,泥石流、滑坡、地震等因素也有可能形成溃决洪灾。

6) 泥石流。泥石流是一种发生在山区河流河谷中的包含泥、石、水的液固两相流,是一种破坏力很大的突发性特殊洪流(图1-10)。暴雨或冰雪融水是其发生的主要诱因。在时间上,泥石流往往发生在暴雨季节,或者冰川、高山积雪强烈融化的时期;在空间上,泥石流主要发生在断裂褶皱发育、新构造运动活跃、地震活动强烈,植被不良、水土流失严重的山区及有现代冰川分布的高山地区。

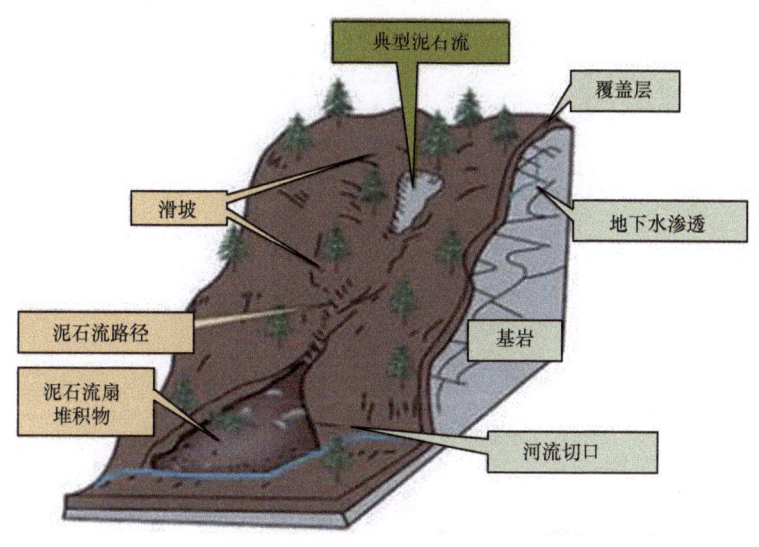

图1-10 典型泥石流示意图

图片来源:http://news.xinhuanet.com/society/2011-08/22/c_121892005.htm

自古以来,人类就遭受洪水的不断侵扰,人类的历史也可以说是与洪水搏斗的历史。随着人类社会文明和科学技术的不断进步,开发利用自然的能力大为增强,制约自然灾害的手段也更丰富多样,但洪水灾害依然肆虐,造成的各类损失有增无减。究其原因,除了全球气候环境变化、自然演变的作用外,人类活动本身的影响也是重要诱因,如毁林开荒、城市化建设、围湖造田、盲目的经济发展等带来的影响。

洪涝灾害是全世界发生频率高、危害范围广、对国民经济影响最为严重的自然灾害(Fend and Luo,2008;Meyerv et al.,2009)。在美国,虽然全国只有7%的土地面积(约3885万 $hm^2$)处于洪泛区,但是有700多万个建筑物、价值数十亿美元的社区设施和私人财产受到洪水的威胁。1955年美国有1000万人居住在洪水经常泛滥的地区,30年后翻了一番,达到了2000万人。到20世纪90年代中期,美国约有12%的人口居住在洪水经常泛滥的地区。中国水旱灾害直接经济损失占各类自然灾害直接经济总损失的

60%左右。1990年以来,全国年均洪涝灾害损失在1100亿元左右,约占同期GDP的2%;遇到发生流域性大洪水的年份,该比例可达3%~4%。

1998年夏季,中国多条河流发生特大洪水,其中长江流域洪水泛滥,造成严重的洪灾损失。流域多个暴雨中心持续降水,导致长江干流连续形成了8次洪水过程,造成了自1954年以来长江最大的洪水灾害,长江中下游湖南、湖北、江西、安徽、江苏五省受灾人数达8400多万人,农作物受灾953.3万$hm^2$,倒塌房屋328.8万间,死亡1562人,直接经济损失1345亿元(图1-11)。

图1-11　1998年荆江大堤郝穴铁牛矶受淹情况

2013年5月至6月,欧洲中部降雨量较常年显著偏多,其中德国偏多78%。5月28日至6月1日,中欧出现了一次强降雨过程,雨区覆盖德国、捷克、奥地利、波兰和瑞士等国大部分地区,连续暴雨使中欧一些河流发生"世纪洪水",6月初多瑙河水位超过了1954年的历史最高水位,易北河水位接近2002年特大洪水高水位。

(2)干旱灾害

干旱是指某一地区长期无雨或高温少雨,使空气及土壤的水分缺乏的一种现象。从古至今,干旱与洪水都是人类面临的主要自然灾害。与洪水不同的是,干旱通常是一个长期的演变过程,并且随着干旱持续时间的增加,干旱的程度和影响将会急剧增大,累积效应越发显著。干旱灾害是指由于降水减少、水工程供水不足引起的用水短缺,并对生活、生产和生态造成危害的现象。干旱灾害是干旱现象对人类社会系统的一种不利影响。干旱和干旱灾害是两个不同的概念。发生了干旱不等于就会发生旱灾,干旱也不仅仅是在内陆降水偏少的地区,在一些降水丰沛的湿润地区,干旱和旱灾也会经常发生。干旱灾害具有明显区别于其他灾害的特点:一是其影响具有累计效应,其开始、结束时间难以准确判定;二是与洪水、地震、泥石流灾害不同,旱灾一般不会对人类社会造成直接的人员伤亡及建筑物设施的毁坏，但带给人类社会的影响和损失却有过之而无不及。

中国是一个旱灾频发的国家。1949年以来，全国年平均受旱面积2140万 hm²，其中成灾面积873.4万 hm²；全国每年平均因旱损失粮食142亿kg，其中有13年发生严重干旱灾害，相当于4年左右发生一次重旱，受旱面积均超过2666.7万 hm²，成灾面积超过1333.3万 hm²。1990年以来，全国年均因旱造成的直接经济损失约占同期GDP的1%以上，遇严重干旱年景，该比例超过2%。2000年北方大旱，造成数百座城市缺水，对整个经济社会发展影响巨大。随着社会经济的发展，工农业和城市生活用水急剧增加，加上水环境恶化，可用水量减少，我国旱灾发生频率呈上升趋势，对国民经济的影响也日趋显著（图1-12）。在美国，干旱灾害同样肆虐。2007年，美国东南部大旱，佐治亚州和几个邻近的州遭受了有史以来最严重的干旱。当时，在亚特兰大的一个地区，剩下的水仅够用3个月。随着干旱进一步恶化，水供应下降导致佛罗里达州、佐治亚州和阿拉巴马州之间发生严重的法律纠纷。此次大旱让人们意识到，水可能比能源（石油）更加重要。

图1-12　2010年中国西南大旱期间云南省大理祥云县一座干涸的水库

### 4. 地质灾害

地质灾害是指由于自然或人为因素而引起的地质环境或地质体变化，并给人类生命财产及环境造成破坏和损失的地质现象。2004年中国国务院颁发的《地质灾害防治条例》中对地质灾害给出了更加准确的定义：包括自然因素或者人为活动引发的危害人们生命和财产安全的山体崩塌、滑坡、地面塌陷、地裂缝、地面沉降等与地质作用有关的灾害。地质灾害按照人员伤亡、经济损失的大小，分为特大型、大型、中型和小型四个等级。

地质灾害涉及的因素众多，其分类十分复杂，往往根据需求的不同采用不同的分类标准。根据地质灾害的成因，可以分为自然地质灾害和人为地质灾害两大类。例如，由于岩土工程处置不当而发生地质事故并导致人员和财产损失就是较为典型的人为地质灾害。

根据地质环境或地质体变化的速度来分，可分为突发性地质灾害和缓发性地质灾害两大类。例如，滑坡、崩塌、岩土工程事故等突发性地质灾害，也是通常所理解的狭义地质灾害；而水土流失、土地沙漠化、荒漠化、石漠化等缓发性环境地质灾害，需要较长时间的积累才会给人类带来不利的影响，然而这种影响一旦产生，其恢复或修复过程也是一个漫长的过程。

根据地质灾害发生区的地理或地貌特征，可分为山地地质灾害和平原地质灾害两类。泥石流、滑坡、崩塌等在山区较为常见，而地面沉降等地质灾害则在平原地区发生频率更高。

地质灾害在世界各国均有发生。日本地势狭长陡峭，地质条件差，极易发生土砂灾害，全国共有泥石流溪沟约 190 130 条，滑坡危险区约 92 390 处，陡坡地崩塌危险区约 117 025 处，活火山 86 座。1998 年，发生在印度库茂恩（Kumaun）喜马拉雅的玛尔帕（Malpa）的岩石崩塌-泥石流瞬间导致 220 人死亡，摧毁了整个玛尔帕村庄，损失惨重。1965 年 11 月 22 日，中国云南省禄劝县普福乡烂泥沟发生滑坡，滑坡体积约 2 亿 $m^3$，将 5 座村庄掩埋，导致 443 人死亡，是中国同类灾难事件中死亡人数最多的。中国国土资源部统计表明，2011 年，全国共发生各类地质灾害 15 664 起，造成人员伤亡的地质灾害 119 起，造成 245 人死亡、32 人失踪、138 人受伤，直接经济损失达 40.1 亿元。2006～2011 年，中国境内每年由于地质灾害造成死亡和失踪人数约为 981 人，直接经济损失 37 亿元。其中，2010 年是近几年地质灾害最严重的年份，全年死亡和失踪人数高达 2915 人，直接经济损失 63.9 亿元，比 6 年平均分别高出 197%、72%，如图 1-13 所示。

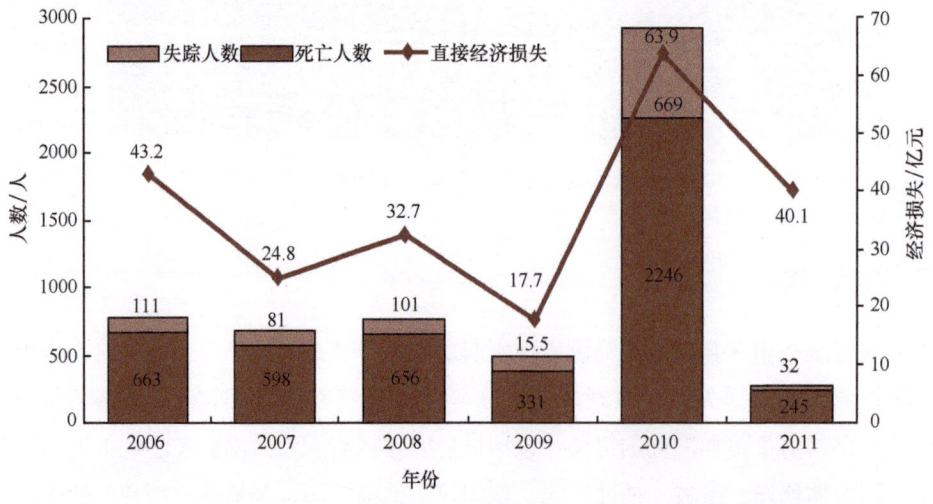

图 1-13　2006～2011 年中国地质灾害造成的死亡、失踪人数和直接经济损失

## 5. 海洋灾害

海洋灾害是指因海洋自然环境发生异常变化,导致在海上或海岸带发生的自然灾害。例如,人们熟知的海啸、风暴潮、赤潮、海浪与海冰等都属于海洋灾害。引发海洋灾害的原因有很多,包括大气的强烈扰动(如热带气旋)、海底地震、海底火山爆发、海底滑坡、地裂缝等。

1)海啸。由海底地震、火山喷发、海底滑坡、塌陷等海底突然变动引起的海水大幅度升降从而形成的巨大海浪,称之为海啸。海啸传播的速度极快,可达220m/s,到达滨海时海水陡涨,瞬间形成巨大的"水墙",高度可达到几十米,最高达64m,海浪以排山倒海之势涌向海岸,摧毁堤防、涌入陆地、吞没城镇、村庄,然后海水骤然退出,如海水涨潮、退潮一般;而后这样的过程还可能多次反复,给滨海地区造成巨大的生命和财产损失。1933年,日本海沟发生8.5级地震,引起高达27m的巨大波浪,并以750km/h的速度前进,导致沿海地区数以千计的人死亡。2004年12月26日,印度洋与亚洲板块的交界处发生9.3级海底地震,引发高达十几米的海啸,造成印度尼西亚、斯里兰卡、泰国、印度、马尔代夫等国近29.2万人遇难,财产损失难以计算(图1-14)。2011年3月11日,日本本州岛东北宫城县以东太平洋海域发生9.0级地震,地震引起10m高的海啸,最高达23m,海啸巨浪冲过海岸,沿海城镇被完全摧毁、几成废墟,死亡失踪人数约2.82万人;海啸还导致日本福岛第一核电站发生放射性物质泄漏,随后1号机组发生氢气爆炸,引发核灾难;据初步统计,日本大地震和海啸造成的经济损失高达3500亿美元。

图1-14　2004年印度尼西亚海啸波及斯里兰卡海滩

图片来源:http://www.iahr.org.cn/iahr/hyhd/webinfo/2010/06/1273896624195882.htm

2）风暴潮。风暴潮是指由热带气旋、温带气旋等强烈大气扰动引起的海面异常升降，并危害人类生命财产安全的现象。风暴潮往往会遭遇天文潮并形成叠加效应，使强烈的低气压风暴涌浪形成的高涌浪与天文高潮合力形成破坏力更强的浪潮，这也成为风暴潮是否成灾及灾害强度的一个重要因素。因此，风暴潮又被称为风暴海啸、气象海啸、风暴增水等。根据风暴的成因，风暴潮分为由热带气旋引起的台风风暴潮和由温带气旋引起的温带风暴潮两大类。风暴潮不仅破坏海上设施，使海上船只沉没，而且还经常侵袭沿海地区，破坏房屋与工程设施，淹没城镇、村庄与耕地，造成人员伤亡等严重损失。据统计，从影响的频率和范围来说，风暴潮是全球影响最广泛的海洋灾害，世界上绝大多数由强风暴引起的特大海岸灾害都是由风暴潮造成的。1970年11月13日，孟加拉湾沿岸爆发了一次震惊世界的热带气旋风暴潮灾害，风暴增水超过6m，造成恒河三角洲一带30万人死亡，100多万人无家可归，成为近百年来亚洲地区最严重的风暴潮灾害；1991年4月29日，孟加拉湾再次爆发风暴潮，巨浪高达6m多，吉大港水淹深达2m，在有风暴潮预警的情况下滨海沿岸仍有14万人丧生，受灾人口1000万，经济损失超过30亿美元；1959年9月26日，日本伊势湾顶的名古屋一带地区，遭受了日本历史上最严重的风暴潮灾害。最大风暴增水曾达3.45m，最高潮位达5.81m。当时，伊势湾一带沿岸水位猛增，暴潮激起千层浪，汹涌地扑向堤岸，防潮海堤短时间内即被冲毁，造成了5180人死亡，伤亡合计7万余人，受灾人口达150万，直接经济损失852亿日元（1959年价）。美国也是一个风暴潮灾害频发的国家，既有飓风风暴潮又有温带大风风暴潮。2005年8月，"卡特里娜"飓风在密西西比州的比罗西市引发了美国历史上有记录以来的最高风暴潮，高达10m的风暴潮造成新奥尔良市防洪堤溃决，影响范围涉及佛罗里达州、路易斯安那州、密西西比州、亚拉巴马州等7个州，受灾面积达23.3万km$^2$，灾害还导致1121人死亡，100多万居民被迫大迁移，经济损失超过2000亿美元。

3）赤潮。赤潮是在特定的环境条件下，海水中某些浮游植物、原生动物或细菌爆发性增殖或高度聚集而引起水体变色的一种有害生态现象。赤潮是一种常见的海洋灾害，对生态平衡和渔业环境具有较强的破坏作用，从而危害渔业与养殖业。另外，有毒的赤潮还能通过食物链转移造成人畜中毒死亡。因此，赤潮被称为"红色幽灵"，或"有害藻华"。赤潮并非只有红色，根据引发赤潮的生物种类和数量的不同，还会形成黄、绿、褐色等不同的颜色。除了自然因素外，赤潮的频繁发生与人类活动也密切相关。在20世纪50~60年代，工业发达国家和地区的沿海水域频繁爆发赤潮，如日本和美国等发达国家的沿岸水域；但到了20世纪70年代，一些发展中国家的沿岸水域发生赤潮的频次开始增加，发生的区域也从近岸浅水海域向近海甚至是远海水域扩展；20世纪80年代以来，赤潮灾害已遍及世界各沿海国家和地区的沿海水域，成为一种全球性的海洋灾害（图1-15）。近十几年来，由于海洋污染日益加剧，中国赤潮灾害频发，由最初分散的少数海域，发展到成片海域，一些重要的养殖基地受害尤重。据中国国家海洋局统计，2011 年中国沿海海域共发生赤潮 55 次，累计面积 6076km²。其中，东海发生赤潮次数最多，为 23 次；黄海赤潮累计面积最大，为 4242km²。赤潮引起的中国直接经济损失约 325 万元。

图 1-15　2012 年 11 月 27 日澳大利亚悉尼 Clovelly 海滩爆发赤潮
图片来源：http://photo.iyaxin.com/content/2012-11/28/content_3703008_3.htm

4）海浪。海浪是指海面的波动现象。所谓海浪灾害是指由于海浪过大而对近海人类生活与生产安全带来危害的现象。通常将有效波高大于等于 4m 的海浪称之为灾害性海浪。当海浪波高超过 6m 时，就能够掀翻船只、破坏海上工程和海岸工程，给海上航行、施工、军事行动、渔业捕捞、滨海养殖等造成显著危害。根据形成灾害性海浪的天气系统，可将海浪分为冷高压型海浪（又称寒潮型海浪）、台风型海浪、气旋型海浪、冷高压与气旋配合型海浪四类；根据海浪的形态分为风浪、涌浪和近岸浪。据中国国家海洋局统计，2011 年中国近海海域共发生灾害性海浪过程 37 次，其中台风浪 14 次，冷空气浪和气旋浪 23 次，因灾直接经济损失约 4.42 亿元，死亡、失踪 68 人。

5）海冰。广义的海冰是指海洋中冰的统称，包括由于天气寒冷，海水冻结形成的咸水冰，以及流向海洋的河冰、湖冰。狭义的海冰仅指海水冻结形成的冰。海冰的主要危害是阻碍航运、破坏渔业、滨海养殖业以及其他海上活动（图 1-16）。海冰危害的程度与范围取决于结冰的范围和厚度，这也是反映海冰冰情的基本指标。中国近海海域存在海冰灾害的海域主要包括辽东湾、渤海湾、莱州湾及黄海北部。据中国国家海洋局统计，2011 年中国海冰灾害主要发生在山东省和辽宁省，水产养殖受损面积 54.42 千 hm²，水产品损失 8.18 万 t，因灾直接经济损失 8.81 亿元。

图 1-16　2013 年 2 月一艘拖轮在中国渤海浮冰海域航行

图片来源：http://www.chinaneast.gov.cn/2013-02/09/c_132161472_2.htm

### 6. 生物灾害

生物灾害是指由于人类的生产生活不当、破坏生物链或在自然条件下的某种生物的过多过快繁殖（生长）而引起的对人类生命财产或生态平衡造成危害的自然事件。

根据危害的对象，生物灾害可以分为农业生物灾害（包括畜牧业、淡水渔业）、森林生物灾害（包括野生动物疫病）等。根据导致灾害的生物种类分为病害、虫害、草害、蝗灾、鼠害、生物入侵等。据联合国粮农组织统计，全球谷物生产常年因虫害损失14%，因病害损失10%，因草害损失5.8%，病虫草害可夺去农作物产量约30%。具体以农业生物灾害为例，生物灾害常会导致农作物面积减产绝收、农作物大批量变质、经济损失及灾害扩大趋势。

农业生物灾害是指危害农作物及其产品的植物病害、有害昆虫、螨类、农田杂草和农田鼠害等（周泽宇，2004）。农作物的病虫草鼠害古来有之，并曾给人类带来了巨大的灾难。早在 2000 多年前的著作《诗经》中就有"硕鼠硕鼠，无食我黍"的记载；《春秋》中还有关于蝗灾的记载；公元 25 年，汉光武帝就发布了世界上第一部治虫法规；公元 1660 年，法国鲁昂地区为防止植物病虫害的传播，宣布了一项关于铲除小蘖并禁止其传入以防治小麦秆锈病的法令，首次将植物检疫作为农作物虫害防治的手段（中国农业百科全书总编辑委员会茶叶卷编辑委员会，2011）。

森林中的微生物、昆虫、鼠类的生存和活动，当其超过一定限度时就会给森林带来灾难，使林木死亡、减产，称为森林病虫鼠害，亦称森林生物灾害。据联合国粮农组织 2007 年全球森林状况报告，全球每年有约 1.04 亿 $hm^2$ 的森林受到各种林业有害生物影响，其面积占总面积的 65.3%（刘春兴等，2011）。中国也是一个饱受森林生物灾害威胁的国家。据统计，中国森林有害生物约 8000 种，能够造成严重危害的约 300 种，年均发生面积约 900 万 $hm^2$，直接经济损失和生态服务价值损失达 880 亿元，已经严重威胁到中国的森林资源、自然景观和生存环境，成为国民经济和社会发展中的突出问题之一（国家林业局森林病虫害防治总站，2000）。

白蛾是近几年来在沿海地区园林树木上发现的一种新害虫，食性杂，繁殖量大，适应性强，传播途径广，是危害严重的世界性检疫害虫。它喜爱温暖、潮湿的海洋性气候，在春季雨水多的年份，被害植物主要有白蜡树、臭椿、法桐、山檀、桑树、苹果、海棠、金银木、紫叶李、桃树、榆树、柳树等。初孵幼虫有吐丝结网、群居的习性，每株树上常多达几百只、上千只幼虫，把树木叶片蚕食一光，严重影响树木生长，危害非常严重。白蛾最早分布于美国、加拿大、东欧各国及日本、朝鲜等国。1979 年其在中国辽宁省首次发现；1985 年在陕西省西安市出现；1999 年以来，河北省唐山市及周边地区出现此虫危害；近几年，北京、天津、河北、辽宁、山东、陕西、河南等 7 个地区已经出现了美国白蛾疫情，为了治理美国白蛾，中国北方各地方政府都成立了由地方主要领导参加的美国白蛾防治领导小组。西安、咸阳、锦州等地利用人工、机械、化学等方法成功控制了美国白蛾的危害。主要方法有黑光灯诱杀成蛾、人工剪除网幕、秋冬季人工挖蛹、喷施溴氰菊脂和灭幼脲等。

### 7. 森林草原火灾

森林草原火灾是指因自然或人为原因，在森林、林地、草原或草山、草地起火燃烧所造成的灾害。森林草原火灾除造成生命财产损失外，主要是烧毁森林、草地，破坏森林和草地的生态系统功能，降低畜牧承载能力，促使森林或草原退化。森林草原火灾具有突发性强、破坏性大、处置救助较为困难的特点。

目前，全世界每年发生森林火灾约 22 万次以上，烧毁森林面积 640 万 $hm^2$ 以上，约占世界森林覆盖率的 2.3‰ 以上，每年世界森林火灾损失木材 3 亿 $m^3$。据统计，人为火源往往是引发森林草原火灾主要因素。世界各地的森林火灾分布不均，森林火灾总体呈下降趋势，但不稳定。对于一般性的森林火灾，目前可以预防和扑救，但对于特大森林火灾各国都无能为力。

中国 1949 年以来最大的森林火灾是 1987 年 5 月 6 日至 6 月 2 日发生在黑龙江大兴安岭的特大森林火灾。据统计，火灾过火面积 101 万 $hm^2$，大约损失林木 3000 万 $m^3$ 以上，烧毁了城镇、民房、医院、仓库、火车站以及铁路路轨、桥涵和多种设备等，受灾群众 5 万余人，死亡 193 人，受伤 226 人。

2013 年 6 月 14 日，美国科罗拉多州发生森林火灾（图 1-17），火灾蔓延面积约 60$km^2$，烧毁住宅 360 余户，造成两人死亡，约 4 万人被紧急疏散，财产损失达 3.5 亿美元。

图1-17　2013年6月美国科罗拉多州发生森林火灾

图片来源：http://news.xinhuanet.com/world/2013-06/22/124892480 7ln.jpg

## （二）人为因素类

除自然因素外，由于人为因素导致的安全问题也是千变万化，在理论上根据需求有多种分类方法。根据公共安全事件的发生过程、性质和机理可以将其划分为事故灾难、公共卫生事件和社会安全事件。

### 1. 事故灾难

事故灾难是指在人们生产、生活过程中发生的，直接由人的生产、生活活动引发的，违反人们意志的，迫使正常生产、生活活动暂时或永久停止，并且造成大量的人员伤亡、经济损失或环境污染等具有灾难性后果的意外事件。比较常见的事故灾难包括重大交通运输事故、重大工矿商贸事故、城市生命线安全事故、信息安全事故、生态环境污染事故等（薛澜和钟开斌，2005），具体示例如表1-3所示。在全球交通、能源、煤矿、建筑施工、危险化学品等行业领域，生产安全事故频繁发生，总量大、损失重，造成大量人员伤亡和经济损失（颜烨，2007）。

表1-3　事故灾难分类及示例

| 类别 | 具体分类 | 示例说明 |
| --- | --- | --- |
| 事故灾难 | 交通运输事故 | 飞机失事，沉船事故、公路铁路车祸 |
| | 工矿商贸事故 | 工矿事故，建筑工程事故，化工和危险化学品事故等 |
| | 城市生命线安全事故 | 造成重大损失的供水、供电、供油、供气等事故 |
| | 信息安全事故 | 通信、信息网络、特种设备等安全事故 |
| | 生态环境安全事故 | 突发水污染事故、环境破坏事故、核辐射污染事故 |

(1) 交通运输事故

交通运输事故是指飞机、火车、机动车辆、船舶等交通运输工具在行进线路上因过错或者意外造成人身伤亡或者财产损失的事件。交通运输事故是造成人员伤亡人数最多的事故灾害之一。引起交通运输事故的原因既可能是由于违反交通管理法规造成的，也有可能是由于地震、台风、山洪、雷击等不可抗拒的自然灾害造成。国内外发生的交通运输事故不胜枚举，如著名的泰坦尼克号沉船事故，造成1500余人遇难；1977年3月27日，泛美航空公司与荷兰航空公司的两架波音747飞机在西班牙卡纳利岛的田尼利夫机场相撞，造成582人死亡；2010年，中国黑龙江伊春空难事故导致43人罹难；2011年7月23日，中国发生特大铁路事故，北京至福州D301次动车与杭州开往福州D3115次动车发生追尾（图1-18），造成39人死亡，并造成广泛的社会影响。

图1-18 中国"7·23"动车追尾事发现场

(2) 工矿商贸事故

工矿商贸事故是指在煤矿、非煤矿山、化工、建筑施工等领域的生产经营活动中发生的造成人身伤亡或者经济损失的事故。1984年，墨西哥城发生石油液化气爆炸，导致650人丧生、几千人受伤；1978年7月11日，西班牙一辆满载液化丙烯的槽车在路上发生爆炸，造成282人死亡、67人烧伤；1984年12月3日，美国的跨国公司联合碳化物公司在印度中央邦首府博帕尔开办的一家农药厂，发生了一起严重的毒气泄漏事故，造成3600多人死亡。2008年9月8日，中国山西省临汾市襄汾县发生重大尾矿库溃坝事故（图 1-19），造成 281 人死亡和失踪。2013 年 4 月 24 日，孟加拉国首都达卡一座容纳数家制衣厂的 8 层大楼发生垮塌，造成千余人死亡。

图 1-19　山西襄汾县尾矿库垮坝现场

图片来源：http://qjwb.zjol.com.cn/html/2008-09/15/content 3503909.htm

（3）城市生命线安全事故

城市供水、供电、供油、供气网络的正常运行是保障城市健康发展的基础，一旦发生事故，将导致整个城市系统瘫痪，无法运转。2003 年 8 月，美国、加拿大发生电网大停电事故，有 15% 的美国人受到影响，40% 的加拿大人受到影响，导致美国直接经济损失 60 亿美元，加拿大经济损失达数百亿。2012 年 7 月 30 日，印度三大电网先后崩溃，超过全国领土一半的地区电力供应中断，6 亿多人受到影响，首都新德里和加尔各答等一些大城市也未能幸免。

（4）信息安全事故

信息安全事故是指由于自然或者人为因素，以及软硬件本身缺陷或故障的原因，对信息系统造成危害，或对社会造成负面影响的事件。信息安全事件可以是故意、过失或非人为原因引起的，考虑信息安全事件的起因、表现、结果等，其可分为有害程序事件、网络攻击事件、信息破坏事件、信息内容安全事件、通信设施设备故障、灾害性事件及其他事件 7 类。信息安全事件的防范和处置是国家信息安全保障体系中的重要环节，也是重要的工作内容。严重的信息安全事故可能造成特别重大的社会影响，范围波及一个或多个省市的大部分地区，极大地威胁国家安全，甚至引起社会动荡，对经济建设有极其恶劣的负面影响,或者严重损害公众利益。比较具有代表性的信息安全事故如 2012 年,多家主流 B2C 网站用户个人信息泄露,致使用户财产损失、隐私泄露,电商信息安全问题成为一时焦点。

(5) 生态环境安全事故

生态环境安全是指环境生态系统的健康和完整情况,是人类在生产、生活和健康等方面不受生态破坏与环境污染等影响的一种状态。破坏环境生态系统,影响人类生产、生活的事件就可称之为生态环境安全事故。1986 年 4 月 26 日,苏联切尔诺贝利核能发电厂 4 号反应堆发生严重泄漏及爆炸事故,超过 8t 的强辐射物质泄露,爆炸尘埃随风飘散,大约有 1650km² 的土地被辐射。这次事故所释放出的辐射剂量是广岛原子弹的 400 倍以上,导致 30 人当场死亡,上万人由于放射性物质的长期影响而致命或患重病。2010 年 4 月 20 日,英国石油公司在美国墨西哥湾租用的钻井平台"深水地平线"发生爆炸,导致大量石油泄漏(图 1-20),酿成一场经济和环境惨剧。美国政府证实,漏油事故的影响超过了 1989 年阿拉斯加埃克森公司瓦尔迪兹油轮的泄漏事件,是美国历史上最严重的一次漏油事故,墨西哥湾沿岸生态环境遭遇"灭顶之灾"。2011 年 6 月,由美国康菲石油公司负责生产作业管理的蓬莱 19-3 油田发生溢油事故,造成中国渤海累计超过 5500km² 海水受到污染,且溢油持续数月,对渤海海洋生态环境造成严重污染,并对溢油点附近海域海洋生态造成长期影响。

图 1-20　2010 年美国墨西哥湾一只身裹石油的海鸟

图片来源:http://a3.att.hudong.com/62/64/300000209541127563643438975.jpg

## 2. 公共卫生事件

(1) 事件分类

公共卫生事件是指已造成或者可能造成社会公众健康严重损害的重大传染病疫情、群体性不明原因疾病、重大食物和职业中毒以及其他严重影响公众健康的事件。根据事件的成因和性质，突发公共卫生事件可分为：重大传染病疫情、群体性不明原因疾病、重大食物和职业中毒、新发传染性疾病、群体性预防接种反应和群体性药物反应，以及其他影响公众健康的事件，如表1-4所示。

表1-4 社会公共卫生事件分类及示例

| 名称 | 类型 | 说明及示例 |
| --- | --- | --- |
| 社会公共卫生事件 | 重大传染病疫情 | 某种传染病在短时间内发生，波及范围广泛，出现大量的病人或死亡病例，其发病率远远超过常年的发病率水平的情况，如鼠疫、流感等 |
| | 群体性不明原因疾病 | 在短时间内，某个相对集中的区域内，同时或者相继出现具有共同临床表现的病人，且病例不断增加，范围不断扩大，又暂时不能明确诊断的疾病 |
| | 重大食物和职业中毒 | 由于食品污染和职业危害的原因而造成的人数众多或者伤亡较重的中毒事件 |
| | 新发传染性疾病 | 狭义指全球首次发现的传染病，广义指一个国家或地区新发生的、新变异的或新传入的传染病 |
| | 群体性预防接种反应和群体性药物反应 | 指在实施疾病预防措施时，出现免疫接种人群或预防性服药人群的异常反应 |
| | 其他公共卫生事件 | 不属于上述几种的其他公共安全卫生事件 |

重大传染病疫情是指某种传染病在短时间内发生，波及范围广泛，出现大量的病人或死亡病例，其发病率远远超过常年的发病率水平。群体性不明原因疾病是指在短时间内，某个相对集中的区域内，同时或者相继出现具有共同临床表现的病人，且病例不断增加，范围不断扩大，又暂时不能明确诊断的疾病。例如，传染性非典型肺炎疫情发生之初，由于对病原方面认识不清，虽然知道这是一组同一症状的疾病，但对其发病机制、诊断标准、流行途径等认识不清，这便是群体性不明原因疾病的典型案例。随着科学研究的深入，才逐步认识到其病原体是由冠状病毒的一种变种所引起。重大食物和职业中毒是指由于食品污染和职业危害的原因而造成的人数众多或者伤亡较重的中毒事件。新发传染性疾病狭义指全球首次发现的传染病，广义指一个国家或地区新发生的、新变异的或新传入的传染病。世界上新发现的32种新传染病中，有半数左右已经在我国出现，新出现的肠道传染病和不明原因疾病对人类健康构成的潜在危险十分严重，处理的难度及复杂程度进一步加大。群体性预防接种反应和群体性药物反应是指在实施疾病预防措施时，出现免疫接种人群或预防性服药人群的异常反应。这类反应原因较为复杂，可以是心因性的，也可以是其他异常反应。

（2）典型事件

历史上，世界各国都曾发生过许多影响巨大的社会公共卫生事件。

1）鼠疫。鼠疫是人类历史上最骇人听闻的瘟疫之一，在亚洲、非洲和欧洲都爆发过，曾间接促进了东罗马帝国的崩溃，改变了历史的进程。历史上的首次有记录的鼠疫大流行发生于公元6世纪，起源于中东，流行中心在地中海沿岸，几乎波及到当时所有国家。疫情持续了50~60年，肆虐巅峰时期每天有上万人因此丧命，死亡总数近1亿人。第二次鼠疫大流行，发生于公元14世纪，断断续续持续了近300年，疫区遍及整个欧亚大陆和北非北海岸。此次鼠疫在历史上又被称为黑死病，欧洲共死亡2500万人，占当时欧洲总人口的1/4，意大利和英国的死亡人数则为其总人口的一半。第三次鼠疫大流行始于19世纪末，至20世纪30年代达最高峰，共波及亚洲、欧洲、美洲和非洲的60多个国家，死亡人数达千万以上。此次鼠疫流行传播速度之快、波及地区之广，远远超过前两次大流行。

2）流感。流感这种看似"小病"的流行性感冒，由于变异种类多，传播速度快，给人类发展带来了致命的威胁。据统计，从20世纪开始，人类经历过多次堪称恐怖的流感大袭击（曾祥兴和李康生，2010）。①西班牙流感，又称1918年流感，于1918年3月初从一处位于美国堪萨斯州的军营开始，随后很快传播至底特律等3个城市，3月美国远征军乘船带至欧洲前线，4月传播至法国军队，然后至英国和其他国家军队，5月达意大利、西班牙、德国、非洲及印度孟买，6月由英国远征军传播至英国本土，然后至俄罗斯、中国、菲律宾、大洋洲至新西兰；1919年1月传播至澳大利亚，不到一年时间席卷了全球。流感起初的症状只有头痛、高烧、肌肉酸痛和食欲不振，1918年秋季在全球大量爆发，至1920年春季，在全世界造成约10亿人感染，近4000万人死亡，超过第一次世界大战造成的死亡人数。因为当时西班牙有800万人感染了流感，甚至连西班牙国王也感染了此病，所以被称为"西班牙流感"。②亚洲流感，于1957年2月在中国贵州省西部开始，3~4月扩散至整个中国，5~6月波及日本和东南亚各国，7~8月袭击中东、欧洲和非洲，10月蔓延至美洲。其在8个月内席卷全球，发病率在15%~30%。据统计，此次流感造成的死亡人数约100万。③香港流感，于1968年7月中旬从中国香港开始，随后在同年传到美国，并一直持续到1969年。香港流感病毒是由亚洲流感病毒进化而来，据统计，虽然此次流感流行的范围不如前两次广泛，但也造成近100万人死亡。后来，香港流感分别在2009年和2012年再次出现，所幸造成的危害相对较小。④俄罗斯流感，最早于1977年11月~1978年1月在苏联出现，之后，其他许多国家也纷纷出现感染流行。此次流感大大不同于以往历次流感，引发此次流感流行的致病病毒为1950年流行的H1N1病毒株的变异体。因此，在该病毒株流行期生活过的人，对于1977~1978年再次出现的甲型流感病毒H1N1病毒株感染具有免疫力和抵抗力，成年人均为轻微感染，而在校青少年发病率很高。此外，与1957年及1968年的流感流行不同，此次出现的病毒新亚型并未取代以前流行的病毒株。因此，到目前为止，由1977年的病毒株进化出的甲型流感病毒（H1N1）与从1968年的流行株中产生的甲型病毒（H3N2）已流行了20多年，而且仍然在引发流行感染。

3）禽流感。文献中记录的禽流感最早发生于1878年的意大利，当时还仅限于在禽鸟类间流行；1997年，在中国香港首次发现人类也会感染禽流感，并引起全世界卫生组织的高度关注；其后，该病一直在亚洲地区零星爆发，2003年12月开始，禽流感在东亚多国，主要在越南、韩国、泰国严重爆发，并造成越南多名病人死亡；2005年2月禽流感再次袭来，并以惊人的速度在全球蔓延，东南亚、欧洲相继发现病例；2013年4月，变异性禽流感（H7N9）在中国多地出现感染人的现象，造成100多人感染，数十人死亡。通过各级政府和卫生部门的密切防控，在短时间内基本消除了疫情，但病毒的变异还有很多不确定性，目前远未人类所掌握，因此禽流感的威胁将会长期存在。

4）霍乱。霍乱被称为"可以摧毁地球的最可怕瘟疫之一"，于1817年始于印度，随后传到阿拉伯地区，然后传到了非洲和地中海沿岸。霍乱在19世纪之前只是印度、孟加拉等国历史悠久的地方疾病。进入19世纪之后，由于轮船、火车以及新兴工业城市的出现，霍乱开始肆虐全球，多次在全球范围内流行，其中有6次是发生在19世纪，因此也被称为"19世纪的世界病"。1817年至今，共有8次世界性的霍乱大流行：第1次在1817~1823年，达到欧洲边境。第2次在1826~1837年，分三路穿过俄罗斯到达德国，又从德国传到英国东北的森德堡。1832年被爱尔兰侨民传到加拿大，在同一时候又传到美国。第3次流行时间特别长，1846~1863年，1848年传到北美并波及整个北半球。1865~1875年的第4次世界性大流行是通过一艘从埃及到英国的航船流传开来的。第5次和第6次分别发生在1883~1896年和1910~1926年。第7次大流行自1961年起，由埃尔托生物型霍乱弧菌引起，从印度尼西亚的苏拉威西岛开始，向毗邻国家和地区蔓延，波及五大洲140个以上的国家和地区，报告患者350万人以上。第8次大流行始于1992年，由一种新型霍乱引起，席卷印度和孟加拉的某些地区，至1993年4月已报告十万余病人，随后波及中国等多个国家和地区。

5）结核病。结核病被称为"人类杀手"，自1882年柯霍发现结核菌以来，迄今因患结核病死亡的人数约为两亿人，约有6500万人/a受到结核病感染。据世界卫生组织报道，目前全球有近1/3的人感染了结核菌。全球有活动性肺结核病人约2000万，新发结核病人约800万~1000万/a，约有300万人/a死于结核病，成为"数一数二"的人类杀手。结核病病菌和人类一起演化了几万年，甚至几百万年，现在发现最早的有患结核病痕迹的人类遗骸已经有9000年的历史。在埃及出土的木乃伊上，科学家们就发现了结核病的影子。在中国，人们称结核病为"痨病"。而在西方，因为结核病看起来会消耗掉人的全部身体物质和精力，死前往往非常消瘦和无力，所以结核病被称为"消耗病"。同时，这种病还被称为"费病"，因为它使人"浪费"掉很多体力；还被称为"白色瘟疫"，因为患者往往面色非常苍白。在西方历史上，有不少名人都曾经患结核病，其中包括勃朗特三姐妹、契诃夫、济慈等。

6）天花。天花是在世界范围被人类消灭的第一个传染病。天花早在数万年前就已存在，并在人群间流行。古代，全世界大约 60% 的人口受到天花的威胁，1/4 的感染者会死亡，大多数幸存者会失明或留下疤痕。天花主要在亚洲、欧洲和非洲流行，在 17~18 世纪，它是西方最严重的传染病，但是在历史上的影响却比不上鼠疫，主要是因为其受害者以儿童为主，活下来的成年人大多具有了免疫力。

7）艾滋病。艾滋病是由人类免疫缺陷病毒（human immunodeficiencey virus, HIV）引起的人体细胞免疫功能缺陷，导致一系列致病微生物感染和肿瘤的致命性综合征。该病于 1978 年在纽约发现第 1 例以后，1979 年发现 7 例，1980 年发现 12 例，1981 年发现 204 例，1982 年发现 750 例，到 1983 年已累计发生 1739 例，逐年上升。世界卫生组织曾宣布，到 1992 年 7 月底艾滋病已蔓延 164 个国家。1995 年 6 月 30 日，世界卫生组织公布，全世界登记在册的艾滋病病例已接近 117 万。世界卫生组织认为，实际数要比此数高得多，估计全世界病例总数可能已超过 500 万，全世界目前 HIV 感染者的总数已超过 2000 万人，每天还增加约 600 人。目前感染人数以美洲为最多，其次是亚洲、欧洲。

8）非典型性肺炎。即严重呼吸道综合征（severe acute respiratory syndromes, SARS），是一种极易被集体传染的病症。2003 年年初，中国广东省发现此类症状的患者；2 月，这种具有高度传染性的疫情在深圳、广州等地突然加剧；与此同时，这种神秘的疾病蔓延至新加坡、印度尼西亚、菲律宾、泰国，继而传入加拿大、德国、瑞士等国家和地区，并随着旅行者向更多的地方传播。据世界卫生组织公布的统计数字，在此次疫情流行中，全球累计病例共 8422 例，涉及 32 个国家和地区。全球因 SARS 死亡人数 919 人。它的可怕之处不仅在于其高度传染性，更在于迄今为止都未找到其发病机理，因而无法对症下药。

### 3. 社会安全事件

社会安全事件是指严重威胁社会治安秩序和公民生命财产安全，需要采取应急特别措施进行处置的突发事件（周定平，2008），主要包括恐怖袭击事件、经济安全事件、群体性事件和涉外突发事件等。目前的研究通常将社会安全事件限定在突发性事件的范畴内，针对其社会性、紧急性、危害性等特点采取应急性应对措施予以管理和调控。社会安全事件是社会中人与人之间正常关系或整体利益状态的一种反映，所涉及的事情形态多种多样，难以历数（杨玲玲，2005）。因此，从广义上来看，社会安全事件不仅仅包括重大的突发性事件，还应当包括一般性的社会事件或者正在酝酿过程中的重大事件，从这一点出发来研究社会安全事件，更加有利于制定有效的预防及应对管理措施，减少或降低人员及财产损失。

1）恐怖袭击。恐怖袭击是指恐怖组织或个人使用暴力或其他破坏手段制造的危害社会稳定、危及公民生命财产安全的一切形式的活动，比较常见的形式有炸弹爆炸、毒气袭击、生物恐怖等。表 1-5 列举了 1983 年以来全球一些国家所遭遇的重大恐怖袭击事件，其中发生于 2001 年的美国"9·11"事件当属影响最大的恐怖袭击事件，共造成近3000人遇难，对美国甚至全球产生巨大的影响。这次事件是继第二次世界大战期间珍珠港事件后，历史上第二次对美国造成重大伤亡的袭击，如图1-21所示。"9·11"事件也直接导致了此后国际范围内的多国合作进行反恐怖行动。在中国，近20年也发生了多次恐怖袭击事件，这些暴力袭击活动，给人民生命财产安全造成极大的危害，而且严重破坏了当地的经济社会发展秩序。如2014年3月1日，5名暴徒持械冲进中国云南省昆明火车站广场、售票厅对不特定人员进行砍杀，造成29人死亡、143人受伤，受到全世界各国的谴责。

表1-5　1983年以来全球一些国家发生的重大恐怖袭击事件

| 发生时间 | 事件过程及影响 |
| --- | --- |
| 1983年10月23日 | 贝鲁特的美国海军陆战队兵营与另一个法国伞兵营地遭遇自杀式炸弹袭击，300人丧生 |
| 1988年12月21日 | 一枚炸弹在美航103班机上被引爆，机上259人和地面11人因此遇难，造成震惊世人的洛克比空难事件 |
| 1993年3月12日 | 在印度孟买连续发生了13起炸弹袭击，接着印度教徒和穆斯林举行暴动，造成300人死亡 |
| 1995年4月19日 | 美国俄克拉荷马州一栋政府大楼遭遇炸弹袭击，共169人在事件中遇难 |
| 1996年11月23日 | 劫持者强迫一架埃塞俄比亚民航班机冲进印度洋，令127人丧命 |
| 1998年8月7日 | "基地"组织用炸弹袭击了美国在肯尼亚首都内罗毕和坦桑尼亚港口城市达累斯萨拉姆的大使馆，共造成253人死亡 |
| 1999年9月13日 | 一枚威力强劲的炸弹将俄罗斯首都莫斯科的一个居民区摧毁，118人死亡 |
| 2001年9月11日 | 在美国纽约和华盛顿发生"9·11事件"，自杀式炸弹袭击者劫持民航客机撞向世贸中心和五角大楼，造成超过3000人死亡 |
| 2002年10月12日 | 印度尼西亚度假胜地巴利岛上连续发生两起炸弹爆炸，酿成202人死亡的惨剧 |
| 2004年3月11日 | 西班牙马德里市郊多处火车站遭遇恐怖主义炸弹袭击，袭击造成201人死亡，其中包括14个国家的43名外国人，2050人受伤，成为西班牙二战结束以来遭受人员伤亡最惨重的恐怖袭击，这一事件被称为"欧洲的9·11事件" |
| 2004年9月1日 | 30多名武装恐怖分子在俄南部北奥塞梯共和国别斯兰市第一中学，劫持了正在参加开学典礼的1100多名学生、家长及教师，造成333人死亡，其中包括186名儿童 |

2）经济安全事件。经济危机是一种最为典型的经济安全问题，通常是指一个或多个国家经济或整个世界经济在一段比较长的时间内不断收缩（负的经济增长率）。其主要表现为商品大量过剩，销售停滞；生产大幅度下降，企业开工不足甚至倒闭，失业工人剧增；企业资金周转不灵，银根紧缩，利率上升，信用制度受到严重破坏，银行纷纷宣布破产等。经济危机的发生造成了社会财富的巨大浪费，对社会生产造成严重的破坏，并由此极有可能引起社会的动乱，甚至是政变或战争，对社会公共安全构成致命性的威胁。

自1825年英国发生经济危机以来，经济危机就一直伴随着资本主义国家的整个发展历程。20世纪以来，西方发达国家已经经历了多次严重的经济危机，如表1-6所示。其中，1929～1932年的经济大萧条直接导致和加剧了第二次世界大战，给世界各国带来了深重的灾

图1-21 "9·11"事件世贸双塔遇袭场景

图片来源：http://roll.sohu.com/20111212/n328760094.shtml

难。1997年，亚洲金融危机爆发，以泰国为首的一些亚洲经济新兴国家为了应对危机，避免国际游资冲击，主动下调本国货币对美元汇率，引发了一场遍及东南亚的金融危机。泰国、印度尼西亚、韩国等国的货币大幅贬值，同时造成亚洲大部分主要股市大幅下跌；亚洲各国外贸企业受到冲击，致使亚洲许多大型企业倒闭，工人失业，社会经济萧条。泰国、印度尼西亚和韩国是受此金融风暴波及最严重的国家，新加坡、马来西亚、菲律宾和中国香港也被波及，中国内地和台湾则几乎不受影响。2008年始发于美国的次贷危机，虽在世界范围内，多国联手应对，但仍旧给经济带来了严重下行影响，至今余波犹在。

表1-6 20世纪以来西方发达国家经济危机发生情况

| 序号 | 美国 | 日本 | 德国 | 英国 |
| --- | --- | --- | --- | --- |
| 1 | 1929~1932年 | — | 1929~1932年 | 1929~1932年 |
| 2 | 1948~1949年 | 1954年 | 1952年 | 1951~1952年 |
| 3 | 1953~1954年 | 1957~1958年 | 1958年 | 1957~1958年 |
| 4 | 1957~1958年 | 1962年 | 1961年 | 1961~1962年 |
| 5 | 1960~1961年 | 1965年 | 1966~1967年 | 1966年 |
| 6 | 1969~1970年 | 1970~1971年 | 1971年 | 1971~1972年 |
| 7 | 1973~1975年 | 1973~1975年 | 1974~1975年 | 1973~1975年 |
| 8 | 1980~1982年 | 1981年 | 1980~1982年 | 1979~1982年 |
| 9 | 2007~2009年 | 2007~2009年 | 2007~2009年 | 2007~2009年 |

资料来源：邢涛，2004；孙向利，2008

3)群体性事件。群体性事件的概念有多种解释,早期的概念更多的偏向于从公安系统的角度强调事件行为的非法性和破坏性,随着社会的不断发展,对群体性事件的理解和认识也有所变化,逐步在理论认知层面认可行为事件中的合理诉求。从较为客观和无偏向性的角度,认为群体性事件是指有一定人数参加的、通过没有法定依据的行为对社会秩序产生一定影响的事件(于建嵘,2009)。这一定义体现了四个方面:一是事件参与人数达到一定规模;二是事件所进行的行为在程序上没有明确的法律规定,有的甚至是法律和法规明文禁止的;三是聚集的人群的目的未必一致,但具有基本的行为取向;四是对社会生产秩序、社会生活秩序、社会管治秩序产生了一定的影响。群体性事件的表现形式多种多样,如集体上访、罢工、集体怠工、非法集会、聚众、游行、示威、骚乱、暴乱、大众恐慌等。

一些西方国家由于经济原因,社会矛盾突出,各类罢工、示威、游行、骚乱层出不穷。例如,2008年3月6日,德国10万公共行业从业者举行大罢工;2008年4月24日,英国20万教师大罢工,抗议薪资待遇低;2008年6月10日,由于对抑制油价的措施非常不满,韩国的卡车司机联合会9日在全国范围内举行了一次联合大罢工;2008年7月15日,日本40万渔民全面罢工,抗议油价飙升;2008年9月6日,在美国华盛顿州,美国波音公司大约2.7万名机械师罢工,要求资方改善待遇;2010年9月23日,法国马赛290万人走上街头,抗议政府打算推行的退休制度改革;2008年3月19日和10月21日,希腊发生了两次规模较大的工人罢工,以抗议对养老体系的改革等问题;2011年10月19日,希腊全国举行48小时大罢工,抗议政府拟通过进一步财政紧缩措施,至少5万人聚集在雅典宪法广场进行示威游行(图1-22)。

图1-22 2011年10月19日雅典宪法广场示威游行,抗议政府拟通过进一步的财政紧缩措施

图片来源:http://www.cb.com.cn/shangkan tianxia/2011_1020/289433.html

近几年，中国经济在持续高速发展的同时，也面临着社会转型的重任，逐步进入一个社会矛盾高发的时期，各类群体性事件接连发生，如 2007 年 1 月四川达州发生群体性事件、2008 年 6 月贵州瓮安发生群体性事件等。据中国社会科学院发布的 2013 年《社会蓝皮书》显示，中国每年因各种社会矛盾而发生的群体性事件多达数万起甚至十余万起。引起群体性事件的原因以征地拆迁、环境污染和劳动争议为主，其中征地拆迁引发的群体性事件占一半左右，环境污染和劳动争议引发的群体性事件占 30% 左右，其他社会矛盾引发的群体性事件占 20% 左右。

4）涉外突发事件。涉外突发事件是指涉及两国或多个国家的，造成国家利益、机构、人员和财产安全损失，或产生一定政治和社会影响的事件。2011 年 2 月，北非地区国家政局突变，利比亚国内局势大乱，出现了严重骚乱和内战，严重威胁到包括中国在内的外国侨民的人身财产安全，为此，中国政府组织了从利比亚大规模的撤侨行动。当年 3 月初，在利比亚的中国侨民 3.5 万人全部安全撤离。2011 年 10 月，两艘搭载中国船员的商船在湄公河金三角水域遭遇袭击，13 名中国船员全部遇难，通过中老缅泰湄公河流域执法安全合作机制，成功侦破案件，抓获主犯糯康（后在 2013 年被判处死刑）等人。

## 二、公共安全事件特点

### （一）突发性强

突发性强是公共安全事件的显著特点之一。公共安全事件往往是在意想不到、没有准备的情况下突然爆发的，这也是公共安全事件的共同特征，通常表现为对事件能否发生、发生的时间、地点、范围、方式及程度等诸多方面的不可预知性（孙关宏，2009）。究其根本，这种突发性主要源于三方面因素，即难以控制的客观因素、人类自身存在的认知盲区、日常熟视无睹的细微之处，所以当灾害因素累积到一定程度而爆发时，其突然性令人惊愕。例如，2008 年四川汶川特大地震、2010 年甘肃舟曲特大泥石流等灾害，灾前并没有观察到异常的征兆，在极短的时间内突然发生。这些突发灾害事件一方面是说明灾害产生的客观条件难以控制，另一方面，也反映出灾害产生的科学机理在目前的科学技术条件下仍是一个难以认知的黑洞，尚无法预报灾害的发生。此外，公共安全事件突然发生的背后实际上是一个从量变到质变，公共安全影响因素长期演化与累积的过程，这种过程很容易被忽略，例如，在舟曲泥石流灾害中，人们对上游地区自然生态系统的破坏熟视无睹不能不说是导致严重灾害的重要因素之一。

### （二）复杂多变

复杂与多变是公共安全事件的又一个重要特点。在公共事件产生及其发展演化过程中，受各种自然或人为因素的影响，往往会引起一连串的相关反应，其最终结果复杂多变，存在诸多不确定性，也被称为"涟漪反应"。从引起公共安全事件的因素来看，诱发灾害的因素可能会涉及自然演替、生态环境、公共卫生、经济、社会等多重因素，这些因素并不是孤立的，而是具有相互联系、相互作用的关系，构成了一个复杂的灾害系统源。同时，在灾害应对的过程中又受到气象、水文、环境、社会经济、技术、信息等多种条件的影响，每一项因素的变化都会对灾害系统其他方面产生影响，甚至某项因素的重大变化就有可能改变整个灾害演变的趋势，其后果难以预料（Dyrnon，2003）。以洪水灾害为例，其产生主要源自暴雨等灾害性天气，洪水的形成过程又受到地形、下垫面状况等自然条件的影响，其成灾与否又与事发地人类社会应对洪水灾害的能力（包括防洪工程、防洪调度、社会经济状况等）有关，如果具备足够的洪水应对能力，则洪水就不会成灾或者造成损失极小、不构成重大危害，反之则后果不堪设想。

### （三）防范难度大

公共安全事件的突发性、复杂多变导致了其防范的难度大。一方面公共安全事件在发生之前本身通常是一个从量变到质变的缓慢演变过程，具有极强隐蔽性。与此同时，人类对灾害的认识虽然在不断深入，但是这种认知与复杂的灾害系统相比犹如沧海一粟，仍然十分有限，很多灾害本身远超出目前的认知范围，其产生的科学原理还不清楚，大量与灾害有关的未知领域亟待开展研究（Quarantelli，1998）。目前各国对灾前的预防十分重视，但不可否认的是灾害的预测十分困难，如有关地震的研究从古至今已有数千年的历史，但是地震预报仍然是世界性难题，只有极少数地震被成功预测，灾害防范难度巨大。另一方面，地震、海啸、疫病的重大灾害，涉及范围广、人员多，灾害的防范必须从人员、物资、工程、技术等诸多细节入手，耗资巨大，没有足够的经济实力支撑，难以做出有效的预防。

### （四）社会危害重

公共安全事件往往给社会带来诸多不利的影响。具体来说，这些不利的影响，其危害性或破坏性具有多种表现形式，既有短期的危害也有长期的危害，既有有形的也有无形的危害。有形的危害如地震、洪水、事故灾难、恐怖袭击等灾害造成的生命财产受损、基础设施遭到破坏等；无形的危害如一些灾难性事件给人们造成的心理、精神上的伤害。这些事件不仅对人们的身体和心理健康状况构成威胁，而且对人们的社会关系、政府形象、生存伦理提出了挑战，产生了消极影响，危害社会稳定。公共安全事件的危害性还具有时空效应，表现为危害的持续时间及范围。有些影响可能在事件发生当时就显现出来，如地震对震区建筑物造成的破坏；而有些危害和破坏性则需要经过一定时期才会反映出来；有些危害性和破坏性不仅事发当时就表现出来，而且不易消除，有一个较长的影响期，如地震造成的社会关系重构，遗留的孤儿、老人等社会问题，以及对人心理的影响都需要很长一个时期才能慢慢消失。这种危害性和破坏性往往影响更大，更具隐秘性，容易被忽略，更需要人们对此予以重视。

### （五）事后恢复难

公共事件造成的一项重要影响就是事后难以恢复。这是由很多灾害事件的性质决定的，如地震、洪水、海啸、疫病等灾害过程是不可逆的，受灾主体本身如人的生命、心理状态、生态环境秩序、社会秩序等也是不可逆的，灾前与灾后存在较大的差异，一旦遭遇破坏，难以恢复，或者恢复成本极高、过程漫长。比较典型的案例如苏联切尔诺贝利核事故，不仅造成核电站报废、数万人失去生命，即便过了20多年，事发地方圆30km范围内仍然是无人区，恢复到事故之前的状态仍然遥遥无期；四川汶川特大地震使当地交通、水利等基础设施损毁严重，即使在全国的支援下，当地的灾后重建工作三年多基本完成，但是人们的心理还很难恢复，被破坏的生态、地质环境也很难修复；1963年，意大利瓦伊昂拱坝水库库区发生大量滑坡，超过2亿 $m^3$ 的山体滑坡体冲入水库，瞬间将水库填满，水库中的蓄水被激起涌浪并越过大坝冲向下游，将下游的6个城镇夷为平地，死亡2600人，事后仅事故调查就持续了4年。

又如，鲁尔地区位于德国西部，是重要的工业区和农业区。第二次世界大战时期，德国人在此修建了许多大坝。1943年英国空军派出轰炸机，炸毁了默勒水坝、埃德尔水坝和索尔珀水坝，水淹下游沿河80km内的煤矿，大量军工厂被迫停产，人员伤亡数以千计，这给予了德国法西斯后勤力量最沉重的打击，直接削弱了第三帝国的战斗力，间接导致了轴心国的失败。

## 第三节 公共安全工程管理

公共安全工程管理是紧急状态下的公共管理，具有明显的挑战性、风险性、复杂性和紧迫性，是公共管理的特别表现形式，其任务是有效应对突发事件，维护社会正常秩序，保护公民的人身、财产安全及社会公共财产的安全，促进经济社会可持续发展（Aguirre，2002）。建立现代社会公共安全工程管理体系，首先需要根据现代社会发展的特点及存在的公共安全问题创新公共安全工程管理的理念，明确公共安全工程管理的主客体，即谁管理、管理谁的问题；其次，依据管理的理念制定管理的原则，划分管理的范畴及内容，充分利用现代科学技术手段探索有效的管理方法和途径，解决管什么、怎么管的问题。

### 一、公共安全工程的管理学基础

#### （一）管理与管理学

自从人类有了集体活动，管理就存在于人们生产和生活的各个方面。随着社会经济的不断发展，劳动分工的日益明确，生产社会化程度日益提高，管理也随之发展成为一项专门社会职能。由于管理自身的复杂性和重要性的不断加深，对于管理的概念，不同时代背景和社会背景的人也提出不同的观点。"科学管理之父"弗雷德里克·泰勒（Frederick Winslow Taylor）认为："管理就是确切地知道你要别人干什么，并使他用最好的方法去干"（《科学管理原理》）。在泰勒看来，管理就是管理者指挥他人采取最优的方式完成工作目标。亨利·法约尔（Henri Fayol）认为："管理是所有的人类组织都有的一种活动，这种活动由五项要素组成：计划、组织、指挥、协调和控制"（《工业管理与一般管理》）。这个概念提出后，形成的"管理过程学派"影响了整整一个世纪，尤其是对西方管理理论的发展具有重要影响力。孔茨是第二次世界大战后这一学派的继承和发扬人，他提出："管理就是设计和保持一种良好环境，使人在群体里高效率地完成既定目标。"中国的一些管理学者和企业管理者也提出了各自对管理不同的理解，例如，"管理是通过别人来完成自己想完成工作的一门学问"，"管理是协调人的艺术"等。

广义的管理是指用科学的手段安排组织社会活动，使之有序进行。而狭义的管理是管理者通过运用计划、组织、领导、控制、创新的管理职能来有效的实现组织目标的过程。管理的概念包括四方面的含义：管理主体、管理目的、管理方法、管理本质。管理主体是组织中的各级管理者和员工，根据组织层次的不同和分工不同，他们是具备不同的素质和技能的组织成员。管理目的是有效的实现组织的目标，管理本身只是实现一定目的的方法，不是目的，其中"有效"不仅仅是通过各种管理来顺利完成组织目标，也要在实现组织目标过程中，科学合理运用各种资源，使得利益最优化。管理方法主要是计划、组织、领导、控制和创新五种。计划是对未来组织目标和实现目标的方式的确定；组织是服从计划并反映组织计划实现目标的方式；领导是对组织内全体成员的行为的引导和施加影响的过程；控制则是按照既定目标和标准对组织活动进行监督和调整，创新是根据随时会改变的新情况新问题作出最好的反应的过程，是管理循环中的轴心。管理本质则是协调，即协调人与人之间的关系，使得各自发挥各自的才能，本着团结进取的精神共同实现目标。

为了适应现代化大生产的需要，随着管理活动和管理思想不断发展，以及理论研究者和实践者的努力，管理学作为一个科学的概念也随之得到发展。管理学是系统研究管理活动的基本规律和一般方法，它的特点是具有一般性、综合性、时间性及历史性。它是研究在既定的条件下，通过合理的组织和调节人、财、物各种资源，来提高生产力水平的过程。管理学自产生发展到现在经历了大致五个阶段：一是古典管理理论阶段，这是管理理论形成阶段，代表性著作是泰勒的《科学管理原理》、法约尔的《工业管理和一般管理》以及马克思·韦伯的《社会和经济理论》；二是行为科学理论阶段及管理理论的丛林阶段，代表性成果是马斯洛的需求层次理论、赫茨伯格的双因素理论、麦克利兰的成就激励理论；三是以战略管理为主的研究企业组织与环境关系的阶段，安索夫的《战略规划到战略管理》是战略管理理论体系形成的标志；四是企业再造时代，此阶段的研究热点是根据市场状况，对企业进行重组，建立面向市场能快速反应的组织形式；五是全球化和知识管理时代的组织管理，以彼得·圣吉的《第五项修炼》为标志，建立了学习组织管理的方式。21 世纪的今天，人类文明仍不断的进步和发展，管理学仍需要大力发展其内容和形式。

### （二）公共管理理论

公共管理是公共权力机关和非盈利社会组织为了促进公共物品和公共利益平均分配，更好地为社会提供高效优质的服务，促进社会整体发展，正确运用公共权力或其他有效的科学方式，依法对社会公共事务进行管理的活动（Hood，1991；金太军，1997；陈庆云，2000；陈振明，2000；柴生秦，2000）。它是一门实践性很强的学科，需要从现实出发，以公共管理问题为研究对象，沿着发现问题—提出问题—分析问题—解决问题的思路为解决公共管理问题提供依据。公共管理与传统管理具有一定的相似性，它是指导公共部门，特别是政府部门完成组织目标的最优方式。二者的区别集中体现是在将目标定位于公共利益，公共管理不仅是要为社会提高优质服务，而且要充分体现社会公平，保证社会每一个阶层、每一个成员都能共享社会发展的成果，因为社会公平是公共服务的法律和现实基础（张康之，2000）。

公共管理并没有一个统一的研究角度，来自不同时代背景和社会背景的学者会从自己的学科出发进行探索和研究（Waugh，2000）。1993 年，波兹曼概括了三种研究公共管理的角度：政策学派的角度、工商管理的角度和一个尚难鉴别的角度。凯特尔和米尔沃德在《公共管理现状》中提出政治学、经济学、社会学和心理学是公共管理的学科基础。而里欧在《公共行政手册》中指出公共管理的研究方法包括政治学、经济学、社会学、心理学、法学、管理学、哲学等学科。此外，巴特利与拉比进一步指出，公共管理运用的新理论包括新古典经济学、新制度主义和委托代理理论。

随着全球化、国际化的进程推进，以及中国综合实力的不断增强，建立具有中国特色、国际视野的公共管理理论和学科体系成为必然趋势。我国公共理论研究大多采取的基本方法是结合中国国情，研究公共管理应该怎样坚持公共取向和市场取向，将公共管理的基本理论置于公共管理的中心概念下，坚持法治管理、公平管理、规则管理，以构建公共管理基本理论框架体系和公共政策体系为目标，提出符合我国公共管理理论，即多中心治理理论、职能下属化理论和公共供给竞争理论。

### （三）公共安全工程管理

公共安全是人们最基本的需求，也是维持社会生活秩序得以正常运转的保障。本质上，公共安全是社会秩序的一种平衡状态。由于对公共安全的理解与认识存在差异，有关公共安全管理的定义也存在多种解释，但是对公共安全核心的理解已逐渐获得共识，并形成一套渐趋完善的理论方法体系。例如，有学者从公共安全秩序状态与过程出发认为，公共安全管理是指对这种秩序状态的维护与保持，对打乱该秩序状态的各类事件的应对及事件后果的消除，以恢复原有秩序状态的所有过程（战俊红和张晓辉，2007）；也有学者在此基础上突出运用管理、政治、法律等管理手段阐述公共安全管理的内涵（吴超和吴宗之，2006），以及强调政府在公共安全管理中的核心主导地位（万军和汪军，2004；刘承水，2007），把政府为了保护人民的生命财产安全，保证国家主权不被侵犯，而运用政治、法律、经济、管理的理论和方法，及时发现、纠正或制止各类安全隐患，提高安全管理水平和危机处置能力，对涉及公共安全的事物进行管理的行为作为公共安全管理内涵。作者认为，公共安全工程管理是指以政府为主导，社会团体组织参与，为了维护公众正常生活、社会正常状态和秩序，针对危害民众生命、财产、心理等事件而运用管理、政治、经济、法律等手段开展的一系列预防、应对、处置、恢复的措施和行为的总称。公共安全工程管理的根本目的是消除威胁、预防灾难、挽救生命、保护财产、减少损失、迅速恢复、持续维护社会稳定和正常的生活秩序（Pollitt and Bouckaert，2000；李小晖，2005；左小麟，2007）。因此，对公共安全事件进行管理的措施和行为均可作为公共安全工程管理内涵。需要说明的是，公共安全工程管理，不是狭义的单个工程的管理，而是针对可能引发公共安全事件的潜在因素、显性因素、约束环境以及公共安全事件发生后的一系列处置应对与善后恢复的所有措施和行为。

公共安全工程管理是对公众正常的生活、生产秩序状态和社会平衡状态的维护与保持，对打乱该秩序状态的各类事件的应对，以及事件后果的消除、对秩序状态的恢复的全过程。公共安全工程管理的周期理论将公共安全工程管理的全过程分为：灾害减除、准备、应对和恢复4个阶段，是对紧急事态的全面管理（Robert Heath，1998；高小平和侯丽岩，2005；张勇，2011）。它从可能造成灾难的风险识别和减除开始，避免能够避免的灾难后果，减轻不能避免的灾难的影响；在应对和恢复过程中为下一次紧急事态的发生做好准备。因此，公共安全工程管理是一个循环的过程，从安全管理目标的设定、管理措施的实施、管理行为的监督、管理结果的反馈，到目标的再设定，循环往复。

公共安全工程管理是应急管理的扩展和延伸。从管理过程而言，风险管理、应急管理、危机管理组成了公共安全工程管理的主要内容。应急管理的对象是突发公共事件，即突然发生，造成或者可能造成重大人员伤亡、财产损失、生态环境破坏和严重社会危害，危及公共安全的紧急事件。应急管理的主要目标是预防和减小事件发生所造成的损失。风险包括两个基本要素：不利后果与可能性。其中，不利后果包括主观和客观两个方面，即可能产生的客观损失（人员伤亡、经济损失、环境影响等）和可能造成的主观影响（人群心理影响、社会影响、政治影响等）。风险管理的对象是风险，其主要特性是对不确定性和可能性（风险）进行管理。因此要实现应急管理活动的向前延伸，就需要实现从更基础的层面对可能带来损失的不确定性（风险）进行超前预防与处置，从而实现应急管理工作真正意义上的关口前移、防患于未然。危机是指对社会安全秩序及其他价值可能会造成特别紧急和严重的威胁，具有高度的不确定性，但同时又具有一定的时机性，急需紧急决策处置。因此，危机兼顾了"风险"与"事件"的特性，危机管理贯穿在风险管理和应急管理的整个过程中。

公共安全工程管理涉及广泛，其对象是一切可以引发危险的、危及人民生命或财产、国家利益或主权的因素或事件，既包含地震、海啸、飓风等自然灾害，又包括事故灾难、疫病、恐怖袭击等社会事件，涉及公众和每一个角落。由于公共安全事件具有明显的突发性，发生后短期内集中社会资源难度很大，组织动员系统极为复杂，其管理结果往往难以预见。有些自然灾害或许可以凭借先进仪器设备和方法及时监测、预报和预警，但即使在科技较为发达的今天，对地震、海啸这类灾害仍难以准确预知，难以有效防范，难以避免灾害损失。对人为因素导致的公共安全事件，要么是在无意识状态下的模糊行为，或是在麻痹大意情形下的失误行为，往往无法提前预见和及时管理；要么是在有意识状态下的故意行为，或是在组织完备情形中的专门行动，想方设法隐蔽操作，故意制造事端，最大程度危害社会，预见性和可管理性均十分困难。

加强常态管理，消除各类安全隐患，化解社会不稳定因素，强化安全宣传教育，提高公众安全意识和素质，以及规范安全行为准则等，在一定程度上可有效防范公共安全事件发生、减轻其带来的危害和损失，但鉴于公共安全事件具有较强的特异性、突发性，公共安全工程管理始终与风险和挑战相伴，应急管理中的"始料不及"或"稍有不慎"都可能酿成难以预计的严重后果。由于人们难以想象事件一旦发生可能带来的重大损失和惨痛代价，即便应对有力、处置得当，也难收"毕其功于一役"之成效，更难用量化的指标去评价，也不易得到社会公众"感同身受"的认可。

## 二、公共安全工程管理的发展

长期以来，公共安全工程管理大多以政府为主导，对危害公众、社会及国家安全的事件，采取预防和应急管理措施（陈永安，2003；王郅强和麻宝斌，2004；闪淳昌，2005）。究其历史，由政府实施的具有公共管理性质的行为由来已久，只是这些行为往往是临时的、孤立的、碎片化的，依附于某些政府职能部门，缺乏独立的公共管理部门及相应的法律、法规与管理机制。这些行为是公共安全工程管理的雏形，或者是其初阶形式，为公共安全工程管理的发展、丰富和完善奠定了基础。依据公共安全工程管理机构及制度的发展变化，一些权威专家和学者将公共安全工程管理划分为三个阶段（夏保成，2006；战俊红，2008），即前公共安全工程管理阶段、公共安全工程应急管理阶段和公共安全工程风险管理阶段。需要说明的是，相邻两个阶段之间并无明确的时间分界点，有着较长的过渡交汇期，每个阶段在管理理念、管理模式、管理手段等方面都有其各自的特点（表1-7）。

表1-7 公共安全工程管理发展阶段及其特点

| 阶段<br>主要特点 | 前公共安全工程管理阶段 | 公共安全工程应急管理阶段 | 公共安全工程风险管理阶段 |
| --- | --- | --- | --- |
| 管理理念 | 单个重大灾害救援 | 应急救援与恢复重建 | 基于灾害全过程的风险管理 |
| 管理模式 | 政府全权负责 | 政府主导、社会参与 | 政府主导、社会参与 |
| 管理手段 | 临时性法律或条例 | 基本法律、专项法规 | 比较完善的灾害应对法律体系 |
| 管理特点 | 专案处理，一事一议 | 分专业管理 | 系统统合管理 |

### （一）前公共安全工程管理阶段

从古至今，各种各样自然或人为的灾难时有发生，但更多的是面临自然灾害的威胁。对于大地震、干旱饥荒等危害巨大、影响范围广的自然灾害带来的公共安全问题，通常由政府负责采取措施防止灾害扩大、减少灾害损失。例如，古代的中国在面对洪水灾害这类普遍性安全问题时，通常由人们推举出一个或多个管理人（古代称为王或头领）出面组织并采取措施防灾减灾。久而久之，这种不断发生和出现的行为就演绎出了集体（族人）或称"朝廷"（政府）的初级形式，在人们的心目中形成了"朝廷"（政府）具有公共安全管理的责任这一普遍认可的观念，成为一项约定俗成的社会规则。历史上朝代的兴衰更迭，必然在政府履行公共安全管理职责的优劣上有所反映，政府管理者在社会公共安全管理职能上的缺失成为加速其下台的导火索，而新的政府管理者的上台，也与其履行社会公共安全管理职责、改革与完善公共安全管理制度的作为息息相关。

在20世纪初期以前，尽管政府在社会公共安全问题中担当了一定的职责，但是很显然，无论中外，这种职责往往是针对某一具体灾难的管理行为，具有突发性、应急性、临时性特征，并且在事后没有制定针对发生灾难时政府机构应对和实施管理行为持久性、普遍性的责任和义务，更没有灾难应对体制与机制可言，管理效率基本上取决于当政者对灾难的态度与关心程度。简言之，就是一事一管、一事一议，与后续可能发生的公共安全事件无关。这一阶段，即称之为前公共安全工程管理阶段。这些有关公共安全事件管理的特征在美国、日本、英国、新西兰等国家早期的公共安全工程管理实践中有着比较清晰的表现，同时也引领和推动着国际公共安全工程管理的发展（Quarantelli and Dyne，1977）。

根据对已有历史资料的分析，美国最早的公共安全工程管理行为可以追溯至1803年新罕布什尔城大火灾，当时的火灾几乎将半个城镇烧毁。如此巨大的损失，已经无法通过城镇民众自身自救与互助行为来解决，必须由美国政府出面，提供有效的救助行动。但在当时，由政府实施如此大规模的救助行动，尚无先例，在行政与法律层面均无据可依。然而，倘若联邦政府不实施救助，就会动摇整个社会民众对政府的信任与期望。在此背景下，美国国会通过一项针对该次火灾的援助法案，决定由联邦政府对遭受火灾的新罕布什尔城提供财政援助。这是美国建国以后首次通过的有关灾难援助的立法，以立法的形式明确了政府有责任帮助遭受大规模灾难的个人、团体或城镇，联邦政府可以对地方的灾难实施援助，该法案的通过对于以后的政府救助灾难具有重要的借鉴意义。但需要明确指出的是，上述援助法案仍然只是个案，而不是一项长期的制度，并没有通过政府日常的行政管理行为来实现。此后的150多年间，美国国会就遭受飓风、地震、洪水和其他自然灾害的地区援助问题，先后通过了128项法案，这些法案与1803年新罕布什尔城的火灾援助法案具有相同的特点。

日本是一个地震、饥荒等自然灾害频发的国家。据统计，日本每年发生地震大约1000多次，全球10%的地震均发生在日本及其周边地区，是世界上地震发生次数最多的国家。除地震外，由于日本可耕地面积小，人口多，明治维新之前，饥荒频频发生，即使在丰收年景，也会饿死数万人。因而，历史上多次因饥荒而直接爆发农民起义，政府领导者也经常发布敕令号召民众积极备荒。明治维新以后，抗饥荒仍是政府关切的目标，1880年，政府颁布了《备荒储备法》，这是日本最早的防灾法律。该法的目的是储备粮食和物资，以备遇到灾害和饥荒时所需，到发动第二次世界大战时，日本先后颁布了《河流法》（1896年）、《砂防法》（1897年）、《森林法》（1897年）、《灾害准备金特别会计法》（1899年）、《水灾预防组合法》（1908年）、《治水费资金特别会计法》（1911年）等法律，为政府实施灾害救援管理行动提供了依据，尽管这些法律仍然是一些较为独立的专业性法律，但也为后来其构建公共安全工程管理体系奠定了基础。

英国、新西兰在20世纪早期，为应对自然灾害及社会动乱，通过了一些法律法案，如1920年英国颁布的《应急权利法案》、1932年新西兰议会通过的《公共安全保持法》，以法案的形式授权政府在国土所辖范围内，在遭遇公共安全或公共安全秩序受到或可能受到伤害时采取紧急措施，由负责的高级警官发布任何必要的指令，以维护生命、保护财产、维持秩序。其中，新西兰的《公共安全保持法》源于1931年的一次自然灾难，当时霍克湾（Hawke's Bay）发生强烈地震并引发火灾，火灾导致纳皮尔和哈斯丁斯两个城市遭到毁灭性破坏，死亡260余人，绝大多数居民失去了家园。当时通常是由家庭和社区作为应对灾难的主体，而此次灾害显然超出了他们的承受能力，需要政府迅速介入并提供援助。但当时的现状是缺乏授权政府介入灾区救援管理的法律法规，这才直接促使新西兰有关公共安全法律法规的出台。需要指出的是，尽管已经有了一些应对公共安全事件的法律法规，但这些法律的具体内容主要集中在应对社会治安性灾难方面，如果再发生此类自然灾害，仍然主要依靠当地政府机构采取行动解决。

## (二) 公共安全工程应急管理阶段

从两次世界大战到信息时代初期，世界各国为应对经济危机、战争、核战争威胁、自然灾害等突发事件的威胁，在突发公共安全事件的应对方面取得了较大发展，公共安全工程管理步入应急管理阶段（Quarantelli, 1977）。这一阶段公共安全工程管理有别于前一阶段的突出特点在于由政府成立了专门负责公共安全事务的管理机构，而不是由一些机构或部门兼管公共安全事务，并制定了多门类的灾害应急法律。

20世纪20~30年代，发达国家多次爆发经济危机，导致经济萧条、市场失灵，各国政府都不同程度地加强了对经济和社会事务的干预。在此背景下，政府开始在法律、制度层面介入灾害管理，设立专门的应急管理机构，确立了应急管理的原则，完善了应急管理的法律及工作制度，初步形成了公共安全工程应急管理体系。受两次世界大战及第二次世界大战后冷战的影响，为预防和应对敌方轰炸和间谍破坏行为造成的平民伤亡及财产损失，战争突发性灾害、核战争威胁等内容是当时应急管理的主要内容，带有比较浓重的军事和政治色彩。例如，1935年英国成立了由内政部负责的空袭预防局，通过并实施了《空袭保护与民防方案》，重点任务就是协调所有政府部门对付空袭的工作，并要求地方政府组织建立地方空袭防范委员会。这类机构或组织后来被称为民防组织，将地震等非战争危险也列入关注目标，并不断强化了民防的管理体制。1949年，美国宣布成立联邦民防管理局，隶属于国防部，并于1950年由美国国会通过了《联邦民防法》，确定了联邦民防管理局的权限，重点加强应对苏联核战争威胁；新西兰于1953年通过了《地方政府紧急事态授权法案》，规定了应对核打击是地方政府的权利和责任，1959年成立民防部，1962年通过《民防法》。至此，该时期以民防为代表的公共安全工程应急管理达到顶峰（Definition of Civil Defence, 2008）。那个时代，中国则推动了"备战备荒为人民"和"深挖洞、广积粮"，以及"全民皆兵"的群众性运动，构筑了强大的地下空防体系。值得注意的是，当时这些方针和行动不是以法律而是以行政文件规定的。

在美国、新西兰等国家大力推动民防建设以应对苏联核战争威胁的时候，核战争并未发生，而重大的自然灾害几乎年年光临，迫使各国民防机构纷纷将重大自然灾害纳入职责范围之内。1954年5月，佐治亚州的4个城镇遭受龙卷风袭击，时任美国总统的艾森豪威尔首次宣布进入灾难状态，由联邦民防局负责具体组织救灾援助工作，从而开创了美国由总统宣布灾难状态和紧急事件状态的先河。1961年，肯尼迪总统上台后，在白宫设立了紧急事态准备办公室，专门负责应对自然灾害，民防的职责仍由国防部的民防局承担，美国的现代公共安全工程管理机构从此开始萌芽并迅速发展起来。新西兰的《民防法》对行政管理、民防区域、全国紧急状态或重大灾难的宣布、地方政府的职责和权力，以及其他事项做出了详细的规定。该法案把紧急事态分为军事打击和自然灾害两类，不区分两者的优先权。1965 年，新西兰制定了《重大灾难中政府的行动》预案，通过该项预案最早确定了由政府承担在重大灾难中的管理责任。通过对民防产生及发展的历程可以看出，民防作为公共安全工程管理的一种特殊类型和组成部分，为现代公共安全工程管理的诞生与发展奠定了基础。

民防的诞生源于对战争的应对，在客观上促进了政府开始推进社会民众安全保障的制度化，同时也为公共安全工程管理积累了组织、人员及物质条件，唤醒了社会民众的公共安全意识（Hermann, 1972; Alexander, 2002）。但是，民防与现代意义上的公共安全工程管理在管理的范畴、目的、深度与广度上均不可同日而语。公共安全工程管理强调由政府常设机构负责实施长期的、永久性的全方位公共安全工程管理，并不局限于战争状态；公共安全工程管理的首要目的是对公共安全的保持、保护和恢复，而民防的首要目的是保障政府统治与社会稳定；公共安全不仅注重民众的生命财产安全、生活与生产秩序，还重视减灾恢复和人的精神康复，民防则比较局限于对人的生命安全的保障。

另外，经过该时期在公共安全实践中的不断探索，发展了一些公共安全工程管理的理论与方法，最为典型的就是基于"命令与控制"理论建设的全面紧急事态管理（comprehensive emergency management, CEM）体系，即通过整合式应急管理系统的发展，实现运转。尽管后来的进一步研究发现这一理论方法与实际的应急管理存在不匹配的问题，对于全面解释应急管理也显得有些不足，但是该理论对于整个应急管理体系系统化、规范化发展发挥了重要的作用。

## （三）公共安全工程风险管理阶段

自 20 世纪 60 年代以来，风险管理理论与实践在诸多领域广泛应用，对公共安全工程管理也产生了积极的影响，风险管理理念在公共安全工程管理发展完善过程中逐步体现，为全危险方法、生命周期理论、有准备的社区理论等公共安全工程管理的基础理论方法的产生与发展奠定了基础。这一时期的公共安全工程管理，首先在理念上注重公共安全事件孕育、发生、救援、恢复等全过程，强调预防与应急管理并重；其次，在实践中逐步完善形成了专门的公共安全工程管理组织机构体系和制度体系，具有一套较为完善的管理程式。

在全球范围内，美国的公共安全工程管理是现代公共安全工程管理的典范，引领着公共安全工程管理从应急管理走向更加全面的风险管理，对其他国家的公共安全工程管理体系完善产生了重要的影响。20 世纪 60 年代，美国在应对自然灾害的紧急事态准备办公室的基础上，于 1968 年通过了《国家洪水保险法》，将保险引入救灾领域，通过联邦补贴使居民可以以较低的价格获得财产保险，一方面通过将未来的洪灾救助转移至保险公司，减少了政府对受灾地区的财政援助支出；另一方面也以此为开端提出了"基于社区层面的减灾"理念，并逐步发展成为美国公共安全工程管理中的一个重要概念。

20世纪70年代是美国公共安全工程管理发生革命性变革的年代，在通过《国家洪水保险法》后，1970年又通过了《灾难救济法》，开始由政府直接对受灾民众提供帮助，包括临时住房、法律服务、失业保险和其他个人帮助措施。1971年，旧金山大地震造成了重大的人员伤亡和财产损失，同时也凸显出当时公共安全工程管理体系的缺陷和不足。在此推动下，美国国会在1974年通过了新的《灾难救济法》，除了直接给予受灾民众进行资助外，还新增了联邦公共安全工程管理机构的减灾和准备预防灾害职能，从原来的被动应对与恢复性政策转向积极主动地预防性政策。至此，美国公共安全工程管理的相关职能部门及法律法规相继建立起来。

但是美国此时的公共安全工程管理机制尚不完整，在几次重大灾难救助过程中，均出现了联邦保险管理局、联邦灾难援助管理局、国防部的民防准备局、美国工程兵组织以及地方救援机构等多达上百个部门涉及公共安全工程管理事务，导致救灾过程中出现权限不明、争权夺利、实施相互交叉甚至矛盾的救灾措施，给整个救援工作带来极大困扰。在此背景下，一些州的民防主任联合起来，通过全国州长联合会，要求联邦政府整合公共安全工程管理的机构。这才有了1979年卡特总统颁布12127号行政命令，合并分散的紧急事态管理机构，成立统一的联邦紧急事态管理局（Federal Emergency Management Agency，FEMA），由局长直接对总统负责。这也标志着美国现代公共安全工程管理机制正式建立起来。

美国联邦紧急事态管理局成立后，开始将抵御自然灾害与应对核袭击结合起来，探索从准备、预警、应对到恢复的管理模式，并逐步发展出了全风险措施的综合紧急事态管理系统的概念。20世纪80年代，由于美国政府将联邦紧急事态管理局的工作重心和经费使用重点转向应对核战争威胁上，同时又相继发生了拉夫运河污染事故、三里岛核电站泄漏事故、古巴难民危机等多件公共安全事件，导致联邦紧急事态管理局遭受了严峻的挑战。1988年，美国国会通过了《斯图亚特·麦金莱-罗伯特·斯塔福法案》，以法律的形式规定了紧急事态的宣布程序，确定了公共部门的救助责任，强调了减灾和准备职责的重要性，概述了各级政府间的救援程序。该法案的通过和实施，迈开了美国公共安全工程管理规范化的重要一步。到20世纪末期，美国公共安全工程管理制度发展成为世界上完善而具成效的制度，成为西方国家模仿的典范。

2001年"9·11"恐怖袭击事件的发生引起美国政界、舆论界和学术界对国家公共安全工程管理体制的深刻反思。这也促使美国国会于2002年通过了《国土安全法》，批准成立美国国土安全部，将原有的联邦紧急事态管理局作为国土安全部的一个组成部分，并于2003年3月正式成为美国联邦政府的第15个部。由此，美国的公共安全工程管理进入了一个新的时期。

## 三、公共安全工程管理系统框架

### （一）基本原则

公共安全工程管理涉及国家安全、生命安全、经济安全、财产安全、生态安全等方面，内容繁杂。因此，在管理中应当根据管理目标和管理理念，明确相应的管理原则，以便发挥公共安全工程管理的职能和效益。一般遵循的基本原则有

（1）生命优先原则

切实履行政府的社会管理和公共服务职能，把保障公众健康和生命安全作为首要任务，最大程度减少公共安全事件及其造成的人员伤亡和危害。

（2）预防为主原则

高度重视公共安全工作，常抓不懈，防患于未然。增强忧患意识，坚持预防与应急相结合，常态与非常态相结合，做好应对公共安全事件的各项准备工作。

（3）统一调度原则

建立健全分类管理、分级负责，条块结合、属地管理为主的公共安全工程管理体制，由政府专门机构负责统一调度，充分发挥专业应急指挥机构的作用。

（4）依法管理原则

依据有关法律和行政法规，加强公共安全工程管理，维护公众的合法权益，使应对公共安全事件的工作规范化、制度化、法制化。

（5）信息公开原则

遵循第一时间原则，建立完善的信息供求体制，坚持公共安全事件信息公开，建立畅通的信息传播渠道和沟通渠道，在第一时间给公众传输第一手信息，以避免公众由于信息获取不畅而造成恐慌。

### （二）管理组织

公共安全工程管理组织是公共安全工程管理的权力发出机关和主要行动的组织实施者（安红昌等，2007）。公共安全事件的管理中往往涉及海洋、地质、林业、农业、工业、水利、环境、财政等诸多行业和部门，无论是安全预防还是应对都离不开这些行业和部门的支持与配合。有关的公共安全工程管理法律法规、组织形式、管理手段等均在

政府机构的主导下完成，并且成为衡量政府机构行政效力强弱的一项重要标志。因此，在公共安全工程管理中政府机构历来是毫无疑问的主导和权威。然而实践也表明，在一个多元化的社会环境中，仅仅由政府机构来负责所有的公共安全事务显然不能够充分利用社会可以利用的资源，甚至会因为缺乏有效的监督和竞争机制而效率低下，有时反而引发更大的社会公共安全危机。类似于红十字会等人道主义组织及志愿者组织同样是公共安全工程管理过程中的一股重要力量，特别是在一些社会问题比较突出、尖锐的领域里，非政府组织的活动往往发挥着政府和企业所没有或难以充分发挥的作用，对保障社会公共安全和推动社会进步具有重要的意义。因此，在公共安全工程管理事务中，应当倡导以政府机构为主导、各类非政府组织为辅助的管理模式，通过相互协作、互通有无来解决面临的公共安全问题。

（1）政府组织

政府组织即专职从事公共安全管理的国家政府机关和兼有部分公共安全工程管理责任的机构，包括各级政府部门。不同时期、不同国家专门负责公共安全工程管理的政府部门和机构也存在较大的差异，往往根据国家传统及不同时期的安全需求而由不同的部门或机构负责。

（2）非政府组织

非政府组织（non-governmental organizations，NGO）泛指处于政府与私营企业之间、非官方、非营利、以公共利益为取向的社会组织（马海韵和张晓阳，2012）。由于非政府组织的组织性、民间性、非营利性、自治性、志愿性以及公益性，能够在公共安全事件应对中配合政府有效的整合应急资源，充分利用其特有的行动力和反应机制，往往能够准确获得大量真实的灾情和民众需求，在公共安全危机的不同发展阶段发挥不同的功能，充当协助政府化解社会危机的减阀器和纽带（沈荣华，2005）。在公共服务领域，通常会有一些没有政府参与的真空地带，政府力量难以到达，因而无论是任何国家，都有非政府组织生存的需求与空间。例如，以红十字会为代表的社会人道主义组织遍布全球各地，同时还有社区志愿者、义工人员等公益组织。

（三）管理程式

公共安全工程管理大体遵循预防与应急准备、监测与预警、应急处置与抢险救援、善后处理与恢复重建等一整套程式，在每一个程式环节中，都要有很强的可操作性和保障性，并应因时、因地制宜地进行展开、规范和衔接，以实现防灾减灾、降低损失的目标。

(1) 预防与应急准备

公共安全事件的预防和应急准备包括两个方面：一是在公共安全事件发生之前，通过政府主导或动员社会公众参与，采取有效的防范措施来消除可能引发不安全事件的隐患，主动避免或减少公共安全事件发生的概率；二是通过做好事前准备，在突发事件发生后，能够有效应对，防止事件的升级或扩大，最大限度地减少其带来的损失与影响。因此，通过建立保障公共安全所需的应急预案、防灾规划、城乡规划、救灾队伍、救灾物资、救灾经费、基础设施、医疗保障、应急通信、科技应用等各类保障性资源和力量的储备，逐步建立并完善公共安全灾害预防与应急准备机制，是公共安全工程管理面临的基础性问题。

(2) 监测与预警

公共安全事件监测是指对威胁公共安全状况的潜在风险、危险源、危险区域等进行实时跟踪，获取相关信息后及时报送、处理并发出预警的整个流程。这是一项从危险源头上防治灾害的保障工作。对某些可能引发不利事件的风险源进行观察和测量，预防不利事件的发生，是一个实时的动态过程。监测是开展灾害风险评估的基础，通过监测可以及早发现潜在风险，及时进行预警。对突发事件的实时监测，能够为制定及时有效的应对措施提供重要的依据。建立监测与预警机制就是根据应对公共安全事件的经验、教训，及历史数据信息、情报和资料，运用逻辑推理和科学预测的方法与技术，对公共安全事件出现的约束条件、未来发展趋势和演变规律等做出科学的估计与推断，对公共安全事件发生的可能性及其危害程度进行评估，从而及时提醒公众做好准备、规避危险、减少损失的一种工作机制。监测机制的内容包括公共安全事件监测网络、监控系统、监测制度与监测队伍建设，通过群众监测与依靠科学技术的专业监测，完成监测任务；在此基础上，通过建立和完善灾害信息的研判机制和信息报告机制，逐步建立公共安全预警机制。

(3) 应急处置

公共安全事件的应急处置是公共安全工程管理工作的关键环节，及时有效的应急处置能够争取时间、以尽可能少的应急资源投入，最有效地控制事态扩大并减少损失。具体来说，应急处置是指在公共安全事件即将发生或发生后的初期，在不能准确判定事件性质、规模的情况下，采取的早期应急控制或处置，并随时报告事态进展情况，避免和控制事态恶化或升级的一系列决策与处置行动（郭济，2008）。这些行动一般包括启动现场处置预案、成立现场处置指挥机构、疏导交通、疏散民众、救治伤员、排除险情、控制事态发展、上报信息等。建立应急处置机制关键是要建立好灾害快速评估机制、决策指挥机制、协调联动机制和信息发布机制。

(4) 善后处理与恢复重建

善后处理是指对突发公共事件中的伤亡人员、应急处置工作人员，以及紧急调集、征用有关单位及个人的物资，按照规定给予抚恤、补助或补偿，并提供心理及司法援助等一系列工作的总称，包括开展疫病防治、环境污染消除以及保险理赔等工作（Berke et al.，1993）。

恢复重建是指在公共安全事件发生后，为保障正常的社会秩序和经济活动，修复各类生命线工程，修复各类公共基础设施，恢复正常的生活和生产秩序而采取的相关措施，以及当事件处置结束，为恢复受影响地区和民众的生活、生产，促进受影响区域经济发展所做的规划和投资等一系列工作。恢复重建机制是公共安全工程管理的核心机制之一，具体包括救助补偿机制、心理抚慰机制、调查评估机制、建设保障机制和责任追究机制。

# 第二章 国际公共安全工程管理

经过近半个世纪的发展，美国、日本、德国、俄罗斯、澳大利亚等国家的公共安全工程管理的理论和实践都进入了成熟时期，已经在国家立法、政府专门管理机构、非政府组织参与、管理指导理论体系等方面形成了一整套公共安全工程管理体系，其中美国的公共安全工程管理体制因其完备性和在实践中的良好表现而成为诸多国家效仿和学习的典范。

## 第一节 国际公共安全工程管理理念变迁

公共安全问题一直伴随着人类社会发展的整个过程，在这一过程中，人们也付出了巨大的代价。从美国等发达国家公共安全工程管理的发展历程可以看到，其公共安全工程管理的理念和理论是随着人们对社会安全问题的认识变化和付出代价而不断有所更新、有所突破、有所完善，并指导着社会安全管理制度的发展和创新。

### 一、分散管理理念

在公共安全工程管理发展历程中的很长一段时期，自然灾害应对都毫无例外地成为各个国家政府承担公共安全工程管理职能所面临的主要任务。这一时期的管理理念也基本局限于对发生重大自然灾害后的救援组织与应对管理，例如，美国为有效应对洪水、地震、飓风等灾害，有序开展救援与重建工作，成立了专门负责的联邦灾害救助管理局，其管理目标就是针对一系列的突发自然灾害实施救援扶助和应对管理。在 20 世纪中期前后，几乎所有国家的公共安全工程管理仍主要是以应对自然灾害为核心，管理体制和机构的设置也针对不同的灾害类型和严重程度而设立，通常由政府机构中的不同部门分别管理，属于分散管理的模式。

### 二、统一管理理念

随着公共群体性事件的发生，如民族性冲突、宗教性争端的爆发，引起社会对人为因素导致的公共安全问题的高度关注，客观上推动了在公共安全服务、公共安全教育、城市危机管理体制、公共安全工程管理能力、公共安全事件公关、政府应急管理能力建设、应急管理资源保障等方面深入研究的开展，促使公共安全工程管理逐步重视人为因素在公共安全工程管理中的作用，初步形成了应对自然、人为多重因素作用的公共安全工程管理机制。到了20世纪60~70年代，公共安全工程管理的触角开始从自然灾害向社会性安全事件延伸，涵盖社会治安、劳工权益、金融危机等多个方面，管理体制也从分散逐渐走向统一，国家层面的公共安全事务统一管理机构开始出现。

### 三、风险管理理念

一直以来，公共安全问题发生后的应对及救援是公共安全工程管理的核心。近年来，风险意识、危机意识已深入人心，仅仅停留在公共安全事故发生后的救援管理显然已经不能满足社会发展需求。在做好公共安全事件应对的同时，注重对风险因素或风险事件的预防成为新的特点。公共安全工程管理也随之进入从事后管理走向事前预防、事中应对和事后管理的综合管理阶段，并吸纳社会力量参与公共安全工程管理，整体的社会公共安全工程管理机制与模式不断成熟（Giddens，1990，1991；Keller，1997；郑振宇，2008）。20世纪90年代以来，尤其是美国"9·11"事件之后，发达国家对公共安全事务的管理范围从保护国家安全的高度进一步延伸至应对各种危机，并建立了比较完善的法律法规和管理体系。与此同时，不同国家在公共安全工程管理领域也结合自身国家需求形成了各具特色的管理模式。例如，美国以维护其世界头号强国的地位为重心，日本在自然灾害的防治方面十分突出，法国在涉及公共安全的城市功能调整与公共政策制定方面独具特色，俄罗斯则在事故救援和技术性灾害管理领域独树一帜。

## 第二节　国际公共安全工程管理通用理论

经过几十年的不断发展，公共安全工程管理的基本理论与方法逐渐建立健全并系统化，已有较为完备的理论基础。全面紧急事态管理（comprehensive emergency management，CEM）是西方国家公共安全工程管理的基础性理论，其核心原则是：对各种类型的灾难及其后果实施管理，对所有紧急事态管理的参与者实施统一协调与领导，对紧急事态的全过程或生命周期实施管理，对全国各级政府、各类组织的所有合适的资源实施统一调配使用（Britton and clarke，2000；McEntire，2003；Li et al.，2012）。在此原则下，演化出公共安全工程管理的通用理论与方法，包括全危险方法、综合紧急事态管理方法、生命周期理论和有准备的社区理论。

## 一、全危险方法

全危险方法是指在处理公共安全工程管理的实践中,采取同一套公共安全工程管理安排,处理和应对所有种类的紧急事态、灾难和民防要求(Curtin et al.,2005)。以美国为代表,澳大利亚、新西兰等国家在公共安全工程管理实践中均采用了这一方法(Beck,1992)。

全危险方法采取统一的系统,能够确保公共安全工程管理的成本控制较为经济,并且能够保证公共安全工程管理的需要,实现统一高效的指挥和运作。无论是哪一种灾难,自然的、人为的或者技术的,其预防、处理和应对都通用一套类似的机制,如事前的风险管理、预案编制、预警预报,事中的人员疏散与撤离、搜救与救援、急救、食宿安置,事后的恢复、疫情预防等环节,均涉及医疗、消防、交通、电力、通信等各部门,需要全面的统筹管理才能满足需求(金磊,2008)。实践证明,在出现灾难性安全事故时,必须有一个统一高效的指挥和运作系统发挥作用,否则多个系统或机构管理就会出现权责不明、信息不协调、任务分工重叠或缺失的现象,非常不利于救援工作开展。美国政府在"9·11"事件中,正是由于多部门共同管理、缺乏协调统一,导致救援行动迟缓,引起美国民众的强烈不满,并直接导致美国政府对公共安全工程管理机制进行改革,成立国土安全部来统领全国公共安全工程管理事务。

## 二、综合紧急事态管理方法

综合紧急事态管理方法是指当紧急事态发生时,需要多个机构、部门、政府及非政府的代表一起工作,相互配合,迅速针对紧急事态做出决策(Sang and Ralph,2006)。美国、澳大利亚等国家按照这一方法建立了综合紧急事态管理系统,通过网络化综合推进紧急事态的管理。在该系统中,所有部门和组织都被统筹协调在一起,实施全面的合作,但是不同国家通过相关的法律制度对各个部门或机构所赋予的权利和责任分工存在较大差异。

综合紧急事态管理的目标包括:①促进各级政府的充分合作,为实现共同的目标而保留其灵活性;②加强对已知的紧急事态管理措施的有效实施;③实现紧急事态管理规划向各级政府决策和行动体系的传递整合;④在现有紧急事态管理预案、系统、能力的基础上,拓宽向所有类型紧急事态适用范围。

## 三、生命周期理论

生命周期理论是针对紧急事态的过程管理提出的一种管理方法。根据灾难的发生周期，将紧急事态管理的活动、政策和项目分为四个功能区，即减除（mitigation）、准备（preparedness）、应对（response）和恢复（recovery），又被称之为四阶段理论，如图2-1所示。

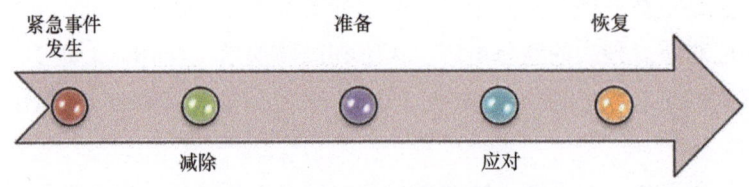

图 2-1　紧急事态的生命周期理论

1）减除。指采取措施消除或减轻（减少其严重性）危险的影响，具体措施包括：公共信息立法、社区教育、税收、保险、安全改进措施、土地使用管理等。

2）准备。指预防准备措施，包括灾难预案、预警系统、安全培训、撤离预案、社区教育、紧急事态通信、援助协议、资源存货、提供特殊资源等。

3）应对。指紧随任何危险的影响立即提供有效的应对措施，具体包括：实施预案、实施紧急事态立法或宣布、发布预警、激活紧急事态行动中心、通报公共权力部门、资源动员、医疗援助、紧急救济、搜寻与救援等。

4）恢复。为受影响的地区或社区提供恢复手段，具体措施包括：修复或重建基础设施、社区康复、咨询方案、临时住处、财政支持、卫生与安全措施、医疗保健、物质恢复与重建、公共情报和经济影响等。

从各阶段采取的措施可以发现，各个阶段之间并无显著的界限，各个阶段之间甚至是紧密联系在一起的，而且交叉互动。

## 四、有准备的社区理论

"有准备的社区"（the prepared community）是由澳大利亚紧急事态管理署提出的一种理论，美国类似的理论称之为"有恢复能力的社区"（resilient community）。这一理论的提出源于西方国家的社会组织结构，社区作为西方社会的基层结构，更突出的是居民自治体特征，而不是拥有基层政权的行政区划。政府对它们的管理是一种指导、引导、建议和提倡式的管理模式，而非强制性的。由于紧急事态和灾难往往直接影响社区，并且政府层面的援助往往需要一段时间才能到达受灾现场，这就要求社区必须具备一定的灾害预防和抵抗能力，拥有社区自身的救助力量。

从社区的角度来看，在应对紧急事态或灾难方面，个人、志愿者组织和地方政府是三个极其重要的环节（Wilson and Kellin, 1982；Geis, 2000）。例如，个人可以通过了解危险区域和被推荐的保护性措施，或采取适当的针对这些危险的个人防范措施，或参加社区为基础的志愿者组织，配合地方政府的组织与安排等多种方式来帮助自己和他人获得社区支持，并且被充分融入紧急事态及灾难管理安排中的社区志愿者可以发挥极其重要的作用。

## 第三节 国际公共安全工程管理实践

在公共安全工程管理领域，经过不断发展完善，发达国家已经形成了比较成熟的公共安全工程管理模式，下面分别以美国、日本、德国、俄罗斯和澳大利亚为例阐述发达国家在公共安全工程管理领域的实践与特点，以供借鉴。

### 一、美国模式

#### （一）公共安全工程管理系统架构

美国是一个典型的联邦制国家，其公共安全工程管理系统由政府组织、非政府组织、企业和志愿者等多个主体构成，各参与主体之间形成了一种密切合作的关系。在经历了分散管理、统一管理后，美国的公共安全工程管理机制目前正处于整合管理阶段（朱正威和张莹，2006）。总的来看，美国政府的公共安全工程管理组织基本形成了"三层次"管理架构。

"三层次"管理架构是指美国政府公共安全应急管理组织体系由联邦政府、州政府和地方政府三个层次构成。其中，联邦政府层级主要包括总统及其领导的内阁、专职的公共安全管理组织——国土安全部（2003年3月之前由联邦紧急事态管理局负责美国联邦层级的公共安全事务）及其他包含部分公共安全管理职能的联邦机构或派出机构，详细机构设置见图2-2所示。总统作为美国的最高行政长官和三军总司令，也是政府公共安全管理机构最高权力的拥有者。但是根据《美利坚合众国宪法》《罗伯特·斯塔福灾难救援与紧急事态援助法》（1988年）和《国土安全法》（2002年），只有在发生战争、叛乱、恐怖袭击、瘟疫、重大自然灾害等非常时刻，总统才能够行使这一权力，如重组联邦公共安全机构、任命公共安全工程管理部门的主要官员、制定公共安全工程管理政策、宣布紧急事态以及实施与此有关的配套措施等。历史上影响较大的如卡特总统于1979年成立联邦紧急事态管理局（Federal Emergency Management Agency，简称FEMA）和小布什总统于2003年创立国土安全部，对于推动美国公共安全工程管理具有划时代的意义。

美国联邦级的专职公共安全工程管理部门是国土安全部，2003年之前一直是由联邦紧急事态管理局负责。美国国土安全部的成立源于"9·11"事件后，美国各界对政府各个部门在承担应对恐怖主义的责任时所表现出的行动不力、效率低下、责

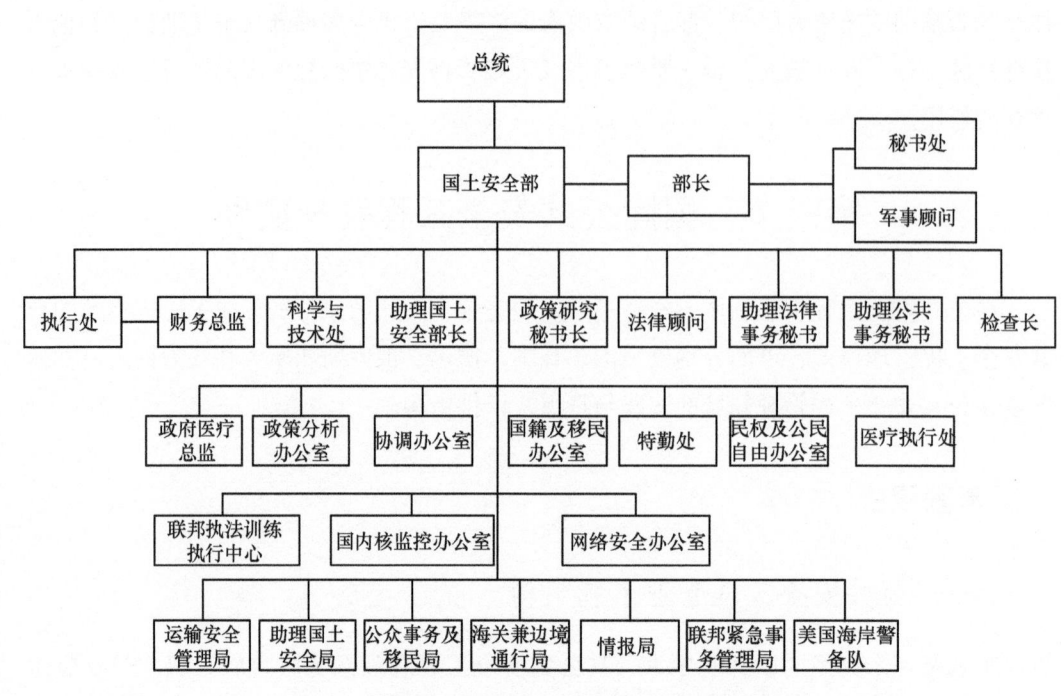

图 2-2 美国政府公共安全工程管理机构设置情况

任不清等状况的严重不满,时任总统小布什顺应民意决定整合全国的行政资源,将各个公共安全管理机构合并组建国土安全部,统筹负责处理反恐与其他威胁美国公共安全的事件。新组建的国土安全部将原来分散在各个部门的22个机构组合成一个部长办公厅和4个司——边界与安全运输司、紧急事态准备与应对司、科学技术司、情报分析与基础设施保护司。

在州政府层面,主要是通过紧急事态管理部门来负责公共安全工程管理事务,重点是灾难的应对和灾区恢复工作。在美国州政府机构中,都设置有负责紧急事态管理的部门,具体名称及组织隶属关系各地略有差异。例如,新泽西州的公共安全工程管理由紧急事态管理办公室具体负责,隶属于州政府法律与公共安全部;加利福尼亚州则设置了州长紧急事态管理办公室,负责公共安全工程管理事宜,直接受州长领导,在行政级别上也高于新泽西州的紧急事态管理办公室。另外,由于各州经济实力以及遭遇灾难的频度和强度存在显著的差异,各州政府对待公共安全工程管理的重视程度也不一样,政府部门应对公共安全灾害的能力也存在较大差异。例如,加利福尼亚州地震等灾害频发,一直以来非常重视对自然灾害等公共安全工程管理的工作,先后颁布了《加利福尼亚灾难法》《加利福尼亚紧急事态服务法》等公共安全管理法律法规,对全州紧急事态管理的具体事项进行了详细的分类和规定,建立了美国最早、最完善的公共安全工程管理体系,并对美国其他州,乃至联邦政府公共安全工程管理体系的建立和发展产生了重要的影响。图2-3为加利福尼亚州州长紧急事态服务办公室的组织结构,该机构的主要功能和职责包括确定工作理念和任务、工作原则与定位、协调机制的构建运行。

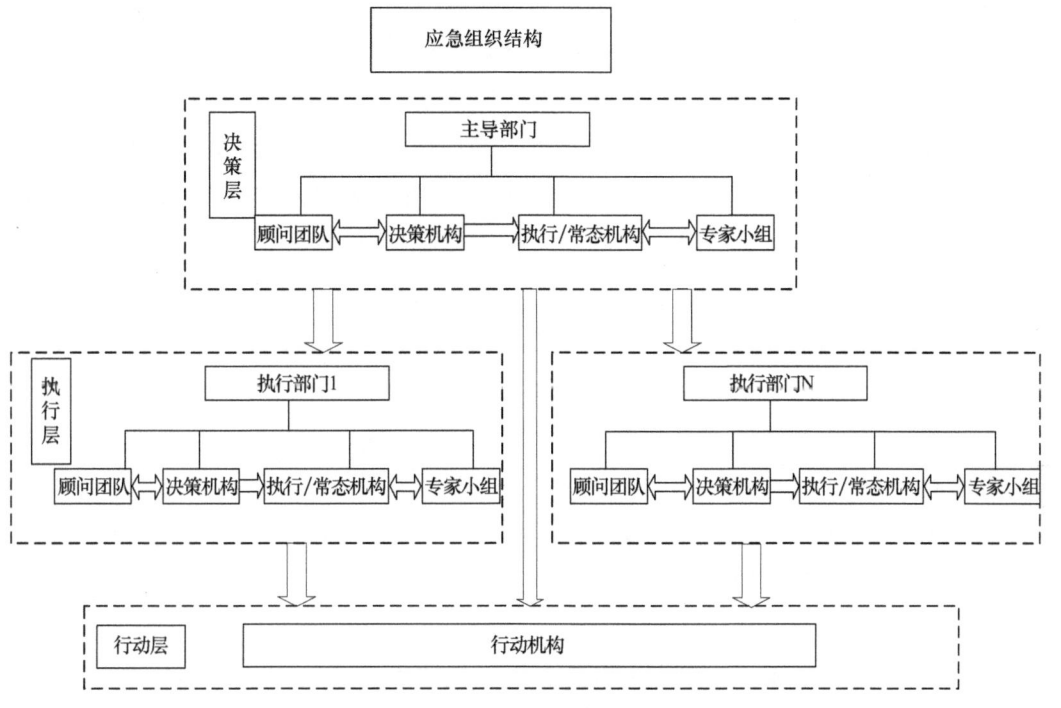

图 2-3 美国加利福尼亚州的公共安全工程管理组织结构

在县级地方政府层面,类似于州政府也都有专职的公共安全工程管理部门,但名称和级别有所差异。以福罗里达州的棕榈滩县为例,其公共安全工程管理部门为公共安全局,负责法律管理和执行机关,包括5个下属机构,即紧急事态管理处、消费者事务处、受害者服务处、青年事务处和司法服务处。

(二) 管理运行机制

美国公共安全工程管理的运行机制按照管理范围和对象可分为"四大"管理机制,即国家安全危机管理机制、社会危机管理机制、经济危机管理机制和道德危机管理机制(Rosenthal, 2001)。其各类公共安全工程管理的立法是其法律保障基础。但在具体实施层面,其运行主要通过以下几个方面的合作机制进行:

1. 各级政府与非政府组织、企业、志愿者合作机制

前面已经提到,在公共安全工程管理领域,非政府组织机构和志愿者组织在救灾中发挥着不可替代的作用。非政府机构和志愿者组织通常反应迅速,具备很高的灵活性,且资源动员效率高,不必像政府机构那样层层审批,能够在最短时间内集中

相当数量的物质和人员。因此，在灾害发生初期，若政府机构受到冲击而导致瘫痪，非政府组织能够承担起政府机构的某些职能，在一定程度上发挥政府的作用，并能协助政府恢复行政能力。当政府机构行政能力恢复后，非政府机构则可以退至次要地位，在其他方面继续发挥作用。从国际经验来看，灾后1~2周内，非政府组织的作用十分显著。另外，非政府组织还能够关照到个体和家庭的特殊需求，比如心理健康服务等，对于灾后恢复重建也发挥着重要作用。政府通过与非政府组织、志愿者的长期合作，能够取长补短，有效弥补政府机构在某些领域的局部性缺失问题，同时还能够大大降低管理成本，提高管理效率，维护社会安定。美国红十字会是美国最具影响力的非政府组织，其财务透明、独立运行，是美国政府在实施防灾救灾和灾害援助行动时的首选合作伙伴。例如，早在1905年，美国红十字会就获得美国国会批准授权作为慈善组织提供灾难援助；2001年"9·11"事件发生时，美国红十字会立刻组织了大批志愿者赶到现场，他们的救护车几乎与美国有线新闻网的直升机同时到达现场，这些志愿者为跑出废墟的人们提供饮水、食品、口罩以及后期的心理治疗、医疗帮助、工程拆除等多方位的服务。目前，美国红十字会由990个区级或市级分会组成，拥有约120万名志愿者会员和4万名雇员。2004年，美国颁布的《国家响应计划》（*National Response Plan*，NRP），明确在灾情需要时由政府公共安全工程管理部门直接联系红十字会来协调信息、共享资源，应对各种灾害事件。

除此之外，通过与公司的合作来介入风险管理也是美国公共安全工程管理的运作途径之一。例如，在美国洪水保险计划中，美国政府通过保险公司来销售其洪水保险单，而保险公司通过销售保险获得佣金收入。

## 2. 地方政府之间的合作机制

在美国，州政府之间和地方政府之间的应急互助协议广泛存在且受到法律的保障，这也是地方政府间展开合作的基础。根据《灾害援助及紧急事态援助法》（《斯塔福法案》）中提出的必须先利用州和地方资源的原则，当州政府或地方政府之间的互助关系无法有效应对灾情时，联邦政府或者州政府就会出面提供援助以应对灾害（Daniels and Daniels, 2000）。"9·11"事件之后，在《联邦响应计划》的基础上，《国家响应计划》更是将州、地方政府之间的应急合作纳入国家应急体系，进一步发展和强化了区域政府间在公共安全领域的合作机制。比较明显的例子如2005年"卡特里娜飓风"的应对与应急救援中，毗邻的密西西比州和佛罗里达州都主动为路易斯安那州提供灾难紧急援助，提高了受灾地区应对灾害的能力。

## 3. 联邦政府与地方政府之间的合作机制

受美国体制及政府机构组成的影响，各级政府并不是上下级式的隶属关系，如联邦政府的国土安全部、州政府应急管理机构、地方政府的应急管理中心三层公共安全机构之间独立运行，在行政上并没有直接的自上而下的隶属关系，这也促使美国联邦政府与州政府、地方政府之间在应对公共安全事件中形成了其颇具特点的合作机制，即只有在地方政府无力应对发生的公共安全事件并向上级政府（州政府或联邦政府）提出请求时，联邦政府或州政府才会正式出面提供援助，即所谓的"拖—拉"体制，这也是联邦制国家公共安全管理机制的一个显著特点。

### 4. 社区、家庭参与机制

社区、家庭就像人体中的毛细血管，分布在最基层的各个地方，在公共安全工程管理中也扮演着重要的角色。在社区、家庭参与公共安全工程管理的实践中，美国有过诸多尝试，如"基于社区的减灾"、"抗灾的社区"、"防灾型社区"等。其中，"基于社区的减灾"是在美国1972年修订通过《全国洪水保险法案》后，将参加保险计划与获得联邦抵押支持的住房贷款挂钩，以提高社区和居民参加洪水保险计划的积极性这一背景上逐步发展而来的。"抗灾的社区"则是在1997年美国联邦紧急事务管理署在全国推广的社区基础项目——"抵御工程：建设抗灾的社区"（Project Impact：Building Disaster Resistant Communities）上发展起来的，该项目旨在通过降低自然灾害的影响，为家庭、商业和社区提供保护。受"9·11"事件影响，美国的社区家庭防灾机制又有了新的发展，提出了"防灾型社区"的构想。

所谓的"防灾型社区"，旨在以社区为基本单位，在灾害来临前，做好各项防灾减灾措施及预案，构建社区减灾体系，降低社区受灾的可能性。概括来说，"防灾型社区"应具备以下四大功能：一是具备将伤亡、经济损失等降至最低的能力；二是具备独立的灾害应变与管理能力；三是具备与公共援助相对接的社区救援机制；四是具备灾后恢复重建与管理能力。为了更有效推进"防灾型社区"建设，美国联邦紧急管理署推出了"影响方案（Project Impact）"计划，希望通过建立社区伙伴关系，利用公共资源与力量对社区灾害风险进行评估和鉴定，确定灾害易发、高发的时间与地点，从而提前制定灾害应对策略和社区防灾减灾计划；建设社区紧急反应队，提供灾害防治培训服务，提高社区救援组织对救灾应变的团队能力，吸引更多的人以及社会团体组织参与到社区救援工作中来，最终全面提升社区应对灾害的救援与能力。

### （三）法律保障体系

从美国公共安全的发展历程来看，构建完善的法律保障体系是促进公共安全工程管理发展进步的基石。受法制制度的影响，美国公共安全工程管理在发展之初就已经具备了坚实的法律基础，这也是美国的公共安全工程管理制度成为该领域的典范，并被西方诸多国家采纳和模仿的重要原因。

美国公共安全管理法律体系以《美利坚合众国宪法》为基础，通过颁布《灾害救济法》（Disaster Relief Act）、《罗伯特·斯塔福灾难救援与紧急事态援助法》（Robert T. Stanford Disaster Relief and Emergency Relief Act，简称《斯塔福法》）、《全国洪水保险法》（National Flood Insurance Act）和《国土安全法》等具有重要影响的法律。除此之外，美国还颁布了一系列专门的灾害应对法案，如《洪水、灾害、防御法》《地震法》《海岸带管理法》等；还有综合减灾、救灾的法律，如《美国联邦灾害紧急救援法案》。而且各州有自己的法规，如加利福尼亚州的《活断层法》等。通过这些法律法规，美国在公共安全工程管理领域建立了比较完备，能够保证灾害救援和管理规范化的法律体系。

《美利坚合众国宪法》是美国公共安全管理的根本法律和总统行使公共安全管理权力的来源。虽然《美利坚合众国宪法》的条文中并没有具体关于总统行使公共安全权力的条文，但是《美利坚合众国宪法》赋予总统在发生危机时可以行使那些通常由立法机关和司法机关才能行使的权力，将分立的三权融合为一体，成为国家权力的唯一来源。另外，总统的就职誓词中明确要求他"保持、保护和捍卫"《美利坚合众国宪法》，并履行其内容。关于紧急事态，《美利坚合众国宪法》第二条第三款："总统应经常向国会报告联邦的情况，并向国会提出他认为必要和适当的措施"，并"负责使法律切实执行"，以及第二条总统为三军总司令，都是紧急事态情况下《美利坚合众国宪法》对总统的授权。在美国内战爆发时，林肯总统首次使用了该项权利，在没有召开国会的情况下宣布进入紧急状态。

《灾害救济法》于1950年颁布实施，首次明确授权美国总统有权宣布进入灾难状态，为联邦可以制度性地介入受灾州和地方政府的救灾事务中提供了法律依据，是一次里程碑式的立法，改变了联邦政府此前介入救灾采取的"一案一法"（Incident-by Incident）模式，也奠定了美国联邦政府救灾的制度基础。

《全国洪水保险法》于1968年颁布实施，该法将保险引入救灾事务，提出如果社区参加《全国洪水保险计划》（National Flood Insurance Program），将享受联邦政府提供的补贴，随后进一步扩大了洪水保险的覆盖范围，提高赔偿标准，促使美国成为将保险纳入洪水风险管理和公共安全工程管理最为成功的国家。

受1979年美国"三里岛事件"、1987年美国"拉夫运河事件"、1984年印度"博帕尔事件"和1986年苏联"切尔诺贝利事故"等一系列国内外影响巨大事件的驱动，美国于1988年通过了《斯塔福法》，该法案在原有灾害管理政策的基础上又有了新的发展，明确了总统宣布重大灾难声明的过程，确立了各种援助的程序，明确了公共援助计划中联邦与州和地方政府的财政支出比例，被评价为美国有关公共安全工程管理最重要的两个法案之一。

2002年，在"9·11"事件的影响下，美国成立了国土安全部，将所有的公共安全工程管理的机构和部门进行统一重组，同时制定了《国土安全法》。该法案突出了恐怖活动对国家安全带来的危害，并制定相应的应对措施，包括加强空中和陆路交通的安全，防止恐怖分子进入美国境内；提高美国应对和处理紧急情况的能力；预防美国遭受生化和核恐怖袭击；保卫美国关键的基础设施，汇总和分析来自联邦调查局、中央情报局等部门的情报等内容。

(四) 管理模式特点

### 1. 公共安全工程管理的法律保障体系比较健全

在应对地震、飓风、洪水、恐怖袭击等各类灾害的过程中，美国逐步建立比较健全的公共安全管理法律保障体系，这也是美国在世界公共安全管理方面引领发展的根本保障。与美国的联邦体制相适应，其公共安全工程管理法律体系也形成了以《美利坚合众国宪法》《灾害救济法》《斯塔福法》《全国洪水保险法》《国土安全法》等为基础与核心的联邦政府层次的法律体系，以州政府、地方政府为主导制定的适用于小区域的地方层级公共安全法律保障体系，以及《国家洪水保险法》《洪水、灾害、防御法》《地震法》《海岸带管理法》等专门应对重大灾害的法律法规体系，多层次、全覆盖的法律体系能够保证公共安全管理和灾害救援的规范化、标准化。

### 2. 非政府组织在公共安全管理中扮演重要角色

在美国，非政府组织、企业机构往往在公共安全管理中担任具体的救援与救灾任务，是公共安全管理实施过程中不可或缺的力量。美国有很多的民间非政府组织、社团及社区志愿者组织，如美国红十字会、教会组织救世军、全国抗灾志愿者组织等，这些组织遍布美国的各个地区、各个行业与领域，大量美国民众自发参与其中。因而，其具备政府性组织所无法具备的优势，其灵活性与普遍性能够保障在灾害发生的第一时间就能够到达现场实施救援，而且具备防灾减灾的作用。需要指出的是，美国的政府性公共安全管理组织与非政府组织并非孤立的，二者之间存在着密切的合作。例如，由政府机构负责免费给志愿者组织进行公共安全基本技能培训，提高其救援应对能力；同时，还可以由政府机构出资向一些企业购买相应的服务选项，由企业负责日常的公共安全管理及防灾减灾工作，充分调动各方力量的积极性，最大限度地发掘救援力量。

### 3. 保障信息渠道通畅，建立高效的指挥协调系统

自"9·11"事件和"卡特里娜"飓风袭击事件后，美国更加注重对灾害信息的搜

集、监测与评估,并成立了美国国家安全局,广泛运用高新技术成果进行信息集成,构建了由联邦、州、地方政府三级固定与移动应急平台,能够实现监测监控、风险预测预警、风险分析、动态决策、综合协调、应急联动与总结评估等多项功能,实现公共安全应急管理指挥协调系统的一体化、实时化、精确化与快速反应,对于预防、降低或规避公共安全事件的风险发挥了重要的作用。

### 4. 充分发挥保险业在防灾减灾中的作用

美国创新性地将商业保险引入公共安全管理领域并取得了巨大成功。最典型的就是洪水保险,通过政府支持,参加洪水保险的民众能够在灾后获得直接的资金补偿,大大提高了受灾区及受灾民众抗灾及灾后恢复的能力,降低灾害导致的财产损失。

## 二、日本模式

日本作为世界上自然灾害频发的国家之一,其以先进的公共安全管理理念、健全的法律法规保障以及专业的应急救援体系建立起了发达的防灾、减灾系统。下面重点介绍公共安全工程管理的组织构架、运行机制、法律保障体系,并分析日本模式的特点。

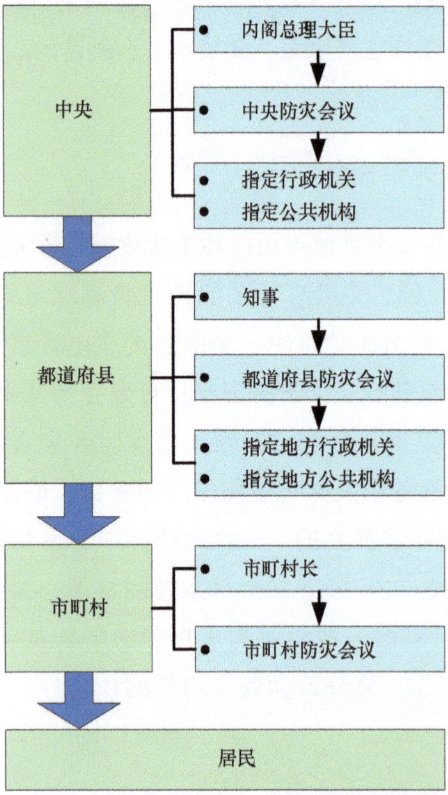

### (一) 公共安全工程管理系统架构

日本的公共安全工程管理构架包括中央、都道府县、市町村和居民四级构成,内阁首相是危机管理中的最高指挥官(Furukawa,2000),如图 2-4 所示。在中央,涉及公共安全管理职能的机构包括内阁总理大臣、中央防灾会议、指定行政机关和公共机构。其中,中央防灾会议作为一个常设机构,也是日本减灾管理的核心机构,其职责是制定综合的防灾减灾对策及实施计划,协调中央政府各部门、机关与各级地方政府公共安全管理机构之间的防灾减灾任务。会议由内阁总理大臣主持,会议成员由其他内阁大臣共同担任,会议的组织结构见图 2-5 所示。

图 2-4 日本公共安全工程管理行政体系

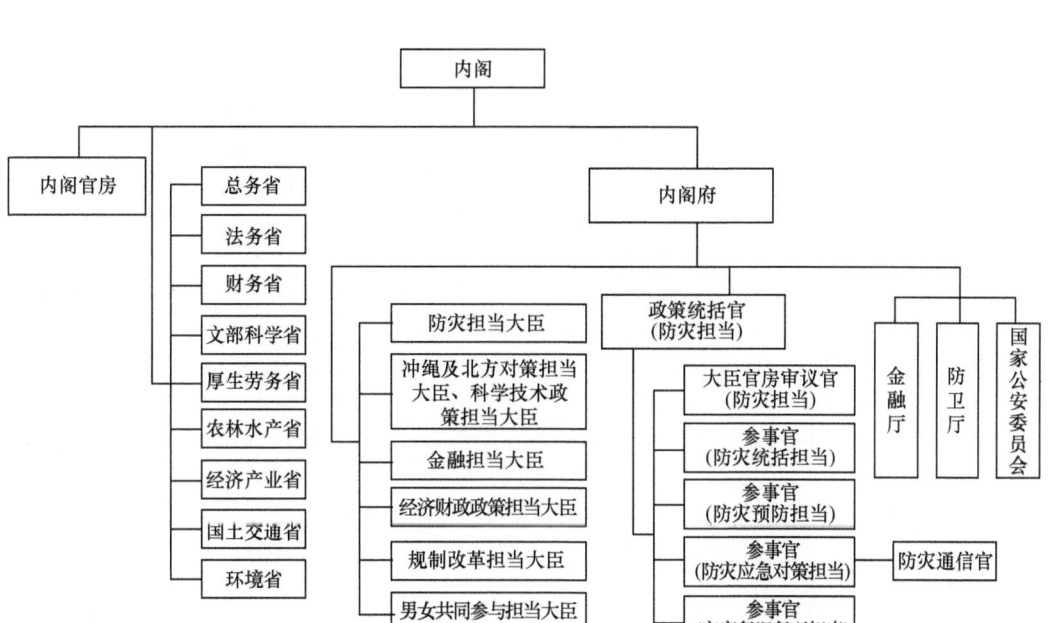

图 2-5 日本中央省厅及内阁府防灾组织图

在都道府县和市町村这两级地方政府，也都设立了专门负责公共安全管理的机构，与中央政府机构设置类似，公共安全及防灾减灾任务分别由都道府县防灾会议和市町村防灾会议担负，主要负责在国家防灾减灾计划框架下制定管辖区内的防灾基本计划或专项计划，建立辖区内的灾害紧急应对、灾害救援以及灾后恢复重建的具体对策，计划实施经费来自于中央防灾事业预算经费和地方财政。防灾会议的成员来自相应级别地方政府的其他部门或机构的主要官员。以东京都为例，为有效应对灾害，由东京都政府部门总体负责灾害情报收集与传递、指挥部门设置、相互协作援助、交通管制、自卫队灾害派遣申请、地震火灾等防止、医疗救护、饮用水供应、物质储备、居民防灾意识教育等诸多减灾救灾行动，详细内容见图 2-6 所示。

（二）管理运行机制

在日本政府公共安全管理机构框架下，当遇到突发自然灾害等公共安全事件时，由中央、都道府县、市町村三级政府公共安全管理部门根据灾害具体情况，按照预定灾害对策实施防灾减灾计划，保证灾害应对和善后处理有序进行。按照工作流程，日本政府公共安全管理机构一般按照事前预防、事中应对和事后恢复重建三个阶段对灾害防控对象实施全程的监控、预警与管理，最大限度规避或减少灾害损失。

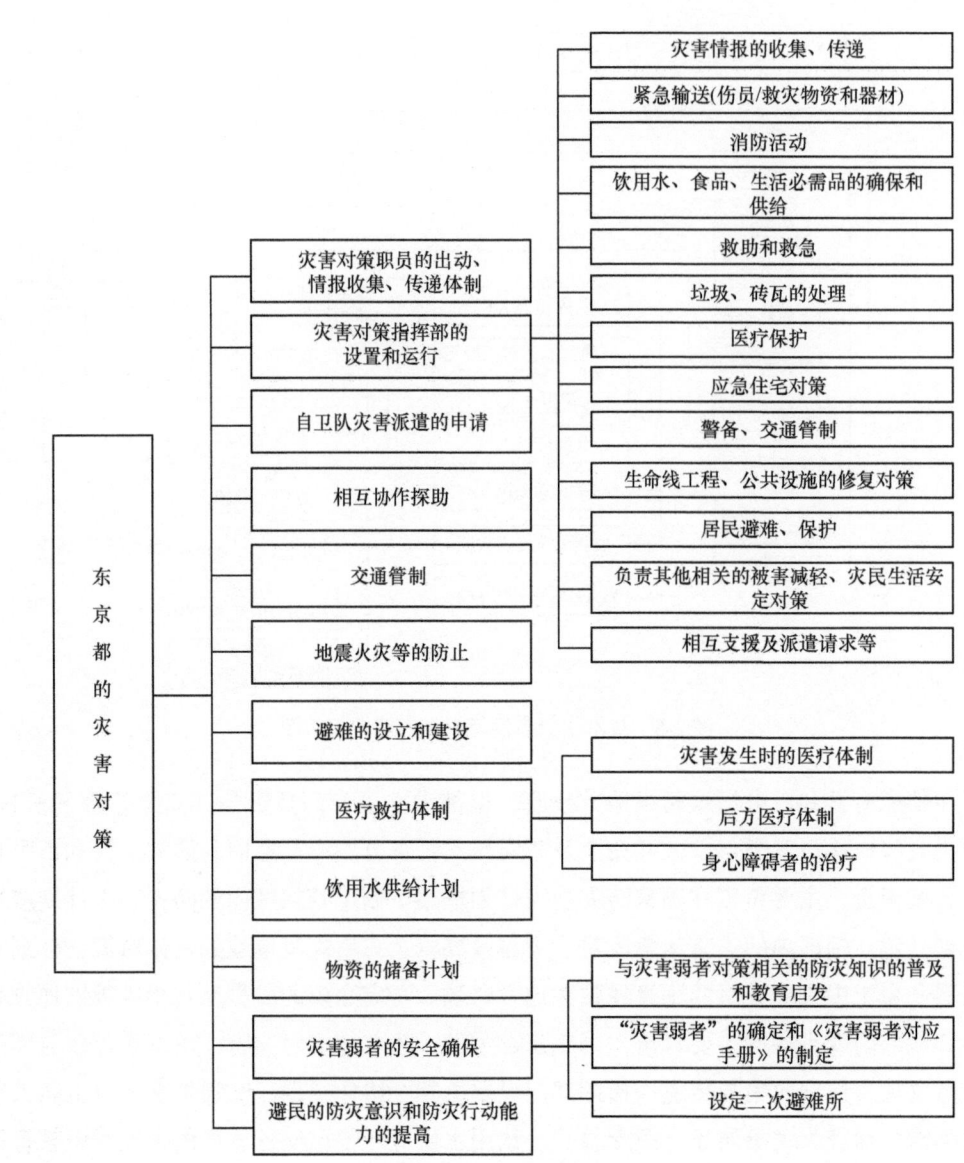

图 2-6 日本东京都的灾害对策

在事前预防阶段，政府机构按照自上而下的方式逐级负责制定和实施防灾减灾计划，包括由中央防灾委员会制定的综合防灾减灾基本计划及其规定的防灾减灾方针与原则、区域防灾计划，各地方行政部门根据中央防灾减灾框架与方针制定的地区防灾计划、对策预案与应对措施。这些计划的细节每年都会根据具体灾情进行动态修订或调整，以满足公共安全管理的实际需要。

在事中应对阶段，根据灾情覆盖的范围，按照灾害的严重程度自下而上设立灾害应对本部，当灾情发生时由灾害发生地的对策本部作为灾害应对的指挥部门，主要以市町村为单位，都道府县负责协助调整与中央一级机关的防灾业务。当灾情严重超出本级政府应对的能力或范畴时，就需要由上一级政府或中央政府的公共安全管理机构设立灾害应对本部予以应对，按照防灾计划指挥各业务部门采取紧急情况的应对措施配合防灾工作，降低灾害损失。当灾情极其严重时，还可以由日本政府内阁成立由首相担任本部长的非常灾害对策本部，全面负责灾害应对的指挥、协调和救援行动，并动员社会各界资源共同应对灾害。

在恢复和重建阶段，由地方政府将灾害损失与处理情况进行评估并上报中央政府部门，并与中央政府有关部门协商灾区恢复重建的具体规划与资金安排。其中，恢复灾区基础设施，开展救灾知识及能力培训，提高民众抵抗灾害的应对能力，制订未来年度的防灾减灾新计划是恢复重建阶段的重点任务。

### （三）法律保障体系

日本的公共安全工程管理法律保障体系主要包括基本法体系、灾害预防法体系、灾害应急对策法体系、灾害恢复与重建、财政金融措施法体系等。其中，1962年出台的《灾害对策基本法》是日本公共安全工程管理领域的根本法律，因此也被称之为"日本灾害管理宪法"。该法律涉及的内容包括灾害管理组织、防灾计划、灾害应急对策、灾后恢复与重建、财政金融措施、国家进入紧急状态及奖惩等制度，明确了各个主体的防灾责任，对于重大灾害的财政援助以及应对灾害紧急事态的措施。此后，根据实际灾害救援需求，日本政府对该法律进行了多次修订补充，包括对灾害扩大时，地方交通可实行管制措施，保障车辆移动及紧急车辆顺利通行；明确行政机关首长可行使灾害救援指挥权，重大灾害发生时非常灾害对策本部可不经由内阁会议批准即可设置；规范现场应急指挥，赋予救灾自卫队派遣的必要权限等新的内容，为灾后快速反应及管理机构的灵活运行提供了法律保障。

针对不同的灾害类型及不同阶段灾害处置方法，日本政府还专门设立了地震、火山、滑坡、泥石流、雪灾等自然灾害在不同应对阶段所能依据的详细法律法规，如表2-1所示。

### （四）管理模式特点

日本由于其特殊的地理位置以及气候等因素的影响，经常遭受地震、火山、台风、暴雨、海啸等自然灾害的袭击，是世界上自然灾害类型多、发生频繁、灾害损失严重的国家。尤其是20世纪90年代以来，各种突发的和人为的公共安全事件接踵而至。面对如此多的公共安全事件，日本政府建立了一整套应对公共安全事件的管理体制和管理理念，全面提高了应对各种社会安全、自然灾害、公共卫生、事故灾难的能力。

表 2-1  日本专门灾害应对法律与法规体系

| 灾害类型 | 灾害应对过程 | | |
|---|---|---|---|
| | 预防阶段 | 应对阶段 | 恢复重建阶段 |
| 地震 | 大规模地震对策特别法；地震财产特别法；地震防灾对策特别措施法；建筑物抗震改进促进相关法；推进密集街区防灾街区建设的相关法律 | 灾害救助法；自卫队法；警察法；消防法 | 巨大灾害法；住宅金融公库法；雇佣保险法；产业劳动者住宅资金融通法；劳动者灾害补偿保险法；地方公务员灾害补偿法；国民生活金融公库法；中小企业金融公库法；工商组合中央公库法；中小企业信用保险法；农林渔业金融公库法；农业灾害补偿法；农业协同组合法；地震保险相关法律；台风常袭地带的灾害防止相关特别法律 | 自作农维持资金融通法；公立学校设施灾后修复国库负担法；灾区复兴特别法；灾民租税减免等相关法律；灾害慰问金的支给相关法律；灾民生活重建支援法；天灾融资法；公共土木设施灾后恢复事业费国库补助的暂定措施等相关法律；农林水产设施等灾后恢复事业费国库补助的暂定措施等相关法律 |
| 火山 | 活火山对策特别措施法 | | |
| 洪水 | 防洪法（河流法） | | |
| 滑坡、泥石流、塌方 | 防砂法；森林法；特殊土壤地带灾害防止及振兴临时措施法；滑坡防止法；治山、治水紧急措施法；崩塌等灾害防止相关法律；土砂灾害警戒区域土砂灾害防止对策的推进相关法 | | |
| 雪灾 | 大雪地带对策特别措施法 | | |

## 1. 重视对突发自然灾害的预防

重视灾害预防，采取有效的防范措施、建立灾害预防机制是应对自然灾害、降低灾害损失的最佳途径。日本政府在灾害的预防方面，一方面通过制度、法规构建了中央、都道府县、市町村和居民的四级灾害管理机构体系，由首相担任负责人的中央防灾委员会实施统一领导；另一方面，日本政府还非常重视各级防灾委员会与其他行政机关之间的协调能力建设，大大提高了政府机构在紧急状况发生时的反应速度和管理效率。与此同时，日本政府还积极推进政府组织、民间社团以及民众的防灾减灾基本技能培训教育工作，针对突发自然灾害的性质及特点构建了较为完善的灾害应急教育体系，市民可以从学校和社会中得到应急的基本知识和技能培训（Shiwaku and Shaw, 2008）。另外，日本还非常重视紧急避难所的规划与建设，这也为日本提升公共安全管理应对能力与保障水平奠定了基础。

## 2. 完善的防灾减灾法律法规体系

前面已经介绍，日本政府针对各类公共安全事件，已经构建了比较完善的公共安全工程管理法律法规体系，包括灾害管理基本法体系、灾害预防法体系、灾害应急法律体系和灾害恢复、重建及其财政金融法律体系等。尤其是对地震、洪水等常发、频发的自然灾害，日本政府均有一系列专门的灾害应对法律作为防灾减灾及公共安全管理工作的依据。

### 3. 构建了条块相结合的区域灾害应对联动机制

与欧美等联邦制国家不同，日本在公共安全管理组织结构方面，尤其是应急管理领域，已经构建了条块相结合的管理体系，即中央、都道府县、市町村和居民的四级垂向管理和中央各部门、都道府县与市町村各机构之间的相互协作机制，这一机制对于提高灾害应对能力具有重要的作用。例如，在1995年日本阪神大地震之后，针对震后救援中的物资供给环节存在的问题，各都道府县和2000多个市町村签订了72小时相互援助协议，灾害发生时可实现跨区域的应急救援小组、医疗运输队伍、紧急消防队等救灾人力和物资的共享，以此构建形成了条块相结合的区域灾害应对联动机制。

### 4. 鼓励社会力量参与防灾减灾以及自救互救

除了政府机构外，日本还非常重视非政府组织、企业及志愿者在灾害救援与灾害预防中的重要作用，鼓励企业及社会团体与政府有关机构合作，推进全社会的防灾减灾能力建设工作。为吸引和鼓励更多的社会民众参与到防灾减灾中来，政府专门提供一些活动的场所及培训学习机会。日本社团组织涉及社会各个阶层，如妇女防火俱乐部组织、少年消防俱乐部、幼年消防俱乐部等，各类自主防灾组织人数达到数百万。在日常的防灾减灾培训中，日本十分注重对民众灾害救援技能的培训，灾害发生时，鼓励受灾民众要根据受灾状况开展自救与互救行动，第一时间、最大程度地降低灾害损失，提升灾害应对能力。

## 三、德国模式

### （一）公共安全工程管理系统架构

德国是一个联邦制国家，其公共安全工程管理系统由政府部门和非政府组织或协会共同构成，任务分工明确。其中，政府内政部是国家日常应急管理工作的责任部门，具体应急管理与处置工作则由政府机构下的技术救援协会和消防局、红十字会、救援组织以及救援联合会等非政府组织共同负责。

#### 1. 政府机构

隶属于德国联邦政府内政部的联邦技术救援署（Technisches Hilfswerk，THW）是德国早期主要负责应急救援任务的政府机构,该机构成立于1950年。在建立初期,THW主要以民事防护功能为主;到了20世纪60年代,THW的工作重心开始转向灾害救援工作,并逐渐演变为公共安全领域的全国性灾害应急救援机构。经过多年的灾害应急救援实践,THW逐步通过模块化的组织架构、程序化的管理模式、规范化的培训体系等方式实现了自身结构建设的标准化,成为灾害应急救援管理的典范之一。THW与其他政府机构不同的是,它通过垂直性的树状组织结构设置各层级机构,包括总部、州协会、区域分局和地方协会,虽然作为政府应急救援机构,但是其工作人员以志愿者为主,全职人员仅占全部人员的1%左右,主要负责应急救援的有关行政管理或教学研究工作,地方协会层级的所有人员均为志愿者。

为应对日益变化的公共安全态势,联邦政府内政部于2004年5月增设联邦公民保护与灾难救援署(Bundesamt für Bevölkerungsschutz und Katastrophenhilfe,BBK),隶属于联邦内政部危机管理与公民保护司,主要负责处理与联邦政府有关的公民保护事务,支援联邦政府各部门及各联邦州政府的危机管理事项,是联邦政府与各州政府的灾情信息中心,并为政府、社会组织及公民提供专业的咨询服务。BBK除署长办公室之外,还设置了四个二级机构分别负责应急管理基本性事务、危机事件预防及关键设施保护、危机事件中公民健康保护、应急管理与灾难救援培训四大方面的具体工作。

除上述两个专业政府应急管理机构外,联邦政府的军队、警察、刑侦局等政府各部门也都根据灾情需要随时配合参与灾害救援与管理工作;在联邦政府以下的各级州、县、镇等各级政府,其相应的警察、刑侦机构、消防队等部门也都是参与危机救援的政府机构和官方救援力量。

## 2. 非政府机构及其他部门

1)德国减灾委员会。德国减灾委员会总部设在波恩,是德国在国际减灾战略计划框架下的全国性的平台,也是各减灾组织和计划的协调机构、国内和国际减灾工作的专业机构,汇集了减灾领域的杰出人士。目前,共有39名志愿者,近20名长期特邀嘉宾,分别来自科技、发展合作与减灾、政治、商界、媒体等行业领域。德国减灾委员会的优势有:理论联系实际、国内与国际相接轨、公共部门与私有部门相结合。减灾委员会鼓励:①对减灾工作进行跨学科研究;②制订减灾计划,并将其应用到政治、商业等领域;③开展各种形式的减灾成果宣传活动、教育活动。其资金主要来自于联邦外事办公室的拨款,同时也接受一些对具体项目(规定了实施期限与实施范围的计划)的捐款。

2)灾难应对与减灾技术中心。灾难应对与减灾技术中心的宗旨是将科学发现与技术方法应用到风险分析和灾难应对上,如地球科学、气象学、工程学、地区规划与计算机科学、经济学和社会学。目前,研究重点是洪水、风暴、大地震、"人为灾难"以及宇宙天气产生的负面影响。

3）联邦内政部防灾委员会。原则上，该委员会就科学和技术层面的工作向联邦政府进言，以期更好地保护普通民众免受灾难。目前，委员会共有成员 23 名，长期特邀嘉宾 24 名，均为自然科学与技术、医药和社会学的精英。

4）联邦环境、自然保护与核安全部防辐射委员会。该委员会的职责是向联邦环境、自然保护与核安全部提出有关建议，更有效地避免核辐射。

## （二）管理运行机制

德国应急管理由联邦与州政府负责统一规划、指挥和协调，围绕两个中心——行政指挥中心和战术指挥中心，联合各非政府机构或组织开展各类应急管理与救援工作。其中，行政指挥中心总体负责辖区内行政决策层面的组织、协调与指挥工作，中心负责人一般由相应级别的政府负责人担任，如内政部长、州长等，中心决策成员包括政府负责人、机构秘书、危机处置专家等。战术指挥中心类似于我国的危机现场指挥小组，一般由辖区政府消防机构总体负责，主要职责是执行行政指挥中心的决策命令、现场领导与救援协调、处理现场决策、危机处理具体事宜。战术指挥中心一般由人力部门、灾情中心、协调中心、物流中心、媒体沟通和通信技术支持等六个部分构成，各部门按照各自的分工职责负责人员分配、灾情评估、信息处理、物资调运、新闻发布、通信支持等方面的具体任务。这两个中心之间通过协调小组进行信息交流与沟通协调，在危机管理过程中，按照危机情景确认、决策方案集制定、风险分析、优选决策方案、执行决策、决策实施效果后评估的程序开展工作。两个指挥中心各司其职，独立运行，同时又能够保持有效的沟通，从而保证了整个应急管理体系的自主性与高效率。

## （三）法律保障体系

由于德国是联邦制国家，《德意志联邦共和国基本法》（简称《基本法》）对联邦和各州权力分配明确提出，只要是《基本法》中未赋予联邦政府的国家权力均由各州政府保留。关于灾难救助，《基本法》也有明确的规定，联邦政府只有在战争状态下才负责民事保护职责，和平时期的应急管理、灾难救助等民事保护工作均由各州政府负责。虽然联邦政府也颁布了《联邦保障法》《食品预防法》《电信保障法》《能源保障法》《交通保障法》《铁路保障法》《灾难救助法》等一系列单行法律，并通过这些法律制度保障联邦政府在交通、食品、邮政、通信以及其他经济领域的关键基础设施的安全，但是这些法律适用的前提是在国家处于战争时期。因此，在和平时期，德国各州政府是实施灾害救援与应急管理的政府主体，在应对跨州灾难时，联邦政府可以根据州政府申请，在预防过程中对各州的灾难救援与应急管理提供间接支持。以黑森州为例，为了应对日常灾害救援，保障公民安全，州议会通过并颁布了《黑森州救护法》《黑森州公共秩序和安全法》《黑森州消防法》《火灾保护法》《救援法》《警察法》《危险防疫法》等应急管理法律法规。

综上所述，德国公共安全管理的相关法律法规体系实质上是以《基本法》为基础，各州政府颁布的专门立法为具体实施依据的法律体系，主要是保障战争期间德国联邦政府对公民的保护。自2001年美国"9·11"事件及2002年德国"易北河洪灾"后，这一状况有所转变，其法律体系开始由战争状态下的民事保护逐步转向协助非战争状态下的灾难救援。这是因为，自东德和西德统一后，国家面临的战争威胁减少，而自然灾害、突发事件、恐怖袭击等威胁民众日常公共安全的威胁则急剧上升，单纯依靠各州政府无法有效应对大范围、全国性的灾害救援问题，迫切需要加强联邦政府与各州政府在灾害救助、应急管理等方面的协调与合作。为此，2002年12月，各州政府内政部长和参议员常设会议通过了《公民保护新策略》（ *A New Strategy for Protecting the Population* )，要求联邦政府与各州政府在应对危机时更好地进行协调，同时也为联邦政府在发生重大灾害的情况下积极介入各州的应急救援提供了法律依据。2009年4月，联邦议会对《联邦民事保护和灾难救援法》进行修订，新增了联邦对州的灾难救援进行协调与支持等内容。2004年，德国议会又通过了《联邦水资源法》《联邦建筑物法》《联邦地区规划法》《联邦河流法》，以及《德国气象服务法》修正案，明令禁止在防洪区内建设住宅区、工业园，为德国在全国范围内划定防洪区，确保国家防洪安全提供了法律依据。

（四）管理模式特点

1. 专业化与社会化相结合

在德国，整个社会已经针对应急管理与救援工作构建完成了专业化、社会化的应急救援体系，为公共安全服务与管理提供了重要支撑。德国应急救援体系的专业性主要体现在其分布密集、布局合理的消防救助体系。德国的消防队已经从传统的防火、救火领域拓展至紧急救援、灾害现场指挥、突发事件应对、灾害救援培训等公共安全的整个领域。根据组建背景及组织形式可分为职业消防队、志愿消防队和企业消防队三类，这些消防队根据防灾减灾需求，广泛分布在德国各个角落，是德国应急救援的中坚力量。根据德国的相关规定，大城市（人数超过10万）必须至少建立一支职业化消防队，其人员一般由从事灭火和特殊技术救援的政府官员和其他从事职业消防的职员与工人组成。在德国的一些小城镇，虽然没有建立职业化的消防队，但是一般会有志愿者消防队，其队员主要是由当地志愿者组成，成员平时都有自己的工作，但是在紧急时刻，他们将无偿提供紧急救援帮助。在一些具有重大潜在威胁的企业，一般根据政府指导建立企业自身的消防队，既可以是职业化的，也可以是志愿型的。以北莱茵州为例，共有专业化消防支队26个，消防大队83个，基层消防队伍396个，企业消防队103个，总计约有职业消防队员 1.2 万名，消防志愿者 8.3 万名以及企业消防队员 5500 名。

从德国应急管理与救援的志愿者体系就能够看出德国对应急管理工作的重视程度以及应急救援在社会基层的普及程度。应急救援志愿者分布于医疗、消防、海事、救援、通信、教育培训等各行各业，已成为补充完善国家应急救援总体系的重要组成部分，对于发挥社会和民间力量，构建专业化、社会化的应急管理网络体系具有重要作用。据粗略统计，参加各类紧急救援任务的志愿者已经超过 170 万人，约占全国总人口的 2%，志愿者队伍庞大。德国政府在法律层面鼓励人们参加志愿者组织，规定青年人参加 6 年志愿者培训和服务即可以免除服兵役。比较大的志愿者组织如德国红十字会（TRK）、德意志水上救生协会（DLRG）、德国工人救援协会（ASB）、约翰尼特事故救助组织（JUH）、马耳他急救中心（MHD）等，这些志愿者组织大多与政府机构 BBK 具有良好的合作关系，进一步促进了应急救援工作专业化与社会化的融合。

2. 应急管理培训教育独具特色

在前面曾提到，为了提高应急管理专业技能，德国政府在 BBK 专门成立了一个应急管理培训学院，即危机管理、应急规划及民事保护学院（Akademie für Notfallplanung und Zivilschutz，AKNZ）。该学院成立于 1953 年，后并入 BBK，其主要任务包括加强联邦、州、县市、乡镇四个层面的政府应急协同能力，加强联邦与州的危机管理职能，并向联邦政府各部委提供专业咨询服务，提高各级政府应急指挥领导者、管理人员和专业技术人员的决策与执行等能力，并为国内外应急指挥人才交流与培训提供支持。目前，AKNZ 已经成为德国政府开展应急管理相关人员培训教育的基地。从培训的目标人群及定位上来看，AKNZ 主要是对在危机管理中负有领导、指挥、规划、执行、评估及培训职能的人员进行培训，即所谓的专门机构对专业人员的培训，基本涵盖了所有应急机构的管理人员，对于提高危机应对和管理水平有很大帮助。

除 AKNZ 外，THW 也提供应急管理与救援服务方面的培训，但是其培训的主要对象是在应急过程中负有技术救助职能的人员、灾害现场应急指挥人员以及专业救援人员，培训课程也是以演练与情景模拟为主，重点针对洪水灾害的应急救援，以提高受训学员应对危机的实战性与操作性。

## 四、俄罗斯模式

### （一）公共安全工程管理系统架构

苏联解体之后，俄罗斯在继承其公共安全架构基础上，经过不断改革探索，逐步形成了以国家总统为总指挥、以联邦安全会议为决策中心，应急管理支援和保障体系全面协调执行，各部门和地方全面配合的既有分工又相互协调的综合性应急管理体系（倪芬，2004）。俄罗斯虽然也是一个联邦制国家，但是其公共安全管理体系与美国、德国等联邦制国家存在较大的差异。

在俄罗斯公共安全管理体系中，国家总统是整个体系的权力和决策核心，但凡重大应急管理决策都需要得到总统的授权。在总统以下，设置联邦安全会议，由总统直接控制。联邦安全会议设置紧急情况部和十二个常设的跨部门委员会，负责安全及应急事务管理。

俄罗斯紧急情况部是应对非传统安全危机及突发事件最主要的管理机构，是联邦政府的执行权力机构，是俄罗斯突发事件处理与应急管理体系的组织核心。紧急情况部的主要任务是制定和落实国家在民防和应对突发事件方面的政策，实施一系列预防和消除灾害措施、对国内外受灾地区提供人道主义援助等活动。紧急情况部下设六个局：居民与领土保护局、灾难预防局、防灾部队局、国际合作局、消除放射性及其他灾难后果局、科学技术及管理局。除此之外，紧急情况部还设置了专门委员会如俄联邦水灾跨机构委员会、俄罗斯联邦打击森林火灾跨机构委员会、海上和水域突发事件跨机构海事协调委员会、俄罗斯救援人员证明跨机构委员会等，用以协调和实施应急救援行动。紧急情况部具有通过总理办公室申请获得私人、国防部或内务部队的支持，即申请一旦通过，紧急情况部将拥有国际协调权及在必要时调用本地资源的权限。因此，紧急情况部被认为是俄罗斯政府五大"强力"部门之一。

此外，联邦安全会议中常设12个跨部委的委员会，分别是：宪法安全委员会、国际安全委员会、信息安全委员会、经济安全委员会、生态安全委员会、社会安全委员会、国防工业安全委员会、独联体安全委员会、边防政策委员会、居民保健委员会、动员与动员准备委员会、科学委员会。上述跨部门委员会几乎涵盖了国家安全的所有方面，组织功能十分周密完备，与其他部门机构一起构成了俄罗斯公共安全的管理体系。

（二）管理运行机制

为保证公共安全管理机构的顺利运行，尤其是保障跨区域应急救援工作的顺利推进，俄罗斯构建了由21个自治共和国、6个边疆区、49个州、1个自治州、2个联邦直辖市、10个民族自治专区等89个联邦主体组成的"俄罗斯联邦预防和消除紧急情况的统一国家体系（USEPE）"。该体系包含五个基本层次，根据所处的环境、承担的功能以及管理的阶段不同，分成日常准备阶段、预警阶段和应急阶段三种状况。

在日常准备阶段，即常态管理，由管理机构制定日常生活中可能遇到的一般性紧急事件的处理预案，比如一些不会破坏通信或造成社会骚乱的小的突发事件，开展对周围环境的监测和对危险设施的监控，处理意外事件的应急应对策略及预案，对应急管理者及民众开展应急教育培训等事务。

在预警阶段，为应对可能发生的紧急事件做好准备，比如根据事件严重程度确定风险预警措施，视情况发布风险预警，进行风险应对演练等活动，提前准备好突发事件发生后需要的食品、帐篷、救援工具、救援药品等物资。

在应急阶段，根据事态进展动态发布风险警示等级，启动相应的疏散、搜寻、营救以及提供医疗服务等紧急事务功能，执行各项应急任务。保障在事故发生前以及事故期间和事故后立即采取的行动，通过发挥预警、疏散、搜寻和营救以及提供医疗服务等紧急事务功能，使人员的伤亡和财产损失减少到最小，尽可能的减缓和消除事故对社会和环境的影响。

### （三）法律保障体系

俄罗斯公共安全工程管理的相关法律法规体系由联邦政府立法和各州政府立法两大体系构成。俄罗斯应急状态法律体系包括约150部联邦法律和规章、1500个区域性条例，以及数百个联邦紧急状态管理部门发布的内部命令。近年，俄罗斯又通过了新的《反恐法》，进一步完善了俄罗斯的紧急状态法律体系。

联邦法律一般只是对国家应急政策管理的基本原则、框架、目标、范围、预防及应急策略等进行基本的界定，如《俄罗斯联邦紧急状态法》，规定了紧急状态的范围、预防和应急措施等内容。如果紧急状态地区的法律与《俄罗斯联邦紧急状态法》相抵触的时候，紧急状态地区法律可以被总统中止，这为紧急状态下行政权力和立法权力的超常使用提供了法律依据。另外，也有一些联邦法律对应急管理过程进行了详细的规定，如《俄罗斯民防、紧急情况和消除自然灾害后果部工作条例》《俄政府关于建立国家预防和消除紧急情况的统一国家体系条例》等就对重大事故应急救援作出了详细说明。此外，还有一些专门的法律条例，如《环境保护法》《防火安全法》《紧急救援服务与救援人员权利法》《工业危险生产安全法》等。

### （四）管理模式特点

#### 1. 权力高度集中的公共安全管理体制

俄罗斯与美国虽然同为联邦制国家，但俄罗斯总统在应急管理体系中拥有比美国总统更为广泛的权力。总统不仅仅作为国家首脑执行立法机构的决策，而是成为整个应急管理的核心主体，任何重大的应急管理方案与行动都必须由总统来决定，从而直接拥有了应急管理的决策权和指挥权。其次，从中央到地方，俄罗斯逐步建立了不同级别的、专职专人的、具有综合性、协同性的管理职能机构，即俄联邦、联邦主体（州、直辖市、共和国、边疆区等）、城市和基层村镇四级垂直领导紧急状态机构。正是在此背景下，俄罗斯通过强大的中枢决策系统，健全的组织结构，社会力量广泛参与，逐步形成多元化、立体化、网络化的应急管理体系。

## 2. 反应灵敏、功能强大的信息报告体系

俄罗斯紧急状态部下设危机控制中心，负责整理、分析每天来自各地区、各部门的信息，提出处理建议，视情况上报总统，并分送有关部门和地方。危机控制中心内设信息中心，建立了信息自动收集分析系统、指挥系统和全天候值班系统，两分钟内可以将有关情况传至其他相关部门。当重大事件发生时，有关部门负责人到达信息中心，进行统一的协调和指挥。目前，俄罗斯紧急状态部正准备将涉及交通事故、医疗救护和刑事案件的报警电话，全部统一到消防报警电话，以进一步加强应急管理的综合性和统一性。在基层，全俄境内每个村、居民点建立了信息员制度，信息员主要责任是将灾害情况及时通过网络报告紧急状态部门。

## 3. 装备精良、技术专业的应急队伍

俄罗斯紧急状态部拥有联邦层面的消防队、民防部队、搜救队、水下设施事故救援队和船只事故救援队等多支专业力量，设备和技术专业先进。为提高专业人员的素质，俄罗斯还建立了领导培训体系、专业救援人员培训和考核体系。此外，俄罗斯紧急状态部还下设了俄紧急状态部民防学院、国家消防学院、圣彼得堡国立消防大学、伊万诺夫国立消防大学等8所教育机构。

# 五、澳大利亚模式

## （一）公共安全工程管理系统构架

澳大利亚也是一个联邦制国家，与之相应，其公共安全工程管理系统主要分为联邦政府、州政府和地方政府三个层级，且各层级公共安全管理部门相互间没有直接的隶属关系。

在联邦级别，公共安全工程管理事务主要通过联邦应急管理署（Emergency Management Australia，EMA）和联邦应急管理委员会（Emergency Management Committee，EMC）来完成。其中，EMA隶属于联邦政府司法部，是澳大利亚最高级别的灾害管理部门，由司法部部长担任最高长官。EMA下设计划与行动、管理、教育与培训共三个小组，具体负责制定法律以外的全国灾害应对计划、全国减灾预案、保持与各州政府沟通、协助各州政府处理各自辖区内的防灾减灾等公共安全管理事宜。EMC主要由联邦政府成员与各州政府代表成员构成，其职责主要是负责联邦政府与各州政府公共安全管理的联系与协调工作，委员会成员将每年定期举行会议，协调跨区域、多层级政府机构之间的合作。

在各州及地方政府级别，其公共安全管理由政府灾害主管部门、与联邦政府协调机

构以及中介机构共同担任。各州、地方政府一般都设立了类似于 EMA 或 EMC 的管理机构，以区域政府级的灾害管理委员会为例，一般是本地区警察部门的首脑担任负责人；也有两个甚至更多个地方政府联合建立一个委员会的情况，以便于统筹跨地域的减灾工作，并节省地方财政开支。同时，澳大利亚每个州都设有一个灾害委员会（State Disaster Committe，SDC），相当于州政府开展减灾工作的咨询机构，主要负责向州政府提出减灾专业方面的建议。各州政府负责将国家政策细化为符合本州实际情况的相关制度，并将具体要求及执行计划交由各下级政府开展，当遭遇力所不及的重大灾害时，可向联邦政府提出援助申请，申请经由联邦司法部长批准后，由国家紧急事务管理中心（National Emergency Management Coordination Center，NEMCC）具体执行援助行动。此外，澳大利亚还有众多社会中介机构参与减灾工作，总部设在墨尔本市的"火灾管理委员会"（Australian Fire Authorities Council，AFAC）就是一例典型，其拥有 35 个成员单位，向澳大利亚各级政府提供服务。

（二）管理运行机制

经过应对灾害风险的多年锤炼，澳大利亚已经逐步形成了一套应对各类灾害的理念和模式，如全灾害理念、PPRR 模式、志愿者队伍建设等。其中，全灾害理念认为，无论哪种灾害，应急管理的任务和目标是类似的，都是实现防灾减灾，将灾害的损失降到最低。虽然特定的灾害在措施和处理方法上稍有不同，但是在灾害的框架之下，对于各种灾害的普适性的应急管理安排是通用的。PPRR 模式则是由预防（prevention）、准备（preparation）、反应（response）、恢复（recovery）四大基本要素构成，其中预防指各级灾害应急管理部门将辖区内的政治、社会、经济、自然等条件进行评估，找出可能导致危机的关键因素并尽可能提早加以解决；准备是澳大利亚从联邦到地方政府都颁布并实施了应急管理预案，各种应急预案的制定非常详细，可操作性强；反应是灾害发生时，事发地政府负责具体的应急指挥救灾工作，而联邦政府的相关部门没有接到委派不得越过州政府直接采取援助行动；恢复的实施主要由灾害发生地的政府组织实施。澳大利亚几乎所有志愿者都接受过国家正规的技术培训，掌握各种救援技能，有国家认可的资质。日常状态下他们是普通公众，但一旦灾害发生时，他们就成为训练有素的救援人员。

（三）法律保障体系

澳大利亚应急管理法制比较健全，早在二十世纪五、六十年代就制定了民防法律并在实践中不断修改完善。联邦与各州、各级地方政府，各灾害管理部门在应急管理工作中的职责分工、权限范围以及救灾物资、资金调拨等关键环节均有法律予以明确和保障。澳大利亚应急管理署（EMA）制订了一系列应急技术参考手册，给各州以理论和方法的指导，并用政策、财政等手段给各州提供支持，各州根据具体情况将联邦政府的政策落实到制定本州的相关制度上。并建立了适合本地区的应急管理组织体系，明确了各部门在法令下采取行动的职责和责任豁免权。此外，澳大利亚政府颁布的风险管理标准使灾害应急管理规范化，按质量管理标准来界定和组织实施灾害管理的过程。从澳大利亚公共安全法制的现状来看，管理行为都有相应的法律规范作为依据和标准，政府机构所制定的政策、采取的措施须有议会的立法作为根据，这有利于保证公共安全事件应对处理措施的正当性和高效性。

### （四）管理模式特点

综上所述，澳大利亚的公共安全管理已经建立了较为完善的组织、机制和法制体系，公共安全管理行为有法可依，公共安全事件应对救援更加专业，组织应对风险的主体更加社会化。

1）法制化。澳大利亚的公共安全事件管理工作从联邦到地方，均有相应的法律法规作为管理依据，且管理过程、管理标准日益规范，已经迈入法制化进程。

2）社会化。从广义上说，社会的各个部门、各个行业、各个阶层都有承担防灾减灾工作的权利和义务。政府部门、非政府机构、企业、志愿者等都成为防灾减灾工作的重要力量，并且正在吸引更多的企业、个人等社会力量参与到公共安全事务中来。

3）专业化。无论是在政府防灾减灾机构，还是在企业公司与非政府组织，其应急救援队伍均具有非常强的专业设备和专业技术，大大提高了突发事件应急救援的效率和效果。同时，各类专业化救援培训也日益广泛，成为提高救援队伍专业水准的重要途径。

## 第四节 国际公共安全工程管理经验

从前述可知，国际公共安全工程管理在管理理念、管理机构组织体系、管理运行机制、法律基础体系、公民公共安全意识等诸多方面积累了丰富的经验，也有过许多惨痛的教训，通过不断地探索和发展，不同国家根据自身国情进一步建设了具备自身特色的公共安全工程管理体系，为其他国家借鉴和学习提供了很好的范例。

### 一、相对健全的法律法规体系

法律法规是现代社会管理的基本保障，组织机构是实现社会管理职能的基本手段。公共安全工程管理同样也离不开法律法规的支持和组织机构的保障。有法律法规作为基础，公共安全管理执行就有了依据和专门的机构，管理任务才能具体实施，管理目标才能实现。纵观美国、日本、德国、俄罗斯和澳大利亚等发达国家在公共安全领域取得的成功经验（刘长敏，2004），其最突出的共同特征就是在公共安全工程管理之初就构建了比较健全的法律法规体系，明确规定公共安全工程管理机构的组织与权限、职责与任务，同时还有可操作性的指南和手册，作为支撑组织机构施展管理职能权力的法理基础，为公共安全工程管理提供全方位的制度保障。如美国建立了以《美利坚合众国宪法》为基础，以《灾害救济法》《国家安全法》《全国紧急状态法》《反恐怖主义法》等法律为核心的安全法律体系；日本作为重灾大国，也是全球较早制定灾害管理基本法的国家，形成了一整套以《灾害对策基本法》为基石，以地震、洪水灾害等专门法律法规为辅助的法律法规体系；德国则形成了以中央《德意志联邦共和国基本法》为基础，各州政府颁布的各项专门法律为具体实施法规的相对松散的法律法规体系；俄罗斯则通过制定和颁布的 100 多部联邦法律及 1000 多个条例，明确了联邦和政府各机构在不同公共安全事件发生时应尽的义务和责任，同时结合州政府防灾减灾法律及专门法律法规形成了其独特的法律体系；澳大利亚建立了完善的多层级法律法规体系，并通过法律条例及风险管理标准来推动应急管理工作的规范化、专业化和社会化。

与此同时，各国有关公共安全的法律法规还在实践活动中根据需求适时进行修订完善，保证其符合时代发展需求和现实国情，如美国《国家安全法》的诞生直接源于"9·11"事件的发生。美国、日本和澳大利亚等国家都规定要求公开公共安全管理的具体内容，及时开展评估修订检查。这些国家都在官方网站公布应急和灾害有关的内容，为公众提供了便利。美国要求地方政府应急预案至少两年重新检查一次，就人力资源、组织结构、管理程序、设施设备、官员变更、预案的激活、重大演练、辖区人口、风险情况、法律法令的出台和修订等各项变化情况做出调整。日本要求探讨相关的研究成果和已发生的灾害情况，将其准确地反映到预案中，对于地区灾害应对预案和指定地区灾害应对预案都要求每年修订一次。对于应急预案的动态管理，综合反映了各方面的应急管理工作，例如应急组织体系、指挥协调机制、应急响应程序、应急资源等方面。

## 二、专门的处置机构和组织体系

在发达国家，公共安全管理已经成为政府管理的重要内容之一。美国、俄罗斯、德国、澳大利亚、日本等国均设置了专门的处置机构负责国家公共安全管理的日常事务，并且已经基本构建并完善了安全管理事务的组织体系和运行机制。对于重大紧急事件的决策，则由总统或国家最高指挥官决策，进行重要资源统一调配。例如，以美国为代表的联邦制国家，建立了以总统为决策核心，以国家安全委员会为决策中枢的管理模式，通过在联邦和各州都设立专门负责公共安全管理的政府机构，以保证在突发事件应急救援时，政府机构能够快速进入危机管理状态并妥善处理危机事件。日本则构建了以内阁为核心的公共安全管理体系,通过全面整合人、财、物等资源,避免各相关机构因为利益关系而各自为政、相互保留所获情报、纵向分割行政等导致的救灾运行管理不畅的问题。

## 三、建立畅通的信息渠道

在面临灾难性事故时,信息渠道的畅通与否直接关系到整个救援指挥系统的快速协调和应急能力,信息通畅则可保障救援工作顺利进行,灾害损失大大降低(Wybo and Lonka, 2002),如美国在"丽塔"飓风灾害应对中的成功表现。相反,信息不通畅、不全面、不及时,则会给系统指挥带来滞后性、片面性影响,甚至导致指挥决策失误,人为加剧灾害损失,如美国政府在"9·11"事件初期和"卡特里娜"飓风灾害应对中的尴尬处境。从公共安全管理的特点出发,其信息的通畅与否表现在多个方面:一是信息监测、传输、汇总的渠道是否通畅,只有具备了一定的信息获取与传输能力,才能够为利用监测的信息为公共安全管理提供服务和支撑迈出第一步,这其中需要做好信息监测硬件设备和信息管理的软件设备两大方面的准备工作;二是信息接收、存储、处理、分析与评价的信息管理平台建设,通过该平台将监测到的各类信息资料转化为能够为公共安全管理决策服务有用的信息;三是信息的反馈与传播渠道,整理分析后的信息需要通过适当的渠道(如新闻媒体、网络等)反馈到社会活动之中,才能够真正实现信息的传播与交流,提高公共安全管理的综合应对能力。

## 四、重视民众防灾救灾意识和能力培养

从发达国家公共安全管理的历史及现状可以发现,除了政府相关管理机构之外,以民众为力量源泉的社会团体及志愿者组织在防灾救灾中也普遍发挥着重要作用。发达国家具备相当水平救灾技能和防灾意识的民众较为普遍,这与政府及整个社会注重培养民众防灾救灾意识和救灾能力是分不开的。发达国家普遍构建了较为完善的公共安全知识与技能培训、教育与宣传网络,能够充分借助学校、公司等社会机构,广播、电视、网络等媒体,社区、志愿者组织等社会团体等将公共安全知识普及工作深入到普通民众的日常生活之中,并通过各种形式的防灾救灾演练活动,切实提升民众的自救及互救技能。例如,欧美人出国将境外紧急救援卡作为与护照、信用卡同样不可缺少的物品之一,家庭中也普遍准备有包括收音机、手电筒、干电池、常用药品(如阿司匹林、止痛药、止泻药等)、罐头食品、矿泉水、衣服毯子、手机、保险账户和银行户头等物品的"灾难自救包"这些物品可以极大提高受灾民众面临突发事件的自救互救能力。日本也十分注重这些知识和习惯的培养,在每年9月1日(日本的防灾日),日本各界都

要举行各种防灾救灾方面的知识讲座、防灾演习、防灾新产品介绍等丰富多彩的活动。日本学校也从小就开始教授孩子一些如何应对大雪、暴雨、地震等各种自然灾害的基本技能,改变受灾时单纯依靠政府救援救助的局面,提高受灾者的生存机会。

## 五、保持管理机构人员的专业救灾能力

发达国家的公共安全管理机构普遍配置有各类专业的救援队伍,如消防队、紧急医疗队伍、交通运输队伍、紧急通信队伍、防汛抗旱救援队伍、危险化学品处置等特殊灾情处置队伍等,专业队伍的存在能够大大提高抗灾救灾的效率,提升管理机构救援能力,避免错误的操作行为加剧损害的程度,尽量避免或减少无谓的损失(唐钧,2003)。通常,灾害的发生并不是单纯的一种灾害,而是由多种灾害混合在一起,需要同时掌握多种救援技能或者建设多支救援队伍,提高应对多重灾害的指挥能力和现场处置能力。

## 六、发挥非政府组织及志愿者团体的作用

非政府组织机构、企业和志愿者组织是发达国家公共安全管理领域中非常突出的一支力量,是发达国家灾害应急管理体系中不可或缺的组成部分,在灾害预防与救援处置过程中发挥着不可替代的作用。通过非政府组织及志愿者团体,一方面可以将灾害预防与宣传教育工作渗透到社会的各个阶层,真正惠及普通民众,弥补政府宣传的不足;另一方面,非政府组织及志愿者团体往往能够更早地到达突发事件现场,担负起紧急救助的任务,对于提高救援成功率、减少损失意义重大;同时,作为一股常态力量,非政府组织和志愿者更加便于对灾区恢复重建进行持续关注,尤其是对受灾民众的心理安抚治疗等方面,实施的可行性和效果更佳,这对于维护社会稳定,促进经济社会发展进步具有不可替代的作用。

# 第三章 中国公共安全工程管理

## 第一节 中国公共安全工程管理发展概况

### 一、中国公共安全工程管理发展历程

中华民族的历史，是一部与各种灾害、挑战不断斗争成长的历史。在中华民族上下五千年的辉煌历史中，历朝历代的统治者和思想家都非常重视对自然灾害的预防、赈济和处理，《史记》等史书记载了大量的异常天象、洪涝、干旱、地震、瘟疫、战乱等。面对灾害，中国古代的先贤们提出了多种朴素的灾害应对理念，如"安而不忘危、存而不忘亡、治而不忘乱"（《周易》），"居安思危、思则有备、有备无患"（《左传》），中华民族在长期应对洪旱、地震、战乱等各种突发事件的实践中积累了丰富的经验。纵观中国的公共安全工程管理的发展历史，可将其大致按照民国以前、民国时期、新中国成立至 2003 年"非典"之前和之后四个时期，分为公共安全工程管理自发萌生阶段、起步仿学阶段、创立形成阶段和健全完善阶段。需要说明的是，这几个阶段并没有明显的时间分界点，作者并未掌握足够的证据论证说明这一划分的合理性，为了便于下面的讨论叙述，只是从社会的发展阶段和公共安全工程管理发展历程的实际意义去加以理解。

#### （一）公共安全工程管理自发萌生阶段

由于特殊的地理气候条件和社会发展进程，中国自古就是一个灾难多发而深重的国家。早在 4000 多年前大禹治水时期，部落首领为治理黄河水患，通过部落盟商寻求治水之策，采取"疏顺导滞"的方法，平息水患，使百姓得以从高地迁回平川居住和从事农业生产。通过部落集体来应对自然灾害的威胁反映出古代早期社会灾害治理的基本思想，也是中国公共安全工程管理思想的雏形。此后直至民国以前（1912 年以前），中国自然灾害频繁、朝代更迭不断，集体应对灾害事件的方式方法，也就是一定意义上的公共安全工程管理应对之策，在实践之中不断自发式的在低等级层级上进行探索实践乃至萌生，但始终并未触及到近代公共安全工程管理意义上的层级。

首先，在对灾害的认知上，古人将自然灾害看做是一种常态事件甚至对灾害循环规律有一些理念上的认知。古语说：天有四殃，水旱饥荒。很早以前古人就认为天灾的风

险始终存在，不可避免，如何尽可能地事先做好准备，减轻灾害带来的损失和危害，成为历代统治者必须考虑的问题。汉代贾谊认为："五岁小康，十岁一凶，三十岁一大康"，灾害具有循环发生的特点。唐代大诗人白居易曾经写过著名的"三策"，即《青灾肆赦策》《衣食之源策》和《仓廪之实策》。其中，《仓廪之实策》提出："天之数无常，故岁一丰必一俭也；衣食之生有限，故物有盈而有缩也。古人知其必然也，故敦俭啬以足衣，务储备以足食，是以尧有九年之水，汤有七年之旱，野无青草，人无菜色者，无他故，盖勤俭储积之所致耳"，简明地强调了灾害预防措施的重要性。

其次，在对灾害的应对上，历朝历代的统治机构均颁布了有关的救济灾荒的法令、制度与政策措施，历史上统称为"荒政"。"荒政"的产生源于我国历史上极度频繁的水旱灾害。根据《中国古代灾害史》（赫治清等，2007）对中国历史上有记录可考的重大灾害统计结果，秦汉至明清发生的灾害为9697次，其中水旱灾害占70%，不仅造成大量的人员伤亡和巨大财产损失，灾害带来的粮食减产乃至绝收，极大地影响了社会经济的发展，改变了区域经济格局，对历史发展带来了深远的影响。"荒政"一词，最早见于战国时代的《周礼·地官·大司徒》，初始的荒政救灾措施包括"散利"、"薄征"、"缓刑"、"驰力"等，在隋唐之前，一般是由统治机构的某些官职兼负救灾的职责，如周朝的大司徒、秦汉时代的户部尚书；隋唐之后，逐步形成了救灾管理体制，救灾赈灾成为户部的主要职责之一，从而推动了"荒政"的发展。后来的救灾措施更加多样，如赈济、蠲免、缓征、转移灾民、调粟、借贷、抚恤安辑、社会助赈等，并且对官府救灾还规定了首先必须履行报灾、勘灾等重要程序，同时还有一些民间自发的义赈行为。除此之外，由于古代人们相信一切自然灾害都是神灵的惩罚，因此，政府也会采取禳灾措施，西汉时期一般由各级政府主持，包括各种祈祷祭祀活动以及天人感应的神道措施。

再次，在灾害的预防与储备方面，历朝历代积累了丰富的经验，其中以仓储制度最为典型。从汉代开始，为了应对自然灾害，中国的"荒政"制度日臻完备，其主要标志就是仓储趋向多元化。汉代的仓储制度已具相当规模，除了设置了国家大粮库太仓，郡国也均设有自己的地方粮库，通过储备粮食，应对自然灾害、战争等导致的社会性饥荒。汉代以后，"常平仓"制度历朝多数效仿，但兴废无常，到唐初恢复常平仓，并修"常平法"，从京师到郡县普遍建立了常平仓制度。自元至清，仓储制度更加完备，清代康乾盛世是仓储最好的时期，全国各省、府、州、县均设立了官办的常平仓，并根据各地情况定额存储。常平仓作为清代最重要的官仓，主要承担着国家救济灾害，平抑粮价的作用，储积量很大。不仅有官府的常平仓，而且有民间社仓、义仓。义仓为富者救济贫民之机构，而社仓为农民自己未雨绸缪的举措，一般由官府动员，农民参与。

另外，政府还通过兴修各种水利工程，以防止或减轻洪涝、干旱灾害带来的损害，如西汉关中的郑国渠、白渠、成国渠等（图3-1），不仅保证了农业灌溉，增强抗旱能力,对预防洪涝也有很好的作用。同时,注重农业生产技术的进步与推广,如汉武帝时期,搜粟校尉赵过在关中农民所创的"刚田法"基础上形成"代田法",增加了粮食产量,提高了抗旱能力。

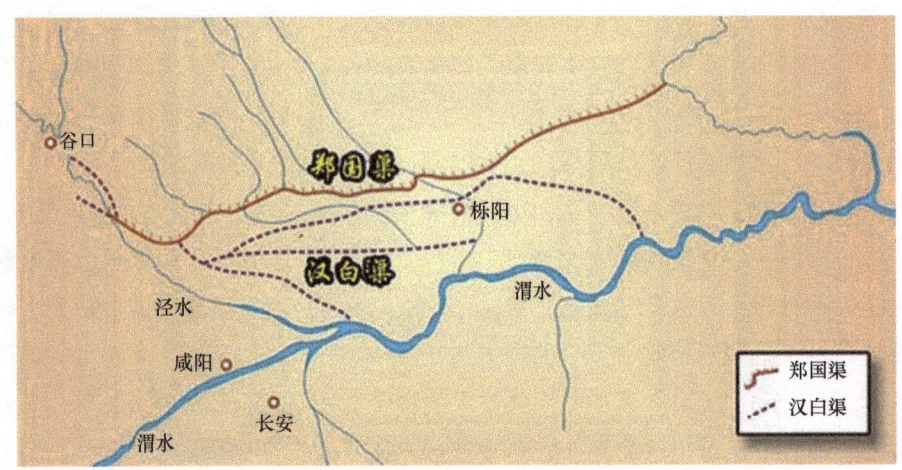

图 3-1 郑国渠与汉白渠示意图

图片来源:http://tupian.baike.com/a3_26_86_01300000167299124484864757276_jpg.html

除了水旱灾害,在中国历史上,疫病也危害极大。明朝统治时期是中国历史上疫情最为严重的朝代之一。因此,明朝开国皇帝朱元璋注重对疫灾的防治,在全国建立了较为完备的报灾、勘灾、蠲免、赈济、养恤制度,在各府、州、县和一些重要的军事防御区遍设惠民药局,由政府出资购药,以治病救人为首要任务,由医官根据病情制药,或汤或丸或膏,散施患者。为防止疫情扩散,政府统一掩埋死者,举行各类祭祀活动对疫区民众进行精神慰藉,对灾民减免赋税,并采取相关措施来保证正常的生活和生产活动。

(二)公共安全工程管理起步仿学阶段

1911 年,辛亥革命推翻封建王朝。1912 年,中华民国临时政府成立,中央政府设内务部,省设民政厅,主管全国和地方赈恤、救济、慈善及卫生等事宜,初步建立了以总统制为核心的中央一级专职救灾体制。1928 年,设置中央级专职救灾机构——赈灾委员会。然而在民国时期,军阀混战、日本侵略,加上国力孱弱,资金不足,这些救灾机构发挥作用有限。限于当时政府涣散的组织和孱弱的能力,这一标志性的体制仅仅是中国公共安全工程管理的尝试性起步,很多方面并未来得及推敲,很多方式是仿学国外做法,不知就里,一经实际运用便发生了脱节、失灵,甚至形同虚设。

1931 年,长江、淮河流域爆发特大洪水,席卷湖北、江苏等 8 省 2 市,死伤数十万人。南京国民政府紧急组织救济水灾委员会,作为代表政府的最高赈济机构。以财政部为首,在当时的经济中心上海建立救灾总部驻地,制定各种应急救灾对策。该机构的重要职能之一就是筹募赈款,此后逐步形成了国库拨款、赈灾公债、美麦借款、加征税收、摊派捐款和社会募捐等多种赈款筹集方式。灾后,针对水灾防御、水利建设、农田水利、航路疏浚由中央政府各部分而治之,地方各省各有其管理体系等问题,民国政府于1933年决定由全国经济委员会下设的水利委员会主持全国水利事宜,省建设厅指挥各省水利工作,县政府负责各县水利工作,省、县政府受全国经济委员会指导。除了职权的集中和统一外,民国政府还加快了水利法的制定和出台,于1934年通过了《统一水利行政事业进行办法》,1942年公布施行了中国近代第一部《水利法》。这些制度与法律的颁布和施行,对于后来中国水旱灾害预防和应对具有启示意义。1947年行政院水利委员会改组为水利部,下辖淮河、黄河、长江、华北、珠江、东北等工程总局,以及海河、江汉、泾洛工程局和中央水利实验处。此外还有办理某种特定任务的机构,如新疆水利勘测总队、甘肃河西和绥远水利工程总队等;还有属于中央管辖的流域机构,如扬子江水利整理委员会、导淮委员会、黄河水利委员会、华北水利委员会、太湖流域水利委员会、广东治河委员会、模范灌溉管理局、湘鄂湖江水文总站等。

1933年,黄河中下游发生了进入20世纪以来最为严重的一次洪灾,冀、豫、鲁三省黄河淤堤溃决751km,被淹面积3.47万km²。民国政府召开行政院会议,成立黄河水灾救济委员会负责救灾事宜。委员会总办事处设在上海,并根据委员会和常务委员会制定的政策,分设总务组、财政组、工赈组、灾赈组、卫生组五组,拟定了治理黄河的工作步骤:①先行从事堵口工程;②再从险工处筑堤;③修理大堤。堵口工程于1935年春竣工,而其他预防性工程如堤坝的修筑则因经费缺乏,未能施行。因此,在1935年大水到来时,黄河再次决口,洪水肆虐不息。此外,中央和地方均举办赈济活动,以官方为主,设立专门的赈济组织,由中央、地方、民间多方筹集赈款,设立收容所,施粥并发放赈款。

1942年,河南发生罕见特大旱灾,自春至秋,旱魃为虐,千里赤地,几乎无县不灾(图3-2)。灾荒发生后,民国政府于1942年9月成立河南省救灾委员会,令各县政府设立救灾委员会,并制定了救灾方针,包括竭力减轻人员及地方之负担;政府颁布救灾的法令、计划与颁发;筹集经费和粮食;要求灾民麦收后仍然及时再耕。另外,采取的具体措施有:赈谷、赈款与施粥;平粜与移民,省县设立平粜委员会协调办理平粜工作,以中央拨款和地方自筹为主要筹资方式;工赈和除害,工赈主要是修建大、小型水利工程,除害是防治由于干旱带来的各种次生灾害,如蝗灾、疫灾等。在面对自然灾害时,民国政府才认识到荒政的重要性,但政府在实施应对灾荒措施时,由于缺乏统一的部署,各省之间互不统属,导致赈灾效果不理想。

可以看出,民国时期在应对水旱灾害等公共安全领域,最大的贡献在于建立了并不完整的政府灾害应对机构体系,并制定了相应的法律法规,成为灾害应对的主导性力

图 3-2　1943 年河南灾民扒火车逃荒

图片来源：http://image.fengniao.com/slide/338/3387084_34.html#show. 此照片为 1943 年 2 月底至 3 月初美国《纽约时报》记者福尔曼与《时代》周刊记者白修德在河南灾区实地采访时拍摄

量。但从历次的赈灾措施及效果可以看出，政府在灾害预防、灾害救援方面极度缺乏相应的资金、物资及人力，导致赈灾措施形同虚设，发挥不了实际效用，无法有效遏制灾害范围的扩大和减少人员与财产损失。

### （三）公共安全工程管理创立形成阶段

1949 年，中华人民共和国成立后，逐步建立起门类较齐全、按灾种划分的灾害分类管理系统，包括气象部门、地震部门、水利部门、消防部门、公安部门、交通部门、救灾部门等机构。这种管理体系基本上涵盖了防灾减灾的各个领域，对防止灾害的发生和降低灾害的损失发挥了重要作用，具有三个明显的特点：一是偏重于自然灾害类公共安全事件的管理。从设立上述的防灾减灾机构就可看出。这一时期，政府对洪水、地震的预防与应对最为重视，管理事件大多也是以自然灾害应对为主。二是公共安全工程管理的组织体系主要以某一部门为依托，其他相关部门参与。三是政府在公共安全工程管理中重视群众路线，有很强的社会动员力。随着政府管理的不断强化，为了应对日益复杂的公共安全突发事件，提高应对的能力，增设了有关的议事协调机构，并以这些议事协调机构为依托，建立了一系列有关应急管理的联席会议制度，为综合性应急管理体制的形成奠定了基础。这一阶段的公共安全工程管理已经在国家政府设立了相应的机构，确立了相应的工作职责，在社会发展的不同时段发挥了重要作用，也形成了一定规模、一定程度、一定范畴的公共安全工程管理机制，近代意义上的国家公共安全工程管理制度已经创立，并在不断修正和进步。

这一时期，中央政府针对公共安全事件的特点和需求，除以政府文件的形式加以规范并强制要求执行外，还制定了关键领域的法律法规以强化公共安全工程管理行为，如《中华人民共和国传染病防治法》（1989）、《核电厂核事故应急管理条例》（1993）、《核事故医学应急管理规定》（1994）、《中国华人民共和国防震减灾法》（1997）、《中国华人民共和国防洪法》（1998）……为公共安全工程管理体系建设奠定了法律基础。

1954年，长江流域发生特大洪水灾害，该次洪水无论是洪峰还是洪量均超过1931年大洪水，是长江中下游近百年间最大的一次（图3-3）。早在汛期到来之前，中央防汛指挥部、中央生产防旱办公室就联合发出了关于防汛防旱工作的指示，通知各地恢复或建立防汛防旱机构。此后，从中央到地方的各级防汛指挥部迅即成立。中央任命政务院副总理作为中央防汛总指挥。各级防汛机构在群众中展开了深入广泛的宣传动员工作，同时积极进行相关物资的准备，并于洪水来临之前完成了对各地防汛工作的系统检查。省、地、县都派有专人负责情报工作，以利于正确掌握水情和互相联系。洪水发生时，中央及地方各级政府立即成为抗洪救灾组织者和领导者，各地都在"抗灾第一"、"生命第一"的原则指导下展开工作，尽最大努力抢救和维护人民的生命安全，并制定了各种粮食供给应急措施和疫病防治措施。据灾后不完全统计，参与救灾的人员超过1000万人。由于灾前准备动员充分，虽然该次洪水比1931年洪水大得多，而洪灾损失却较小，抗洪救灾取得了胜利。

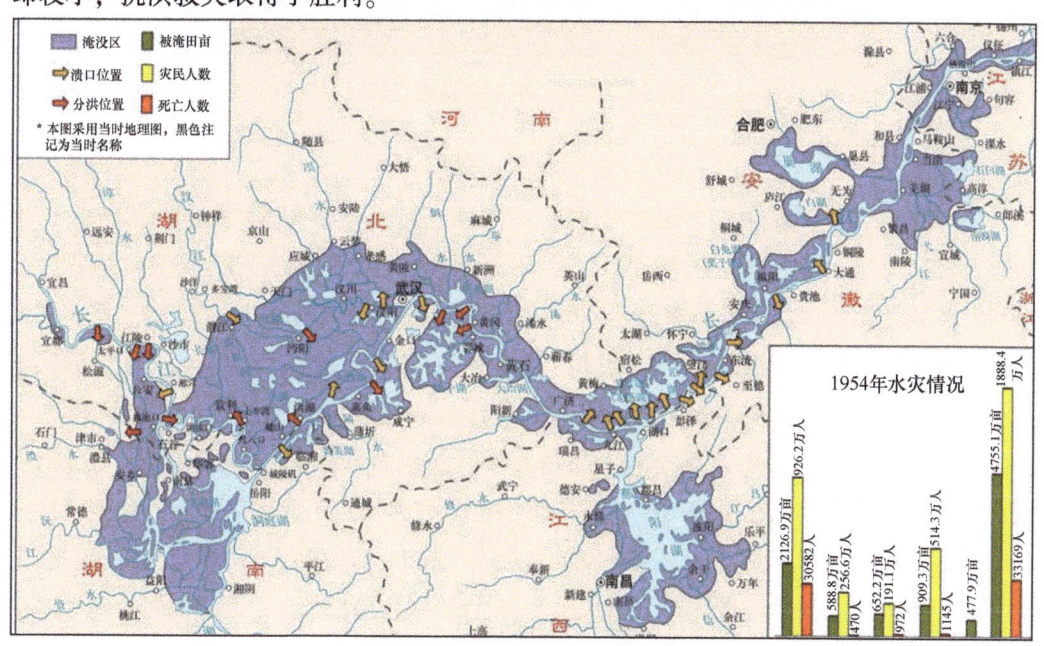

图3-3　1954年洪水淹没范围图

1976年7月28日,河北省唐山市发生里氏7.8级地震,共造成约24.2万人死亡,伤残16万余人。地震后,为统一领导和组织抗震救灾工作,中央政府成立了抗震救灾指挥部、国务院成立了抗震救灾办公室,并在唐山设立前线指挥部。灾区成立各级指挥部,以解放军为主体对口支援,有组织地进行自救、互救活动。十余万解放军官兵紧急奔赴灾区施救;全国各地5万余名医护人员和干部群众紧急集中,救死扶伤和运送救灾物资;抽调煤矿井下救护队,赶赴灾区抢救人员;组织力量抢修供电线路、通信设备和道路桥梁,抢护震损水库;危重伤员由专机、专列紧急疏散转移到多个省市进行治疗,抗震救灾取得了显著成效(图3-4)。

图3-4 利用飞机运送救灾物资

图片来源:http://shequ.huanbohainews.com.cn/system/2009/07/15/010402502_05.shtml

1998年,长江流域再次遭遇特大洪水。在这之前,《中华人民共和国防洪法》已于1996年正式颁布实施,国家防汛抗旱总指挥部(原中央防汛总指挥部,简称国家防总)多次召开紧急会议对洪水形势进行研判分析,安排部署有针对性的防汛准备工作。在暴雨洪水来临时,明确提出了"严防死守"、"三个确保",即确保长江大堤安全、确保重要城市安全、确保人民生命安全的战略方针;在长江抗洪抢险最危险的时刻,调动30多万部队紧急驰援,组织大规模的人力物力投入抗洪抢险,军民协同作战(图3-5);国家根据洪灾情况,相继发出一系列关于防汛抢险的通知或工程调度命令,预先转移大量危险地带群众并进行安置,全面开展抗洪救灾工作。与此同时,松花江流域也发生大洪水,中央政府在两个流域同时组织抗洪救灾,取得了抗洪抢险斗争的全面胜利,展现了强有力的国家动员和组织能力,体现了中华民族不可战胜的英雄气概,彰显了中国国家公共安全工程管理机制在抗击大灾大难时的优越性。

图 3-5　1998 年长江流域大洪水中中国军队抢险情景

1998 年洪水后，国家政府对长江等大江大河堤防进行了大规模的加固，加快了三峡、小浪底、尼尔基等大型水利枢纽的建设，极大地促进了水利基础设施的完善，并在全国范围内开展退耕还林还草还湖等水利生态建设。与此同时，国家防汛抗旱总指挥部开始着手谋划建立全国的防汛抗旱决策指挥系统。这样的一系列举措，是在深刻反思防洪抗旱能力不足、相关基础设施建设滞后、工程手段和措施薄弱的情况下，从常态的、基础的、涉及长久的方面着眼，开展关乎中国国家安全的、可持续发展的公共安全管理行动，开创了防洪抢险救灾和生态保护的新格局。可以注意到，这一时期，在国家和地方政府公共安全工程管理工作中，已自然地将应急管理的一些基本理念和要求与日常建设管理工作（常态管理）部分地结合起来，虽然并未形成紧密衔接的有效机制，但为今后还可能发生的巨灾事件实施更为科学高效的国家公共安全工程管理，进行了有益的探索与实践。

历史经验表明，单一、独立的公共安全工程管理方式在应对某一行业领域突发事件时，组织便捷，分工明确，资源和力量集中，卓有成效。它可以强有力地贯彻执行政府的意志，是应对非复合型、单发公共安全事件的有效模式，这一模式所获得的经验和所发挥的效力，至今仍是新一阶段公共安全工程管理模式中不可或缺的理论基础和重要组成部分。

### （四）公共安全工程管理健全完善阶段

随着社会的发展进步，公共安全事件逐渐呈现出新的特点，往往超越单一领域，越来越具有复合型和跨界域的特性。2003 年，中国发生"非典"（SARS）疫情，暴露出在公共安全工程管理上还存在反应不够迅速、协调不够顺畅等机制方面的问题，直接制约着公共安全工程管理的效率。"非典"事件以后,不长的时间里,中国公共安全工程管理在危机意识、反应能力、信息公开、管理机构和法制建设等多个方面取得了重大进展,应急处置能力不断提升,逐步形成具有中国特色的公共安全工程管理体系。尤其是2008年汶川地震以后,公共安全工程管理研究进入一段质量快速提升时期,不仅表现在公共安全工程管理专题方面,还表现在公共安全工程管理整体框架认知、平台建设方面,其要求和内容覆盖更加全面、更为深入。这一阶段,中国的公共安全工程管理体制机制不断完善,能力和水平得到跨越式的提升,中国特色的公共安全工程管理模式日臻成熟,一整套的公共安全工程管理体系在实践中不断健全完善。

在管理机构及法律法规体系建设方面。2003年之后,在原有管理组织构架基础上,通过改革逐步确立了实行各级党委和政府统一领导,部门分工负责、灾害分级管理的灾害管理领导体制。国务院设立应急管理办公室,履行值守应急、信息汇总和综合协调职责,发挥中枢作用,各地也相继成立了应急管理部门。同时,以《中华人民共和国突发事件应对法》(简称《突发事件应对法》)为引领的应急管理法律法规建设取得重大进展,这些法律法规在一定程度上对公共安全工程管理工作进行了规范,明确了各方的责任义务,有效推进了公共安全工程管理的法制化进程。

在预报预警和应急预案建设方面。预报预警体系是公共安全工程管理的"耳目"和"哨兵",是争取应对工作主动权的关键手段。应急预案针对不同的公共安全事件规定了相关各方的应对职责、处置行为,关乎公共安全工程管理的成本与成效,是应急管理过程中应急机制的准则和规范。2006年,国务院正式发布《国家突发公共事件总体应急预案》和各类专项预案,各地区、各有关部门逐步加强各类多发易发自然灾害和安全生产危险源监测网络建设,社会安全事件等各类突发事件监测报告系统,掌握应急处置工作的主动权。

在应急管理机制方面。当危机发生时,对于一些重大事项明确谁负责、对谁负责的问题,根据事件的严重程度,实行分级负责、部门联动的处置策略,充分调动和发挥事发地各级政府和各相关部门的积极主动性,成为高效处置该地区公共安全事件的原则。同时,快速应急反应亦是公共安全工程管理的一个重要原则,在突发事件发生后要快速启动应急预案,在危害损失扩大之前进行及时有效的控制。由于公共安全工程管理涉及各层级政府和诸多部门,因此应急响应下的协调联动尤为重要。在"非典"疫情、汶川地震、雅安芦山地震等应急管理实践中,逐步强化了中央政府、各有关部门、军队及地方政府、部门之间的协调联动机制建设,提高了灾害应对反应能力和管理效率。

在社会危机意识方面。危机意识是危机预防的起点,增强政府和社会的危机意识可以有效地减少危机事件发生几率,即使在危机发生的非常时刻,相关人员也会自觉按照危机管理制度的要求,最大程度地避免与减少危机带来的损害。2002年11月16日,广东佛山发现了第1例"非典"病例,当时地方政府和社会对这一病种缺乏足够的病理认识和危机意识，对于情况的严重性重视不够，埋下了后来导致全国扩散的隐患，未能及时扼杀"非典"疫情于萌芽状态。此后，政府机构明显加强了危机管理意识，这样的意识直接促使相应的措施得到了强化。在2009年的全球甲型H1N1流感暴发时，中国立即加强口岸检疫，阻断病毒传染途径，控制疫病扩散源头，获得了良好的效果。

在公共安全信息公开方面。现代社会危机管理的理论基础，就是相信个体（公民）是有能动性的，是能够做出正确判断的，只有让公众及时地掌握危机信号，采取必要的预防和救治措施，才能把危机控制在最小的范围内。因此，从危机暴发伊始，政府就要不断地向社会发出预警，发布公开信息。如果关于危机损害的各种传言已经出现，政府就必须加强舆论控导，及时发布权威信息，以减少社会恐慌。在"非典"疫情刚发生时，信息披露工作不尽如人意，甚至有的工作人员刻意隐瞒疫情，给"非典"疫情防治和处置造成了很大障碍。吸取这一教训，2009年中国遭遇甲型H1N1流感疫情时，政府组织主流媒体及时地滚动发布最新情况，避免了社会性恐慌，这是政府对公共安全信息实行公开透明机制的重要成效。

除此之外，中国在国际突发事件应对、人道主义救援、专业技术力量配备、非政府组织和志愿者作用发挥、全社会力量动员、巨灾保险机制建设等方面都进行了广泛的国际间合作交流，进行了全方位的探索与实践，很多方面已经取得了实质性的进展，得到了国际社会的高度认可和评价，这些都是当今中国公共安全工程管理的机制建设的重要内容，是现阶段中国公共安全工程管理模式的重要构成。

自2003年以来，中国在公共安全工程管理方面强化了建设，迈入了新的阶段，及时有效应对了这一时期发生的历次甲流感、高致病性禽流感疫情等公共卫生事件，有效遏制疫病疫情蔓延；妥善应对了松花江流域水污染、重庆开县天然气井喷等生产事故，将损失和影响降到最低程度；成功应对了淮河流域洪水和超强台风"桑美"等自然灾害，因灾死亡人数和损失显著降低。尤其是2008年以来，妥善处置了南方低温雨雪冰冻灾害、"4·28"山东胶济铁路特别重大安全事故、"5·12"四川汶川特大地震灾害、"9·8"山西襄汾尾矿库溃坝事故、"4·14"青海玉树地震灾害、"8·7"甘肃舟曲特大泥石流灾害以及"4·20"四川雅安芦山地震灾害等，最大限度地减轻了各类公共安全事件造成的损失和影响，有力保障了人民群众的生命财产安全，维护了社会稳定，也在实践中探索出了一整套公共安全工程管理的经验和方法，形成了中国特色的公共安全工程管理模式。

## 二、中国现阶段公共安全工程管理

经过不懈努力，中国现阶段公共安全工程管理已经取得了非凡的成就，独具中国特色，在应对一个又一个公共安全事件的过程中不断得到检验、发展和完善，为社会各界乃至国际社会所认同。

## (一) 公共安全工程管理体系不断完善

公共安全作为国家安全的重要内容,中国政府一直高度重视,建立了国家安全委员会作为国家安全的决策和协调机构,明确了国务院和县级以上地方各级政府是公共安全事件应对工作的行政管理机构。国务院和地方各级政府设立了应急管理机构,各专业指挥机构得到加强,初步建立了统一领导、综合协调、分类管理、分级负责、属地管理为主的应急管理体制。推进了地方、部门、军队及社会力量在突发事件应对各环节的协调联动机制建设,在信息通报、应急处置等方面取得重要进展。颁布实施了《突发事件应对法》,目前已有的法律法规涉及自然灾害、公共卫生、安全生产等方方面面,为处置各类公共安全事件提供了法律依据。国家应急预案体系基本形成,包括国家总体预案、专项预案和部门预案以及全国各级各类应急预案。中国已将建立隐患排查治理体系和安全预防控制体系以及立体化社会治安防控体系纳入规划,公共安全工程管理体系将更加完善。

## (二) 公共安全工程管理保障能力显著增强

公共安全工程管理的指挥与决策系统、信息网络系统、应急物资储备体系、基础设施建设等诸多方面实现了跨越式发展,公共安全工程管理保障能力显著增强。一是各类各级管理指挥和决策支持系统基本建立。如国家防汛抗旱指挥系统一期工程已完成,正在实施二期工程,国家防总指挥中心可以直接和各流域机构、地级以上的市实现互联互通、实时指挥,有的省区还实现了视频连接到乡镇。二是各类监测预警体系不断完善。建立健全了覆盖省市县乡四级的全国传染病与突发公共卫生事件网络直报系统,不断强化各类自然灾害、事故灾难的监测预警能力,进一步完善了社会监控与监测预警体系。三是应急物资储备和应急队伍体系初步形成。建成了基本覆盖全国各地的中央级救灾物资和防汛物资储备库,市场应急管理系统进一步加强,部分省、市、县建立了地方救灾物资储备库。与此同时,在灾害救助、安全生产、疾病防控、环境治理等方面的资金投入不断增加。抗洪抢险、公安特警、消防特勤、森林消防、矿山救护、铁路救援、海上搜救、医疗救治等各级各类应急救援队伍建设不断加强。四是基础设施防灾抗灾能力逐步提高。长江、黄河等大江大河进一步加强了防洪工程建设,三峡水利枢纽和淮河治理工程均取得重大进展,重点堤坝、病险水库除险加固、防潮工程建设稳步推进,重点城市防洪除涝、抗震设计标准、农业防汛抗旱、森林防火、铁路、公路、民航、通信、电力、输油气管道、核电站等基础设施防灾减灾能力显著提升。

## (三) 公众危机意识和自救互救能力明显提高

近年来,国务院办公厅先后印发了《应急管理科普宣教工作总体实施方案》《关于加强基层应急管理工作的意见》《2006—2010年应急管理培训工作总体实施方案》《中小学公共安全教育指导纲要》等多个指导性文件，各地区、各有关部门组织举办了形式多样的公共安全工程管理科普宣教活动，充分利用各种媒体形式宣传普及公共安全工程管理知识。另外，积极有序推进基层公共安全工程管理工作，推进公共安全工程管理进企业、进社区、进农村、进学校，多个地方开展了平安社区、安全社区、卫生社区及综合减灾示范区建设，公众的危机意识明显增强。同时，不断加强对从业人员，特别是进城务工人员的防灾避险专业知识教育，增强安全生产意识，各重点行业领域职工的安全素质和自救互救能力显著提高，最大限度减少了人员伤亡。

（四）公共安全工程管理的认识仍需不断深化

在经济社会快速发展的今天，面对极为复杂的自然和人为因素造成的公共安全事件，公共安全工程管理的机制仍需不断创新发展，已形成的中国特色公共安全工程管理模式也需要在实践中不断完善进步，以适应当今中国科学发展，全面建成小康社会，实现伟大"中国梦"的要求，并为之提供有力的支撑保障。在这一过程中，我们更加深刻地认识到社会进步需要发展，社会进步同样也需要强有力的保护和保障，在一定意义上，保护也是发展，国家公共安全工程管理正是提供保护和保障的有效方式。这是一个需要运用已有公共安全工程管理模式不断实践探索以取得应有成效的时代，也必将是新的公共安全工程管理理论在这些实践中不断产生和发展的时代。

## 第二节　中国公共安全工程管理体系解构

### 一、管理体制

公共安全工程管理体制，或称应急管理体制，是指国家机关、军队、企事业单位、社会团体、公众等各个利益相关方在应对公共安全事件中在机构设置、领导隶属关系和管理权限划分等方面的体系、制度、方法、形式等的总称，是建立应急响应机制和应急预案体系的依托和载体。与《中华人民共和国宪法》（简称《宪法》）等根本制度相适应，2007年11月1日起施行的《中华人民共和国突发事件应对法》（简称《突发事件应对法》）中明确规定：国家建立统一领导、综合协调、分类管理、分级负责、属地管理为主的应急管理体制。

随着中国改革开放的进程和经济社会发展，以及特有的条件和现状，一定时期内，群发性事故及各类安全事故（食品、药品等）多有出现，外部力量利用内部问题与中国博弈的兴趣和方式在增多，杠杆也越来越多。面对国际国内形势，中国于2013年设立了国家安全委员会，由国家首脑任主席，下设常务委员和委员若干名。国家安全委员会作为国家安全工作的决策和议事协调机构,将维护国家安全与创新社会治理、创新有效预防和化解社会矛盾体制、健全公共安全体系等内容纳入,把对外和对内、传统与非传统的国家安全问题结合起来,统筹协调涉及国家安全的重大事项和重要工作。国家安全委员会的设立,能够更加有效整合力量,更加有效地进行统筹指挥决策。这无疑将更有利于国家安全工作的整体规划、统一行动,完善国家安全体制和国家安全战略。国家公共安全是国家安全的重要内容,国家公共安全管理是国家安全管理的重要方面。单从国家公共安全的行政管理层面来看,从可查到的已公开资料分析表明,中国行政系统设置的公共安全管理机构如下:

## (一) 领导机构

在国家行政管理层面,国务院是突发公共事件应急管理工作的行政管理机构,在总理领导下,通过国务院常务会议研究、决定和部署特别重大突发事件应急管理工作。国务院根据实际需要,设立国家突发事件专项应急指挥机构,由相应部门组成,负责某类突发事件应对工作。主要包括两类:

一是常设性应急指挥部,通常由国务院副总理、国务委员担任负责人。包括:①长期性应对自然灾害、需要专门机构加强组织协调和领导指挥的,如国家防汛抗旱总指挥部、国务院抗震救灾指挥部、国家森林防火指挥部等。②工作对象特定、国务院目前没有专门机构承担相关工作的,如国家减灾委员会、国务院安全生产委员会等。③法规明确规定必须设立的,如国务院食品安全委员会等。

二是特别重大突发事件发生后临时设置的应急指挥机构,根据事件的严重程度决定是否由国务院领导同志担任总指挥。在应对低温雨雪冰冻灾害期间,国务院紧急成立了煤电油运和抢险抗灾应急指挥中心;汶川特大地震发生后,中央政府迅速成立了国务院抗震救灾总指挥部,下设9个工作组,并在四川成立了前方指挥部,有力、有序、有效地保证了应急处置工作。

## (二) 办事机构

在国家行政管理层面,国务院办公厅为突发事件应急管理办事机构,设国务院应急管理办公室,履行值守应急、信息汇总和综合协调职责,发挥运转枢纽作用。其主要职责有:①承担国务院总值班工作,及时掌握和报告国内外相关重大情况和动态,办理向国务院报送的紧急重要事项,保证国务院与各省(自治区、直辖市)人民政府、国务院各部门联络畅通,指导全国政府系统值班工作;②办理国务院有关决定事项,督促落实国务院领导批示、指示,承办国务院应急管理的专题会议、活动和文电等工作;③负责协调和督促检查各省(自治区、直辖市)人民政府、国务院各部门应急管理工作,协调、组织有关方面研究提出国家应急管理的政策、法规和规划建议;④负责组织编制国家突发公共事件总体应急预案和审核专项应急预案，协调指导应急预案体系和应急体制、机制、法制建设，指导各省（自治区、直辖市）人民政府、国务院有关部门应急体系、应急信息平台建设等工作；⑤协助国务院领导处置特别重大突发公共事件，协调指导特别重大和重大突发公共事件的预防预警、应急演练、应急处置、调查评估、信息发布、应急保障和国际救援等工作；⑥组织开展信息调研和宣传培训工作，协调应急管理方面的国际交流与合作；⑦承办国务院领导交办的其他事项。

### （三）工作机构

国务院有关部门依据有关法律、行政法规和各自的职责，负责相关类别突发公共事件的应急管理工作，具体负责相关类别的突发公共事件专项和部门应急预案的起草与实施，贯彻落实国务院有关决定事项。

国务院多数部门成立了本部门应急管理领导小组，组长由本单位主要负责同志担任，其办事机构主要有三种类型：一是成立专门的应急管理工作机构，有独立的编制和级别，如卫生部、外交部、民航局应急办公室；二是设在部门应急指挥中心，如公安部、交通部、安全监管总局，其中安全生产应急指挥中心为副部级机构；三是设在相关司局。在地方层面，省（自治区、直辖市）应急办公室普遍为本级应急管理办事机构，应急办公室负责人通常由省政府秘书长、副秘书长或办公厅主任、副主任兼任。

另外，国务院各专项应急指挥机构在有关部门设立办公室，承担日常工作运转。如国家防汛抗旱总指挥部办公室设在水利部，国家减灾委员会办公室设在民政部，国务院安全生产委员会办公室设在安全监管总局，国家森林防火指挥部办公室设在林业局。

各类灾害类型由对应的协调机构进行管理，不仅为中央灾害管理提供决策服务，也保证了中央灾害管理的决策能够在各个部门得到及时落实。如此建立合理的应急管理体制和机构，由党中央、国务院统揽全局、总体指挥，地方各级党委和政府统一领导，各有关职能部门分工负责，注重地方灾害管理主体责任的落实，极大地提高了应急管理能力。

### （四）地方机构

在地方层面，地方各级人民政府是本级行政区突发事件应急管理工作的行政领导机关，负责本行政区域突发事件应急管理工作。县级以上人民政府普遍成立了应急管理领导机构，由本级人民政府主要负责人、相关部门负责人、驻当地军队有关负责人组成，统一领导、协调本级人民政府各有关部门和下级人民政府开展突发事件应对工作。按照当地突发事件的主要种类，设立相应的专项应急指挥协调机构。

### （五）专家机构

国务院和各应急管理机构建立各类专业人才库，可以根据实际需要聘请有关专家组成专家组，为应急管理提供决策建议，必要时参加突发公共事件的应急处置工作。一般来说，应急管理专家组主要职能是：①参与处置与专业咨询，包括参与起草应急体系建设规划、咨询指导、修订预案，对突发性事件相应法律法规的贯彻落实情况进行考核与监督等工作；②科技支撑与理论研究，构建应急平台体系，加强应急技术研究，承担或参与应急管理研究课题的申报、研究、评估和成果推广应用等工作；③人才培养与人员培训，参与应急管理培训教材的编写、评审，人才的培养培训等工作。

国务院成立了应急管理专家组，汇集了全国权威专家40多名，其中"两院"院士占30%；国务院各有关应急议事协调机构如国家减灾委员会、国家防汛抗旱总指挥部等，也成立了相应的专家委员会；各地区和有关部门均成立了专家组，建立了应急专业人才库，并在有关应急预案中明确将专家组纳入应急组织体系。特别是四川汶川特大地震和青海玉树强烈地震抗震救灾、甲型H1N1流感防控等特别重大突发事件处置工作中，国家应急指挥部均成立了专家委员会。绝大多数部门和地方建立了应急管理专家咨询制度。各领域专家积极运用所长，积极参与到突发事件事前、事发、事中、事后各个环节，在突发事件防范和应对工作中建言献策，并通过电视、网络、广播、报刊等媒体广泛宣传避灾避险、自救互救知识，已成为应急力量体系重要组成部分。

总体来看，中国应急管理体制有三个突出特点。一是统一领导、分级负责。在中央的统一领导下，各级政府实行行政领导责任制，依法按预案分级组织开展突发事件应对工作。二是综合协调、分类管理。各部门按照职责分工，充分发挥专业应急机构的作用，整合各方面应急资源和力量，形成统一的信息、指挥、救援队伍和物资储备系统。三是属地管理、公众参与。地方政府承担统一实施应急处置的权力和责任，充分动员和发挥乡镇、社区、企事业单位、社会团体和志愿者队伍的作用，依靠公众力量，形成工作合力。

## 二、管理机制

近年来，各地区、各部门全面加强了防汛抗旱、防灾减灾、抗震救灾、森林防火、地质灾害防御，以及安全生产、公共卫生和社会安全等方面突发事件应急处置机制建设，建立了军地自然灾害信息共享机制，并在各级各类应急预案中强化了信息共享和联合应对处置等有关要求，积极推进突发事件监测预警、预案建设、应急演练、物资储备、队伍建设、隐患排查、科普宣教等工作，并加强不同层级和地方的政府之间、部门之间、政府与社会之间的应急联动，保障了应急工作有序进行。一是通过加强突发公共事件监测预警、信息报告、信息资源共享机制建设，初步具备了突发公共事件信息和应对人员、资源快速集成的能力；二是通过不断强化信息发布和舆论引导，坚持及时准确、主动引导的原则和正面宣传为主的方针，建立完善了政府信息发布制度、新闻报道快速反应机制、舆情收集和分析机制；三是通过动员广大人民群众积极参与公共安全事件应对与救灾，初步建立了社会动员机制。在每次重大自然灾害应对中，各级政府普遍重视多部门、多领域会商；在季节性灾害多发期，有关部门积极组织开展防灾抗灾联合检查，并采取有效应对措施；在各级各类应急预案编制和演练中，普遍强化了信息共享和协调联动等有关要求。总的来看，中国已经初步形成了统一指挥、反应灵敏、协调有序、运转高效的应急管理机制。

### （一）预防与监测预警机制

《突发事件应对法》对突发事件的预防和监测预警作了明确规定。2006年1月8日颁布的《国家突发公共事件总体应急预案》也明确提出：突发公共事件应对工作要按照预防与应急并重、常态与非常态结合的原则，坚持居安思危、预防为主，增强忧患意识，做好应对突发公共事件的各项准备工作，切实做到防患于未然。预防机制主要包括制定涉及应急的法律法规和各级各类预案，排查消除安全隐患，加强宣传教育和培训，组织开展各领域各层次的应急演练，落实人员、资金、物资和通信保障措施，以及完善应急技术装备等。

对突发事件进行监测预警，及时发布预警信息，是"预防与应急并重"原则的具体体现，是做好突发事件防范应对工作的关键环节。监测预警机制是对突发事件发生的可能性及危害程度进行预测和发布，从而及时提醒公众做好准备、改进工作、规避危险、减少损失的工作机制。近年来，全国加强了各类多发易发自然灾害监测网络建设，建立安全生产危险源、危险区域实时监控系统和危险品动态监控系统，健全突发公共卫生事件、动植物疫情和食品药品安全监测系统，完善社会治安稳定信息监测报告网络。目前，国家突发事件预警信息发布系统一期工程基本建成。气象、地震、卫生、水文、地质灾害、森林防火等灾害监测台网建设不断加快，综合预警能力不断提高。

### （二）信息报告和共享机制

根据《国家突发公共事件总体应急预案》，政府及其各有关部门在接到下级政府及其有关部门、专业机构、社会组织或公众的报告后，依据突发事件分级标准及有关规定，及时、准确、客观地向上一级政府及有关部门报送事件信息，为突发事件的预防和处置提供信息支持和保障。突发事件信息报告坚持"快"和"早"的原则，特别重大和重大突发事件发生以后，省级政府、国务院有关部门要在4小时以内向国务院报告，不得迟报、谎报和漏报。信息报告的要素描述越详细、准确、全面，越有利于应急管理部门作出科学决策。

国家和省级政府应急平台初步建成，与有关部门专业应急平台初步实现互联互通，应急信息报送能力得到加强，气象、民政、国土资源、交通运输、水利、农业、卫生、安全生产监管、地震等部门及军队有关单位的指挥协调和信息共享机制较为健全。

### （三）处置协调联动机制

根据有关法律法规和预案，突发事件发生后，事发地政府和有关单位立即启动相应应急预案，根据需要成立现场应急指挥机构，采取措施控制事态发展，组织开展应急救援工作。对于先期处置未能有效控制事态、超出事发当地政府处置能力的突发事件，由上一级政府负责领导处置工作，必要时国家及有关部门启动相应级别的应急响应，对地方政府的处置工作给予指导和帮助。

在处置突发事件过程中，建立协调联动机制，充分发挥各专项应急指挥机构的应急协调功能，细化各方面具体职责和任务，从纵向加强中央与地方的协调，从横向加强辖区各涉灾部门的协调，确保上下之间、条块之间、军地之间能够密切联络、迅速行动、形成合力。目前，中国公安、民政、水利、卫生、安全监管、气象等部门建立了部门间的应急联动机制；泛珠三角、中部六省等地建立了区域应急联动机制；外交部、商务部、中国人民解放军总参谋部等部门和单位建立健全了涉外突发事件防范处置机制。

军队是处置突发事件的重要力量，《突发事件应对法》《国家突发公共事件总体应急预案》和《国务院关于全面加强应急管理工作的意见》对充分发挥解放军、预备役民兵骨干作用等都做出了明确规定。一些专项预案、部门预案、地方预案等也对加强有关部门与当地国防动员后备力量的应急联动，明确了具体要求。

### （四）社会动员机制

《突发事件应对法》第六条规定："国家建立有效的社会动员机制，增强全面的公共安全和防范风险的意识，提高全社会的避险救助能力。"决定了社会动员应贯穿公共安全应急管理的全过程，在突发事件发生前后对民众进行善意疏导、正确激励、有序组织，有利于从深层次实现民众的自救和自治，广泛动员公众有序地参加突发性事件处理，有助于顺利解决事件，维持社会的稳定。社会动员以国家为主导，依据国家现行的法律法规，在保证公众动员行为的合法性前提下，对突发事件分级管理、有序动员、适度动员，充分发挥基层组织宣传、动员、组织、团结群众的作用，建立政府支持、社会化运作的工作机制，并对由于应急社会动员活动而给企业、家庭及公民个人造成物质、经济的损失给予合理补偿，坚持以人为本、合理强制的原则，维持社会生活的正常运行和社会发展的稳定。同时，《中华人民共和国公益事业捐赠法》明确了捐赠款物管理机制，制定了鼓励社会捐赠的具体措施，规范了捐助渠道，推动形成了"一方有难、八方支援"的良好社会氛围。

### （五）信息发布机制

突发公共安全事件发生后，按照信息公开有关法律的规定，事发地政府要第一时间向社会发布简要信息,随后发布初步核实情况、政府应对措施和公众防范措施等,并根据事件处置情况做好后续发布工作。突发公共事件的信息发布应当及时、准确、客观、全面。信息发布形式主要包括授权发布、散发新闻稿、组织报道、接受记者采访、举行新闻发布会等。

### (六)管理评估机制

《突发事件应对法》明确规定:国家建立重大突发事件风险评估体系,对可能发生的突发事件进行综合性评估。这就要求各地区、各部门深入广泛地组织开展突发事件风险隐患调查评估工作,全面掌握本地区、本领域、本行业的风险隐患分布情况和发展趋势,确保防范应对工作重点突出、有的放矢。建立风险隐患分级分类管理制度,研究制订预防、控制和减轻突发事件风险的对策和措施,实行风险隐患动态管理和监控。

管理评估是对特别重大突发公共事件的起因、性质、影响、责任、经验教训和恢复重建等问题进行调查评估。国家建立了重大突发事件风险评估体系,对可能发生的突发事件进行综合性评估,以减少重大突发事件的发生,最大限度地减轻重大突发事件的影响。

### (七)国际合作机制

国际合作是指中国与其他国家政府和有关国际组织之间开展合作和交流,遵循开发合作、资源共享,以及内外有别、遵守纪律的工作原则,开展全球合作、区域合作及双边/多变合作,从而提高中国的应急管理水平。从现实情况上看,由于重大突发公共安全危机频发,有些公共安全事件已超越国界,有些需要在全球范围内考虑应对策略,各国应共同面对。例如,2004年印度洋海啸发生后,20多个国家和国际组织的领导人迅速召开会议,就印度洋大地震及海啸后灾区恢复和重建问题进行协商并达成一致,为日后合作打下良好基础,中国也向有关受灾政府及联合国有关机构提供中国有史以来最大规模的紧急救援。2011年日本东部海域发生9.0级强烈地震,中国政府第一时间做出反应,派遣国际救援队赴日本参与救援,成为第一支到达大船渡的外国救援队。

### (八)恢复重建机制

在突发事件的威胁和危害得到控制或者消除以后,当地政府将立即组织评估,尽快恢复灾区和受影响地区的正常秩序,制订并实施恢复重建计划,查明突发事件发生的经过和原因,总结经验教训,制定改进措施。近年来,中国探索了央企帮扶、国家部委行业帮扶、省际对口帮扶等一系列灾后重建机制。此外,恢复重建机制还包括政府为灾区制定特殊的政策、进行心理干预等。

这些机制在应对公共安全事件过程中,发挥了良好的作用。实践证明这些机制适应中国国情并符合现代公共管理要求,中国当前的监测预警网络日趋完善,信息报告和信息发布更加及时，应急响应比较迅速，应急保障能力切实加强，恢复重建积极有序，受灾群众安置工作及时到位，应急管理的科学理念逐步深入人心，社会参与程度日益提高，社会公众的公共安全意识和自救互救能力明显提高。

### 三、法律法规

法律手段是应对公共安全工程管理最基本、最主要的手段。公共安全工程管理法制建设，就是依法开展管理工作，努力使突发公共事件的处置走向规范化、制度化和法制化轨道，使政府和公民在突发公共事件应对中明确权利和义务，既使政府得到高度授权，维护国家利益和公共利益，又使公民基本权益安全得到最大限度的保护（莫于川，2003）。任何突发公共安全事件都是多种因素综合作用的结果，即是致灾因子、承灾体、孕灾环境所组成的灾害系统突然变异的产物。灾害系统的结构与功能体系为科学地建立灾害法制体系提供了科学基础，其基本思路是：灾前要求着重预警体系建设，包括监测、观察、预测、预报、备灾与应急预案制定；灾中要求着重应急响应与处置，包括灾民转移、安置，救援与次生灾害控制等；灾后则要求着重恢复与重建，包括生命线恢复与生产线的重建，确保灾后尽快进入正常状态。

近年来，中国突发公共事件管理的相关法律法规建设明显加快，已制定自然灾害、事故灾难、突发公共卫生事件和社会安全事件等方面单行法律法规70余部，相关法律法规40余部；一些地方人大和政府也结合实际，制定了配套的地方法规和规章。2007年公布实施的《突发事件应对法》，对突发事件应急管理体制，突发事件预防与应急准备、监测与预警、应急处置与救援、事后恢复与重建等方面的基本制度做了规定，并与宪法规定的紧急状态制度和有关突发事件应急管理的其他法律做了衔接。目前，中国已基本形成以宪法为依据、以突发事件应对法为核心、以相关单项法律法规为配套的灾害应急及管理的法律体系。各地区、各有关部门也制定完善了相关配套制度，同时对现行有关突发事件规定进行清理和衔接。

根据不同的灾害类型，中国有关部门建立了相应的应急管理专门法律、行政法规、规章和文件，主要有自然灾害、事故灾难、公共卫生事件以及社会安全事件四个方面的法律法规。

#### （一）自然灾害类法律法规

中国在自然灾害类公共安全事件方面的应对制度，主要是针对破坏性地震、防洪、环境灾害、地质灾害、海洋灾害、草原火灾、森林火灾、旱灾等方面。目前，中国已颁布实施了涉及自然灾害类公共安全管理方面法律法规17部，其中法律4部，行政法规13部。表3-1列举了部分有关自然灾害类公共安全管理的法律法规。

表 3-1　中国部分自然灾害类公共安全管理法律法规

| 类别 | 名称 |
| --- | --- |
| 自然灾害类 | 《中华人民共和国水法》 |
| | 《中华人民共和国防洪法》 |
| | 《中华人民共和国防震减灾法》 |
| | 《中华人民共和国森林法》 |
| | 《中华人民共和国防沙治沙法》 |
| | 《中华人民共和国防汛条例》 |
| | 《破坏性地震应急条例》 |
| | 《森林防火条例》 |
| | 《人工影响天气管理条例》 |
| | 《军队参加抢险救灾条例》 |
| | 《森林病虫害防治条例》 |
| | 《蓄滞洪区运用补偿暂行办法》 |

（二）事故灾难类法律法规

中国应对事故灾难类公共安全事件方面的法律法规主要是针对矿山安全事故、建筑工程建设重大质量安全事故、电网网络安全、核电厂和辐射事故、交通运输安全的技术事故，以及劳动保障等方面的应对制度。目前，中国制定了涉及事故灾难类法律法规 39 部，其中法律 10 部，行政法规 29 部。表 3-2 列举了部分有关事故灾难方面的公共安全管理法律法规。

表 3-2　中国部分事故灾难类公共安全管理法律法规

| 类别 | 名称 |
| --- | --- |
| 事故灾难类 | 《中华人民共和国安全生产法》 |
| | 《中华人民共和国建筑法》 |
| | 《中华人民共和国消防法》 |
| | 《中华人民共和国矿山安全法实施条例》 |
| | 《生产安全事故报告和调查处理条例》 |
| | 《建设工程质量管理条例》 |
| | 《中华人民共和国道路交通安全法》 |
| | 《放射性同位素与射线装置安全和防护条例》 |
| | 《工伤保险条例》 |
| | 《煤矿安全监察条例》 |
| | 《国务院关于预防煤矿生产安全事故的特别规定》 |
| | 《国务院关于特大安全事故行政责任追究的规定》 |

（三）公共卫生事件类法律法规

公共卫生事件类公共安全管理法律法规主要是针对突发公共卫生事件、重大动物疫情、重大植物疫情，以及动植物疫病方面的应对制度。目前，中国有关公共卫生事件类法律法规 11 部，其中法律 6 部，行政法规 5 部。表 3-3 列举了部分有关公共卫生方面的公共安全管理法律法规。

**表 3-3　中国部分公共卫生事件类公共安全管理法律法规**

| 类别 | 名称 |
| --- | --- |
| 公共卫生事件类 | 《中华人民共和国食品卫生法》 |
| | 《中华人民共和国动物防疫法》 |
| | 《中华人民共和国国境卫生检疫法》 |
| | 《中华人民共和国国境卫生检疫法》 |
| | 《中华人民共和国传染病防治法》 |
| | 《中华人民共和国进出境动植物检疫法》 |
| | 《重大动物疫情应急条例》 |
| | 《突发公共卫生事件应急条例》 |
| | 《植物检疫条例》 |
| | 《中华人民共和国传染病防治法实施办法》 |
| | 《中华人民共和国国境卫生检疫法实施细则》 |

（四）社会安全事件类法律法规

中国社会安全事件类公共安全管理法律法规主要是针对金融风险等经济方面以及社会活动安全方面的应对制度。目前，中国关于社会安全事件类法律法规共 37 部，其中法律 17 部，行政法规 20 部。表 3-4 列举了部分有关社会安全事件类公共安全管理法律法规。

**表 3-4　中国部分社会安全事件类公共安全管理法律**

| 类别 | 名称 |
| --- | --- |
| 社会安全事件类 | 《中华人民共和国戒严法》 |
| | 《中华人民共和国集会游行示威法》 |
| | 《中华人民共和国监狱法》 |
| | 《中华人民共和国人民警察法》 |
| | 《中华人民共和国保险法》 |
| | 《中华人民共和国银行业监督管理法》 |
| | 《中华人民共和国预备役军官法》 |
| | 《中华人民共和国专属经济区和大陆架法》 |
| | 《中华人民共和国商业银行法》 |
| | 《中华人民共和国证券法》 |
| | 《中华人民共和国领海及毗连区法》 |
| | 《中华人民共和国价格法》 |
| | 《中华人民共和国农业法》 |
| | 《中华人民共和国种子法》 |
| | 《中华人民共和国野生动物保护法》 |

## 四、应急预案

应急预案是应急管理的灵魂，具有应急规范、准则和指南的作用。一个完整的应急预案是在历史经验和科学知识的指导下，在潜在危险源可能导致的突发公共事件的预测基础上，对事件发生后的全过程进行全方位的科学合理规划，落实应对过程中预测、预警、报警、接警、处置、善后和恢复重建等相关环节的责任部门和具体职责，经过认真的科学审定后发布实施的，是实现"反应及时、措施果断"的有效途径及开展高效应急管理的重要基础。

可见资料说明，经过多年的艰苦努力，中国公共安全管理应急预案体系基本建成。据统计，全国已编制各级各类应急预案550多万件，覆盖了自然灾害、事故灾难、公共卫生事件和社会安全事件等各个领域。其中，国家总体应急预案1件，专项应急预案28件，部门应急预案156件，省级应急预案4.7万余件，社区（村）应急预案93.7万余件，企业应急预案184.3万余件，学校应急预案133.1万余件，其他预案130多万件。

### （一）国家总体应急预案

2006年1月，《国家突发公共事件总体应急预案》正式发布。它是中国应急预案体系的总纲，是应对特别重大突发公共事件的规范性文件。该预案明确了各类突发公共事件分级分类和预案框架体系，规定了应对特别重大突发公共事件的组织体系、工作机制等内容，适用于涉及跨省级行政区划的，或超出事发地省级人民政府处置能力的特别重大突发公共事件应对工作。预案明确了公共突发事件定义，即突然发生，造成或者可能造成重大人员伤亡、财产损失、生态环境破坏和严重社会危害，危及公共安全的紧急事件。根据各类突发公共事件的性质、严重程度、可控性和影响范围等因素，分为四级：Ⅰ级（特别重大）、Ⅱ级（重大）、Ⅲ级（较大）和Ⅳ级（一般）。提出了应对各类突发公共事件的六条工作原则：以人为本，减少危害；居安思危，预防为主；统一领导，分级负责；依法规范，加强管理；快速反应，协同应对；依靠科技，提高素质。

### （二）国家专项应急预案

国家专项应急预案主要是为应对某一类型或某几种类型的突发公共事件而制定的应急预案。目前，中国已颁布专项应急预案28件，其中自然灾害类预案6件，事故灾难类预案10件，公共卫生事件类预案4件，社会安全事件类预案8件（表3-5）。

表 3-5 中国专项应急预案情况

| 名称 | 类别 | 预案名称 | 数量 |
|---|---|---|---|
| 国家专项应急预案 | 自然灾害类 | 国家自然灾害救助应急预案 | 6 |
| | | 国家防汛抗旱应急预案 | |
| | | 国家地震应急预案 | |
| | | 国家突发地质灾害应急预案 | |
| | | 国家森林火灾应急预案 | |
| | | 国家气象灾害应急预案 | |
| | 事故灾难类 | 国家生产安全事故灾难应急预案 | 10 |
| | | 国家处置铁路交通事故应急预案 | |
| | | 国家处置民用航空器飞行事故应急预案 | |
| | | 国家海上搜救应急预案 | |
| | | 国家处置城市地铁事故灾难应急预案 | |
| | | 国家处置电网大面积停电事件应急预案 | |
| | | 国家核应急预案 | |
| | | 国家突发环境事件应急预案 | |
| | | 国家通信保障应急预案 | |
| | | 国家网络与信息安全事件应急预案 | |
| | 公共卫生事件类 | 国家突发公共卫生事件应急预案 | 4 |
| | | 国家突发公共事件医疗卫生救援应急预案 | |
| | | 国家突发重大动物疫情应急预案 | |
| | | 国家食品安全事故应急预案 | |
| | 社会安全事件类 | 国家粮食应急预案 | 8 |
| | | 国家金融突发事件应急预案 | |
| | | 国家大规模群体性事件应急预案 | |
| | | 国家涉外突发事件应急预案 | |
| | | 国家处置大规模恐怖袭击事件应急预案 | |
| | | 国家处置劫机事件应急预案 | |
| | | 国家突发公共事件新闻发布应急预案 | |
| | | 国家石油供应中断应急预案 | |

## （三）行业部门应急预案

行业部门应急预案是根据总体应急预案、专项应急预案和部门职责为应对突发公共事件制定的预案。目前，行业部门应急预案共 156 件，表 3-6 列举了部分应急预案的名录。

表 3-6 行业部门应急预案情况（部分）

| 序号 | 名称 | 类别 | 数量 |
|---|---|---|---|
| 1 | 建设系统破坏性地震应急预案 | 自然灾害类 | 15 |
| 2 | 铁路防洪应急预案 | | |
| 3 | 铁路破坏性地震应急预案 | | |

续表

| 序号 | 名称 | 类别 | 数量 |
|---|---|---|---|
| 4 | 铁路地质灾害应急预案 | 自然灾害类 | 15 |
| 5 | 农业重大自然灾害突发事件应急预案 | | |
| 6 | 草原火灾应急预案 | | |
| 7 | 农业重大有害生物及外来生物入侵突发事件应急预案 | | |
| 8 | 农业转基因生物安全突发事件应急预案 | | |
| 9 | 重大沙尘暴灾害应急预案 | | |
| 10 | 重大外来林业有害生物应急预案 | | |
| 11 | 重大气象灾害预警应急预案 | | |
| 12 | 风暴潮、海啸、海冰灾害应急预案 | | |
| 13 | 赤潮灾害应急预案 | | |
| 14 | 三峡葛洲坝梯级枢纽破坏性地震应急预案 | | |
| 15 | 中国红十字总会自然灾害等突发公共事件应急预案 | | |
| 16 | 国防科技工业重特大生产安全事故应急预案 | 事故灾害类 | 22 |
| 17 | 建设工程重大质量安全事故应急预案 | | |
| 18 | 城市供气系统重大事故应急预案 | | |
| 19 | 城市供水系统重大事故应急预案 | | |
| 20 | 城市桥梁重大事故应急预案 | | |
| 21 | 铁路交通伤亡事故应急预案 | | |
| 22 | 铁路火灾事故应急预案 | | |
| 23 | 铁路危险化学品运输事故应急预案 | | |
| 24 | 铁路网络与信息安全事故应急预案 | | |
| 25 | 水路交通突发公共事件应急预案 | | |
| 26 | 公路交通突发公共事件应急预案 | | |
| 27 | 互联网网络安全应急预案 | | |
| 28 | 渔业船舶水上安全突发事件应急预案 | | |
| 29 | 农业环境污染突发事件应急预案 | | |
| 30 | 特种设备特大事故应急预案 | | |
| 31 | 重大林业生态破坏事故应急预案 | | |
| 32 | 矿山事故灾难应急预案 | | |
| 33 | 危险化学品事故灾难应急预案 | | |
| 34 | 陆上石油天然气开采事故灾难应急预案 | | |
| 35 | 陆上石油天然气储运事故灾难应急预案 | | |
| 36 | 海洋石油天然气作业事故灾难应急预案 | | |
| 37 | 海洋石油勘探开发溢油事故应急预案 | | |

续表

| 序号 | 名称 | 类别 | 数量 |
|---|---|---|---|
| 38 | 国家医药储备应急预案 | 公共卫生事件类 | 7 |
| 39 | 铁路突发公共卫生事件应急预案 | | |
| 40 | 水生动物疫病应急预案 | | |
| 41 | 进出境重大动物疫情应急处置预案 | | |
| 42 | 突发公共卫生事件民用航空器应急控制预案 | | |
| 43 | 药品和医疗器械突发性群体不良事件应急预案 | | |
| 44 | 人感染高致病性禽流感应急预案 | | |
| 45 | 国家发展和改革委员会综合应急预案 | 社会安全事件类 | 13 |
| 46 | 煤电油运综合协调应急预案 | | |
| 47 | 国家物资储备应急预案 | | |
| 48 | 教育系统突发公共事件应急预案 | | |
| 49 | 司法行政系统突发事件应急预案 | | |
| 50 | 生活必需品市场供应突发事件应急预案 | | |
| 51 | 公共文化场所和文化活动突发事件应急预案 | | |
| 52 | 海关系统突发公共事件应急预案 | | |
| 53 | 工商行政管理系统市场监管应急预案 | | |
| 54 | 大型体育赛事及群众体育活动突发公共事件应急预案 | | |
| 55 | 旅游突发公共事件应急预案 | | |
| 56 | 新华社突发公共事件新闻报道应急预案 | | |
| 57 | 外汇管理突发事件应急预案 | | |

## （四）地方政府应急预案

地方政府应急预案具体包括：省级人民政府的突发公共事件总体应急预案、专项应急预案和部门应急预案；各市（地）、县（市）人民政府及其基层政权组织的突发公共事件应急预案。上述预案在省级人民政府的领导下，按照分类管理、分级负责的原则，由地方人民政府及其有关部门分别制定。以北京市为例，其应急预案体系由总体预案、专项预案、重大安全预案等构成，其中专项预案35项（表3-7）。

表3-7 北京市政府专项应急预案情况

| 项目 | 类别 | 名称 | 数量 |
|---|---|---|---|
| 北京市政府专项应急预案 | 自然灾害类 | 北京市破坏性地震应急预案 | 8 |
| | | 北京市突发性地质灾害应急预案 | |
| | | 北京市水旱灾害应急预案 | |
| | | 北京市大风及沙尘暴天气应急预案 | |
| | | 北京市浓雾天气应急预案 | |
| | | 北京市冰雪天气应急预案 | |
| | | 北京市暴雨雷电天气应急预案 | |
| | | 北京市森林火灾扑救应急预案 | |

续表

| 项目 | 类别 | 名称 | 数量 |
|---|---|---|---|
| 北京市政府专项应急预案 | 事故灾难类 | 北京市危险化学品事故应急救援预案 | 16 |
| | | 北京市矿山事故应急救援预案 | |
| | | 北京市特种设备事故应急预案 | |
| | | 北京市轨道交通运营突发事件应急工作预案 | |
| | | 北京市道路抢险应急预案 | |
| | | 北京市桥梁突发事故应急预案 | |
| | | 北京市人防工程事故灾难处置预案 | |
| | | 北京市道路交通处置救援应急预案 | |
| | | 北京市火灾事故灭火救援预案 | |
| | | 北京市建筑施工突发事故应急预案 | |
| | | 北京市城市公共供水突发事件应急预案 | |
| | | 北京市城市排水突发事件应急预案 | |
| | | 北京地区重、特大电力突发事件应急处置预案 | |
| | | 北京市燃气事故应急预案 | |
| | | 北京市供热事故应急预案 | |
| | | 北京市环境污染和生态破坏突发事件应急预案 | |
| | 公共卫生事件类 | 北京市食物中毒事件应急预案 | 4 |
| | | 北京市职业中毒事件应急预案 | |
| | | 北京市重特大传染病疫情应急预案 | |
| | | 北京市防治重大动物疫病应急预案 | |
| | 社会安全事件类 | 北京市处置突发恐怖袭击事件和重大刑事案件工作预案 | 7 |
| | | 北京市处置重大群体性上访事件应急预案 | |
| | | 北京市处置公共场所滋事事件应急预案 | |
| | | 北京市民族宗教群体性突发事件应急预案 | |
| | | 北京市涉外突发事件应急预案 | |
| | | 北京市影响校园安全稳定事件应急预案 | |
| | | 区县突发公共事件应急预案 | |

## （五）企事业单位应急预案

企事业单位应急预案是指企事业单位根据国家有关法律、法规与标准制定的应急预案，这也是我国应急预案体系的重要组成部分。目前，中国各类企事业单位基本上都按照要求制定了相关的应急预案，其中中央企业应急预案编制率达到100%，重点行业、重点领域的企业也基本实现应急预案全覆盖。

## （六）重大活动应急预案

根据中国公共安全管理要求，举办大型会展和文化体育等重大活动时，主办单位应当制定应急预案。例如，2008年，为迎接北京奥运会，保障奥运会的安全顺利进行，北京奥组委专门制定了安保、交通、反恐、检验检疫、气象、医疗卫生等多方面的应急预案。2010年，上海举办世博会，主办方也制定了完善的应急预案，包括恶劣天气、检验检疫、交通运输、涉旅突发事件、环境突发事件、反恐、安全保障等多个方面。

## 五、应急规划

应急体系建设规划，是政府根据国家应急体系建设要求，提高公共安全工程管理能力，依托常态行政管理体制职责分工和管理格局，充分整合各部门、各系统应急资源，重点解决跨部门、跨区域的全局性、共性问题，以及制约应急体系发展的体制性、机制性、法制性和基础性问题，统筹考虑一定时期内应急体系重点发展目标及发展方向。中国应急规划体系建设与应急预案体系类似，主要包括国家级别的应急规划、专项应急规划和地方政府应急规划（表3-8）。

表3-8 国家和地方部分应急规划情况

| 类别 | 名称 |
| --- | --- |
| 国家级应急规划 | 国家应对突发公共事件应急体系建设规划 |
|  | 国家综合防灾减灾规划 |
|  | … |
| 专项规划 | 全国抗旱规划 |
|  | 卫生防疫规划 |
|  | 全国地质灾害防治规划 |
|  | 全国森林防火中长期发展规划 |
|  | 国家气象灾害防御规划 |
|  | 安全生产规划 |
|  | 国家食品安全监管体系规划 |
| 地方级规划 | 北京市"×××"时期应急体系发展规划 |
|  | 广东省"×××"突发事件应急体系建设规划 |
|  | 四川省"×××"突发事件应急体系建设规划 |
|  | "×××"期间重庆市突发事件应急体系建设规划 |
|  | 厦门市"×××"突发事件应急体系建设规划 |
|  | … |

国家级应急规划主要包括《国家应对突发公共事件应急体系建设规划》《国家综合防灾减灾规划》等。前者明确了国家突发公共事件应急体系建设的指导思想、建设原则和建设目标、总体布局与主要任务、重点建设项目及相关政策措施；后者指出防灾减灾要坚持"政府主导，社会参与；以人为本，依靠科学；预防为主，综合减灾；统筹谋划，突出重点"的原则，明确提出了发展目标、主要任务、重大项目和保障措施。

专项规划包括《全国抗旱规划》《卫生防疫规划》《全国地质灾害防治规划》《全国森林防火中长期发展规划》《国家气象灾害防御规划》《安全生产规划》《国家食品

安全监管体系规划》等，从各个不同行业出发对相应的领域制定了发展规划，明确了各行业公共安全工程管理发展目标、主要任务和保障措施等，为行业公共安全工程管理能力发展提供了保障。

地方级规划如《北京市"×××"时期应急体系发展规划》《广东省"×××"突发事件应急体系建设规划》《四川省"×××"突发事件应急体系建设规划》与《"×××"期间重庆市突发事件应急体系建设规划》《厦门市"×××"突发事件应急体系建设规划》《郑州市"×××"突发事件应急体系建设规》《"×××"期间重庆市卫生应急体系建设规划》《江苏省"×××"卫生应急体系建设和发展规划》等。

上述列出的各类规划都是在国家5年发展规划的框架下编制的，具有鲜明的阶段性和动态的连续性。总的来看，国家应急体系建设规划着眼于宏观层次的统筹布局，为各地区、各部门编制和实施应急体系建设规划提供框架和指南；省级地方应急体系建设规划着眼于中观层次的应急资源安排，既要与国家应急体系建设规划保持承接关系，又要兼顾县（市、区）级应急体系建设的共同需要，同时也要与相邻地区的规划相协调，需要发挥承上启下、左右平衡的关键作用。专项规划和省级地方规划相似，立足于行业实际，既要和国家级总体规划相衔接，又要和地方政府规划相适应。基层应急规划主要着眼于具体操作层面，需要考虑本地区实际情况，既要有一定超前性，又要通过努力能够实现。

## 六、保障体系

### （一）队伍保障

查阅相关资料表明，中国政府一直高度重视公共安全工程管理人才队伍建设，从机构、制度、规划等方面进一步加大推进力度。首先制定人才发展中长期规划。国家减灾委办公室印发《国家防灾减灾人才发展中长期规划》，将防灾减灾专业技术人才知识更新纳入国家专业技术人才知识更新工程，起草完成规划实施任务分解方案，明确未来一个时期中国防灾减灾人才队伍建设的指导思想、基本原则、战略目标、发展重点、主要任务和重点工程。其次推进应急队伍建设。2009年7月，按照"整体纳入、重点建设、平战结合、逐步优化"的原则，国家将武警水电、交通部队纳入国家应急救援力量体系，使之成为遂行救援急难险重任务的"国家队"和专业骨干力量。

通过多年建设，中国已基本形成以公安、武警、军队为骨干和突击力量，以防汛抗旱、医疗卫生、地震救援、海上搜救、矿山救护、森林消防、防洪抢险、核与辐射、环境监控、危险化学品事故救援、铁路事故、民航事故、基础信息网络和重要信息系统事故处置，以及水、电、油、气等工程专业抢险救援队伍为基本力量，以企事业单位专兼职队伍和应急志愿者为辅助力量的应急队伍体系。各类专业应急队伍加强装备配备和日常训练，完善运行管理机制，在历次重大自然灾害、事故灾难公共卫生和社会安全事件应对中发挥了重要作用。目前，大多数县级人民政府建立了以公安消防队伍或其他队伍为依托的"一专多能"综合应急救援队伍，并深入推进了街道乡镇综合应急救援队伍建设，组建了基层防汛抗旱、森林草原防火、气象灾害和地质灾害防治、公用事业保障和重大动物疫情防治等专业应急队伍；许多村委会、居委会也组织民兵、预备役人员、物业保安等，组建了快速响应队伍；大多数企业、学校等企事业单位组织本单位职工，组建了专兼职应急队伍；初步形成了统一领导、协调有序、专兼并存、优势互补、保障有力的基层应急队伍体系，如图3-6所示。

图3-6 防汛机动抢险队冲锋舟演练

图片来源 http://www.gdbjdd.com.cn/gtlm/bjdd/201106/t20110624-4899.html

与此同时，各地自然灾害应急队伍建设不断得到强化。一些数据显示北京市对应急志愿者进行注册管理，山西省在有森林防火任务的一些县组建标准化森林消防专业队。河南省黄河河务局每年都对专业抢险队员进行专题技术培训，还通过签订责任书组织群众防汛队伍。海南省三防（防汛防旱防风）办对农村青年组成的抢险队伍进行核实、登记造册，将部分人员纳入紧急救援队，使专业队伍得到进一步充实。

另外，非政府组织（NGO）等社会力量也是公共安全保障队伍的重要力量。从20世纪80年代末开始，中国对NGO管理的法律法规逐步建立。90年代末以来，NGO相关法律法规的修改和完善进入一个新的高潮，法制化管理不断完善。截至2012年年底，全国共有社会团体27.1万个，基金会3029个，其中公募基金会1316个，非公募基金会1686个，涉外基金会及境外基金代表机构27个。民政部登记的基金会199个，如表3-9所示。

表 3-9　中国 NGO 发展情况统计

| 指标 | 2005 年 | 2006 年 | 2007 年 | 2008 年 | 2009 年 | 2010 年 | 2011 年 | 2012 年 |
| --- | --- | --- | --- | --- | --- | --- | --- | --- |
| 社会团体/万个 | 17.1 | 19.2 | 21.2 | 23 | 23.9 | 24.5 | 25.5 | 27.1 |
| 民办非企业单位/万家 | 14.8 | 16.1 | 17.4 | 18.2 | 19 | 19.8 | 20.4 | 22.5 |
| 基金会/个 | 975 | 1144 | 1340 | 1597 | 1843 | 2200 | 2614 | 3029 |

资料来源：民政部 2012 年社会服务发展统计公报，2012

志愿者队伍是中国应急工作的一支重要力量。突发事件应对法规定，县级以上人民政府及其有关部门可以建立由成年志愿者组成的应急救援队伍。国家明确要研究制订动员和鼓励志愿者参与应急救援工作的办法，加强对志愿者队伍的招募、组织和培训。近年来，开展了地方救灾志愿服务体系建设试点工作，设计实施当地救灾志愿服务体系建设方案，推动地方救灾志愿者队伍发展，初步形成了"政府引导、志愿者自我组织、全社会广泛参与"的格局。据不完全统计，中国消防、海上搜救、地震救援、山地救援等专业应急志愿者队伍已超过 100 万人，同时，中国青年志愿者协会、中国社区志愿者协会、中国红十字志愿者工作委员会等志愿者组织也有计划地将应急工作纳入服务内容，在突发事件应对中发挥了重要作用。随着社会各界对应急管理工作重视程度的不断提高，中国应急志愿者队伍将迎来更为广阔的发展前景。

（二）物资保障

1998 年，中国初步建立了救灾物资储备制度。2003 年 1 月《中央级救灾储备物资管理办法》开始施行，该办法是国家级救灾储备物资最重要的法律依据。国家级救灾储备物资是指国家财政安排资金，专项用于紧急抢救转移安置灾民和安排灾民生活的各类物资。国家级救灾储备物资委托有关地方省级人民政府定点代储（图 3-7）。

多年来，国家不断加强防汛抗旱、防震减灾、生活救助、森林消防、重大疫情处置、消防特勤、矿山救护、医疗救治等应急物资储备及专业救援装备储备，初步建立了国家、省、市、县四级储备网络体系，品种和数量不断增加。

地方各级人民政府根据有关法律、法规和应急预案的规定，统筹做好物资储备工作，确保应急所需物资和生活用品的及时供应，并加强对物资储备的监督管理，建立有效机制及时予以补充和更新。例如，某省代储单位与大型商场、超市签订协议，代储救灾物资，确保救灾物资灾后能够 12 小时到位。

虽然中国基本建立了较为健全的物质储备体系，并在现行个别单行法中建立了应急物资储备制度，但应急救灾物资储备并未成为普遍做法，规定本身也非常简单，尚无一个综合性、规范化的专门针对应急救援物资储备的规定。与实际需求相比，应急物资储备库分布点偏少、储备物资种类和储备方式单一、数量不足等问题仍比较突出。进一步加强国家重要应急物资储备体系建设，及时调整储备品种和数量，合理选定储备方式，

图 3-7 中央防汛抗旱物资汉口仓库储备抗旱物资

图片来源:http://river.gov.cn/xwzx/zjyw/201104/t20110421-90594.shtml.

整合实物储备信息资源,实现各类应急物资动态管理和信息共享仍显迫切。

### (三) 资金保障

资金保障是公共安全工程管理的关键。一般公共安全工程管理的资金主要依靠政府财政资金,财政资金的特点是公共性和强制性,资金的来源与使用都要求基于公共目的,强调相关政策的统一性和公平性。除此之外,还有保险资金、银行信贷资金和捐赠资金。其中,对于捐赠资金,中国出台了《中华人民共和国公益事业捐赠法》等有关法律、法规,鼓励自然人、法人或者其他组织(包括国际组织)按照规定进行捐赠和援助。不同的资金来源运行方式各异,通过合理配置,可以在灾害管理的资金保障体系中分担不同的作用,构建起相互协调、支持配合的应急管理资金保障体系,更好地实现防灾、救灾的目的。

自1994年以来,中国逐步推行救灾工作分级管理、救灾资金分级负担的救灾工作管理体制。经过多年的实践,中国救灾资金管理体系逐步完善。目前,对于一般自然灾害,中央和地方财政都已安排救灾预算,财政投入在不断加大。对于需要巨额资金进行救助和恢复重建的自然灾害,经法定程序批准后可设立专门救灾基金。如"5·12"汶川特大地震后,经全国人大常委会审议通过,中央财政建立地震灾后恢复重建基金,专项用于四川及周边省份受灾地区恢复重建。2004年,《突发事件财政应急保障预案》规定了应急管理中财政部门的具体职责,规范了财政部门在应急管理中具体程序,按照"特事特办、急事急办"的原则,及时拨付处置突发公共事件的资金,专款专用,禁止挪用截留。近年来中国在应急管理工作的资金投入不断加大，财政协调机制初步建成，为应急管理能力建设提供了保障。

资金保障还包括推广巨灾保险。将保险机制引入突发事件处理中，建立一套以保险业风险管理机制为基础，辅以政府必要政策引导和财税政策支持的综合性巨灾保险制度，对有效发挥保险的社会"稳定器"和"减震器"作用、建立突发事件防范和应对的长效机制等具有重要意义。2006年，中国国务院下发了《关于保险业改革发展的若干意见》，其中对建立国家财政支持的巨灾风险保险体系提出了具体要求。2013年年末，保监会批复深圳、云南为中国巨灾保险首批试点地区。

（四）技术保障

近年来，中国政府进一步加强了防灾抗灾科技创新和技术准备体系建设，印发了《国家突发公共事件应急体系建设规划》，对监测预警体系、通信指挥系统、应急救援装备体系等建设进行了统一规划和部署。国家科技支撑计划进一步加大了对气候变化相关领域基础研究与技术开发、示范和推广工作的投入。

国家和有关部门不断强化高新技术在减灾救灾领域的应用，不断引进新技术，添置新装备，积极开展新项目研究，不断提高减灾救灾工作科技含量和技术水平。积极开展公共安全领域的科学研究，加大公共安全监测、预测、预警、预防和应急处置技术研发的投入，不断改进技术装备，建立健全公共安全应急技术平台，提高中国公共安全科技水平，并注意发挥企业在公共安全领域的研发作用。近年来，在高分辨率卫星运用、汛限水位动态控制、旱警水位（流量）研究，以及农业部农业大棚育秧、深松整地、播后镇压、浇越冬水、"一喷三防"等抗灾增产关键技术，及林业生物灾害气象预警指标等方面均进行了积极有益的探索，取得了进步。

## 第三节　区域公共安全工程管理实践探索

在公共安全工程管理的区域层面，地方政府结合地区实际需求将公共安全工程管理的要求有的放矢地展开，并进行积极的探索实践，有所突破、有所创造、有所发展。

### 一、整合条块关系，强化属地管理

所谓条块关系，是指垂直管理部门与地方政府之间的关系，本质上是中央与地方之间事权划分问题。应急管理的工作内容往往具有突发性和重大危害性，涉及多方面的利益，而如果条块关系不理顺，在突发事件发生时，往往很难协调，会直接影响应急管理工作的进展及效果，这也是公共安全工程管理面临的一个重要问题。《突发事件应对法》在第一章第四条中明确规定：国家建立统一领导、综合协调、分类管理、分级负责、属地管理为主的应急管理体制。以北京为例，作为首都，北京是一个国际化的大都市，有着其他城市无法比拟的庞大社会组织体系和复杂的条块关系，社会异质性更加显著。近年来，北京地区大雨及沙尘暴、雾霾、雪灾和高温等自然灾害和环境威胁，及道路交通事故、生命线工程事故、火灾、群体性事件和政治事件等风险不减有增，地震、地质灾害、信息化灾害等潜在隐患依然存在，并且随着高层和超高层建筑的增多，地下空间的开发利用，新材料、新技术和设施带来的环境问题，尤其是大量人员流动带来的疫情频率加快等新的潜在致灾源，给公共安全工程管理带来挑战。

针对面临的问题及国家公共安全工程管理要求，北京市政府逐步摸索出"整合条块关系，强化属地管理"的区域管理模式（李程伟，2005）。北京市于2004年年底制定并颁布了《北京市突发公共事件总体应急预案》（简称《预案》）。根据《预案》，北京市危机管理的决策层为北京市突发公共事件应急委员会，统一领导全市突发公共事件应对工作。应急委员会主任由市长担任，副主任按处置自然灾害、事故灾难、公共卫生和社会安全四类突发公共事件的分工，由分管市领导担任，市委、市政府秘书长、分管副秘书长、市各突发公共事件专项指挥部、相关委办局、卫戍区、武警北京总队负责人为成员，如图3-8所示。《预案》规定，北京市突发公共事件应急委员会下设办公室，作为日常办事机构。办公室设在市政府办公厅，加挂市应急指挥中心牌子。其具体职责涉及突发公共事件信息的收集分析、总体应急预案修订、专项或分应急预案审定、预案演练的督促检查、城市危机管理的宣传教育、突发公共事件信息网络系统的建设、指挥平台的运行维护等。市应急指挥中心备有指挥场所和相应的设备设施，作为突发公共事件发生时委员会的指挥平台。2012年"7·21"大雨后，这一模式又进一步得到了强化和完善。

## 二、多元协调管理机构与应急响应机构相对接

据可查验资料，2000年，上海市成立减灾领导小组作为全市减灾工作的决策领导机构，领导小组下设办公室，作为其日常办事机构。主要功能是负责减灾方面的宣传教育、预案编制、信息分析整理等工作。在决策层（减灾领导小组）之下，作为过渡，上海市还按灾种成立了抗震、防汛、防火等委员会作为相关灾种的协调管理机构，分别设在相应的职能部门。之后的目标是逐步实现归并，最终做到综合减灾的一元化领导与指挥。在市级模式之下，各区（县）也相应地建立了防灾减灾的领导机制和工作体制。

为了提高政府处置突发事件的应急指挥和快速响应能力，2001年11月上海市委、市政府决定深化社会服务联动工作，建立市应急联动中心。应急联动中心设在市公安局，依托110指挥中心发挥作用，其主要职能是在市委市政府以及具有管理突发事件职

## 第三章 中国公共安全工程管理

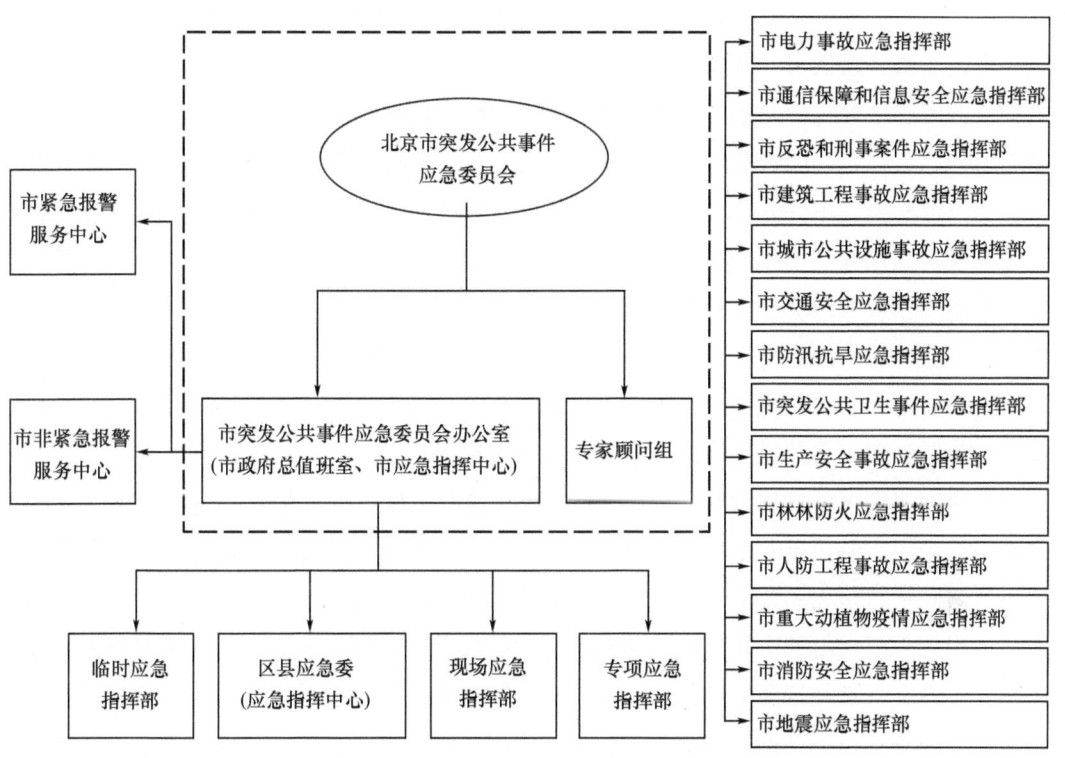

图 3-8 北京市应急管理组织体系框架

能的领导机构（如市减灾领导小组、反恐怖领导小组等）的领导下，对全市范围内的突发事件按照统一指挥、分级管理的要求实施先期应急处置。应急联动中心的设立，使得对灾害事故的统一接警成为可能。上海已实现110、119、120等号码的连通，市民在紧急情况下只要拨打其中的一个号码即可实现报警。作为市突发事件应急响应的中枢和组织载体，应急联动中心对市危机管理的各联动单位实行开放制度。突发事件发生时，根据其性质，相关的联动单位可以进驻中心担负相应的协助指挥职能。

上海危机管理模式的主要特点是，灾害和应急事务的管理工作仍由各灾种协调机构负责，没有应对各类突发事件和灾害事故的常设统一管理机构。作为突发事件的应急响应机构，市应急联动中心必须同时接受市减灾领导小组、反恐怖工作协调小组和航空安全领导小组等多个协调管理机构的指挥，两者之间是"多"对"一"的关系。这样一种模式程序相对复杂，协调工作量大，需要统一领导，强化综合管理，实现"多元协调管理机构与应急响应机构相对接"，以提高整体减灾合力的作用。

## 三、依托职能部门建立社会联动机制

查验广州市有关这方面的资料，该市以应急管理为目标的社会服务联合行动工作是随着公安机关110报警服务系统而建立和发展的。1998年广州市正式启动以110报警服务台为龙头，由供水、供电、医疗、环卫、环保工商、民政等23个职能部门共同组成的社会服务联合行动网络，成立了"广州市社会联合行动服务小组"（简称联合小组），市长任组长，主管副市长担任副组长，相关职能部门负责人做成员，统一领导全市应急求助和突发事件处置工作。联合小组是广州市危机管理的决策层，其日常办事机构和联络辅助机构（即小组办公室）设在公安局，负责联合小组的日常事务，对各责任单位的工作进展情况进行日常督导和定期考核检查。作为市突发事件专门的应急响应机构，联合小组下面还设立了社会联动中心，挂靠市公安局，与市公安局110指挥中心实行"两块牌子，一套人员"。根据市政府的授权，联动中心有权指挥、协调、调度、监督相关联动部门去处置全市的应急求助和突发事件。

广州市突发事件管理的联动机制是，110报警服务台统一受理全市各类应急求助报警电话，接警人员通过网络平台将警务报警切转至相关的公安业务部门，将非警务报警通过电信网切转至相关的联动职能部门。遇有重大突发事件时，可根据需要将警情切转至数个职能部门，由其协同处置。处警情况由接警单位、部门及时向110报警服务台反馈，使其在突发事件管理中的信息中枢作用不致弱化。按照有关规定，没有参加社会联动的部门和单位，当接到110指令时，也须根据实际情况认真受理，快速处置，并及时向110反馈信息。除了依托公安部门建立社会联动机制外，广州市还分职能地建立了卫生防疫应急机制、安全生产应急机制、防汛防旱防风应急机制，覆盖全市各类突发事件的应急网络不断完善。近年来，广州市陆续健全了应急管理的相关法规规章，建立了110联动规章，同时还建立了部门信息通报制度和联动工作例会制度等，使社会联动工作具备了一定的法律保障。

广州市应急管理的特点是：市政府授权市公安局负责突发事件的应急联动处置，市公安局可以统一指挥、协调相关部门实现联合行动，形成了"依托公安部门建立社会联动机制"的模式。但是，突发事件毕竟是多种多样的，对于社会联动途径所不能包纳的事件，广州市则采取另设相应应急机构的方式解决。这样的机制与上海有异曲同工之处，多个指挥系统并存，彼此之间需要统一调度，以整合有效资源应对综合性和重大的突发事件。

## 四、成立当地政府直接领导的应急联动中心

近年来，南宁市因建立全国第一家由政府管理的、与市公安局平级的社会应急联动中心而受到国内外关注。相关资料显示，1998年年底，南宁市开始着手进行建设市政府应急联动中心的准备工作。2000年3月，南宁市政府社会应急联动中心正式成立，直接接受南宁市委市政府的领导。其运转模式是"集中接警，一级处警"。具体地说，

就是利用集成的数字化、网络化技术，将110、119、120、122纳入统一指挥调度系统，市民只要拨打其中任何一个号码就能及时得到处警服务。那时，作者到南宁市社会联动中心的接处警大厅观察，发现设有接警席8个，处警席12个。接警席的主要任务是负责受理报警电话、输入接警情况，并根据接警事件性质立即将其转至相应的处警席；处警席接到情报后则要分别按照刑事治安、交通事故、消防火灾、医疗急救等事件的性质直接向有关单位下达出警指令。在接处警过程中，与事件有关的通话均被数字录音设备记录下来。在处警席的后面，社会联动中心还设立了1个值班主任席，负责协调各处警台共同处置某一重大突发事件。

为了树立应急联动中心这一事业单位在突发事件管理中的应有权威，保障新建立的应急机制正常运转，南宁市政府组织有关部门及法律专家制定了《南宁市社会应急联动规定（试行）》，于2002年4月1日以市政府规章的形式正式发布，将其上升到地方性法规层次，正式出台《南宁市社会应急联动条例》。尽管如此，南宁市应急联动中心在突发事件管理中仍然面临着一些难解的困境。事实上，南宁市应急联动机制主要处理的还是公安、消防、急救、交通等"常规性"、"专业性"的突发事件，工作重心也只是在接处警上，尚未建立起针对重大突发事件尤其是重大、特大自然灾害、疫病、人为灾害等"非常规性"和"综合性"突发事件的事前防范和预警机制。

南宁市突发事件管理的突出特点是：市政府直接主管社会应急联动中心，联动中心依据政府规章对突发事件实行集中接警和一级处警，统一调度指挥全市相关单位和部门，形成了当地政府直接领导应急联动中心的管理模式。

## 第四节　中国公共安全工程管理特色分析

从现代管理科学理论和各国实践看，在公共安全工程管理中，一个完整的政府管理框架应由两部分内容组成：一是有覆盖事前、事中和事后的完整管理过程和工作内容，有比较健全的法制保证；二是有责任明确、统一指挥、分工协作的管理体制和机制。纵观我国公共安全工程管理发展进程，政府动员、军地结合、地方支援、科学施救，集中力量应对各类灾害，是其显著特征。

### 一、中央统一协调指挥，地方属地管理应对

"统一领导、分级负责"是中国政府运行的基本模式，公共安全工程管理作为行政管理体制的一部分，同样要按照这一基本模式运行。"统一领导、分级负责"是指在中央的统一领导下，各级地方政府实行行政领导责任制，依法按预案分级组织开展突发事件应对工作。在国家层面，由党中央对全国公共安全管理工作行使统一领导权，国务院

负责对全国重大公共安全管理工作进行决策和处置。若遇重大突发事件，在国务院成立由相关部门参加的应急总指挥部，军队通过参与指挥部在应急管理和突发事件处置中发挥重要作用。在地方层面，地方政府统一实施应急处置的权力和责任，地方党委对地方应急管理工作行使统一领导权，地方政府成立由本级政府相关部门参加的应急指挥部，地方驻军通过参与指挥部在地方应急管理和突发事件处置中发挥重要作用，同时充分发挥专业应急指挥机构的作用，做到快速反应、协同应对。在应急管理工作中，党中央和国务院与全国地方各级党委和政府、上级党委和政府与下级党委和政府、上级指挥部与下级指挥部都存在领导与被领导的关系。在"统一领导、分级负责"的前提下，"以属地管理为主"是我国多年公共安全工程管理经验的科学总结，现行的公共安全工程管理体制充分采纳了这方面的成功经验，既强调了地方党委和政府在应急管理中应有的权力，又强化了其相应的责任，有利于充分发挥地方党委和政府在应急管理中的重要作用。

公共安全工程管理的统一协调指挥、地方属地管理实质体现的是一种强大的国家能力，简单地说就是"集中力量办大事"。中国最大的体制优势就在于有一个坚强有力的中央政府，在整个政府组织系统中，地方政府服从中央政府，中央政府能够对全国各级地方政府进行有效的指挥和协调，集中整合全国各个地方的力量来应对重大突发事件，真正做到"一方有难，八方支援"。这一体制的优势在面对巨灾或大型活动的公共安全服务中得到充分体现，如2003年抗击"非典"、2008年汶川大地震、2008年北京奥运会以及2010年上海世博会等的公共服务。中国形成这一体制有其客观现实的原因：一是中央政府统一领导下的、十分完备的、有机联动的组织动员体系，各级政府在社会各个领域承担着重要责任，多年来的工作成效赢得了民心，是社会所向，有很强的凝聚力，也有着强有力的宏观调控能力和应急处置能力；二是改革开放后建立的、中国特有的财税体制，使得中央政府的财政实力大大增强，具备了办大事、防大灾的行动能力；三是随着国家经济实力的不断增强，客观上使各级政府具备了一定应对巨灾和为大型活动提供公共服务的能力。2013年11月，中国成立国家安全委员会，着眼于改进社会治理方式，激发社会组织活力，创新有效预防和化解社会矛盾体制，健全公共安全体系，完善国家安全体制和国家安全战略，确保国家安全，更进一步提升了中央统筹协调层级，合理划分事权，共同承担责任，强化了整合协调力度，完善了统一、科学、依法、高效的决策、指挥、执行机制。

## 二、政府发挥主导作用，社会积极参与

当公共安全受到威胁时，基于一贯的社会管理传统以及完备的管理体系，政府理所当然地是公共安全工程管理的领导者、组织者，主导着安全管理的全过程，世界各国也

都如此，但政府发挥的作用和主导的程度及范畴有很大差异。

在中国，为公共安全工程管理体系提供支撑的基础设施建设，政府就一直发挥着主导作用，这一过程的资金使用情况、资源选择和配置情况等都处于政府监管体系之下。另外，政府对公共安全事件实行按月、季、年定期报告的制度，所有地区及相关部门都担负了公共安全工程管理的监督分析工作，在此过程中逐步完善各项标准。事件处理中，各级政府及相关领导都会被纳入监督考察范围，事件处置结束，各级政府及有关部门要依照有关法律法规及时开展事故调查处理工作，查明原因，依法依纪处理责任人员，总结事故教训，制定整改措施并督促落实。在上述几个方面中，政府主导都至关重要，同时也是其他任何力量无法代之完成的。

法律赋予政府在组织机构建设以及领导指挥方面行使主导作用。《突发事件应对法》第二条规定："国家建立统一领导、综合协调、分类管理、分级负责、属地管理为主的应急管理体制。"第八条规定："国务院在总理领导下研究、决定和部署特别重大突发事件的应对工作；根据实际需要，设立国家突发事件应急指挥机构，负责突发危机事件应对工作；必要时，国务院可以派出工作组指导有关工作。"第九条规定："国务院和县级以上地方各级人民政府是突发事件应对工作的行政领导机关"，同时在第八条中还规定："县级以上地方各级人民政府均设立由本级人民政府主要负责人、相关部门负责人、驻当地中国人民解放军和中国人民武装警察部队有关负责人组成的突发事件应急指挥机构，统一领导、协调本级人民政府各有关部门和下级人民政府开展危机应对工作；根据实际需要，设立相关类别突发事件应急指挥机构，组织、协调、指挥突发事件应对工作。"

政府掌握着公共安全信息发布的主导权。政府机构是各类预警预报信息、突发事件信息、应急救援信息和恢复重建信息的汇总者，某种程度上也是突发事件应对信息的制造者，掌握的公共安全工程管理情况较其他信息拥有者更加综合全面，更能够清楚地说明公共安全事件的性质、影响范围、处置应对措施等一系列公众关注的事情。

社会参与是以社会公众对自身利益的关心和对社会公共利益、公共事务的自觉认同为基础，参与维护公共安全工程管理的过程，可以是单个个体的参与，也可以是民间组织的集体行为，是政府公共管理的有效补充。以四川汶川地震为例，地震发生后，各级政府组织的专业应急抢险救援队伍及公安消防、特警、武警、解放军、预备役民兵力量立即投入救援行动，来自全国各地的医疗、卫生防疫、建设部门也随即参与到灾区的抗震救灾工作中去。与此同时，一些由社会团体、企事业单位组织和志愿者自发组成的应急救援队伍也积极加入救援行动，并且来自各行各业的捐赠款物，中华红十字总会、中华慈善总会等非政府组织募集的善款也源源不断向灾区汇聚，充分展现了社会参与的重要性。

## 三、全国组织动员，区域对口支援

中华民族是有着强烈爱国心和荣誉感的民族，在危机面前，国家通过自上而下的行政动员，逐层落实责任，任务分解到基层，由干部带领，能够迅速有效的整合全国力量应对危机。1998年抗洪抢险，2003年迎战"非典"，还有2008年汶川地震后全国的抗震救灾行动，每一次都是艰巨的挑战，每一次都是在政府统一领导下，通过广大民众的齐心协力，最终战胜了灾害，并形成了弥足珍贵抗洪抢险精神和抗震救灾精神，这是中华民族宝贵的财富。国内外很多学者在对中国高效的行政动员能力进行研究后认为，中国政府在化解公共危机中所展现出的社会动员能力、组织能力以及管理能力无可比拟。

对口支援是中国现行体制条件下，在面临公共安全危机时实现应急救援目标的一种行政联动机制，是"举国救灾"机制的重要组成。在1976年唐山大地震的应急救援中，在生命救援阶段，由于伤员过多，为了减轻灾区现场救援压力，中央政府安排了全国12个省市对口负责接收唐山伤员，并负责医疗队、救援物资输出及恢复重建任务。在灾后重建阶段，针对开滦煤矿、唐山钢铁厂、唐山电厂等少数重点工业企业，实行了全国性的对口支持，以开滦煤矿为例，当时国务院专门成立了一个由国家计划委员会牵头、十多个工业管理部门参与的"开滦生产会战领导小组"，负责全权制定开滦的恢复重建计划，并且在全国17个省市调集了85个单位，投入大批人力物力，直接支援开滦煤矿重建。正是依靠这种强有力的协作与执行能力，配合当时军事化的组织形式和精神激励，在短时间内迅速集中了力量、筹集了资源，到1977年年底，开滦煤矿便已恢复到震前的设计生产能力。

近年来，借鉴对口援藏、援疆等成功经验，国家在四川汶川特大地震、青海玉树强烈地震、甘肃舟曲特大山洪泥石流等自然灾害恢复重建中实施了不同形式的对口支援机制，对于促进灾区尽快恢复正常生产生活秩序、迅速开展基础设施重建起到了重要作用。如在2008年汶川特大地震的灾后重建中，对口支援进一步机制化和系统化。其中具有代表性的是5月26号中央首次明确提出要建立"对口支援机制"，推进灾区的恢复重建工作；6月18日，该意见由国务院以正式法令的形式颁布——《汶川地震灾害恢复重建对口支援方案》，这也是对口支援首次以国家正式法令的形式出现。实施方案中明确了按照"一省帮一重灾县"的原则，对四川、陕西、甘肃的受灾市县进行结对支援。重建计划执行期为3年，相关省市按照不低于其上一年度地方财政收入的1%给予支持。其中，由经济实力最强的广东、山东、江苏分别对口援建受灾最重的汶川、北川和绵竹。到2010年9月，各省市用两年多时间基本完成了对口援建任务。

## 四、部门协同配合，军地协作联动

公共安全事件具有多重性、发展不确定性，往往会形成一个事件链，涉及的领域广、行业多，需要多个部门相互协同配合应对。中国目前的公共安全工程管理都强调部门按照职责分工，明确部门职责和责任主体，发挥政治优势和组织优势，整合各方面应急资源和力量，形成统一的信息报送、决策指挥、抢险救援和物资保障系统。例如，负责领导组织全国的防汛抗旱工作的国家防汛抗旱总指挥部由 23 个部门和单位组成；承担制定国家减灾工作的方针、政策和规划，协调开展重大减灾活动的国家减灾委员会由 33 个部门和单位组成；负责组织指导全国安全生产工作，制定全国安全生产规划和有关规章制度的全国安全生产委员会由 40 个部门和单位组成。2006 年 8 月，第 8 号超强台风"桑美"在浙江省登陆。在国家防总的统一指挥下，民政、交通、国土资源、建设、卫生、信息产业、公安、农业、教育、气象、海洋、电力等部门按照各自的职责分工，密切配合，形成合力，使防台风的各个环节有机联动，充分发挥了全社会的综合防灾能力，有效减少了人员财产损失，减灾效果明显。

解放军、武警部队是维护公共安全的主力军和突击队。军队是组织纪律最严、战斗力最强的力量形式，很多国家遇到大规模公共危机时，都会出现军队力量予以介入。《突发事件应对法》的第十四条明确规定："中国人民解放军、中国人民武装警察部队和民兵组织依照本法和其他有关法律、行政法规、军事法规的规定以及国务院、中央军事委员会的命令，参加突发事件的应急救援和处置工作。"从而以国家法律的形式正式确认政府有权在应对公共危机时调用军队。这项法律并非新规，在此之前，中央政府在很多公共安全事件中就已调用军队参与危机处置和救灾抢险。1998 年抗洪抢险和 2003 年抗击"非典"中，军队有效参与，军民一心团结奋战，最终战胜了危机；2008 年春运期间南方遭遇冰冻雨雪灾害，军队出动力量帮助破冰除雪（毛劲歌，2008）；"5·12"汶川大地震发生后，更是全军动员，第一时间赶赴灾区，救人抢险；2013 年四川雅安芦山地震发生后，抢险救援部队克服困难，徒步仅用 4 小时赶到震中，迅速消除了"信息孤岛"，与地方政府联合组成应急处置指挥部，迅即开展生命搜救和治安保卫等工作。军地协调联动机制是公共安全工程管理中最重要的机制之一，在这一机制中，军队展现出了机动灵活、纪律严明、作风过硬的能力，是突击队，是主心骨，具有不可或缺的重要作用。

# 第四章　现代公共安全工程管理

## 第一节　当今公共安全挑战与管理目标

随着经济社会全球化的发展，城市化进程的加快，气候变化与生态环境威胁的加剧，公共安全问题日益复杂化、综合化、国际化，灾害事件不再是单一的灾种，往往衍生出多种其他的灾害，不同灾种之间相互联系、相互影响，更具复合性。公共安全形势发生新变化，公共安全工程管理面临新挑战，管理需求也随之发生改变，这必将导致公共安全工程管理的理论、方法和目标也要作出相应的调整，管理策略更加强调以人为本、因地制宜、注重预防、效率效益以及日常与应急状态需求的统筹兼顾，以适应新的发展趋势。

### 一、公共安全面临的挑战

随着社会发展进步，公共安全工程管理从早期主要应对自然灾害的威胁，到后来逐步延伸至整个关乎社会安全的领域，从强调财产安全、社会安全的"以物为本"到突出生命安全保障的"以人为本"，从无视自然环境破坏到生态文明建设，公共安全保障的需求都在不断发展变化和提高。当今社会，除传统安全威胁因素外，还需要应对非传统安全威胁因素、灾害系统复合化、灾害发生频率加大、安全保障标准提高等复杂形势带来的挑战。

#### （一）非传统安全威胁因素增加

非传统安全（non-traditional security，NTS）威胁又称"新的安全威胁"（new-security threats，NST），是相对传统安全威胁因素而言的，指除军事、政治和外交冲突以外的其他对主权国家及人类整体生存与发展构成威胁的因素（陆忠伟，2003；余潇枫，2007），如经济安全、金融安全、信息安全、生态环境安全、资源安全、水安全、恐怖主义、核武器扩散、新流行性疾病、跨国犯罪、走私贩毒非法移民、洗钱等。

在全球化的背景下，非传统安全问题大大增多，重大的非传统安全问题往往以危机突发的形式爆发且后果会"内传"或"外溢"，具有跨国性特征，对公共安全秩序产生重大威胁与影响。以恐怖主义活动为例，其活动范围已从中东、拉美等热点地区向全球各地区和国家蔓延，已有100多个国家不同程度地受其危害；恐怖活动的范围也由外交、军事、政府扩展到商业、一般平民和公共设施，且恐怖手段多样，由传统的绑架、劫持人质与暗杀等方式到爆炸、袭击、砍杀以及生化武器和网络恐怖主义等。尤其是"9·11"事件后，美国发动针对伊斯兰教极端势力的全球性反恐战争以来，穆斯林聚居地区反美情绪和针对性的恐怖袭击事件增多。近年来，中东、北非地区政权更迭、动荡不安，恐怖袭击活动频繁，成为国际社会密切关注的地区安全问题之一。另外，从2003年"非典"流行到2013年H7N9禽流感病毒爆发，从前苏联切尔诺贝利核灾难到日本福岛核泄漏，新的传染性疾病、核泄漏等不安全因素的出现，进一步加剧了公共安全环境的不稳定影响，成为未来公共安全工程管理面对的巨大挑战。

### （二）公共安全事件发生的概率增大

自然灾害发生的风险概率也在增大。当前和今后一个时期，在全球气候变化背景下，极端天气气候事件发生的几率进一步增大，降水分布不均衡、气温异常变化等因素导致的洪涝、干旱、高温热浪、低温雨雪冰冻、森林草原火灾、农林病虫害等灾害可能增多，出现超强台风、强台风以及风暴潮等灾害的可能性加大，局部强降雨引发的山洪、滑坡和泥石流等地质灾害防范任务更加繁重。此外，随着地壳运动的变化，全球地震进入新的活跃期，一些地区发生7级以上强震的几率在增加（Koizkmaz，2009）。地球系统大环境的变化，增加了自然灾害发生的概率，使公共安全面临的风险加大。

一些研究表明，危机事件发生的风险概率在增加。自二战结束以后，全球已经经历了半个多世纪的和平发展时期，无论是发展中国家还是发达国家，经济社会发展都处于一个转型、阵痛的社会改革时期。社会改革一方面说明社会不稳定因素众多，同时改革本身也存在风险，给公共安全形势带来了复杂多变的不确定性影响。中国在经历了改革开放以来三十多年的快速发展后，经济社会取得巨大进步，但同时也出现了贫富差距增大、经济发展方式粗放、生态环境恶化等问题，因此打造中国经济发展升级版，创新社会管理机制，建设生态文明是十分重要而紧迫的任务。

### （三）公共安全事件的复合化链式反应显著

重大自然灾害往往伴随着次生灾害，形成复合的灾害链。例如，台风灾害往往伴随着暴风雨进而诱发洪灾及滑坡泥石流；地震常触发大量山体崩塌、滑坡、堰塞湖等地质灾害，如"5·12"汶川特大地震引发了严重的山体滑坡、地面沉降和堰塞湖，就属于比较典型的复合型灾害。这些灾害的影响还存在滞后效应，有专家分析认为甘肃舟曲和四川映秀的泥石流灾害发生原因之一就是汶川地震。复合灾害会造成更多的伤亡，其破坏性甚至超过原生灾害本身，最为典型的案例就是2011年日本福岛9.0级的大地震，引发海啸与核泄漏造成的损失和影响远远超出地震本身。

社会发展与进步，意味着人类活动的范围与领域不断扩大，当今人类的足迹几乎遍及地球的各个角落。人与自然、人与人之间的博弈关系纵横交错、日益复杂，自然灾害、事故灾难、公共卫生事件和社会安全事件等各类突发事件的关联性越来越强，互相影响、互相转化，导致产生次生、衍生事件或致使各种事件相耦合。自然灾害不仅可能衍生出新的次生自然灾害，还可能导致生产灾难事故，造成疫病流行，甚至引发社会安全事件；同样，灾难事故、公共卫生等社会事件不仅会引发新的社会事件，还可能会造成环境破坏，影响自然生态，甚至诱发自然灾害反过来危及人类自身。公共安全事件的复合化链式反应越来越迅捷、越来越剧烈，由此给公共安全工程管理带来更多、更大的挑战。

### （四）公共安全保障标准不断提高

人类社会发展的任何一个时期，公共安全都与人的行为、认知和能力密切相关。伴随着人类社会文明、科技进步、经济发展和生活水平的提高，公共安全的内涵不断深化，外延不断拓展，安全保障已经成为一种越来越重要的公共需求，并且人们对安全需求的水平和质量标准也会不断提高。人类社会早期，人们面临的最主要安全问题是饥饿、疾病、野兽的侵袭和自然灾害，对安全的需求也仅限于免受自然因素带来的生命威胁。进入文明时期以后，人类社会长期处于农业社会，生产方式和生活方式较为单一，日常交往和公共活动也十分有限，公共安全问题仅限于巨大的自然灾害、战争等对人类衣食住行的影响。随着生产力的发展特别是工业革命的到来，人类的活动范围和活动领域急速扩展，公共领域越来越多，公共安全问题大大增加。同时，安全问题也不再仅仅围绕衣食住行的狭窄领域发生，开始向生产领域渗透，如工业过程安全、化学危险品安全、火灾安全、爆炸安全、矿山安全、食品卫生安全、交通安全、建筑安全以及核安全等，对安全的需求和标准都在不断扩大和提高。

然而，社会发展中的安全问题的继续扩大，社会化倾向日趋明显，由于渗透了复杂的社会原因，传统意义上的可防性安全问题变得日益复杂、难以捉摸，迫使人们对公共安全和公共安全工程管理提出更高的愿望和要求。以城市公共安全为例（雷仲敏，2004），作为公共安全工程管理的重要领域，随着城市的不断扩张，尤其是发展中国家，农村人口快速向城市聚集，城市规模不断增大，但城市公共安全保障由于种种原因难以随之快速提升，甚至缺乏对城市公共安全的全方位安全战略考量，安全标准与城镇化发展速度并不成正比，这就给城市公共安全问题埋下了隐患。中国当前正处于大力推进城镇化发展的阶段，如何及时处理好城市的发展和城市公共安全保障之间的关系，提高公共安全保障的标准，提升城市公共安全保障能力，构建完善的城镇化健康发展机制体制，是当今重要而迫切的需求，同时也是一个巨大的挑战。

### （五）承灾系统复杂度和脆弱性加大

在公共安全视界，任何一个与人有关的系统都可以看作是一个承灾系统，这些系统随着社会的发展而日益复杂（柳云飞，2007）。作为公共安全的一项重点内容，城市实际上是一个由很多小型承灾个体通过结构或功能性复合而构成的大型承灾体，其中，最主要的就是人和工程系统，如城市建筑物及生命线系统。除此之外，由于社会经济系统之间的复杂联系，城市中还存在着非实体的承灾体，如城市经济系统和环境系统、社会关系系统等，它们是通过客观实体之间的关联构建形成的承灾体。在经济发展、社会进步的同时，供水、电力、能源、交通、通信等生命线系统也越来越发达，越来越网络化、现代化，尤其是城市区域更为明显。这些日益网络化、现代化、复杂化的城市承灾系统，在综合功能不断提高的同时，发生灾害事故时所遭受的破坏力和破坏也相应加大，导致现代化城市功能在变得越来越强大的同时，安全保障系统却显得越来越脆弱，某一环节出现了问题，就很可能引发一系列的危机反应，轻则导致经济损失和生活不便，重则会使城市陷入局部或暂时瘫痪，甚至影响整个城市。例如，2012年北京"7·21"大暴雨，由于暴雨导致的洪水超过了城市排涝系统的设计排水能力，引发城市严重内涝，下凹地段多处出现超过2m的积水，交通阻塞，造成几十人伤亡。还有，目前很多城市的供水系统网络十分复杂，一座特大城市的供水管线长度可达数千公里，但往往依靠一个或两个集中水源地供水，一旦水源地发生污染事故或者水源枯竭，将直接导致城市供水系统危机，影响城市居民生活秩序，甚至可能会引发社会恐慌。

承灾系统在灾害产生根源、表现形式、危害对象及灾害损失程度等方面同自然、技术与社会经济系统形成复杂的交织关系，一些关键环节、关键部位和结合点十分脆弱，加之灾害的突发性、复杂性、多样性、连锁性、集中性、严重性、放大性等特点，使公共安全工程管理工作面临严峻挑战，任何单一的、局限于某一领域的行政与技术管理手段都难以有效应对，必须从常态和应急管理两方面入手统筹兼顾，采取综合管理措施，既保障承灾系统的正常运转，提高其抗打击、防破坏的能力，同时增强抢险救援、处置恢复的科学性和时效性，提升公共安全保障水平。

### （六）公共安全事件影响呈国际化趋势

随着经济全球化的发展，公共安全事件也呈国际化趋势。和平与发展是当今时代的主题，但世界并不太平，并不安宁，各种矛盾交织，错综复杂。经济全球化在为加强国际合作、促进共同发展带来前所未有的机遇同时，也使得经济、金融、信息等方面的安全突破了传统的国家观念，很多安全问题被提升到国际层面。恐怖袭击、局部战争、金融危机以及对水资源、石油资源的争夺、跨国性重大疫情的传播等不时出现，涉及两国或多国的突发事件增多。当前，公共安全事件的应对正在由一个国家向全球和区域联合转变。在自然灾害领域，各种跨区域大范围的灾害时有发生。以全球气候变化为例，由于全球气候转暖，海平面上升，北极海冰面积明显减小，北半球多年冻土层正在融化，极端气候事件出现频率加快，气候变化问题已成为21世纪人类社会急需研究与面对重大问题之一。气候变化的影响远不限于生态环境本身,也对资源争夺和传统安全等提出了重要挑战,甚至对国际安全和全球发展产生深层次冲击,这种冲击具有长期性、多层次和不可逆等特征,影响范围涉及地球生态和整个人类社会,成为未来公共安全工程管理面临的巨大挑战。在社会公共安全领域,全球经济交错发展,相互依存、相互影响,致使其他领域的交叉也日益深入,如2014年3月8日发生的马来西亚航空公司MH370航班失联事件的搜救搜寻牵动了数十国的救援力量,对国际社会影响深远。又如公共卫生领域,由于人员的流动性大大增强,一旦发生重大的流行性疫情,往往不是一个国家或地区所能应对的。以2003年"非典"疫情为例,据世界卫生组织统计,全球"非典"病例涉及32个国家和地区。尽管中国是"非典"的重灾区,但不可否认,当时"非典"疫情是全球众多国家和地区面临的一场公共危机。对中国来说,随着在海外的经贸活动越来越多,赴海外工作、经商、学习、居住的中国人越来越多,海外中资企业越来越多,海外安全等问题将会更加突出,所以,中国面临的公共安全形势也将逐步触及、延伸至其他国家及领域。

## 二、现代公共安全工程管理保障目标需求

公共安全工程管理的基本目标是保障人的生命、财产安全,维护社会稳定,保护生态环境,实现可持续发展,并运用科学方法、依法依规提高管理效率和效益。无论公共安全的形势如何变化,这些最基本的保障需求总是公共安全工程管理的主要内容,而当今公共安全工程管理需要从法律框架、信息管理、不确定性分析、多目标优化、系统整体及管理效率等多方位出发,提升公共安全保障能力,实现公共安全保障目标。

### (一)以人为本,生命安全是首要目标

人的生命是最宝贵的。对于每个人来说,人的生命都只有一次,死亡一旦发生,就不再有改变的可能,优先保障生命安全是公共安全工程管理的最高原则。

按照这一原则,从积极的生命权角度而言,国家具有依法保护生命权的义务,防范非公法主体剥夺人的生命,除此之外还应该采取积极的措施,以人为本,提高人的生存质量。生命权作为最基本的一项人权,它是享有其他所有人权的前提和必要条件。有了生命,人才能拥有和实际享有自由、财产等其他权利;没有生命,也就自然丧失了对其他任何权利的实际享有(孙平华,2008)。这种人人固有的权利,是人与生俱来的、神圣的权利,而且它是极其重要的一项人权,即使是在公共紧急状态下,也是不允许非法克减的权利。这种权利包括三个方面内容:一是生命安全的维护权,即保持人的生命按照自然规律延续的权利,禁止任何组织或个人非法剥夺他人的生命,即所谓的安享天年。二是排除妨害的权利,即排除非法侵害和危害生命危险的权利。三是改变威胁生命

安全的危险环境的权利,即当环境对生命构成危险,但危险尚未发生时,权利人有权要求改变环境,消除危险,改变威胁生命的危险环境(张晓玲,2006)。

一个和谐的社会,每位公民都必须充分获得"免于恐惧"的生存自由,享受"免于恐惧"的生存权利(杨平,2005)。可见,以人为本是科学发展、安全发展,构建和谐社会的核心原则,优先保障人的生命安全是人类对公共安全工程管理的最基本需求。

### (二)因地制宜,全力保障财产安全

财产是指拥有的金钱、物资、房屋、土地等物质财富。按所有权可分为公有财产(国家财产是公有财产的一种)、私人财产,它是具有金钱价值并受到法律保护的权利的总称。大体上,私人财产有三种,即动产、不动产和知识财产(即知识产权)。依据财产权产生的根据,财产权可以进一步分解为物权、债权、知识产权和继承权。法律规定,国家行政、司法机关和其他政府组织具有保护国家及公民财产安全的责任与义务。财产安全是人的基本安全问题之一,在优先保障生命安全的前提下,充分考虑灾害环境条件及救援条件,千方百计地全力保障财产安全,是公共安全事件发生时,管理的一种基本保障需求。

### (三)统筹兼顾,努力维护社会稳定

从系统论的角度看,社会安全状况主要受环境因素和系统内部因素两方面的影响。其中,影响社会安全的环境因素又包括自然环境因素和社会环境因素。一方面,自然环境的衰退和生态系统的崩溃可能对基于此种环境生态条件的社会系统造成沉重打击,甚至导致系统崩溃;另一方面,外部社会的冲击、竞争、打压、颠覆甚至直接入侵,也会导致社会紧张和混乱,严重情况下,也会瓦解一个社会的社会结构。在全球化时代,世界各个国家、地区和社会之间的联系日益紧密,一个社会的安全状况也会影响到其他社会的安全状况。从系统内部因素看,一个社会系统的安全取决于社会内部经济子系统、政治子系统、社会生活子系统和思想文化子系统的正常运行以及相互之间关系的协调。以上各个子系统的失调,也会引发社会危机,导致社会混乱。

引起社会安全的因素复杂多样。在公共安全工程管理领域,尤其要注意预防和化解那些可能导致社会发生暴乱、颠覆、倒退的灾难性"黑天鹅"事件。按照公共管理的科学规律,统筹兼顾,为社会稳定、进步、创新提供更加安全的服务和保障。社会安全保障包括对安全事件发生前的有效预防措施、事件发生时的及时应对以及事后的恢复重建,这一部分内容涉及多方面的利益,因此在管理过程中需要综合考虑,以维护社会安定、祥和发展。

### (四)防微杜渐,确保环境与生态安全

生态安全是指生态系统的健康和完整性不发生破坏性变化,能够进行生境的良性

演替；是人类在生产、生活和健康等方面不受生态破坏与环境污染等影响的保障程度，包括饮用水与食物安全、空气质量与绿色环境等基本要素。健康的生态系统是稳定的和可持续的，在时间上能够维持它的组织结构和自治，以及保持对胁迫的恢复力。反之，不健康的生态系统，是功能不完全或不正常的生态系统，其安全状况则处于受威胁之中。

生态安全是在生态问题十分严重、生态风险不断出现的背景下提出来的新安全观。近年来，人类对于生态的破坏越来越严重，生物多样性减少、水土流失、干旱洪涝、沙尘暴、泥石流、水污染、大气污染和重金属超标等都在直接或间接地威胁着人类的健康和社会经济的发展，部分地区由于人口激增，人类对自然资源的开发消耗过度，资源的不当利用活动日益频繁，使得生态环境日趋恶化，已直接威胁人类的生存。生态风险的凸显使人们得以对生态问题从更细微处着眼，防微杜渐、由表及里，将局部生态环境变化置于整个生态系统中进行考虑，防止整个生态系统发生不可逆的改变。总之，在发展中保护，在保护中发展，建设循环经济，建设生态文明，是建设环境友好型社会、走绿色发展道路的应有之义。

### （五）科学管理，有效提高效率与效益

管理效率（administrative efficiency）是指管理活动中投入和产出的比值，比值越小，说明效率越高。

效益是指有效产出与投入之间的一种比较关系，是一种有益的效果。具体地说，它反映了人们的投入与所带来的利益之间的关系。除了受管理者与管理对象的影响外，效益是通过有效的管理活动来实现的，而管理活动又是在外部客观环境的影响下进行的。因此，管理环境也是影响管理效益的一个重要因素。比较常见能够影响管理效益的环境因素包括政治环境、经济环境、科学技术环境和社会心理环境等。

管理效率与管理效益并不是一个新的管理理论问题，它是伴随着科学管理的产生而被提出来的，是科学管理的重要内容和基本原则。而管理体制是管理活动得以高效运行的基本条件和基本原则，其制度安排的合理与否，直接制约着管理效率和管理效益的提高。在公共安全工程管理中，由于需要优先考虑人的生命，并要尽可能兼顾财产安全，维护社会秩序，往往是在紧急的状态下，依据超乎一般的力量，凭借超出常规的机制，集中非同寻常的资源，去化解风险、消除危机，就更应采取科学有效的管理手段和方法，从最不利情况着眼，在最大限度减少灾害损失的同时，也尽可能地减少公共安全工程管理成本，提高其效率和效益，使之向最好的方向去努力。特别是在救援力量和资源有限的情况下，提高管理的效率和效益就成了保障生命与财产的关键要求。

# 第二节 管理科学与公共安全工程管理

在公共安全工程管理方面，许多专家学者以及管理人员从不同角度、不同层面进行了大量而深入的研究，形成了许多各具特色的理论学派，并在实际工作中得以应用和发展。但是通过公共安全工程管理的挑战和目标需求分析，当代公共安全工程管理仍需要遵循现代管理科学的理论与方法，结合经济社会的发展条件和实际，进行宏观而系统、理论与实践的适应性策略研究，这是一个长期、动态、综合的认知过程，需要各方面有志之士进行努力探索。

## 一、管理科学及其学科发展沿革

### （一）管理科学概述

管理科学是研究管理理论、方法和管理实践活动的一般规律的科学，是一种研究人类社会各种管理活动的学科门类，是众多以管理活动作为研究对象的管理学科的总称。从管理的手段及方法来看，管理科学是应用数学、统计学和运筹学中的原理和方法，建立数学模型和进行计算机仿真，给管理决策提供科学依据的学科。管理科学是从 F. W. 泰勒（Frederick Winslow Taylor）创立的科学管理发展起来的，在提高工作效率方面起了很大的作用。第二次世界大战期间，英国成立了世界上第一个运筹学小组——布莱克特小组，运筹学与系统分析方法逐渐发展起来。经过近一百多年的发展，管理科学已经成为涉及人类社会一切领域，包含上百门分支学科、边缘分支学科的科学知识体系。管理科学的核心问题是借助于管理信息系统，通过建立数学模型和计算机仿真，来优化管理决策，以提高经济效益、社会效益以及政治效益和生态效益。

管理科学现代管理理论以系统论、信息论、控制论为其理论基础，应用数学模型、计算机技术等方法来研究解决各种管理问题，在实践中形成了"系统理论"、"决策理论"、"管理科学理论"等多个学派。

### （二）管理科学发展历史沿革

人类的管理实践活动几乎与人类文明同时出现，管理活动从经验走向科学并最终发展出管理科学，经历了一个漫长的探索和积淀过程。大约在公元前 9000 年（即中石器时代），人类组成了氏族、部落的同时，相应的也出现了一些萌芽状态的管理。四大文明古国的文化中孕育了诸多的管理思想和管理思想家。而目前我们所说的管理科学，是指 1911 年泰勒出版《科学管理原理》一书为标志发展起来的管理科学，其发展大致可分为三个阶段：古典管理理论阶段、行为科学理论阶段、现代管理科学阶段。

## 1. 古典管理理论阶段

20世纪初到20世纪20年代末,以泰勒、法约尔、韦伯等为代表的古典管理理论阶段。其核心内容是管理职能和管理过程的古典组织理论,研究方法是以经济学为基础,侧重于对物、财及管理过程的管理,见表4-1。管理科学的初创阶段,准劳动方法和劳动定额,被称为"泰勒制",并于1911年发表了他的代表作《科学管理原理》,泰勒被誉为"科学管理之父"。与"科学管理理论"同期问世的还有法约尔的"管理过程理论"和韦伯的"行政组织理论"。这三种理论统称为"古典管理理论"。

表4-1 古典管理理论阶段的主要代表

| 发展阶段 | 代表性人物 | 理论著作 | 主要观点 |
| --- | --- | --- | --- |
| 古典管理理论阶段 | 泰勒 | 《科学管理原理》 | 核心观念是以工厂管理为对象,以提高工人劳动生产率为目标,在对工人的工作和任务研究的基础上制定出标准的操作方法,并用此方法对工人进行指导和训练来提高生产效率 |
| | 法约尔 | 《管理的一般原则》《工业管理和一般管理》《国家管理理论》《公共精神的觉醒》 | 主要是针对一般性的经营管理,提出了经营与管理的区别,指出经营比管理内容更广泛,包括:技术活动、商业活动、财务活动、安全活动、会计活动和管理活动。而管理活动是由计划、组织、指挥、协调、控制五大要素组成 |
| | 韦伯 | 《一般经济史》《社会和经济组织理论》 | 首创了一套完整的组织理论,即理想的行政集权制理论,又称为行政组织理论,主要阐述了三个方面的内容:理想的组织形式,理想组织形式的管理制度和理想组织的组织结构 |

## 2. 行为科学理论阶段

20世纪30~50年代,以乔治·埃尔顿·梅奥(Georgex Eiton Mayo)人际关系学说为代表的行为科学理论阶段。A. H. 马斯洛(Abraham Harod Maslow)和 D. M. 麦格雷戈(Douglas M. Mc Gregor)等推动人际关系运动的发展。其核心内容是人际关系理论、行为科学、组织行为学;研究方法是在心理学、社会学等研究方法论基础上,对人的行为以及产生行为的原因进行分析研究(表4-2)。

表 4-2　行为科学理论阶段的主要代表

| 发展阶段 | 代表性人物 | 理论 | 主要观点 |
|---|---|---|---|
| 行为科学理论阶段 | 乔治·埃尔顿·梅奥 | 人际关系学说 | 梅奥著名的霍桑实验历时8年，得出了以下主要结论：①职工是社会人；②企业中存在"非正式组织"；③新的领导能力在于提高职工的满意度，提高员工士气从而提高劳动生产效率 |
| | A. H. 马斯洛 | 需求层次理论 | 认为人的需求的是按顺序被激活的。使得管理人员对学术理论家的工作增加了关注 |
| | D. M. 麦格雷戈 | 《企业的人性面》"X-Y 理论" | X 理论从悲观否定的角度看待工人，而 Y 理论从积极的角度看待工人。Y 理论代表人际关系学派的假设，是管理人员应该坚持的管理哲学 |

## 3. 现代管理科学阶段

20 世纪 60～80 年代，以 1961 年哈罗德·孔茨（Horold Koontz）发表的《论管理理论丛林》为现代管理科学阶段的标志（表 4-3）。其核心内容是综合利用和移植了数学、计算机科学技术及自然科学、统计学、法学等诸多学科研究理论所形成的"管理理论丛林"。1980 年孔茨再次发表的《再论管理理论丛林》一文中，把管理科学归纳为十一种管理理论学说，究其实质，或多或少吸收了其他多种学科的研究结果。1981 年后，以企业文化管理研究为代表，管理科学开始重视对管理组织体系中的物质层、制度层和精神层的研究，尤其是对人性的尊重，重视基于使命、责任、价值和精神等方面的文化建设与管理研究，并将文化与制度、技术、方法等有机地结合起来，实现了"硬管理"和"软管理"的有机融合。这在一定程度上，超越了传统管理的文化与制度、技术相脱离的弊端，从而使现代管理更符合自身规律的客观要求。

表 4-3　现代管理科学阶段的主要流派

| 发展阶段 | 学派类别 | 代表人物 | 主要观点 |
|---|---|---|---|
| 现代管理科学阶段 | 管理过程学派 | 哈罗德·孔茨 | 管理是一个过程，即让别人或同别人一起实现既定目标的过程，管理是由一些基本步骤（如计划、组织、控制等职能）所组成的独特过程。该学派注重把管理理论和管理者的职能和工作过程联系起来，目的在于分析过程，从理论上加以概括，确定出一些管理的具有普遍适用性的原理、原则和职能 |
| | 人类行为学派 | 劳伦斯·阿普莱 | 该学派注重心理学，注重个人和人的动因，把人的动因视作一种社会心理现象，把管理看作是对组织行为的领导和协调，认为抓好对人的管理是企业成功的关键 |

续表

| 发展阶段 | 学派类别 | 代表人物 | 主要观点 |
|---|---|---|---|
| 现代管理科学阶段 | 经验主义学派 | 彼得·德鲁克 | 重点分析许多组织管理人员的经验,然后加以概括和总结,找出他们成功经验中具有共性的东西,然后使其系统化、理论化,并据此为管理人员提供在类似情况下采取有效的管理策略和技能,以达到组织的目标 |
| | 社会系统学派 | 切斯特·巴纳德 | 主要观点:①组织的实质是一个协作系统,由人的系统、物的系统和社会系统所组成。②一个组织必须具备三个要素,即协作的意愿、共同的目标和成员间的信息沟通。经理人员是组织成员协作活动相互联系的中心。③权限接受论,即权力来源于生产资料的占有者;权力发出后被接受的程度,即不是上级授予,而来自下级接受的程度。④组织平衡论,即在组织内部,组织对个人的诱因要大于或等于个人对组织所作的贡献;组织内部效率产生外部效能,它与外部环境间的平衡 |
| | 系统管理学派 | 卡斯特;罗森茨韦克 | 用系统的观点,全面考察与分析研究企业和其他组织的管理活动、管理过程等,以便更好地实现企业的目标。他们认为,组织是由人们建立起来的相互联系并且共同工作着的要素所构成的系统。其中,这些要素可称为子系统。系统的运行效果是通过各个子系统相互作用的效果决定的。组织这个系统中的任何子系统的变化都会影响其他子系统的变化 |
| | 决策理论学派 | 赫伯特·西蒙 | 管理就是决策,决策贯穿于整个管理过程;把决策分为程序化决策和非程序化决策,二者的解决方法一般不同;信息本身以及人们处理信息的能力都是有一定限度的,现实中的人或组织都只是"有限理性"而不是"完全理性"的;决策一般基于"满意原则"而非"最优原则";组织设计的任务就是建立一种制定决策的"人—机系统"。这一学派重点研究决策理论,片面地强调决策的重要性,但决策不是管理的全部 |
| | 管理科学学派 | 布莱克特;伯法 | 将管理作为数学模式或过程加以处理。他们认为,由于管理全过程(计划、组织、控制)的工作是一个合乎逻辑的过程。把管理看成是一个类似于工程技术、可以以精确计划和严格控制的过程,因此也被称为技术学派。但适用范围有限,只能处理定量问题,而且在实际过程中管理人员与管理科学专家之间容易产生隔阂。此外,该方法需要相当数量的费用和时间,往往只用于大规模复杂项目 |
| | 权变理论学派 | 劳伦斯;洛尔希; | 把管理看成一个根据企业内外部环境选择和实施不同管理策略的过程,强调权宜应变。主要观点:权变主要体现在计划、组织与领导方式等方面;认为计划要有弹性,组织结构要有弹性,领导方式应权宜应变。权变管理理论强调随机应变,主张灵活应用各学派的观点,但是,过于强调管理的特殊性,忽视管理的普遍原则与规律 |

续表

| 发展阶段 | 学派类别 | 代表人物 | 主要观点 |
| --- | --- | --- | --- |
| 现代管理科学阶段 | 人际关系学派 | B. F. 斯金纳 | 认为既然管理是通过别人或同别人一起去完成工作，那么对管理学的研究就必须围绕人际关系这个核心来进行。这个学派注重管理中"人"的因素，认为在人们为实现其目标而结成团体一起工作时，他们应该互相了解 |
| | 群体行为学派 | | 该学派是从人类行为学派中分化出来的，主要关心群体中人的行为，而不是人际关系。它以社会学、人类学和社会心理学为基础，而不以个人心理学为基础。它着重研究各种群体行为方式。从小群体的文化和行为方式，到大群体的行为特点，都在它研究之列。它也常被叫做"组织行为学" |
| | 经理角色学派 | 亨利·明茨伯格 | 通过观察经理的实际活动来明确经理角色的内容。亨利·明茨伯格系统地研究了不同组织中5位总经理的活动，得出总经理们并不按人们通常认为的那种职能分工行事，即只从事计划、组织、协调和控制工作，而是还进行许多别的工作 |

现代管理科学已经形成了比较完善的体系构架，包括基础管理理论方法、普通管理学科、边缘管理学科和隶属管理学科等，如图4-1所示。其核心思想来源于系统论、信息论、协同论等基本思想。

基础管理理论方法是指支撑管理行为与活动所采用的数学、信息、经济等技术方法，具体包括运筹学、系统工程、信息技术与管理、决策理论、风险理论、组织理论等方法。普通管理学科是指管理科学学科体系中的一级学科所包含的主要内容，实际上是管理基本思想、理论与方法在社会实践中的具体应用，根据应用的层面分成宏观、中观和微观三个层次，其中宏观层次的管理学科包括经济管理、财政管理、税收管理、社会管理、公共事务管理、行政管理、人口管理、资源管理、人力资源管理、环境管理等；中观层次的管理学科包括工业管理、农业管理、商业管理、金融管理、科学管理、教育管理、文化管理、卫生管理等行业、部门的管理学科；微观层次的管理学科包括企业管理学、机关管理学、学校管理学、图书馆管理学、军队管理学、旅游管理学等。需要指出的是，不同层次管理学科之间的区分是相对的，一般而言，宏观管理学科研究覆盖整个国家范围的管理活动，微观管理学科研究各种类型基层社会组织中的管理活动。然而，有的学科却可能涉及宏观、中观、微观各个层次的管理活动。例如，行政管理学研究包括从中央到省、市、县、乡（镇）等各级政府的行政活动，将其归属于宏观管理学科，并不意味着它不涉及中观、微观层次的行政管理活动。宏观管理学科、中观管理学科、微观管理学科中也有些学科属于边缘学科。例如，经济管理学可以看做是介于经济科学与管理科学的边缘学科。

由管理科学与历史学、哲学、数学、社会学、经济学、心理学等相互渗透、交融而

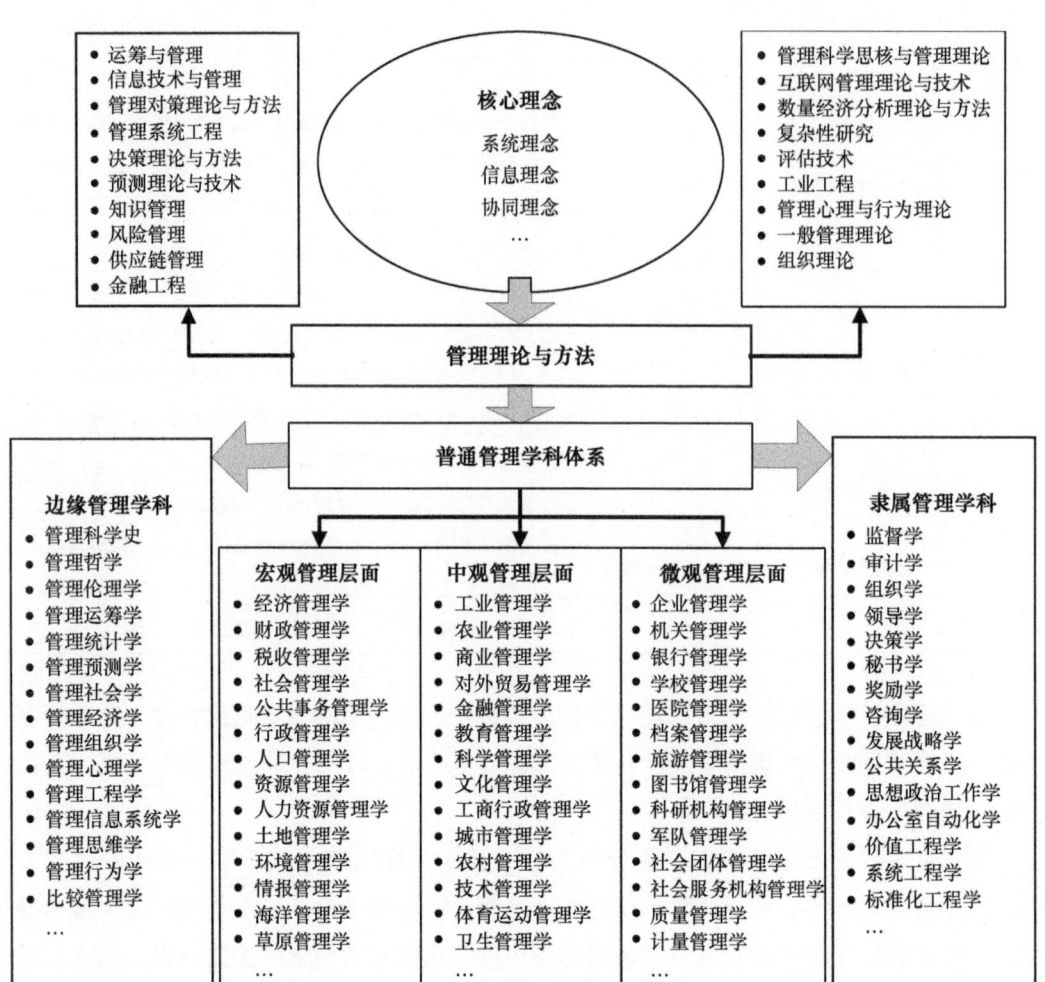

图 4-1 管理科学体系构架

形成的边缘学科，包括管理科学史、管理哲学、管理运筹学、管理统计学、管理社会学、管理经济学、管理心理学等。一些无"管理"之名却有管理之实的学科，如监督学、审计学、领导学、决策学、发展战略学、系统工程学等。这些学科涉及不同层次（宏观、中观、微观）、不同主体（领导者、基层管理者）的管理行为，其研究成果对于实现各个领域管理活动的科学化、现代化是不可或缺的。

（三）现代管理科学的核心理念

现代管理科学的核心理念涉及许多的理论或哲学理念，其中系统论、信息论、协同论是最具有代表性的理论和思想。系统论、信息论、协同论等基础理论方法在管理方面的应用，使管理者能够以系统的观点、发展的观点去分析事物，重视信息，注重统一协调，提高管理效益，推动了管理思想的科学化进程。尤其是运筹学等数学方法的应用促使管理科学由经验的、定性的管理，逐步向重视定量分析、科学预测方向发展，并且在电子技术和通信技术的支持下，运用计算机、电视、电讯等，加快管理速度，提高精度，有效解决了复杂运算的费时费力现象，推进管理日益科学化。

1. 系统论

系统论是把要研究和处理的对象看成由一些相互联系、相互作用的若干因素组成的系统，研究系统就是寻求利用信息实现最优系统的途径。它研究各种系统的共同特征，用数学方法定量地描述其功能，寻求并确立适用于一切系统的原理、原则和数学模型，是具有逻辑和数学性质的一门新兴的科学（Bertalanffy，1968）。

系统论的核心思想是系统的整体观念。Bertalanffy 强调，任何系统都是一个有机的整体，它不是各个部分的机械组合或简单相加，系统的整体功能是各要素在孤立状态下所没有的（Ljung，1998）。同时，系统中各要素不是孤立地存在着，每个要素在系统中都处于一定的位置上，起着特定的作用。要素之间相互关联，构成了一个不可分割的整体。要素是整体中的要素，如果将要素从系统整体中割离出来，它将失去要素的作用。正如手在人体中是劳动的器官，一旦将手从人体中砍下来，那时它将不再是劳动的器官一样。

在管理学领域引入系统论，主要是因为管理理论丛林时代的各家之说既不能举证其他学说错误的科学证据，也不能科学地论证自身学说的"处处可以行之"。人们发现了管理系统的存在，即管理是一个系统，不能简单地考量其局部而得出结论，于是管理理论研究借鉴"系统论"为其研究基础和技术支撑就显得非常及时和必要了。系统论作为一门科学，是美籍奥地利人、理论生物学家 L. V. 贝塔朗菲（L. Von Bertalanffy）创立的。他在1952年发表"抗体系统论"，提出了系统论的思想。1973年提出了一般系统论原理，奠定了这门科学的理论基础。1968年贝塔朗菲发表的专著《一般系统理论基础、发展和应用》，被公认为这门学科的代表作。

2. 信息论

信息就是指消息中所包含的新内容与新知识，是用来减少和消除人们对于事物认识的不确定性。信息是一切系统保持一定结构、实现其功能的基础。现在我们常说的信息论是一种研究信息的本质及度量方法，以及信息的获得、传输、存储、处理和变换一般规律的科学。信息论是由美国数学家克劳德·艾尔伍德·香农（Claude Elward Shannon）创立的，最初是用概率论和数理统计方法，从量的方面来研究系统的信息如何获取、加工、处理、传输和控制的一门科学，并在解决通信中的编码问题中得到应用。随着现代科学技术的发展，信息论的概念和内容已大大地丰富，其基础理论和实际应用都取得了巨大的进展。

狭义信息论是研究在通信系统中普遍存在着的信息传递的共同规律，以及如何提高各信息传输系统的有效性和可靠性的一门通信理论。广义信息论被理解为运用狭义信息论的观点来研究一切问题的理论。信息论认为，系统正是通过获取、传递、加工与处理信息而实现其有目的的运动的（Yeung，2008）。信息论能够揭示人类认识活动产生飞跃的实质，有助于探索与研究人们的思维规律和推动与进化人们的思维活动。

信息论在管理科学中的成功应用，实现了数据资源共享、科学控制和预警，从而促进管理科学的发展和完善。在信息论指导下，运用概率论与数理统计的方法研究信息、信息熵、通信系统、数据传输、密码学、数据压缩等问题的应用数学学科逐渐形成了信息科学（Gleick，2012）。信息论将信息的传递作为一种统计现象来考虑，给出了估算通信信道容量的方法。信息传输和信息压缩是信息论研究中的两大领域。这两个方面又由信息传输定理、信源与信道隔离定理相互联系。现代管理科学的实务性研究，已经从时点研究发展到实时研究上，管理监督环节已不是总结性和评述性的结论性分析，而是利用现代信息学技术呈现前移性的事前控制和预警的发展方向发展。管理科学的理论研究也必将借用和移植信息论的研究成果。

### 3. 协同论

协同论是20世纪70年代联邦德国著名理论物理学家赫尔曼·哈肯（Hermann Haken）在1973年创立的。他认为自然界是由许多系统组织起来的统一体，这许多系统就称为小系统，这个统一体就是大系统。在某个大系统中的许多小系统既相互作用，又相互制约，它们的平衡结构，而且由旧的结构转变为新的结构，则有一定的规律，研究本规律的科学就是协同论。协同学理论是处理复杂系统的一种策略。协同学的目的是建立一种用统一的观点去处理复杂系统的概念和方法。协同论的重要贡献在于通过大量的类比和严谨的分析，论证了各种自然系统和社会系统从无序到有序的演化，都是组成系统的各元素之间相互影响又协调一致的结果。它的重要价值在于既为一个学科的成果推广到另一个学科提供了理论依据，也为人们从已知领域进入未知领域提供了有效手段。

协同论认为，千差万别的系统，尽管其属性不同，但在整个环境中，各个系统间存在着相互影响而又相互合作的关系（Haken，2012）。其中也包括通常的社会现象，如不同单位间的相互配合与协作，部门间关系的协调，企业间相互竞争的作用，以及系统中的相互干扰和制约等。协同论指出，大量子系统组成的系统，在一定条件下，由于子系统相互作用和协作，这种系统会研究内容，可以概括地认为是研究从自然界到人类社会各种系统的发展演变，探讨其转变所遵守的共同规律。应用协同论方法，可以把已经取得的研究成果，类比拓宽至其他学科，为探索未知领域提供有效的手段，还可以用于找出影响系统变化的控制因素，进而发挥系统内子系统间的协同作用。

在管理过程中引入协同论主要是为了强调管理自身的协调职能，这也是确保管理系统效率的关键所在。由于协同论属于自组织理论的范畴，其使命并不仅仅是发现自然界中的一般规律，还为无生命自然界与有生命自然界架起了一道桥梁。协同论认为系统演化的过程中，哪种结构能够实现，取决于各个系统的运动形式。因此，协同论作为一门研究完全不同学科中共同存在的本质特征为目的的系统理论，其广泛的适用性或普适性是显而易见的。正是它的这种普适性，把协同论引入管理研究，必将对管理理论的发展以及对解决现实管理领域中的问题具有启迪意义，提供了新的思维模式和理论视角。

## 二、公共安全工程管理的循蹈

### （一）必须具有系统性、全局性、整体性

系统性、全局性、整体性是当代管理科学的基本视角，也是系统论的核心思想。公共安全事件往往是由自然或人为因素造成的突发性灾害，涉及自然与社会系统的方方面面，致灾因素繁多，致灾过程与机理十分复杂。从全球的视域来审视极端自然灾害的发生概率。有数据表明，全球气温在20世纪平均升高了0.8℃，全球变暖趋势显著，气候变化使整个地球自然系统都面临着严峻的考验，极端气候及其他灾害事件呈常态化趋势，未来变化的不确定性大大增强。近几年来，南北半球局部地区严寒酷暑等恶劣天气此起彼伏，飓风洪水有增无减，各类灾害事件层出不穷。IPCC在2012年发布的最新研究报告显示，全球极端气候事件已经并将继续发生变化，日极端温度事件和热浪、强降水事件数量增加的区域可能多于减少的区域，与天气和气候灾害有关的经济损失已经并将可能增加，由极端气候事件导致的经济损失总体将呈逐渐增加趋势，而发展中国家与灾害有关的经济损失占国内生产总值的比重更高，需要有效管理不断变化的极端气候和灾害给公共安全带来的风险。与此同时，金融危机席卷全球、发达经济体普遍陷入衰退，且地缘战略竞争激烈，中东、北非等国家动荡不安，整个国际经济与政治形势不容乐观。社会类不稳定因素也显著增多，未来发展趋势复杂多变，公共安全的社会环境面临诸多潜在威胁。

无论是气候变化，还是极端灾害事件，实际上都可以看做是整个地球系统的一个部分，政治经济形势恶化则是社会系统变化的一个表现。从系统的角度分析，突发事件本身就具有多种复合、多变与衍生特征，带来的结果具有更强的严重性与放大效应，成为一个复杂的巨系统，从而给公共安全工程管理带来更多复杂、艰巨的问题。如多种致灾因素与不同承灾体的相互作用、相互影响，多种因素、多个条件的复合叠加，导致复杂多变、综合性强的突发事件的产生。应对这类复合型问题，采取单一的应对措施显然是无法保障安全的。这就给公共安全工程管理提出了更高的要求，即从系统的角度、整体的角度全面分析该事件发生的原因、过程、影响，统筹考虑多方面的联动关系，兼顾效率与公平，效益与安全，稳定与发展等各种多元化的矛盾冲突，同时在道德规范、利益博弈、资源分配等制约因素下，构建多部门、多领域、多地区的会商联动机制，系统应对公共安全威胁。

## （二）需设定多目标层次化管理系统

结构性、层次性是复杂系统本身的固有属性，遵循这一客观规律构建层次化的多目标管理框架是满足新形势下公共安全工程管理需求的必然选择。在系统视域内，复杂性、层次性都是系统某些方面的特征表现，在实践中从系统整体的需求出发，统筹安排多目标管理的复杂性与层次化问题，合理安排管理策略、管理路径、管理范围以及管理的具体措施，以实现系统管理目标的最优化将是系统自身发展的内在需求。与此同时，随着复杂性科学、系统科学、多目标决策与优化理论方法的日益成熟，建立和发展复杂化、层次化和系统化的多目标综合管理也成为管理科学的重点方向之一。

在公共安全所涉及的大系统中，管理客体自身的运行规律，管理主体的观念、认知、心理和行为，以及管理结构都具有复杂性特征，而且管理控制过程、管理思想的演变过程、管理理性与人性交融变化的过程也都是复杂的，呈现出一种非线性和混沌性特点，随着管理科学的系统化、社会化、国际化、柔性化、虚拟化、智能化发展趋势的不断演进，公共安全工程管理的复杂性必将进一步扩大和深入，在管理思想理念、思维模式、哲学观念、理论方法和应用实践等多个层面都面临挑战。为此，复杂性科学应运而生，成为应对复杂管理问题的新途径，其研究涉及范围十分广泛，研究内容十分丰富。复杂性科学在管理中的应用研究如多目标下的群体决策、管理创新、企业组织、经济发展、金融危机、生态环境和可持续发展等多个领域，其基本研究思路方法可概括为微观、中观、宏观与宇观的结合，层次结构与功能结构的结合，静态与动态的结合，系统与环境的结合，明确性与模糊性的结合，确定性与随机性的结合，自组织与他组织的结合，德与法的结合，硬系统方法与软系统方法的结合，人的智慧与人工智能的结合，还原思维与系统思维的结合，科学演绎与辩证思考的结合，自然科学与社会科学的结合，人与自然的结合等（李彦斌，2004）。

公共安全工程管理的复杂化带来管理对象、管理目标、管理过程、管理方法的层次化问题。在管理系统中，根据不同需求产生了许多不同的管理目标，这些目标并不是等价的，即其重要性的层次化，有的目标必须优先考虑、甚至要不惜代价地去实现，如人的生命，在灾害救援时，首先要抢救的是人的生命；有的目标虽然次于生命，但也非常重要，如财产安全，这也是灾害管理中首先会想到的问题；随着时代的发展，一些新的问题出现导致其管理的级别很高，不容忽视，例如生态环境保护，正在成为现代社会必须正视、管理过程必须体现的目标之一。另外，公共安全工程管理的层次化还体现在目标的时空尺度上，例如社会稳定、可持续发展等目标是管理长远的和宏观层次的目标，而生命救援、保护财产免遭损失则是一种短期的、微观层次的目标。这就要求在管理的过程中必须借助一些层次分析方法解决此类问题。

### (三) 从信息管理向知识管理迈进

信息是事物运动的存在或表达形式，是一切物质的普遍属性，实际上包括了一切物质运动的表征。现代信息技术的快速发展在改变世界的同时，也给管理及管理科学的变革带来了新的契机，加快了管理的理念、组织、方法、功能等演进的速度，推动了公共安全工程管理的发展进步，并呈现出新的发展趋势。

经过几十年的发展，以微电子为基础的信息技术推广应用与信息资源的开发利用已经深入经济社会的各个角落，管理的信息化正在往广度和深度发展，涉及生产、经营战略、组织结构、资源管理等不同管理主体的各个方面，不断推动着科技进步和社会经济生活的变化。信息管理的普及和提高，给管理带来了一场全面的、深刻的革命，提升了信息管理在整个管理科学中的地位，其规模和影响之深远超过19世纪的工业革命。可以说，没有信息管理，也就谈不上现代管理。借助于这一发展背景，公共安全工程管理的能力、范围和效率通过信息化渠道得到快速提升。

信息的全球化构成了庞大的信息网络，人们在同一时间内可以同时获取这一网络内的任何信息，同时加快了全球经济一体化的进程，同时也造成了竞争的国际化。在这种大背景下，公共安全工程管理水平得以迅速提高，尤其是互联网的出现，整个世界演变成为一个"村庄"，网络内任何一个用户可以与网络内任何其他用户进行信息的沟通，信息化管理逐步过渡到网络化管理。信息管理的网络化具有极为丰富的内涵，涉及管理过程、管理方法、管理范围、组织结构等方方面面。具体来说，一是组织结构由等级式的金字塔结构走向扁平化的网络结构，从以往的等级式逐层管理向扁平的网络化管理转变，减少了管理的中间环节，提高了信息的流转速率和管理的效率；二是信息管理的对象范围由封闭走向开放，网络的快捷、准确和低廉等特性不仅促进信息克服各种物质障碍、组织障碍，带来技术形式上的改变，同时使信息传递由传统的线性、单向流动变为非线性、双向流动，甚至是实时互动的，从单一对象走向复杂多样的网络化虚拟对象；三是管理活动由完全的序列活动走向合理的并行活动，信息的便捷提供了更多的管理渠道，一对多和多对多的管理逐渐取代逐级传递的管理方法。

信息的爆炸式增长、网络的广泛延伸加速了社会文明的知识化进程，信息化已经开始向知识化、智能化的方向演进。在管理领域也是如此，知识经济日趋重要，知识管理已经成为管理领域新的研究热点。尽管人们对知识管理的认识尚未统一，但是知识作为一种重要生产要素在经济发展中的作用日益增长，因而需要加以管理的认识却是相同的，对知识管理日趋重要的认识也是一致的。知识管理是信息管理的延伸和发展，智能化是知识管理的一个突出特征。信息管理得到普遍认可以来，智能化一直是其发展的目标。智能化的发展是由最初涉及物质流控制的传统体力劳动自动化，到对信息流控制的简单脑力劳动的代替，再到对信息、知识流控制的复杂脑力劳动的支持。随着信息管理的深入发展，信息与信息、信息与活动、信息与人逐渐连接起来，通过信息与知识的共享来完成人际互动交流。在此过程中，智能化的内涵逐渐深化，重心也不断改变，这种进化不断深入地将经验决策、管理转化为由智能化信息管理支持的科学决策、管理，无限提高信息利用的深度。

在公共安全工程管理领域，事件的不同发展阶段，公众及管理者对事件发展的信息具有不同的需求，包括灾害发生前对发生灾害事件的日常监测、预警预报、人员与物资储备、法律、预案等，灾害发生后灾害时间、地点、范围、程度、人员伤亡情况、经济受损情况等，以及灾后恢复重建时的选址、规划、资金、标准等各种信息。当前，重大灾害及其次生、衍生灾害现象多发，灾害链式复合化趋势日益显著，其中所涉及的各类灾害信息量更是难以想象，以日本2011年地震-海啸-核泄漏复合灾害事件为例，首先需要掌握灾害发生的具体信息，包括地震、海啸、核泄漏三大灾害发生的时间、地点、受灾范围、受灾人员伤亡等；其次，灾害应急救援所需要的信息支持，包括救援人员与物资调配的来源、目的地、数量、种类，人员伤亡与救助情况，灾民安置情况，房屋与基础设施损毁情况，交通情况、通信状况、余震情况、核设施状态、核泄漏应对、灾情动态变化等；最后，受灾地区的恢复重建，包括城市规划、房屋馆舍、交通通信、经济发展、社会秩序、灾区民众心理抚慰、受灾民众生活保障、灾害垃圾处理、环境生态修复、核泄漏遗留长期处置措施等。这些问题涉及时间、空间、事物类型等多个发展维度，并且会随着外界环境及社会条件变化产生各种尚无法预知的情况。显而易见，这些所有运动变化的过程都承载着大量的信息，要做好灾前的预防、灾害应对及灾后重建工作，首先需要掌握这些方方面面的信息，虽然目前信息技术的发展极大地提升了人类获取信息的能力，但是在信息综合与集成方面显然还满足不了需求；其次，在掌握了各种大量的灾害信息后，还面临着识别有效信息，对各种信息按照一定规则分类管理的难题，然后才是根据不同管理目标进行信息的输出，并随时更新输出结果。目前我们在这一方面还是显得心有余而力不足，在硬件和软件多个方面与上述目标还存在较大的差距，亟需增强对公共安全信息的集成与综合运用能力，提升管理的效率和水平。

我们知道，公共安全工程管理的行为局部随机而全局确定，周期性与非周期性现象循环共存，非线性与混沌系统的特性，对于获取、表现、处理和分析这种极度非线性、非结构化数据及其之间的复杂关系就必须依赖于智能化信息管理的进一步发展。智能信息管理的关键思想是追求在一体化的世界经济中，建立新的信息组织形式、知识管理以及相应的信息分析理论。信息管理的智能化为公共安全工程管理展示了一个更为美好的前景。21世纪，智能信息管理的发展将以主动性、自适应性、自组织性、柔性为特征，建立更强有力、更多样化的公共安全工程信息管理的模型、智能决策支持系统的理论基础和框架，包括以Internet为平台的信息和智能主体系统、决策和管理系统对各类信息进行集成和分析的能力、决策和管理系统具有的对各类知识的学习能力、决策和管理系统具有的适应环境变化的适应性、自组织和自适应能力。可以断言，信息管理智能化的实现必将在更高的水平上支持公共安全工程管理的运作，以信息集合平台为基础的公共安全网络化、智能化将会成为公共安全工程常态管理的重要基础手段。

## （四）系统要素间需要自组织与协同发展

系统的发展实质上是其构成要素通过自组织与协同发展的结果，公共安全工程管理的各主要组成部分之间、常态与应急之间的协同发展是其内在需求与动力。系统要素之间存在着非常复杂的非线性协同作用和自组织特性。从管理的角度来看，首先需要正确认识和处理各要素之间存在的这种关联性、交融性和互动性关系，在系统框架下统筹协调各要素之间的平衡，而协同论思想可以为我们寻求解决方法提供借鉴。协同论思想认为，系统内部各组成要素之间的和谐状态，即是一个远离平衡的开放系统，在外界环境的变化达到一定的阈值时，自身如何在内部的非线性作用下、自发由无序状态走向有序状态或由有序状态走向更为有序状态的途径问题。这种有序状态的形成需要满足一定的条件：①开放系统。系统与外界环境有物质、能量与信息等的交换。②远离平衡态。系统处于非平衡态。③存在序参量。序参量起着支配子系统行为的主导作用，并对系统演变的最终状态或结构起主导作用。④竞争与合作。复杂系统内各子系统间的协同行为产生出的超越各要素自身的单独作用，从而形成整个系统的统一作用和联合作用。⑤控制参量。除了系统内部协同机制的作用外，还需要外部环境提供适当的控制参量，为系统自组织结构的形成与功能的发挥提供保障。⑥反馈机制。任何一个开放系统要维持一定的稳定性与连续性，实现自身目标都离不开反馈，它是系统实现有序的重要保障。

协同论的基本思想符合哲学的基本原理，即事物之间以及事物内部诸要素、或部分之间都是互相依存、互相联系、互相制约着的，没有脱离和其他事物的联系而孤立存在着的事物。对于公共安全工程管理来说，众多的公共安全要素实质上构成了一个巨大的系统，而系统是一个有机的整体，其内部要素之间的相互联系构成了系统的统一性特征。在此前提下，各要素之间按照一定的层次、结构和方式进行组合，不同要素之间通过交叉作用、相互联系、相互融合、相互影响，从本质上来说，公共安全事件，是由内在致灾因子、因素的性质、状况与外在致灾条件的性质、状态共同相互作用的结果；另外，需要注意到，要素之间是相互影响、相互制约的，这就意味着，一个要素的变化就会导致其他要素随之变化，即要素之间存在着某种互动关系。事物是运动变化的，当一个变化的要素在某个时空阶段成为系统的主导因素，那么其变化将会直接导致其他次要因素的变化，从而带动整个系统的变化；而且，自然界存在着"蝴蝶效应"，即便某个要素在某一时期，某一公共领域并非最主要的因素，但是其变化通过要素之间的关联互动链接，能够在短时间内、不同的时空领域产生难以想象的结果。当今社会，网络化时代已然来临，各个领域之间有了新的联系纽带，相互之间的依存度迅速提高，即使一个小的事件也能通过技术或者信息网络、商业运转、移民、公共卫生或者环境等多种渠道对其他地区、其他群体甚至相隔甚远的地区和人群造成实质性的连带影响。世界上任何一个大城市或工业中心发生灾难性的自然灾害所带来的损害，可能会造成整个国家经济体系的崩溃，从而可能对全球金融市场、经济贸易产生巨大的影响。可见，协同无处不在。

公共安全工程管理是一个系统工程，其各个要素需要从协同的角度重新予以审视。作为公共安全工程管理的一部分，管理的各个主体组织或机构之间需要协同行动，互通有无，在常态和应急的条件下，共同应对多个方面的问题或者问题的不同方面；管理机构的上下级之间也需要协同，根据各自在常态与应急管理情景下的定位做好本职工作，相互之间、平战之间协作支持；政府的管理行为离不开非政府的协同支持，非政府组织同样离不开政府的主导，无论是危机发生与否都应如此；管理措施的硬件与软件也是相辅相成，软件离不开硬件这一环境载体，硬件离不开软件的决策与指挥，但是软件与硬件必须联动契合，在常规与应急的任一状态下都不能失灵。总而言之，公共安全的管理行为及过程就是要在系统的视域下，采用协同的手段与方法，使其各要素有序地从紧急情景下的非平衡态顺利过渡到一个符合管理期望的平衡状态。

### （五）需要实施系统全过程风险管理

系统非平衡态与不稳定性是导致事物发展出现不确定性的内在因素，基于全过程风险管理的公共安全工程管理是应对公共安全不确定问题的有效途径。不确定性就是指事先不能准确知道某个事件或某种决策的结果。或者说，只要事件或决策的可能结果不止一种，就会产生不确定性。在公共安全事件中，随着对管理标准和要求的不断提高，对事件信息的需求也日益增多，而目前获取和处理信息的手段与方法却没有相应提升，这种不平衡就导致了管理者所掌握的公共安全事件确定性的不足和不确定性的增加。不确定性增加并不一定意味着一定产生风险，但统计意义上的风险产生概率却大大增加了。根据风险的定义，风险是具有目标性的，当不确定性影响到一个或多个目标时，风险就产生了。可见，风险在日常生活中无处不在，其中能够给生活和社会秩序造成不良影响或严重后果的风险才是管理中需要关注的重点。

在全球气候变化和世界经济一体化背景下，自然和社会的不确定性因素增加，由于信息的不完备与非对称分布，人类面临的风险加大。当前，风险已超越了原有的经济学语义，成为现代社会的常态。在风险社会背景下，风险的关联性、扩散性和不确定性增加，涉及公共安全的风险源多而杂，风险的变异性加大。以政府负有责任为前提，公共安全工程管理给管理者带来的风险包括三大类：一是造成人员死伤和经济损失的风险；二是造成社会负面影响和社会恐慌的风险；三是造成生态环境破坏，影响未来发展和政府信任危机的风险。这三类风险之间相互融合，大大增加了未来变化的不确定性，加大

## 第四章　现代公共安全工程管理

了公共事务管理的难度。传统的风险应对逻辑是事后应急管理，而对事前的风险防范重视不足，由此导致大量潜在的、可防性风险演变为恶性的危机事件，这凸显了风险管理在公共事务管理中的应用价值，说明风险管理是未来管理必不可少的重要组成部分（贝克，2003）。

在公共安全工程管理活动中，良好的风险管理应当着眼于公共安全事务全程化治理，包括风险识别、风险预测、风险评价、风险处置、风险反馈等全过程，能够维护公共安全工程管理的系统性和连续性。通常，公共安全工程管理决策过程共包括四大基本程序：决策问题的发现和诊断，决策目标的确立，决策方案的制定、评估与选择，决策的实施与完善。影响科学决策的最大因素是信息不对称。风险管理通过风险预警和风险识别，能够提高输入信息的广泛性、判断信息的准确性、处理信息的有效性、输出信息的可靠性，从源头上预防风险。然而需要注意的是，风险是不断变化的，那么风险管理应对的策略也应当根据情况调整变化。因此，仅仅将风险管理的理念和方法运用于公共安全工程管理中是远远不够的，还必须紧跟管理科学的发展态势，将最新的风险管理理念、风险管理模式及风险管理方法应用到公共安全工程管理的实践中（唐钧，2012）。

在管理科学领域，尤其是在企业管理方面，非常重视战略管理。所谓战略管理就是根据外部环境和内部区条件所设定的长期目标，为保证目标的正确落实和实现进行细致的谋划，依靠自身能力将这种谋划和决策付诸实施，以及在实施过程中进行控制的一个动态管理过程。战略管理不仅涉及战略的制定和规划，而且也包含着将制定出的战略实现的过程，因此是一个全过程的管理。此外，战略管理不是静态的、一次性的管理，而是一种循环的、往复性的动态管理过程，需要根据外部环境和内部条件的变化，以及战略执行结果的反馈信息等，重复进行新一轮战略管理的过程，是一个不间断的、动态的管理过程。通过上面的阐述可以看出，首先，战略管理需要考虑内部条件和外部环境的诸多因素，具有全局性和整体性，是以管理对象的系统整体作为研究的目标，在时间上还具有长远性。这一点在公共安全工程管理系统就有所体现，如公共安全工程管理面对的自然系统、社会系统等，在管理过程中就需要具有系统的、整体的、长远的观念制定应对的措施，因此，战略性、整体性是公共安全工程管理的一种内在需求。其次，战略管理还关注战略的付诸实施，即怎样实施才能实现目标，这就需要具体的实施方法和路径。我们知道，复杂化、信息化、网络化已经是公共安全工程管理的演变趋势，涉及大量的信息管理，而这其中的关键一环就是定量化问题，如监测信息的定量化、预测结果的定量化、评价过程的定量化、管理结果的定量化等，定量化方法是实现战略管理的关键。

可见，全过程的风险管理是未来公共安全工程管理不可或缺的组成部分，通过实施全过程的风险管理，有利于减少决策失误，并且有利于提升执行的能力和有效性，优化公共事务管理策略。与此同时，在管理过程中融入风险管理的战略化与整体化考量，通过系统的风险评估生成风险处置方案，对造成人员死伤和经济损失的风险采取综合防灾减灾、救援救助行动，对造成社会负面影响和社会恐慌的风险采取积极疏导社会矛盾、畅通维权渠道的举措，对造成信任危机的风险应用媒体引导舆论、加强政府与公众的沟通互动，能够有效提高政府危机管理能力和综合服务水平，及时消除损害公众切身利益的风险，使政府赢得公众的认可和支持，提升公信力，实现公共安全保障和人与自然和谐可持续发展。

### （六）有效降低系统熵值

熵是系统元素无组织、混乱状况的具体表征，熵值越大说明其无序程度越严重。熵作为系统混乱程度的一种度量，在热力学、信息论、生态学以及社会科学等不同领域被广泛应用。例如，热力学中的熵表示的是"系统混乱状态"；在信息论中，熵表示的是不确定性的量度；在生态学中，熵表示的是生物多样性；在社会学中，熵反映了社会秩序的状态。根据熵的基本物理意义，系统熵值降低，其无序状态就会减少；熵值越小，其无序状态就减少的越显著，反映出系统组织程度增加。

从熵的视域来看，社会管理活动与管理措施就是一系列增加社会系统有序度、降低社会熵值的行为。在公共安全工程管理领域，规范法律制度体系、提高管理效益等是降低未来公共安全系统熵值、促进社会有序发展、保障公众安全的基本路径。法律法规作为一种管理手段与方法，本质上就是通过规范和约束社会系统中人的基本行为，促使更多的人的日常活动在整个社会系统中保持一致性、有序性，从而降低冲突、减少因无序而带来的混乱及损失，也就是降低公共安全系统的熵值，最终实现整个系统的和谐、可持续发展。

同样，提高管理的效益是减小管理对象系统内部无效熵一种有效方法。效益是管理的永恒主题，任何组织的管理都是为了获得某种效益，而效益的高低直接影响着组织的生存和发展。公共安全的管理属于管理的一个重要组成部分，自然也不能例外。从国内外公共安全事件的应对可以发现，由于事发突然，时间紧迫，影响巨大，同时还受到社会的普遍关注，在此背景下多数政府都会不惜一切代价实施紧急救援及灾后重建，但是在这些积极行动的背后往往忽略了一些管理行为的效率和效益问题，即在确保生命救援的前提下，如何做到在尽可能短的时间内，以最少的财力物力，完成同等的目标？只有通过减少管理过程中的无效熵，增加有效熵，才能实现这一目的。从管理层面来看，熵多则反映出政府机构或部门在公共安全工程管理行为中对管理的效率及效益重视不够，缺乏科学合理的规划，对资源的分配上也不尽合理。例如，在救灾物资的利用上，早期急需水、食物、药品等物资无法及时供应；而到救灾的中后期，却又常常发生救灾物资过剩和品种调配不当等现象，积压、浪费等现象时有发生。一些捐赠的物资，尤其是药品，由于没有说明书或有说明却看不懂而无法使用，一些救助物品分配规则失当、不能按需求分发造成浪费。例如，某一灾区救助物资分配时，一位孤寡老汉按分配规则抓阄领到了一箱价值不菲的卫生巾，自己没用，别人也无法使用，搁在那里造成了浪费。再如，最近有媒体报道，2014年4月四川绵阳某街道办事处内发现堆放了大量霉烂的食品，其中部分属于"5·12"汶川地震时分发的救灾物资。这些现象直接反映出救灾管理的效率和效益问题，同时还可能引出救灾管理的公平性问题。可见，公共安全工程管理秩序和规则问题，不容忽视，否则就会陷入救援资源不足的同时大量资源被浪费的困局。公共安全事件是对原有公共安全秩序的破坏，公共安全工程管理的基本任务就是要尽快消除这种破坏，恢复公共安全秩序。而熵理论为我们提供了一个研究这类问题的新视角。在实际工作中，除了不断完善管理体制、机制本身存在的不足之外，通过自觉运用客观规律，如对价值规律的运用，随时掌握形势变化，调整管理方针和策略，科学规划、合理的配置救灾的人力和物资资源，适应多变的管理环境，满足公共安全保障的需求，并通过建立救灾资源配置合理性评价与管理标准，促进人们提高对公共安全工程管理的重视，是一条行之有效的管理方法。

## 第三节　公共安全工程管理方向

### 一、发展中的公共安全工程管理

#### （一）基于法律框架的规范管理

法律是各政府部门和社会群体参与公共安全工程管理的基本准绳，是规范公共安全问题参与主体各种行为的主要依据。尤其是一些重大的突发事件，为防止其巨大的冲击力导致国家社会秩序与公众生活的失控，实现克服危机和保障秩序的双重目标，需要基于宪法赋予的权力制定并实施相应的法律制度，以恢复正常的社会生活秩序和法律秩序，维护和平衡社会公共利益与公民合法权益。

依法规范管理是推行现代化管理，实现科学管理的前提条件，同时也是实现管理标准化、程序化，保证组织结构体系正常运行的重要保障。公共安全问题往往涉及诸多方面的利益，需要在法治原则、权力有限原则、人权保障原则、预防与应急相结合的原则等基本原则的指导下，构建包括宪法紧急条款、应急管理基本法、应急管理分类单行法、其他法律中有关应急管理的制度和规范、有关应急管理的国家约定和协定等一系列内容的公共安全法律法规框架体系，系统全面地为公共安全事件的应对提供科学、权威、规范、统一的法律保障，改变目前有关公共安全或应急管理法律条文简单、内容原则抽象、可操作性不强的状况，便于依法行政、公众守法和社会监督，保障公共安全工程管理目标顺利实现。

从公共安全法律的社会属性及其与管理制度的联系来分析，法律框架下的公共安全规范管理主要涵盖三大方面的内容：一是公共安全事件应对法律法规体系，即有关执法机关所承担的制定各层次的法律法规和法律原则，首先从法律层面对公共安全予以应对。二是公共安全事件的应对体制，即国家政府机关以及社会公共组织或非政府组织，基于各自权利和职责分工所形成的公共安全工程管理网络体系。其中涉及三个层面的法律关系：中央与地方、上级与下级之间的领导和分权，同级政府部门之间的分工与配合，政府部门作为公共安全主要承担者与其他社会组织之间的管理指导和配合协助。三是公共安全事件的应对机制。这里主要涉及管理机构对公共安全事件的具体应对制度，如监测预警机制、信息报告与共享机制、处置协调联动机制、社会动员机制、信息发布与舆论引导机制、管理评估机制和国际合作机制等。

从公共安全法律法规本身运作的角度出发来看，需要涵盖的主要环节则包括：一是公共安全法制的立法。二是公共安全法律的执法，包括执法机构、公务人员、方法手段，法律程序、技术设备、配套条件等多个方面。三是公共安全法制的守法，即各种组织、个人如何遵守公共安全法律法规。四是公共安全法制的司法，包括对公共安全事件发生状态下的违法犯罪行为的追究、纠纷的审理与审判、受损权益的赔偿与救济制度等。五是公共安全法制的宣传与教育。六是公共安全法制的环境条件。

## （二）基于有效信息的决策管理

公共安全事件是致灾因子、承灾体、孕灾环境等多种因素综合作用的结果。对公共安全事件的管理首先要基于对致灾因子的识别、演化行为与变化规律的认知，对承灾体的特征、承灾能力和恢复能力的评估，以及孕灾环境条件下的致灾因子的作用过程、作用机理和造成的影响等方面有一个科学的研判，才能够根据管理需要制定科学合理的应对措施，而科学管理也是公共安全工程管理的基本需求之一。以公共安全的风险管理为例，涉及风险的监测与预警、风险应急处置与救援和事后的恢复与重建，其中具体包含了风险的评估、预测预警、应急决策、应急演练和应急平台建设等多项关键技术。这些技术的背后离不开海量的信息资源，而近几十年来信息网络技术的飞速发展为信息的收集、处理、分析、管理和应用提供了强大的支撑。

人类对自然和社会系统认识的深化过程是一个信息发现、收集和累积的过程，海量的信息资源为人类分析和研究客观规律、提升管理水平的同时也带来了新的问题与挑战。对于一个公共安全事件来说，其构成的因素涉及自然和社会多个系统，在信息的收集过程中除了包括主要的几个因素外还会涉及许多次要的，甚至是不相关的信息，这些信息的存在对于实现管理目标、保障公共安全没有实际价值和意义，如果无法从大量的信息海洋中提取管理所需的有用信息，那么这些海量的信息资源甚至会成为进行后续管理的障碍。简单地说，决策管理需要基于大量有效的信息资源，才能做出科学合理的决策。

## （三）基于不确定性的风险管理

风险管理作为一种创新的科学管理手段，是实现公共安全协调发展的必然要求，是维护公共安全，完善政府社会管理和公共服务职能的重要方面，是落实预防为主，常态与非常态管理相协调原则的具体体现。同时也是创新公共安全工程管理理念，做好突发事件预防与应急准备工作的重要抓手。

风险管理的出现源于风险管理对象的不确定性，即管理对象所表现出的系统状态过程是随机的，或者没有规律可循。这一现象在经济学、物理学、信息论等诸多领域都有研究。公共安全工程管理系统本身就是一个复杂系统，系统的元素在发展变化整个过程中，都会表现出一系列的不确定性，而风险本身就是这些元素可能出现负面效果或损失的"不确定性"状态。针对这些问题，通过建立科学、规范、系统、动态的公共安全风险管理长效机制，健全"各级政府分级负责、政府部门依法管理、责任主体认真履责，社会公众积极参与"的公共安全风险管理工作格局，完善风险管理工作体制机制，规范标准体系和工作要求，明确配套保障制度，实现风险识别、风险评估、风险监测、风险控制、风险预警、应急准备和应急处置全过程综合管理，可增强公共安全工程管理工作的预见性、针对性、科学性和主动性，强化全面预防与应急准备，从而实现对公共安全风险的有效控制和应对，保障人民生命财产安全和社会和谐稳定。

## （四）基于全局最优的统一管理

公共安全所存在的自然与社会环境是一个多层次的复杂系统，公共安全问题本身就是一个全局性的问题，考虑全局不同目标需求之间的平衡是其基本的原则。因此，公共安全工程管理的多个目标的管理就需要进行归一统筹考虑不同目标之间的平衡问题，以求实现全局的最优。简单地说，统一管理就是把分散的东西集中起来统一进行管理，利用网络技术可以将各个事情先并行处理，然后再进行统一的管理。在统一管理过程中，运用最优控制理论来研究公共安全问题，即相当于把公共安全系统看做是一个受控的动力学系统或运动过程，从一类允许的控制方案中找出一个最优的控制方案，使系统的运动在由某个初始状态转移到指定的目标状态的同时，其性能指标值为最优。

## （五）基于事件周期的系统管理

系统管理原理是从系统论角度，认识和处理管理问题的理论和方法。现代管理活动，其对象首先表现为一个复杂的社会组织目的系统，所以，管理者必须运用系统理论组织系统活动，从整体上把握系统运行规律，对管理各个方面的问题，作系统的分析、综合，进行系统优化，并在组织行为活动的动态过程中，依照组织的活动状态、效果和社会环境的变化，运用系统方法，调节、控制组织系统的运行，最终引导组织实现预定目标。系统的管理就要求从时间上进行全周期的管理，从空间上进行全领域的管理，通过系统整体性分析，了解整体与局部之间的关系，使之趋于合理，减少内部摩擦，加强和集中整体功能。通过系统适应性分析，协调好系统与外部环境的关系，使系统更具有生命力。在现实管理活动中，通过整合原则、相对封闭原则、反馈原则等基本的原则，对整个系统管理实施具体化、规范化的管理。

### （六）基于组织行为的效率管理

效率管理是一种研究改进组织效率的方法，它分析组织及组织的流程，对组织的效率进行规定、评估和分析，提高组织的效能，从而有效地实现组织的目的。效率管理作为一种管理方法，它强调要以一切可行的效率标准来统一人们的思想，指导人们的行动，把效率作为管理活动的宗旨，放在工作的中心和突出位置，这种思想是效率管理的精髓所在。

公共安全工程管理的起点和终点实际上都是管理的人或组织，由人或组织的管理行为来为人和组织提供安全保障。基于此，效率管理事实上就是以组织为中心的全面管理。组织效率的提高，需要对组织进行全面管理，不能只考虑某一个方面。也就是说，要求时时、人人、处处都要进行效率管理，主要包括三个方面：一是指全过程的效率管理，要从组织流程的全过程考虑，比如对风险的监测、预警、救援、恢复与重建等各个方面，都要进行管理，这种管理表现为全过程的效率管理。二是全员的管理，即组织中所有组织、机构和人员都要参加效率管理，从国家政府机构、各个部门、地方政府、社会组织及广大的志愿者，从理论上说，每个参加公共安全工程管理过程的人员都要参加效率管理，只有这样，才能从各个方面堵塞漏洞，这种效率管理表现为全员性的效率管理。三是全要素的管理，即组织中所有要素，包括物资、设备、仪器、材料、乃至天气、水文、交通等都要加以管理，既要抓大的，也不能放过小的，既要关注影响全局的要素，也要留意决定细节的要素，这种效率管理表现为全要素的效率管理。

## 二、减灾实践中的公共安全工程管理

以系统论、信息论、协同论等为代表的管理思想及其核心理念在大量的实践行动过程中逐步深入至社会的各个领域，这些先进的管理思想一方面为社会公共安全、工程管理等管理实践提供了方向性的指导；另一方面，经过管理实践活动的再认知过程又为新的管理理念的萌生提供了孕育的土壤，直接推动着现代管理科学的发展进步。社会发展需要公共安全工程管理，任何一起公共安全事件都会带来一定的灾害损失，如何将灾害损失减到最轻程度，是公共安全工程管理始终追求的重要目标，也是衡量公共安全工程管理有效与否的重要标准，更是社会管理和社会发展的需要。

作者长期从事自然灾害防御及减灾管理方面的工作，参与了近年来多起重大自然灾害事件的应对处置，在这一过程中，对于公共安全工程管理领域的特点规律、管理策略以及挑战和发展方向等有一些不太成熟的思考和见解，并基于这些减灾管理实践，运用管理科学的一些方法和理念，结合当今公共安全工程管理的需求，进行了探索性的研究，这些认知和研究成果现在看来，可以说是针对某一个方面、某一个过程、某一个节点的不完全思考，但为作者后续进一步系统研究乃至提出常态与应急统合管理的概念起到了前瞻性和基础性的作用。

（一）公共安全工程管理策略的适应性

公共安全事件管理事关人民群众生命财产安全，事关改革发展和社会稳定大局，事关政府的形象与声誉。公共安全工程管理是社会管理的重要组成部分，有效化解公共安全危机、应对公共安全事件是公共安全工程管理的既定目标任务。要完成好这样的任务要求，公共安全工程管理必须要有与之相适应的策略，用最低的成本和代价，实现目标的最优。在完成同一目标任务的要求下，任何策略都有其风险性，而适度承担风险的管理策略，往往是最有效的。从国家层面的公共安全工程管理策略来讲，最有效的策略应该是最适应国家发展、社会需要、人们意愿，最能贴近社会管理现实基础，其方向性的选择应该是努力将社会常态管理与应急管理有机结合起来，以更好地提高策略的适应性。在此提到的"适应性"，也就是一定意义上的"风险度"和"贴近度"，一项策略"适应性"越高，说明其越符合管理的实际需求，化解事件风险的效力也就越高。

从作者的亲身经历来看，随着中国经济社会不断发展，水利工程建设和管理策略也经历了不同的阶段。我国的水库大坝多数修建于20世纪70年代前后，由于经济技术落后，很多水库大坝"先天不足，后天失调"，病险水库点多面广，数量众多。这些水库安全与否，是工程安全管理的难题，给公共安全带来了极大的压力。1978年中国改革开放后，水库大坝的建设管理由之前的简单粗放型管理渐次过渡到各种法律法规不断完善、建设管理水平不断提高、安全状况得到较大改善的目标责任型管理；新世纪以来，工程管理体制改革稳步推进，风险管理逐步成为现代工程安全管理的新手段。虽然风险管理在我国工程安全管理领域的应用还处于起步发展阶段，但是风险管理等现代工程安全管理理念已经迅速传播，并越来越适应当今的社会发展管理需要，工程建设管理呈现出科学精细化的发展态势。作者由此认识到，公共安全工程管理也正在顺应时代发展的步伐与需要，运用现代管理科学理念，向着更加适应国情、社会发展阶段、更贴近社会实际的方向发展。作者在参与相关公共安全工程管理的工作中，对一些经验和教训进行了总结和思考，并有机会在实践中进行验证，也尝试着将这些体会进行了梳理和归纳，认为要有效实现公共安全工程管理的目标，必须提高其策略的适应性，主要体现在以下五个方面。

### 1. 公共安全工程管理要与"以人为本"的理念相适应

公共管理，从某种意义上来说，是对人的管理。管理的主体是人，对象是人，目标也是为了保护、促进人的发展。公共安全工程管理更是如此，公共安全事件往往给人的生命、财产安全带来威胁甚至损失。人的生命是最宝贵的，安全是底线，发展是为了人，政府的职责是保障和服务人。国内外安全管理实践中通常会采用生命损失数量标准来衡量和控制风险，"生命重于一切，生命高于一切"，政府作为安全风险管理的主体，"以人为本"的执政理念在公共安全工程管理中应用较为广泛。政府执政的目标就是要通过不断完善制度、强化责任、加强管理、严格监管，提高人民生活水平和质量，满足人民需求。安全管理实质上是在此背景下强调对人正常生活秩序的保障，特别是对生命安全的保障。国家的法律法规及管理机制建设也都遵循了这一基本理念。

"以人为本"是指强调以人的需求和发展为根本目的，在管理中一切为了人，一切依靠人。管理中的"以人为本"包含两层涵义：一是指在管理过程中以人的发展为出发点和目标；二是在管理过程中注重激发和调动人的主动性、积极性、创造性，实现共同管理。"以人为本"的理念就是要求在公共安全工程管理中将人作为管理中最重要的目标、最基本的要素。人是能动的，与公共安全工程管理是一种交互作用：维护、创造良好的环境可以促进人的发展和管理的进步；个体目标与公共安全工程管理目标是协调的，在此过程中，管理者进一步了解作为管理对象的个体目标、需求，使得管理目标更能体现个体目标；"以人为本"的公共安全工程管理还要以保护人的全面发展为核心，人的发展是社会发展的前提。

"以人为本"要求发展不能以牺牲人的生命为代价。公共安全工程管理中要把人的生命安全放在首位，出发点和落脚点都是要以人的需求为目标。公共安全事件发生后，要始终坚持把保障人的生命安全作为公共安全工程管理工作的核心，在管理过程中也要注意管理人员的自身安全，做好自我防护和后勤保障，避免造成新的人员伤亡和财产损失。经济社会发展必须建立在公共安全保障能力不断增强、劳动者自身需求与发展得到切实保障的基础之上，使民众平安幸福地享有经济发展和社会进步的成果。

### 2. 公共安全工程管理要与经济社会发展相适应

发展是第一要务，安全是第一责任。安全是科学发展的基础，没有安全就没有科学发展。公共安全工程管理必须适应社会经济基础，才能更好地维护经济社会运行环境，促进其发展。公共安全工程管理自身的发展也需要主动适应经济社会发展。公共安全工程管理所依赖的技术、设备、人员均来自社会，其自身管理能力的提升都离不开社会经济、科技文化的进步繁荣以及公民基本素质的提高。事实上，公共安全事件总是与特定的经济、政治、文化环境交织在一起，给社会发展与稳定带来一定影响，要及时有效地处置危机，公共安全工程管理必须综合利用社会资源，采取多种措施减轻危机影响和造成的损失。

现阶段中国仍处于并将长期处于社会主义初级阶段，虽然中国特色的社会主义市场经济已经取得了快速高效的发展，但处于社会主义初级阶段的国情没有改变，在任何情况下都要牢牢把握这个国情。当今，中国正处于工业化、城镇化快速发展进程中，处于全面深化改革、加快转变经济发展方式的攻坚时期，公共管理和公共安全工程管理基础仍然薄弱，既要解决长期积累的深层次、结构性和区域性问题，又要应对不断出现的新情况、新问题，其艰巨性、复杂性将长期存在。一方面，随着经济持续增长，新型工业化、信息化、城镇化、农业现代化进程进一步加快，诱发公共安全事件的各类不确定因素不断增多，重特大事故难以得到有效遏制，非法违法行为屡禁不止，安全责任不落实、防范和监督管理不到位等问题比较突出，公共安全事件呈易发多发的态势。另一方面，随着经济发展和社会进步，公民在追求幸福生活的同时，会更加热切地期盼能够平安健康有尊严地享有改革发展的成果，对公共安全工程管理的期望和要求会越来越高。广大民众"体面劳动"意识、环境保护意识、参与公共管理意识不断增强，对加强安全监管监察、改善作业环境、保障职业安全健康权益、改善人居环境等方面的要求越来越迫切。

当前受世界经济低迷下行的影响，中国经济环境错综复杂，积极因素和隐忧并存，需要通过深化改革开放、推进转型发展、提高人民生活水平来实现稳中求进，用勇气和智慧推动中国经济科学发展。现阶段，经济社会发展也呈现出国际化的局面，区域之间联系更加紧密，人员流动性加大，某一地区的公共安全事件很有可能引发其他地区的公共事件发生，某一行业的事件也可能导致其他行业的公共安全事件，其影响已超越行业、国界，呈现出涉及人员复杂、集中多发、影响范围广的特点，对公共安全工程管理提出了更高的要求。社会安全稳定是经济持续健康发展的基本前提，是打造中国经济升级版的必然要求和紧迫任务，也是营造公平竞争市场环境的重要抓手。因此，公共安全工程管理必须准确把握经济社会发展的新要求，准确把握公共安全工程管理工作的新特点，准确把握全社会对保障公共安全的新期待，深刻认识公共安全工程管理工作的复杂性、艰巨性和长期性，以改革创新精神，积极谋划公共安全工程管理工作新思路、新举措，在经济建设、政治建设、文化建设、社会建设、生态文明建设中，从中国的实际出发，制定出与经济社会发展阶段相适应的公共管理和公共安全工程管理的策略，为经济社会持续健康发展提供安全保障。

### 3. 公共安全工程管理要与生态文明建设相适应

生态文明与物质文明、精神文明、政治文明等一样，都是人类文明体系的重要组成部分，是以可持续发展为目标的资源节约型、环境友好型社会建设方式。生态文明建设实质上就是要以资源环境承载力为基础、以自然规律为准则、以永续发展为目标,建设生产发展、生活富裕、生态良好的文明社会。当前,生态环境保护已成为世界各国追求可持续发展的重要内容,已成为国际竞争的重要手段。推进生态文明建设是经济持续健康发展的迫切需求,是实现中国梦的时代抉择,是应对全球气候变化的必由之路。中国特色社会主义事业"五位一体"的总体布局,把生态文明建设放在突出地位,融入到经济建设、政治建设、文化建设、社会建设各方面和全过程。其中,经济建设是中心和基础,政治建设是方向和保障,文化建设是灵魂和血脉,社会建设是支撑和归宿,而生态文明建设是根基和条件,是其他四方面建设的载体和基础,并渗透于、贯穿于其他建设之中而不可或缺,一切发展建设都应以不损害生态环境为底线,其他建设过程中必须融入生态文明理念、观点、方法。公共安全工程管理是社会建设的重要内容,因此在公共安全工程管理的过程中融入生态文明建设理念、观点,适应生态文明建设需求是应有之理。

生态文明建设关系中国全面建成小康社会、实现社会主义现代化和中华民族伟大复兴。大力推进生态文明建设是缓解资源环境压力,保持国家经济社会持续健康发展的现实需要。有学者分析认为,中国的资源、环境和生态系统已难以承载传统的发展方式,只有努力走绿色循环低碳发展道路,才能从根本上缓解资源环境瓶颈制约,为国家经济社会持续健康发展奠定坚实基础。大力推进生态文明建设是不断满足人民群众日益增长的物质文化需要的内在要求。现今我国城乡居民的生活水平有了很大提高,公众物质文化生活需求的具体内容也在不断升级变化,满足生态产品需求日益成为人民生活水平和质量提升的一个重要标志。生态文明建设是对全社会生态产品需求日益增长的积极响应,也是建设美丽中国的出发点和落脚点。只有积极适应生态文明建设的需要,为全面建成小康社会、中华民族永续发展创造有利条件,才能体现出公共安全工程管理的现实意义。只有将生态文明的理念、观点和方法运用在公共安全工程管理的具体实践中,才能够更好的履行公共安全工程管理的基本职责,维护生态文明建设乃至经济社会发展的成果。为此,公共安全工程管理的策略要更加重视资源的节约利用、环境的友好发展、生态的良性演替,尽最大可能减免人为因素导致的关乎生态环境的公共安全危机。

公共安全工程管理至少要从下述几个方面努力,以更加适应生态文明建设的要求。一是努力避免生态环境的破坏,防止人为因素导致自然灾害引发公共危机,强化对人为破坏环境的行为管理;二是努力修复已遭不同程度破坏的生态环境,营造良好的生态保护与修复社会氛围,强化社会需求侧的行为管理;三是努力制定支持生态文明建设的公共安全工程管理机制和措施;四是努力防范和处置涉及自然与社会双领域的公共安全事件,既有利于生态保护,也有益于社会发展。

### 4. 公共安全工程管理要与法治社会建设相适应

法治社会是指国家权力和社会关系按照明确的法律秩序运行,并且按照严格公正的司法程序协调人与人之间的关系解决社会纠纷，在法律面前人人平等，依照法律规定来决定经济和社会等方面公共事务的社会。法治社会中，整个社会对法律至上地位的普遍认同和坚决的支持，形成了自觉遵守法律法规，并且通过法律或司法程序解决政治、经济、社会和民事等方面的纠纷的习惯和意识。公共安全工程管理作为一种行政行为，依法行政是建设法治社会的应有之义。从安全事件的实际管理看，公共安全工程管理行为都应有相关的法律规范作为依据和准则，政府机构所制定的政策、采取的措施须以法规为根据，这有利于保证公共安全事件应对处理措施的正当性和高效性。从法律的内容上看，一般都包括公共安全工程管理机构处理公共安全事件的权力来源、内容、行使权力的程序、对公民权利的限制和救济以及社会的监督权等等。从实施依法治国方略、全面推进依法行政的要求看，把公共安全工程管理纳入法治体系，完善相关法规制度，可更有效地调整紧急情况下的各种社会关系，使公众权益能够获得更有效的保护，同时也可以将公共安全工程管理权力关进法治的笼子，以保证其更好地服务于社会需求和民众意愿。

法治是公共安全工程管理的有力保障，政府要依法办事，公众要依法行为。要适应经济社会快速发展的新要求，进一步加快公共安全工程管理方面法律法规的制订修订工作，依法合规进行公共安全工程管理。要根据技术进步和产业升级需要，抓紧修订完善国家和行业公共安全技术标准，建立健全公共安全激励约束、督促检查、行政问责、区域联动等机制，形成规范有力的制度保障体系。加强公共安全法制教育，普及相关法律知识，提高全民公共安全法制意识，增强依法行为的自觉性。同时，要加强公共安全工程管理日常执法、重点执法和跟踪执法，严厉打击各类危及公共安全的非法违法行为，落实整改和惩治措施，严肃追究失职渎职或工作不力人员的责任。

### 5. 公共安全工程管理要与创新型国家建设相适应

创新型国家是指那些将科技创新作为基本战略，大幅度提高科技创新能力，形成日益强大竞争优势的国家。这要求整个社会对科技创新活动的投入较高，重要产业的国际技术竞争力较强，投入产出的绩效较高，科技进步和技术创新在产业发展和国家的财富增长中起重要作用。创新型国家一般有以下四个特征：创新投入高，国家的研发投入即研究与开发支出占 GDP 的比例一般在 2% 以上；科技进步贡献率达 70% 以上；对外技术依存度指标通常在 30% 以下；创新产出高。为了在竞争中赢得主动，依靠科技创新提升国家的综合国力和核心竞争力，是经济全球化条件下，当今时代国际社会的总体走势。中国已经制定了《国家中长期科技发展规划纲要》，把推进科技创新作为一项战略，提出了 2020 年进入创新型国家行列的目标。

建设创新型国家，是基于社会科学发展规律的科学认识。对比世界各国发展之现状，究其差距的形成和存在以及逐步拉大的原因，莫不与能否加强和提高竞争力有关。

而在影响竞争力高低的诸多因素中，科学技术自主创新能力最为重要。中国人口众多，资源紧缺，经济发展方式粗放。如人均水资源严重短缺，为世界平均水平的1/4；土地资源严重不足，人均耕地面积只有0.092hm²，约为世界平均水平40%；能源供应难度越来越大，人均石油、天然气资源量分别仅为世界平均水平的5.4%和7%，对外依存度已分别达到58%和30%；高投入、高消耗、高污染、低效益的增长方式十分突出，2011年，中国单位GDP能耗是美国的2.9倍，欧盟的3.4倍，日本的4.5倍，世界平均水平的1.8倍。2012年中国GDP约占世界总量的11.6%，而消耗的能源占到21.3%左右；环境污染、生态退化等问题均比较突出。因此要全面建成小康社会，实现中华民族的伟大复兴，必须要推动科技进步，建设创新型国家。

创新型国家建设关乎公共安全工程管理领域的诸多方面。国家的创新型战略既需要有效的公共安全工程管理服务保障，公共安全工程管理本身也需要新技术、新设备、新方法的支撑，这也一定会带来公共安全工程管理的全面和全过程的创新发展。公共安全工程管理是为国家实施创新发展战略服务的，不允许在任何一方面和任何一个时间段里出现缺位和失误。同理，科技创新对公共安全工程管理的推动性创新也不是一次性的，不可能"一劳永逸"，还要紧紧跟随时间的推移和形势的变化去努力适应创新型国家建设的要求。

公共安全工程管理需要强化科技支撑作用，不断提高公共安全保障水平。建立完善产学研用相结合的公共安全技术创新平台，开展国家科技支撑计划重点科研项目，通过规划计划、专项基金、奖励评审等推动鼓励公共安全技术装备研发利用。加快涉及公共安全的关键技术及装备的研发，在事件预防预警、防治控制、应对处置等方面推出具有创新性的科技成果。加强公共安全信息化建设，建立健全公共安全信息监管及信息服务体系。强化政策的引导和带动作用，鼓励研究公共安全物联网建设，提高事故预防预警、综合防治、应急处置和执法监管等智能化水平犹显重要。

创新型国家建设必然推动公共安全工程管理的创新发展，反之，创新发展的公共安全工程管理必将更适应于创新型国家建设的需求，这是势有必至和理有固然。没有与创新型国家建设相适应的公共安全工程管理，创新型国家建设必将面临公共安全的严峻挑战，其建设内容不完整，建设过程更缺乏公共安全保障。

### （二）对现代公共安全工程管理发展方向

基于前面的分析论述可以推断，随着经济社会的发展，公共安全形势越来越复杂多变，公共安全工程管理将面临更严峻的挑战。尽管国内、国际都已有很多成熟的、先进的经验和做法可循，现代管理科学也为公共安全工程管理发展提供了方法性的途径，但是，要想探索出具有高度适应性的集规范管理、决策管理、统一管理、多目标管理、风险管理等科学管理方式于一体的现代公共安全工程管理策略，仍然有很长的路要走，也要面对很多惯性的挑战，更为困难的是如何进一步将这样具有高度适应性和科学性的策略，植根于公共安全工程管理的实际，形成共同遵循的、可操作性强的管理模式。

那么，当今社会条件下，如何更为有效地预防灾难、化解风险乃至处置危机呢？如何更好地提升公共安全工程管理的服务能力，以适应经济社会的发展阶段和需求呢？

作者认为，经济社会发展到现阶段，在持续提高公共安全工程管理策略适应性的同时，如果能够在已有的社会公共管理和公共安全工程管理的基础上，通过运用多目标的决策方法，集中的协调解决好两者之间交汇互通区域的管理方式，便能有效提升公共安全工程管理的策略水平，进而增强其适应性。这样的认识最初来自于作者在减灾管理实际工作中的体会。

作者曾经参与了西藏易贡堰塞湖和四川唐家山堰塞湖的应急处置工作。这两处大型高危堰塞湖在形成初期，地形、地质、水文等基本资料都严重缺乏，而且影响面广、上下游边界条件复杂，处置中需要考虑工程本身、上下游沿河社会状况、群众心理承受能力等一系列因素，必须运用多目标决策的方法，在最大程度保证群众生命安全的前提下，尽最大可能减免经济社会损失，又要及时处置，化解风险，减少灾害，这就是"从最不利处着眼，向最好的结果努力"，"科学、安全、快速"处置原则和要求。

2000年4月10日，作者作为应急处置专家组组长，从武汉经成都到拉萨，然后换乘越野车赶到易贡堰塞湖现场。专家组查勘后发现，形势十分严重，条件相当严酷，堰塞湖处置极为困难。堰塞体方量大，近3亿$m^3$，湖内水量大、上涨快，必须尽快减灾排险。要达到"快速"这一要求，必须大量使用大型施工机械，而易贡当地没有大型施工机械，更没有熟练的操作手。唯一令人欣慰的就是，条件艰苦的川藏公路是畅通的，可以保障施工机械和技术人员及时赶到现场施工。尽管这条道路非常危险，时而发生交通事故，但它使易贡堰塞湖快速抢险减灾处置成为可能。随后，专家组夜以继日研究制定基于大型施工机械的减灾方案，并在临省征调大型施工机械沿着川藏公路陆续运抵现场，保障了高强度、大方量减灾排险方案的顺利实施。这是日常基础设施建设为应急处置抢险提供的最有利的条件。如果没有这样一条畅通的道路，随后快速的减灾排险是不可能的。

2008年汶川地震后，5月14日集雨面积最大、蓄水量最大、威胁最大、可能造成灾害损失最为严重的唐家山堰塞湖在航拍影片上被发现。为详细勘察堰塞湖及坝体情况，有关部门组织开展查勘行动，但由于陆路、水路阻断，近十次的冒险查勘均告失败。5月21日，作者作为专家组组长乘军用直升机赶到唐家山堰塞湖坝顶查勘。当时，堰塞湖已蓄水1亿多立方米，而且仍在以每天约700万$m^3$的速度增加，应急处置时间异常紧迫。坝体复杂，余震频发，滑坡不断，工程排险条件极为艰难。加之上、下游城镇、人口、国防设施众多，刚刚受灾后的群众恐慌心理严重，形势十分严峻。更令人头疼的是，地震导致道路严重阻断，抢险排险技术人员难以到达，更没有道路可以供施工设备、物资进入现场。回到绵阳后，作者找当地同志和有关专家询问是否有大型空中运输设备可吊运施工机械到达堰塞湖现场。经多方查问，黑龙江一家公司正好在租用一架俄制米-26大型直升机，可以吊运大型货物，但一次只能吊运15t货物（由于山区特殊条件）。尽管如此，也为采用工程措施抢险排险创造了必要条件，而不至坐失良机，任灾情发展。专家组立即制定了抢险排险方案，经请示批准，在全国范围内调集15t以下的反铲挖掘机、推土机等设备。排险高峰期，经外事部门协调，又从俄罗斯紧急借用了一架米-26直升机。处置期间，两架飞机连续飞行92架次，吊运大型施工机械和油料等物资，还有米-171等其他直升机的数百架次运输有效保证了排险方案的顺利实施。可以说，唐家山堰塞湖的排险施工组织方案完全是基于空中运输来编制安排的。可以想象，若没有科技进步，没有大型的航空运输装备和友好的国际协作关系，施工机械将无法及时运抵排险现场，唐家山堰塞湖的处置将会是另一种情况，可能无法及时安全的排除险情，甚至会突然溃决导致灾难性后果。从某种意义上来说，大型直升机是唐家山堰塞湖应急排险过程中关键路径上的重要一环。

2010年8月7日，甘肃舟曲发生特大山洪泥石流，堵塞白龙江，导致河水上涨浸淹舟曲县城。由于堵塞白龙江的泥石流非常稀软，承载力很低，疏浚施工机械无法进入河岸边的施工现场进行疏浚作业。指挥部曾经研究使用挖泥船、泵吸等方法疏浚，但由于条件限制均不可行。后来，作者作为专家组组长询问有关方面人员并查找有关资料得知，有一种专门用于沼泽地带施工的设备叫路基箱，可承载施工机械在松软地基上施工，当时上海的一家施工单位现存有400块路基箱。经请示批准，国家防总组织铁路部门和军队专门派出火车和飞机运送路基箱至排险疏浚现场，成功使施工机械进场，开展疏浚作业，排险工作得以顺利进行，在最短的时间内恢复了河道行洪能力，浸淹县城迅速退水，受灾群众重返家园。这也充分说明如果没有专用设备，没有日常储备，在处置这类事件时，再好的方案也难以发挥效力。反之，这些应急减灾管理中面对的难题，又对日常建设管理提出了要求，需要日常建设管理中的设备研发制造、专业使用、互通信息、情报，才能做到一材一技多用。

从上述作者亲身经历的减灾工作实践来看，一些减灾工作的关键环节和手段，如川藏公路、米-26直升机、路基箱等，若将其抽象出来并提升到管理科学层面来认识的话，正是这些关键手段和管理环节，将常态管理与应急管理紧密地连接起来，这在一般意义上证明了，常态管理与应急管理需要有机联动，而有机联动需要有效的机制，才能够更好地应对突发事件，提升公共安全工程管理能力。值得强调的是，常态管理与应急管理的互动协同，并非仅仅凭借一两个关键环节，更需要在机制上、方法上、手段上进行理论联系实际的探讨和研究。

上述这一认识也来自于作者的一些日常工作体会和观察。

作者多年从事防汛抗旱减灾救灾工作,对国家防汛抗旱、抗震救灾以及减灾委员会的工作机制略有了解,也做过这方面的一些分析研究工作。这些机构都是国家根据需要设立的应急管理议事协调机构。除了在危机事件出现时开展应对指导工作,危机事件结束时指导开展善后工作外,在日常状态下也组织开展危机形势预判、规划制定、指挥系统信息建设等常态管理,以提升应急管理能力。以防汛抗旱为例,国家先后颁布实施了《中华人民共和国防洪法》《中华人民共和国防汛条例》《中华人民共和国抗旱条例》等法律法规,从法律保障层面上提供了管理依据;制定了大江大河防洪规划、全国抗旱规划等并组织实施,从基础设施布局、建设等方面加强防洪抗旱保障能力;组织实施了防汛抗旱指挥系统、山洪灾害防治非工程措施、重点地区洪水风险图等项目,从基础能力方面提升防汛抗旱指挥决策管理水平。每年汛前,国家防汛抗旱总指挥部还针对上一年的工作情况和当年汛旱形势,召开指挥部全体会议,进行分析总结研判,安排部署当年重点工作,并开展督导检查,以强化日常管理,夯实应急管理基础。近几年来,中国大江大河洪水量级大,仅以2012年为例,长江三峡水库最大入库洪峰流量71 200$m^3/s$,为建库以来最大(图4-2),黄河兰州站洪峰流量3860$m^3/s$,为1986年以来最大,但在应急状态下,通过对这些洪水的实时调度、科学防御,均未造成大的灾害损失。这其中,多年来扎实开展的基础设施建设以及防汛指挥决策、预测预报预警能力的大幅提升发挥了关键作用。

图4-2 2012年三峡工程的泄洪场景

作者观察到的另一个实例就是,基于我国中小学校校舍安全令人堪忧的状况,特别是2008年汶川地震后,针对四川大量中小学校舍震损垮塌严重的情况,中国政府提出了把校舍建设成为让家长最放心的工程要求,并于2009年4月启动了全国中小学校舍安全工程（简称校安工程）建设（图 4-3）。作者作为全国中小学校校舍安全工程领导小组成员，参与了全国中小学校舍安全工程建设实施的全过程。

图 4-3　建设中的"校安工程"校舍

图片来源：http://ww.qqhredu.net/newsinfo.aspx?pkid=22439

2009~2012 年，中国政府共安排"校安工程"专项资金 300 亿元，带动地方投入 3500 多亿元。截至 2012 年年底，全国已竣工学校 13.9 万所，项目 33.3 万个，校舍面积 3.45 亿 $m^2$，占规划改造面积的 98.9%。其中，中西部七度及以上地震烈度且人口稠密地区已竣工学校 5.7 万所，项目 13.4 万个，校舍面积 1.4 亿 $m^2$，占这类地区规划改造面积的 98.1%。同时，结合南、北方自然灾害分布特点，各地制订了《中小学校舍综合防灾目录》，科学预防和有效应对各类自然灾害，使校舍不仅达到抗震设防标准，而且符合综合防灾避险安全要求。实施校安工程使全国 1/4 的校舍旧貌换新颜，按照新标准建设的安全校舍抗震设防和综合防灾能力显著提升。同时，校舍安全档案和信息管理系统也同步建立，全面掌握了中小学校舍安全信息。与校舍加固改造同步，各地以县为主建立了校舍安全档案室，使每一所学校、每一栋建筑的安全档案在教育主管部门和学校都有据可查。落实资金 1.5 亿元，按照统一的技术标准和工作要求，建成了全国联网涵盖 41 万所中小学校（含教学点）、214 万栋单体建筑物基本信息的中小学校舍信息管理系统，首次实现了对校舍安全的动态监控和信息化管理，完善了校舍安全责任体系，提高了校舍安全管理的标准化、规范化、科学化水平。

实践证明，中小学校舍经加固改造后质量可靠，大幅消除了校舍安全隐患。在2012年新疆和田"8·12"地震、云南昭通"9·7"地震和2013年四川芦山"4·20"地震中，经校安工程加固、新建的校舍无一栋因灾倒塌或致人伤亡，不少学校还发挥了应急避难场所的重要作用，成为周边居民的临时安置点和救灾物资储备所。可见，日常状态下的工作效能，决定了应急状态时所能调用、取得的资源，是有效应对措施的保障条件。常规状态管理得当、规划合理、实施有效，那么应急状态下所能调用的资源就丰富，所制定的应对措施制约条件就少。反之，应急状态时面对的将是资源贫乏、措施有限的局面。

还有一个体会深刻的例子是，2011年下半年，泰国湄南河下游地区遭受严重洪灾，应泰国总理邀请，当年10月中国政府派出由作者带队的中国防洪咨询专家组赴泰提供技术支持。咨询过程中，作者感受到，虽然泰国在20世纪80年代就制定了湄南河流域的防洪减灾综合规划，计划加固堤防、增加排洪能力、修建控制性水闸，但是该规划一直未能得到有效实施，一些防洪抗灾基础设施未能建设完成，导致紧急状态下应对洪水的措施手段缺乏。此次洪水量级大，但是泰国防汛工程体系薄弱和防洪管理缺失也是导致洪灾严重的重要因素。此外，泰国中央政府和地方政府协作机制不完善，不能有效做到统一指挥、分工协作，造成一些防洪措施不能落实到位。为此，专家组不仅针对当时紧急状态下的洪水防御给出了具体解决方案建议，并且提出了因地制宜开展长效流域防洪体系规划建设的建议。专家组认为，常态管理是应急管理的基础和前提，应急管理是常态管理的特殊表现和延伸。

2013年6月，包括德国在内的欧洲地区遭遇百年不遇大洪水（图4-4），引起了全世界的关注，其防洪设施建设问题也成为人们质疑的焦点。早在1998年德国奥得河发生特大洪水后，德国政府就表示要尽全力进行防洪建设。但是仅仅过去了5年，2002年洪水再次冲垮堤坝。当时的德国政府与各联邦州一起制定了很多雄心勃勃的防洪水利建设计划，然而11年过去了，很多工程仍然停留在纸上。之所以会出现这样的情况，首先，德国国内各部门只顾自己利益，很少从整体利益出发着眼大局。如果一方利益得不到满足，就会陷入无休止的争论，最后导致整个工程项目无法实施，甚至被取消，严重影响效率。其次，德国漫长复杂的审批程序以及混乱的组织工作也会导致一些大工程、大项目难以实施。例如，2002年大水后，萨克森州投入6.5亿欧元用于防洪设施建设，但最后大部分资金都被用于城市建筑的灾后重建工作，真正用于防洪工程的非常少。可见，整体、高效的日常规划、管理、建设工作不仅能能够提升应急状况下应急处置的能力和水平，还能增强政府整体执行力和公信力。反之，如果没有高效的行政决策管理体系，没有完善的防洪工程设施，发达国家面对洪灾时所能采取的措施也是乏善可陈。

在多年从事防汛抗旱管理工作中，作者总会关注思考这样的情况：每逢雨季，我国

图 4-4 波兰中部被洪水淹没的村庄

图片来源:AP Photo/Czarek Sokolowski

一些城市就会出现"逢雨必涝"的怪状，且大有愈演愈烈之势，长沙、武汉、杭州、广州等近年来相继出现城市里"看海"的尴尬景象。很多城市建设之初，对地下排水工程能省就省、设施简陋，而西方发达国家城市建设中，地下、地表工程几乎等量，甚至有些将地下排水工程当做"城市的良心"强调其建设。在城市化进程不断加快的今天，一些城市建设者和管理者热衷于"摊大饼"式的扩张，而对事关民生和城市运转的地下排水系统却未给予应有的重视；一些城市扩张建设过程中造成原有水系破坏，楼房、广场、道路硬化使土地失去透水排涝功能，热岛效应明显。未来城市化建设过程中，必须改变"重地上、轻地下"的做法，加大对包括城市排水管网在内的地下基础设施建设力度，才能有效舒缓城市交通，走出城市易涝的困局，以提高城市应急状态下的公共管理能力。鉴此，重大项目和"生命线工程"建设与布局充分考虑自然灾害风险因素的影响，经济社会发展规划中纳入防灾减灾内容，都是十分必要的，这也是公共安全工程管理的必然要求。

在日常的管理工作中，按照安全性与经济性兼顾的原则，对基础设施设计、建设和运营等方面的抗灾设防标准进行科学设定；对学校、医院、场馆等人员密集的公共设施，适当提高设防标准；对已有基础设施进行灾害风险评估，对薄弱环节及时加固改建。例如，着力提高地震高风险区域建筑物的抗震设防标准，加强农村民居、城中村等薄弱环节的抗震设防工作，全面推进农村地震民居安全工程建设。扎实推进城市排水管网建设，增强城市防洪排涝能力等，都是体现常态管理与应急管理紧密结合的举措和关键领域。当危机来临时，这些已经考虑了应急管理需求的、有效的日常管理举措，就能为公共安全事件应对提供良好的基础支撑、设备保障和人员支持，展现出事半功倍的公共安全工程管理效率、效能。

以上这些认识是作者在减灾管理和日常工作中仔细观察、逐渐体会，进而思考归纳形成的。此外，作者也观察到，常态管理对于应急管理之重要，已然在许多公共安全事件应对处置中得以展现；应急管理对于常态管理之影响，在为数众多的日常管理工作中也有俯拾皆是的案例。无论应急处置前后，都有日常的工作与之相呼应，关键的是怎么衔接、怎么联动，这是公共安全工程管理有待研究的重要管理科学问题。就一场自然灾害的应对处置来讲，先导性的防御工作固然十分重要，但是一旦自然灾害发生，应急处置之后的管理工作也十分重要。我们往往强调自然灾害防御工作与自然灾害应急处置工作的有机衔接和联动，但实际上，自然灾害的应急处置工作和灾后的恢复重建、受灾群众的生活生产安置也需要有机衔接和联动。

在应急处置阶段，管理者就要把应急救援阶段与恢复重建阶段有机结合在一起考虑并作出安排，要把对受灾人员的临时安置、过渡安置与永久安置统筹起来、有机衔接。具体地说，就是要在应急救援阶段便对恢复重建的工作提前谋划，一是抓紧对灾害的安全状况进行详细评价，提出针对灾害影响范围的综合整治方案；二是加强对灾区灾情及次生灾害的监测和预测预警，尽快打通运输、电力、供水等通道；三是组织开展编制恢复重建规划。由此可见，实际减灾管理时，应急状态中渗透着常态管理的要求，常态管理中也隐含着应急管理的需要。更重要的是，常态管理与应急管理结合区域的管理状态和机制值得从管理科学的层面进行研究，以至于使之更加有效的协同，发挥出更好的管理效能。的确，从现代管理科学的系统视域看，一个完整的管理过程，往往常态化管理中有应急管理的准备，应急管理中有常态管理的支撑。常态管理与应急管理，实质上就是管理过程的不同表现，两者并不是孤立的，在一定的条件下相辅相成、互相衔接、相互支撑，其关键在于常态与应急管理的统筹联合协调。因此，坚持以人为本和人与自然和谐相处的减灾思路，统筹兼顾，通过抓住管理的关键环节，坚持预防为主，健全应对突发灾害的快速反应机制与能力，综合运用工程与非工程措施，提高对于突发灾害的预测与预警、应急处置、恢复与重建能力，将常态的管理维护与应急的对策措施有机衔接起来，将是减灾工作的必然要求。

综上，基于作者的观察和认识，将公共安全工程管理置于现代管理科学视野下进行研究，还需要越出其应急管理本身，从全社会的日常公共管理方面去更有效的预防公共安全事件的发生，去支撑公共安全事件发生后的应对处置，为之提供良好的预防手段和应对条件，同时也还需要将日常公共管理的视角更多地去关注应急管理，即公共安全工程管理，无论在公共安全事件发生之前和处置之后，都需要日常公共管理的支撑和保障。在一定意义上，公共安全工程管理也是社会公共管理的一种特殊表现形式，其管理能力、管理效率、管理水平与日常的公共管理紧密相关。难以想象，较高的社会公共管理水平，却有着低下的公共安全工程管理能力；较高的公共安全工程管理能力，却置于低下的社会公共管理基础之上。

现代管理科学要求我们必须要在更广阔的视野中统一考量社会公共管理和公共安全工程管理的相互作用和影响，寻求更好的途径、方法和理论使之更紧密地结合起来，以强化日常的和紧急的社会管理，达到整个社会发展过程中的最优化管理，或至少在社会公共安全工程管理方面能得到前所未有的基础和条件，乃至为社会的发展与进步提供更有效率和效益的管理。这也是在第五章中将要给出和讨论的常态与应急管理相结合的统合管理概念和理论的初衷，这是现代社会公共安全工程管理的需要，也是现代社会公共管理的要求。作者在第五章将对公共安全工程管理系统与公共管理系统交汇、结合处的管理领域进行分析研究；第六章将根据第五章提出的概念和结论，对一些典型的案例进行专门分析研讨。在现代管理科学视野中、在更大的范畴内来探讨公共安全工程管理的这种认知方式，或许能据此给出更具适应性的当今公共安全工程管理策略的某些思考。或许就作者着眼点和知识水平所限有一些不当之处，但其目的是起到说明问题，引导思路，抛砖引玉之作用。

# 第五章 常态与应急统合管理理论

## 第一节 常态与应急状态及其管理概述

### 一、常态与应急状态

（一）基本概念

"常"指一般、普通、平常，长久不变的，时常、经常等意义。"态"指形状，样子，状态。所谓"常态"，又称正常状态或一般状态，通常指有固定的姿态或形态，或本来的状态，或符合一般规律和情况的状态，也可说持续出现或是经常发生的状态。从常态的定义来看，其表达的含义一方面是主体事务发生的一般性和规律性，其状态完全在人们的预料之中；另一方面说明事件的过程比较平稳，持续的时间比较长。

"应"指应对，"急"指突然发生的、紧急的情况。"应急状态"是指特殊的或不经常出现的，或需要采取某些超出正常工作程序的行动，以避免事故发生或减轻事故后果的状态，有时也称为紧急状态；也泛指立即采取超出正常工作程序的行动。该定义一方面表明主体事务发生的紧急性、突然性和不确定性，其状态完全在出乎人们的预料；另一方面说明事件的过程波动较大，持续的时间比较短，情况比较严重，需要立即采取应对措施。

（二）表现特征

虽然常态与应急状态千变万化，但总的来看也有其各自的特征。就应急状态而言，有以下三个特征。第一，在公共安全领域，应急状态可以是任何意外事件导致的结果，往往都表现出高危害性。无论是地震、海啸、火山爆发、洪水、干旱、飓风、火灾等自然灾害，还是生产事故、瘟疫、流行疾病、战争、恐怖袭击、群体性事件等社会性灾害，其后果就是引起或可能引起生命、财产的巨大损失或对环境的严重破坏。第二，应急状态具有突然性和紧急性，通常在较短时间内突然出现这一状态，从无到有，从小到大，超出人们的正常预料范围，且由于其本身的危害性，如果不能有效应对，将会造成更坏的后果。第三，应急状态具有突破性，应急状态的出现就说明事件或事态在规模与影响上，已经严峻挑战着受灾主体的应对能力，或者构成了对受灾主体正常运行的严重威胁，需要更高级别的部门（政府机构等）迅速采取干预措施、防止事态影响进一步扩大，尽可能地减少损失。

与应急状态相对应，常态有以下三个特征。第一，体系的正常运行，表现为日常状态下系统的良性发展。在常态下，就危机事件而言，自然的或人为的灾害尚未发生或者处于前期酝酿阶段，其可能致灾的因子并未发展为爆发状态，影响在正常承受范围之内，若加强控制和管理，便不会激发这些因子，避免引爆这些"燃点"从而发展为危机事件。第二，系统过程的长期性与稳定性，与紧急状态的短历时相反，顾名思义，常态是系统运行的一般而连续的状态，在相当长的时期内，只要内部不发生突变或者没有强力的外部干预，整个系统将保持相对稳定有序，波动很小，不会出现超出常规过程或系统应对能力的危害性变化。第三，常态条件下，系统发生的一些阻滞因子和失衡现象，可以通过系统设定的日常管理进行消除或加以控制，应对主体主要是系统自身或可能与系统相关联的组织，过程中出现的一些状况主要由系统的正常管理应对即可，不必动用其他外在力量和资源。

## 二、常态管理与应急管理

### （一）概念解析

常态管理是相对于应急管理来说的，通常是指相对平稳的社会环境和自然环境处于正常运行态势下所进行的管理，是在人类改造自然的实践中产生，并在实践中不断完善发展。管理的目的是为了维持系统正常运行的需求，遵循趋利避害、追求效率和效益、坚持可持续发展的原则，综合运用多种理论和技术方法，通过控制管理，尽量减少危机发生的概率，防止致灾效应累积，从而达到维持系统良性运行，实现既定的发展目标。

应急管理就是为应对突发事件而开展的管理活动，是政府机构或相关组织为应付各种危机情景，所进行的信息收集和分析、问题决策、计划和措施制定、化解处理、动态调整、经验总结和自我诊断等活动的全过程。其中，包括政府及其他公共机构在突发事件的事前预防、事发应对、事中处置和善后管理过程中，通过建立必要的应对机制，采取一系列必要措施建立的保障公众生命财产安全、促进社会和谐健康发展的各种活动。应急管理的根本目的是维护社会系统在特殊情境下的可持续运行，避免或减少因爆发突发事件而造成的生命、财产损失、社会失序及环境破坏。

从上述意义上讲，常态管理就应该包括对诱发危机事件因子的管控，而应急管理的初始条件就存在于常态管理的关键环节之中，两者伴生共存，相互关联，因此在管理过程中要统筹协调，以最小的管理成本保障系统的良性健康平稳运行。

## （二）基本特征

应急管理是一项复杂的、开放的系统工程，其管理的最根本目标是抑制和控导危机事件的发生与发展，防止其造成巨大的破坏和损失。从管理主体上看，应急管理是社会管理的一项重要内容，通常表现为"政府主导、社会参与"，即应急管理是有强力组织的政府行为，这将通过应急事件的评估分析、规划、决策、资源分配、预案设置、机构安排、吸收社会力量参与等诸多方面表现出来，是政府职责的重要组成部分和集中表现。从管理客体上看，其对象包括自然灾害、事故灾难、公共卫生事件和社会安全事件等，是对各类型突发事件的综合管理。在应急管理实践中，其趋势是逐步将单一的应急管理机构或部门整合成统一的管理机构，从全面保障公共安全的要求出发实施综合管理。从管理的过程来看，包括预防与准备、监测与预警、应急处置与救援、事后恢复与重建四个阶段，努力使管理贯穿于危机事件的全过程，该管理过程所耗费的时间、资金、人力等资源，受危机事件本身和社会关注度等因素影响。此外，公共安全应急管理还有一个重要的特征是在非常状态下，难以顾全所有利益诉求时，可能会牺牲局部利益以实现整体利益最大化。

比较而言，常态管理是以维护系统正常运行、良性发展为目的而进行的管理活动。客观上也对系统的风险因子采取抑制手段，并在常规管理可及的范围内，努力降低危机发生的概率和风险，在一定程度上兼顾提升危机应对和防御能力。作者认为，应急管理在没有从常态管理分离出来以前，是和常态管理在较低层级上融为一体、自然结合的。随着管理科学的进步，应急管理已经成为专门的管理分支，有了相对成熟的理论、方法，并不断得到实践检验。正是因为应急管理的不断发展，现今常态管理往往不将防御危机和灾害应对作为其主要管理内容，而是以实现系统运行目标为主要目的的管理方式。社会常态管理的最显著表现就是"人人在管理，处处有管理，事事见管理，时时都管理"。常态管理的主体不仅仅是政府机构，还包括社会组织和志愿者力量等参与。管理的对象是可能产生安全问题的潜在因素。不同类型安全问题，其起因也各不相同，而且随着时间的发展还有可能产生新的致灾因素。常态管理是一项正在进行的"习以为常"的工作，而应急管理就发生于这"习以为常"的工作之中，两者目标相辅相成，但管理的路径和切入点不同。用历史的眼光来看，两者的分离与管理科学进步密切相关，两者管理理论与方法的日臻成熟，正是推动管理科学进步的重要推手。但随着经济社会的发展和自然环境的演变，现代应急管理工作已经呈现出经常化、广泛化的趋势，现代管理科学理论也在实践需求中不断演进和完善，越来越要求将常态管理与应急管理在更高层级上有机联系在一起，从而体现出"防患未然"与"化险为夷"相结合的统合管理要求。作者认为，这正是哲学意义上的"循环往复、螺旋上升"的扬弃过程，符合管理科学发展的基本规律。

## 三、领域例证分析

在现代社会,常态管理和应急管理是各行各业共同面临的问题,特别是交通、军事、金融、医疗以及水利、气象等管理领域都有鲜明的表现。

1) 交通领域。交通领域的常态管理是为维护交通秩序、保障交通安全、提高交通效率而开展的相关管理活动,如路面交通指挥、监控、执法、车辆管理、法规制定与实施、安全培训、宣传等;交通领域的应急管理主要是指当发生严重影响交通系统正常通行秩序的突发性灾害或事故时所采取的临时性的交通管理应对措施,如公路、桥梁、隧道、航道及其附属设施遭到严重破坏而丧失正常使用功能,或出现重大交通事故,或交通工程建设出现险情或事故等紧急状态下,立即采取措施进行处置,对受伤人员实施救援,恢复正常交通秩序。

交通管理涉及工程建设、市政基础设施、通信、公共卫生等各方面,面临日常维护与应急状态管理的多层需求,因此在管理实践中迫切需要联合多个部门,尤其是随着交通涉及的领域及范围的日益扩展,交通系统关系趋向复杂化和网络化,更加需要综合考虑常态管理基础和应急管理需求,将常态管理措施与应急管理措施有机结合起来,实现交通管理的目标。例如,在道路指挥控制系统的建设上,日常管理上可以优先在道路,特别是易堵路口增加交通指挥信号灯、视频监控探头和交通违法自动拍摄装置,优先在城区大通道中应用道路交通电子引导屏,及时、准确地发布路况信息,特别是施工路段动态路况信息,以便优化行车路线;而在应急管理方面,通过建立起一支由专门机关和社会机构相结合的故障车辆救援力量,为交通管理部门配备大型先进的清障车等应急设备等措施,与上述常态管理措施相结合将显著提高应急管理行为的效率。

2) 军事领域。在人类历史的长河中,战争始终是一个影响极为深远的因素。人类社会的发展史总是贯穿着战争的阴影,从冷兵器时代到火枪大炮和帆船时代,直至今天的高科技、信息化战争的时代概莫如此。"养兵千日,用兵一时"是对军事的常态与应急管理最好的概括。在和平年代,虽然没有全面、大规模的战争发生,但局部战争以及一些其他重大安全威胁一直存在,因此,平时也要投入大量的人力、物力和财力开展训练,建立完善的兵役制度,研发和升级武器装备,提高军队在信息化时代的作战适应能力;与此同时,军队还承担着参加国家建设和抢险救灾,维护社会安定,参加联合国维和行动、打击恐怖组织及国际灾难救援等职能。需要指出的是,这一时期的最重要任务就是强军、准备打仗。战争虽然有其必然性,但往往呈现出突发的紧急状态,此时军队的根本任务就是不惜代价打胜仗,集中一切可能的资源和力量,在日常军事准备的基础上,通过必要的信息分析、组织动员、军力集结、统一调动、科学指挥,坚决维护国家领土、领空和领海等国家利益的安全。强大的军队,绝非仅凭单一军力的"百米冲刺",而是要整合各方面的军事资源,日积月累,凭借一代代军人前赴后继的"寂寞长跑"才能得以实现。

正是由于军队始终将常态管理与应急管理结合在建设中,着眼于在战争的紧急状态中取得胜利这一终极目标,从军事战略、日常训练、军备维护、装备更新、后勤管理、技术革新科学指挥等方方面面开展日常管理工作,时刻准备着保卫国家安全,才使其成为军队特有的管理模式。但这一常态与应急统合的管理模式并不归军队专属,也并不是军队管理的唯一标志,而只是军队将这一管理方式运用得更为充分。军队的这种以应急管理目标为主要目标的统合管理模式也并非是其他领域一定要效仿的管理方式,而应是更多地以常态管理目标为主要目标的常态与应急管理统合模式。

3)金融领域。近年来,金融危机(金融风暴)影响深重。金融危机管理主要是指政府在金融危机的产生、发展过程中,为减少、消除其危害,根据金融危机管理预案和程序而直接采取的对策。一旦金融危机无法控制时,将造成社会秩序混乱,大批工人失业,产品供应得不到保证,严重情况下甚至会导致战争。通常,金融管理一般通过面向长效发展目标的货币政策、利率政策和汇率政策,通过有效调节货币、利率和汇率水平,并结合银行采取的有效措施减少不良信贷,降低贷款风险,保障国家经济社会平稳、快速发展。而一旦发生金融危机,政府必然采取应对措施,通过加强金融监管、打击金融投机,以保障货币及其利率、汇率的稳定性,出台扩大内需的鼓励政策,加强基础设施建设,推行产业振兴计划,防止或抑制通货膨胀,减少财政赤字,使经济走出低谷。

紧急状态下的金融措施能否发挥效力、实现预期目标取决于日常金融秩序与管理制度的有效性与完善性,即金融管理的应急管理离不开日常管理这一基础。二者如何有效统合,事实上关乎对经济危机的抑制效果和经济发展的稳定,这样的货币和金融政策,往往需要在投资、货币利率与汇率、市场发展分析、消费引导等方面有所体现,二者衔接得合理与否,都会在市场中充分反映和体现,就如本书开篇引言中所提及的故事那样,金融市场充满了风险和投机,如果不在常态管理中建立起有效的监管机制,必然会导致金融市场秩序混乱。即使如此,金融市场的运作仍具有高风险性,很多危机就在日常金融活动之中孕育,因此还要将抑制措施和应对措施就在平时加以考虑和安排,一旦出现危机的端倪或进入危机状态,要立即启动这些措施甚或追加更强有力的调控手段来化解危机,即使这样,危机的影响也会延续相当长的时间。因此,金融领域的常态管理和危机管理始终并存,关键在于这两种管理是否紧密衔接、有效统合。因此,建立防范危机的监管体系和监管力量,不断合理优化经济结构,完善金融监管网络体系,建立资金流向监控长效机制,积极扩大内需,加强交通、能源、环境保护等国民经济基础设施和教育医疗、住房保障、城乡基本建设,提高政府预防金融危机的能力和尽快摆脱金融危机困扰的能力,是十分重要的。

4）自然灾害领域。在自然界，由于各种异常的气象条件和地质条件，往往导致台风、冰雹、雪、沙尘暴等气象灾害，火山、地震灾害、山体崩塌、滑坡、泥石流等地质灾害，风暴潮、海啸等海洋灾害，森林草原火灾和重大生物灾害等，这些自然灾害给人类带来了巨大的灾难。为应对这些灾害，人类通过加强对气象、水文、地质等各类灾害诱发因素的监测预警，开展水土保持、防洪工程建设，合理规划城市布局，建设防灾减灾设施等日常管理措施，提高应对灾害、减少损失的能力。当灾害来临时，则采取紧急转移、避险、救援等应急管理手段，减少人员伤亡和财产损失。在生产力发展十分落后的历史时期，人们防灾、避灾、抗灾的意识和行为并未完全分离开，常表现为"天人合一"和"靠天吃饭"的消极应对自然灾害的状态。

随着社会发展和防灾减灾意识以及安全需求水平的不断提高，人们开始运用各种手段进行日常的防御和应对灾害的准备，特别是当灾害发生时，也有了一些临时应对的手段，渐次以往，日常行为与应急行为发生分离，并形成了不同的认识和方法，如大禹"变堵为疏"的治水方略和李冰父子修建都江堰滋润"天府之国"的创举，充分反映了那些时代人们面对自然的适应性行为和应对法则；近年来，常态管理与应急管理在分离后形成各自管理理论后，又开始呈现出从分离向统合发展的趋势，法律、制度、机构、人员配置、队伍建设、物资储备、工程建设、应急预案等常态化建设内容越来越注重对灾害的预防功能。由此，应急管理的响应、实施与措施也能够发挥更好效力，同时应急状态下的设施运行状况所暴露的问题又为进一步改善日常管理能力指明了方向，二者相辅相成，在实践中已经可以观察到二者相互融合、相互统合的显性管理特征。

5）医疗卫生领域。医疗卫生领域的常态管理是对日常的医疗卫生保健体系的构建，包括医疗设施、医护人才、医保资金、疫病控制、妇幼保健、健康教育、卫生监督等多个方面，重在保障和提升公民日常卫生健康水平。应急管理则是针对突发性的、大规模的传染性疾病或重大社会卫生问题而采取的临时性控制措施，如2003年初中国在遭受"非典"疫情后采取的一系列应对措施和应急机制，旨在消弭突发性疫情带来的危害和影响，恢复社会正常秩序。

"非典"疫情作为中国改革开放以来具有深远影响的典型突发公共卫生事件，促使人们不得不深入地思考现行公共卫生管理体系中存在的一系列问题，并深刻认识到在卫生防治过程中，应急管理的重要性。但事实上，实际已经存在的、但尚不科学完善的常态管理与应急管理手段的统合运用更为重要。作者通过对相关案例的研究，认为社会医疗卫生系统需要通过开展日常医疗卫生设施建设、人员培养、科学研究等常规卫生防疫力量建设与准备，以使得在突发疫情出现时能够快速组织力量开展疫病的分布调查、发生特点分析、病毒变异性研究、病理研究、疫苗研制等，制定行之有效的疫病防控措施，提高社会对突发疫情的应对能力；与此同时，应对突发疫情也为进一步完善医疗卫生体系和增强医疗卫生力量提供了契机。

## 第二节 常态与应急统合管理

### 一、常态与应急的关系

常态与应急状态实质上是事物发展过程中的两个阶段，二者之间既有区别，又相互联系，在一定条件下还能够相互转化。

#### （一）相对关系

常态和应急状态之间的相对关系，即二者之间的区别，包括三方面的基本内涵：一是状态存在或发生的概率特征，常态是指大概率事件存在与进行的状态，应急状态则指小概率事件发生或存在的状态；二是指事件发生影响或结果的差异性，常态是指系统运行的后效和产生的结果是可预见的，而应急状态时发生的事件往往不可预知，其影响或后果也是很难预料；三是管理或应对途径的差别化。对于常态，由于过程持续时间长，波动小，目的指向明确，事先设定的管控措施具有针对性，因此其管理手段和机制也较为规范和有效。对于危机事件的应急管理，由于危机事件具有突发性、隐蔽性、随机性等特点，并缺乏预先针对性管理的设定，处置措施则具有非常规性和特殊性，甚至一时难以找到适宜的处置方法，或是由于条件所限一些日常有效的方法也难以发挥功效。此外，应急状态有正面后效的应急管理，如举办大型的庆祝庆典活动等，也有负面后效的应急管理，如对于自然灾害、战争等的管理，这进一步增加了应急管理的复杂性。

#### （二）关联关系

基于系统视域的角度，一个领域的常态和应急状态，均是同一事件序列在不同时空区间内的表现，常态和应急状态过程是统一的，其实质是同一过程在连续发展中，受不同条件和因子作用所表现出的阶段性特征，是"一棵藤上结出的瓜"，二者之间存在着密切的相伴相生、此消彼长的关联关系，如干旱和洪水都是一个完整水文序列的组成部分，只是所处的概率区间不同，与平水时段的水文状态是相互依存和相互影响的。

#### （三）转化关系

辩证地看，常态与应急之间还存在着动态转换关系。在一个系统领域，应急状态是源于常态情景的非正常发展结果，其衍生的方式可能是渐变与突变，如旱涝灾害的发生是一个逐步发展和演进的过程，突发性的水污染事件则是一个短历时爆发过程，因此由一般状态进入应急状态往往体现在某一特征阈值上。此外，相对于经济社会系统的管理，常态和应急管理还是一个能力的概念，对于不同时期或不同阶段的抵御能力，由于其管理的控制标准是不一样的，常态和应急状态的划分也有所差异，比如在生产力水平较低的时期，由于其工程技术体系的不完善，在发生10年一遇的洪水时，可能就要进入应急状态，而在防洪工程技术体系发展到较高水平时，发生20年一遇的洪水时也可能处于常态管理的范畴。由此可见，防洪工程技术体系发达与否，关乎着常态管理与应急管理的划分与转化，实际中在其他领域也存在着此类媒介与关系。当我们对这种转化甚至是对这类媒介加以强调和研究，就会发现常态和应急管理的转化条件越来越重要，在现代管理的今天，甚至已成为两者统合的纽带和管理的本身。

## 二、常态与应急统合管理的概念

### （一）概念

所谓常态与应急统合管理，就是面向系统全周期发展过程，基于正常与非正常的视域，将系统运行的常规状态与应急状态统筹考虑，以维护系统可持续运行、降低系统运行风险、应对系统突发事件、实现系统发展目标为任务，针对系统运行中出现的或可能出现的管理需求，联立进行的一系列计划、组织、指挥、协调和控制行为。

常态与应急的统合管理，并非是常态管理与应急管理的简单叠加，而是从系统管理的高度将理性的控制过程和高效的风险减免机制有机结合，在系统发展目标和方向确定的情况下，通过常态管理和应急管理利益和成本的合作与博弈，实现系统运行最优和整体效益最大化。统合管理的表征是：在边际成本最小的条件下，拓展常态管理和应急管理的结合域，实现两者的有机衔接和转换，实现状态过程各种极值的均化和坦化，有效降低危机风险并妥善应对危机事件，努力实现危机事件的"大事化小，小事化了"，为系统的正常可持续运行提供保障。从常态与应急之间的辩证关系可以看出，常态管理与应急管理分别是人们应对某一事物发展过程的两种不同方式，二者既相互联系又有所区别，是一种连理共生的统一关系，在一定条件下相辅相成、融合演进。

### （二）内涵

常态与应急统合管理主张从系统发展的全过程出发，紧密结合事件演进各个阶段之间的转化关系，将系统既定发展目标与过程中可能发生的突发事件统筹考虑，预先安排，制定策略，将关键因子置于可控阈值范围之内，以更加高效、科学的方式处置突发事件。

从管理的理念上来看，常态与应急统合管理体现了从单一管理向综合管理的转变、从确定型管理向风险管理的转变、从分阶段管理向全过程管理的转变、从单一主体应对向多主体联合应对的转变。对于公共安全工程管理领域，单一的应急管理或者常态管理手段，无法实现从更大范围内减少灾害带来的损失与威胁，需要综合采用多种管理措施，系统运用常态措施与应急措施，最大限度地保障系统的安全运行；统合管理不仅注意消除或控制已存在的风险，还注意预防或减少新增风险的出现。它把事前的风险预防放在突出的位置，不仅可以降低突发事件发生的可能性，而且可以提高组织对突发事件的应对能力，减少突发事件造成的损失，尽快恢复系统功能和组织秩序；在以往的常态或应急管理过程中，通常只关注系统发展过程的某一个阶段和环节，采取的管理措施往往也具有阶段性和片面性特点，二者在时空衔接上存在不足，影响着系统目标实现的进程和质量。统合管理面向系统发展的全周期过程，不仅将原有周期内不同阶段的管理有机衔接起来，还考虑将不同周期之间的管理相衔接，使管理行为更加全面和完善；就公共安全领域而言，长期以来政府是管理的"主角"，形成了强势的单一主体应对模式，随着社会各成员力量的发展与参与，企业和非政府组织、志愿者团体以及国外非政府组织团体等社会力量都将会发挥更大的作用，未来以政府为主导、多主体协作、国内外力量联合应对将是公共安全工程管理发展的趋势之一。

从管理的方向来看，实施常态与应急统合管理，需要同时采取常规和非常规手段对系统实施管理，强调从系统发展的各个环节将常态措施与应急措施结合起来。就公共安全工程管理而言，需要制定更加完善的法律与法规体系，建设风险监测与预警预报网络，逐步形成具备公共安全信息调度与管理决策的管理系统；配备与时代安全形势相适应的公共安全组织与队伍；预防为主，常备不懈，有效维护社会的正常秩序。值得注意的是，诱发突发事件的因素并非一成不变，目前由未知信息造成的无法预警预报的安全事件仍然占据较大比例，除了提高信息获取能力外，还需要采取积极的管理措施，提高应急决策能力，在突发公共安全事件发生时，把握好处置的基本原则，结合条件与形势变化及时作出正确决策，提高资源调配和措施保障能力。

从管理的实践来看，统合管理的核心是常态与应急措施的有机结合。由于公共安全事件的不确定性，社会管理者在实际决策过程中往往面临两难抉择：在常态模式下，全面设防、封堵、消除突发事件的诱因，虽然可以降低事件发生的风险，但管理成本很高，容易造成大量资源的闲置浪费，甚或超出社会的承受能力；在应急模式下，应急处置措施虽然可以随机应变，但离不开日常对人力物力的准备，否则不但难以有针对性地把握有利时机控制事态发展，还极有可能给生命财产安全带来新的风险，处置成本也会失控。因此，常态管理与应急管理统合的具体方式，需要综合权衡两者的博弈关系，核心是要在不确定性中努力寻找确定性的过程与规律，重点是提高对突发公共事件的研判、预警能力，增强应急措施的针对性，提高处置效率，通过常态下的分类管理、预案管理、规划建设、演习演练等活动，为非常态情景下的应急处置创造有利条件。

## 三、与非统合管理模式的差异

本书将常态与应急管理的统筹衔接称之为统合管理（routine and emergency co-ordinated management)。一般而言，应急管理侧重于突发事件发生后做出决策，重新组合资源并采取行动，这些决策和行动往往是在有限时间、有限信息和事态高度不确定的条件下做出的，很难保证行动的有效性和资源配置优益性。而统合管理通过对系统风险的分析与评估，在保障系统常态运行的过程中，主动采取具有针对性的措施以最大限度地避免某一环节的风险，以有效应对突发事件，从而减少应急管理成本支出，提高系统抵御和应对突发事件的能力，反过来促使和保证系统常态运行和管理更为高效，使系统资源发挥最大作用。从这个意义上讲，统合常态与应急管理具有管理点前移、过程措施融合、综合成本降低、应对能力提升、整体效益更高等显著优势，是一种更积极、更科学、更优化的管理方式（表5-1）。

表5-1 统合管理与非统合管理的比较

| 管理方式 | 理念 | 常态 | 应急状态 |
| --- | --- | --- | --- |
| 非统合管理 | 着眼当前和单一状态——浅谋短虑 | 居安思安 | 居危思危 |
| 统合管理 | 着眼于当前与未来，综合考虑状态转化——深谋远虑 | 居安思安，居安思危 | 居危思危，居危思安 |

## 四、实施统合管理的优势

对公共安全管理而言，随着社会经济的不断发展，人类社会系统日益复杂，系统脆弱性问题越发突出，对社会系统安全的要求也更高，尤其是对复杂系统的安全保障需求急剧增大，整个社会系统基础性安全保障基点（标准）提高。与此同时，整个社会的安全管理能力也在增强，管理效率也在不断提升。这也是社会发展的内在需求与必然趋势。通过前面的分析已经知道，在当前的公共安全形势及发展趋势下，相对独立的常态或应急管理无法更好满足社会公共安全的需求，若将二者有效统合，有机协调安全需求与保障能力，会更有助于全面提升社会公共安全的保障水平、基本标准、管理能力和管理效率，推动整个公共安全工程管理的发展与进步。

### （一）提升安全保障程度

以物资保障为例，根据常态与应急统合管理的基本模式，需要把常态与应急物资储备体系建设结合起来，加快推进国家和地方各级救灾物资储备库建设，建立完善应急物资目录管理和财政补贴制度，鼓励企业、社会组织进行必要的应急物资储备，通过优化应急物资储备的布局和方式，统筹安排实物储备和能力储备。同时，利用民政、红十字会等部门现有的救灾物资储备资源，完善受灾公众生活救助等方面的物资储备。通过日常的管理行为与管理资源，极大完善各部门在危急时刻的救援与恢复重建能力，从根本上提升公共安全保障的程度。

## （二）升级安全保障基点

不同时期，民众对公共安全的期盼及要求存在较大的差异，其往往是随着经济的发展以及社会形势变化而不断变化。经济社会水平的提高客观上促使民众对公共安全环境的需求更加迫切，不仅要求吃饱穿暖等基本物质条件，还要求提升精神文化层面的环境条件，提高对民众生命、财产的保障标准，扩大安全保障的范围。例如，在中国改革开放之前，发生洪水灾害，政府部门的重点任务是抗洪救灾，对于灾前预防以及灾后恢复工作相对滞后，在当时的社会经济条件下，也只能做到这些，民众也没有过高的期望；但在改革开放30多年后的今天，如果还按照以前的标准，显然达不到民众的期望，必须开展洪水预防与预报，进一步提高洪水来临后的抗灾减灾能力，积极实施灾后恢复重建等方面的工作，以显著提升安全保障的整体标准。要达到上述标准，仅凭借应急管理是难以实现的，更多的工作还需要日常管理来逐步完成。统合常态与应急管理，将风险管理理念贯穿于公共安全工程管理的全过程，排查治理各类突发事件的隐患，提升城乡生产生活设施和生命线工程的标准和抗灾减灾能力，建设和完善城市防灾减灾体系，规范应急避险场所空间分布、容纳能力、功能布局和物资配备等，以显著提升公共安全保障的整体水准，可更好地为公共安全事件处置提供物质基础与制度保障。

## （三）增强安全管理能力

安全保障能力与标准的提升都是安全管理能力提高的具体表现，除此之外，还涉及安全监测预警能力、安全事件应对的组织动员能力、安全信息管理能力、安全管理不同机构之间的联动机制建设、安全法律法规体系建设等多个方面，这些能力也是常态与应急统合管理的主要建设内容。通过完善各类安全事件的监测预警系统，扩大监测覆盖面，能够提高预警的时效性和准确性，强化国家重要基础设施和保护目标的监测监控。例如，通过加大对气象、水文等监测站点和台网密度，加强数字地震台网、海洋灾害监测预警系统、森林草原火灾视频监测系统、高危行业领域重大危险源安全监控系统、全国城市供水水质监测网络系统以及国家战略物资储备库、海洋石油勘探开采设施、重大油气输送管道、核设施场内外核辐射状况等国家重要自然资源与基础设施的安全监控系统建设，可有效掌控各类安全要素的变化情况，及时调控，降低风险概率。另外，通过建立地方之间、部门之间安全事件短时临近预警应急联动机制建设，形成安全情报信息工作机制与预警信息发布机制，能够显著增强安全管理能力。

## （四）提高安全管理效率

公共安全工程管理是一项由多环节、多部门协同合作的系统工作，任一部门或机构的运转不畅都会影响整个系统的管理效率及效益。前面已经分析过，常态与应急实质上是一个完整系统的不同管理环节的表现形式，常态与应急统合管理模式正是基于系统的角度，从整体上建立不同环节和机构之间的协调合作与联动机制，通过完善各级不同行政层级的突发事件应急平台体系，建立公共安全工程管理指挥协调和情报信息共享机制，健全管理标准规范，加强队伍、物资等基础数据库建设，推动物联网技术的应用，建设国家综合减灾与风险管理信息平台，健全多部门在气象、地质等重大灾害的监测预报预警方面的联动机制，实现信息层、组织机构层、管理标准层、管理机制层、预防调控层等多层面的联动统合。

## 第三节　常态与应急统合管理决策方法

### 一、统合管理系统

统合管理对象本身就是一个涉及自然、社会多重因素的复杂系统，意味着管理过程需要为多个目标服务，统筹考虑各方利益诉求，采用多种手段或方法进行管理决策。为更科学高效地实施统合管理，需要对统合管理的系统构成进行解析，掌握其特征及关键环节，并在此基础上，按照统合管理的基本思路，合理设定管理目标，研究制定评价指标、策略和方法，从而提高系统管理效率。

为描述统合管理的系统构成，将统合管理的概念用公式表述为

$$C_0 \sim A \ni \cap \{a_i\} \quad i=1, 2 \tag{5-1}$$

式中，$C_0$ 为统合管理；$A$ 为各领域、各层级管理所对应的系统范畴；$a_i$ 为单纯的常态或应急管理；$\{a_i\}$ 为常态和应急管理的集合；$\cap$ 为系统管理与常态和应急管理集合的广义相关关系；$\sim$ 为需要在实际条件下进行讨论的客观状态。

为更形象描述统合管理，可用图 5-1 表示其内在构成及其外延。

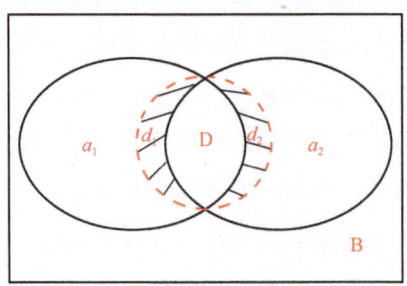

图 5-1　统合管理构成及其外延示意图

注：图中 $a_1$ 为常态管理，$a_2$ 为应急管理，$a_1$，$a_2$ 之间有交集 D，即常态管理和应急管理之间在某种范围内有共同域，这是统合管理的直接部分；B 是常态管理、应急管理及其统合管理的外延部分。需要注意的是，D 不是固定不变的，而是随着 $a_1$，$a_2$ 的边界条件而动态变化着，$d_1$、$d_2$ 是其扩展域；交集 D 以外的部分，在某种条件下亦可能动态包含于交集 D 之中，这部分区域是需要高度关注并有可能进行间接的统合管理，或随时或先期纳入相关的管理视域，预以准备

## 二、统合管理决策

### （一）决策理论

系统问题往往存在多种目标和影响因素，与单目标问题相比，多目标问题的寻优解显得尤为复杂。首先，一般而言，多目标问题需要满足多方利益，实现多个目标，各目标之间由于涉及方向不一，包含内容不一致，优先次序也会有差异，有的还可能具有矛盾性。同时，各个目标之间的相互依存和相互制约关系错综复杂，一个目标的变换会对其他目标造成直接或间接的影响，且某一目标的实现通常都是以减少甚至牺牲其他目标值为代价，因此目标之间具有激烈的竞争性和敏感性。其次，各目标之间缺乏统一的量度，有的目标可以定量，有的目标则只能进行定性的描述，即使是可以定量的目标，也可能由于量纲的不一致性，难以确定统一的数值标准，因此目标之间的不可公度性是多目标决策的一大难点。再次，多目标问题还存在没有全局最优解的情况，即多目标的解不是唯一的，而是有多个非劣解，既要考虑目标的满足程度，又要考虑决策者的偏好。因此，多目标问题的最终结果呈现给决策者的往往是多组非劣解的集合，以供决策者根据系统的特征和自己的偏好进行选择。

正是由于多目标问题的多目标性，人们在对多目标问题求解的过程中，总是根据一定的计算规则和可行性原则，如根据权重、根据经验，将其转化为单目标，抓住主要矛盾，逐步寻优，最终达到决策者需要的解域。其中，向量优化理论与效用理论是多目标决策问题的两个理论基础。决策的目的在于使决策者获得最满意的方案，或取得最大效用的结果。为此，在决策过程中，必须考虑两个问题：其一是问题的结构或决策态势，即问题的客观事实；其二是决策规则或偏好结构，即人的主观作用。前者要求各个目标（或属性）能够实现最优，即多目标的优化问题。后者要求能够直接或间接地建立所有方案的偏好序列，借以优中择优，这是效用理论的问题。关于向量优化与效用理论等多目标决策理论模型及其求解的方法可查阅相关文献，本章不再详述。

### （二）决策问题

统合管理面对的往往是复杂的系统工程，在众多常态与应急管理统合方案的决策过程中，必然存在着许多矛盾与冲突。不同的突发事件发生的空间位置、持续时间，以及应对问题的不同利益团体的认知及诉求存在的差异，统合管理是一个多层次、多目标的群决策问题。将常态与应急统合管理多目标决策过程用数学表达式描述为

$$\max\ (\min)\ Z = \{f_1(x), f_2(x), \cdots, f_n(x)\}^{\mathrm{T}}$$
$$\text{s.t.}\quad x \in X \tag{5-2}$$

式中，$x$ 表示管理决策变量；$X$ 表示管理决策变量的可行域；$f_i(x)$ 表示以 $x$ 为变量的

单目标函数；$Z$ 表示多个管理决策目标的综合值。

诸如此种类型的多目标优化决策问题，方程的解未必是唯一的，而是由多个解组成非劣解集。对于一个解，如果其中每一个决策变量的改善势必将导致其他一个或多个决策变量的值变差，该解就称为非劣解。在理论上，任何一个多目标问题均可能看成是一个单目标的目标效用求优问题。

$$\max V(Z) \\ \text{s.t.} \quad Z \in Q \tag{5-3}$$

在这里，$V(Z)$ 表示以 $Z$ 为变量的效用函数，该效应函数体现了决策者在非劣解集中的偏好。效用是人们对某些事物的态度、偏好、倾向等。效用函数是一种对效用的定量描述。为了得到合理的决策结果，效用经常是要定量处理的。通常可以用目标值来描述效用，并认为目标值越优，带来的效用越大。

### （三）决策模型

统合管理的系统是一个多层次、多目标的复杂系统。在不同的管理层次，具有不同的管理需求和目标，即便是在同一层次的多个目标之间也存在多种关系，如比较简单的并列关系，而在现实中，不同的目标之间存在着显著的优先次序，优先考虑某一个或多个目标的需求，然后再考虑其他目标的需求，以此类推。这就构成了一个层次化的多目标决策问题。统合管理决策模型实质上是一个综合考虑系统对安全保障程度、标准、范围等方面的需求与系统现状安全运行能力、管理效率等方面的博弈过程，针对多个目标需求，考虑不同目标之间的优先次序，寻求最佳的博弈结果。

考量公共安全领域的统合管理，无论是应急管理还是常态管理，其主要目标就是维护社会系统有序运行，保护人的生命安全不受损害，减少灾害造成的财产损失，降低对社会与环境的不利影响，同时在灾害预防、救援、重建等管理过程中考虑成本与效益问题，在满足前述目标的前提下，兼顾长期的、综合的效益。可见，上述目标存在明显的区别，大致可分为三级。

第一级是人的生命安全。人是社会的根本，既是公共安全工程管理活动的实施者，也是管理的对象。因此，保障人的生命安全不受侵害或者使侵害程度降到最低是公共安全工程管理首先需要解决的问题。任何公共安全工程管理活动都要优先为这一目标服务，如在制定政策法规时要优先采取更利于保护人的生命安全的条款；在灾害救援时要在第一时间抢救伤员，只要有一线希望，决不轻言放弃；在灾后重建时，要尽最大可能避免今后人们遭受同类的生命威胁。

第二级是财产、社会、环境等方面的安全需求。当人的生命安全得到基本保障时，还需要尽可能保障社会及个人的财产安全，使其免遭损失或者减少损失，具体如房屋、厂房、生产设备及原材料等固定资产，以及存款、投资、股票、品牌等货币及无形资产；重大灾害往往影响范围大、损失重，可能减缓经济发展（如减少 GDP 的增长），造成粮食减产，破坏交通、供水、电力、能源等公共设施，导致城市系统瘫痪，失业率升高，甚至爆发疫病等，导致社会不稳定因素增大等复杂性社会问题，此时应当积极采取措施，救援灾民，保障灾民的基本生活需求，维护好社会秩序，同时通过完善法律法规、机制改革、社会援助等措施帮助灾区重建，避免滋生或加剧社会矛盾；除了对财产、社会系统的影响，灾害往往还会带来生态环境问题，而生态环境是人类生存与发展的根本，保护环境，促进人与自然和谐共处也是公共安全工程管理面临的重大需求之一，需要通过人为的干预，保障区域水生态系统稳定性，保护大气、河湖、水库免遭污染与破坏，提高林草覆盖度，维持生物多样性等。

第三级是管理的效率与效益。灾害系统是一个极其庞大的系统，灾害预防、救援、恢复重建等管理活动涉及社会的方方面面，每一个方面都需要大量的资金支撑。对任何一个国家或地区来说，其所掌握的资源相对于应对灾害时所需要的资金、人力、物力来说都是有限的，因此，灾害管理的具体过程中，在首先保障人的生命、财产、环境、社会等方面的目标时，还需要进一步考虑管理的策略、技术与方法，提高管理的效率，用有限的资金办尽可能多、尽可能大的事情，或者用更小的投入实现管理目标，以最快的速度恢复系统秩序，提高管理的效率和效益。另外，在采取管理措施时还必须考虑这些措施的长期、综合的效益情况，如抢险救灾中修建一些临时性工程设施时，可以适当规划考虑在灾后作为一项永久性工程进一步开发利用，而不是临时修建、灾后拆除，导致浪费资源，效益低下。

综上所述，在公共安全工程管理系统中，需要统合考虑以上三方面的因素及其相互间的优先层次关系，选取合适的目标构建具有多层次的多目标决策模型。对于单个目标来说，可以按照以下方法来进行定量化描述。

### 1. 人员伤亡最少

根据公共安全工程管理的根本需求，无论是应急管理，还是统合管理，均可以将人员生命损伤最小作为基本目标，其对应的生命损伤最少的目标函数可记为

$$\min f_1(k) = \sum_{m=1}^{M} \sum_{u=1}^{U} \sum_{k=1}^{K} \text{QLL}(m, u, k) \tag{5-4}$$

式中，$\min f_1(k)$ 表示第 $k$ 个事件造成的最小人员伤亡数量；$\text{QLL}(m, u, k)$ 表示第 $m$ 时段第 $u$ 个区域第 $k$ 个事件类型的造成的人员死亡及受伤数量；$M$ 表示考虑的时段数量；$U$ 表示考虑的区域数量；$K$ 表示考虑的事件类型数量。

### 2. 财产损失最少

同理，在面对公共安全事件时，财产损失最小是人们的基本诉求，可将其作为判别

的目标。财产损失最小的目标函数可记为

$$\min f_2(k) = \sum_{m=1}^{M} \sum_{u=1}^{U} \sum_{k=1}^{K} \text{QPL}(m, u, k) \tag{5-5}$$

式中，$\min f_2(k)$ 表示第 $k$ 个事件造成的最小财产损失数量；QPL$(m, u, k)$ 表示第 $m$ 时段第 $u$ 个区域第 $k$ 个事件类型的造成的财产损失数量；其他符号意义同上。

### 3. 环境影响最小

随着人们对环境生态的日益关注以及对环境质量要求的日益提升，迫切希望在遭遇公共安全事件时，事件对环境的影响达到最小，其目标函数可记为

$$\min f_3(k) = \sum_{m=1}^{M} \sum_{u=1}^{U} \sum_{k=1}^{K} \text{QEL}(m, u, k) \tag{5-6}$$

式中，$\min f_3(k)$ 表示第 $k$ 个事件造成的最小环境影响值；QEL$(m, u, k)$ 表示第 $m$ 时段第 $u$ 个区域第 $k$ 个事件类型的造成的环境影响程度；其他符号意义同上。

### 4. 社会影响最小

在发生灾害后，及时采取有效措施维护社会经济及正常生活秩序的稳定是至关重要的。而我们期望所采取的管理措施能够实现灾害事件对社会的影响达到最小，那么其目标函数可记为

$$\min f_4(k) = \sum_{m=1}^{M} \sum_{u=1}^{U} \sum_{k=1}^{K} \text{QSL}(m, u, k) \tag{5-7}$$

式中，$\min f_4(k)$ 表示第 $k$ 个事件造成的最小社会影响值；QSL$(m, u, k)$ 表示第 $m$ 时段第 $u$ 个区域第 $k$ 个事件类型的造成的社会影响程度；其他符号意义同上。

### 5. 效能效率最大

随着人们对投入效能的日益关注以及对工作效率要求的日益提升，迫切希望在遭遇公共安全事件时，处置效能和效率对事件的影响达到最大，也包括应急状态向正常状态尽快过渡回归的效率最高，其目标函数可记为

$$\max f_5(k) = \sum_{m=1}^{M} \sum_{u=1}^{U} \sum_{k=1}^{K} \text{QEE}(m, u, k) \tag{5-8}$$

式中，$\max f_5(k)$ 表示处置第 $k$ 个事件所带来的最大效能或效率值；QEE$(m, u, k)$ 表示第 $m$ 时段第 $u$ 个区域第 $k$ 个事件类型处置的有效度；其他符号意义同上。

那么，在进行多目标综合考虑时，还需要进一步考虑上述目标之间的优先差别。为反映这种差别，设置一个优先级函数：

$$g(m, k) = \begin{cases} 0 & \text{当前时段不具有优先级} \\ 1 & \text{当前时段具有优先级} \end{cases} \tag{5-9}$$

式中，$g(m, k)$ 表示第 $m$ 时段第 $k$ 个事件类型的所具有的优先考虑级别，0 表示当前该事件不优先考虑，1 表示当前该事件需要优先考虑，该函数随着事态的发展而变化。

那么，由以上目标函数所构成的多层次多目标函数可表达如下：

$$\min G = \sum_{i=1}^{4} g(m, k) \min f_i(k) + 1/[g(m, k) \cdot \max f_5(k)] \tag{5-10}$$

式中，$\min G$ 表示公共安全统合管理的综合目标值，其他符号含义同上。

需要说明的是，本书论述的重点是立于应急状态而考虑常态与应急管理的统合，侧重于系统突发事件风险的降低和突发事件的应对，为此将系统正常状态下的运行管理作为背景条件在上述决策模型中予以设定。这一过程的多目标决策中，对社会系统的正常运行管理目标没有进行详细的分级分解，而只是作为一级硬性指标加以考虑；反之，如果关注的重心是立于常规状态而考虑常态与应急管理的统合，则需要将应急管理作为硬性条件目标予以锁定，进行常态管理为主的统合管理多层级多目标决策分析。社会系统正常运行状态下，公共安全工程管理范围十分广泛，管理目标、措施及行为更为复杂，但其管理原理和方法与之有异曲同工之处，在此不再赘述。实际社会公共管理中，要兼顾这两方面为主的决策分析，甚或有时，在一方面为主的情况下，也要考虑另一方面为主时的决策需求和决策目标，进行必要的迭代、复核考虑，才能够使决策更为贴近社会公共管理或社会公共安全工程管理的实际需要。

### （四）约束条件

人员伤亡、财产、环境、社会及效益是公共安全统合管理的主要目标。其中，财产的多寡与经济发展水平有密切的联系，经济发达地区在遭遇灾害时，损失往往就愈大；环境状况受自然本底条件的影响显著，在人类活动强烈的地区，其环境状况往往堪忧；社会及效益则与整个社会环境及技术能力相互关联。因此，根据统合管理的对象与主体，可以从公共安全工程管理系统所处的经济水平、技术能力、自然条件、社会环境等方面出发，结合公共安全工程管理在保障程度、保障基点、管理能力和管理效率等方面的需求，选取适当的指标作为具体的约束条件，构建层次化的多目标决策模型。

#### 1. 经济发展约束

经济发展约束可表述为

$$\alpha(m, u, k) \leq \alpha_{\max}(m, u, k) \tag{5-11}$$

式中，$\alpha(m, u, k)$ 表示第 $m$ 时段第 $u$ 个区域第 $k$ 个事件类型所对应的经济发展水平；$\alpha_{\max}(m, u, k)$ 表示第 $m$ 时段第 $u$ 个区域第 $k$ 个事件类型的最高经济发展水平。

#### 2. 技术能力约束

技术能力约束可用公式表述为

$$\beta(m, u, k) \leq \beta_{\max}(m, u, k) \tag{5-12}$$

式中，$\beta(m, u, k)$ 表示第 $m$ 时段第 $u$ 个区域第 $k$ 个事件类型采用的技术条件，$\beta_{\min}(m, u, k)$ 表示第 $m$ 时段第 $u$ 个区域第 $k$ 个事件类型对应的最高技术水准。

### 3. 自然条件约束

自然条件约束可用公式表述为

$$\lambda(m, u, k) \leq \lambda_{\max}(m, u, k) \tag{5-13}$$

式中，$\lambda(m, u, k)$ 表示第 $m$ 时段第 $u$ 个区域第 $k$ 个事件类型对应的自然条件现状；$\lambda_{\max}(m, u, k)$ 表示第 $m$ 时段第 $u$ 个区域第 $k$ 个事件类型对应的最大自然条件限制，如地形地貌、资源量、生态系统多样性等指标。

### 4. 成本与效率约束

成本与效率约束可用公式表述为

$$\theta(m, u, k) \leq \theta_{\max}(m, u, k)$$
$$\theta(m, u, k) \geq \theta_{\min}(m, u, k) \tag{5-14}$$

式中，$\theta(m, u, k)$ 表示第 $m$ 时段第 $u$ 个区域第 $k$ 个事件类型对应的管理效率或效益等条件现状；$\theta_{\max}(m, u, k)$、$\theta_{\min}(m, u, k)$ 分别表示第 $m$ 时段第 $u$ 个区域第 $k$ 个事件类型对应的最高与最低管理效率。

## 三、统合管理系统状态评估

为了评价统合管理发展状态，探求其效能、所处的状态和发展态势，分析其演进、退化条件，调整和确定其加强科学管理的需求，需要在认真梳理各个影响要素和阶段目标的基础上，科学设立评价策略和方法。

### （一）统合管理要素贡献率

统合管理中的各要素，包括管理组织体系、法律法规预案、基础建设规划、科技信息水平、队伍物资保障、社会公众意识等，对管理效能都各自产生不同影响，具有不同的"贡献"。通过对贡献率的研究，可分析统合管理中各组成部分的作用。在此定义贡献率如下：

在统合管理 $C_o$ 中，引入权重函数 $p=p(\xi)$，数量函数 $q=q(\xi)$，则贡献函数为

$$E(C_o) = \int_a p(\xi)q(\xi)\mathrm{d}\xi \tag{5-15}$$

式中，$E(C_o)$ 表示统合管理决策 $C_o$ 的贡献值；$\xi$ 表示统合管理要素。

对 $E(C_o)$ 进行一阶偏导，即

$$\frac{\partial E}{\partial a}=0 \tag{5-16}$$

求解式（5-16），得到特征值 $B^*$，从而求出 $E(B^*)$，则各要素贡献率 $R_v$ 为

$$R_v=\frac{E(B^*)}{B^*} \tag{5-17}$$

## （二）统合管理活动指数

为了衡量统合管理建设持续性，采用统合管理活动指数 $C_{oa}$ 来进行表征，具体采用下式计算：

$$C_{oa}=I_a/B_a \tag{5-18}$$

式中，$I_a$ 表示统合管理投入；$B_a$ 表示统合管理持续效益。

上述概念公式是基于对统合管理特征的基本评价，这些判决指标和评价指数的科学性还需要实践来验证。从经济社会发展以及社会公共安全等方面对统合管理进行评价，还需要引入更多的评价指标和综合期望。

# 第四节　实施统合管理路径

实现常态和应急统合管理需要四方面的基础保障，即信息基础、管理协同、工程支撑和措施兼容，因此统合管理的具体路径也包括信息融合、机制联合、设施综合和措施整合四大基本内容。

## 一、信息融合

信息是贯穿管理全过程的基础性要素，及时准确地了解、研判诱发公共安全事件因素的潜在发展态势信息和动向，对掌握突发公共事件的应对主动权至关重要。科学技术是经济社会发展中最活跃、最具革命性的因素，是推动社会发展进步的决定性力量，为人类文明提供了丰富的信息。当前，公共安全系统所涉及的信息越来越多、来源越来越广、相关层次越来越复杂。而目前公共安全管理中"信息孤岛"现象依然突出，跨部门横向信息共享较少，一些基础资源信息库未得到充分共享利用，造成资源信息的浪费，合理资源得不到充分运用，从而导致管理效率难以得到大幅度提高。因此，提升公共安全常态与应急统合管理水平需要从信息共享为起点，以信息监控为抓手，以科技研发为动力，深度促进公共安全工程管理信息的交汇与融合。

推进常态管理信息与应急管理信息的相互结合，实现社会安全信息共享。基础信息的共享是实行统合管理的首要条件。公共安全统合管理涉及的行业及部门较多，随着科

技的进步，包括监测评价技术、预报预警技术、综合调控技术在内的新科技在管理中发挥越来越重要的作用，通过装备先进的数字化信息平台建设，从而实现基础数据从监测、传输到管理上的共享化，最终为实施统合管理提供信息支撑平台。常态与应急统合管理信息基础包括监测网络系统、综合应用系统、物联网、数据库建设、电子政务网、标准规范体系等多个方面，需要充分利用现代高科技手段，通过建立一套行之有效又涵盖广阔的资源共享系统，构建多元化信息采集、传输、处理、分析、评价、预测、预报与预警等现代化功能于一体的信息服务平台，同时结合传统群防群控办法，提高公共安全工程管理的快速反应能力。

加强公共安全常态与应急管理信息的监测站网布局和监控预警，实现应急未动、信息先行。监测预警体系是突发事件应急管理的第一道防线，对政府履行应急管理职责、保障公民生命财产安全有着无可替代的作用。许多突发事件的发生都是潜在致灾因素长期演变的结果，在一定的时空尺度往往呈现出一定的发展苗头和征兆，如果能够做到早发现、早报告、早预警、早处置，就有可能将其消除或控制在萌芽状态。通过加强突发事件监测，及时发布预警信息，做好公共安全应急管理准备，是做好突发事件防范应对工作的关键环节。尤其是加强各类多发易发自然灾害监测网络建设，建立公共安全重要影响因素、危险地区实时监控系统和危险物资动态监控系统，健全突发公共卫生事件、动植物疫情和食品药品安全监测系统，完善社会治安稳定信息监测报告网络，对于完善公共安全防控体系至关重要。

深化公共安全工程管理的基础性科学问题研究，依靠科技进步提升对常态与应急信息的综合管理水平。先进的科技和信息化手段是统合管理的重要基础和媒介，科技和信息化发展为统合管理提供了全方位的支撑。在中国，公共安全技术作为重点发展技术已经列入国家中长期科学技术发展规划，3S技术、雷达监测技术、核物理技术、现代通信技术、计算机网络技术等一大批现代科学技术相继应用于公共安全领域，统合管理科技保障能力得到不断提高。为进一步提高科技支撑能力，应重视应急科技的研发和应用，支持应急管理的基础理论和关键技术研究，形成公共安全科技创新机制和应对管理技术支撑体系。在此基础上，依靠科技进步，加大科技研发投入，重点加强对突发灾害预测预防和减灾方面技术的研究，鼓励开发推广防灾减灾新技术，提高防灾抗灾的能力和水平。具体来说，一是重点开展统合管理的基础理论和关键技术研究，制定有关科技计划，设立科学研究基金，促进跨学科、跨部门联合攻关，大力培养公共安全科技人才并纳入国家紧缺人才范围，努力在安全生产、信息网络、食品安全、反恐怖等重要领域实现技术突破。通过揭示灾害系统的结构与功能及灾害形成的动力学与非动力学机制，开发备灾、应急、恢复与重建的各种技术，运用风险的识别、感知、评价、模型与模拟、沟通与适应技术，完善风险防范的体制、机制与法制，构建公共安全科技创新机制和统合管理技术支撑体系；二是加快淘汰落后技术装备，加大新技术、新装备、新工艺推广力度，努力改善安全生产条件，进一步提高安全生产应急救援能力和水平，促进安全发展；三是加强新技术应用实践，将地球气象卫星、资源卫星的遥感技术用于灾害检测、预警预报和跟踪，研究制造一批如数字技术指挥车等先进技术装备，并将其运用于公共安全工程管理实践，提升各类公共安全问题的应急处置水平。例如，通过加快推进应急平台建设，整合现有公安、防汛、卫生、气象、人防等专业信息系统资源，形成科学、统一、高效的应急决策指挥网络，实现多系统之间的相互对接、互联互通和信息共享；通过完成对"110"、"119"、"122"三台合一以及与急救、市政等紧急信息接报平台的整合，形成"统一接报、分类分级处置"的应急机制；针对不同的发布对象，充分利用电视、广播、互联网、手机短信、电子显示屏等手段，扩大预警信息覆盖范围，提高预警的时效性、准确性。

## 二、机制联合

完善的组织和法规体系是实现统合管理的前提。构建统一、高效的组织管理体系，采取措施建设不同状态下的常态与应急管理部门的联动机制是实现应急与常态统合管理的重要内容。

建立形成不同状态下多部门间沟通与协调机制，实现多部门协调、上下多级联动。许多国家在应急管理和常态管理领域，都在机构建设和法规建设方面做了大量工作，但在统合管理视野下还缺乏足够的协调和融合，应急管理机制大多只考虑应急，常态管理机制或只考虑常态，较少考虑紧急情况，相对独立、各自为战，不协调、不衔接、不科学的管理问题不同程度地存在。一些国家现行的应急管理体制在预防与处置、与常态管理结合方面还存在欠缺，转换时往往需要临时抽组、相互磨合，甚至存在二次或多次组织的过程，不能适应突发事件频发、多发和重发的现实需求。在体系机构设置上，一些国家传统的常态和应急管理部门分别设立，虽在政府的大框架下，但各负其责，考虑问题从各自角度出发，缺乏有效的横向联系机制，即便设有专门的议事协调机构，但与需求相比，组织能力与管理措施偏软，难以达到协调联动、形成合力的要求；纵向联系时中间环节过多，运作模式不一，技术方法各不相同，机构设置和职能配置不统一，难以做到上下呼应步调一致。

探索和完善多部门、多机构对突发事件的联合处置机制。常态与应急统合管理需要在传统的行政手段的基础上，更有效地运用法律、经济、社会、科技等方法，达到统合管理高效、协调的目标，其核心是"两个最小化"，即危机突发事件出现频次的最小化（危机少出现）和危机事件损失的最小化（危机少损失）。统合管理的一个关键就是认识到这两个状态在空间和时间上的相互关系，尤其在两个状态相互转化的时候，及时调整管理模式，协调各个部门，统筹管理、信息共享，建立健全预案制度并使其切实发挥成效。因此，必须建立起一套与统合管理相适应的工作机制，明确职责权限，理顺工作关系，完善工作制度，从强化领导决策、加强部门协调、统筹职能考核等多方面促进常态与应急统合管理的推行。在部门协调上，要建立常态管理与应急管理负责部门之间的联立体系，强化统合管理意识，形成部门间的良好沟通渠道。

另外，统合管理的效能离不开科学完备的法律制度保障。具体的经验做法和规律性认识，需要通过制度建设予以规范和提升，以更好地指导实际工作。目前，在法律法规制定上，一些常态与应急管理的法规没有相互留有足够空间，在执行上还存在一些矛盾、冲突的问题。常态管理法治和应急管理的法治还需要进一步紧密结合，互为补充，尤其要注重发挥法律法规对非常态下应急行为的规范作用，这是发达国家统合管理遵循的一项重要原则性经验。因此，在制定常态管理有关法律法规时，要充分考虑超常规的突发情况，与有关应急方面的法律法规相衔接，并纳入相关条款。在应对突发事件的法律法规制订时，也要将相关防灾避灾、救助补偿、恢复重建等方面的扶持鼓励政策与常态管理政策充分结合，以满足保障受灾民众以及保护生态环境等方面的需要。

## 三、设施综合

工程设施是实现公共安全管理目标的关键工具。在实践中，首先需要在规划中统筹考虑，在工程设计上要做好综合设计，保证工程的自身安全，在运行管理上进行综合管理调度，将兴利工程和防灾工程综合考虑，实现工程的多用，使其功能更具综合性；并且兼顾经济成本与技术水平多个目标，使其满足统合管理的需求。

在基础设施建设中应充分考虑应急处置的需要。在应对各类突发事件过程中，基础设施防灾减灾能力薄弱的现象随处可见。为增强应急能力，减少突发事件带来的损失，必须有完善的基础工程设施来保障，这就要求在基础设施工程规划和建设时，一方面应尽可能减少其本身突发灾害的隐患；另一方面也要充分考虑防灾抗灾和应急处置的需要。以城市为例，作为一个开放、复杂的系统，城市正常运行依赖于基础设施之间协调互动关系的维系，当突发事件或灾害发生时，基础设施损坏或不能正常运转，城市问题就会沿着相互依赖关系链条"传播"，产生"多米诺骨牌"现象。因此，电力、交通、铁路、通讯、供水、供气等基础设施的规划设计要具有前瞻性、统筹规划、整合资源，充分考虑应急突发的需要，对基础设施抗灾能力进行论证，兼顾经济性与安全性，提高规划水平和建设标准；强化多灾易灾地区的防灾减灾综合治理，提高基础设施的抗灾能力，尤其是要充分考虑安全冗余，建设备用设施，确保应急时使用；另外，在进行城乡基础设施规划时，还应充分考虑应急避灾的需要，将平时用作广场、绿地、露天停车场等的公众场所，规划为临时性的避灾场所，满足居民避灾需要；同时，在技术经济可行的条件下，适当建设应急工程，是实现常规配置与应急配置相结合的重要内容。

统筹考虑城乡建设规划和应急体系建设规划，注重基础设施应急防灾减灾的需要，加强重要基础设施防灾抗灾能力建设。具体来说，一是着力加强市政设施抗灾能力建设，强化项目规划、选址、设计、建设和运营全过程的防灾管理，完善公用设施应急抢修方案；二是研究完善各类重要基础设施抗灾设防标准，对重要基础设施进行灾害风险评估，在规划设计、建设运营等环节严格落实抗灾设防标准。例如，在交通设施方面，要推进综合运输网络体系建设，加强紧急情况下的综合运输管理，建立突发事件紧急运输保障系统，尤其是国家空中紧急运输服务基地项目建设，提高空中快速救援能力；在通信设施方面，加快应急通信保障体系建设，提高公众通信网容灾备份能力，建立公共通信覆盖不到或瘫痪情况下的应急通信保障系统，增加卫星电话等小型、便携应急通信终端；在电力设施方面，加强电力系统抗灾能力建设，电源、电网建设选址要尽量避开灾害易发区和设施维护困难地区；在能源化工方面，煤矿要实施以瓦斯治理为重点的安全技术改造工程，推广应用瓦斯监测监控系统和先抽后采技术装备，建立危化品生产和储运实时监控系统，危化品生产企业要配备应急处置装置和设施；在卫生防疫方面，加强公共卫生服务和突发卫生事件处置，提高重大传染病疫情、群体性不明原因疫病等监测、检测、处置能力，加强重大动物疫情监测点、外来动植物检验检疫和应急处理能力建设。在反恐方面，对机场、核电站等重要基础设施加强安全警戒、检查等装备设备。此外，要加强城乡公共消防基础设施建设，对有风险隐患的尾矿库等拦挡设施要及时治理，加强水安全预警监测，实施重点江河湖库保护与污染治理。

对于不同区域，各地应根据本地区主要灾种，有针对性提高城乡防灾减灾基础能力，洪涝灾害多发区要加强防洪排涝工程建设，地震重点防御区要进一步强化建设工程抗震设防监管，地质灾害易发区要健全群防群治体系。要按照灾害风险区域划分，提高学校、医院、文化娱乐、大型商场等人员密集场所抗灾设防标准，将应急避难场所等防灾设施建设纳入城乡规划并付诸实施，同时要积极推进各类应急救援基地建设。

在应急处置过程中，将有关应急工程和设施建设等与灾后常态管理需要结合起来，实现资源节约利用。在灾后重建的工作中，要加强对基础设施抗击灾害能力的综合性科学规划，组织基础设施和产业恢复重建，提高灾区群众生产生活水平。

## 四、措施整合

传统的应急管理措施侧重临时应急处置，即在突发事件出现后才作出反应，临时组织动员，并调配大量资金和物资投入应急处置工作中。这种应急模式应对眼前的多，考虑长远的少；着眼局部的多，考虑全局的少；立足"抗"的多，考虑"防"的少。统合管理措施在制定之初就充分考虑常态措施与应急措施的对应转化，按照"应急中兼顾常态，常态中面向应急"的思路，从工程措施和非工程措施两大方面，整合预防性措施与应急管理处置措施，统一安排、合理配置人员、物资、财力、科技、资源等力量，达到有应急需要时能够即时发动，同时适于长期运用的效果，通过常态与应急措施的有机整合，发挥统合管理需求下措施合力，真正实现常态与应急管理的统合。

首先，在应急管理措施中考虑常态需求。其核心是在实施突发事件应急处置或抢险时，应急处置和恢复重建应紧密结合常态管理任务，在应急处置的各个阶段制定或筹划应急措施时，除了首先保障应急管理的目标需要，还要着眼于长远，进一步考虑应急措施对事后常态管理的影响，力求在应急任务完成后，突发事件处置过程中的应急设备、设施或工程能够顺利纳入常态建设与管理序列中，实现资源利用的最优化。例如，在地震救援过程中，从一开始就不能仅仅是关注救灾本身，而应在救援过程中和恢复重建时，就要考虑受灾地区人员的生活与生产问题，诸如住房重建、基础设施重建、公共服务设施重建、生产设施重建、防灾减灾设施重建以及生态环境恢复等一系列工作任务都需要充分考虑灾区和受灾人员的长远发展问题，不能只局限于灾后应急这一段时间或某一项工作、工程任务，要以恢复重建为契机，尊重科学、尊重自然，充分考虑资源环境承载能力，统筹兼顾，科学规划，将恢复重建与改善生产生活条件结合起来，统筹与经济社会发展、生态文明建设的关系，与推进城镇化和新农村建设相衔接，促进灾区经济社会全面、协调、可持续发展。从这个意义上说，恢复重建措施正是应急阶段与常规阶段的重要衔接措施，其管理行为体现着常态管理与应急管理统合的基本意义。当然实际中，统合管理的范畴和意义乃至措施并不局限于这个阶段。

其次，在常态管理措施中面向应急管理需求。其核心是在日常管理措施制定中以应急管理需求为目标之一，在维护社会系统正常运转，提高管理效率的同时，培育、建设社会系统应对突发事件的能力和力量。常态管理涉及社会系统的方方面面，包括管理机制体系建设、人员队伍建设、管理资金投入机制、宣传与国际交流机制等。如果常态管理措施制定中要面向应急管理的需求，就还需要考虑更为复杂的、更具前瞻性的、能够即刻应用于突发事件处置的一些管理措施。例如，在管理机制体系建设方面，常态管理还需要建立健全各类救援装备统一调度、快速运送、合理调配、密切协作的工作机制；加紧推进应急物资储备体系建设，优化储备布局和方式，建立和完善国家级应急物资储备网络，加强地方应急物资储备库建设，合理确定储备品种和规模，实行动态管理，保证及时补充和更新。对重特大突发事件处置过程中峰值需求大、储备条件要求较高、生产工艺特殊的应急物资，统一建立生产能力储备体系。加强跨部门、跨地区、跨行业的应急物资协同保障、监测预警和信息共享，建立高效调运机制。充分发挥社会储备的作用，建立协调机制，制定优惠措施，鼓励企业、社会组织和个人进行应急物资储备，实现国家储备与社会储备的有机结合，提高应急救援装备的产业化、市场化水平。在宣传交流方面，把应急教育融入到常规的教育体系中，加强面向公众的防灾避灾普及教育和宣传活动，加强社会公众的应急知识和技能的培训，增大应急条件下的社会动员力量，提高社会应急管理水平，提高公众应对突发事件的自救互救能力。还要把应急管理寓于日常管理之中，把工作着力点前移，在做好各项应急准备工作的同时，强化避险防灾教育，切实做到准备在先、防患未然。鼓励应急管理部门、专业应急管理组织和机构，积极开展公众自我保护的"急救"知识培训、宣传和展示活动，鼓励中小学开设这方面的教学内容，鼓励电台、电视台等新闻媒体宣传应急知识。加强社会风险防范意识和灾害应对能力的宣传教育，提高公众的忧患意识和节约保护意识。培养志愿者的应急技能，做好全民性的危机应对演练，提高群众应对危机的心理素质和实际能力，从而全面提高各类社会力量参与应急的意识和能力，将宣传教育和国际交流作为实施统合管理的重要推手。

再次，在队伍建设方面，积极推进各类应急队伍和常规力量的协调和整合，将军队、武警等参与抢险救灾的力量纳入国家应急体系，研究提高应急抢险综合能力的方案。从目前应急队伍建设来看，各类应急专业队伍主要分散在各专业部门、地方和企业，如抗洪抢险、抗震救灾、森林消防、海上搜救、城市消防、矿山救护、核应急、医疗救护等救援队伍，在处置突发事件中发挥了重要作用。但大多数队伍远程快速拉动能力较差，在恶劣条件下独立和持续作业能力较弱，专业搜救装备水平还不高，不同专业队伍现场协同作战能力较差。为此，应根据各类突发公共事件处置救援需要，充分考虑不同地区、行业的实际情况，有重点地加强综合性和专业性应急救援队伍建设，提高应急装备水平。应推进各类专业应急救援队伍的整合和互补，常规施工力量要和应急队伍体系相结合，大力建设志愿者队伍和基层公益队伍，充分发挥专家学者的专业特长和技术优势，建立救援专家队伍。

除了上述专业性队伍外，其他各类社会人群的力量也不容忽视，在常态管理中必须坚持以人为本，充分发挥各类人群在统合管理中的作用，对提高统合管理效能具有决定性意义。统合管理更强调全社会的参与，也并不仅仅限于应对突发事件本身，但相对于专业力量而言，社会公众人数多、个体性强、素质差异明显、行为分散，需要从日常培训、组织演习等多方面强化综合能力建设，以提高其应对危机时的能力和水平。

那么，常态与应急统合管理是否意味着常态中的每一项管理政策、方法、措施都要预先考虑应急管理的需求，应急管理中的每一项管理政策、方法、措施也必须考虑将来恢复常态管理是如何发挥更好的作用呢？如果不是，那将在哪些方面统合，才能产生更好的效果呢？我们不妨先看看下面这个事例。

人类大脑通过神经控制两条腿走路，但只要一不协调，就可能被自己绊倒。而自然界的蜈蚣有那么多脚，走路的时候却每只脚循规蹈矩，行动迅速。按照人类自己的经验，不禁要推论，难道蜈蚣的大脑一直在掌控每只脚的位置，通过计算来决定该挪动哪只脚，挪动多少距离吗？查阅有关资料得知，其实，蜈蚣走路的时候其大脑根本不需要计算，在爬行的时候它的每条腿遵循着"不妨碍相邻的腿"这个原则。只要满足了这个条件，蜈蚣就能有条不紊地前进，并且产生优美的节奏。如果蜈蚣的大脑硬要控制每条腿何时挪动、挪动多少，估计蜈蚣都不知道怎样走路了。它之所以能够行动迅速，单独的一条腿不需要协调每条腿的状态，只需要协调好与之相邻的腿的关系即可。也就是说，在系统中，每个单独要素不需要通过系统整体状态来决定自身行动，只要根据与其他相关联构成要素之间的相互关系来协调就足够了。推及统合管理，统合的视域虽然随着具体统合事例变化而变化，但是其范围是有限的，其程度也是有限的，每一项措施只需视与其相关联的构成要素和环境进行合合就足矣。

## 专栏

### 对现代管理和决策方法的思考

刘 宁

自从有了人类社会，就有了管理。管理的核心是决策，以科学决策为核心内容的现代管理，是经济迅速发展和社会进步的主要因素。用以人为本、全面协调可持续的科学发展观指导管理实践是现代管理理论的精髓。随着经济社会的不断发展，现代管理也面临着新的挑战，探讨现代管理理论和科学的决策方法具有重要意义。

### 一、对现代管理的认识

当前，中国正在进入全面建设小康社会、加快推进社会主义现代化的新阶段，加入世贸组织、经济全球化、科技进步加快和西部大开发给社会经济快速发展带来新的契机，由此形成了社会经济成分和经济利益、社会生活方式、社会组织形式、就业岗位和就业方式日益多样化等方面的深刻变化，人们思想活动的独立性、选择性、多变性、差异性明显增加，贫富差距拉大、就业形势严峻、腐败等一系列社会问题逐渐显现，使经济社会管理面临前所未有的复杂情况。

一是经济发展过热。特别是2003年以来，中国经济运行中的一些矛盾和问题进一步显现，新开工项目多、在建规模大、一些行业和地区投资扩张加速，尤其是钢铁、电解铝、水泥、房地产开发等行业出现增长过热的趋势，引起信贷规模过大、煤电油运紧张、基础产品价格上涨等，银行不良贷款率处于高风险状态。特别是房地产价格扶摇直上，远远超出了普通群众的购买能力，群众不满情绪溢于言表。这种情况下，如果不及时采取有效的宏观调控措施，大好的发展形势就可能发生逆转。二是各种社会矛盾仍大量存在。我国当前正处在经济体制转轨、经济结构调整和增长方式转变的重要时期，国内将不断会有企业出现兼并或破产，农业、农产品市场面临国际市场的冲击，城乡居民就业形势更加严峻，社会管理难度将愈显突出。因征地、拆迁、工程移民、融资、资源纠纷、贫富差距拉大（基尼系数已经超过0.4，按国家统计局数据，2006年中国基尼系数为0.487）以及腐败等带来的问题，将会引发更多、更复杂的矛盾。三是管理范围扩大，难度增加。随着金融、外贸、电信、旅游等各行业的不断发展，与其相适应的管理机制、内容、规范、措施尚待进一步完善，特别是要实现对一些"前沿"领域、行业的有效管理，难度更大，对管理人员的素质要求更高。复杂多变的国际、国内政治形势，东西方文化、观念等差异性的歧见，也都增加了管理的难度。四是风险管理面临更大挑战。科学技术和社会经济的发展使得风险的产生以及风险损失、风险收益都不断发生变化，并呈现出风险增长的特征，人类面临的风险危机越来越多样、越来越复杂。近年来发生的SARS、禽流感、重大突发污染事件等，都对公共风险管理提出了新的挑战，如何有效地预防危机、处理危机乃至管理危机成为迫切需要研究的重大课题。要解决这些问题，关键是要实施以科学发展观为核心理念的现代管理。

要推进现代管理，必须牢固树立和认真落实科学发展观，把科学发展观贯彻到管理实践中。在管理理念上，要坚持人民利益高于一切的原则，深入了解民情，充分反映民意，把权为民所用、情为民所系、利为民所谋的要求落实到经济社会发展的各项任务中去。在管理目标上，坚持一切从实际出发，坚持人与自然和谐相处，注重保护生态和环境，防止片面追求经济指标的错误倾向，推进经济社会全面、协调、可持续发展。在管理机制上，建立符合最广大人民根本利益的周密、高效的管理机制，抓好人才培养、选拔和使用以及管理过程的各个具体环节，精简管理机构和管理队伍，提高管理效率，建立健全有利于统筹兼顾、可持续发展的机制、体制和制度，以及结构合理、配置科学、程序严密、制约有效的权力运行机制。在管理手段上，采用市场和法律并举的管理手段，注重发挥政府宏观调控的职能。要加强法制建设，推进依法治国，按照政企分开、政事分开的原则，转变政府职能，加强宏观调控、市场监督、社会管理和公共服务，营造务实高效的服务环境。因此，必须按照现代管理的要求，做出符合国情和需求的战略部署，把经济社会发展转移到依靠科技进步和提高劳动者素质上，打破资源和环境等方面的瓶颈制约，努力扩展新的发展领域和空间，使中国走上科技主导、资源消耗低、环境污染少、人力资源优势得到充分发挥的可持续发展道路。以人为本，是科学发展观的重要理念，也与现代管理学所提倡的人本管理理念相吻合。今后管理改革的一个重要方向，就是从计划经济时代中注重人的道德品质并以此作为人的根本，转变为市场经济和知识经济条件下更注重人的素质、知识和能力并把知识和能力作为人的立身之本。

## 二、对决策方法的探讨

尽管我们的管理水平在不断提高，但是很多还是基于经验管理。管理不能凭个人意志，而是要根据科学；科学管理，最大的挑战和风险在于决策。决策科学是现代管理理论的重要组成部分。

决策科学是近代开始形成的。20世纪40年代以来，系统科学的出现和发展以及电子计算机的使用，为人类决策的科学化提供了有力的分析工具和手段，推动了决策的定量化进程。人们借助于数学，特别是运筹学的理论和方法，在系统学的指导之下，采用电子计算机等手段，对各种决策问题进行分析、研究、论证，以实现决策的科学化。在决策科学的分类上，按不同的标准，可将决策理论划分为程序化决策与非程序化决策，逻辑决策与直觉决策，单目标决策与多目标决策，确定性决策、风险性决策与非确定性决策等。在当今知识经济时代，群决策、多目标决策、风险决策、行政决策的重要性越来越突出，而确定性决策分析、目标规划分析、理想综合评价法、专家排序优序评价法、模糊综合评价法、层次分析决策法、折中决策方法等决策分析方法在保障决策的科学性、合理性上将发挥更为重要的作用。

当前，以多目标决策理论和方法为主要内容的决策学，在管理科学中的地位和作用日益显露出来。多目标决策是20世纪70年代后发展起来的一门新兴学科，它的基本问题是研究如何在多个存在着矛盾和冲突的决策目标下进行有效和科学决策的问题。从理论的角度来看，多目标决策吸取了行为科学、认识论科学等社会科学方面的成果，同时吸取了信息论、控制论、系统论等自然科学或新的交叉科学方面的成果，从而逐步形成了多目标决策学，进而逐步形成了决策学这门综合性的学科。事实上，人们在政治、经济、科技、文化和其他社会活动中所遇到的决策问题绝大多数是多目标的，兴建一项水利枢纽工程，不仅涉及工程目标、经济目标，而且涉及生态环境目标、社会目标等等。随着科学、经济和社会的发展，人们面临着越来越多的多目标决策问题，用多目标的观点来反映和描述决策问题更加符合实际，从而才能有效地解决决策问题。

## 三、管理者能力的提升与认同

除却政府要提高依法行政、科学行政和民主行政的能力外，管理者个人更要不断提升五方面的能力：一为综合分析能力，二为组织实施能力，三为沟通协调能力，四为决策应变能力，五为工作创新能力。这五方面的能力高低见仁见智，但作者以为，这五方面能力要发挥好还需一个前提和一个先决条件：前提是品德，条件是机遇。

德才兼备，德为先。现在干部考核注重：德、能、勤、绩、廉。关于德的论述与要义非常多，这里从反方向说明：一个人做事犯错误是常有的事情。犯一次错，是经验少；犯两次以上错，是能力不高；但是有一种人，不管犯什么错误，只有一个目的，那就是为了自己的利益，就是德性缺失的问题，难以重用！

做人要以信达雅为本。信：一方面就是要讲信用，守信用，言必行，行必果，言行一致；另一方面无论任何时候都要保持本色，不失自我，诚信，才能履中踏对，这是古人修身的逻辑起点。达：一方面就是要到位，防止过或不及；另一方面就是要通达，有胸怀，有筋骨。"世事洞明皆学问，人情练达即文章"。雅：一方面就是要有境界，修身养性；另一方面就是要言行高尚，做有益而纯粹的人。实际上很多事情都是可以凭借高尚的境界加以圆满解决的。

工作要以清慎勤为本。处事则要以智仁勇为本。总之，在现代经济社会发展的进程中，管理和决策将面临更大的挑战。做好管理工作，管理者必须以科学发展观为指导，按照构建社会主义和谐社会的要求，坚持以人为本，进一步加强现代管理理论和决策方法的研究，推进现代管理和科学决策，支撑经济社会的可持续发展。

（本文是作者2006年在中央党校学习期间完成，发表于《理论前沿》2006年第14期）

# 第六章 典型案例分析

全面提升经济社会系统的公共安全事件防范应对能力,最大限度保障人民生命财产安全是常态与应急统合管理的总体目标和核心意义。在现代公共安全工程管理事务中强化常态管理与应急管理的有机衔接,探索统合常态与应急管理视域下的极端灾害和社会危机处置模式是实现未来公共安全目标的重要任务。本章旨在通过梳理近年来具有显著影响的国内外公共安全危机典型事件,从常态与应急统合管理角度出发对这些事件的发生过程、突出特点、处置对策和经验启示进行审视和分析,观察这些事件实际处置过程中,常态与应急统合管理在其中存在的意义和发挥的实际作用,并由此揭示在公共安全事务管理中应用统合管理的必要性和实践方法。值得注意的是,本章所给出的典型案例作为近年来的热点事件得到了各界的广泛关注,并在不同的研究领域和研究目标指引下被引用和论述,本书对这些案例的解读并非是对事件本身进行系统解析,而是以统合管理为基本视角,客观剖析这种管理模式对于公共安全危机事件应对处置的积极意义,并从中寻求进一步的启示。

## 第一节 地震灾害

地震是一种最为常见的突发性自然灾害。全球地震主要分布在环太平洋地震带、欧亚地震带和大洋海岭地震带三个地震带上。中国处在环太平洋和地中海-喜马拉雅两大地震带交汇部位,地震强度大、分布广、频率高、损失重。据有关部门统计,20世纪全球大陆35%的7级以上地震发生在中国,全球地震造成120万人死亡,中国约占1/2。1949年以来,中国因地震造成的死亡人数约36万人,比其他各类自然灾害造成死亡人数的总和还多。中国41%的国土面积位于Ⅶ度或以上的地震高烈度区域,包括50%的城市和70%的百万人口以上的大城市。

当前,全球正处于地震活跃、分布集中期,中国也已进入地震活动水平较高、强烈地震多发时期。2008年以来,中国南北地震带强震频发,已发生汶川8.0级、玉树7.1级和芦山7.0级3次危害严重的地震,震情形势严峻复杂,必须保持高度警惕。

为应对地震灾害威胁,世界各国在地震预报、应急救援、灾后重建等方面均开展了大量的研究工作,对包括其他大灾害在内的现代化管理进行了有益探索。一些国家相继组建了紧急救援队,政府机构中设立了相关主管部门,加强了应对地震灾害的组织领导,强化了机构、队伍、技术及法律等方面能力建设。随着国际关系的日益密切,地震灾害救援呈现出社会化和国际化的趋势,社会志愿者行动成为应急管理中的一种重要力量。在地震灾害应急管理方面,日本、美国、俄罗斯、中国等国本身就深受地震的危害,通过在救灾实践中的不断探索、总结与创新,建立了较为完善的应急救援体系,应急救灾能力也较高,当发生严重地震灾害时,这些国家的应急管理机构能迅速作出反应,为减少伤亡和促进受灾(地区)的应急救援工作起到了积极的作用。

但是,必须承认,在巨大的自然灾害面前,损失仍然无法避免,甚至是难以估量的。值得关注的是,随着人类社会的发展,灾害损失的形式与特征也在发生变化,对此,人类在灾害应对方面仍然存在许多不足之处,需要不断地提高和完善。许多事实表明,这许多不足并没有因社会进步而补足,甚至还有所增大。这不能不让人们从管理方法而不是局限于手段去探究。下面通过几个典型的地震灾害案例,观察并分析应对地震灾害过程中的做法、成效,从中获得经验与启示,以资进一步说明统合管理的意义和作用。

## 一、汶川特大地震灾害

### (一)灾害基本情况

#### 1. 灾害概况

2008年5月12日14时28分,四川省汶川县发生里氏8.0级特大地震,造成四川、甘肃、陕西、重庆、云南等10个省(市)、417个县(市、区)、4667个乡(镇)、4625.7万人受灾。这是中国1949年以来震级最高、破坏性最强、波及范围最大的一次地震。此次地震造成数千万间房屋倒塌损坏,数万人遇难失踪,数十万人受伤,数千万群众失去家园,经济损失更是难以计量(图6-1)。

#### 2. 灾害主要特点

(1)强度大,烈度高,余震频繁,破坏性强

中国国家地震台网最终测定汶川特大地震的震级为8.0级,地震释放的能量是1976年唐山7.8级地震的2倍;震中北川等地烈度达11度。巨大的地震产生明显的地表破裂带,位于破裂带范围的城镇几乎被夷为平地,房屋倒塌损毁,道路、桥梁等基础设施破坏严重。主震之后,强余震不断,其中6.0级以上余震8次,最大震级为6.4级。强余震不仅加重了对建筑物的破坏,也对抢险救灾人员的生命安全构成威胁。

图 6-1　震后的北川县城

(2) 波及范围广，受灾人口多，人员死伤惨重

地震发生后，除了吉林、黑龙江和新疆没有震感报道以外，其他省（自治区、直辖市）都有不同的震感，尤其是四川、重庆、甘肃、陕西、云南、青海、宁夏等省（自治区、直辖市）震感普遍强烈。沿地震形成破裂带，多个城镇被毁，重灾区面积达到 12.5 万 $km^2$，涉及 6 个市（州）、88 个县（市、区）、1204 个乡（镇）、2792 万人，需要紧急救援的人数众多。其中四川映秀、北川等城镇造成的破坏和伤亡最为严重（图 6-2）。

(3) 天气和地理条件差，次生灾害威胁大，救援及受灾人员安置难度大

震区地形复杂，加上主震发生后连续发生强降雨，且余震不断，山体崩塌、滑坡频繁，阻断交通、通信、电力线路。一些区域情况不明，大型救援机械无法进入，直升机巡查、救灾物资空投等活动也受到影响。持续的强降水还进一步增加山体滑坡、泥石流、堰塞湖和震损水库等次生灾害风险，尤其是已经形成的唐家山等 35 处大型堰塞湖在降水以及上游汇水作用下，水位持续升高，水量增大，使其情况更为复杂、风险剧增，给当地受灾民众以及抢险救灾的官兵、医护人员等安全带来严重威胁，增加了救援行动、人员安置和抢险排险的难度（李永红和高照良，2009）。

(4) 致灾严重，损失大，灾后重建任务十分艰巨

在汶川地震重灾区，基础设施和人员伤亡损失惨重。据统计：截至 2008 年 9 月 25

## 第六章　典型案例分析

图 6-2　地震后的映秀镇满目疮痍

图片来源：http://www.nfdaily.cn/bfq/content/2008-05/14/content_4402879.htm

日 12 时，汶川特大地震致 69 227 人遇难，374 643 人受伤，失踪 17 923 人，房屋倒塌 50 余万间，公路损毁 30 多万公里。后来的一些资料数据表明，北川县作为重灾区中的重灾区，老县城 80%、新县城 60% 以上的建筑物因地震垮塌，县城周边发生大面积山体滑坡；县城上游形成唐家山堰塞湖，威胁下游 100 多万人生命财产安全；县城曲山镇共 2 万余人，其中城区 1 万余人，仅 4000 多人脱险。根据重建规划，北川县城进行了异地重建，原城址群为地震博物馆。其他重灾区，如青川县、安县等多数乡镇，50% 以上的房屋被毁，秀水镇、睢水镇、高川乡、茶坪乡、永安镇等乡镇的 100 余座村庄几乎全部被摧毁，面临的灾后重建任务十分艰巨。

## （二）灾害应对情况及特点分析

### 1. 灾害应对情况

（1）应急响应

汶川地震发生后约 12 分钟，地震速报参数传到中国地震台网中心应急响应部，随即启动了地震应急指挥技术系统，同时开始对此次地震的灾害进行快速评估，并启动了辅助决策系统。5 分钟后，提出应急响应的级别，建议启动 Ⅰ 级响应，并按照地震应急预案的 Ⅰ 级响应要求，国家应急救灾指挥系统与四川、陕西、甘肃、内蒙古和浙江等地指挥部全天候连通。此外，还启动防震减灾公益号码 12322 地震信息平台，搜集地震灾害信息，并快速送达政府相关部门。整个应急响应过程大约在 10 分钟内完成。15 时 40 分，根据汇总的地震灾害评估信息国家自然灾害救助 Ⅱ 级应急响应启动，紧急向民政部所属的 10 个中央救灾物资储备库发出调令，要求将 14.96 万顶救灾帐篷通过铁路、公路尽快运往地震灾区；22 时 15 分，国家减灾委员会将响应等级提升为 Ⅰ 级；23 时，国家紧急下拨四川省第一笔救灾资金 7 亿元。

在地区层面，5 月 12 日 14 时 58 分，震后 30 分钟，四川省启动省级自然灾害救助 Ⅰ 级响应，当晚，四川省"5·12"抗震救灾指挥部成立，下设救灾应急安置、接收捐赠、综合宣传、物资调运、遇难遗体处理、后勤保障 6 个工作组。随后，全省 21 个市（州）均成立了抗震救灾指挥部。

（2）人员安置

汶川特大地震共造成 4625.7 万人受灾，因灾紧急转移群众 1510.6 万人，大量群众成为无房可住、无生产资料和无生活来源的困难人员，急需大量救灾帐篷来临时安置。震后初期，在"救人、救人、再救人"的同时，各级政府把尽可能多地筹集救灾帐篷、搭建临时住所作为救灾工作的任务之一。5 月 13 日起，全国各地筹集的 43.98 万顶帐篷和能够搭建 4.53 万间简易房的篷布快速运往灾区，一定程度上缓解了临时安置困难；5 月 17 日，国家再次紧急采购帐篷总量达到 83.9 万顶；5 月 20 日，紧急采购总量升至 90 万顶。与此同时，为保障帐篷、彩条布、篷布等救灾物资的生产和调运，确保生产所需的原料、配件价格基本稳定，及时出台了价格干预措施。

据统计，在灾后较短时间内，全国各地共向四川、甘肃、陕西等地灾区调运帐篷 157.97 万顶，安装活动板房 67.71 万多套，组织搭建简易房 184.3 万户，并行采取集中安置、投靠亲友等方式，妥善解决了受灾人员临时住所问题（图 6-3）。

（3）生活保障

地震发生后转移出来的受灾人员，除安置临时居所外，还急需食品、饮水、衣被、

第六章 典型案例分析

图 6-3 位于都江堰的人员安置点
图片来源：http：//www.sccom.gov.cn/xxfb/page/512dz/images/p231-l.jpg

医疗等方面的生活救助。国家动用空军部队向汶川等地空投空运了大量棉衣被、食品、饮用水等救灾物资。全国各地的救灾物资源源不断运抵灾区。当地政府组织起 600 多人志愿者和公益人员，在省民政厅、成都火车东站、龙潭寺仓库和双流、太平寺、凤凰山、邛崃、广汉、绵阳 6 个机场设立救灾物资接收组，负责救灾物资接收、保管、分配和转运工作。仅在成都火车站东站，每天不定时地调运和发放的救灾物资达 100 多个车皮。灾后 10 多天，1000 多个车皮、超过 6 万 t 的救灾物资及时发运到德阳、绵阳、广元等重灾区，仅通过公路运输的救灾物资亦超过 3 万 t。

对于生活类救灾物资的分配发放，国家颁布了《汶川地震抗震救灾生活类物资分配办法》，要求各地根据受灾区域大小、人口密度、群众需求进行分配，确保救灾物资及时、快捷、高效、公开、公平和公正发放。以四川省都江堰市为例，该市救灾物资调配中心，每天将救灾物资大批运进，又分发至市内各灾区，一批物资从接收到发放，一般要经过"登记接收、清点入库、计划发放、出库、反馈"5 个步骤。对于社会捐赠资金，则要在审计财政部门的监管下，存入银行特设的账户。纪检、监察、审计等部门对捐赠款物的管理和分配进行了全程督查。

（4）灾区重建

2008 年 6 月 18 日，国务院正式颁布《汶川地震灾后恢复重建对口支援方案》，决定举全国之力，建立灾后恢复重建对口支援机制，以加快地震灾区灾后恢复重建。具体由中央政府根据各地经济发展水平和区域发展战略，组织东部和中部地区省市以"一省帮一重灾县"原则，要求各省市在3年期内以不低于1%的地方财政收入对口支援重灾县市重建工作。其中支援方为广东、江苏、上海、山东、浙江、北京、辽宁、河南、河北、山西、福建、湖南、湖北、安徽、天津、黑龙江、重庆、江西、吉林共19个省市，受援方为四川省北川县、汶川县、青川县、绵竹市等18个县（市），以及甘肃省、陕西省受灾严重的地区。主要援助项目为提供规划编制、建筑设计、专家咨询、工程建设以及监理、建设和修复学校、住房、医院、交通设施等内容。至2010年5月12日，即地震后两周年，对口支援省市完成投资已经超过640亿元，完成预期目标的80%以上。

2008年9月19日，国务院颁布《汶川地震灾后恢复重建总体规划》，决定用3年时间使灾区的基本生活条件和经济社会发展水平达到或超过灾前水平，其中具体对住房、建设、公共设施、产业重组、生态环境、民族关系、重建基金等9大类专项36个子项目进行具体规划。2009年9月14日，审计署发布《汶川地震灾后恢复重建跟踪审计结果》，对部分重建项目进行审评及提出整改方案。

另外，香港特别行政区也参与了灾后重建工作，特别行政区政府部门、专业机构及学会组成"香港建造界5·12重建工程联席会议"，支援建设项目达150项，包括对卧龙自然保护区、教育医疗及卫生设施的重建。

2012年2月24日，四川省宣布汶川地震灾后重建胜利完成。

## 2. 灾害应对主要特点分析

（1）中央统一指挥，全国组织动员，地方、部门、军队协调联动

地震发生后几小时内，国务院迅速成立抗震救灾总指挥部，并由军队和地方联合建立了"四位一体"的联合指挥机构，国务院总理到救灾一线统一指挥救援、救灾行动。在短时间内，各种工作很快就进入了紧张有序状态。在这次抗震救灾中，政府发挥的作用突出表现为"两规模、一高效"：一是动员社会各界积极投入的人力规模空前，调集投入抗震救灾的物资种类和数量规模空前。志愿者和非政府组织积极赶赴灾区，同时以捐款捐物、医疗、心理援助等各种灵活的形式参与抗震救灾，在灾区援助和重建中发挥了重要的作用。二是调配和使用这些规模空前的人力物力的效率之高也是空前。中央与地方政府部门、军队和社会其他的各个方面密切配合，积极合作，不仅接受了国际上基于道义的慰问，还公布物资需求清单，积极寻求国际帮助，接受国外资金和救灾物资的捐助，允许国外救援队进入灾区，允许其他国家的军用飞机运送物资到灾区等，创造了空前的对外合作规模。另外，在政府主导下，各非政府组织密切合作，在灾后需求评估的基础上，配合政府重建政策，做好灾后重建规划，更加理性地参与灾区救援与恢复重建工作。这些都体现了政府的应急管理机制和应急能力已经完全能够应对汶川大地震这

类重特大突发公共事件，基本上具备国际水准。由于政府应急管理得力，抗震救灾成效明显，众多的受灾人员得以脱险，人员伤亡和损失也得到了有效的控制（图6-4）。

图6-4　直升机携救援物资抵达汶川

图片来源：http://www.chinamil.com.cn/site1/2009zt/2009-04/30/content_1746056.htm

（2）立即启动应急响应，各方力量迅速到位，全力以赴抢险救灾

自2003年"非典"以后，中国建立了相对完整的包括地震灾害在内的突发事件应急预案体系。汶川特大地震发生后，中央、各部门和四川省按照预案在第一时间迅速启动应急响应，有关各方按照各自职责迅速投入抗震救灾。与1976年唐山大地震、1998年长江大洪灾、2003年的"非典"相比，汶川地震发生后，中国政府同社会各界与时间竞速，出现了"第一时间现象"。国家在震后第一时间作出了应对决策；媒体在第一时间发布了地震的信息；军队和政府各部门在第一时间布置救灾工作，派出救援队伍抢救生命；震区各级政府迅速反应，克服极大困难，第一时间组织救人、救援。各地、各单位第一时间伸出援助之手，组织多个医疗救援队赶赴灾区，秉承"生命高于一切""一线希望，百倍努力"的理念，采取"集中伤员、集中专家、集中资源、集中救治"的策略，在10万 $km^2$ 的灾区范围内展开了争分夺秒的抢救生命行动，后期将伤员转运省内外集中救治，提高了有限医疗资源的利用效率（图6-5）。在这场生死竞速中，新闻报道也发挥了独特的作用。一个个急促的时间刻度，清晰地记录下国家对生命的尊重，对公民的责任。

图 6-5 救援队伍乘运输机紧急赶赴灾区

图片来源：http://space.tv.cctv.com/act/article.jsp?articleId=ARTI1257148270981327&nowpage=19

(3) 统筹协调，科学规划，开展对口支援援建

一方有难，八方支援。根据国家统一决策部署，负责地震灾区对口支援任务的19个省市成立专门领导小组，快速启动对口支援工作；派出专人赴灾区了解当地需求，加强前后方协调；细分任务，组织有关部门协助恢复灾区道路、电力、通信等基础设施；着眼长远，帮助灾区科学制订恢复重建方案，把恢复重建与经济社会长远发展结合起来。到2010年9月，汶川地震灾区对口援建按照计划基本完成，为支持灾区群众重建家园，恢复社会秩序发挥了巨大作用。

## (三) 启示

### 1. 统筹常态与应急管理体系是增强灾害应对能力的重要基础

在应对汶川地震灾害中，中国政府构建了统一高效的组织管理体系，采用了"中央统一指挥、属地管理为主、部门军地联动"的应急管理模式，这一做法源于中国现行的管理体制机制。在抗震减灾方面，设立国务院抗震救灾指挥部，由国务院副总理牵头，各有关部门和军队派员参加，这一机构的职能是统筹指挥或指导，做好科学调度和协调支援，具体开展抗震救灾工作的职责还是在地方政府以及日常的管理部门。从应对汶川地震抗震救灾的实践看，为提高科学应对灾害的能力和效力，必须将常态管理和应急管理有机统筹起来，进一步完善常态与应急相结合的机构组织管理体系。常规状态下，各有关部门需要构建部门沟通与协调机制；应急状态下，需要进行统一指挥和部署，建立多部门协调、上下多级联动机制。中国以往的突发事件管理体制有利于充分发挥中央与地方、政府与部门、专业机构与社会组织和其他社会成员的积极性，但也容易造成应急管理人力、物力和财力资源分散堆积，以及突发事件防范应对职责不够明确、指挥不够高效、响应不够灵敏等问题。现代应急管理已经不再是某个部门单独对某个突发事件进行管理和应对，而是多部门、多机构对突发事件的联合处置。常态与应急的统合管理不仅需要传统的行政手段，也需要法律、经济、社会等手段，建立完善的制度体系。因此，必须将常态管理体系和应急管理体系统筹起来考虑，全面加强公共安全常态和应急管理机构建设，明确职责权限，理顺工作关系，完善工作制度，从强化领导决策、加强部门协调、职能考核等多方面促进常态与应急管理的统筹协调。同时，必须推进各地区、各部门以及高危行业大中型企业应急与常态管理体系和工作机制建设，着力加强地方、部门、军队之间信息共享、协调联动，统筹各种资源，提高联合处置能力，科学高效、协同有序应对各类突发事件。

### 2. 强化法规和预案建设是实现常态与应急管理统筹的有力保障

汶川地震发生后，国家和地方政府立即启动抗震减灾应急预案，有关各方按照预案迅速行动，投入抗震救灾。中国现行的法律法规和预案体系为这些行动提供了依据，《中华人民共和国突发事件应对法》《中华人民共和国防震减灾法》《破坏性地震应急条例》等法律法规和《国家突发公共事件总体预案》《国家自然灾害救助应急预案》《国家地震应急预案》等为应对地震等灾害的体制、机制、行动作了具体规定，为抗震救灾工作提供了坚实的法治保障。另外，在汶川抗震救灾工作过程中，国家和有关部门也出台了受灾人员安置、救灾资金物资管理、捐赠接收办法等一系列制度规定，提高了工作的规范性和严谨性。

从应对汶川地震的经验看，为提高应对类似汶川地震这样巨灾的能力，还必须进一步强化常态和应急结合的法制预案体系建设。常态管理需要法治，非常态下的应急管理也需要法治，法律手段是应对突发事件最基本、最主要的手段。目前，在法律法规制定上，一些应急和常态管理的法规没有相互留有足够空间，在执行上还存在一些矛盾、冲突的问题。常态管理法治和应急管理法治要紧密结合，互为补充，尤其要注重发挥法律法规对非常态下应急行为的规范作用。因此，在制定常态管理有关法律法规时，要充分考虑超越常规的突发情况，与有关应急方面的法律法规相衔接，并纳入相关条款。在应对突发事件的法律法规制订时，也要将相关防灾避灾、救助补偿、恢复重建等方面的扶持鼓励政策与常态管理政策充分结合，以满足保障受灾群众生活以及保护生态环境等的需要。要加快应急和常态管理法制建设，抓紧研究解决应急和常态相关法律法规冲突的问题，及时修改相关条款，并根据实际情况制定相应的实施办法。要针对救援补偿、伤亡抚恤等问题，研究制订相关部门规章、地方性法规，指导、规范各地应急管理行为，充分调动各方参与应急工作的积极性。要进一步修订完善各类应急预案，按照预防与应急相结合、常态与非常态相结合的原则,充分发挥现有人力和资源的作用,完善突发事件预警分级标准和应急响应行动方案,确保预案编制的完备性、应用的可操作性和流程的合理性。针对地震、火灾这类必然发生,只是发生的时间、地点不明确的公共安全突发事件,要充分利用当前科研成果——情景构建来指导预案制定及防灾准备。据"情景"制定的预案更具针对性和操作性。因"情景"不同于传统的"典型事件",它不是一个具体事件的投影,而是无数个同类事件和预期风险的集合,基于普遍规律和特定要素的全过程、全方位、全景式的系统描述,代表一个国家或地区的主要威胁。

### 3. 科学制定灾后重建规划是实现灾区恢复和社会发展的有效途径

汶川地震后,中国组织有关方面科学制定恢复重建规划,将灾后重建与灾区经济社会发展、居民生产生活以及民族风俗等有机结合起来,取得了举世瞩目的成绩。由此可见,在灾后恢复重建阶段,居民住房、基础设施、公共服务设施等都要充分考虑灾区和受灾群众长远发展和生态环境的保护,不能局限于灾后临时恢复,否则可能造成工作被动或资源极大浪费。要以恢复重建为契机,充分考虑资源环境承载能力,科学规划,将恢复重建与改善生产生活条件结合起来,与推进工业化、城镇化和新农村建设相结合,促进灾区经济社会全面、协调、可持续发展。当然,在重建过程中,亦应力避奢华,决不能搞脱离实际、背离实用的所谓"高端、大气、上档次"的设施,既浪费,又于景不合,为人不屑。

另外,在汶川地震恢复重建中,重建的民居和校舍不仅考虑了当地风俗习惯,更重要的是,基于地震活跃带的特征,按照较高的地震烈度进行了抗震设计和加固,提高了建筑抗震能力。在2013年芦山7级地震中,这些新建或加固的房屋鲜有倒塌,有效避免了因房屋倒塌造成的人员伤亡和财产损失。因此,在灾后重建的工作中,要加强对基础设施抗击灾害能力的综合性科学规划设计,充分考虑灾害对交通、电力、通信、水利以及供水、供暖、供气等基础设施的影响,研究制订提高城乡建设、基础设施抗灾能力的措施,进一步加强防灾抗灾能力建设,在规划、设施、施工等环节充分考虑灾害风险,综合经济、技术和自然条件等因素,合理确定不同地区基础设施设防标准,完善应急抢修方案,提高各类基础设施抗灾设防水平。

## 二、青海玉树强烈地震灾害

### (一)灾害基本情况

#### 1. 灾害概况

2010年4月14日,青海省玉树地区发生7.1级强烈地震,地震波及范围涉及青海省玉树藏族自治州玉树、称多、治多、杂多、囊谦、曲麻莱县和四川省甘孜藏族自治州石渠县等7个县的27个乡镇，受灾面积3.59万km²，受灾人口约25万人，其中遇难和失踪人数超过两千人。地震造成居民住房大量倒塌，学校、医院等公共服务设施严重损毁，部分公路沉陷、桥梁坍塌，供电、供水、通信设施遭受破坏。农牧业生产设施受损，牲畜大量死亡，商贸、旅游、金融、加工企业损失严重。山体滑坡崩塌，生态环境受到严重威胁（图6-6）。

图6-6　青海玉树地震后结古镇航拍图

图片来源：http://news.0513.org/attachments/2010/04/17/1_201004171721221b1c1.jpg

## 2. 灾害主要特点

（1）烈度高，震源（浅）靠近城镇，基础设施破坏严重

根据中国国家地震台网中心测定，玉树地震震中位于玉树县结古镇西北约44km，震源深度约14km，属浅源地震，震害沿着活动断裂呈带状分布，穿过州政府所在地结古镇，最大烈度达到了9度，对城镇的基础设施和生命线工程造成了比较大的破坏，供电、供水、通信一度中断。

（2）设防标准低，房屋倒塌多，人员伤亡大

由于当地经济发展水平所限，灾区的房屋结构类型以土木、砖木结构为主，抗震能

力差，损毁严重。这次地震的地形效应和地震构造效应明显，即灾区居民点的分布与发震构造的方向比较一致，因此造成的破坏较大。沿江、沿河谷地带房屋破坏明显，州政府所在地结古镇的房屋90%倒塌损毁（图6-7）。据青海省政府2010年5月31日发布消息，截至5月30日18时，玉树地震造成2698人遇难，270人失踪。

图6-7 结古镇倒塌的房屋

图片来源：http://www.edu009.com/article/html/article_68230.html

（3）震区地处高原和民族地区，生态脆弱，救援救灾和灾后重建难度大

地震发生在高原山区，交通困难，是典型的藏族居住地区，民族特点鲜明，地域偏远，医疗卫生资源严重不足。在抢险救援过程中，大量伤员需要外送救治，陆路交通不便，新建的唯一机场受制条件多，人员物资运送困难，现场救援人员出现不同程度的高原反应，加上一些民族风俗习惯的特殊要求，给救援救灾工作增加了难度。在恢复重建中，玉树生态脆弱、资源匮乏、建材短缺、人力资源成本较高，加上高原气候寒凉、建筑施工期短，导致重建任务重、难度大。

## （二）灾害应对情况及特点

### 1. 灾害应对情况

（1）应急响应

玉树地震发生后，青海省委、省政府于40分钟后启动地震Ⅰ级应急响应和重大灾情Ⅱ级应急预案，成立抗震救灾工作领导小组和抗震救灾指挥部。震后不到1小时，国家成立抗震救灾总指挥部，启动Ⅱ级应急响应机制，随后提升至Ⅰ级；同时，紧急启动国家Ⅳ级救灾应急响应，约3小时后提升至Ⅰ级应急响应。紧急从天津、沈阳、郑州、武汉、西安5个中央救灾物资储备库向青海灾区调拨5000顶棉帐篷、5万件棉大衣、5万床棉被，帮助受灾群众解决生活困难。此前，青海省已紧急向灾区调拨5000顶帐篷。

（2）受灾群众安置

地震发生后，大约有10万受灾群众需要转移安置。国家、地方政府从多个渠道紧急调运受灾人员安置所需帐篷等基本物资，支援玉树帐篷近7万顶，到第5天，基本实现了受灾人员有帐篷住、有饭吃、有清洁饮用水、有病能医治、御寒有棉衣（图6-8）。救援中，总共有18.8万人领到生活困难补助，20.7万人领取了救灾口粮，19.3万人领取了转移安置补助。在加强生活救助的同时，公众心理抚慰工作和形式多样的公众性活动同步有序展开，以鼓励他们走出灾难的阴影，摆脱伤痛的折磨，构筑精神家园。

图6-8 玉树地震最大的人员安置点——玉树赛马场一角

图片来源：http：//www.edu.cn/zong_he_news_ 465/20100420/t20100420_467573.shtml

（3）生活保障

玉树地震导致道路、通信、医疗、教育等诸多公共服务设施处于停滞状态。为保障灾区群众的基本生活，通过不懈努力，地震当晚8时全面恢复机场通信，次日凌晨5时开始恢复玉树县通信，震后24小时内基本修复了损毁道路，48小时内基本解决了供电问题。震后5天内应急性的水、电、路和通信就得以全面恢复。很快，大部分机关单位搬进活动板房办公，日常办公秩序全面恢复。震后第2天，金融和邮政秩序就开始恢复；集市贸易和商业网点逐步恢复营业，市场供应和物价基本稳定。震后第3天，玉树州孤儿学校率先复课，10天内各校高中班陆续复课，37天内灾区所有学校全部复课。

(4) 灾区恢复重建

地震发生后第2天，有关灾区重建的前期准备工作就已经启动；第7天，青海省政府召开了第一次灾后重建工作会议，就灾害评估和灾后重建展开研究咨询，探索重建工作机制；第30天，以玛尼石堆修复为标志，灾区文化遗产抢救保护工程启动；第37天，结古镇灾后重建绿色产业基地开工建设；第57天，国家正式批准《玉树地震灾后恢复重建总体规划》，并在该规划批复前公布了《关于做好玉树地震灾后恢复重建工作的指导意见》《关于支持玉树地震灾后恢复重建政策措施的意见》；第68天，国务院在西宁召开重建工作会议，玉树灾后重建工作全面启动。

根据总体规划，国家确定玉树地震灾后恢复重建资金为316.5亿元，由中央和省级财政、社会捐赠资金及居民个人自筹等组成。到2013年9月，灾后重建规划确定的建设项目已基本建设完成，灾区面貌发生巨大变化。

2. 灾害应对主要特点分析

(1) 克服交通不便，利用已建机场运送救援人员物资和伤员

2009年建成通航的玉树巴塘机场，距离震中只有十几千米。该机场在抗震救灾中空运投送救援人员、装备、物资发挥了关键性作用（图6-9）。另外，由于灾区医疗条件落后，采取了把重伤员简单处理后，空运转到附近城市的大医院进行救治，对于提高伤病员治愈率起到了重要作用。

图6-9 准备空运到玉树巴塘机场的救灾物资

图片来源：http://news.ccaonline.cn/Article/2010-04-18/248760_1.shtml

(2) 充分利用先进科技手段，提高救援救灾实效

卫星、航空遥感等日臻成熟的空间信息技术在玉树灾后救援与重建工作中得到广泛应用，地震发生 1.5 小时后，航空遥感飞机就传回了第一批图像，随后中国自行研制的环境减灾卫星传回了灾区的第一幅影像。中国首个自主研发的具有世界先进水平的测图系统、军队研制的制氧设备等科技成果，以及专业的救援队伍和救援设备等也在救援救灾中发挥了重要作用。微博、QQ 群等互联网新媒体和 3G 网络传输等新传媒技术也广泛应用于灾情和救灾工作信息传播。

(3) 加强心理抚慰和医疗卫生保障，及时启动灾后重建

玉树地震中，抗震救灾工作吸取以往救灾工作的经验教训，对受灾群众的心理抚慰工作更加重视，心理抚慰工作在紧急救援开始的时候就开始，与生命救援、物质救援同步。心理抚慰措施兼顾受灾人员和救灾人员的心理辅导，注重长期心理抚慰，并建立了震后心理援助玉树工作站。另外，震后清理断壁残垣既是为了搜寻抢救生命，也是重建工作的初始步骤，迅速启动重建不但使救灾力量发挥最大化作用，也引导受灾群众尽快渡过因灾难导致的心理"茫然期"，是一种受灾公众看得到的心理重建，能够有效减少创伤后心理应激障碍的发生。在卫生服务方面，震后灾区的卫生防疫与医疗救援同步展开，垃圾、粪便和环境消毒均按照规范标准执行，避免了大面积的过度消毒、滥用药品和杀虫剂等现象，既节省了资源又避免破坏生态平衡、防止二次污染现象发生，有效保障了震后灾区的公共卫生安全。

(三) 启示

### 1. 统筹兼顾常态和应急的需求是未来城乡建设科学规划的基本原则

在应对玉树地震灾害过程中，令人印象最为深刻的是灾前建设投用的巴塘机场，基本满足了突发状态下的应急运输需要，否则，在像玉树这样交通不便（距西宁约800km）、自救能力差的地区，如何迅速把伤员运出、将救灾物资和人员运抵现场将面对严峻挑战。因此，在城乡建设规划时，要将日常运转体系和应急体系建设规划紧密结合起来，不仅要考虑一般意义上的经济社会发展需求，也要充分考虑在发生突发事件等应急情况时，保障应急防灾减灾需要的基础设施建设。例如，在城市建设规划中，为提高防灾避灾能力，需要建设为数众多的应急避难场所，这些场所需要占用一定面积的土地，如果单独进行建设，可能很多城市都满足不了用地的需求，在规划时必须要与日常或现有的场所结合起来，充分利用休闲广场、公园、绿地甚至露天停车场等场所，适当改造并明确标示，平时发挥其正常功能，在突发灾害来临时作为避难场所使用。同时，

也要加强重要基础设施防灾抗灾能力建设，研究完善抗灾设防标准，对重要基础设施进行灾害风险评估，在规划设计、建设运营等环节严格落实抗灾设防标准。

## 2. 积极构建公共安全科技支撑平台是应对突发性灾害的重要保障

在玉树救灾过程中，环境减灾卫星及测图系统等最新科技手段在灾情研判、指挥决策和救援行动中发挥了重要作用，体现了科学技术的优势作用，也为今后应用最新科技成果构建公共安全网络平台做了有益尝试。科学技术是经济社会发展中最活跃、最具革命性的因素，是推动经济社会发展进步的重要力量，也是提升救灾能力的重要保障。

先进的科技和信息化手段是统合管理的重要基础，科技和信息化发展为统合管理提供了全方位的支撑和基础。应急灾害事件通常具有突发性、紧急性和高度不确定性等特点，要将构建公共安全网的科技支撑平台作为应对措施的重点内容，具体包括四个层面的内容：一是完善灾害应急管理的科学认知，认识变化环境下的突发事件孕育、发生、发展、演变和时空分布特征及其变化规律，以及灾种之间、灾害与生态环境、灾害与社会经济发展之间的相互关系；二是提高灾害应急管理水平的技术支撑，综合运用遥感、地理信息、定位与网络通信技术，研发相关关键防控技术和定量监测技术，及时捕捉各种异常现象的发生，严密跟踪其发生发展过程和变化趋势；三是加强对突发灾害事件快速反应和应急处置的技术支持，以信息、智能化技术应用为先导，发展国家应急管理多功能、一体化应急保障技术，形成科学预测、有效防控与高效应急的管理技术系统；四是建立健全共享信息的灾害应急管理科研体制。要优化整合各类科技资源，将依靠科技建立自然灾害防御体系纳入国家和各地区各部门发展规划。为此，应继续加强国家级突发事件应急管理平台建设技术研究，努力构建国家应急管理早期监测、快速预警并具有决策敏感性、预案周密性和行动准确性的高效处置一体化应急指挥平台。

## 3. 常态与应急管理的统合贯穿于灾害防御、救援与恢复重建的全过程

玉树地震发生后第2天，抗震救灾工作正紧张有序地进行，而有关灾区重建的前期准备工作就已经启动。在统筹考虑救灾与今后长远发展的基础上，整合中央和地方、部门和行业的力量，开展恢复重建规划的编制工作。从系统的视角来看，灾害的预防与应对是一个包括灾前的预防、灾中的应急救援和灾后恢复重建的系统工程，每一项内容都与其他内容息息相关，需要统筹规划，从长远着手。首先，灾前预防的重点是把经济建设与灾害防治结合起来，在工程建设和制度建设中结合灾害预测结果进行事先的防范工作，以降低灾害的冲击，内容包括法律、制度、人员、物资、资金、监测、技术、教育等方方面面，构建灾害管理的常态化机制。如玉树巴塘机场的修建通航、应急物资储备库的建设运行、灾害应急管理体系的日益完善等都为此次灾害的预防和救援工作顺利进行打下了坚实的基础。其次，灾中应急救援的重点是救人及人员的安置，保障社会稳

定，该阶段能否有效应对，直接影响后期的灾害应对效果，决定了能否成功降低灾害带来的巨大损失。灾中应急救援面临的任务往往事发突然，时间紧、任务重，也是对灾害预防日常管理效果的检验。再次，灾后恢复重建包括恢复与重建两个阶段，恢复期的重点在于恢复基本的生活条件，修复被灾害损坏的基础设施，在紧急救援的基础上，为重建阶段做好准备；重建阶段是进一步巩固救援与恢复的成果，需要注重政府的引导功能，吸引社会力量参与重建工作。

## 三、日本福岛地震及海啸和核泄漏事件

2011年的"3·11"地震是日本地震观测史上震级最大的地震，震后发生了海啸和核泄漏，形成一条极为少见的复合灾害链（图6-10）。自灾害发生至今，遗留问题的处理还在继续。此次灾害演变与救援应对过程及其经验教训对于提高各国应对地震和复合型灾害的能力、完善公共安全工程管理体系具有十分重要的借鉴意义。

图6-10　日本"3·11"地震引发的海啸

图片来源：http://news.dahe.cn/2012/03-10/101161709.html

### （一）灾害基本情况

#### 1. 灾害概况

2011年3月11日，日本当地时间下午2时46分，本州岛东北部海域发生里氏9.0级地震，震中位于宫城县以东太平洋海域。地震引起强烈海啸，造成重大人员伤亡和财产损失，并影响到太平洋沿岸大部分地区。继而，地震与海啸又造成日本福岛第一核电站机组

电力供应中断，冷却系统失灵。3月12日15时30分左右，福岛第一核电站1号机组发生爆炸，厂房坍塌；14日和15日，3号机组和2号机组分别发生爆炸。随后日本政府确认发生核泄漏，其中1号机组中央控制室的放射水平已达到正常数值的1000倍。这一事件引发了核危机，对生态环境造成相当严重的破坏，居民生活受到严重影响。之后，核泄漏扩散到日本本土周边海域，造成海洋污染等一系列连锁反应，引起相关邻国的强烈关注。

### 2. 灾害主要特点

（1）地震震级高，且高震级余震不断，人员伤亡惨重

"3·11"地震是日本有记录以来震级最大、损失最为惨重的地震，也是20世纪以来全球第四大地震。震源位于本州岛东海岸附近海域（38.1°N，142.9°E），震源深度约24km，震级高达9.0级，最大烈度达7度（日本地震烈度最高标准为7度），破坏范围从南面的福岛县到北边的茨城县，长约450km、宽约200km，总受灾面积约8万km²，宫城、岩手、福岛三县受灾最为严重，东京地区有强烈震感。地震所带来的高震级余震不断，截至2012年7月9日，共发生7级以上余震6次，6级以上余震97次，5级以上余震691次。此次灾害给灾区人民生命财产造成了巨大的损失，截至2012年7月4日，地震和海啸共造成15 866人死亡，2946人失踪，6018人受伤。

（2）基础设施损毁严重，许多支柱产业发展遭受打击

地震引发了强烈的破坏性海啸，所到之处满目疮痍，城市系统一度瘫痪。从东京至北海道之间，整个东部地区市政、交通等基础设施受到严重破坏，许多高速公路路面开裂，铁路一度停运，多座机场关闭，灾区通信基本中断，约840万户停电，石油输送管道多处受损，导致灾区发生油荒。据统计，此次灾害造成的直接经济损失约16.9万亿日元（约合人民币1.4万亿元），约占日本2010年GDP的3%，成为日本历史上最为惨重的自然灾害。此次地震灾害还直接造成部分企业停产、倒闭，产品供应链中断，特别是电子产品和汽车零部件生产受到明显冲击（图6-11），全球硅晶片1/4的产能受到影响。东京电力公司丧失了占全国40%的发电能力，电力缺口使得部分产品不得不迁移到海外生产，加剧了日本产业空心化趋势，导致日本产业发展受挫，经济困境进一步加剧。

（3）次生灾害多发，环境破坏影响深远

此次地震造成次生衍生灾害多发。一是引发了日本国内观测史上最严重的破坏性大海啸，海浪高达数十米，海啸放大了地震的破坏力，重创日本东北部地区。二是导致福岛第一核电站发生特大核泄漏事故，其中1号、2号、3号和4号机组发生氢气爆炸，冷却塔进水停机导致放射性物质泄漏，事故达到国际核能事件分级标准规定的最高级别——7级泄漏，成为继苏联切尔诺贝利核电站事故后，全世界影响及后果最为严重的

## 第六章 典型案例分析

图 6-11　海啸中被冲毁的汽车

图片来源：http://a1.att.hudong.com/81/17/300000928390129989173027675.jpg

核泄漏事故（图 6-12）。核泄漏对当地环境造成巨大的破坏性影响，除在核电站周边 30~50km 内形成强烈辐射区外，对本土东北和关东地区的陆地、海洋也造成大面积污染，其中海洋污染面积超过 50 万 $km^2$，辐射波及和影响的地区难以估计。直到 2013 年 8 月，每日还有数百吨受放射性污染的水流向海洋，从附近海域捕捞出的某些海产品体内也检测出放射性物质超标。随着时间的推移，核辐射物质逐渐进入食物链，对人体健康形成持久威胁，其危害性影响深远。

图 6-12　日本福岛核电站发生泄漏

图片来源：http://news.shm.com.cn/2011-03/14/content_3415153.htm

(4) 复合灾害链条长，从自然灾害引发社会政治危机

此次地震构成了非常典型的复合灾害链。灾害的影响从自然领域扩散到社会领域，核泄漏事故引发人们对政府的不满和社会的不安。日本政府在此次危机中的救灾不力引发了政治危机，时任内阁在福岛核事故处理上优柔寡断、一再错失良机等严重问题，受到日本民众和在野党的强烈指责，导致其饱受批评而迅速倒台。

（二）灾害应对情况及特点分析

1. 灾害应对情况

（1）应急响应

"3·11"地震发生后约30秒，日本气象厅的紧急地震速报系统向公众发出预警，此时主要破坏性震动尚未到达陆地，为市民提前预防及逃离争取了宝贵的时间；地震发生3分钟后，日本气象厅向沿海37个市町村发出了海啸警报，做了必要的准备。日本首相立即召集各部门召开应急管理紧急会议，并连续下达4项指示：确认灾情和震情；确保居民的安全和采取初期避难措施；确保生命线和恢复交通；竭尽全力向灾民提供确切的信息，并设立了"地震紧急对策本部"，指导全国抗震救灾工作（刘亚娜，2011）。

（2）救援过程

地震发生之后，日本消防厅成立"灾害紧急消防救援队"，由8个专业队伍组成，快速反应，成为救援的主力，当地警察也随即投入到灾害的现场救援和情报收集工作中。重灾区行政长官向防卫省发出要求自卫队支援的请求，防卫省紧急派遣自卫队。震后不到3个半小时，首批自卫队集结完毕投入救援，并随灾区救援工作的开展而不断增援。此外，根据《原子能灾害对策措施法》，防卫厅发出应对核灾害派遣命令，当地驻扎的福岛市陆上自卫队80人进驻福岛第一核电站，陆上自卫队中央特殊武器防护队24人驾驶化学防护车前往现场检查是否发生核泄漏。

另外，国际社会开展了广泛的救援支持。由于震情严重，日本政府在地震发生的当晚，就向美国提出申请，希望得到驻日美军的救援。据联合国统计，2011年3月11日当晚，来自45个国家和地区的60支队伍就已经准备就绪，计划并准备前往救援。截至3月30日，29个国家、地区和国际机构提供了救灾物资，23个国家和地区派出了救援队和核事故专家。

（3）灾后重建

2011年7月29日，日本内阁召开会议讨论"3·11"地震及海啸灾后重建问题，

会议确定了为期10年的灾后重建基本方针。该方针认为,"3·11"大地震是日本前所未有的国难,要举全国之力进行灾后重建,中央和地方政府至少要投入23万亿日元(约合2987亿美元)进行重建。其中前5年是集中重建时期,中央和地方政府至少要投入19万亿日元(合2467亿美元)。政府将发行"复兴债券",以确保灾后重建的资金。

### 2. 灾害应对主要特点分析

(1) 迅速准确发布地震和海啸预警信息,媒体报道稳定人心

根据《灾害对策基本法》以及《防灾基本规划》,当发生灾害时,政府通过媒体播放受灾情况和安民告示信息;媒体根据应急预案,马上更改节目,播放抢险救灾信息和灾情。灾害发生当天下午,日本政府召开首次记者会,发布灾区信息,呼吁市民理性应对地震灾害;地震之后,作为公共电视台的NHK全面跟进,不停地轮流用日语、英语、汉语、朝鲜语等5个语种发布有关最新震情和预报可能发生海啸的地区,给予震区的民众最大的帮助。当时余震还在继续,NHK非但没有停止工作,主持人甚至戴着安全帽出镜,播放关于地震的最新消息。此次地震海啸,日本几家大媒体均派遣直升机,进行现场报道。日本中央政府和全国各地方政府的危机管理中心都装有十几台电视,收集各大媒体的报道,及时掌握信息。时任首相举行震后首次记者会,呼吁民众从媒体收看收听政府的信息。电台广播等发布逃生和救灾的各种信息,报道灾区情况,稳定市民情绪,并动员灾区人员自救互救。可以说,及时有效的信息传播保证了灾区救援工作的顺利进行。

(2) 民众自救互救意识和能力强,民间组织发挥巨大作用

日本高度重视防灾宣传教育,国民普遍树立了忧患和风险意识,学习掌握防灾避险和自救互救技能。这次地震发生后,民众沉着镇定,积极开展自救、互救、公救,赢得了宝贵的救援时间。同时,许多志愿者中心启动,安置附近灾民,各非政府组织也在同一时间招募志愿者,从事医疗救助工作。在政府统筹安排下,各地近3万个民间非政府组织进入广泛号召募捐分配捐助物资和调动志愿者的"战时状态",并做到互通有无,实现信息共享。非政府组织的广泛参与充分调动社会民众共同应对地震灾害,保障了社会的有序运转。

(3) 建筑抗震标准高,强震造成的建筑物损毁并不严重

1995年阪神大地震中有83%的遇难者是由于建筑物倒塌和火灾所致,之后日本政府吸取教训,连续3次修改《建筑基准法》,不断提高各类建筑的抗震标准。大部分建筑的抗震标准要求达到8级以上,对学校的耐震性尤为重视,规定所有的公立学校必须

接受定期"耐震诊断",有问题的必须加固或改建。因而在此次地震中,虽然地震震级高达9级,但地震本身造成的建筑物损毁并不严重,因房屋倒塌致死的人数不到总死亡人数的4.4%。

(4) 灾害链条传递预估不足,次生灾害防范应急措施明显欠缺

在此次地震、海啸与核泄漏复合灾害应对中,暴露出政府对复合型灾害链条的预估及准备严重不足,最突出表现在对核泄漏的应对方面。核电监管、生产部门事先从未设想过震级高达9级的地震,防波堤、备用电源等防御性措施在关键时刻失效,福岛核电站从未组织和实施过针对特别重大事故的现场处置演习与培训,也未开展与相关部门的协作演习。应急体系未能充分发挥作用,导致灾情信息不通畅,灾民安置迟缓,物资供应不及时,对灾害的预测与实际也有较大的差距,抢险决策优柔寡断,抢险措施欠缺,贻误了最佳时机,暴露出日本灾害应急体系存在的诸多薄弱环节。

(三) 启示

### 1. 建立完善应急防灾减灾的常态化机制是降低灾害损失的有效途径

作为灾害频发的国家,日本在灾害预防、管理和培训教育中提倡自救和共救的理念,即在灾害发生后的第一时间,首先自己采取一定的救护措施,尽可能保障自身安全。在此基础上,受灾民众自发组织起来相互救助,等待政府救援力量的到来。例如,在日本有许多由民众自愿组织参加的消防团,政府在审查后会定期对消防团的成员进行消防知识培训,并发放必要的装备。这些消防团的成员虽然比不上专业的消防员,但是人数众多,分布在社会的各个区域角落,一旦出现紧急状况,这些人往往是最早发现、最早投入应急救援的重要力量。这对于防范和降低灾害发生的机会以及减少灾害带来的各类损失具有重要的作用。此外,日本还广泛吸收社会力量参与日常防灾救灾准备活动。负责向民众公布预测报告的机构,是政府下设的最高决策机构——"中央防灾会议"。这一机构的主席由日本首相亲自担任,成员由防灾担当大臣、内阁各部长、四家指定公共机构——包括日本电讯电话公司(NTT)、日本广播协会(NHK)、日本银行、日本红十字会的负责人以及四名科学领域权威学者组成,专门负责制定全国防灾基本计划和审议有关防灾的重要事项,其下设的"专门调查会"负责为会议出台报告提供各种资料。

在日常状态下,日本还非常注重对防灾减灾信息的发布,官方定期公布最新地震动向研究报告。经历过1995年阪神大地震的重创后,日本政府开始不定期地发布基于科研成果的"地震报告"。这些报告由"中央防灾会议"根据地震专家最新研究成果制定,指出7级地震发生后,地震可能造成的具体死伤受灾情况,标明可能发生的海啸及

最先淹没的地区，还有火灾最容易发生的地区。近几年，日本政府曾不断提醒日本国民，在以东京为中心的首都圈内，随时可能发生里氏7级地震。在救灾避难所的修建与维护方面，与日本大多数城市的平均人口密度比起来，救灾避难所的分布用"星罗棋布"加以形容并不为过。位于日本近畿地区中部的明石市，面积仅 50km$^2$，人口不到30万，却有约42个应急避难所和10个防灾公园。市内的每个应急避难所都由3名志愿者负责日常管理，在10个防灾公园内都专门设置储备仓库和可存放供1万人3天的饮用水的耐震型储水槽，仓库内储备的专用防灾食品保质期长达5年。

日本的这些经验值得包括中国在内的其他灾害多发国家参考借鉴。在日常生活中，要加强对民众灾害自救与共救能力的培训，充分吸收社会力量参与防灾救灾，随时做好灾害应对准备，及时发布防灾减灾信息，强化应急避难场所的修建与维护，努力形成防灾减灾的常态化机制。

### 2. 科学确定房屋和基础设施的建设标准是提高防灾减灾水平的基础保障

从1996年开始，日本政府把各类建筑的抗震基准提高到最高水准，要求除木结构住宅外，居民住房和商务楼要求能够8级地震不倒，使用期限能够超过100年。每一次地震以后，国土交通省都会组织力量调查，根据调查结果提出对《建筑基准法》的修改意见，阪神地震之后，这部法律已经过三次修改。不仅如此，日本还非常注重对公共建筑抗震能力的日常维护，建筑物抗震要求持续更新，校舍避难所定期加固。自20世纪90年代开始，日本政府就实施了"校舍补强计划"，根据这一计划，全国各中小学校进行全面的抗震检查，不符合文部省（日本的教育部）最新抗震要求的学校需要立即进行巩固性施工。从日本历次防御地震的经验来看，适当提高灾害多发区房屋建筑和基础设施的抗震和防洪标准，能够有效降低灾害可能造成的生命和财产损失。同时，高标准的基础设施还可以成为灾难发生后的临时避难所，为安置灾民、保障灾民基本生活提供可靠的支持，提高整体防灾能力。在阪神大地震中，公立中小学曾经在长达3个月的时间里，为地震灾区的几十万难民提供了安身之地。因而，在日本人的理念中，学校体育馆等设施能够容纳较多难民、周边隔离带又能在一定程度上防止火灾等蔓延，是理想的避难场所。这些经验都非常值得在各国地震多发区和洪水高发区结合当地灾害应急管理体系借鉴推广。

### 3. 加强对复合灾种演变及应对策略研究是常态与应急统合管理的内在要求

日本福岛地震本身造成的灾害并不大，而地震引发的海啸、核泄漏却导致了巨大的社会危机和政治危机，暴露出日本政府对复合型灾害演变规律和发展趋势预估及准备应对严重不足。巨大的灾害往往伴生着各种次生或衍生灾害，防灾减灾也将涉及自然、社会的方方面面，是一项复杂的系统工程。复合灾害演变发展影响因素多、变化多样，若在常态下不进行积极有效地准备，应急管理时只能束手无策。此次日本地震、海啸及其引发的核泄漏危机对各国公共安全工程管理的重要教训很多。首先，加强灾害多发地区复合灾害演变形式与演变规律的研究，为制定可行的应对策略提供科学基础。其次，加快复合灾种综合应对的法律法规建设。比如，有的国家目前的灾害应对法律基本上是"一事一法"，如地震有《防震减灾法》、洪灾有《防洪法》、火灾有《消防法》等。一旦出现类似于日本"3·11"地震海啸及核泄漏的重大复合型灾害，基于"部门应对"设计的制度使得应急管理难以做到统一领导、综合协调，在法律层面将出现"无法可依"、"少法可寻"甚至"多法相抵"的情况。再次，在地震、泥石流、洪水等自然灾害多发地区尽快启动灾害风险评估工作，对灾害高发区的城市开发布局规划、基础设施建设项目论证等进行强制要求，切实提高灾害高发地区的灾害防御能力。最后，进一步加强政府主导、民间社会跟进、公共媒体与国际社会的密切配合和援助等专业快速的应急管理能力建设。

## 四、四川雅安芦山地震灾害

### （一）灾害基本情况

#### 1. 灾害概况

2013年4月20日8时02分，四川省雅安市芦山县（30.3°N，103.0°E）发生7.0级地震，这是2008年汶川特大地震之后四川遭遇的又一次强烈地震。震源深度13km，震中距成都约100km，成都、重庆及陕西的宝鸡、汉中、安康等地均有较强震感。地震波及四川雅安、成都、甘孜、德阳、乐山、眉山、阿坝、自贡、绵阳、内江、南充、广安、达州、遂宁、宜宾、资阳、凉山17个市（州）118个县，烈度7度以上的重灾区面积超过4000km²。截至2013年5月20日，地震造成218.36万人受灾，193人死亡（其中雅安市173人），22人失踪，11 470人受伤，其中重伤968人。倒塌房屋13.95万间，严重受损50.35万间。国道318线和省道210线、省道211线等干线公路不同程度受损，通往重灾区芦山县、宝兴县的干线公路及16个乡镇的公路交通一度中断。灾区共有597台变电设备损坏，264条10kV及以上输配电线路停运，造成81个乡镇停电，其中宝兴县全县停电。受损水库622座，受损水电站208座，芦山县、宝兴县的2个水厂受损。宝兴县通信全部中断，天全县、芦山县通信大面积中断，受损基站724个，通往阿坝、雅安的3条光缆中断。根据减灾部门的评估，芦山地震灾害直接经济损失共计2079.23亿元（图6-13）。

#### 2. 灾害主要特点

（1）地震烈度高，房屋受损严重但倒塌少，未导致大规模人员伤亡

芦山地震的特点，一是震级高、烈度大，震级为里氏7.0级，烈度达9度，属于强

图 6-13 四川雅安芦山县地震灾区航拍

图片来源：http://www.ptwbs.net/jrjd/20130421/00022.shtml

烈地震；二是波及面广，地震造成雅安等十多个市州、100余个县受灾；三是余震频发，给抗震救灾行动带来困难。截至5月7日20时，累计发生余震8182次，其中4级以上余震26次。与玉树地震相比，此次地震房屋受损严重，但倒塌房屋多为老旧民房，而在汶川地震后恢复重建和抗震加固的建筑、农村新建房基本完好或破坏较轻，学校、医院、政府部门建筑未见倒塌，人员伤亡相对较轻（图6-14）。

图 6-14 四川省芦山县太平镇地震灾区倒塌受损的房屋

图片来源：http://game.people.com.cn/n/2013/0423/c48622-21242389.html

(2) 地质灾害威胁大，灾后一段时间道路和通信"通而不畅"

由于震中区域的芦山等几个县和重灾乡镇都处于河谷地带，空间十分有限，道路狭窄，交通不便，大型机械无法进入，救援力量难以充分发挥作用，加之余震不断，塌方、滑坡等地质灾害频发，震后救灾主要通道多次中断，加大了救灾工作的难度。另外，芦山县境内的玉溪河金鸡峡河段在震后形成堰塞湖，芦山县、天全县境内部分水库出现裂缝，迫使下游人员组织撤离。地震造成雅安灾区通信机房、基站和光缆损坏导致通讯中断，到21日12时，宝兴县城通讯恢复，但信号时断时续，线路经常堵塞。

(3) 居民重复受灾，恢复重建压力大

据有关资料，芦山地震中近60%的受灾县为山区和革命老区县、经济条件差，自救能力相对较弱。此次地震造成芦山县和宝兴县倒损房屋25万余间，震中芦山县龙门乡99%以上房屋垮塌，灾区房屋重建任务艰巨。震区许多未倒塌的房屋是2008年汶川地震后新建的，标准虽然提高但震损依然严重，需要修缮重建。由于大部分住户在汶川地震恢复重建时，按当时的政策建房还有贷款和借款，此番再次受灾，对他们而言，面临资金严重短缺的情况，这是芦山地震震区恢复重建面临的特殊困难。

(二) 灾害应对情况及特点分析

1. 灾害应对情况

地震发生后，中国政府高度重视，国家领导在第一时间作出批示，国务院总理于当日中午即赴灾区视察灾情，慰问受灾群众，指导抗震救灾工作。中央政治局常务委员会、国务院常务会议多次召开会议，全面部署抗震救灾工作。根据灾情和国家应急预案，确定由四川省对抗震救灾实行统一指挥、统一调度，国家给予积极支持，国务院派出前方联络组负责具体协调。针对宝兴、芦山等县和主要乡镇地处山区，道路交通等基础设施脆弱的实际情况，国务院办公厅发出《关于有序做好支援四川芦山地震灾区抗震救灾工作的通知》，对协调各方力量、科学组织救灾提出具体要求。

四川省迅速启动一级地震应急响应，省委、省政府负责同志在第一时间赶赴灾区、靠前指挥。各级党委政府组织广大干部人员紧急抗灾救灾。解放军、武警部队、公安民警、消防官兵和民兵预备役官兵不畏艰险、在一线救援。各地区、各部门以及社会各界全力支援灾区，抢险救援、医疗救助、生活安置等抗震救灾工作有力有序进行。

1) 全力抢救被困人员。四川省积极组织当地干部群众开展自救互助。解放军、武警部队、公安消防和矿山救援、地震救援队伍以最快速度赶赴灾区，全力开展人员救援。截至4月23日12时，来自部队、武警、公安消防、矿山救护队等抢险救援人员到位约 2.4 万余人，从废墟中救出 475 人。各方面救援力量争分夺秒，逐村逐户排查救助被困人员，确保不漏一村一户一人。

2）科学开展伤员救治和卫生防疫。卫生部门迅速向灾区调派大批医护人员、救护车、药品和医疗器械，派遣医疗专家参加和指导救治。截至 4 月 23 日 12 时，在灾区救治的医疗人员累计达 1.2 万余人，累计派出救护车 4550 余台次。根据救治需要，加强军地协调和陆空协调，迅速将危重伤员转运至成都等地医院，千方百计救治伤员，累计救治伤员近 1.5 万人次。对芦山县等重灾区安置点、医疗点、学校等重点区域开展了防疫消杀工作，实施面积 58.91 万 $m^2$。

3）紧急抢修受损基础设施。交通、水利、电力、通信等部门和有关企业全力抢修抢通因灾损毁的基础设施，为抗震救灾提供了有力保障（图 6-15）。截至 4 月 23 日 15 时，宝兴县所有县乡公路全部抢通，芦山县所有乡镇均有公路可以到达。通过采用临时和修复的措施，供水全部恢复。恢复因灾受损变电站 24 座、线路 192 条，恢复供电 17.96 万户，恢复比例 96.24%。三个县所有乡镇通信全部恢复。

图 6-15  工程车辆在省道 S210 线芦山至宝兴小渔溪塌方路段进行除险加固工作

图片来源：http://www.sc.xinhuanet.com/content/2013-04/25/c_115535519_5.htm

4）全力做好救灾物资保障。中央财政紧急拨付救灾资金 10 亿元。国家和四川省向灾区紧急调运 9 万顶帐篷、20 万床棉被、1 万张折叠床和 200 个简易厕所。积极协调抢险救灾急需的煤电油气运和应急物资保障供应工作，紧急向灾区调运油品超过 6700t、活动板房 1.1 万 $m^2$。粮食系统向灾区组织调运粮油超过 400t。中铁总公司对救灾物资运输实行快装快运快卸，截至 23 日 12 时，开行救灾物资专列 43 列。开辟了通往重灾区的应急通道,确保救灾物资快速运送到位。对救援力量一时无法到达的灾区,部队出动直升机进行空投,紧急调集食品、饮用水等应急物资,保障市场供应。

5)尽力安置受灾群众。参照"5·12"汶川特大地震救助做法,对受灾人员按每人每天"1斤粮、10元钱"给予补助,至少补助6个月。对因房屋倒塌和严重受损需临时安置的23.3万人,通过搭建帐篷、简易帆布房、投靠亲友、利用安全公共场所等方式,基本上都进行了妥善安置(图6-16)。对农村住房损毁群众每户给予2000元过渡安置补贴或一顶帐篷。设置救济站,提供食品、饮用水、帐篷等基本生活物资,保证受灾人员有饭吃、有衣穿、有干净水喝、有临时住所、有医疗保障。同时做好灾区群众安抚安慰工作,特别是对因灾死亡人员的善后和其家属安抚工作。

图6-16　四川省芦山县龙门乡灾民安置点

图片来源:http://photos.scdaily.cn/gqtp/content/2013-04/21/content_5066317.htm?node=3529

6)加强灾情监测和次生灾害防范。密切监视震情发展,周密组织余震监测和防范;紧急开展地质灾害隐患排查,对临时安置点和灾后重建安置点进行地质安全评估。截至23日16时,共排查出地质灾害隐患1047处,排查临时避险场所及安置点104处。开展堰塞湖和水利水电设施震损排查及险情处置工作,及时转移安置受威胁群众,排除芦山县宝盛乡玉溪河堰塞湖险情,对受损较重水库及时采取降低水位等应急措施。

7)及时公布灾情和抗震救灾工作情况。允许并组织新闻媒体深入一线,集中开展采访报道,报道抗震救灾中涌现的典型事例,为抗震救灾工作营造了良好的舆论氛围。四川省及有关方面及时召开新闻发布会,客观准确地发布震情灾情和人员搜救、医疗防疫、受灾群众安置、基础设施抢修等工作进展情况,做到了信息及时公开透明。

8）迅速开展灾后恢复重建工作。在国家统一部署下，各方在抢险救灾、妥善安置灾区群众的同时，及时启动灾后恢复重建前期工作。4月25日，国家有关部门制定提出了《芦山地震灾后恢复重建工作方案》，并派出灾后恢复重建工作组，到受灾严重的雅安市芦山县、宝兴县、天全县及雨城区，实地了解灾情，与四川省政府对接灾后恢复重建工作，形成了分工合作、协调一致的工作安排计划。5月7日，国家层面成立了由27个部门和单位组成的芦山地震灾后恢复重建指导协调小组。6月底，《芦山地震灾后恢复重建总体规划》编制完成。

## 2. 灾害应对主要特点分析

（1）当地政府主导，中央协调各方支援，提高了救援效率

针对芦山地震震级和影响范围的实际情况，救灾救援工作按照属地管理的原则，由四川省统一指挥、统一负责，中央部门主要是发挥协调、支持和保障作用，提高了救援工作针对性和有序性。另外，为协调政府与社会组织、志愿者的合作救灾顺利进行，4月21日国家下发通知：要求各地区、各有关部门、各单位和社会团体，如果未经批准，原则上近期暂不自行安排人员或团体前往灾区；建议社会各界有捐赠意愿者以资金捐助为主，物资和设备的捐助则由民政部门协调运往灾区；建议非紧急救援人员、志愿者、游客等尽量不要自行前往灾区；四川省抗震救灾指挥部加强各方面救援力量的统筹协调。从而使政府和社会组织形成良好的互动、互补，凝聚成合力，提高了救援效率。

（2）救援力量和物资投送更加快捷，信息获取能力更强，更加公开透明

地震发生后，解放军、武警部队、公安干警、专业救援队伍，包括救援装备，基本上都是在当天快速集结到雅安灾区，在常规交通中断的情况下，利用直升机或徒步迅速赶赴信息、救援孤岛，第一时间进村入户。在黄金救援72小时内，救援队伍就到了所有的受灾村落，交通、电力、通信等主要生命线工程在5天内基本恢复。救灾物资方面，在地震发生当天就立即组织调运，20日上午10时就通知了中央救灾物资储备库，组织抢运物资，陆续向灾区调运了大量物资。信息获取能力提升显著，地震发生后国家测绘地理信息局派出应急监测车系统和5架无人机赶赴灾区，同时紧急调配资源三号卫星、天绘卫星等多颗高分辨率卫星、雷达卫星接收灾区卫星影像。通过卫星遥感、航空拍摄和地方各级政府的实地灾情报告，当天就基本掌握了灾区的大致受灾情况，对灾情也有了基本的研判。媒体对此次灾情进行了全方位、多角度的报道，让全社会了解灾区的困难和灾害造成的损失，包括救灾工作进展情况以及一些具体的救助政策，信息更加公开透明。与此同时，很多灾区群众通过微信、微博、电话向外发布了很多信息，这对救灾的研判和决策制定都起到了很好的支持作用。

(3) 公众自救互救意识与素质显著提升，为生命救援赢得了宝贵时间

在此次地震中，绝大部分受灾人员并未慌乱，而是积极自救、协作共救。灵关镇吕寿琼家4人被埋，乡镇干部和乡亲们用手、用铁锹挖了五六个小时，成功将伤者救出；龙门乡五星村几十名村民为救一对被掩埋的母女，努力挖掘五六个小时，尽一切努力让亲人团聚。正是由于这些难得的努力，在专业救援队伍到达之前，大量的伤员和被困人员已得到及时解救。与此同时，由于震后灾区缺粮缺水，许多村民积极开展自救，从倒塌的房屋里清理出衣物、棉被、食物、畜禽，从废墟里找来材料搭建起简单窝棚，尽最大可能维持生活。这些自救措施为减轻生命财产损失、减轻救灾压力所做的贡献不可低估。这些表现也说明，普通民众的自我救援、共同救援意识和能力有了较大的提高。

### （三）启示

#### 1. 实行分级负责、属地为主救灾机制是统合管理的内涵要义

近年来，中国在应对一系列重特大突发事件中不断总结完善救灾处置工作机制，提高工作效率。这次芦山地震抗震救灾中，在对灾情和影响进行科学评估后，决定建立以四川省为主的抗震救灾指挥机制，以便就近统一指挥、提高效率，中央启动前方工作组机制给予必要帮助。实践表明，这种抗灾救灾机制有利于调动和发挥各方面特别是地方抗灾救灾积极性，有利于及时高效、科学有序地应对重大灾害救灾工作。从管理科学的角度来说，这种机制正是常态和应急统合管理的内在要求，常态情况下，中央和地方的事权有明确分工，地方的经济建设、社会管理、民生保障等都是在中央政府指导和法律法规规划框架下，由地方政府统一负责、统筹安排；应急状态下，由于当地政府对实际情况更了解，对救灾工作的需求更清楚，当然由地方政府统一负责指挥应急处置、中央给予特殊支持的做法更具效率，同时灾害应对由所在地政府负责也是国际社会通用做法。分级负责、属地为主、中央支持的救灾机制反映了统合管理的核心理念，灾害发生后，根据灾情级别和有关预案制度规定，像汶川地震这种特别重大需要中央协调全国力量进行处置应对的，由中央统一负责外，其他的抢险救援和应急救助工作一般以地方为主；一般性的灾害由地方统一指挥负责，中央协调给予必要的帮助，不过多干预地方救灾工作。这种机制下，中央和地方政府可以进行成熟、高效的联动响应，也符合简政放权和政府职能转变要求。

#### 2. 建立完善灾害预防和预警机制是公共安全应急管理常态化的关键环节

雅安芦山地震抗震救灾实践证明，在经历汶川、玉树等地震灾害后，我国地震灾害预防与预警机制进一步完善，加强了地震活跃带监测台网建设、专群结合的预测预警、

地应力场和地磁力场的变化观测，建成了地震速报系统和快速确定烈度分布手段，在芦山地震中发挥了重要作用。这说明把灾害预防预警作为防灾减灾的关键，实施抗灾减灾管理的常态化策略是正确的方向。将功夫用在日常工作中，从根本上降低灾害的损失，全面提升灾害应对能力，是对灾害应急管理的质的提升。同时还必须认识到，灾害预防和预警机制的常态化不是通过几项应急措施就能够实现的，而是需要将诸多琐碎的工作化为日常管理的点点滴滴，从一砖一瓦做起，才能真正全面地提升灾害应对能力。比如，减轻地震灾害致人伤亡最有效的途径之一，就是做好建筑物的抗震设防，而建筑物抗震设防的主要依据是地震区划图。目前新版《中国地震动参数区划图》编制工作已经完成，对于进一步提高我国的抗震设防标准，提升地震灾害预防能力将起到重要作用。

### 3. 充分发挥各方力量作用是提高统合管理效能的决定性要素

在芦山地震后很短时间内，当地政府工作人员、武警部队、消防官兵就立即投入到抢救人员的工作中公众自救互救，为此后大规模抗震救灾和救人赢得了时间，减少了人员伤亡和损失。这些做法从某些侧面反映出，人是管理的核心因素，坚持以人为本，充分发挥各类人群在统合管理中的作用，对提高统合管理效能具有决定性意义。在实行统合管理过程中，需要充分考虑各类人群的不同特征，实行分类管理。统合管理需要全社会的参与，普通社会公众人数多、力量大，是统合管理的基本力量，但存在个体性强、素质差异明显、行为分散等特点；政府工作人员大局观念和政策把握性强，指令执行彻底，统筹指挥协调有力，是统合管理的关键力量；军队和警察消防部队纪律性强、行动迅速，是统合管理的突击力量；各类应急队伍专业性强，技术力量雄厚，相关装备配备齐全，是统合管理的专业力量；社会公共组织和应急志愿者队伍庞大，参与示范效应明显，是统合管理的辅助力量。在常规情景下管理时，就要充分体现整体协同和专业处置相结合的原则，统筹发挥各种力量作用，加强协调配合，专群结合、军民结合、社会参与，有效提升统合管理效率。为此，在制定各类应急预案时，要针对各类人群和社会力量的特点，明确细化角色分工，制定相应的方案措施，提高应急处置成效，最大程度减轻公众和社会损失。

### 4. 灾后迅速恢复秩序是公共安全统合管理的重要目标

当今社会日常经济生活联系日益紧密，依赖程度日趋增强，社会系统复杂而又脆弱，一环中断，全盘瘫痪。地震作为一种突发性自然灾害，一旦发生，将对社会系统迅速产生作用，可能会导致供水供电、道路交通等一系列关键基础设施中断，经济社会运行出现停滞。雅安芦山地震再次显示出这一特征。地震导致震中芦山县、宝兴县的几个乡镇通信、道路中断，出现"信息孤岛"。其他灾害也类似，如长时间、大范围的暴雪低温天气，可能造成运输大动脉中断，车辆堵塞几十千米甚至跨越几省，交通几乎瘫痪，险情频频发生；电力系统、供水系统、城市物流系统等受到影响，可以说任何环节出现问题都可能带来一系列灾难性后果。社会秩序的恢复是公共安全工程管理的目标所在，统合常态与应急管理，就是要将日常管理工作中发现的可能致灾的问题和因素加以处置和预防，以最大程度减少突发公共安全事件的发生；同时，也是要在应急管理状态中，寻求涉及日常管理长远的致灾问题和因素的最佳解决方案。统合管理效能的发挥关乎着社会秩序恢复的快捷与否，这一公共安全工程管理目标的实现直接反映着政府的执政能力。

# 第二节 滑坡和泥石流次生灾害

## 一、四川唐家山堰塞湖

### （一）灾害基本情况

1. 堰塞湖概况

2008年5月12日，中国四川汶川发生特大地震，在一些重要江河支流，共形成较大堰塞湖35处，其中唐家山堰塞湖是一个极高危险级的堰塞湖，严重威胁着下游绵阳、遂宁130多万人民的生命和宝成铁路、兰成渝输油管道等重要基础设施的安全。唐家山堰塞湖堰塞体平面形态为长条形，顺河长约为803m，横河宽约为611m，平面面积约为30万m²，堰高为82~124m，体积为2037万m³。堰顶地形起伏较大，横河方向左高右低。堰塞湖最大可蓄水量为3.16亿m³，堰前湖底高程约为663m。湖水上涨淹没了上游漩口镇，并对大禹故里——城口镇造成严重威胁（图6-17）。

2. 灾害主要特点

（1）堰塞体量大、湖水多，溃决后危害严重

唐家山堰塞湖"坝"高、"库"大，堵江时间临近主汛期，河流来水快，一旦堰塞湖在高水位时瞬间溃决，溃决洪水将造成下游地区大面积淹没，严重威胁下游130多万居民生命财产安全，并对下游河道和两岸造成严重冲刷破坏，甚或导致绵阳等地的基础设施严重损毁。堰塞湖威胁区域的公众刚刚经受汶川特大地震灾害打击，伤亡大、损失重、心理已到极限，如再发生堰塞湖溃决这样的次生灾害，后果难以想象（图6-18）。

（2）堰塞湖状况不明、资料缺乏，工程处置时间紧迫

唐家山堰塞体是地震造成山体滑塌下来的散粒体，经过高速滑动和巨大挤压后，其

第六章 典型案例分析

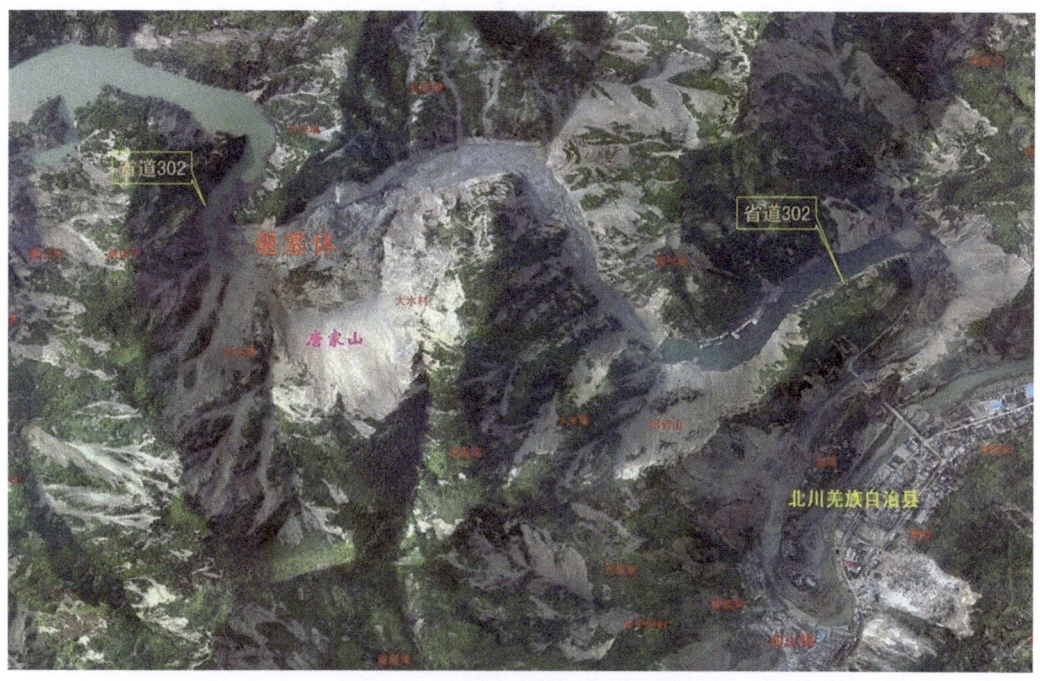

图 6-17 唐家山堰塞湖位置示意图

图 6-18 唐家山堰塞湖蓄水情况

坝体结构有很大的不确定性。应急处置中既无时间也无条件进行钻探、现场原位试验和室内试验等，只能凭有限观测和经验比对，对堰塞坝的物质组成和力学性质进行大致的判断，给处理带来极大难度。唐家山堰塞体堵塞湔江河道，水量无法下泄，堰塞湖水位不断上涨，加上山区天气变化无常，水文气象预报的难度很大，如果再遭遇汛期强降雨，上游洪水叠加高水位，将会带来巨大的溃决风险。加之从发现堰塞湖到决定采取措施处置，留给方案制订、施工准备及实施、人员转移的时间非常紧迫。

（3）施工环境恶劣，处置条件复杂

唐家山堰塞湖地处高山偏远区，地震后陆路、水路运输中断，短期集中施工力量和设备十分困难，只能且完全依赖空运进入现场，而空运因雨、雾、风等天气原因面临随时中断的风险。另外，施工现场极为狭窄、地势险恶，余震不断，两岸山体再次滑坡和堰塞体突然溃决的风险极大，施工过程中堰塞体发生多处渗漏、管涌，施工人员安全受到威胁。这要求处置方案可行、有效，在社会高度关注的状况下，不能有任何纰漏和失误。

## （二）灾害应对情况及特点分析

### 1. 灾害应对情况

2008年5月14日，唐家山堰塞湖在地震后的航拍影像上被发现。自此，工程技术人员进行了大量的技术准备工作。5月21日，在解放军陆航部队的帮助下，工程技术专家乘直升机首次降落唐家山堰顶对堰塞体进行实地查勘（图6-19）。经过实地查勘堰塞体现场后专家组认为：堰塞湖险情危急，但堰塞体和水情基本具备实施工程除险的可能，关键的是抢险方案和措施的选择与实施。为此，建立了水雨情预测预报体系、堰塞体远程实时视频监控系统、坝区安全监测系统、坝区通信保障系统，以及防溃坝专家

图6-19 作者在唐家山堰塞湖

会商决策机制。由于当地电力供应陷于瘫痪，对外通信中断，因此选用汽油发电机作为施工区供电手段，安装应急移动通讯设施解决对外通信问题，施工区内部采用手持式对讲机进行通信联系。

2008年5月26日上午，应急除险工程正式开工。6月1日凌晨，引流渠施工提前完成。6月6日开始，又对引流渠实施了消阻、扩容等工程措施。6月7日7时08分，引流渠开始过流；6月9日下午溯源冲刷效果开始明显；6月10日中午下泄流量达到6500m³/s的峰值；至6月11日14时，堰塞湖水位从最高时的743.10m降至714.13m，湖内蓄水量从2.466亿m³降至0.861亿m³。唐家山堰塞湖险情解除，泄流过程中无一人伤亡，达到了最佳除险效果（图6-20）。新河道具有安全通过200年一遇洪水的能

力。左侧剩余堰塞体主要由结构较密实的碎裂岩和巨石、孤块碎石组成，抗渗透破坏和抗冲刷能力较强，抗滑稳定性较好，不遇强降雨和外力扰动，总体稳定。唐家山应急除险工程的实施，直接降低堰塞体水头 9.0m、减少蓄水量 0.7 亿 $m^3$，且控制溃坝过程按渐进方式发展，使坝址洪峰流量减小了约 3400$m^3$/s，涪江桥断面洪峰流量减小了约 3000$m^3$/s，坝下游各主要控制断面洪峰流量与原计算的 1/3 溃坝洪水相比减少了约 33.6%~34.6%，有效减轻了对下游人民生命财产安全的威胁。

图 6-20  唐家山堰塞湖泄流

唐家山堰塞湖从"5·12"大地震形成到 6 月 11 日解除险情，历时一个月。应急除险是在非常时期、非常条件下，采取非常规、科学的手段取得的成就，创造了人工排除大型堰塞湖险情的成功范例。

### 2. 灾害应对主要特点分析

(1) 主动从速排险，及时转移避险

鉴于唐家山堰塞湖的特殊复杂性和堰塞坝除险的高风险性，为确保无一人伤亡的目标，最大限度减少湖水下泄造成的损失，争取避免堰塞坝突然溃决这一恶劣工况对下游造成的灾难性损失，按照"安全、科学、快速"的除险原则，在有限的时间内同步实施应急除险工程措施和人员转移避险非工程措施。

唐家山堰塞湖下游人员转移避险措施是根据不同溃坝模式演算的洪水过程和风险评估成果，由地方政府制定人员转移避险方案，实行黄、橙、红三级预警机制，下游绵阳和遂宁两市受 1/3 溃坝风险威胁的 27.76 万人全部转移到安全地带，同时制定 1/2 溃坝和全溃坝方案的人员转移预案。

(2) 抓住关键环节，因地制宜制定除险方案

唐家山堰塞湖地处山谷，震后水、陆交通中断，能否把大型机械设备运入施工现场是采取工程措施的关键环节和先决条件。前线指挥部制定了开辟空中专用通道，凭借直升机运输，运送施工人员、设备、材料及给养的保障方案。米-26 大型直升机的投入使用成为决定工程施工顺利进行的关键。米-26 直升机吊运能力为 15t，施工前和施工期间，两架米-26 直升机不间断作业 92 架次，共调运了 15t 以下的推土机 24 台、挖掘机 16 台、自卸汽车 4 台以及数十吨油料和主要施工材料等（图 6-21）。其他直升机运输能力均在 5t 以下，经持续飞行 731 架次，保障了施工参战人员、其他材料及给养等的运输。

图 6-21 米-26 直升机吊运施工机械

同时，在方案制定中，充分利用先进的科学技术和工程手段，结合地形地质、水文条件等，合理利用大自然的力量，因地制宜地制定了"疏通引流、顺沟开渠、深挖控高、护坡镇脚"以及"挖爆结合、先挖后爆、平挖深爆、以爆促挖"的施工方案并进行科学评估，用先进的科学技术保障安全、快速地排除灾害风险，开渠引流，通过溯源

冲刷逐步扩大过流断面加速泄流，泄流渠引流效果良好，有效控制了水流下泄时间，避免了突然溃决的灾害，最大限度地保障人民群众的生命财产安全。同时，方案还充分考虑了应急工程除险与长期综合治理的结合。

（3）强化现场施工组织，实时调整施工方案

由于施工场地狭小，直升机停机坪、生产、生活营地、仓库等均设在堰塞体左侧堰顶上，飞机起降时的大风扬尘影响几乎整个生活营地。为加快进度，投入数十台施工机械设备，歇人不歇机，工序环环相扣，有时相互干扰，对施工组织要求极高（图6-22）。

图 6-22　泄流渠开挖

这次堰塞湖处置，为保障安全和避免汛期洪水叠加，留给应急处置的时间十分紧迫，必须进行实时决策。同时，由于各方面、各种因素对减灾效果要求高，在实时决策的同时，还必须保障各种减灾方案、时机等选择决策的科学合理性。根据对堰塞体地质特征及形成机制、地形地貌、堰塞湖集水区水雨情预报成果等的判断和认识，对施工人员及机械设备运输能力、工程施工特点、后勤保障能力等条件的综合把握，泄流渠方案设计时拟定了开口线相同、渠底高程不同的三个方案，便于在实施过程中根据气象和运输保障情况及时调整。自5月26日开始按照高标准方案正式开挖泄流渠后，在施工现场及时对方案进行了动态优化调整，使工程方案朝着最优方向完善。方案的动态优化，对泄流渠尽早过水和过水后能够安全可控，实现预期的最佳工程处置效果起到了重要的作用。

## （三）启示

### 1. 排险减灾过程中需要综合运用常态与应急管理手段

唐家山堰塞湖是中国1949年以来地震后形成的堰塞湖中最为危险的一个，其危害

程度之严重、影响范围之广泛、处置时间之紧迫、施工难度之巨大和技术措施之复杂，在世界堰塞湖的处置中都是罕见的。唐家山堰塞湖从成为威胁百万人生命安全的重大风险源，到成功处置解除风险历时不到一个月时间，但其处置却涵盖了灾害风险管理过程的全部要素，包括风险源的孕育与生成、风险危害的预测与评估、风险处置的决策与组织、风险处置过程中各种技术、工程手段和社会管理措施的运用以及国家最高决策层对处置过程的直接领导等。从处置过程看，由堰塞湖形成之初的风险预测与评估，到处置过程中的风险决策和组织实施，再到工程设计与施工，这一过程的每一步既体现了严谨、求实的科学态度，又做到了果断、及时的决策，综合运用了常规管理和应急管理的多种措施手段，创造了具有共享价值的堰塞湖处置经验；从处置指导思想看，无论是坚持"以人为本，确保人民群众的生命安全"，还是坚持利用自然力量排除灾害风险，实现工程排险与人员避险的有机结合，都保证了科学、快速地排除风险和"无一人伤亡"目标的实现；再从处置过程采用的科学技术和先进工程手段看，处置唐家山堰塞湖充分利用了许多先进技术和工程措施，在充分发挥我国广泛动员社会资源应对突发灾害的常规制度优势的基础上，又通过应急管理体系，紧急借用米-26 直升机等设备，最大限度地发挥了现代科技手段的作用，使唐家山堰塞湖的处置在社会组织和科技手段上均达到国际领先水平，构成了减灾工程管理的重要实践和经验，成为国内外重大灾害风险管理案例研究的宝贵资源。

## 2. 多目标实时决策是统筹常态与应急管理措施的有效方法

在唐家山堰塞湖处置的开渠引流施工阶段，若冒险爆除可能长时间冲淘不下但有利于防止溃决的岩石渠段，虽可以加快过流后的排险，但很可能促成人为溃决，给下游带来巨大灾难。若不爆除，过流后长时间不能排险，将可能使抗震救灾、重建家园的局面更为焦灼紧迫。进行科学决策的结果是，为达到"不溃少留"的效果，保留了岩石渠段，实践证明这一决策是正确的。这也表明，水利抗震减灾涉及面广、边界条件复杂、社会影响和风险大，需要进行多目标、快速、科学地决策。多目标决策是研究如何在多个存在着矛盾和冲突的决策目标下进行有效和科学决策的问题。抗震减灾关系群众的生命安全和切身利益，关系整体抗震救灾的大局，其减灾的目标不是单一的，而是包括各方面综合的复杂目标，这给决策带来了很大的挑战和难度。必须运用多目标决策的思维和方法，既要保证人民群众生命安全，又要争分夺秒，减少造成次生灾害的风险，还要符合快速、科学、合理等方面的要求。

做决策，可能成功也可能失败，对决策者来说总要冒一定风险，问题不在于敢不敢冒险，而在于能否估计到各种决策方案存在的风险程度，以及在承担风险付出的代价和获得的收益之间作出慎重的权衡，以更有前瞻性地采取行动。水利抗震减灾过程中面临的风险很多，一旦决策失误，将造成极大的影响和损失，必须进行科学决策。在应对危机事件中，应用常态管理措施还是应急管理措施，选择哪几种常态和应急管理措施来进行组合优化，在何时采取必要的常态与应急管理措施等，都需要进行多目标实时判断与决策。可以说，多目标实时决策的正确与否决定了常态与应急管理措施实施效果的好坏。

### 3. 动态优化方案、合理分担风险是常态管理在应急状态下的展现

大地震使灾区居民遭受惨重损失，在这种情况下，不应该也不允许因为事件处置不当而引发次生灾害，再次对人民群众造成生命伤害。唐家山堰塞湖应急处置过程中，无论是工程除险方案还是人员转移避险方案，都在处置过程中随时进行动态优化调整。正是这样的动态调整，适应了整个排险减灾过程的要求和进展，也与除险的力量、处置的目标和下游社会管理需求相呼应，在应急状态下对这样的方案进行动态调整，打破了常规方案的设计原则和方法，是危机事件应急处置中客观而必要的管理需求。

在唐家山堰塞湖的应急处置中，除了开展工程除险——开挖引流渠以外，还同时在下游受威胁区域开展群众转移避险工作，运用常规社会管理方式实现应急社会管理目标，共担风险，确保了应急处置工作的成功。在危机事件处置过程中，时间紧、任务重、风险大，面临的往往不是单一风险因素，通过认真分析各种风险影响因素，按照统筹兼顾、综合风险最小的原则处置，注意规避风险的叠加，坚持对灾害事件主动从速除险避险，是危机事件应急处置中对社会管理的又一需求。灾区是风险的承担者，政府承担着风险的消除者的职责。在复杂的风险条件下，要合理地分担风险，即灾区群众应主动履行规避风险的义务，政府应承担解除风险的责任。消除、减轻次生灾害的风险是一个系统工程，需要政府、居民、专业机构和专家等密切配合，共同努力，化解灾害风险威胁。

## 专栏

### 唐家山堰塞湖应急处置与减灾管理工程

#### 刘 宁

"5·12"四川汶川特大地震造成 5 万余处山体滑坡、崩塌，堵塞河道，在一些重要江河支流形成较大堰塞湖 35 处，其中四川省 34 处、甘肃省 1 处，另外四川省还形成小型堰塞湖 70 处。唐家山堰塞湖是集雨面积、蓄水量、威胁最大，可能造成灾害损失最为严重的堰塞湖。经过各有关方面的共同努力，最终唐家山堰塞湖险情成功排除，创造了世界上处理大型堰塞湖的奇迹，对研究和推进减灾管理工程具有重要的理论和实践意义。

# 1 唐家山堰塞湖的应急处置

## 1.1 唐家山堰塞湖基本情况

堰塞体体积 $2037×10^4 m^3$，顺河长约为 803m，横河宽最大约为 611m，平面面积约为 $30×10^4 m^2$，坝高为 82~124m，上游集雨面积 $3550km^2$，堰塞湖库容为 $3.16×10^8 m^3$。

## 1.2 唐家山堰塞湖应急处置的制约性因素

概要而言，唐家山堰塞湖险情有共8个确定性和不确定因素，这些因素成为其应急处置时的制约。

确定性因素：①遇较大洪水或降雨，溃决概率非常大；②堰塞体高为 80~120m，水头高为 60~80m，极具危险性；③上游流域面积大，水位上涨快；④堰塞体仍遭遇强余震的影响。

不确定因素：①堰塞体土石结构复杂，短时难以弄清，且均为经过高速滑动形成的散粒堆积体；②气象的变化难以预测；③堰塞体可能存在薄弱环节造成塌陷甚至部分溃决，5月29日在堰塞体左后坡700m高程处发现管涌渗水点，渗漏量一直在增多扩大；④堰塞体上游约3km处还有一处近 $1700×10^8 m^3$ 的马玲岩潜在滑坡体存在，如果巨大滑坡体滑落产生涌水，可能会对唐家山堰塞体造成严重影响。

唐家山堰塞湖如果溃决其洪水峰高量大，推进迅速，3~4h就将到达绵阳市，极大超过当地的防洪标准，直接威胁数百万人的生命安全。因此，必须将工程排险与人员避险相结合，力求"安全、科学、快速"。

## 1.3 唐家山应急处置方案的制定和施工过程

在坝体右侧垭口软硬结合处开挖泄流渠，确定了"入口低坡、中段平底、岩槽锁口"的渠型，以期达到"方便施工、溯源冲刷、固左淘右、不溃少留"的效果。设计了渠道开口线相同、3个不同的渠底高程目标方案，同时还设计了爆破方案备用，实施中动态调整方案。在施工上，采用"疏通引流，顺沟开渠，深挖控高，护坡镇脚"以及"挖爆结合，先挖后爆，平挖深爆，以爆促挖"的方式。根据堰塞体现场的地形及地质条件，泄流渠利用堰塞体上偏右侧的低洼薄弱部位布置，平面上呈凸向右岸的弧形。泄流渠采用梯形断面，两侧边坡为 1:1.5。为简化施工，设计了铅丝笼进行出口锁口和软弱边坡防护。防护范围为陡坡段及其两侧边坡、下游出口段变坡处顺流向前后共50m范围、泄流渠四岸边坡。5月25日开始，武警水电部队连续奋战7天6夜，挖掘完成了一条总长为475m、上游段深为12m、下游段深为13m、进出口段高程分别为740m和739m的泄流渠，挖掘量13.55×10⁴m³。与此同时，按照工程排险与人员避险相结合的原则，在溃坝分析和风险评估的基础上，制定了1/3、1/2和全溃方案，对1/3溃坝影响范围内的人口27.5万多人进行了提前转移，建立了水雨情预测预报体系、远程实时视频监控系统、坝区安全监测系统和专家会商决策机制。

### 1.4 唐家山应急处置的效果评估

6月11日坝前水位较最高水位下降了28.97m，相应蓄水量减少了$1.6×10^8 m^3$。泄流过程中，下游群众无一人伤亡，重要基础设施没有造成损失。6月11日，临时转移的群众安全返回家园，唐家山堰塞湖险情解除。

堰塞体过流后已形成较宽畅的新河道，平面上呈向右岸凸出的弧形，断面形态呈上宽下窄的"倒梯形"。泄流后剩余堰塞体主要由结构较密实的巨石、孤块碎石组成，抗滑稳定性较好。泄流渠过水冲刷形成新的峡谷型河道，具有通过200年一遇洪水的能力。

堰塞湖泄流过程证明，泄流渠引流效果良好，有效控制了湖水下泄过程，符合"主动、尽早，排险与避险相结合"的原则，体现了"安全、科学、快速"。国务院抗震救灾总指挥部发来贺电，称赞其"创造了世界上处理大型堰塞湖的奇迹"。

### 1.5 堰塞湖处置的认知

通过总结归纳堰塞湖处置的成功经验，一般来说，堰塞湖处置要遵循以下核心理念和基本原则。

核心理念：以人为本，确保人民群众生命安全；充分利用自然力量排除自然灾害。

基本原则："安全、科学、快速"；工程排险与人员避险相结合；用先进监测技术及时预警预报；尽可能减少财产损失，尽快使群众生活安定。

堰塞湖预计有以下几种处置方式：①漫顶溃决；②爆破泄流；③固堰成坝；④开渠引流；⑤自然留存。堰塞湖的处置要立足于减灾，通过采取各种工程和非工程措施将可能带来的灾害降低到最低程度，但完全消除或避免灾害非常困难，对于唐家山堰塞湖，根据其地质特性，判断其不溃决的可能性较大，通过开挖泄流渠降低水头，过水溯源冲刷后形成了较稳定的深谷河道，对下游基本没有造成损失，这是最理想的状况。但因堰塞湖情况不尽相同，笔者不能奢求其他堰塞湖的处置都能达到这种效果。

## 2 减灾管理工程

如前所述，当人类社会遭受灾害威胁时所能采取的有效措施，实际上都是利用一切力量和资源，努力减少灾害造成的损失。如果可资利用的力量和资源一定，则利用这些力量和资源的"能力"就成为关键。因此，如何组织发挥好这一能力实质上就是笔者提出的减灾管理工程的全部内涵意义。

大地震使灾区居民遭受惨重损失，不应该也不允许因为堰塞湖或水利震损工程处置不当而引发次生灾害，再次对人民群众造成生命伤害。各级政府对地震造成的次生灾害风险高度重视，加强灾害风险管理，科学、及时地进行各项风险决策，采取各种措施予以防范、化险、排险、避险，取得了卓有成效的业绩，为现代灾害风险管理提供了实践范例。

### 2.1 减灾风险管理

科学技术和社会经济的发展使风险的产生以及风险损失、收益都不断发生变化，并呈现出风险增长的特征，人类面临的风险危机越来越多样、复杂。近年来发生的SARS、禽流感、重大突发污染事件以及此次汶川特大地震等，都对公共风险管理提出了新挑战，如何有效的预防灾难、化解风险乃至处理危机是我国需要研究的重大问题。

灾害风险管理是近年发展起来的新兴学科，国际社会在积极推进灾害风险管理理论研究和应用研究快速发展的同时，至今尚未建立和形成有关灾害风险管理案例研究的系统、规范体系和成果，既缺乏具有普遍意义的研究模式，也缺乏具有广泛借鉴意义的成功案例，这是灾害风险管理研究内容的重要缺失。笔者认为，这一缺失主要应从减灾管理工程的实践中去寻求补足。

通常，风险包含了两层含义，即事件发生的概率（可能性）和事件发生导致的后果两个方面的乘积。风险管理是以风险可能造成的损失结果为对象，根据成本和效益比较原则，选择成本最低、过程最短、安全保障效益最大的风险处理方案。风险管理以风险为核心，以事前、主动预防为特征，进行风险分析、风险评价和风险处置。

就地震可能造成的水利灾害风险而言，风险分析是指对堰塞湖或震损水库溃决概率进行分析（溃决模式和路径分析）和溃坝后果分析（针对生命、经济损失和社会环境影响，进行溃坝洪水分析，确定淹没范围及程度）。风险评价是检验和判断风险是否可以接受的过程。风险处置方法包括降低风险（降低溃决可能性和减少溃决后果），转移风险，规避风险，保留风险。为此，不仅要进行工程应急处置除险，还要进行预测预报预警并编制可行、有效的应急预案。减灾管理工程的主要任务就是要及时、有序、有机的形成强大而高效的组织能力，动员一切可以调动的资源、力量，把风险控制在公众和政府可以接受的水平，建立以风险为中心、以预防为核心的事先主动风险管理体系。水利抗震减灾较好地实现了减灾管理工程的目的，积累了一系列行之有效的动员、组织方法和模式，实际中收获了良好的减灾效果。

### 2.1.1 主动从速除险避险

处置重大、复杂的灾害事件，面临的往往不是单一风险因素。此时一定要认真分析各种风险影响因素，按照统筹兼顾、综合风险最小的原则处置风险事件。减灾除险往往时间紧、任务重、风险大，尤其要注意规避风险的叠加，坚持对灾害事件主动从速除险避险。

### 2.1.2 建立应急工作机制

良好的应急工作机制是提高除险减灾工作质量和水平的保障，要实行"广泛合作、信息共享、相互协调、形成合力"的风险管理合作机制，相关各方密切协作，统筹兼顾，即时会商，有效地开展减灾工作。

### 2.1.3 制定科学减灾方案

工程措施是减灾除险的重要手段，要充分利用先进的科学技术和工程手段，结合地形地质、水文条件等，合理利用大自然的力量，因地制宜地制定施工方案并进行科学评估，用先进的科学技术保障安全、快速地排除灾害风险，最大限度地保障人民群众的生命财产安全。如在唐家山堰塞湖处置中，开渠引流，通过溯源冲刷逐步扩大过流断面加速泄流，泄流渠引流效果良好，有效控制了水流下泄时间，避免了突然溃决的灾害。

### 2.1.4 合理分担灾害风险

灾区是风险的承担者，政府是风险的消除者。在复杂的风险条件下，要合理地分担风险，即灾区群众应主动承担规避风险的义务，政府应承担解除风险的责任。消除、减轻次生灾害的风险是一个系统工程，需要政府、居民、专业机构和专家等密切配合，共同努力，化解灾害风险威胁。

## 2.2 减灾风险决策

管理的核心是决策，决策贯穿于管理的各个方面及其整个过程，任何管理活动都离不开决策。决策是一切行动的先导，是一门科学，也是一门艺术，正确而科学的决策会收到巨大的社会和经济效益，错误和盲目的决策则会带来无法挽回的物质和精神损失。管理者总是面临着两难境地和进行多种方案的决策，从目标的制定，方案的选择，人员的配备，组织的构建，资源的分配，都需要决策。

风险决策属于非确定型决策，是指结果有多种可能性，且不能预测未来自然状态出现概率。对于风险决策问题，不但状态的发生是随机的，而且各状态发生的概率也是未知或无法事先确定的。对于这类问题的决策，主要取决于决策者的素质、经验和决策风格等。风险决策问题行动方案的结果值出现的概率无法估算，决策者根据自己的主观倾向进行决策，不同的主观倾向建立不同的评价和决策准则。由于非确定性的存在，决策者个人的主观反应往往直接决定决策后果，其个人的风险意识和理念构成风险管理的主观依据。

水利抗震减灾涉及面广、边界条件复杂、社会影响和风险大，需要进行多目标、快速、科学的决策，决策的难度很大。实践证明，水利抗震减灾工作中进行的一系列决策是科学、及时、有效的。

### 2.2.1 减灾必须多目标决策

多目标决策是研究如何在多个存在着矛盾和冲突的决策目标下进行有效和科学决策的问题。水利抗震减灾关系群众的生命安全和切身利益，关系整体抗震救灾的大局，其减灾的目标不是单一的，而是包括安全、快速、科学等各方面综合的复杂目标，这给决策带来了很大的挑战和难度。必须运用多目标决策的方法，既要保证人民群众生命安全，又要争分夺秒，减少造成次生灾害的风险，还要符合科学、经济合理等方面的要求。

### 2.2.2 减灾必须科学决策

做决策，可能成功也可能失败，对决策者来说总要冒一定风险，问题不在于敢不敢冒险，而在于能否估计到各种决策方案存在的风险程度，以及在承担风险时所付出的代价和获得的收益之间做出慎重的权衡，以便采取行动。水利抗震减灾过程中面临的风险很多，一旦决策失误，造成极大的影响和损失，必须进行科学决策。在唐家山堰塞湖的处置中，冒险大爆破，爆除可能长时间冲淘不下有利于防止溃决的岩石渠段，可以加快过流后的排险，但很可能促成人为溃决，给下游带来巨大灾难。若不爆除,过流后长时间不能排险,将可能使抗震救灾、重建家园的局面更为紧迫。进行科学决策的结果是,为实现"不溃少留"的效果,保留了岩石渠段,实践证明这一决策是正确的。

### 2.2.3 减灾必须实时决策

地震造成的堰塞湖、震损水库、堤防等,为保障安全和避免汛期洪水叠加,留给处置的时间都十分紧迫,进行这类决策,来不及进行充分的调查、论证等,要及时进行除险减灾,必须进行实时决策。同时,由于各方面、各种因素对减灾效果要求高,在实时决策的同时,还必须保障各种减灾方案、时机等决策的科学合理性。

唐家山堰塞湖是新中国成立以来地震后形成堰塞湖中最严重的,其危害程度严重、影响范围广泛、处置时间紧迫、施工难度巨大和技术措施复杂,在世界堰塞湖的处置中都是罕见的。唐家山堰塞湖从形成为威胁数百万人生命安全的重大风险源,到成功处置解除风险历时不到一个月时间,但它却涵盖了灾害风险管理过程的全部要素,包括风险源的孕育与生成、风险危害的预测与评估、风险处置的决策与组织、风险处置过程中各种技术、工程手段和社会措施的运用以及国家最高决策层对处置过程的直接领导等等。从处置过程看,从堰塞湖形成之初的风险预测与评估,到处置过程中的风险决策和组织实施,再到工程设计与施工,这一过程的每一步既体现了严谨、求实的科学态度,又做到了果断、及时的决策,创造了具有共享价值的堰塞湖处置经验;从处置指导思想看,无论是坚持"以人为本,确保人民群众的生命安全",还是坚持利用自然力量排除灾害风险,实现工程排险与人员避险的有机结合,都保证了处置过程科学、快速地排除风险,又"无一人伤亡"目标的实现;再从处置过程采用的科学技术和先进工程手段看,处置唐家山堰塞湖充分利用了许多先进技术和工程措施,在充分发挥我国广泛动员社会资源应对突发灾害制度优势的基础上,最大限度地发挥了现代科技手段的作用,使唐家山堰塞湖的处置在社会组织和科技手段上均达到国际先进水平,构成了减灾管理工程的重要实践和经验,成为国内外重大灾害风险管理案例研究的宝贵资源。

## 3 结论

根据以上对唐家山堰塞湖应急处置和减灾管理工程的介绍和研究,为进一步提高今后应对灾害的能力,有以下几点结论供参考。

## 3.1 加强防范次生灾害应急处置成功经验的归纳总结

以水利抗震救灾为例，许多成功的经验值得总结，如在堰塞湖的处置上，我国成功处置了以唐家山为首的数十座堰塞湖，要归纳整理在安全评估、溃决洪水分析、应急处理措施、安全预案与决策等各个方面的成功经验，为今后堰塞湖的应急治理等提供依据。再如我国对高坝抗震缺乏系统及深入研究，高坝经受强地震的实例极少，要抓住这次震例，深入调研总结，力争能在高坝抗震等领域有所创新和突破。除此之外，在水利抗震救灾的应急机制上还存在一些不完善的地方，需要认真总结研究，提高应急减灾风险管理的水平。

## 3.2 推动减灾管理工程和灾害风险管理研究

唐家山堰塞湖应急处置，可以说是处置震后次生灾害风险最成功的社会行动，它所包含的处置重大灾害风险的经验，对丰富和发展中国乃至世界的灾害风险管理理论和实践，具有重要的学术价值。对推进国内外灾害风险管理学科的发展，填补这一学科领域研究的空白具有重要理论和实践意义。

今后要进一步加强减灾管理工程和灾害风险管理理论的研究，就水利而言，要深入全面研究震损水库和堰塞湖在数据快速获取和解读、堰塞湖形成机理和评估、水库和堰塞湖溃决机理、洪水演进过程及影响、减灾和应急抢险应急治理以及工程对策等领域的关键技术问题，研究应急检测与监测技术、险情快速评估与排序理论和方法、应急抢险工程措施与人员避险应急预案、恢复重建与修复标准和技术，以及水库大坝震损机理与抗震减灾方法；提出地震多发区水库应急管理机制与对策，建立健全科学、高效的地震应急处置机制；建立洪水溃决风险评估指标体系，构建堰塞湖重大险情应急指挥系统。通过这些研究，为高危坝体和堰塞湖应急抢险、除险加固以及恢复重建提供及时、先进的科技支撑。

## 3.3 有机衔接应急减灾管理与常规综合管理

一般来说，减灾管理工程属于一种应急状态下的管理，在应急排险避险工作后，要抓紧后续工作，尽快转向常规综合管理。如对唐家山堰塞湖来说，一是要抓紧审查《唐家山堰塞坝及边坡安全性评价报告》，并尽快提出唐家山堰塞坝及其周边综合整治方案。二是要加强监测和预测预警，及时报出信息。三是要抓紧打通通向唐家山堰塞坝的道路，并接通动力电源。四是要加强水位上升对上游治城等城镇影响的分析，加强对策研究。五是要抓紧整理几次泥石流淤堵泄流渠有关资料，以资后续相关工作借鉴。

任何情况下，做好监测和预警预报工作都十分重要。要着力提高对地震及次生灾害等的监测和预警预报水平，充分利用全球定位系统、地理信息系统、卫星遥感遥测、低空精准航拍、远程宽带视频、计算机仿真模拟、三维激光扫描、水文自动测报、险情实测监测、溃坝模型演进等先进技术，提高监测和预警预报的精度和水平。

### 3.4 进一步规范工程建设管理的机制体制

要按照国务院划定的职能分工和有关法律法规，进一步理顺工程建设管理机制体制，充分发挥行业指导、规范职责，保障水库、水电站的有序建设和安全运行。要组织修订相关设计规范和标准，纳入有关减灾管理工程和灾害风险管理研究的最新成果。此外，还要进一步完善工程安全风险评价理论和方法，指导今后的工程建设及灾害多发区工程应急管理；研究编制工程险情分类与判别、险情快速检测技术、应急监测技术、险情快速评估、险情预警分级指南、应急抢险技术、恢复重建标准、修复技术指南和应急管理指南等一系列技术标准导则和指南。

### 3.5 大力提高现代管理工程和灾害应急处置水平

抗震减灾工作取得了突出成绩，充分说明我国工程科技水平和手段已经达到了较高水平甚至国际先进水平，也说明现代管理工程和灾害应急处置能力已大大提高和加强。这是贯彻落实科学发展观，坚持以人为本，依靠科学力量的成功实践；是认识和把握自然规律，利用自然力量化解自然灾害风险的有效尝试。今后面临的灾害风险处置形势和要求仍十分严峻，要切实采取有效措施，提高应对特大自然灾害能力，加快完善灾害应急机制的建设，将防灾、救灾、重建等全面纳入法制轨道，完善减灾管理体系，加速相关信息管理系统建设，进一步完善预警机制。要提高全民防灾意识，加强国际救援合作，充分发挥新闻媒体在防灾减灾中的作用。

总之，唐家山堰塞湖的成功处置为今后有效应对类似灾害、推进减灾管理提供了很好的范例，要认真总结经验，着力推进减灾管理工程，研究建立安全、快速、科学的灾害风险处置机制，提高对各种灾害风险的监测、预警和预报水平，充分利用先进的科学技术和工程手段，最大限度地减少灾害风险可能造成的损失，不断提高减灾管理的水平。

（本文发表于《中国工程科学》2008年第10卷第12期）

## 二、西藏易贡堰塞湖

### （一）灾害基本情况

#### 1. 堰塞湖概况

2000年4月9日20时05分，受气温转暖、冰雪融化及地质等因素的影响，西藏自治区波密县易贡乡扎木弄沟源区发生巨大山体滑坡。滑坡巨大的冲击力激发沟内碎屑物质，在短短的两三分钟内，转化为超高速块石碎屑流，以不可阻挡之势，扫荡谷口两侧山体，倾泄于易贡湖出口处，完全堵塞了易贡藏布，导致易贡藏布完全断流，形成了最大库容可达30多亿立方米的堰塞湖，堰塞体体积约为3亿$m^3$，湖水以日均约65cm的涨幅持续上涨，可能淹没上游易贡茶场，危及两岸易贡和八盖两乡的农田、民房、学校等（图6-23）。

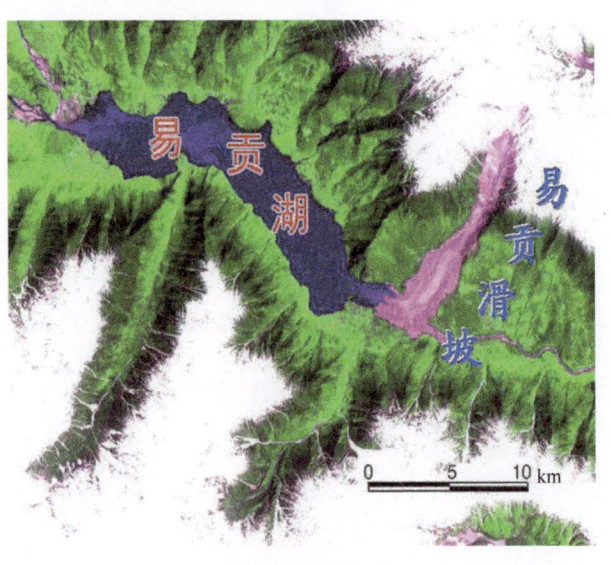

图6-23 易贡堰塞湖示意图

#### 2. 灾害主要特点

（1）滑坡体量及湖内水量极大，严重威胁上下游地区

此次滑坡形成长达4.6km，前沿最宽达3km，高达60～110m的近喇叭状天然坝体。滑坡垂直落差达3000m，水平最大运距约8500m，最大滑动速度达44m/s以上，滑坡触发的次生泥石流的速度较一般泥石流快得多。如此超高速运动、远距离运移、巨大的堆积方量及滑坡后留下的一些独特的现象在中国乃至世界都十分罕见。滑坡形成的堆积方

量约3亿 $m^3$，滑坡体体积、规模、滑程居世界第3位，仅次于加拿大道宁滑坡和意大利瓦伊昂滑坡（图6-24）。易贡堰塞湖形成时恰逢冰雪融水最丰富的时期，接着又将是雨季，易贡藏布江多年平均流量为 $378m^3/s$，湖内日增水量最大可达 $1×10^8m^3$，由此导致湖内水位猛涨。

图6-24 易贡滑坡形成的堰塞体

本次滑坡造成约 $8km^2$ 的森林瞬间化为乌有，易贡、八盖两乡及易贡茶场等4000多人被困，1000多人面临洪水威胁，著名的易贡茶厂近 $133.4hm^2$ 茶园受淹；由于湖水位上涨，一方面造成湖区周边大面积淹没，数千人无家可归；另一方面，最低达60余米高的堰塞坝，拦蓄数十亿立方米的水量，一旦溃"坝"，将对下游沿江两岸村庄、工厂、公路、桥梁以及其他重要设施造成毁灭性破坏，同时，灾害或将漫延至下游印度和孟加拉国。

（2）基础资料严重匮乏，排险减灾无经验可循

由于滑坡发生在高山峻岭之中，各种基础资料缺乏，比如水文资料、地形资料、观测设施等，使得许多数据难以在短时间内准确快速确定。据查，我国近百年内没有发生过如此巨大的山体滑坡，最多只有几千万立方米。国际上有些国家如美国、英国等国，虽然发生过如此巨大的山体滑坡，但由于没有截断河流，未发生堵水漫顶溃决事件，不会形成重大次生灾害，一般没有进行人工处理。所以说，如此庞大的堆积体堵江，可能导致水流漫顶溃决且条件极为恶劣，其处理难度之大在世界上是独一无二的。

(3) 地理环境恶劣，时间紧迫，施工难度大

堰塞湖地处西藏高山偏远地区，海拔高达 4000 多米，交通不便，自然地理环境、区域地质构造、水文地质条件均十分复杂（图 6-25）。由于滑坡是从 5000m 高程滑下，现场研判堰塞体 80% 以上主要由碎屑砂组成，过水极易瞬间溃决。下游约 17km 处便是川藏线咽喉——通麦大桥，易贡藏布、帕隆藏布和雅鲁藏布江在此区域紧密相连，川藏公路十分难行，施工力量和大型施工机械调集困难，应急处置时间紧迫、设备落后、场地狭窄等不利因素叠加，因此施工力量和设备如何调集进场、施工进度与湖水上涨时间的研判等，都制约着整个抢险减灾处置方案的制定和实施。

图 6-25　易贡交通位置图

## （二）灾害应对情况及特点分析

### 1. 灾害应对情况

西藏自治区政府根据国家防汛抗旱总指挥部专家组提出的减灾方案，及时成立了易贡抢险救灾总指挥部，下设第一、第二分指挥部和六个专业组，并确定第二分指挥部负责实施对易贡山体滑坡堆积体进行开渠引流的工程性措施。总指挥部及其所属两个分指挥部和六个专业组的全体组成人员，坚决服从安排，用最短的时间，以最快的速度，迅速赶赴现场投入工作。第二分指挥部成立后，在总指挥部的领导下，迅速组织力量，细化了开渠引流实施方案，确定了施工部队及设备、物资调运方案，并进行有效实施。

施工部队迅速行动，从 4 月 28 日开始向施工现场集结。在人员和机械设备调运过

程中，克服运距远、道路差、通行极度困难等诸多不利因素的影响，5月3日施工力量和大部分机械设备进驻现场，为工程的开工创造了必要条件。

截至6月4日，经过33天的艰苦施工，各施工队伍发扬艰苦奋斗、不怕牺牲和连续作战的作风，坚决服从总指挥部的统一调度和指挥，合理组织机械设备作业，克服了许多难以想象的困难，共开挖土石方135.5万 $m^3$，渠道下挖24.1m，开挖引流取得了预期效果，达到了国家防汛抗旱总指挥部专家组提出的减灾预案要求。此时，湖水来量进一步因冰川融雪加大，水位已逼近引流渠渠底高程，若降春雨，施工人员随时受到威胁，为此，按照预案，施工人员紧急撤离了施工场地，与此同时，下游也做好了人员转移避险的必要准备，同时对上游受淹人员进行了初步安置。

## 2. 灾害应对主要特点分析

（1）综合采取工程与非工程措施，尽最大努力减轻灾害损失

鉴于易贡地区特殊的、恶劣的自然环境和复杂的社会环境，应急减灾工作实行工程措施和非工程措施并举，建立了一套周密、完善的抢险减灾体系，经实施达到了无一人伤亡的目的。抢险救灾方案分两部分：一部分为工程措施，运用现代工程技术施工手段，动用各种大型机械设备，开渠引流，尽量降低堆积物高程，减少库容，尽最大努力降低过高水位能流对易贡藏布、帕隆藏布和雅鲁藏布江下游可能造成的影响。为此，确定了工程措施的目标：在易贡湖水位上涨过程中，尽最大努力抢挖一条引流明渠，从而降低湖内水位、减少湖内水量，一方面减少上游受淹范围，另一方面降低下泄峰量，减轻湖水宣泄对下游造成的冲刷破坏。而非工程措施，主要是对湖区及下游沿江两岸最高水位（做了预估演算）以下的群众进行临时性搬迁、转移，对重要设施采取保护措施。按照"就地、就近、就高、就便"的原则，将易贡湖区淹没地段的2096人和下游林芝县、墨脱县3700余名群众以及墨脱边防部分驻军转移到了安全地带，调运物资300t，保证了受灾群众3个月的基本口粮和生活必需品。

（2）集中各方力量，争分夺秒开展排险施工

实施工程措施是一项与洪水抢时间、争速度的特殊战斗。在很短的时间内，在极端艰苦的条件下，运用现代工程技术手段，努力降低堰塞体高度、开渠引流、锁口衬护、减少库容，减轻堰塞体溃决对下游的威胁，这是减灾史上开创性的特殊工程。在如此恶劣的环境下实施开渠引流，工程量巨大，施工强度极高，施工风险很大。有关施工队伍接到命令后，立即组成前线指挥部，迅速集结人员，调运机具，克服山高路远、道路崎岖等诸多困难，昼夜兼程，赶赴现场。西藏自治区、林芝地区两级交通部门组织有生力量，拓宽道路，加固桥梁，为大型机械、众多人员的顺利通过创造了条件。4月27日至5月2日，318国道拉萨至通麦段，车轮滚滚，机声隆隆，一场西藏历史上力度、强

度、速度都前所未有的施工力量大集结在高效进行。那时，在那样的环境下，不具备类似像唐家山堰塞湖排险的空中施工组织条件和能力。在短时间内，一批优秀的重机械操作手从厦门、新疆、三峡、上海、广西、拉萨等地迅速赶到灾区；一大批性能优良的大功率施工机械也从格尔木、满拉、沃卡、拉萨等地迅速开到现场。从5月3日开始正式施工到6月4日撤离现场的33个日夜，各施工部队不畏艰险、勇挑重担、听从指挥、密切配合、紧张施工，渠道下挖24.1m，创造了西藏工程史乃至我国水利史上的奇迹，实现了开渠引流减少库容，降低水头、减少沿程冲刷的预期目的。实施中，其施工工艺充分体现了动态优化的原理，创造了在恶劣环境下高强度施工的先例，堰塞坝高度有效降低，测算分析最低使溃坝流量由24万$m^3/s$降到了12.4万$m^3/s$，虽然也冲毁了沿途的一些道路、桥梁，触发了河道两岸35处崩塌、滑坡，但是较之不进行减灾处置的自然溃决，极大减轻了灾害损失。

## （三）启示

### 1. 科学定位抢险救灾目标是统合管理多目标决策的首要问题

易贡堰塞湖形成的初期，在时间紧迫，且地形、地质、水文等基本资料严重缺乏的条件下，国家防汛抗旱总指挥部专家组凭借对滑坡机理和滑坡堆积物质的准确判断，得出"堰塞坝过水必溃，抢险救灾应定位于减灾"的重要结论，并为实际所验证。制定工程措施的目标时，充分考虑了在十分有限的时间内和当地特定条件下所能动员和调集的财力、物力和技术力量。同时，由于堰塞体体积巨大、碎屑疏松，抗冲刷能力极低，过流后不能避免其溃决，实施工程措施抢险并不能完全免除灾害，只能降低水头，使堰塞湖在较低水位、较小水量下排泄湖水（包括挟带堰塞体物质），减轻溃决时水流对下游的冲刷破坏。将处置行动定位在减灾，而不是免灾，正是基于统合管理多目标决策的科学判断，其减灾目标是从最不利的现实条件出发，向最好的处置结果努力，尽最大可能减少灾害损失。为这一目标的确认，专家组向国家防总、西藏自治区多方汇报，并同时制定实施措施，再加以论证，工作难度和强度是可想而知的。从易贡堰塞湖减灾排险的过程看，统合管理的实施过程中面临的首要问题便是确定管理目标，一旦科学确定目标，其他一切统合管理措施都可围绕实现目标而展开。

### 2. 加强日常专业抢险队伍统合建设管理可为应急处置提供必要的力量准备

易贡堰塞湖坝体方量极大，减灾排险必须依靠大量大型施工机械和高素质的操作手才能在短时间内完成。当时，从全国各地调集的大型机械和队伍及时赶到现场，保证了减灾排险工作的顺利进行。从目前应急队伍建设来看，各类应急专业队伍主要分散在各专业部门、地方和企业，如从事抗洪抢险、抗震救灾、森林消防、海上搜救、城市消防、矿山救护、核应急、医疗救护等应急救援的队伍。但大多数队伍远程快速拉动能力较差，在恶劣条件下独立和持续作业能力较弱，专业搜救装备水平不高，不同专业队伍现场协同作战能力弱，难以形成一专多能的综合力量。为此，应根据各类突发公共事件处置救援需要，充分考虑不同地区、行业的实际情况，有重点地加强综合性和专业性应急救援队伍建设，提高应急装备水平。应推进各类专业应急救援队伍的整合和互补，常规施工力量要和应急队伍体系相结合，同时大力推进应急志愿者队伍和基层公益性组织应急队伍建设，建立应急救援专家队伍，充分发挥专家学者的专业特长和技术优势，进行综合演练，提高协同救援能力，为应急抢险处置准备力量。

**专栏**

## 科学制定西藏易贡滑坡堵江减灾预案

刘 宁

### 一、概况

2000年4月29日20时许，西藏自治区林芝地区波密县境内发生巨型滑坡。滑坡体自相对高差近3330m的雪峰阳坡经扎木弄沟滑下。目击者称历时约10分钟。估算滑程8km，堵塞易贡藏布江。堆积体长、宽各约为2500m，平均厚为60m，最厚为100m，面积约为60km$^2$，体积约为2.8亿m$^3$。滑坡堆积体80%以上是砂性土，中间挟裹巨石块体散布。被堰塞的易贡藏布江水位以每天0.5~0.6m的速度上涨，进入汛期（6~8月）涨势将更快。

该地区汛期将至，技术力量薄弱，施工手段较少，为此，在党中央、国务院的领导下，国家防汛抗旱总指挥部、西藏自治区各级政府以及军区、武警部队极为重视，迅速采取了有效的应对措施，最终使抢险减灾取得了巨大的成功。本文仅就国家防汛抗旱总指挥部派出的技术专家组制定减灾预案考虑的因素和过程作简要介绍。

### 二、滑坡和堰塞湖水情

1. 滑坡成因

导致滑坡的主要因素是由于气候转暖，海拔高程5520m以上雪峰阳坡坡积层上亿立方米滑坡体饱水失稳，沿陡倾岩层呈楔形体高速下滑，撞击下部老堆积体并铲削两侧山体，化为"碎屑流"高速下滑入江。经历了高位滑动—碎屑流—土石水气浪—泥石流—次生滑坡等过程，具有复合性。滑坡体主要由砂土夹石构成，砂性土约占80%~85%，块石体积最大达数百立方米，母岩主要由花岗岩、大理岩、板岩组成，风化强烈。堆积体顶部与底部宽阔，高宽比达1:20以上，堆积体上下游坡十分平缓，在水不漫坝淘刷的情况下，可保持挡水稳定。

该区历史上为滑坡多发区，1900年曾发生过体积规模巨大的滑坡，截断易贡藏布江，10个月后江水漫顶自然溃决。现场勘察表明，位于上游右岸的易贡茶厂就坐落在古泥石流残留堆积体上。

现场查勘目测和遥感测试确定，滑坡发生后一段时间内，滑床尚未达到平衡状态，仍经常发生次生滑坡和泥石流，每天约10万$m^3$；左岸札木弄沟由于冰雪融化等形成了流量约1~3$m^3/s$的溪流，冲刷滑坡体后形成一定体积的次生泥石流。在札木弄沟滑床中，尚存体积约千万立方米的残留滑坡体。

2. 堰塞湖水情

该地区受印度洋暖气流沿雅鲁藏布江河谷北进的影响，加之海拔较低，雨水丰沛，年平均降水量为960.5mm，5~9月占全年降水量的78%。堵江成堰塞湖后，湖水面积为22$km^2$，湖长约为17km，湖水以每天0.5~0.6m的速度上涨。

## 三、灾情及抢险减灾预案

1. 灾害情况

4月9日滑坡发生后，易贡藏布江的7km主河道被堵塞，公路被切断，5000余人被困，无人员伤亡。但随着堰塞湖水上涨，预计将导致的灾害有：

一是上游两乡三厂场将全部被淹，上游5000余人将无家可归，并可能引发新的小型滑坡。

二是堰塞湖水无下泄通道，预计6月底湖水将上涨至堆积体顶最低高程，拦存湖水将达40亿~60亿$m^3$。堆积体以砂性土和细粒物质为主，所裹块石分散，不能构成有效的支撑。因此，一旦水流漫顶，发生冲刷，将形成堆积体泥石流破坏，还可能铲削下游沟谷陡坡坡积物引发沿途滑坡体滑动。

三是一旦形成二次泥石流，溃口水流、泥流，将冲击下游的帕龙藏布江乃至雅鲁藏布江区域相当大范围内的道路、桥梁、居民区、农田，给生态环境带来毁灭性灾害。

2. 减灾预案

西藏易贡巨型滑坡是举世罕见的,滑坡堵断易贡藏布江形成堰塞湖更是仅有。灾害发生地位于西藏东南腹地,交通、施工条件极差,必须采取因地制宜、科学合理的措施。根据这场灾害及周边条件分析,抢险应定位在减灾上。减灾的重点在于滑坡堵江衍生的上游水位上涨淹没及堆积体破口溃决后泥石流和水流对下游产生的危害,所以应尽最大努力减少上游受淹范围和损失,降低溃口下泄水量、流速,将下游损失降到最低程度。专家组现场提出可供比较的预案如下。

预案一:加强监测,开展上、下游移民调查、转移安置,桥梁、道路、通信设施迁建,损毁恢复准备工作等,库满自溢漫顶溃口。

预案二:采取非工程措施的同时,在堆积体最低处开渠引流,水库溢流漫顶溃口。

预案三:采取非工程措施,在右岸山体垭口开溢洪道,改造堆积体成坝,堰塞湖成库。

分析认为,预案一损失最大。预案三看似最好,但不可行,因为右岸山体可开渠处最高点距当时水面约160m高,且多有古堆积体及树木,工程量巨大。预案二采用工程措施引流,降低水位,减少库容,使溃口流量、溃口流速、溃口宽度、溃口时间均有明显下降,但仍不可避免水流漫顶、水库(20亿~30亿 $m^3$ 水量)溃决的可能性,灾害同样也是严重的,并且工程措施要求的工程量也较大(开挖量约130万~220万 $m^3$,铅丝笼约22万 $m^3$,土工布约8万 $m^2$)。施工期估计仅1个月,施工强度高,而且当地施工能力薄弱,施工条件差。

3. 减灾预案的选取及施工

经过专家组的分析研究,综合考虑各方面的因素,国家防汛抗旱总指挥部领导明确批示,并经西藏自治区党政联席会议决策,确定采用预案二作为抢险减灾实施方案,并迅速调动以武警水电三总队为骨干的施工队伍,汇集各方面力量迅速组织、开展了工程措施和非工程措施的实施。

实施方案的要点是:

(1) 引流明渠中心线设在塌滑体鞍部,即最低处。

(2) 引流明渠渠底高程、开挖量,视实际情况确定。

(3) 由于易贡湖水位上升速度比原预测加快,虽然预案二进水口石笼锁口及土工布护渠引流措施施工有较大困难,仍应尽最大可能实施。

（4）根据堆积体体积大、组成物质松散的客观施工条件，要求以推土机、挖掘机、自卸汽车搬运施工为主，引水冲刷和手风钻钻爆碎石相结合，两侧开挖边坡比确定为 1:2~1:3。

（5）本项施工是一场与洪水上涨、堆积体溃口抢时间争速度的紧急而特殊的抢险减灾任务，堰塞湖水上涨，渠底下降，两者遭遇控制施工期仅1个月。要求渠底下降距上涨的水位 2~3m 时，人员、设备迅速撤离。

（6）要求在工程措施实施过程中，加强水情测报、堆积体稳定状态测报，进行溃口流量、流速影响态势分析。

（7）在落实工程措施的同时，迅速严格地落实非工程措施。

## 四、结语

接到抢险救灾的任务后，武警部队等700多名抢险人员，奋战33天，累计开挖土石方135.5万 $m^3$，有效地降低了堆积体过水高程24.1m，减少拦存湖水约20亿 $m^3$。引渠施工过程中，在下挖10m后，视情况与两侧边坡各设了一条马道，然后以 1:3 边坡继续下挖至22m，再用挖掘机开挖约 $2m \times 2m$ 的深槽，以尽早下泄湖水，同时在泄水渠进水口设置了一定数量的钢筋混凝土排，以代替预案二中的铅丝笼；根据水势，施工至6月3日停工，施工队伍6月4日开始撤离，6月8日6时40分，泄水渠过水，最初流速为1m/s，流量为 $1.2m^3/s$，至11日2时50分增至最大，堆积体溃决，11日21时，滑坡体拦存的湖水按预定方案完全下泄。

堆积体过水前，西藏易贡抢险救灾总指挥部指挥转移受灾群众6000多人，运送救灾物资200t，对下游地区特别是墨脱县段河道上的桥梁、道路等采取了防范措施，未造成人员死亡，实现了国家防汛抗旱总指军部要求的确保群众生命安全和把损失减少到最低限度的目标。

(本文发表于《中国水利》2000年第7期)

## 三、甘肃舟曲泥石流堵江灾害

### （一）灾害基本情况

#### 1. 泥石流灾害概况

白龙江穿甘肃舟曲县城而过，县城以上集水面积为 $8955km^2$。2010年8月7日23时左右，舟曲县东北部降特大暴雨，40多分钟降雨量达97mm，引发白龙江左岸的三眼峪、罗家峪发生泥石流，县城基础设施遭到严重破坏，堰塞白龙江。堰塞体顺河总长为1500m，最大厚度约为9m，土石方量约140万 $m^3$。堰塞后的白龙江舟曲县城段水位抬高约为10m，水面宽为100~120m，水深为9m，阻滞蓄水量约为150万~200万 $m^3$。这是1949年以来发生的最严重的特大山洪泥石流灾害（图6-26）。

图6-26　舟曲灾后航拍影像

图片来源：http：//news.china.com.cn/rollnews/2010-08/11/content_3736990.htm

## 2. 灾害主要特点

（1）特大泥石流深夜冲入县城，居民伤亡大

舟曲县城位于"两山夹一河"中的河谷地带，城区沿白龙江两岸分布，左岸主城区紧邻古泥石流堆积沟道的出口。据有关部门专家考据，该古泥石流堆积体由清朝光绪年间的大地震引发形成，总量达5000万 $m^3$ 以上。2008年"5·12"特大地震致使该泥石流堆积体部分松动，沟道两侧局部山体松垮，加之植被不良和长期干旱，土体松散。8月7日23时左右，舟曲县城东北部遭遇特大暴雨，引发白龙江左岸的三眼峪、罗家峪形成长约为5km，平均宽度为300m，平均厚度为5m，总体积达750万 $m^3$ 的泥石流。由于此次泥石流最严重的三眼峪沟口，到县城中心不足一千米，泥石流由北向南下泄直冲县城人口密集带，造成县城1/3城区直接受灾，其中三眼村、月圆村、春场村基本被夷为平地，居民伤亡极大（图6-27）。截至8月21日统计，此次特大泥石流灾害导致1434人遇难，331人失踪。

图 6-27 舟曲三眼峪泥石流现场

(2) 泥石流淤堵河道,水流漫溢城区,疏通处置难度大

从白龙江左岸山沟下泄的泥石流直接涌入舟曲县城,冲毁岸边的房屋后,裹挟着构筑物、树木冲入白龙江,堰塞河道。县城下段的瓦厂桥桥洞被淤堵,堰塞体顺河向总长为 1500m,最大厚度约为 9m,方量约为 140 万 $m^3$。堰塞后的白龙江舟曲县城段水位抬高约 10m,水面宽 100~120m,水深为 9m,阻滞蓄水量为 150 万~200 万 $m^3$。白龙江正值汛期,河水漫流,舟曲县城 2/3 的区域被淹,沿江建筑楼房二层以下均被淹没(图 6-28)。此次泥石流行程长,裹挟沿途物体,导致冲入白龙江形成的堰塞体成分复杂,既有巨石,也有树木、建筑物甚至整栋楼房,严重阻塞淤积河道,安全疏通处置难度极大。

(3) 河道疏通条件不利,现场施工组织困难

泥石流堵江后,卡口阻水,河道疏通作业面狭小,水下和淤泥质软基上施工难度极大;河流归槽,城区退水,任务要求迫切而艰巨。县城白龙江两岸建筑多,施工作业面位于原河床内,场地狭窄,且难以跨江到右岸开展施工。浸泡在水下的淤积体开挖困难,临岸淤积体饱水度高、不承重,极易塌陷,若不采取措施,大型机械不能进入开辟作业面。泥石流发生后,城关桥以上公路被堰塞湖水淹没,只能从下游到达现场。现场各种抢险救灾队伍多,相互干扰,施工组织极难。同时,由于灾害突发,应对经验有限,周边大量征集设备困难,进场设备种类和型号复杂,施工配置具有局限性。另外,堰塞体上下游水位差小,水力动量不足,要想全断面冲刷河道,只能靠束窄河床、归槽

图 6-28　雍水淹没大部分城区

水流形成沿程冲刷，以利恢复河道。加上施工正值主汛期，持续降雨对施工威胁大。复杂的堰塞与河槽疏通形态，以及上游众多水电站的不间断运用，对水文监测和预报工作也十分不利。

（4）居民安置回迁、恢复重建制约条件多

舟曲地处峡谷，地形狭窄，汛期白龙江水有可能陡涨陡落，城区背靠山体，滑坡泥石流威胁大，安全区域很小，加之舟曲县城2/3区域被淹，大量居民临时安置，安置难度很大，更难以开展灾后恢复重建。因此，必须迅速使河流归槽，城区退水，才能够让居民回迁，恢复生活生产，进行灾后重建。另外，泥石流造成舟曲县城房屋、学校，2处取水枢纽、2座蓄水池、12km供水主管道，1座提水泵站，23km防洪堤等与居民生产生活密切相关的基础设施损毁，恢复重建任务重。通往舟曲的主要道路沿途地质灾害点多、威胁大，经常被堵塞，加之道路等级不高，路面窄、路况差、通行量有限，救灾物资和灾后重建材料运输保障难度大。白龙江河道的疏通过流、江水归槽、河道再造和岸堤重建是舟曲县城居民恢复生活生产乃至城区恢复重建至关重要的前提和条件。

（二）灾害应对情况及特点分析

1. 灾害应对情况

（1）应急响应

灾害发生以后，从中央到地方，各级部门都紧急行动，迅速启动应急机制。国家成立舟曲抗洪救灾临时指挥部，指挥部署抗洪救灾工作。民政部、财政部、商务部、水利部等各部委也紧急成立工作组，火速赶赴灾区增援。甘肃省政府立即启动应急预案，成立应急指挥部,安排部署救灾工作。

(2) 灾情处置

按照安全、科学、迅速的原则,采取开挖深槽束水泄流和沿程冲刷降低水位的方法,人工处置和水力冲刷相结合,进行堰塞江段排险和河道应急疏通。在各方面的共同努力下,白龙江堰塞江段排险及河道应急疏通工程按方案实施,取得了显著成效,如期完成了各项任务。

1) 迅速消除了堰塞湖险情。经有关施工部队的紧张挖爆作业,8月9日下午,瓦厂桥成功疏通过流,堰塞体溃决险情基本解除。通过进一步爆破清阻、扩卡,至12日,全面清除了水上堰塞体,剩余堰塞体成为水下淤积体,堰塞湖险情彻底排除。

2) 疏通了白龙江淤堵河道。按照白龙江舟曲淤积河道清淤疏通方案,采用多措并举、挖爆冲结合、以挖为主的施工措施,至8月30日12时,淤堵河段全线疏通,上游存蓄水量逐步安全下泄(图6-29)。

图6-29　长臂挖掘机深入河中疏通河道

3) 形成了合理的河型河势。按照动态设定、调整的河型河势,至8月30日12时,已开挖形成长约1.2km、宽约60m、深约8~9m、纵坡约3‰的"窄河、深槽、急流"的泄流渠,并经过了流量为316$m^3$/s下泄洪峰流量的检验。

4) 县城受淹区域全面退水。至8月30日12时,舟曲县城中断面水位降至1304.50m,比最高水位1309.76m下降5.26m,局部低洼处积水已完成抽排,被淹20多天的街区全面退水,滨河路露出水面0.5m以上,具备了受灾群众重返家园及灾后重建的条件。

5) 恢复交通。白龙江右岸从瓦厂桥到城关桥道路成功打通，省道 313 线舟曲段全线恢复通行，为灾区群众恢复正常生产生活和重建美好家园奠定了坚实基础。

(3) 救助安置

灾情发生后，到 9 月 10 日，国家民政部门已分 4 批次向甘肃灾区组织调运睡袋、棉大衣、折叠床、帐篷等多种中央救灾物资。与此同时，中央财政紧急下拨甘肃省综合财力补助资金 5 亿元，用于抢险救灾、受灾群众转移安置和生活救济、伤员救治和卫生防疫、基础设施修复和堰塞湖处理以及因灾倒塌房屋恢复重建等方面。商务部启动应急机制，全力调运甘肃舟曲救灾物资。另外，非政府组织及志愿者也积极参与到救援中来。8 月 9 日，中国红十字会总会向甘肃舟曲泥石流灾区派出救灾工作组，并再次调拨 100 万元救灾款，用于舟曲灾区食品、饮用水等急需物资的采购。由于救灾初期交通阻断，为保证救灾行动的有序进行，甘肃灾区实施交通管制，严禁剧毒化学品运输车辆、非赈灾物资车辆进入灾区。

(4) 恢复重建

在应急抢险救灾的同时，舟曲灾后重建工作就已经启动。到 2012 年 8 月，舟曲灾后重建 170 个项目累计完成投资 43 亿元，占规划总投资的 85.6%，其中 81 个项目已经完成建设内容，还实施了一批森林资源保护站建设、森林防火区道路硬化建设，以及荒山育林、封山育林、优质林果产品种植基地建设，开展林下药材种植等项目。

## 2. 灾害应对主要特点分析

(1) 因地制宜、因势利导，有机衔接各个处置阶段目标

重大灾害发生后，救援减灾目标不是单一的，既要保证人民群众生命安全，又要迅速排除可能发生的次生灾害风险，尽快开展恢复重建，因此必须科学划分减灾工程管理阶段，进行多目标分析和决策。舟曲地形复杂，容纳空间有限，一方面，救援力量和援助物资迅速向灾区集结；另一方面，随着抢险救援工作深入展开，人员搜救、淤泥处理、堰塞江段处置、基础设施恢复、群众安置、受伤人员转移医治等各项工作千头万绪，只有实施多目标决策，科学安排、合理调度、有效组织指挥，才能最高效地抢险救灾，让受灾群众早日恢复正常生产、生活。

在白龙江应急疏通工程中，充分考虑了堰塞体成因及物质组成、机械设备与交通状况、水文条件以及水流的挟带能力等因素，通过专用设备使施工机械进场开挖泄流渠，束水归槽，扩挖整型，利用水力冲刷能力逐步扩大过流断面加速泄流，从而降低上游水位，排泄积水。按此思路，将堰塞体排险及河道应急疏通工作分为 4 个阶段：①采取挖爆结合的措施，迅速排除堰塞体溃决险情，确保下游人民群众生命财产安全；②采取

挖、爆、冲相结合的措施，实施淤积江段应急疏通工程，消除城江桥至瓦厂桥河段的淤堵，降低上游水位 2~3m，实现窄河、深槽、急流的河形河势，并从右岸穿过城江桥将施工道路推进到上游；③全力消除城江桥上游河段淤堵，尽快宣泄上游存蓄水量，使上游水位降低 5~6m，露出滨河路和街区，省道 313 线舟曲段恢复通行，为受灾群众重返家园及灾后重建创造条件；④实施河道综合治理与防洪工程建设，恢复河道过流断面，提高县城防洪保安标准。由于时值主汛期，为确保作业安全，实施时根据实际的水雨情，对施工进度合理调整。可以看出，每个阶段都有明确、现实的目标。另外，舟曲堰塞江段排险后，为满足灾后重建和应急度汛的要求，选择在汛期实施淤堵河道清淤疏通工程，施工难度和施工量大为增加，但必须要这么做。这些措施正是应急减灾工程管理多目标决策的实践和体现。事实证明，白龙江堰塞湖排险与应急疏通工程体现了因地制宜、因势利导的理念，按照"安全、科学、快速"的原则，实现了化解险情、疏通河道、城区退水、居民返家的目的。

(2) 突破关键制约，创造施工条件

舟曲泥石流灾害应急处置工作实现了科学决策、科学处置、合理规划与合理实施，这来源于大量的实地调查研究，并充分考虑了这次不同于以往地震和一般洪水造成的灾情危害的特殊性，从而制定了快速反应、科学应对的应急处置方案。例如，在实施堰塞体清淤工作中，因河边泥石流淤积量大，大型机械无法到河边施工作业。为此，从上海调集了能在软基上作业的路基箱，为大型挖掘设备进场提供了条件。采用路基箱初期在 5 个作业区布置，即左岸的瓦厂桥上游、罗家峪沟口、三眼峪沟口和岔道口作业区以及右岸作业区（图 6-30），后期根据现场情况调整。预计调运路基箱 480 块，规格为长 4.5~6m，宽 1m，采用长边拼接。在三眼峪工作面铺设 240 块，在罗家峪、瓦厂桥、岔道口和右岸作业区各铺设 60 块，路基箱采用反铲铺设。实到路基箱 447 块，施工中根据需要灵活导用，满足了施工需要。

堰塞湖排险和河道应急疏通工程方案充分考虑了泥石流堵江情况、现场施工条件、人员设备配备等因素，抓住关键技术环节，明确各方责任，并进行动态调整。处置工作中，大致经过了堰塞湖排险—打开作业面—束水归槽—沿程冲刷—河势控制—排除积水—恢复交通—居民返家的动态工程管理过程，每一过程都有方案制定、方案调整、方案修正、施工组织和再组织、阶段目标递进优化与紧密衔接。这一过程中，还充分考虑到了有限作业条件下的时间要求和社会关注、设备缺失易损等问题。在实施中，将挖爆冲各种手段有效结合，科学安排机械设备配置与施工工期、关键路径、施工难点的关系，合理进行施工组织设计，实施高效动态管理，取得了良好的效果。

(3) 迅速制定灾后重建规划，科学确定治理重点

在灾害发生的第二天，国家相关部门便将舟曲重建事项纳入工作规划。国务院决定将

图 6-30　挖掘机在泥石流软基上铺设路基箱

舟曲灾后恢复重建规划上升到国家层面组织开展，确定了以中央财政为主安排灾后恢复重建资金，从财税、金融等各方面全方位支持舟曲城乡基础设施、公共服务设施、产业、生态环境等恢复重建工作，科学确定了重建范围、重建目标和重建任务，明确了灾后重建的工作要求、实施步骤和保障措施，为舟曲灾后重建工作提供了强有力的政策支持。

在实施应急处置工作的同时，有关部门及时组织力量对舟曲水毁水利设施进行全面查勘和分析评估，抓紧制订了白龙江河道综合治理及防洪工程建设、山洪灾害防治、水毁水利设施修复等 3 个规划和 4 个实施方案。规划中将城区防洪标准从不足 20 年一遇（设计流量为 $849m^3/s$）提高到 50 年一遇（设计流量为 $1130m^3/s$），三眼峪、罗家峪两个山洪沟的排水标准达到 10~20 年一遇，并在 6 个小流域建立完善山洪灾害监测预警保障体系；同时全面修复城镇供水水源、农村饮水安全工程、农田灌溉、水文站点等损毁水利设施。舟曲灾后重建规划共涉及灾害治理、生态恢复、城镇建设等 8 大类 170 个项目。其中，涉及防灾减灾项目，包括白龙江河道综合整治及防洪工程、沟道治理、地质灾害隐患点治理、地质灾害群测群防网络建设等多达 30 项。结合地质、气象、水利防灾等项目，使舟曲自然灾害监测预警平台达到国内先进水平。舟曲重建重在打造防灾减灾体系，注重生态系统恢复与保护，规划将海拔 1500~1800m 的坡耕地退耕还林，1800m 以上的耕地全部退耕。

### （三）启示

#### 1. 常规管理与应急管理在抢险救援中要有机衔接

在舟曲泥石流堵江灾害应急处置过程中，始终把坚持应急处置和长远治理相结合、坚持应急处置和抢险救灾相结合、坚持应急处置和度汛安全相结合、坚持应急处置与山洪防治相结合作为灾害管理的指导方针，十分重视突发事件事前、事中、事后等各阶段的应急处置管理工作的相互联系和衔接。一般来说，减灾工程管理属于一种应急状态下的管理，在应急排险避险工作后，按照应急工程治理与长期综合治理相结合的原则，应抓紧后续工作尽快转向常规综合管理。也就是说，在实施减灾工程管理过程中，不仅要考虑应急状态下的风险管理，还要考虑应急工作完成后，抓紧与后续工作、永久处置的衔接，将有关应急工程和设施建设等与灾后常态管理需要统筹规划、远近结合，以保证在应急处置工作完成后，即迅速、有效、科学、合理地进行后续永久处置，实现资源节约利用的目的。另外，为保证工作连续性和施工进度，也为了提高效率、节省成本，宜由应急处置队伍继续承担后续永久处置任务，这是抢险救灾后恢复重建较为符合实际之需的工程管理环节。总之，在应急处置各个阶段都应充分强化与常态建设管理的有序衔接和综合协调，避免重复和浪费，以此全面提高统合管理工作总体成效。

在经历了 SARS 疫情、汶川地震的洗礼后，中国灾害应急管理体系有了长足的发展，并逐渐认识到常规管理与应急管理有机衔接的重要性，在应急法律、物资储备、灾害预警、宣传教育等方面已经开展了大量的实践工作。站在公共安全工程管理的角度，灾害的预防与应对还需要从灾害的不同时间演变规律出发，制定具有针对性的应对措施，从而有效提升灾害应对和保障能力。例如，在长期宏观发展战略层次上，以灾害演化规律为基础，将各类灾害在不同时期的状态纳入到区域公共安全工程管理规划和应急预案之中；在中尺度时段上，划定风险区划，并据此优化防灾、救灾资源和人员布局；在短尺度时段上，编制应急预案，保障灾害应急救援及时展开。

## 2. 在城市布局、建设发展中要考虑突发自然灾害导致的公共应急管理需求

舟曲境内过去一直森林茂密，近 50 年以来，这里的森林资源遭受到掠夺性破坏。据统计，1952~1990 年，累计采伐森林 12.65 万 $hm^2$，许多地方的森林成为残败的次生林。加上民用木材采伐和乱砍滥伐、倒卖盗用，全县森林面积以每年 10 万 $m^3$ 的速度减少。除了地形、地质与气象因素外，舟曲县城上游植被破坏十分严重，已经超出生态环境系统的修复能力，并随之带来严重的水土流失等问题，这也是此次灾害的诱发因素之一。其次，舟曲县城建设缺乏科学长远的规划和整体考虑，将部分重要建筑如学校等布局在洪流通道之上，对居民建房缺乏应有的指导和规范，基本没有采取任何防范措施或补救措施，堵塞了洪水下泄通道，这是导致灾害中人员伤亡大的原因之一。当前，我国不少中小城市还缺少发展规划，不少地区削坡建房、临空建房、淤积扇上建房、地质灾害威胁区建房的现象还不少；已建的部分桥梁、隧道、堤防、水库等基础设施及城市生命线工程抗损毁能力弱；城乡整体防灾减灾基础设施建设相对滞后。随着城市化建设进程的推进，更多的城市将逐渐建成、发展，公共安全影响将愈加广泛，其需求将越来越

高。由此可见，在经济社会发展和城市建设的同时，需要从长远的发展入手，坚持保护生态系统健康，科学规划城市选址与建设布局，避开自然灾害威胁区域或因地制宜采取防范措施，提高适应突发自然灾害应急管理需求的应对处置能力，是减少自然灾害引发突发公共危机的基础条件。

### 3. 山区城镇监测预警体系建设是防御突发自然灾害的重要措施

舟曲特大山洪泥石流发生后，中国进一步加强了山洪灾害防治非工程措施建设，中央财政补助79.38亿元对全国有山洪灾害防治任务的2058个县开展山洪灾害监测预警和群测群防体系建设，已建成的项目在历次防御山洪灾害中，发挥了重要作用。2012年5月12日凌晨，湖南省沅陵县防汛抗旱指挥部办公室值班人员通过山洪灾害监测系统向发生暴雨的4个乡镇发布广播预警，并及时将预警信息转发至乡、村防汛责任人，要求紧急转移。预警发出1小时后，洞头村4栋房屋全部被山洪冲走，7人因已提前转移而避免了伤亡。

从山洪灾害防治非工程措施体系建设及成效来看，监测预警体系是自然灾害突发事件应急管理的第一道防线，对政府履行应急管理职责、保障公民生命财产安全有着不可替代的作用。许多突发事件的发生都是有苗头和征兆的，如果做到早发现、早报告、早预警、早处置，就有可能将其消除或控制在萌芽状态。加强突发事件监测，及时发布预警信息，是"预防与应急并重"原则的具体体现，是做好突发事件防范应对工作的关键环节。要加强各类多发易发自然灾害监测网络建设，建立安全生产危险源、危险区域实时监控系统和危险品动态监控系统，健全突发公共卫生事件、动植物疫情和食品药品安全监测系统，完善社会治安稳定信息监测报告网络。要不断完善减灾工程管理体系，坚持预防为主，关口前移，重心下移，健全应对突发灾害的快速反应机制与能力，完善突发灾害的预警制度、信息收集上报制度、工作协调机制等，提高对于突发灾害的预测与预警、应急处置、恢复与重建能力，并努力做到长效、常态管理和应急的防控相结合。

### 4. 有效解决应急处置的制约问题需要在日常管理中加强能力储备

在这次舟曲泥石流堵江灾害处置工作中，最关键的环节是如何使施工机械能够在淤泥质软基上进入作业面施工。经过研判，紧急调运了用于沼泽地施工作业的路基箱，在淤积体上铺设，使挖掘设备进占施工成为可能。进占后，挖掘设备就地取材、挖河作业，临江换基填筑丁字堰和施工堤路。路基箱首次成功应用于大型河道疏浚施工，发挥了关键作用。另外，如何开辟到右岸的施工道路是制约右岸工作面开辟的关键环节，借助残留的瓦厂桥中孔桥墩，经过安全稳定分析，架设机械化桥，顺利实现左右岸同时施工。从清淤疏浚应急处置中可以看出，面对复杂、艰巨的排险任务和灾后恢复工作，要认真分析判断减灾工程管理的各个关键环节，弄清制约减灾工程开展实施和进度的关键因素，有的放矢，千方百计地创造条件，实时优化工程管理，以有力、有序、有效地排除险情，实现工程管理的目标。

应急管理的关键制约因素，一般都是日常管理中不常用或是不常见的因素。要解决好这些制约因素，需要在日常管理中，加强有关技术研究、设备研制生产、操作使用能力培养和保持，强化能力储备，以便在应急管理中把握关键环节，迅速解决关键难题，优化应急管理方式方法、快速高效完成任务。在日常管理中强化应急管理能力，需要逐步建立非工程措施与工程措施相结合的自然灾害综合防治体系，在常规管理中建立完善产学研用相结合的安全技术创新体系，大力推进安全监管信息化建设。加强救援能力建设，健全完善应急救援协调联动机制，加快专业化应急救援队伍建设，大力改善应急救援装备，加强空中救援力量建设，完善应急物资储备体系，提高应急处置效率和能力。

## 专栏

# 舟曲白龙江堰塞排险与应急疏通减灾工程管理认知

刘 宁

## 1 前言

白龙江穿甘肃舟曲县城而过，县城以上集水面积为8955 $km^2$。2010年8月7日23时左右，舟曲县东北部降特大暴雨，40多分钟降雨量为97mm，引发白龙江左岸的三眼峪、罗家峪发生泥石流，县城基础设施遭到严重破坏，堰塞白龙江。堰塞体顺河向总长为1500m，最大厚度约为9m，方量约为140万 $m^3$。堰塞后的白龙江抬高舟曲县城段水位约10m，水面宽100~120m，水深9m，阻滞蓄水量150万~200万 $m^3$。这是新中国成立以来发生的最严重的特大山洪泥石流灾害。

舟曲白龙江堰塞排险与应急疏通主要存在以下困难。

1) 堰塞体成分复杂，河道淤积严重。堰塞体中有大石，还有树木、建材甚至整栋楼房，堰塞堆积体在水面以下厚约9m，顺河长度近1500m，并形成有瓦厂桥、罗家峪、三岔口、三眼峪、城关桥等多个集中淤高阻塞断面。

2) 作业面狭小，水下和淤泥质软基上施工难度大。县城白龙江两岸建筑多，施工作业面位于原河床内，场地狭窄，江水漫流，且难以跨江到右岸开展施工。浸泡在水下的堰塞体开挖困难，临岸堰塞体饱水度高、不承重，极易塌陷，若不采取措施，大型机械不能进入开辟作业面。

3) 现场条件不利，施工组织困难。泥石流发生后，城关桥以上公路被堰塞湖水淹没，只能从下游到达现场。路面窄，路况差，抢险运输车辆多，一些道路淤塞，要绕路而行，甚至不清淤不行。现场各种抢险救灾队伍多，相互干扰，施工组织极难。同时，由于灾害突发，应对经验有限，周边大量征集设备困难，进场设备种类和型号复杂，施工配置具有局限性。

4) 堰塞体上下游水位差小，水力利用条件不足。堰塞体上下游水位差约10m，且多年月平均流量在140m³/s左右，要想全断面冲刷河道，水力动量不足，只能靠束窄河床、归槽水流形成沿程冲刷，以利恢复河道。

5) 施工正值主汛期，持续降雨对施工威胁大。汛期降雨多，周边山体沟道仍有大量不稳定体，强降雨有可能引发新的山洪、滑坡、泥石流灾害。同时上游可能发生的洪水过程也会影响施工，甚至威胁抢险救灾人员生命安全。复杂的堰塞与河槽疏通形态，以及上游众多水电站的不间断运用，对水文监测和预报工作也十分不利。

## 2 排险与应急疏通方案

按照安全、科学、迅速的原则，采取开挖深槽束水泄流和沿程冲刷降低水位的方法，人工处置和水力冲刷相结合，进行堰塞江段排险和河道应急疏通。堰塞体排险及河道应急疏通工作分为4个阶段：①采取挖爆结合的措施，迅速排除堰塞体溃决险情，确保下游人民群众生命财产安全；②采取挖、爆、冲相结合的措施，尽快实施淤积江段应急疏通工程，消除城江桥至瓦厂桥河段的淤堵，降低上游水位2~3m，实现窄河、深槽、急流的河形河势，并从右岸将施工道路穿过城江桥推进到上游；③全力消除城江桥上游河段淤堵，尽快宣泄上游存蓄水量，使上游水位降低5~6m，露出滨河路和街区，省道313线舟曲段恢复通行，为受灾群众重返家园及灾后重建创造条件；④实施河道综合治理与防洪工程建设，恢复河道过流断面，提高县城防洪保安标准。堰塞体排险工程计划工期5d，应急疏通工程计划工期约18d。初拟工期为：8月8~12日进行堰塞体排险，完成第一阶段的目标；13~20日降低堰塞湖上游水位2~3m，完成第二阶段目标；21~31日降低堰塞湖上游水位5~6m，完成第三阶段目标；随后连续实施第四阶段工作。由于时值主汛期，为确保作业安全，实施时应根据实际的水雨情，对施工进度合理调整。

## 2.1 堰塞体排险

### 2.1.1 风险分析与转移避险

白龙江堰塞体高度小，底宽大，在不过流的情况下是稳定的。模拟分析堰塞体漫顶后溃决的初步计算结果表明：假设堰塞体分别在 0.5h、1h 和 2h 内全溃，相应的洪峰流量分别为 1660m³/s、830m³/s 和 416m³/s，假设堰塞体以瞬间 1/3 溃、1/2 溃和全溃的方式溃决，相应洪峰流量分别为 670m³/s、1450m³/s 和 4100m³/s。即出现 0.5h 全溃和 1/2 瞬间溃决及更恶劣情况，溃决流量将超过河道 20 年一遇安全泄量 897m³/s。若堰塞体全部在行洪水面以下且经过较长时间冲刷，则堰塞体呈现冲刷破坏形式，将不会溃决。

由于灾害的突发性且时值主汛期，灾区存在强降雨的可能性；而堰塞体物质为高流动性的泥石流，且工程措施解除险情需要一定的时间，不能排除堰塞体在漫顶后短时间内发生溃决的风险。要依照"排险与避险相结合"的处置原则，制定堰塞河段下游影响区人员转移避险方案。至 8 月 8 日晚，舟曲下游陇南市宕昌、武都、文县三县（区），紧急疏散转移白龙江沿岸危险区域人员 1.94 万人，确保人民群众生命安全。

### 2.1.2 排险工程措施

堰塞体宽 70~120m，主体段位于城江大桥（亦称南桥）和瓦厂桥之间，长约 610m。主要由碎块石组成，并夹带大量毁损建筑等，其中碎块石含量约 50%。

拟定堰塞江段排险工程措施为挖爆结合，以挖为主。工程措施包括打通瓦厂桥过流通道、在瓦厂桥进行堰塞物质掏挖，并同时对高出水面及水面下一定深度内的堰塞体进行爆破清除。瓦厂桥为三跨共 75m 简支梁公路桥，泥石流入江后，桥孔全部堵塞，桥面漫溢，为最严重的阻水断面，实际上这也是堰塞体的下游控制断面，是险情解除与否的关键断面。因此，在瓦厂桥布设多台挖掘机连续不间断掏挖疏通堵塞桥孔，同时研究了桥面钻孔爆破、桥面贴药爆破和重锤击碎桥面机械清理三种方案；爆破方案中还分析了左、中、右桥孔不同爆破部位的利弊；推荐中孔桥面贴药爆破方案。

## 2.2 河道应急疏通

在堰塞体清挖、河道应急疏通的方式上，经反复比较、筛选，最有效能的还是利用反铲挖掘机开挖泄流渠，据此确定泄流渠基本断面为梯形，底宽 20m，纵坡度3‰，两侧边坡坡度1:1.5。由于当时仅左岸有进场条件，且大部分主流在左侧，因此泄流渠在平面上靠河床左侧、依河流河势布置。依据阶段目标，开挖断面分两步实施。实际施工时，第一步进口段三眼峪部位开挖深度为4.0m，按南桥断面水位降低2~3m控制（以8月13日8时水位1308.88m起算，调整后基面为1289.85m）。随着第二阶段目标的展开，河型河势的设计直接关系到水力利用、施工效率和目标实现。第二步在原开挖断面基础上，逐步将泄流渠进口段三眼峪部位开挖深度增加至7.0m，平面位置随河势和开挖作业动态调整，按南桥断面水位降低5~6m、白龙江右岸滨河路露出水面0.5m控制。

泄流渠总长930m，其中，南桥以上220m，南桥至瓦厂桥610m，瓦厂桥以下100m。泄流渠第一步开挖工程量9.5万$m^3$，第二步开挖工程量10.5万$m^3$，开挖总工程量20万$m^3$（未计施工辅助工程量和反铲施工方法导致的重复工程量）。在确保施工安全的前提下，根据实际情况动态调整泄流渠的平面与断面设计，并实时调整施工方法以及设备布设和作业时段（图1）。

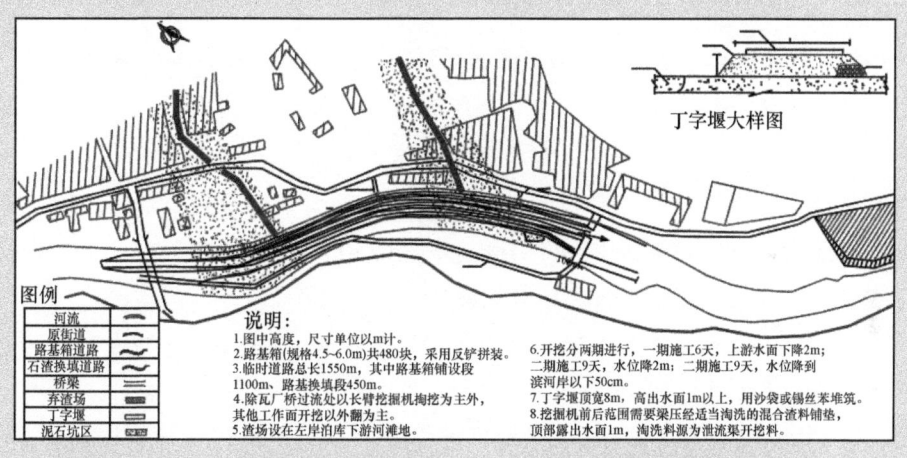

图1　甘肃舟曲特大山洪泥石流灾害白龙江应急疏通工程施工布置图

泄流渠开挖全部为水下作业，采用1.2~1.6$m^3$反铲掏挖。由于堰塞体承载能力极低，设备极易下陷，需铺设路基箱，并随后用在河床中挖取的砂石料换基铺设作业平台保证正常作业。从左岸进行泄流渠开挖的施工顺序为：铺设路基箱，挖机进场，换基筑填便道，接着进行丁字堰施工、在丁字堰下游铺填经淘洗的石渣，形成路基，使挖机能到距泄流渠左侧开口线10m左右的河道内施工，接着再向上下游方向延伸（路基承载力不足的部位需同时进行路基箱铺设），同时进行泄流渠开挖。开挖渣料主要作为换基料铺路，多余料用15~20t自卸车外运至左岸下游渣场。从右岸进行泄流渠开挖的施工顺序为：设备先经瓦厂桥上架设的军用便桥过到右岸，然后修筑施工便道到达泄流渠右侧开口线，然后从下游向上游进行作业平台铺填和泄流渠开挖。右岸施工不修筑丁字堰，开挖渣料不外运。为防止漂浮物堵塞过流孔，采用机械清除上游和施工区域河道内的漂浮物（图2）。

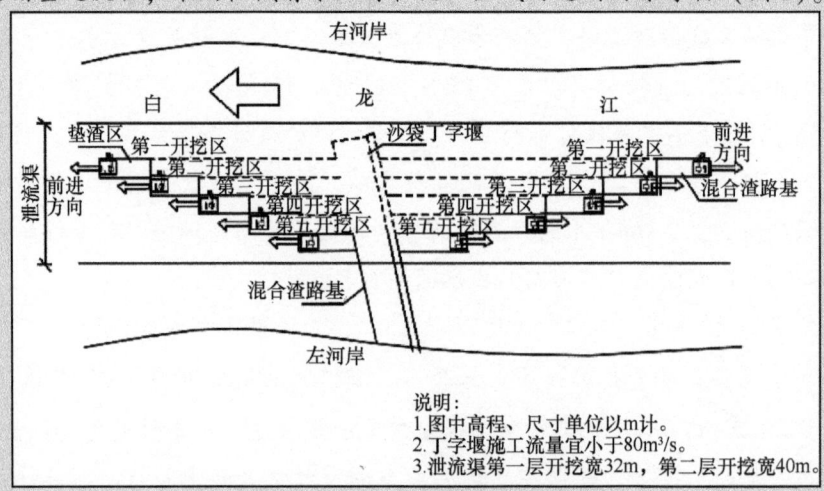

图2 泄流渠开挖施工顺序示意图

1）丁字堰施工。为形成伸向河道中的道路，先向河道中修筑丁字堰挑流，降低附近岸边流速，紧随其后在丁字堰下游侧填筑砂砾料形成路基。丁字堰在流速较缓位置采用袋装砂砾料堆筑，在水流较急位置采用块石格宾笼堆筑，部分地段也可直接采用河床淘洗的砂砾石与路基一并填筑。丁字堰顶宽1.0~1.5m，轴线走向稍向下游倾斜，顶部高出水面1m，每间隔100~200m布置一个，长30m左右，实际施工长度根据现场情况适当调整。

2）路基铺填和路基箱施工。路基采用砂石混合料换基填筑，填筑路基的砂石混合料适当淘洗，路基顶宽不少于8m，顶部高出水面1m，厚度不小于1m。采用能在软基上作业的路基箱，为大型挖掘设备进场提供条件。路基箱初期在5个作业区布置，即左岸瓦厂桥上游、罗家峪沟口、三眼峪沟口和岔道口作业区，右岸作业区。后期根据现场情况调整。预计调运路基箱480块，规格为长4.5~6m，宽1m，采用长边拼接。在三眼峪工作面铺设240块，在罗家峪、瓦厂桥、岔道口和右岸作业区各铺设60块，路基箱采用反铲铺设。实到路基箱447块，施工中根据需要灵活倒用。

3）爆破施工。由于过流断面不足，瓦厂桥一直是制约水流下泄的关键部位，要连续不断掏挖疏通桥孔。当桥孔疏通无效时，应采用爆破法扩大桥体缺口，爆破时应保证所爆范围桥体基本破碎，达到反铲能挖除的程度。河床疏通过程中遇到大孤石、垮塌的建筑物需要爆破时，可采取钻孔松动爆破，或裸露绑扎药包爆破等方法实施，并应采取措施防止飞石伤人，控制药量，尽量减小对周边建筑、施工设备的损伤。实际施工中桥孔连续疏通，虽然困难但很有成效。

2010年8月9日凌晨，温家宝总理在舟曲主持召开会议，审定批准了堰塞体排险方案，并立即组织实施。接下来编制的河道应急疏通方案，于8月14日下午经甘肃省舟曲抢险救灾指挥部正式审议通过实施。

## 3 实施过程与效果

### 3.1 迅速排除堰塞江段险情，清除阻水堰塞体

根据堰塞湖应急排险方案，2010年8月9日部队对堰塞湖阻水严重的瓦厂桥桥面实施第一次爆破，随即开始瓦厂桥桥孔掏挖疏浚作业，之后挖爆结合，持续反复，下午瓦厂桥中孔便成功疏通过流。至10日下午，河道过流能力基本达到了该江段8月份平均来流量124$m^3$/s及以上的水平，堰塞湖险情基本排除。进而通过爆除淤堵江段三眼峪、罗家峪断面处部分堰塞体，清阻扩卡，同时对过流瓦厂桥桥孔连续掏挖作业，并有效利用8月11～12日的洪水过程，凭借水力冲刷，阻水堰塞体基本清除，第一阶段目标顺利完成。这一阶段，河道最大泄流量达到133$m^3$/s，水位下降约1m，淤积河道上游存蓄水量剩余约70万$m^3$，共掏挖、爆破、冲刷堰塞体约18万$m^3$。

### 3.2 抓紧实施淤堵河道应急疏通，顺利完成预定目标

按照应急疏通设计施工方案，采用挖爆冲结合、以挖为主的施工措施，从8月13日开始实施，20日下游瓦厂桥3m×25m桥孔全部疏通过流，瓦厂桥至城江桥下河段形成了"窄河、深槽、急流"的河形河势，右岸施工道路已穿过城江桥推进到上游，上游水位下降2～3m的第二阶段目标已经完全实现。27日开始，部队打通城江桥上游左岸的施工通道，实现了淤堵河段两岸全线同步开挖，同时在瓦厂桥上下游不间断疏挖维护，保持较为稳定的泄流能力。至30日12时，淤堵河段已全线疏通，上游存蓄水量安全下泄，同时在局地低洼处采用抽水泵排水、高压水枪清淤等手段，加快城区受淹街道全面退水，具备了群众全面返迁、恢复生产生活的条件，河道清淤疏通泄流的任务全面完成，第三阶段目标顺利实现。

### 3.3 实施效果与评价

#### 3.3.1 实施效果

在各方面的共同努力下，白龙江堰塞江段排险及河道应急疏通按方案实施，取得了显著成效，如期完成了各项任务。

1) 迅速消除了堰塞湖险情。经武警水电部队和兰州军区工程兵部队的紧张挖爆作业，8月9日下午，瓦厂桥成功疏通过流，堰塞体溃决险情基本解除；通过进一步爆破清阻、扩卡，至12日，全面清除了水上堰塞体，使剩余堰塞体成为水下淤积体，堰塞湖险情彻底排除。

2) 疏通了白龙江淤堵河道。按照白龙江舟曲淤积河道清淤疏通方案，采用多措并举、挖爆冲结合、以挖为主的施工措施，至8月30日12时，淤堵河段全线疏通，上游存蓄水量逐步安全下泄。

3) 形成了合理的河型河势。按照动态设定、调整的中国工程科学整的河型河势，至8月30日12时，已开挖形成长约1.2km、宽约60m、深8~9m、纵坡约3‰的"窄河、深槽、急流"的泄流渠，并经过了316m³/s下泄洪峰流量的检验。

4) 县城受淹区域全面退水。至8月30日12时，舟曲县城中断面南桥水位降至1304.50m，比最高水位1309.76m下降5.26m，局部低洼处积水已完成抽排，被淹20多天的街区全面退水，滨河路露出水面0.5m以上，具备了受灾群众重返家园及灾后重建的条件。

5) 恢复了城区道路交通。白龙江右岸从瓦厂桥到城关桥道路成功打通，313省道舟曲段全线恢复通行，为灾区群众恢复正常生产生活和重建美好家园奠定了坚实基础。

### 3.3.2 效果评价

1) 白龙江应急疏通工程充分考虑了堰塞体成因、物质组成、机械设备与交通状况、水文条件以及水流的挟带能力，通过开挖泄流渠，束水归槽，扩挖整型河型河势，利用水力冲刷能力逐步扩大过流断面加速泄流，从而降低上游水位，排泄积水。实践证明，白龙江堰塞湖排险与应急疏通体现了因地制宜、因势利导的理念，按照"安全、科学、快速"的原则，达到了化解险情、疏通河道、城区退水、居民返家的目的。

2) 根据水文分析，河道应急疏通工程完成后，舟曲江段通过流量140m³/s时（主汛期9月的多年月均流量），不淹没城区的主要街道；在遭遇10年一遇洪峰流量731m³/s时，上游水位不会超过本次灾害过程中的最高水位1309.33m（中断面）。

## 4 认知与思考

### 4.1 减灾工程管理认知

舟曲白龙江堰塞排险与应急疏通工程的成功实施，体现了减灾工程管理的科学理念，成效显著，为我国处置大方量水下堰塞体、大规模山洪泥石流淤堵河道疏通提供了范例。

### 4.1.1 统筹减灾工程管理各个阶段目标决策

重大灾害发生后，救援减灾目标不是单一的，既要保证人民群众生命安全，又要迅速排除可能发生的次生灾害风险，尽快开展恢复重建，因此必须科学划分减灾工程管理阶段，进行多目标分析和决策。这次舟曲白龙江堰塞应急处置划分了4个阶段，每个阶段都有明确、现实的目标。舟曲地形复杂，容纳空间有限，一方面，救援力量和援助物资迅速向灾区集结；另一方面，随着抢险救援工作深入展开，人员搜救、淤泥处理、堰塞江段处置、基础设施恢复、群众安置、受伤人员转移医治等各项工作千头万绪，只有实施多目标决策，科学安排、合理调度、有效组织指挥，才能最高效地抢险救灾，让受灾群众早日得到安置。另外，舟曲堰塞江段排险后，为满足排水灾后重建和应急度汛的要求，选择在汛期实施淤堵河道清淤疏通工程，施工难度和施工量大为增加，但必须要这么做。这些正是应急减灾工程管理多目标决策的实践和体现。

### 4.1.2 紧扣减灾工程管理的关键环节

面对复杂、艰巨的排险任务和灾后恢复工作，要认真分析判断减灾工程管理的各个关键环节，弄清制约减灾工程开展实施和进度的制约因素，有的放矢，千方百计创造条件，实时优化工程管理，以有力、有序、有效地排除险情，实现减灾工程管理的目标。唐家山堰塞湖应急处置的关键环节之一就是如何在陆路、水路交通中断情况下，将施工设备运到现场，实际中采用米-26大型直升机空中运输施工设备解决了这一难题。而在这次舟曲堰塞湖处置工作中，最关键的环节是如何使施工机械能够在淤泥质软基上进入作业面施工？经过研判，紧急调运了用于沼泽地施工作业的路基箱，在淤积体上铺设，使挖掘设备进占施工成为可能。进占后，挖掘设备就地取材、挖河作业，临江换基填筑丁字堰和施工堤路。路基箱首次成功应用于大型河道疏浚施工，发挥了关键作用。另外，如何开辟到右岸的施工道路是制约右岸工作面开辟工作的关键环节，借助爆破残留的瓦厂桥中孔桥墩，经过安全稳定分析，架设机械化桥，顺利实现左右岸同时施工。把握关键环节，解决关键难题，是优化减灾工程管理、快速高效完成任务的重中之重。

### 4.1.3 把握减灾工程管理的动态性

实践证明，动态减灾工程管理是应对突发性灾害，实施抢险救援、恢复重建家园的科学方法。舟曲泥石流灾害应急处置工作实现了科学决策、科学处置、合理规划与合理实施，这来源于大量的实地调查研究，并充分考虑了这次不同于以往地震和一般洪水造成的灾情危害的特殊性，从而制定了快速反应、科学应对的应急处置方案。堰塞湖排险和河道应急疏通工程方案充分考虑了泥石流堵江情况、现场施工条件、人员设备配备等因素，科学划分处置阶段，制订各阶段目标，明确各方责任，同时对阶段性方案进行动态调整。处置工作中，大致经过了堰塞湖排险—打开作业面—束水归槽—沿程冲刷—河势控制—排除积水—恢复交通—居民返家的动态工程管理过程，每一过程都有方案制定、方案调整、方案修正、施工组织和再组织、阶段目标递进优化与紧密衔接。这一过程中，还充分考虑到了有限作业条件下的时间要求和社会关注、设备缺失易损等问题的排除与解决。在实施中，将挖爆冲各种手段有效结合，科学安排机械设备配置与施工工期、关键路径、难点的关系，合理进行施工组织设计，实施高效动态管理，取得了良好的成效。

### 4.1.4 充分认识减灾工程管理的系统性

实施减灾工程管理，不仅要考虑应急状态下的风险管理，还要考虑应急工作完成后，抓紧与后续工作、永久处置的衔接，因此在减灾工程管理中一定要远近结合，统筹规划。在舟曲堰塞湖处置过程中，坚持应急处置和长远治理相结合，坚持应急处置和抢险救灾相结合，坚持应急处置和度汛安全相结合，坚持应急处置与山洪防治相结合。在实施应急处置工作的同时，及时组织力量对舟曲水毁水利工程进行全面查勘和分析评估，抓紧制订了白龙江河道综合治理及防洪工程建设、山洪灾害防治、水毁水利设施修复等3个规划和4个实施方案，规划中将城区防洪标准从不足20年一遇（设计流量849m³/s）提高到50年一遇（设计流量1130m³/s）；三眼峪、罗家峪两个山洪沟的排水标准达到10年一遇，并在6个小流域建立完善山洪灾害监测预警保障体系；同时全面修复城镇供水水源、农村饮水安全工程、农田灌溉、水文站点等损毁水利设施。因此，充分考虑应急处置和永久处置在各个层面上的衔接，以保证在应急处置工作过程中统筹兼顾，能够在应急处置工作完成后，即迅速、有效、科学、合理地进行后续永久处置。

由于白龙江舟曲段淤堵非常严重，尽管应急疏通工作取得了显著成效，但安全度汛形势依然严峻。应依据编制的相关规划，加快白龙江堰塞河道综合治理及防洪工程建设，尽快达到设计防洪标准，确保防洪安全。为保证工作连续性和施工进度，也为了提高效率、节省成本，宜由应急处置队伍继续承担后续永久处置任务，这是抢险救灾后恢复重建较为符合实际之需的工程管理环节。

### 4.2 对提高科学减灾能力的思考

近几年,我国在应对地震、山洪、泥石流和局地洪涝等突发严重自然灾害方面,取得了突出成绩,积累了丰富的经验,应急体系建设和整体防治能力得到了快速提升。但我国地质构造复杂,加之受全球气候异常变化影响,我国出现极端天气事件的频率和强度都有增加趋势,洪涝和地质灾害整体呈频发、广发和群发态势,这对减灾工程管理提出了严峻的挑战。因此,要进一步提高科学防御自然灾害的能力,坚持以人为本和人水和谐的防御思路,坚持统筹兼顾和蓄泄兼筹的防御战略;坚持应急管理与风险管理相结合的防御方法,坚持工程措施和非工程措施并举的防御手段;坚持工程系统多目标运用的防御调度;坚持现代创新发展的防御技术。要不断完善减灾工程管理体系,坚持预防为主,关口前移,重心下移,健全应对突发灾害的快速反应机制与能力,完善突发灾害的预警制度、信息收集上报制度、工作协调机制等,提高对于突发灾害的预测与预警、应急处置、恢复与重建能力,并力求做到长效、常态管理和应急的防控相结合。要加强公众防灾减灾教育,提高防灾减灾应急联动能力。要统筹减灾工程管理各个阶段目标决策,紧扣关键环节,把握减灾工程管理的动态性和系统性,实施多目标决策管理、实时优化管理、高效动态管理,大力提高减灾工程管理的能力和水平。

(本文发表于《中国工程科学》2008 年第 10 卷第 12 期)

## 第三节 台风灾害

### 一、美国"卡特里娜"飓风与"丽塔"飓风灾害

#### (一)灾害基本情况

**1. 飓风发生情况**

2005 年 8 月中旬,热带风暴"卡特里娜"在巴哈马群岛附近生成,25 日加强为飓风,并于当晚在美国佛罗里达州登陆,随后几小时进入墨西哥湾(图 6-31)。在墨西哥湾高水温、垂直风切变和良好的高空辐散下。"卡特里娜"继续增强,8 月 28 日升级为 5 级,达到飓风的最高级别。并于 8 月 29 日再次以 3 级飓风登陆于密西西比河河口,给路易斯安那州、密西西比州及阿拉巴马州造成严重破坏,特别是路易斯安那州的新奥

尔良市遭受重创。据官方统计，"卡特里娜"飓风造成死亡和失踪人数达到两千余人，上百万受灾群众流离失所，最终经济损失约为250亿美元（周宝砚，2009）。

图6-31 "卡特里娜"飓风卫星云图

图6-32 "丽塔"飓风卫星云图

在"卡特里娜"飓风影响结束不到一个月，"丽塔"飓风接踵而至。2005年9月，热带风暴"丽塔"袭击了古巴和美国佛罗里达州。9月21日，"丽塔"加强为5级飓风，并于24日以2级飓风登陆得克萨斯州和路易斯安那州之间的海岸地带，对两州形成威胁（图6-32）。

2. 灾害主要特点

（1）飓风级别高达5级，影响范围广，损失惨重

"卡特里娜"是2005年大西洋飓风季的第一个5级飓风（5级飓风风速超过69m/s），也是大西洋自有记录以来的第6大风暴。"丽塔"飓风也最高达到5级，其威力一度超过"卡特里娜"飓风。两次飓风给美国亚拉巴马、密西西比、路易斯安那州、得克萨斯州等数十个城市造成了巨大损失，尤其是在"卡特里娜"飓风来临时应对不足，损失惨重。

(2) 两个飓风接踵而至，部分地区重复受灾

"卡特里娜"和"丽塔"两个5级飓风在不到一个月的时间内接踵而至，带来持续的强降雨，导致附近的河湖水位上涨。其中，新奥尔良市遭受"卡特里娜"飓风袭击，堤坝溃决，淹没损失和人员伤亡严重，很多人员被迫紧急转移。而仅仅3周后，受"丽塔"飓风影响又再次发生决堤险情，迫使救援人员再度疏散居民，转移到其他地区紧急避险（图6-33）。

图6-33 "卡特里娜"导致新奥尔良海堤决口

图片来源：http://a0.att.hudong.com/75/79/3000076404612833079856738.jpg

## （二）灾害应对情况及特点分析

### 1. 灾害应对情况

1）在"卡特里娜"飓风到来之前，美国飓风中心提前56小时把飓风将严重影响新奥尔良市的预报通知了美国联邦、州及地方政府，使各级政府提前了解了"卡特里娜"飓风的情况。但直到飓风来临之前，新奥尔良市市长才通告要求市民自愿撤离，却只有不到1/3的市民愿意疏散。8月28日清晨，由于飓风带来的损害远远超过预期，新奥尔良市市长又发出强制撤离令。8月29日，"卡特里娜"飓风登陆时，仍有许多市民抱着侥幸心理躲在家中，以至于造成许多人员伤亡。另外，由于地方政府对避难场所的设计没有考虑到避难人数的需求，当"卡特里娜"飓风来临，大批灾民涌入避难场，食物、水和药品等生活必需品严重不足，甚至没有设置医疗区和配备医护人员，致使灾民生活十分困苦。

在飓风袭击新奥尔良市 5 小时之后，联邦紧急事务管理局（FEMA）负责人派遣 1000 名救援人员在"两天内"赶赴灾区。管理部门对于灾害信息掌握严重不足，直到广播报道了有 2 万人被困在体育场超过 24 小时，联邦紧急事务管理局负责人才知道受灾人数远远超过预期。与此同时，联邦紧急事务管理局的电脑死机，导致救灾指挥工作完全陷入没有计划、信息失灵的状态中。而当时美国总统布什正在得克萨斯州的农场度假，直到 8 月 30 日，布什总统才宣布结束休假，在从得克萨斯飞回华盛顿途中，"空军一号"在新奥尔良上空盘旋"视察"了灾区。9 月 2 日，布什要求路易斯安那州政府将救援工作的管理权交给联邦政府，这样联邦军队就可以合法介入进行搜救工作。但路易斯安那州官员经过一夜商讨后拒绝了联邦政府的要求，因为如果把管理权交给联邦政府，州政府就不能动用自己的国民卫队和地方警力协助救灾。由于救援力量弱小，延误了救援行动，灾害影响进一步扩大。直到 9 月 3 日，国民卫队才从两个大型的公共设施（会议中心和体育场）撤出了所有的人，9 月 5 日才报告恢复秩序。

由于飓风来临，美国全国铁路公司的火车早已停止营运，地方政府组织撤离不力，大量的穷人、老人、妇女、儿童等滞留在市内。在死亡人员中，滞留在养老院中的老人占 60%。州和地方政府低估了灾难的严重程度，没有积极主动地寻求外部支持。8 月 28 日，路易斯安那州州长就接受了新墨西哥州州长提出的派其国民卫队参加救援的提议，但 24 小时后才完成必要的书面文件，严重贻误救援时机。此外，地方警力在救灾中也显得十分单薄，缺乏有效的指挥。

"卡特里娜"飓风登陆后不久，布什政府随即分两次拨付了总额达 623 亿美元的赈灾款项，每户受灾家庭可以领到使用额度为 2000 美元的借记卡，用于购买食品等生活必需品。灾后，布什总统承诺投资 2000 亿美元重建路桥、学校和供水系统等重要基础设施；建立失业工人账户，为每个寻找工作的灾民提供 5000 美元援助，用于职业培训、教育以及子女看护支出；通过立法，将多余的联邦政府财产以抽奖形式，移交给受灾的低收入市民；拨款 19 亿美元补贴地方政府为受灾学生提供的教育费用；为受灾地区学生免去 6 个月助学贷款利息，利息减免总额达到了 1 亿美元。

2)"丽塔"飓风登陆前，联邦政府、州和地方政府都做好了充分准备。2005 年 9 月 22 日，美国总统布什宣布佛罗里达州进入紧急状态，并与得克萨斯州州长讨论了该州应对飓风的准备情况。美国国土安全部根据《国家应急计划》，立即宣布"丽塔"飓风为"全国性重大事件"，并正式启动全国性应急机制。国土安全部长迈克尔·谢托夫接受美国广播公司的《早安美国》节目采访时警告民众，"绝对不要把飓风当作儿戏"，他强调，当飓风到来时，最好的办法就是逃离风暴袭击的路线。路易斯安那和得克萨斯两州州政府和地方政府也在"丽塔"飓风来袭前三天就发布了撤离命令。休斯敦市有 200 万人，市长动员全市一半人口撤离该地区。在加尔维斯顿市，近 6 万市民被要求撤离。在布什政府的压力下，新奥尔良市市长收回了曾发布的行政命令，即允许部分受灾不严重地区的灾民重返家园。新奥尔良市市长要求准备返乡的灾民等"丽塔"过后再采取行动,那些已经进入灾区的市民"必须全部撤离"(图6-34)。

图6-34 "丽塔"来袭之前在美国45号公路上撤离的车队
图片来源:http://www.chinareviewnews.com

此外,联邦政府派出了陆军、海军共5万人参与救援准备工作,为应对飓风预留了26架搜救直升机,并派出6艘军舰前往墨西哥湾地区,以备急需。飓风登陆前两天,美军直升机共执行39次飞行任务,帮助博蒙特、莱克查尔斯等地医院的几千名病人完成撤离。美国海岸警卫队也出动大量警力,帮助撤离居民,还为撤离过程中燃油耗尽的居民提供汽油。为保证在飓风登陆后避难居民食品的正常供给,联邦紧急措施署在两个州共储备了约165车冰块、185车水及98车食品。鉴于"卡特里娜"飓风救灾过程中出现通信受阻等情况,负责救灾指挥工作的北方司令部为军队和救灾人员配备了足够的卫星通信设备。国际海事卫星组织官员杰克·迪西介绍说,该组织的通信设备已经在"丽塔"登陆前为相关部门及其人员配备完毕。

路易斯安那和得克萨斯两州州政府和地方政府根据本地区情况各自发布了撤离命令,当地政府动用汽车及其他可用资源为居民顺利撤离危险地带提供便利。两州政府还在"丽塔"飓风未登陆前便开始寻求联邦援助。路易斯安那州州长凯斯林·布兰科请求联邦派遣1.5万名士兵参与防灾救灾工作;而得克萨斯州州长里克·佩里则请求联邦政府提供更多燃油,保证地区受灾过程中的能源供应。与此同时,政府在撤离工作中的治安工作方面痛下功夫,以免重蹈"卡特里娜"飓风中新奥尔良街区抢劫泛滥的覆辙。得克萨斯州召集了5千名国民卫队成员和1千名安全部队官兵驻扎在可能被"丽塔"飓风袭击的地区,以在紧急状态下维持社会治安。

飓风过后,救援人员迅速驾着小船开始了广泛的搜救,主要是帮助部分未能及时撤离而受困的居民。美国路易斯安那州南部的阿比维尔市市长表示:"我们打算挨家挨户搜救，就像在'卡特里娜'飓风后所做的那样。"

布什总统从9月23日就前往位于得克萨斯州圣安东尼奥的一座空军基地，在灾区现场聆听当地政府官员的汇报，并表示将按照一些军方领导人的建议考虑采取全国性的搜救行动来帮助赈灾。在25日返回白宫之前，布什在受到"丽塔"袭击的4座城市里听取了7个多小时的汇报，并提出了一些如何提高赈灾效率的问题。

### 2. 灾害应对主要特点分析

(1) 对"卡特里娜"飓风预防重视不够，心存侥幸，救援管理混乱

根据调查资料显示，联邦政府、州和地方政府对此次灾害的准备明显不足，新奥尔良市的防浪堤难以抵挡3级以上飓风引发的海浪，且避难场所也严重不足，相应的食物、水和药品等生活必需品匮乏。另外，灾前预警没有引起足够的重视，美国飓风中心对"卡特里娜"飓风的走向和强度作出了较为精确预报，但几乎所有人包括地方官员都想当然地认为，灾害是短期的且可控的，对飓风灾害抱着侥幸心理。

"卡特里娜"飓风灾害中，虽然联邦紧急事务管理局和相关各州在获悉飓风的信息后，都启动了应对飓风预案，但是与灾害的强度相比仍远远不足。救援过程中，联邦紧急事务管理局没有发挥应有的作用，对灾害后果的预判不足，导致决策失当，救灾反应迟钝。救援管理也比较混乱，灾后美国政府责任署和国土安全部的审计人员发现，由于联邦紧急事务管理局审核赈灾款申请者个人信息的流程存在"严重缺陷"，有的时候甚至只是"走形式"，许多灾民成功地钻了空子，用虚假身份、虚假住址甚至虚假社会保障号码骗领到救济金。审计人员还随机抽取了200多个赈灾款申请人提供的居住地址，对其进行实地核实，发现其中有大约80个是编造的，有的地方是一片空地，有的则干脆是"根本不存在的公寓大楼"。

(2) "丽塔"飓风防御积极主动，军地联动，协调指挥有力

与政府在"卡特里娜"飓风中的表现相比，"丽塔"飓风来临前，联邦政府、州政府和地方政府吸取教训，采取了一系列更加积极、主动和有效的措施，各方面均做了充分准备。美国总统布什自从"丽塔"袭击以来一直保持高调赈灾姿态，联邦政府派出数万名陆军、海军和海岸警卫队。从州和地方政府防灾部署来看，在"丽塔"登陆前，路易斯安那州和得克萨斯州两州州政府和地方政府未雨绸缪，及时发布撤离命令。联邦政府和州及地方政府不仅各自加强防灾准备，而且注重纵向的信息沟通和协调。美国国土安全部部长迈克尔·谢托夫和美国紧急措施署署长戴维·鲍里森共同称，要改善联邦防灾准备和各州、各地方政府之间的协调，鲍里森称联邦和州政府官员几乎每小时都会联系一次。因此，飓风"丽塔"虽然来势凶猛，但当地居民及时得到撤离，并没有造成严重的人员伤亡，营救工作任务相对比较轻，困难也不大。

## （三）启示

### 1. 科学的城市规划与完备的应灾预案是公共安全工程管理的常态准备

经过多年的发展与完善，美国已经建立了相对完善的灾害应急管理体系。2004年12月，美国国土安全部发布了《国家应对预案》，该预案旨在将全国各级政府的资源有效组织起来，强化对恐怖主义、重大灾难和其他紧急事态的预防、应对和事后恢复。针对不同的灾害事件，都有其相应的应对预案和响应程序。在"卡特里娜"飓风灾害救援中，由于灾害发生当地政府事前不够重视，没有与联邦及其他州县交流防灾、救灾信息，仓促应对，遭到社会的一致批评。这也反映出美国虽然有相对完善的常态灾害管理构架，但是在其现行体制机制下，若不及时做好灾害应急准备与信息沟通，缺乏有效的工程措施，仍然无法预防和降低灾害影响及损失。

通过"卡特里娜"飓风血的教训可以看出，在当今人口、经济最为集中的城市区域，能够有效应对各种灾害，特别是有效应对重大自然灾害是城市安全的基本要求。然而要满足这一要求不仅需要现代城市具有雄厚的经济实力，还需要把城市建设与公共安全需求相结合，把防灾规划与城市规划融为一体，使防灾建设、避灾场所与城市建设同步进行。因此，在城市建设的过程中要着眼防灾减灾需要进行科学规划和合理布局，并在基础设施、工业企业等重要目标的建设过程中严格贯彻安全防护要求，提高城市防灾减灾能力，以有效应对各种可能发生的灾害，实现可持续发展。

### 2. 常态与应急管理统合机制是有效处置突发公共安全事件的关键所在

前期的应灾准备是常态管理向应急管理的有效延伸，也是统合常态与应急管理的重要机制之一。重大灾害具有一定的突发性，做好充分细致的防灾准备是有效防范灾害和快速实施救援的基础。"卡特里娜"飓风灾害救援中因为没有做好灾害应对的准备工作，这样即便有较为科学完善的减灾机制与应对预案，但缺少这个最后一个关键环节，仍然无法实施有效的应对；而"丽塔"飓风灾害救援是在科学合理的防灾减灾规划和应急管理预案基础上，思想重视，做了充分细致的防灾准备，各方信息协调一致，硬件与软件资源准备到位，有效减少了飓风灾害的影响和损失。可见，为应对灾害威胁，就必须做好充分的防灾准备，不仅要做好思想认识、方案计划等软件方面的准备，还要做好物资器材、救援人员等硬件方面的准备，不仅要加强政府和人防机构的组织准备，还要加强人民群众防灾减灾的参与准备，切实做到警钟长鸣、有备无患。

从"丽塔"飓风灾害的有效防范和成功救援可以看出，有效应对灾害需要把救援管理机制、资源准备等常态防控工作与应急队伍建设、应急指挥体系结合起来，才能取得最大的防灾减灾效果。现代灾害特别是重大自然灾害影响区域大、波及范围广、危害后果严重，且往往"祸不单行"，会引发火灾、建筑物倒塌、瘟疫流行等次生灾害和衍生灾害。防灾减灾已经成为一项复杂的系统工程，必须把常态与应急救援有机结合起来，在监测、预报、防范、评估、救援、重建等各个环节，政府、军队、非政府组织等各个群体，建立形成集中统一的管理机制才能保障救灾活动的有效运转。如果机构重叠、政出多门、关系不顺，就会降低工作效率，发生相互推诿等现象，在一定程度上影响救灾体系的效率。与此同时，由于次生灾害链条长，灾情往往迅速蔓延，倘若稍有迟缓或组织不力，都会错过救援时机而酿成严重后果。因此，构建防灾减灾体系时必须着眼集中统一、反应灵敏、综合高效，在发出灾情警报以及灾害发生后，及时果断组织救援，采取疏散、隐蔽、加固等预先措施进行防范，运用抢险、抢修、抢救等各种措施减轻危害，尽最大可能保护国家和群众生命财产安全。

## 二、中国"桑美"超强台风灾害

（一）灾害基本情况

### 1. 台风发生情况

2006年8月5日，第8号热带风暴"桑美"在西太平洋关岛附近洋面生成，7日加强为台风，9日升级为超强台风。10日17时在浙闽交界处的浙江省温州市苍南县马站登陆，登陆中心附近最大风力达到17级，给浙江、福建等省造成重大人员伤亡和惨重经济损失。这是中国对台风强度重新分级后登陆的第1个超强台风，也是中国有气象记录以来风力最强、破坏性最大、损失最为惨重的台风（图6-35）。

### 2. 灾害主要特点

（1）风力超过17级，影响范围广、时间长

台风登陆时中心最大风力超过17级，实测最大风速达到272km/h（75.8m/s），超过了"卡特里娜"飓风252km/h的风速。据历史资料显示，"桑美"登陆时的中心气压低于1956年第12号热带气旋"温黛"（Wanda）登陆时的923hPa，成为50多年来登陆中国内陆最强的台风。"桑美"强度大，登陆前后17级风圈半径达45km，登陆后带来的区域性大风强度超过历史记录。8月10日至12日，浙江沿海、福建北部沿海以及浙江南部和福建北部内陆大部地区出现了8~10级大风，其中浙江东南沿海和福建东北部沿海部分地区的风力有11~12级，局部地区风力达14~17级。浙闽两省观测到的最大风速均打破了两省风速的历史记录。另外，江西东北部（包括鄱阳湖湖面）也出现了6~8级大风，局部地区风力达9级。后来，浙江省温州鹤顶山风力发电站测得的81m/s的阵风记录被中国气象局承认，这也成了有确实记录以来中国内陆地区的最大风速，足可见超强台风"桑美"的强度。台风在福鼎市境内滞留肆虐长达5个多小时（图6-36）。

图6-35 "桑美"超强台风的卫星云图
图片来源：中国气象局国家卫星气象中心

（2）登陆路径出乎意料，狂风暴雨造成巨大破坏

台风"桑美"在浙江省温州市苍南县马站登陆，随后向西北的浙闽交界移动，但移动路径怪异、出乎意料。"桑美"穿过福建福鼎市沙埕港，沿河道型港湾贯穿整个沙埕港，而该港正是以往用于避风的港湾，有大量渔船在此停靠避风遭到台风毁灭性破坏。浙江省从10日5时开始降雨，暴雨区主要集

图6-36 被风吹断的风力发电机立柱
图片来源：http://newenergy.in-en.com/html/newenergy-2305230598816625.html

中在温州、台州地区，累计雨量大于100mm的站点有33个，累计雨量大于200mm的站点有13个，累计雨量大于300mm的站点有9个，累计雨量大于350mm的站点有4个：分别是苍南昌禅站（466mm）、金乡站（379mm）、玉苍山站（377mm）、矾山站（369mm）。截至10日20时，100mm以上降雨笼罩面积为3512$km^2$，200mm以上降雨笼罩面积为509$km^2$，300mm以上降雨笼罩面积为113$km^2$。10日晚上，在"桑美"登

陆时，温州有记录的过程最大增水是 3.58m，实际最高的潮位超过 6m。

据统计，"桑美"共造成浙江、福建、江西、湖北四省 599.36 万人受灾，农作物受灾 $223.16×10^3 hm^2$，成灾 $120.49×10^3 hm^2$，死亡 459 人，失踪 111 人，倒塌房屋 8.53 万间，直接经济损失 194.95 亿元。受台风直接影响的浙江、福建两省死亡 456 人（其中浙江 193 人，福建 263 人），失踪 111 人（其中浙江 11 人，福建 100 人）。暴雨导致福鼎市 7 万只渔排网箱全部毁坏，各类大小船只沉没 952 艘、损坏 1139 艘（图 6-37）。

图 6-37  台风过后福建省福鼎市沙埕港内沉没的船只

图片来源：http：//www.hzls.gov.cn/files/20069/29/12b649ff-bce0-491f-af82-332a90c28dd4.shtml

## （二）灾害应对情况及特点分析

### 1. 灾害应对情况

（1）灾前准备

为应对超强台风来袭，中国各个部门积极应对，做了较为充分的准备。自 8 月 5 日"桑美"形成开始，中国国家防汛抗旱总指挥部即密切监视其动向。8 月 7 日，"桑美"加强为强台风，国务院对防台风工作进行部署。8 月 8 日，中国国家防汛抗旱总指挥部启动防汛应急响应，向台风可能影响的地区发出紧急通知，对防御工作再次进行部署，并派出工作组赶赴浙江、福建两省协助地方开展防御工作。民政、渔业等有关部门也相继派出工作组，协助地方开展救灾工作。浙江、福建两省分别召开会议部署"桑美"台风防御工作，要求立足于风、雨、潮"三碰头"的最恶劣情况来应对。浙江温州、台州、宁波、舟山、丽水等沿海地区和内陆防御重点地区，福建福鼎、霞浦等重点防御地区纷纷行动，紧急动员部署。为了做好全部涉险人员的转移工作，可能受"桑美"影响的地区千方百计地把防御台风的知识和信息传达到每一个人。利用广播、电视、互联网滚动播报，以及发送手机短信、高音喇叭广播、张贴公告、散发传单等一切可能的传播手段，让群众及时了解台风的动向和防御台风的要求，增强公众防御台风的警觉性和自救互助意识。其间，浙江、福建共转移人员 160 多万人，其中浙江转移 100 余万人，福建转移超过 62 万人；浙江回港避风船只达 34 408 艘，福建接纳避风船只超过 12 000 艘（图6-38）。

图 6-38　浙江舟山渔船回港躲避台风
图片来源：http://www.zt.zj.com/c/tfsm/2/130049.html

在安全转移和妥善安置群众的同时，抢险救灾准备工作也在紧锣密鼓地进行。气象部门密切监视台风动态，24 小时不间断地发布滚动预报；渔业、交通、海洋部门协助做好船只回港、船上和渔排养殖人员转移，海事部门加强值守，做好应急搜救准备；水利部门监测雨情水情，加强安全检查，及时排除隐患，确保防洪防潮工程安全，并落实在建工程防台保安措施；国土部门加强山洪易发区和地质灾害隐患点巡查；建设部门加强工地、高层建筑、架空设施以及居民危房等安全检查，及时加固防护；民政部门调拨救灾物资，做好转移人员安置工作；电力、通信、交通、供水等部门加强城市基础设施安全检查，做好工程抢险准备；人民解放军、武警部队、民兵预备役等抢险救援队伍严阵以待，随时准备投入抢险救灾。

（2）灾中营救

8 月 10 日，"桑美"在苍南县马站登陆，之后向西北偏西方向移动进入福建省北部。受到"桑美"正面袭击的苍南县大量房屋倒塌，庆元县发生特大山洪与群发型泥石流、滑坡灾害，部分群众被洪水围困或被泥石流掩埋。福鼎市沙埕港大批渔船及几艘舰船被打翻沉没，船上留守人员生死不明，搜救工作成为急中之急。

图 6-39　救援人员在倒塌的房屋中搜救

图片来源：http://www.mps.gov.cn/n16/n1237/n1447/n37395/n43609/n44430/130320.html

时间就是生命。接报后，当地政府在迅即上报的同时，立即组织一切力量，第一时间出动，全力投入抢险救援工作。8月10日晚，浙江省温州市苍南县望里镇18名群众被倒塌房屋掩埋，当地驻军派50名抢险队员立即赶赴现场，在废墟中成功救出被压群众（图6-39）。苍南县金乡镇半浃连村有10名群众被倒塌房屋砸压，县公安局立即组织公安、消防人员赶至事发地，成功救出8名群众。台州礁山边防所和宁波高塘边防所在海上成功救出17名遇险船员。据统计，浙江省军区、武警总队、公安边防和消防部门共出动官兵近5000名，民兵预备役2.5万人，公安民警和协警5万余名，解救被困、遇险群众上千名。

福建省福鼎市明确了"一旦联系中断，即由挂点乡镇的市领导全权处理各自区域内的抗灾救灾工作"的措施，采取必要手段于第一时间进行抗灾救援。在电力和通信中断后，沿海乡镇按照事先部署，迅速建立了由民兵预备役、边防官兵和镇村干部组成的搜救队，就近投入搜救工作。10日17时，在沙埕港内避风的两艘台湾渔轮脱锚，被狂风巨浪裹挟快速卷向出海口方向。沙埕边防派出所10余名官兵与港内群众一起迅速展开营救，两艘台轮和船上船员全部获救。一艘中国渔政船被其他避风船只撞断锚绳，船只几乎失控，船长船员临危不惧、沉着操作，不仅保障了自身安全，而且还在狂风巨浪中搭救出两名渔民。

10日晚间，坐镇沙埕镇指挥的福鼎市委、市政府领导接到沙埕港船只损毁严重，船上留守人员生死不明、亟待救援的报告后，迅速组织海警和边防部队紧急出动，全力支援。福建省防汛抗洪指挥部和宁德市委、市政府立即协调宁德武警支队、驻福鼎部队等力量迅速投入海上搜救工作。沙埕镇政府事先准备好的五艘挂机船随即投入搜救，当晚营救出数十名落水群众。沙埕港内许多避风渔船脱锚漂至西峣村海域，驻村干部紧急组织营救，共救出150多名群众。台风过后的第一轮紧急救援行动挽救了许多人员的生命。

（3）灾后救助与恢复重建

"桑美"穿过福建北部后，于11日5时左右进入江西境内，风力减弱并消亡。随着搜救工作的推进和灾情的逐渐明朗,"桑美"造成的巨大损失逐渐显现,其中福鼎市沙埕港受灾最为集中,损失最为严重,成为灾后救援工作的重点和媒体关注的焦点。福建省迅速组织力量开展搜救、打捞以及灾后重建。浙江省苍南县等其他受灾地区迅速开展了灾后救助、恢复重建工作。

8月11日,福鼎市组织了3个海上搜救组,会同武警、边防、渔政人员和沿海各乡镇自行成立的搜救队,全力以赴进行搜救工作。13日下午,宁德市专门成立沙埕海上搜救工作领导小组,进一步协调搜救工作。14日,驻闽海军派出4艘舰艇,省防汛抗旱指挥部再次紧急增调多艘冲锋舟,投入海上搜救工作。据统计,11日至18日海上搜寻高峰期内,每天在海上进行搜救的船只多达80余艘,人员在800人以上。

8月17日开始,搜救工作进入尾声,工作重点转入沙埕港海底船只打捞。当天,交通部有关领导带领交通部海上搜救中心、交通部救捞局、上海救捞局、福建海事局等有关单位人员赶赴福鼎,研究部署沉船打捞工作。18日,国家交通部和宁德市共同成立了海上清障打捞指挥中心,海军也增派力量协助打捞。

灾难过后,福建、浙江两省电力、通信、水利等有关部门迅速抽调力量,着手恢复基础设施。8月15日,福建北部受灾地区国道、省道、县道全部恢复通行。福鼎市90%以上电网在台风中遭受毁灭性破坏,电力部门从全省抽调力量进行抢修,一个月内全市恢复正常供电,其相当于再建一个全市电网。通信部门增调550人投入灾后通信设施抢修,于8月底全部恢复通信。浙江省电力部门组织273支抢修队伍、1000多名技术人员,仅用1天时间便恢复浙南所有受灾县城的供电。通信部门派出2000余名技术人员支援灾区,两天时间恢复灾区90%以上通信。交通、水利系统组织应急抢修队伍,及时抢修被阻道路,紧急封堵堤防水毁缺口120处。

为安排好受灾群众基本生活,国家财政部、民政部于8月16日向浙江、福建两省紧急拨付中央救灾应急资金各3000万元。福建省灾后第二天便紧急拨付应急救灾资金、民政补助款,并调运帐篷、衣被、食品、饮用水等送往灾区。福鼎市认真做好受灾群众安置和安抚工作,并专门组织心理专家深入受灾最重的乡镇对一些家庭进行灾后心理危机干预。浙江启用300多个避灾中心、近1000个避灾点,并开放体育馆、学校等场所,就近转移安置受灾群众;组织16家建筑企业支援苍南,7天时间便建成835间近2万m²的安置过渡房,解决了3500多名特困受灾群众临时居住问题。

"桑美"台风登陆后,灾害损失尤其是人员伤亡情况引起社会各界的高度关注。灾区各级政府在做好救援工作的同时,一方面抓紧灾情核实、汇总工作,及时发布权威数据和消息;另一方面加大搜救、打捞、安置工作宣传报道力度,使社会及时了解救灾工作进展,有效消除了公众疑虑,澄清了不实言论,为救灾和重建工作的顺利开展营造了良好的舆论氛围。

## 2. 灾害应对主要特点分析

（1）分阶段、分区域防御

防台风工作分为不同的阶段，采取不同的应对措施。浙江温岭等地把台风前期的应急准备分为蓝色预警、黄色预警、橙色预警、红色预警等 4 个阶段，根据台风发展情况，每一阶段都明确了相应的任务。例如，在蓝色预警阶段，重点是加强值守监测，对危房、低洼地区进行检查，把信息通知到每户居民，未出海的船只停止出海，已出海的做好返航准备，海塘外人员做好撤离准备等。在红色预警阶段，则要全面完成危险区域人员的转移、安置工作。福建按照台风风圈影响范围，分区域下达转移、避险指令，科学安排部署各项措施，取得防御工作的实效。

（2）从不利的情况着眼

在应对"桑美"台风过程中，各级政府全力抓好紧急宣传动员、人员转移安置、船只回港避风、防风隐患排除、工程险情排查、山洪灾害预警、抢险救灾队伍和物资保障等关键环节。灾害发生后，抢险救援迅速到位，抢险工作有力、有序，针对最不利的情况进行准备，实行一对一包干，严格落实责任制，实现户户有帮扶、人人有联系，提高避险效率，使得灾害来临时的救援工作更加有效。尽管如此，由于台风登陆地点出乎意料，大大不同于以往，使得情况更加不利，造成避风船舶重大损失和船上居留人员严重伤亡。

（3）军地联动，各方形成合力

应对严重的自然灾害，必须动用全社会的力量投入抢险救灾，才能最大限度地减少人员伤亡和财产损失。灾害发生后，受灾地市军警、边防、抢险队伍等各方力量第一时间展开救援，为减少人员伤亡和经济损失争取了主动。各个部门切实落实各项防抗措施，按照应急预案各就各位、各负其责，团结协作、密切配合，积极投入抢险救灾，广大基层干部群众全力自救互救，形成了防抗台风的强大合力，为最大限度地减少灾害损失发挥了重要作用。

（三）启示

## 1. 一些常规基础设施建设要考虑满足防灾避灾标准的要求

近年来中国沿海渔业发展迅速，海上机动渔船近 30 万艘，但避风港建设却相对滞后。每次台风来临前，大量渔船就近进港避风，港内船只停泊密度大、安全距离小，增加了安全隐患。而部分渔船无港可泊，更容易脱锚遇险。如在此次台风灾害中遭受严重损失的福鼎市沙埕港港阔水深，群山庇护，历来是天然避风良港。但即使是这样的避风良港，"桑美"来袭时港内风力仍高达15级，造成港内停泊船只相互碰撞、损毁、沉没。此外，沿海还普遍存在渔港防风标准不高、配套设施不足、机动搜救能力弱、避难场所管理能力不强等问题。因此，沿海地区迫切需要进一步加大防灾减灾基础设施建设力度，构建防台风综合减灾体系。同时，对于渔船避风抛锚期需留人管理的方式，需要重新审视调整。

"桑美"造成浙江温州苍南、平阳等地农房成片倒塌，部分原以为较坚固而没有组织人员转移的新建房屋也没能幸免。据灾后调查，灾区大量房屋倒塌，除"桑美"风力超强、降雨强度大等原因外，还在于沿海地区大量农房抗风能力偏低、选址不当、结构设计不合理、施工质量无监管、建筑材料质量低劣等问题的普遍存在。这既有农房建设管理体制、制度方面的因素，也有经济技术条件限制乃至认识、习惯等方面的原因。浙江省苍南县金乡镇永兴村在灾后重建中吸取教训，建起了"打圈梁、实心墙、有立柱、现浇板"的高标准住房，比在"桑美"台风中幸存的房屋标准还要高，使家家户户的房屋都成为避险楼。

无论是基础设施，还是民用建筑，其防灾减灾能力的高低不仅取决于有无规范规定、施工监管等常规建设要求，还取决于民众对灾害防御的认识与日常习惯。如果在常规管理中的规划、设计、施工阶段严格按照有关要求实施，并在应急管理中合理正确使用，其防灾减灾能力必然会大幅提升。

### 2. 普及防灾减灾知识是常态与应急统合管理的"软链接"

超强台风"桑美"造成沿海地区大量船只沉没和人员伤亡，除了台风风力强、降雨量大之外，不少渔民不能或不愿离开渔船上岸避风也是重要原因。尽管台风是中国沿海地区常遇灾害，但是人们对台风的巨大破坏性特别是超强台风的破坏性认识不足，存在一定程度的侥幸心理。渔船、渔排往往是渔民的全部财产，有些还是贷款、举债经营。台风来袭前，渔民、船员以及养殖人员不愿意转移，或按习惯、按要求留守，有些转移以后又私自返回，造成难以挽回的损失。近年来，内地赴沿海地区的人员不断增多，大部分人员未经历过台风，更别说有台风防御的经验和防灾减灾的知识，一遇台风，往往不知所措，给台风防御工作带来很大隐患。公众防台减灾意识的薄弱以及防台风知识的欠缺，迫切需要沿海地区在加强台风应急宣传和预警预报工作的同时，建立防灾减灾宣传教育长效机制，提高公众减灾意识和自救互救能力。近年来，中国将增强台风灾害防御能力放在重要位置，2011年出台《关于进一步加强台风灾害防御工作的意见》，对当前和今后一个时期的防台风工作作出了总体部署，同时也进一步强化了防台风工作的科技认知，加强了防台风工程措施的建设，以最大可能减少台风灾害损失。

可以说，常态与应急的统合管理不仅体现在基础设施建设、关键设备研发生产、救援力量构建等硬件措施方面，公共安全意识及防范知识普及也是统合管理的重要方面之一。要充分利用电视、互联网、报纸、广播等多种形式和手段普及公共安全常识，增强全社会科学发展、安全发展的思想意识；在中小学广泛普及公共安全基础教育，加强防灾避险演练；全面开展应急避险知识进企业、进学校、进乡村、进社区、进家庭活动，努力提升全民公共安全素质；大力开展全员安全培训，重点强化高危行业和中小企业一线员工安全培训；完善农民工向产业工人转化过程中的安全教育培训机制；加强地方政府公共安全分管领导干部的培训，提高管理水平。要结合各地、各行业、各领域特点，制定和完善应急预案，严格按照应急预案组织应急演练，并加强有针对性的应急知识培训，提高公众的危机意识和自救互救能力。一旦发生公共安全事件，要及时报告，为成功处置争取时间。组织救援时要按有关规程、规范和应急预案，快速、科学、安全、有效地进行施救。

## 第四节 矿井安全事故

### 一、中国山西王家岭煤矿透水事故

#### （一）事故基本情况

2010年3月28日14时30分许，在中国山西省临汾市乡宁县境内，中国中煤能源集团（简称中煤集团）一建公司第63工程处碟子沟项目部施工的华晋公司王家岭矿北翼盘区101回风顺槽发生透水事故，造成153人被困（图6-40）。经全力抢险救援，115人获救，38名矿工遇难。

#### （二）事故应对情况及特点分析

1. 应急救援情况

（1）应急响应

事故发生后，山西省政府于3月28日晚连夜召开紧急会议，按照"抽水救人、通风救人、科学救人"的总体决策部署，把抢救井下被困人员工作放在第一位，抢时间、争速度、调动各种资源、采取一切措施，实施科学救援。

3月28日14时20分，中煤集团一建公司在接到透水事故报告后，立即启动应急救援预案。在核实事故情况并报告事故信息的同时，立即就近调集同在王家岭矿施工的第31工程处西家沟项目部和机电安装处项目部200名职工驰援；30分钟后，第31工程处救援队伍赶到碟子沟项目部；14时40分，一建公司成立抢险救援指挥部，设立各专

图 6-40 被困人员示意图
注：黑色数字为人数

业工作组，编制抢险救援方案。与此同时，第 63 工程处碟子沟项目部迅速开展被困人员的营救工作，开启了井下所有通风和压风系统，安排专人看护，保证系统运转正常。

中煤集团立即启动应急救援预案，有关负责人带队赶赴现场，组织实施现场救援工作；集团总部成立应急领导小组，对事故应急处置中的调度指挥、协调联络、技术资料支持、稳定及安抚等工作进行安排；集团公司立即调集平朔公司、中煤建设集团、太原煤气化公司、中煤一建公司、五建公司、建安公司、西安设计公司等单位的救援队伍携带物资、设备迅速赶往事故现场，实施抢险救援。

（2）救援过程

1）排水施救阶段（3月28日~4月5日）。3月28日19时30分，中煤集团一建公司恢复原有排水系统，排水能力为 $46m^3/h$。3月29日21时，共有4台水泵实现抽水，抽水能力达到 $560m^3/h$。3月30日，指挥部调集山西焦煤集团霍州、西山、汾西公司和中煤集团成建制队伍进行排水作业，截至当日18时，井下共有6台水泵运行，排水能力为 $640m^3/h$，累计排水量 1.5 万 $m^3$，井下水位第一次出现下降，幅度为 0.15m。至4月1日18时，井下共有13台水泵运行，排水能力为 $1485m^3/h$，累计排水量 4.59 万 $m^3$，井下水位下降 1.15m。

4月2日14时12分，救援人员由地面向井下辅助运输大巷打通 251.8m 深的 2 号钻孔，听到从井下传来敲击声，并在钻头上发现了由被困矿工缠绕的铁丝。救援人员立即向井下输送了营养液。当时，井下共有14台水泵运行，排水能力为1935$m^3$/h，累计排水量6.6万$m^3$，井下水位下降了3.3m。

4月3日，救援人员通过地面2号钻孔向井下输送防爆电话，希望听到被困人员的声音，但没有回音。13时，抢险救援指挥部安排7名救护队员和6名潜水队员，执行水下勘察任务。截至当日18时，井下共有21台水泵运行，排水能力为2567$m^3$/h，累计排水量9.34万$m^3$，井下水位下降了6.7m。

4月4日，指挥部召开会议研究下井救援的各项准备工作。一是组织救护队熟悉搜救路线，制定被淹巷道风路导通后的瓦斯防范措施，在各排水点配备瓦斯报警仪和瓦斯检测员，加强瓦斯监测监控，保证井上井下通讯畅通。二是对井底车场、井口周边和工业广场进行清理，确保井下救援线路和救护车通行线路畅通无阻。三是开展机电设备、防爆通风系统、斜井提升系统检查，确保安全可靠。

4月4日15时，在水位线下降接近回风大巷顶板时，救护协调组决定使用皮划艇越过水面进入灾区侦查。4月5日0时38分，9名被困在回风大巷达179小时的矿工顺利升井。4月5日10时，搜救人员在辅助运输大巷搜寻到106名被困矿工，至14时10分，106名受困人员升井并送医院救治。至此，王家岭矿"3·28"透水事故被困的153名矿工有115名被成功救出，尚有38名被困井下。

2）排水搜救阶段（4月5日~4月15日）。这一阶段，每班有300多人的救护人员和排水人员在井下搜救和排水，共排水14.1万$m^3$，清理淤泥3600$m^3$，找到遇难矿工37名。救援过程中，在排水方面，随着积水巷道的下山坡度和距离增加，要不间断移动排水设备和管线；同时，随着暴露出的巷道增多，必须加强通风和加强顶板支护等工作。

3）翻搜清淤阶段（4月16日~4月30日）。4月15日召开救援现场会议，制定了恢复井下通风、供电、运输系统，彻底清淤，全面搜救最后1名被困人员的工作方案。这一阶段，恢复了辅运大巷皮带、主运大巷皮带、斜井皮带和20101工作面回风巷运输系统，倒运淤煤107 750袋，清运煤泥2190$m^3$，清理巷道内堆积管道2000m、杂物500t。4月25日11时15分，最后1名被困矿工遗体被找到。4月30日，清淤工作全部完成，至此王家岭矿"3·28"特别重大透水事故井下抢险救援工作结束。

（3）救治过程

事故发生后，山西省政府立即调集89名医护人员、68辆救护车组成的医疗队在矿区集结待命，随时准备施救。

4月2日，发现井下有生命迹象后，医疗队迅速配制并往井下输送360袋营养液。4月4日上午，制定了井下救治、井口救治、转运救治和医院救治方案，现场准备了

153 辆救护车，医院准备了 153 张床位，做到"一人一车、一医护组"。同时，抽调山西省三大医院 156 名医护人员组成 12 个专家组，保证每个获救人员得到及时救治。4 月 5 日 1 时 24 分，首批获救的 9 名被困矿工被送到医院，接受全面检查和治疗。10 时起，第二批 106 名被困人员陆续被救出，紧急送往医院救治。卫生部和山西省卫生厅组织专家制定了个性化救治方案，对获救人员精心治疗。卫生部协调北京协和医院、国家矿山医疗救护中心和河南省平顶山市急救中心，成立由急救、重症救治、营养治疗、消化科、皮肤科、外科等专业的 11 名专家组成的专家组，赶赴山西，结合获救矿工伤病情实际，制定医疗救治方案，指导医院做好收治病例的病情评估和重症病例的救治工作。

到 5 月 13 日，经过全体医疗救护人员的精心医治和精心护理，115 名获救矿工全部康复出院。

### 2. 事故应对主要特点分析

（1）不言放弃，千方百计救人

"抽水救人、通风救人、科学救人"的要求，体现了"以人为本，生命至上，救人第一"的理念，突出强调要把救人作为一切救援工作的中心。在这一要求下，各有关部门、各救援队伍，召之即来，迅速集结，不讲任何条件，没有任何犹豫。救援人员来之即战，不管有多大的困难需要克服，都千方百计地加快救援进度。"只要有一线希望就要尽百分之百的努力"，"不抛弃、不放弃"。不惜一切代价，全力救人，所有人自觉行动；没有人计较成本没有人计较得失，即使那些有可能为事故承担责任的人，在这个紧急关口，在这样的情景感召下，也提出了"我对井下巷道情况熟悉，给我一点时间，允许我为救人做些努力，再处理我"的请求。所有人全身心地投入到救人之中，风餐露宿，连续作战，众志成城，创造了生命的奇迹、救援的奇迹。

（2）科学施救，高效组织资源力量

抽水救人——短时间内调动安装了大量的排水设备，为事故救援提供了保障。在整个过程中，调集水泵 111 台、排水管路 27 853m、电气设备 225 台（件/套）等；先后安装 21 条抽水管线，打通 3 个平硐泄水孔，排水能力达 2560m³/h，总排水量达到 31.5 万 m³。

通风救人——为被困人员创造了生存环境。开启 7 台压风机向井下巷道供压风，为被困人员输送氧气。同时，向人员可能生存的巷道打通两个地面垂直钻孔，开辟了抢险救援的信息孔、通风孔、生命孔，为抢险救援赢得了宝贵时间，创造了有利条件。

科学救人——精细的组织，科学有序的施救。在救援过程中，对每个步骤都及时研究方案，制定安全技术措施，做到目标明确，科学合理，高效安全。一是及时化验水质，分析判明透水点，科学确定总排水量和每小时的排水能力，为制定科学的排水方案奠定了基础。二是在巷道具备搜救条件时，及时用皮划艇快速接近被困人员，使营救时间大大缩短。三是指挥部为被困人员准备了眼罩、营养液、被子等物资，做到"一人一车，一医护理"，使得被救人员得到了及时有效的治疗。

(3) 自救互救，为最终获救赢得时间

王家岭事故中被困矿工积极开展自救互救，有效地组织起来互相鼓励、节省体能；打开封闭的联络巷道，将辅助运输大巷与运输大巷联通，将人员集中互救；不间断检查瓦斯，掌握有害气体情况，并采用轮流开启矿灯的方法，延长照明时间，将井下水沉淀后饮用等方式以维持生命；在2号钻孔与井下打通后，被困人员通过敲击钻杆、在钻头上捆绑铁丝传递生命信息（图6-41）。还有矿工用裤带或撕碎的衣服把自己吊在巷道顶梁上，以防止掉入水中。他们通过多种自救互救方式，为最终获救赢得了时间。这些自救互救的做法已成为矿工遇险时救援脱险的行为借鉴。

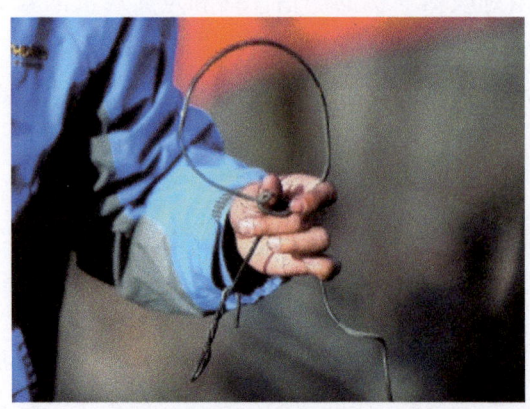

图6-41 被困人员捆绑在2号钻孔钻杆上面的铁丝
图片来源：http://a0.att.hudong.com/71/29/01300000084627127047296937833.jpg

## （三）启示

### 1. 高风险区作业的应急措施和手段应在日常生产管理中常备不懈

王家岭煤矿事故中，尽管救援取得了较大成功，但事后调查发现煤矿没有严格落实有关规章规定，存在多处违反安全生产管理的行为。该矿在井巷施工过程中，对小窑老空巷道和采空区没有重视，组织安排隐患排查治理工作不到位；对多头多面作业施工、2号煤层老空水源不明等隐患虽进行了上报，但未采取坚决有效的措施，重大问题长期得不到彻底解决；对项目部每周上报的隐患和问题未及时研究并提出处理意见，未跟踪落实；对重点项目部部署安全生产防范工作重点不够突出，组织对碟子沟项目安全检查针对性不强，管理人员带班制度不落实，安全管理松懈，导致重大隐患得不到应有的重视，隐患得不到及时排除。

其次，员工是否接受过系统的公共安全教育培训、是否具备一定的自救能力对于灾后救援的成功与否也至关重要。在这些事故中，受困人员采取了有效的自救互救措施，但这些工作并不是通过几个应急措施就能解决的,而需要细心地将其融入平时的生产环节中,推行应急工作的常态化管理。

在日常生产管理中要对高风险区作业的应急措施和手段进行经常性准备、演练和更新。要在日常生产中建立健全应急管理规章制度,加强应急队伍建设,加大应急投入,配备必要的应急物资、装备和设施;结合自身生产特点和作业流程,制定和完善应急预案,严格按照应急预案组织应急演练,并加强有针对性的应急知识培训,提高从业人员的应急意识和自救互救能力;一旦发现险情和发生事故,要及时报告,为成功救援争取时间。地方政府要完善应急管理体制机制,落实应急管理责任,加大区域救援基地和骨干队伍建设的投入,提高应急反应速度和救援能力。

### 2. 现代科技手段是促进常态与应急管理有效统合的"催化剂"

在这场事故处置过程中,多项高科技手段应用到救援之中,发挥了重要作用。现场地形勘探专家采用高科技定位技术定位井下人员可能避险位置,指导打通了回应"生命之声"的2号钻孔。钻孔打通后,通过工业视频系统,地面遥控确认了265m深的井下状况,为进一步投送营养液等救护物资提供了保障。在排水阶段,采用了组合排水技术,除了使用抽水效率达到$450m^3/h$的"巨无霸"水泵外,同时采取了梯级抽水、巷道间钻孔排水等组合技术措施。这些措施使排水速度加快,排水量提高。由此来看,综合运用现有科技手段,能够促进应急管理措施效力的发挥,起到事半功倍的效果。

近年来,中国不断加大安全科技投入和技术推广应用,扩大了企业安全费用提取适用领域,提高了下限提取标准;完善了安全生产专用设备企业优惠政策,深入开展安全生产先进适用技术产品推广应用,全国已建成429处安全避险"六大系统"(即井下监测监控系统、人员定位系统、紧急避险系统、压风自救系统、供水施救系统和通信联络系统)示范矿井。这些都成为提高安全生产水平、促进常态与应急管理有效统合的有力支撑。当然,先进的科技不是一朝一夕能够达到的,需要长期日积月累,甚至需要经过几代人的创新发展,才能推动科技进步并使科技成果转化成为可以使用的成熟科技产品。只要能够正确运用这些先进技术、产品,应急管理中的关键环节、制约因素、重点节点都有可能得到妥善解决,更能够极大节约应急管理的时间和成本,有效提升应急管理的效能。

### 3. 科学施救反映着常态与应急管理统合作用的实效

王家岭煤矿事故发生后,及时成立现场抢险救援指挥部,统一指挥、统一调度,明确了职责分工,确保救援现场忙而不乱,安全有序。在每个关键岗位都有精通业务的专业人员坚守,及时发现问题,排除故障,避免次生衍生灾害;每次调集救援队伍下井抢险,都由技术人员传授技术细节,确保救援人员自身安全。

王家岭事故救援中按照有关规程、规范和应急预案，进行快速、科学、安全、有效施救发挥了重要作用，反映出常态管理下对发生事故后应急处置一系列措施的准备工作充分。常态管理中有关预案的制定较为完善，设备储备足、保养好，救援队伍技术过硬，那么应急管理时，就可以做到组织有序，采取的措施有针对性，救援高效有力，即常态管理与应急管理统合越紧密，应急管理中的组织指挥、应急处置、恢复重建等环节越能科学有序。同时，科学施救离不开专业高效的救援队伍，救援队伍是应急管理决策的执行者，其能力直接决定着应急管理的成败。进一步加强应急救援队伍的业务培训和应急演练，建立联动协调机制，提高装备水平，动员社会团体、企事业单位以及志愿者等各种社会力量参与应急救援工作，增进国际间的交流与合作，正是常态和应急统合管理的内在要求。

## 二、智利矿井塌方事故

作者2012年在哈佛大学肯尼迪学院做访问学者期间，曾聆听了时任智利矿业部长埃尔南·德·索米尼哈克（Hernán de Solminihac）在学院论坛的演讲。他详细介绍了当时智利政府对圣何塞铜金矿矿井塌方事故的救援主张、救援行动、救援方法和救援策略以及取得的成功，这是世界上少数矿井塌方后，生命救援时间长，并取得无一人死亡的案例，引起了极大的关注和称道（图6-42）。

### （一）事故基本情况

2010年8月5日，智利北部阿塔卡马沙漠中一处名为圣何塞的铜金矿发生塌方事故，导致在井下作业的32名智利籍矿工和1名玻利维亚籍矿工陷于700m深的地下。随后救援工作全面展开，2010年10月13日，33名被困矿工在经过长达69天的漫长等待后，终于迎来了获救的一天。当地时间13日0时10分，首名矿工随"凤凰2号"搭载舱，穿过长达622m的救生隧道重见天日，救援工作成功地迈出第一步，救生舱接下来继续放入井下，成功营救了其余32名被困矿工。

### （二）事故应对情况及特点分析

#### 1. 应急救援情况

事故发生后，智利政府组织制定了A、B、C三套行动计划，分别使用3台不同挖掘机械实施营救。

1）搜索阶段。从8月5日事故发生，直到8月22日救援人员发现矿工具体位置。被困矿工们向地面传字条，上面写着："我们全部33人都在避难室内，全部安好。"

图 6-42　智利圣何塞铜矿矿难现场

图片来源：http：//a3.att.hudong.com/67/64/01300000167299128418641886126.jpg

2）营救阶段。8月22~23日，打通救援探井，矿工们的食物靠着一条直径8.8cm的管道输送到地下，主要包括饮用水、热的三明治等，此外还有一些药物，保障了被困矿工的基本生存需求。随后，被困矿工与家人互致信件并通电话。为使被困矿工的情绪保持稳定，智利政府请来了美国航天局的专家对他们进行心理疏导。8月30日，第一条救援通道开始施工，它需要挖掘700m深并拓宽。9月5日，第二条救援通道开钻，预定挖掘深度630m，并需拓宽。9月19日，第三条救援通道开钻，预定挖掘深度约600m，无需拓宽。10月6日，中国上海三一集团设计生产的SCC 400型起重机运抵矿难救援现场，参与被困矿工救援工作。10月9日，救援"B计划"完成624m深隧道的挖掘，标志着救援通道被打通。10月12日，智利救援人员开始最后阶段的救援工作。10月13日最后一名被困矿工重返地面。

### 2. 事故应对主要特点分析

(1) 救援工作持续时间长，不舍不弃

从事故发生到全部被困人员顺利获救，智利政府和被困矿工的家人们整整坚持了69天。整个救援持续时间之长、救援过程中的那种不舍不弃的人文精神与挚爱亲情，令人肃然起敬。救援能够坚持下去并获得成功，除政府的努力之外，矿工的家属和亲人功不可没。在事故发生后，矿工家属们迅速聚集到了现场，毫不迟疑地向媒体揭露铜矿的种种劣行。矿工家属不断向政府部门和政治领袖施加压力，促使政府接手营救行动，动用一切可能的手段使搜索工作持续下去。家人给予了被困矿工们持续的支持——先是交谈，然后送去干净的衣服和其他慰问品。10月13日，同样是这些家属在矿井出口迎来了他们的亲人。

(2) 井下避险设施储备全，及时打通生命通道

矿井下配备了基本的清理设备，如手推车、靠电池供电的大型清除设备等。同时矿井内还有通风口和避险室，避险室内有饮水储备以及罐头、牛奶等应急物资。所以33名矿工被困长达17天后，全部幸存，而且状态基本良好。救援队伍采用先进设备及时发现了被困矿工的位置，紧急打通救援探井为矿工们开通了一条至关重要的生命通道，为井下被困人员提供必要的供给，有效延长了生命救援时间。

(3) 采用先进救援设备，安全营救受困矿工

依靠在近年取得长足进步的定向钻探技术，地面的技师把钻头精确地引向井下坑道和空地，以便与被困矿工建立联络并向他们提供救援物品，最终挖掘出生命出口。另外，政府和矿井公司不惜重金，为救援行动制订了1500万美元的预算计划，雇佣了三个钻井公司。这些钻井公司相互竞争，千方百计加快进度，这增加了迅速实现营救的机会。特别是救援过程中，智利政府采用的"凤凰2号"搭载舱设备，堪称世界领先，发挥了关键作用（图6-43）。

(4) 遇险矿工冷静应对，自救互救组织有序

矿工的工作条件很复杂，对他们进行培训，提高应急处理能力和心理素质十分重要。发生塌方事故后，矿工们自发组织起来，经验丰富的老矿工担任"领导"的角色，指挥被困人员用井下一辆机动车的蓄电池为头灯充电，用可钻破岩层的机械寻找水源。在最初的17天，在统一指挥下，矿工们把储备有限的食物作了恰当分配，每两天每人能分到两勺金枪鱼罐头、一块饼干。虽然量少，但所有人都公平分配，确保都熬过与世隔绝的两个半星期，从而为救援成功奠定了基础。

(三) 启示

1. 高效的救援组织展现了常态与应急统合管理的实际效能

在救援中，除通信以外，还涉及医疗、电力、交通、军队、企业、心理专家等诸多

图 6-43 "凤凰 2 号"救生胶囊运抵救灾现场

图片来源：http://business.sohu.com/20100927/n275285056.shtml

部门和方面的人力物力，这就要求必须构建一个能够有效统筹协调多部门工作的合理机制，才能最终实现目标，最大限度地降低灾害带来的损失。8 月 5 日圣何塞矿井塌方后，智利总统 8 月 7 日晚就抵达现场亲自监督、指挥救援工作，构建了强有力的组织指挥机构。事故救援中，被困矿工与家人互致信件、通电话，后来又实现了网络视频通话。这些措施都为安抚被困矿工的情绪，保持良好精神状态，乃至营救成功提供了重要的帮助。另外，预先建立应急机制和设施，修建和保持应急避难室的正常运行，也是智利铜矿成功应对灾难事故的关键要素。如果当初矿业公司没有遵守井下应急机制的要求准备好这些设施和物资，受困矿工很可能等不到救援到来的那一天。

应对公共安全突发事件是一项复杂的系统工作，需要在常规管理中就对应急管理可能遇到的各种情况进行分析、制定预案、开展演练，统筹安排事前、事中、事后等各个环节的工作，以便在公共安全事件发生时，能够做到临危不乱，迅速开展应急处置等工作。那些展示在世界人们面前的救援画面，生动真实地描述了矿井常态管理与安全事件应急处置的有机衔接，堪称展现统合管理实际作用的成功案例。

**2. 救援技术装备和避险物资储备是危机处置"硬手段"的常态准备**

回望两个多月的救援过程，先进技术装备无疑起到了至关重要的作用。大到营救过程中使用的重型挖掘机和"凤凰 2 号"胶囊搭载舱，小到安慰矿工心灵的投影仪和灭菌铜纤维短袜，这些高技术产品在帮助援救矿工的同时，也保证了他们在井下的生活质量。圣何塞矿井为井下矿工配备的清理设备和各类应急物资，使被困矿工能够长时间坚持并能保持身体状况良好。

从圣何塞矿井救援中可以看到，常规管理的技术和物资可保障一般情况下社会经济需求，而极端气候或者突发事件下则需要较强的应急保障能力、快捷的应急通信装备、充足的应急实物储备和科学合理的储备仓库布局。因此，在常规管理中应加强应急物资储备和管理，科学制定应急物资储备品种和规模，优化储备布局和方式，形成实物储备、生产能力储备、社会爱护储备相结合的合理储备结构，健全应急物资监测预警体系，提高对应急物资需求的预测能力。尤其要统筹考虑常规配备设施和应急保障设施，加强常态与非常态相结合的防灾备灾能力建设，优化配置各类保障资源，实现资源利用效率最大化，预防和应对突发事件。应坚持物资储备与能力储备并重，强化重要物资应急生产供应能力、调拨配送能力。此外，还要加强应急管理资金保障工作，建立健全资金快速拨付机制，积极探索实行灾害保险，充分利用经济调节机制，实现统合管理的风险补偿。

# 第五节　公共卫生事件

## 一、"非典"疫情

### （一）事件基本情况

#### 1. 疫情发生情况

2003年1月，中国广东省河源市、中山市发生两例医院和家庭聚集性不明原因肺炎病例，广东省卫生厅及时派出专家进行临床和流行病学调查，将该种病症称为非典型性肺炎，简称"非典"（SARS）。经回顾性调查，最早的病例发生在2002年11月16日。2003年1~2月，广西、湖南、四川三省分别有少数输入性病例报告。2月下旬，山西省发生1例输入性病例，并引发当地传播。2003年3月初，北京市发现来自山西省、香港特别行政区的输入性病例。很多不具备收治条件的医院开始收治"非典"患者，由于防护不到位，交叉感染严重。当时，作者只身在北京工作生活，亲身感受到了那种紧张氛围，以及从未有过的公共场所空旷和交通通畅。那时，为了组织三峡工程的阶段性验收，不得不请专家们乘机前往工地，航空部门热情周到，一到宜昌工地，便对我们进行了通体"消杀灭菌"处理，住宿也进行了有效隔离。3月27日，世界卫生组织宣布北京为"非典"疫区。全国（不含港澳台）除海南、贵州、云南、西藏、青海、黑龙江、新疆外，其余24个省份均有"非典"临床诊断病例报告，累计报告诊断病例5327例（其中医务人员969例），死亡349例。6月2日，全国首次出现无新发病例报告,此后再无新增病例。6月13日,世界卫生组织将广东从"近期有当地传播"的名单上删除,标志着广东防控"非典"疫情取得了重大胜利。6月24日,世界卫生组织宣布解除对北京的旅行警告,并将北京从"近期有当地传播"的名单上删除,标志着北京和全国防治"非典"的斗争取得了阶段性胜利。

### 2. 疫情主要特点

(1) 突如其来,发病源和机理不清

2002年年底,在广东河源市出现首个"非典"病例,但当时没有引起重视,也没有及时报告。到2003年2月9日,"非典"感染病例已增至305例,但此时尚未找到确切的病源,对发病机理的认识也不统一,甚至误判为衣原体,这在一定程度上延误了对疫情发展趋势的正确判断。直到4月16日,世界卫生组织在日内瓦宣布,经过全球科研人员的通力合作,正式确认冠状病毒的一个变种是引起非典型性肺炎的病原体(图6-44),疫情的防治才逐步找准路子,并有效遏制了疫情的进一步蔓延。

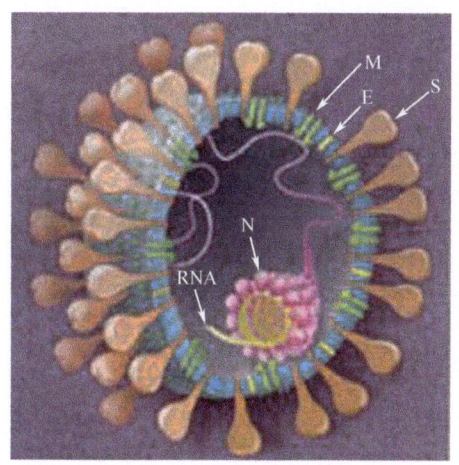

图6-44 "非典"病毒

图片来源:http://a4.att.hudong.com/98/94/01300000008670118249450013698.jpg

(2) 人际传播快,扩散范围广

"非典"最初出现在广东,到2003年2月上旬,感染病例仅为300多例,扩散范围主要集中在广东。然而,此后一个月时间内,"非典"疫情迅速传播,到3月15日前后,世界很多地方都出现了"非典"病例的报道,从东南亚传播到澳大利亚、欧洲和北美。印度尼西亚、菲律宾、新加坡、泰国、越南、美国、加拿大等国家都陆续出现了多起"非典"病例,感染病例剧增至数千人。为防止"非典"的进一步扩散,世界卫生组织于3月15日发布了一份紧急"旅行警告",称世界范围内已有8人死于一种被称为"严重呼吸系统困难症"的异性肺炎,当时,这种病毒据说正在以"超音速飞机"般的速度蔓延,仅在过去一周内就爆发了150多起病例。

(3) 致死致残率高,公众极度恐慌

"非典"蔓延初期,由于重视不够、认识不清、应对滞后,极易造成感染,且"非典"病人致死致残率高。一时间,全国只有极个别省份没有疫情出现,在北京工作甚至经过的人到其他地方后都要经过严格的检查和隔离。如前所述,作者曾在那一时期,因三峡工程建设的需要,组织工程验收,所见机场乘客稀少,增加了很多测温仪器检查环节,到工地后就被带到医院进行测温检查,尽管戴着口罩进行实地考察和验收讨论,一旦离开后便有防疫人员进行灭菌消杀。社会管理、医疗救治、公众心理都表现出了恐慌状态下的过度戒备。一些常规会议、公益活动悉数取消,房地产低迷,经济发展下行,务工人员大量返乡,北京房地产价位风速下跌,核心区每平方米大约3000元人民币。加上初期信息不畅,公众对"非典"疫情本身的情况了解也不够充分,从公开报道获得的信息与其他渠道获得的信息不一致等原因,加剧了人们的恐慌情绪,并对媒体产生了信任危机,从而引发了2003年2月中旬几乎波及全国的药品和日用商品抢购和涨价风潮。至今,当年的"非典"病人仍然留有严重的后遗症,人们对"非典"疫情的影响心有余悸。

## (二)疫情应对情况及特点分析

### 1. 疫情应对情况

2003年"非典"疫情暴发后,中国组织成立了全国防治"非典"指挥部,由政府、部队系统等30多个部门单位的人员组成,下设10个工作组和办公室,负责防治"非典"各方面的重要工作。这些工作的展开有效地集中了力量和资源,采取应急手段设立了隔离区,开展了疫情的检查检疫,组织医疗人员进行积极治疗,动员社会公众开展防疫,用严厉的手段处置了工作不力、难辞其咎的责任人,收到了良好的效果。

卫生部作为全国防治"非典"指挥部防治组的牵头单位,负责针对疫情采取有效的防治措施,统计并及时公布疫情,及时总结经验,提高防治效果。集中力量,积极组织研究提出防治政策措施和技术方案,出台了一系列指导性文件,加强"非典"疫情的预防、控制和医疗救治。成立疫情信息、医疗救治、流行病学调查、技术督导、新闻宣传、外事联络等10个办公室,24小时工作,及时向有关方面提供政策信息和技术支持。启用疫情信息网络系统,完善疫情报告体系,促进流行病学调查"关口"前移;组织临床专家完善了相关技术性文件,并派专家组赴重点地区进行培训、会诊等技术指导,制定发热门诊、隔离留观工作规范和指导原则,对医院设置、隔离病区人员设备配置等提出指导意见;组织11个督导组赴山西、内蒙古等18个省份进行技术督导工作;制定或与有关部委联合制定出台包括医疗费用补助、强制消毒费用、医院收费程序、空调使用以及"非典"定点医院建筑设计等8类16个政策文件;组织专家对每日疫情进行分析,并通过中央电视台及时向公众通报疫情和防治知识(图6-45)。

卫生检疫组负责做好卫生检疫工作,加强对车站、机场、码头、出入境口岸和汽车、火车、飞机等重点部位流动人员的卫生检疫工作,采取果断措施,切断疫病传播途

图 6-45　医务人员清理消毒

图片来源：http://a1.att.hudong.com/64/10/01300000165488121663105957413.jpg

径。科技攻关组负责组织科技攻关，充分利用国内科研力量，积极开展对外交流与合作，尽快找到科学有效的防治方法。后勤保障组负责做好后勤保障工作，确保医药用品等各种物资和设备不断档、不涨价。农村组负责把农村疫情的防治工作做在前面，摸清农村疫情，采取相应防治措施，对困难患者实行免费治疗，对城市农民工就地救治。外事组负责加强国际间和地区间合作，包括加强与世界卫生组织的合作，以及与香港、澳门特别行政区和台湾地区的合作。宣传组负责大力宣传党中央和国务院的决策部署、传染病防治法与防治知识以及防治工作中的先进人物和先进事迹，以树立群众的信心。社会治安组负责加强社会治安综合治理，坚决打击趁机造谣惑众、哄抬物价等各种违法犯罪活动，维护群众利益。教育组负责加强学校的疫情防治工作，充分发挥党、团组织和教师的作用，关心师生身体健康，及时救治患病学生，维护学校的正常秩序。北京组负责北京市"非典"的防治工作，并将其作为全国的重中之重开展防疫。

## 2. 疫情应对主要特点分析

（1）信息公开从被动到主动，用事实平息猜疑和恐慌

据统计，2003 年 4 月 1 日～15 日，"非典"日发病病例数迅速增加，仅北京市一日最多发病 49 例，且多发于人口密集地区和个别处于市区内的大医院。由于初期未能及时公开疫情发展情况，加之社会上出现各种有关此次疫情的谣言，引起公众的恐慌情绪。

面对不断扩展的疫情，政府部门积极应对，实行疫情每日一报制度，指定"非典"定点医院，用事实说话，很快打破了社会谣言，安抚了民众恐慌情绪。在此基础上，政府还进一步将信息公开制度通过法律明确下来。2007 年 4 月，中国政府出台了《政府

信息公开条例》，并于2008年5月1日正式实施，政府信息逐步公开化。通过立法，中国突发事件应急报告制度正式确立起来。这一制度在2008年的"5·12"汶川大地震中发挥了巨大的作用，中国政府及时公开信息，全民总动员，凝聚了全国正能量。

(2) 加强国际化合作，有力有序应对"非典"疫情

2003年3月5日，出席十届全国人大一次会议的广东代表提出议案，呼吁全国人大对重大疫情的预警和应变防范工作进行立法，指出在不影响国家安全的前提下，对重大疫情的控制可以考虑寻求国际援助。此后，中国积极寻求国际力量参与"非典"防治研究工作，卫生部与世界卫生组织进行了有效合作。世界卫生组织的专家分三批先后来京，对中国在非典型性肺炎的临床诊断、治疗、病因寻找等方面情况进行全面了解，与中国专家就有关技术问题进行认真交流。同时，依靠科技手段，深入探索，运用科学的方法，提高防控工作效率。在"非典"防治工作中，尊重科学规律，坚持科学态度，依靠科技人员，运用科学手段，努力查找病原病因、研究流行病学规律，探索有效诊治方法，研制防治药物。注意听取各方面专家的意见，作出科学民主决策。注意弘扬科学精神，使科学防治知识深入人心。尊重科学，民主决策，科学防治，对有效控制疫情起到了至关重要的作用。

(3) 依法行事，将"非典"防控工作纳入法制化管理

在应对非典型性肺炎行动中有关紧急状态的法律体系不够完备也有所表现，如在交通关口对经过者进行检验、隔离，对患者的治疗费用、工作、收入保障等都缺乏明确、具体、直接指导操作的法律规定。在实施强制隔离等紧急措施时，由于相关法规不够详细，或对具体程序的规定不够明确，因而出现了对公民权利没有给予充分保护的现象。如某市就出现了对来自广东、北京疫区的旅客不管是否有"非典"的症状，都强制在指定旅馆隔离两周的情况，而且隔离期间的饮食、住宿等费用全部由旅客自己负担，这种做法显然是没有法律依据的。

应对突发事件需要调动社会各方面的力量，如果没有明确的法律法规加以规范，势必造成一定的混乱，如人员、设备、物资、资金等的调用，对人身自由的限制，政府信息的公开等都应该有法律的依据。为弥补法律体系上的不足，中国紧急制定了《突发公共卫生事件应急条例》，于2003年5月12日公布实施。卫生部、交通部、劳动与社会保障部和其他一些部委紧急出台了有关规定，在有效应对"非典"中起到了积极的作用。可以说，"非典"对社会的影响是巨大的，也直接促使中国进一步强化了公共安全事件应对管理，使公共安全管理跨入了新阶段。

## (三) 启示

### 1. 危机事件的信息发布与常规方式既有区别又有联系

"非典"疫情的出现是中国应对的一次重大公共危机，同时也是中国公共安全管理发展的一次转折点和重大契机。其中，疫情通报制度也成为中国信息公开制度建立和推行的重要开端。"非典"疫情暴发初期，政府没有及时发出有关疫情的真实信息，也没有让新闻媒体及时报道有关信息，反而引起社会的普遍恐慌，不利于疫情控制和社会稳定。后来很快认识到这一问题，果断采取了疫情信息公开制度，第一时间公布掌握的疫情信息，保障信息的完全透明、公开。这一举措不仅解除了人们可能产生的恐慌心理，排除了各种谣言可能引起的社会不稳定因素，还维护了公民在发生公共危机时的知情权，有效地加强了政府与社会的沟通、理解和相互协作，同时也强化了政府的领导责任，提升了政府的公信力。这也为政府后续制定的政策和采取的一系列防治措施赢得了广泛的群众基础，得到了公众的广泛支持和配合，增强了全社会抗击"非典"的信心，形成了上下一心、众志成城、抗击"非典"的局面，成为抗击"非典"强有力的社会基础和力量保证。

危机事件的信息发布是应急管理的一项重要内容。及时准确、公开透明地发布重大突发事件信息能够有效化解社会恐慌心理，维护社会稳定，增强政府公信力。现代社会危机管理理论认为，公民凭借自己的智慧是能够做出正确判断的，只有让公众及时地掌握危机信号，采取必要的预防和救治措施，才能把危机控制在最小范围内。因此，从危机爆发伊始，政府就要不断地向社会发出预警，公开发布信息。如果关于危机损害的各种流言已经出现，政府就必须加强攻关，甚至可以提供一些必要的内部信息，以减少社会恐慌。但是，危机事件信息的发布方式是有别于常规方式的，它不是按照相关规定定时播报，也不是仅仅凭借主流媒体发声，它有着独特视角和社会关注领域，并且会随着事件的升级而发展变化。同时，它与常规方式也密切相关，需要凭借常规的传播媒体和传播通道，将相关信息迅速传递给社会，并尽最大可能影响社会公众，引导社会舆论。

### 2. 公共安全管理权利义务的法律规定是应急与常态统合管理的基本依据

法律制度是各种制度中最强硬的一种，它是社会发展过程中不可或缺的保障。同样，法制建设也是危机管理制度建设中关键的一环，任何管理方式都离不开相应的法律规定为依据。在 2003 年 3 月底之后，"非典"实际上已经变成了全国性的问题，虽然说各级政府可以直接采取行政手段控制此次疫情，但由于此传染病是新病种，而与之相关的很多法律规定又不利于新传染病病种的防控。根据 1989 年制定的《中华人民共和国传染病防治法》，只有国务院和卫生部可以认定新的传染病病种，但短时间内国务院和卫生部很难根据地方疫情依法增认、识别新的传染病种，这使得地方政府在发现"非典"疫情后，只能参照传染病防治法进行防治，在选择政策方案、采取直接政策手段等方面受到很大限制，对"非典"的调查、控制和治疗等，基本上还是只能停留在地方层面上。各地政府和有关部门相继出台了一些地方法规或行政措施，但这些应对紧急状态的行政措施层次较低，且种类不全、缺乏可操作性，只能依靠公众的理解和支持运作。这种以内部的方式来控制局势的传统机制很快失灵，疫情越来越严重。在此背景下，卫生部以通知形式将"非典"列为法定传染病，应急机制建设才被提上日程，国务院法制办公室紧急部署法规起草制定工作，并于5月12日正式颁布实施《突发公共卫生事件应急条例》。该条例的制定和实施，标志着中国将应对突发公共卫生事件工作进一步纳入法制化轨道，也标志着相关应急机制进一步完善。可以说，防治"非典"实现了由内部控制的传统机制向依法运作机制的转变。

但是，紧急状态需要高度集中行使权力，迅速做出反应并下达命令，而与此同时，公民基本权利的行使则受到多重限制，社会资源必须随时听从调配。因此，要制定满足应对紧急状态危险需要、对国家权力和公民权利予以分配的紧急状态法律，其立法权限和法律位阶都不是《突发公共卫生事件应急条例》所能及的。为此，2007年国家又出台了《中华人民共和国突发事件应对法》，使应急状态中国家权力的分配和公民权利限制与保护获得法律依据，同时防止了紧急权的滥用甚至恶用。这一法律的制定统筹考虑了与法律体系中其他基本法律的衔接，避免了法理的矛盾与冲突，这类基础性工作就是将常态化的管理机制与危机发生的应急管理机制相结合，以形成相对完善的公共安全综合防控机制。

### 3. 常态与应急统合的安全教育和国际交流是有效应对公共安全事件的重要推手

突发事件来临时，公民防灾避灾自救的意识和能力直接关系着伤亡和损失程度，无数次的经验教训表明，安全教育和国际交流与此密切相关，因为它们是提高公民自救互救能力的重要知识来源和强有力的推手。安全教育和国际交流需要将常态与应急管理方面的相关知识与技能在公共安全管理事件应对的实践中，进行梳理和总结，并且传授给相关人员和社会公众，这是防范和应对公共安全突发事件的重要环节。需把安全教育融入到教育体系中，加强对社会公众的避险自救知识和技能的培训，以增大危机条件下的社会动员力量，提高全社会安全素养水平。应把应急教育寓于日常教育中，把工作着力点前移，在做好各项应急准备工作的同时，强化避险防灾教育，切实做到准备在先、防患未然。

疾病的传播没有国界，"非典"疫情再次印证了这一点。"非典"在短短的几个月时间里就从地区性突发公共卫生事件演化为全球性的复合型危机，面对传染病，任何一个开放的国家都很难凭借自己的力量做到"御敌于国门之外",更不可能仅凭自身力量做到"洁身自好"。加强国际交流与合作,不仅能够获取并利用国际社会提供的财力、物力、技术等多方面资源,还有助于获得国际社会的理解,树立良好的国际形象。

## 二、禽流感疫情

### (一)事件基本情况

禽流感并不是人类的新敌人。1878 年意大利鸡瘟被认为是第一次有记载的禽流感暴发事件,但这次禽流感只在禽鸟中传播,并没有威胁人类安全。1918 年,全球出现大范围人感染禽流感,史称西班牙大流感,据美国疾病控制中心估算,这次流感波及了当时全球 1/3 的人口,约 5 亿人受到感染,死亡人数在 5000 万~1 亿,是历史上暴发过最为严重的流感疫情。有学者称这次流感的病毒成为了近百年来禽流感的"始祖",它不断改头换面,每隔几年就有新变种出现,让人类措手不及。最近几年影响较大的禽流感有 2009 年在美国、墨西哥等国家出现甲型 H1N1 流感和 2013 年在中国出现的 H7N9 型流感(图 6-46)。

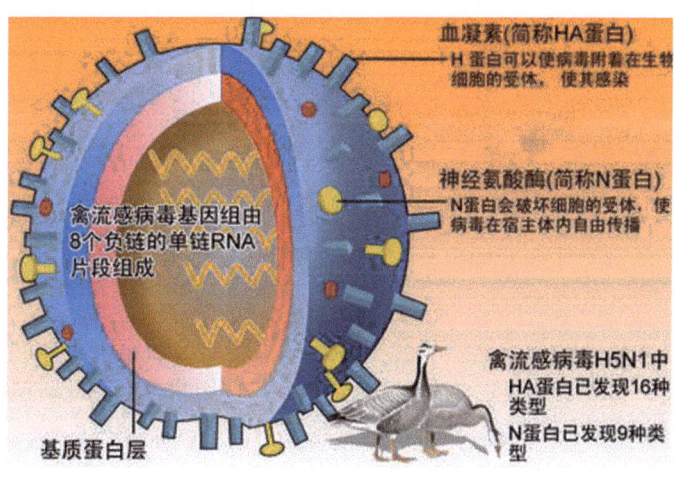

图 6-46 禽流感病毒

图片来源:http://qinliugan.h.baike.com/article-177961.html

从 2009 年 3 月开始,甲型 H1N1 流感在一些国家大规模流行,直到 2010 年 8 月,世界卫生组织才宣布甲型 H1N1 流感大流行期结束。据世界卫生组织的通报,截至 2009 年 12 月 27 日,甲型 H1N1 流感在全球已造成至少 12 220 人死亡,一周内新增死亡人数 704 人,其中美洲地区死亡人数最多。据统计,此次甲型 H1N1 流感疫情中国累计报告确诊病例 128 080 例(不包含港澳台地区),其中重症病例 8349 例,死亡病例 805 例。

2013 年 3 月底,在中国上海和安徽两地率先发现 H7N9 型流感病毒,这是全球首次发现的新亚型流感病毒。该病毒当时尚未纳入中国法定传染病监测报告系统，至2013年4月初尚未有疫苗推出。被该病毒感染均在早期出现发热等症状，但未证实此类病毒是否具有人传染人的特性。经调查，该病毒基因来自于东亚地区野生鸟类和中国上海、浙江、江苏等地鸡群的基因重配。截至2013年5月6日16时，中国确诊的130人中，有31人死亡，42人痊愈，分布于北京、上海、江苏、浙江、安徽、山东、河南、台湾、福建等地。经过各方的共同努力，在疫情暴发几个月后得到了有效控制。

## （二）疫情应对情况及特点分析

### 1. 疫情应对情况

2009年3月，北美暴发甲型H1N1流感疫情后，中国快速作出反应，及时进行防范。一是紧急研究部署。中国国务院多次研究部署防控措施，要求各地区、各有关部门把防控甲型H1N1流感作为当前一项重要工作，按照"高度重视、积极应对、联防联控、依法科学处理"的原则，保持高度警惕，采取有力措施，严密监控防范疫情传入和扩散，增加应急物资储备。二是加强疫病管理。卫生部门根据有关法律规定，于4月30日将甲型H1N1流感列入乙类传染病，按照甲类传染病进行管理，并列入检疫传染病，及时向社会发布公告。三是建立应对机制。5月1日，在国家层面，建立了由卫生部牵头的应对甲型H1N1流感联防联控工作机制，成立了综合组、口岸组、医疗组、畜牧兽医组、保障组、宣传组、对外合作组和专家委员会；各地区也迅速建立了应对甲型H1N1流感疫情工作机制。四是开展国际合作。卫生、农业、质检等部门与世界卫生组织、世界动物卫生组织等国际组织和有关国家保持密切沟通，迅速开展病毒检测、快速诊断试剂、疫苗和药物研究工作。五是严防外部输入。加强入境人员尤其是与美国、墨西哥直航口岸入境人员体温检测、流感样病例筛查和处理工作，对发现的与确诊病例有密切接触者，及时实施隔离和医学观察；对来自美国、墨西哥的运输工具加强消毒，暂停从墨西哥和美国发生疫情地区进口活猪。六是正确宣传引导。及时向公众发布出境旅行安全提示，提醒国外中国公民和机构提高防范意识，加强舆情监测，及时客观地向社会公布疫情发展和我国的应对措施，宣传防病知识，避免造成社会恐慌和不安情绪。

2013年4月，为强化对人感染H7N9禽流感疫情防控工作的领导，中国国家卫生和计划生育委员会、农业部等部门先后成立了疫情防控工作领导小组，按照"依法、科学、规范、统一"的工作原则，研究确定防控策略措施，协调部署疫情防控工作，各有关方面和地方政府全面启动应急机制，防控疫情扩散。

### 2. 疫情应对主要特点分析

（1）实施免疫和扑杀相结合的综合防控策略

禽流感疫情发生后，为彻底清除疫源，切断传播途径，采取了对疫点周围3km内的禽类强制扑杀政策，迅速对疫区禽只实行强制扑杀，对疫区进行隔离封锁，对受威胁区的禽只进行紧急免疫接种，有效阻止病毒从疫区向外传播和扩散，防止疫情的进一步扩大，从而达到迅速控制和扑灭疫情的目的。

在2004年禽流感疫情应对中，对疫点周围3～5km范围内的禽类实施强制免疫；同时对边境地区、南方水网地区、重点养殖地区和种禽场等实行普遍免疫。2005年10月，国家要求"在全国范围内对禽类全面实施强制免疫，对所有水禽和散养禽开展集中免疫，免疫密度要达到100%"，从而把免疫工作作为防控禽流感最基本的政策和手段。2013年4月，上海等疫区关闭活禽交易市场，连夜扑杀活禽2万余只（图6-47）。实践证明，通过实施全面强制免疫，提高禽类群体的抗病力，是预防和控制禽流感疫情的重要手段，对有效控制疫情的发生和扩散起到了关键作用，避免了更大的经济损失和社会不良影响的发生。

图6-47　上海市关闭农副产品批发市场并扑杀交易区所有活禽

图片来源：http://roll.sohu.com/20130405/n371761319.shtml

（2）由被动应急处置转变为主动防控

在禽流感防控过程中，各类行动由临时性布置转变为制度性安排、规范化运行，由一般号召和业务指导转变为政策支持、科技支撑，形成禽流感防控长效机制。国家先后制定出台了《重大动物疫情应急条例》《国家突发重大动物疫情应急预案》等法律法规，农业部先后颁布了《全国高致病性禽流感应急预案》《高致病性禽流感疫情处置技术规范》《高致病性禽流感消毒技术规范》《禽流感等重大动物疫情防控行动方案》《农业部防控重大动物疫病应急预备队工作方案》《活禽经营市场高致病性禽流感防控管理办法》以及高致病性禽流感免疫方案、监测方案、检测技术规范等大量规定，形成了完整的法规体系和技术规范。为禽流感防治工作提供了法律和技术保障。各地在此基础上进一步细化，进一步调整、充实和完善了应急预案，健全了应急指挥系统，成立了应急预备队伍，做好突发重大动物疫情处置物资储备，确保了重大动物疫情处置的组织准备、人员准备、资金准备和物资准备"四个到位"，极大提高了对疫情的控制能力和应急处置能力，有效控制了疫情的发生和传播。

（三）启示

1. 加强疫情的研判控制，常态管理在应急处置中起到了更重要的作用

根据国家及地区防疫规划，新增一批流感网络实验室及对应的哨点医院，实现对流感疫情的监测覆盖整个区域，实行流感样病例聚集性疫情日报告和零报告制度，不断收集相关疫情信息。通过对网络实验室监测的数据和上报的疫情信息进行分析研判，为制定防控策略与应对措施提供科学依据。在疫情较少且以输入性病例为主的时期，主要采取"内防扩散、外堵输入"的策略，降低疫情扩散速度，缩小影响范围，压低流行强度，从而为应对下一波疫情赢得宝贵的时间。随着疫情的变化，根据国家"强化预防措施，严控社区传播，加强重症救治，减少疫情危害"的防控策略，采取加强疫情监测和报告、强化学校等重点场所重点人群的防控工作，减少大型聚集活动、及时隔离和救治病人、对关键岗位的重点人群实施疫苗接种等一系列联防联控措施，并对怀疑受感染的养殖禽畜进行批量扑杀，关闭相应的活禽交易市场。值得强调的是，这些举措都需要有雄厚的经济补偿支撑。可以说，这些管理措施的实施更体现着常态管理的能力和水平，使应急状态下常态管理能力的发挥有了更大的空间。这说明，常态与应急统合管理的区间是依据事件本身和相关条件以及目标要求进行多维度调整的，有时候会有所偏重，但这样的偏重一定是在特定的公共危机事件处置背景下发生的。

2. 免疫药物和针对性救治是常规防疫与疫情应对相结合的成果

禽流感暴发后，卫生部门迅速检测并建议使用药物"达菲"进行治疗，各生产企业加紧生产，中央和各地方政府大量采购储备；各地随后相继公布治疗禽流感的中药配方。2013年6月，江苏南京一个科研机构成功研制出全球第一个鸭、鸡两用禽流感H9亚型灭活疫苗。这些药物和特效的治疗方法之所以在这么短时间内发现并投入使用，正是由于常规状态下拥有快速研发技术、疫苗储备能力、快速测定检验水平，这些常规防疫技术是应急管理状态下有效管理的基础和条件。进入疫病防疫的应急状态之后，由于国家强力推动，资源高度集中，调集顶级医疗专家针对疫病患者采取了针对性的观察、检验、医治，使得疫情得到有效控制，受感染人员的生命得到了保障，这也使得常态下形成的医疗能力、研究能力、检测能力得以有效整合发挥。

即便如此,强力应对一场可能发生的流行性疫病,仍旧是一场严峻的考验。因为这样的疫病有很多未知性、很大的不确定性、很强的突发性。因此,在常规状态下应该力所能及地提升医疗能力和研发水平,这包括对相关专业人员进行技术培训,做好技术指导工作,完善疫情应对物资的准备工作,一旦疫情发生,便能够投入运用,有效控制疫情的蔓延,增强处置疫情的防控能力。作者难以描述用什么样的常规工作就能够很好地满足疫病防治应急需求,但是可以肯定,坚实的常态管理基础一定是应急管理的有力支撑,常态管理与应急管理的有效统合一定是处置公共安全事件——包括禽流感等疫病防控——的管理需求和重要机制。

## 第六节 国际社会安全事件

社会安全事件是对恐怖袭击事件、金融安全事件、大规模群体性事件等严重威胁社会治安秩序和公民生命财产安全的突发事件的统称。本节主要选取美国"9·11"恐怖袭击和马来西亚航空公司(简称马航)MH370航班失联事件两个案例,尝试从应急和常态统合管理的角度对其应对处置进行分析。这里要注意的是,这两个案例在影响范围、性质、范畴等方面都是不同的,"9·11"是恐怖分子对美国本土的自杀式袭击,对美国社会安全和公众心理造成严重影响,迫使其政府对国际反恐战略进行了重大调整;而马航MH370航班失联事件是载有数百人的国际航班离奇失踪,由此开展了国际大搜寻、大调查,不仅涉及国际关系、地区安全形势,还带来对加强国际合作和提高突发事件处置能力的预期思考,作者认为这将成为今后一个时期公共安全领域研讨探究的焦点。这两个事件都是引起全世界关注的"黑天鹅",需要从常态与应急统合管理的角度去思考一些有关公共安全领域的问题和现象。

### 一、美国"9·11"恐怖袭击事件

#### (一)事件基本情况

2001年9月11日当地时间8时45分,被恐怖分子劫持的载有92名乘客的美洲航空公司飞机撞向纽约世界贸易中心双塔中的一座大楼,并随即发生爆炸。18分钟后,在当地电视台进行现场直播时,一架载有65名乘客的美国联合航空公司的飞机从相反的方向高速撞向世界贸易中心的另一座大楼,大楼随即发生严重破坏(图6-48)。9时43分,一架载着64名乘客的美洲航空公司飞机撞向美国国防部所在地、弗吉尼亚州阿灵顿的五角大楼,毁坏了大楼的一角并造成大火(图6-49)。在当地时间近10时,遭到撞击的世界贸易中心正在疏散人群时,其中一幢大楼发生剧烈爆炸,并从上向下迅速融坍。之后,第二幢大楼也相继倒塌,整个纽约烟尘蔽日,这两座标志性建筑转瞬消

失。一开始,人们从电视画面上看到时,以为是拍电影的特技场景,当这双子塔楼轰然倒塌时,世界上数以亿计的人都为之惋惜和悲怆。同日上午10时许,一架遭劫持的美国联合航空公司的客机在宾夕法尼亚州匹兹堡附近坠毁。4架客机上共计266名乘客及机组成员全部遇难。据美国官方事后公布的统计数字,"9·11"事件中死亡总人数达到3126人,5000多人受伤,直接经济损失达上千亿美元。

图 6-48　世贸大楼遭袭击情景

图片来源:http://tupian.baike.com/a0_20_51_01200000228632116125182332020_jpg.html

图 6-49　五角大楼被袭击后情景

图片来源:http://www.nen.com.cn/72341298102665216/20060415/1895525_2.shtml

## 第六章 典型案例分析

"9·11"事件后,美国政府在原世界贸易中心大楼旧址建设了纪念馆,将事件中遇难人员的名字都刻录其上,以致哀悼(图6-50)。作者1997年和2012年两次去美国时,分别参观和瞻仰过世界贸易中心大楼以及今天留在那里的遗址纪念馆,心情截然不同,无论如何也难以预料当初现代而繁华的大楼被恐怖分子以极其罕见的方式摧毁,现今只留下人们悲痛而深切的怀念。恐怖主义是人类共同的敌人!

图6-50 "9·11"恐怖袭击事件纪念广场
图片来源:http://www.abbs.com.cn/news/read.php?cate=3&recid=32278

### (二)事件应对情况及特点分析

#### 1. 救援应对情况

(1)迅速响应,紧急救援

"9·11"恐怖袭击事件发生后,在时任总统布什的指挥下,美国政府立即实施联邦紧急事态反应计划,将其国家领导人置于严密保卫之下,以免遭受恐怖分子的进一步攻击。白宫官员事后介绍,在第一架客机撞上世界贸易中心大楼后不久,布什总统就启动了联邦政府紧急反应计划。恐怖袭击发生时,总统布什正在佛罗里达州一个小学里演讲,得知纽约遭受恐怖分子袭击的消息之后,马上飞往路易斯安那州,在那里发表全国讲话,及时向美国公众发出通告并命令立即关闭整个联邦政府,随后又前往内布拉斯加州奥马哈空军基地。整个过程中,布什总统不断在电视上露面,告知美国和全世界公众他安然无恙。他声言采取还击措施,满足了美国公众悲痛下的心理需求。此时,总统成为凝聚全国民心和力量的象征。与此同时,根据分散风险的规则,总统和副总统不在同一地点一起出现,副总统切尼带领一批各方面的行政官员进入一个安全的地下掩体指挥反恐行动,同时这也是作为预防措施,以防留守在华盛顿的行政机构遭遇意外时出现权力真空状况。

与此同时，纽约市政府也采取紧急措施，派出大批消防人员进行紧急救援，当预知大楼垮塌不可避免之后，又采取了楼内人员撤离和周边人员疏散的紧急措施，救援工作紧张、危险、复杂、有序，向全世界展现了一场生动而真实的社会安全事件应急处置的管理行动。

（2）集中医疗资源、全力救治伤员

事件发生后，美国联邦政府立即采取了一系列应急措施，紧急情况运作中心、信息系统和援救运作中心立即开始工作。纽约市卫生局在世界贸易中心附近建立了三个紧急诊所，对伤员进行治疗处理。"9·11"事件发生后第一天，纽约市卫生局对现场情况初步作出评估，紧急处理受到较小伤害的伤员，安排10%~15%的伤员住院，医院床位和工作人员基本可以满足需要。美国卫生及公共服务部调度联邦政府资源，加强州和地方医疗援救的应急工作，调集了静脉器材、通风器材、紧急药物、绷带、敷料以及其他有关器材，并在事发当天晚上运抵纽约市。这是国家药物储备机构首次在紧急情况下动用物资。

（3）关闭领空，加强机场安全检查，提高重要目标戒备等级

事发后，美国机场安检问题马上成为舆论关注的焦点。这次袭击事件，使美国民航业因安全检查措施不严而受到有史以来最严重的惩罚。事发后，美国政府立即宣布采取净空措施，以免更多的飞机遭遇恐怖分子劫持。同时，宣布美国领空内所有民航班机立即降落，所有国外飞往美国的班机或停飞或改降加拿大机场。美国还派出军队对全国各机场实施大检查；宣布提高全国重要目标，如水坝、核电站、联邦政府机构等的戒备等级；派出海军和航空母舰对东海岸的大城市如纽约、华盛顿等地沿海实施警戒巡逻。

（4）采取金融贸易措施，防范化解金融风险

为防止"9·11"恐怖袭击事件对世界经济产生负面影响，美国政府和国际社会迅速采取了一系列金融措施，以稳定信心，重振经济和股市。具体措施包括：国内金融市场迅速闭市；政府宣布未来两年内增加400亿美元经费，用于反恐怖活动以及纽约和华盛顿的重建工作；迅速启动总统金融市场应急计划，美国联邦储备委员会专辟"贴现窗口"，随时满足银行融资；美、欧、日等各中央银行向世界货币市场投放资金1200亿美元，以增加市场流动性。美国联邦储备委员会在美国股市重新开盘前宣布降低利率0.5个百分点，联邦基金利率从年初的6.5%降至3%；欧洲中央银行紧密配合，迅速调低利率0.5个百分点；日本银行增加了货币的投放量。从贸易方面看，事件发生后，美国封闭了所有的通关口岸和与墨西哥的部分边境，暂时中断了与全球所有国家和地区

的贸易与物流。

（5）迅速展开事件调查

恐怖袭击事件发生后，美国总统布什立即发表全国电视讲话，把造成数以千计美国人丧生的纽约世界贸易中心恐怖攻击称作一种"战争行为"，发誓与国际恐怖主义进行斗争。联邦调查局人员随即在多个地点展开全面调查，确定劫机嫌犯的身份。当局出动8000多名调查人员展开大规模的搜查行动，竭力搜捕这次恐怖袭击的主谋与同谋。美国联邦调查局局长穆勒次日宣布，有关恐怖攻击的调查已取得进展。当局根据乘客名单、租车收据和监视录像，成功查明多数劫机分子的身份。执法机构的消息人士也透露，美国通过监听"基地"组织成员在世界贸易中心和五角大楼受袭后的两次通话，发现他们在谈论"袭击两个目标"的事，从而认定这次大规模袭击是以本·拉登为首的"基地"组织所为。

## 2. 事件应对特点分析

（1）应急预案体系完备，应急响应启动迅速

美国在"9·11"事件应对过程中表现出了一流的应急响应能力。一方面其完备可行的重大危机应急预案体系，明确了不同灾害级别和灾害类型下政府、社会组织、军队等各个管理结构要素的完整应对处置流程和权责划分。该预案体系的完备性不仅体现在其范围覆盖完整，涵盖了可能威胁国家、州、地方乃至个人生命财产安全等不同层面的各种紧急事态的处置方式，同时也体现在其预案体系的系统性、科学性，其预案体系经过系统性优化，明确了各部门的相应权限和处置流程，部门间联动机制通过规范化制度和预案体系进行耦合，极大地降低了突发灾害处置过程中部门间的冗余耗损，多部门合作实现有据可循、紧密高效。除了科学完备的预案体系外，强大的预案反应和执行能力也是"9·11"事件中美国政府公共安全保障能力的一项重要体现。"9·11"事件是美国建国200多年以来本土遭遇的第一次大型恐怖袭击，其政府和社会公众体现出了快速反应能力，危机发生后仅两分钟，紧急状态即整体启动，国家元首转移保护、救灾人员物资集中、袭击来源分析和舆论干预机制有条不紊地同步进行。其由常规状态进入应急处置状态的迅速转换、紧密衔接，使得转换过程中的可能出现的负面效应被最大程度地降低。

（2）社会信息发布和舆情文化背景极大地降低了潜在破坏力

美国拥有发达的舆论信息网络和信息交互体系，在此基础上衍生出了具有鲜明开放性和主动性特征的社会媒体和舆情文化，它们在缓解"9·11"恐怖袭击事件派生性潜在破坏方面发挥了不可替代的重要作用。在由自然和社会原因所造成的各种公共危机

中，破坏力往往不仅来源于灾害自身的直接影响（即直接破坏力），由巨大灾害事件的突发性和灾难性局面造成的信息匮乏和由此产生的群体性心理动荡、心理失衡有极大概率转化为更加巨大的社会系统破坏力，从而成为突发性重大公共危机的潜在破坏力。在"9·11"事件中，美国政府对处置过程进行了及时同步的信息发布，同时各种媒体则不约而同地采用了24小时不间断的新闻播报形式，通过媒体镜头和评论内容，社会舆论被良好引导，以积极正面的播报内容消化可能出现的负面心理的要素集聚，形成了高涨的民族热情和团结一致的社会氛围，为抢险救援工作营造了积极良好的社会背景，有效消减了"9·11"事件的潜在破坏力。

(3) 局部反恐能力提升纳入国家安全保证体系进行整体设计

"9·11"恐怖袭击事件后，美国政府把局部的恐怖袭击事件防控提升到全球性反恐战争高度。恐怖主义和大规模杀伤性武器扩散被视为对美国的主要威胁，将恐怖组织和所谓的"邪恶轴心"国家设定为主要敌人，提出了"先发制人"的全球战略思想。此外，美国还大力推进国家安全战略调整，将美国本土安全置于其国家利益的优先位置。成立专门负责本土防卫的北方司令部，后又成立国土安全局，进而升格为国土安全部。中央情报局、联邦调查局等数十个相关机构并入该部工作，其主要职能是保障公民安全和防止发生恐怖活动，并承担监控国境和战略设施的职能。为避免再次出现类似"9·11"袭击事件的情报失误，美国加强了情报与安全机构的协调整合。2002年5月，美国司法部长阿什克罗夫特与联邦调查局局长穆勒正式宣布联邦调查局改组方案，通过人员调整和加强与其他机构合作，提高情报分析能力，集中更多力量防范恐怖活动，提高预防和打击恐怖活动的能力。在军事战略调整上，提出争取实现核常结合、攻防兼备的单方面绝对军事优势，大力加强国防投入。由此可见，后"9·11"时代美国国家战略调整的重要方向即是将原有孤立的应对突发性和偶然性恐怖袭击的防范体系纳入国家安全建设的总体格局，希望通过国家战略建设层面的常态化系统化建设，解决恐怖袭击这一突发性应急问题。值得注意的是，这一政策成本高，效率也高，在2011年5月1日，本·拉登在巴基斯坦首都伊斯兰堡城外的一座建筑中被击毙后，仍在持续，已成为影响世界的重大策略，更具常态与应急统合管理的特征。

## (三) 启示

### 1. 强化社会公共管理是增强公共安全危机防控能力的有效途径

通过以上分析可以发现，社会安全事件具有突发性和偶发性特征，但其孕育过程却具有较强的规律性和鲜明的成因背景。社会危机事件是一定的社会经济文化背景条件在社会发展规律框架内演进的必然产物。因此科学防控突发性社会安全事件，其根本途径在于充分认识社会经济文化的发展规律，改善和调整社会经济文化结构，有预见性地和保持常态性地及时消除不稳定因素，从而最大限度地清除极端事件的孕育土壤，实现社会的稳定和有序发展。同时，提高政府的执政水平，推进科学、依法的行政决策过程，为公众提供民主法治的社会政治环境、公平诚信的个人生存环境、安全的经济和生活环境以及有序的制度和保障环境是从国家长效建设层面降低社会安全危机风险、解决社会安全事件威胁的根本性、战略性举措。

## 2. 强化社会信息管理是抵御公共安全潜在危机的重要工具

强化社会信息管理是应对当今媒体多元化、新兴媒体多样化、信息传播迅捷化的重要社会管理任务，也会为社会公共安全工程管理提供有力保障。良好的舆论环境和透明的信息发布机制在突发公共安全事件中所发挥的积极作用是美国"9·11"事件危机应对的一项宝贵经验，有效地安抚了民众情绪、振奋了救灾救援热情、实现了社会软环境的稳定，最大限度地规避了突发性社会安全事件可能诱发的社会危机次生灾害。不难发现，良好的舆论氛围是开放式、主动式媒体文化长期建设的产物，其具体表现在政府信息的透明化、对公众知情权的制度保障，多元化的媒体舆论体系和公众独立思辨精神的形成以及其所强调的开放和公平的舆论环境的成熟。从执政意识上尊重公众的知情权，从制度层面上保障公众的知情权，实现政府信息的公共透明，可以极大地提高公众对政府及其发布信息的信赖和认可程度，可以有效抵御突发社会危机下的虚假信息造成的社会混乱，提升政府应对社会安全事件的管控能力。在法律允许范围内，尊重媒体的独立性和多元化观点可以增强民众对媒体渠道的认同感和同源心理，通过长期多元化舆论环境的养成，促进公民独立思辨能力的形成，增强其在突发社会危机环境下的辨别能力和信息吸收的主动性。舆论环境营造作为突发性社会安全应急处置的重要工具，是通过一个长期的、系统的常态建设过程实现的。只有具备这样的舆论环境，才能够在应急管理中发挥抵御潜在危机、消除公众恐慌的社会引导作用。

## 3. 强化社会危机管理是降低公共安全事件危害的直接手段

当公共安全事件发生时，是否具有完备的危机应对预案体系和快速响应机制是直接制约社会安全危机干预能力的关键因素。社会安全事件的突发性和高破坏性决定了防控管理者必须第一时间对危机事件进行响应，确定应对策略、广泛调集力量、落实防控措施。因此，把公共安全事件应急管理预案体系建设作为社会常态化管理的一项主要任务就显得尤为重要，在日常管理中建立起完备的应急处置预案体系，详细规定不同级别、类型的安全危机发生时，各协同部门的具体处置流程和管理权限边界，是统合常态与应急管理的桥梁与纽带。当突发事件发生时，各部门按照其预案的权限规定和处置流程，在危机管控活动中扮演不同角色,建立联系通道,发挥不同作用,从而实现管理组织协调、管理资源配置的最优化。

除应急预案体系外,建立健全应急响应机制也是公共安全保障领域统合管理的重要内容,应急响应机制包括常规状态下公共安全监控体系的建设、应急状态启动阈值的确定、应急响应状态发布的权限和组织机构设置以及保障应急响应状态有理、有力、有序的相关法律法规体系。应急响应机制是开展公共安全事件干预的开关,其灵敏程度和响应能力直接制约着公共危机处理的成效。

"9·11"事件后,一些人士认为,布什政府立足于通过国家防御战略向外转型调整,彻底根除针对美国的恐怖威胁,并提出了"不惜一切代价保护美国"的极端口号,先后发动了伊拉克战争和阿富汗战争,推翻了两国政府,同时对朝鲜、古巴及伊朗等传统敌对国家奉行高压政策,采取全面压制和制裁战略。分析美国后"9·11"时代策略,虽然其认识到应将局部偶发事件通过系统性整体常态化战略建设予以消除和防控,但对危机成因存在的认识偏差和根源性解决方案的缺乏,是否是造成不可避免的"阿喀琉斯之殇"的真正原因呢?进入20世纪后期,随着冷战对抗的结束,环境趋于平稳,全球科学技术和社会经济水平呈现交互式的井喷发展,新兴经济体迅速崛起,区域间差异快速消弭,世界多极化趋势日益明显,传统以西方文化为主导的世界政治体系遭到多元化政治经济发展模式的冲击和挑战。改善国家反恐环境、增强对恐怖袭击的防控能力固然需要从全面战略的长期建设目标入手,增加国家防卫能力,但更重要的是检讨政治思维模式,推行协调发展、互惠平等的国际战略方针,从根本上消除恐怖威胁的孕育环境。

## 二、马航 MH370 航班失联事件

### (一)事件基本情况

2014年3月8日0时42分,马来西亚航空公司一架波音777型客机(航班号为MH370)执行从马来西亚吉隆坡飞往中国北京的飞行任务,机上乘客和机组人员共239人,其中中国乘客154人,计划于北京时间当日6时30分到达北京首都国际机场。航班起飞几个小时后,马来西亚公布,1时20分飞机在越南胡志明管制区与管制部门失去联系。

得知飞机失联后,在马来西亚主导下,包括中国、越南在内的多个国家在南中国海、泰国湾、马六甲海峡等海域迅速展开了搜救行动(图6-51),并同时开展了失联飞机相关信息的追踪、调查。3月8日晚间,有媒体报道有人持假护照乘坐了该航班,舆论一片哗然,认为马来西亚吉隆坡机场检查松懈,有可能给恐怖份子予可乘之机。随即,马来西亚、意大利、奥地利、伊朗、泰国、中国等国以及国际刑警组织立即着手调

查。3月11日，马来西亚警方发布了持假护照登机者照片。同日，国际刑警组织表示，使用假护照登上马航MH370航班的两人已证实为伊朗公民，但根据当时掌握的信息，这两人不像是恐怖分子。两人分别为19岁和29岁，其中一人希望到德国寻求避难。他们先是用自己的真实护照进入马来西亚，然后一起使用假护照登上了MH370航班。

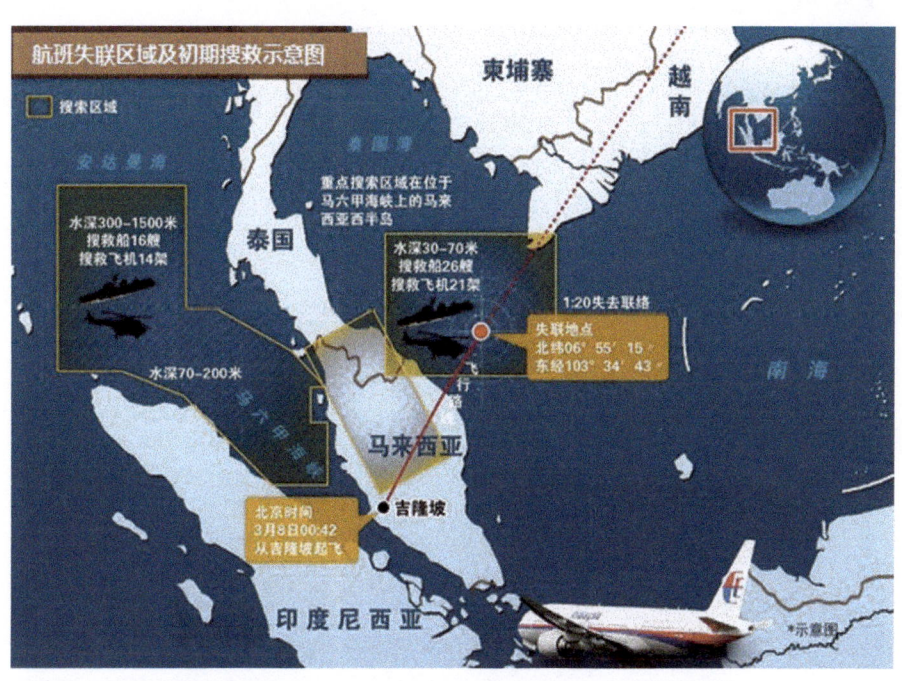

图6-51 马航MH370航班失联区域及初期搜救示意图

3月15日，马来西亚总理纳吉布召集会议，决定暂停在南中国海、马六甲海峡、北印度洋的搜救行动，重新调整力量于东经40°相关海域进行搜救。下午，纳吉布出席新闻发布会表示，有很高确定性认为失联客机的通信系统被人为关闭，客机最后一次与卫星联络时间为8日8时11分，客机可能在哈萨克斯坦至土库曼斯坦一直延伸到泰国的走廊地带，或者印尼至印度洋的走廊地带，尚不能确定客机的准确位置。同日，针对失联航班应答呼叫系统被人为关闭，符合蓄意行为的特征，马来西亚警方对执行MH370航班飞行任务的机长展开调查，对其个人背景包括心理、家庭、政治等多方面进行了全面的分析和调查，并没收了机长家中的飞行模拟训练器，试图查找其是否练习过飞行某些路线或者从其删除的档案中找到某些线索。模拟器被送到位于美国弗吉尼亚州款提科的美国联邦调查局（FBI）实验室。不过，据媒体报道，FBI在完成对马航失联航班机长家中飞行模拟器的调查后表示，没有发现任何疑点。

3月24日晚10时，马来西亚总理纳吉布紧急召开新闻发布会宣布，根据英国空难调查局（AAIB）和国际海事卫星组织（INMARSAT）提供的数据，MH370客机已在南印度洋坠毁（ended）（图6-52）。3月25日下午，马来西亚国防部长兼代理交通部长希沙慕丁称3月12日即已获得失联客机关键信息并和美国分享；根据最新技术分析，北部走廊和南部走廊北部靠近印度尼西亚地区的搜救工作已经停止，"南部走廊"搜寻范围已缩小四分之三。

图6-52　马航MH370失联航班可能飞行路线及终结地点分析
图片来源：http://www.4dmil.com/html/ltrt/2014/0330/33868.html

随后，澳大利亚、中国以及其他国家通过卫星识别、飞机和船舶搜寻等手段在南印度洋展开搜索，发现了许多疑似漂浮物，后来经证明这些漂浮物全部与失联客机无关，也有一些国家的船只搜索到了疑似黑匣子信号，特别是4月4日和5日中国"海巡01"轮连续两天侦听到了疑似黑匣子信号，但截至本书付印之时，仍未确认这些信号与失联航班有关。

在搜救搜寻的同时，事件调查仍在推进。为进一步深入仔细查找线索，4月2日，马来西亚警方对机上的一大批山竹果展开调查，以查清是否有植入炸弹的可能。马来西亚警方问询了与机上运载的4t山竹果有关联的每一个人，包括订这些山竹果的人，付款人以及将这些山竹果从果园中打包的人等详细信息。不过，这些调查结果暂时未向公众披露。

## （二）事件应对及特点分析

### 1. 事件应对简况

世界有关各国协同配合，相关方面尽职尽责，不惜代价，围绕信息共享、客机搜寻和家属安抚等做了大量工作。

（1）国际协作，全力开展搜救和调查工作

一是国际联合开展搜救搜寻。事件发生后，马来西亚政府紧急牵头协调在南中国海、泰国湾等海域开展搜救行动，中国、越南、美国、新加坡、泰国等国家积极参与，加强分工协作和协调配合，全力以赴开展搜寻。3月24日以后，由于搜救行动主要集中在南印度洋，由澳大利亚牵头成立了联合搜寻指挥中心，马来西亚、中国、美国、越南、新加坡、泰国、印度尼西亚、澳大利亚等10余个国家派出数十架飞机、近100艘舰船参与搜救，加强水面舰船间及与空中力量的协调配合，在重点搜寻海面的同时利用船舶自带的声纳设备扫测水下可疑物，对发现的疑似漂浮物进行打捞、核实、鉴别。有关国家也都不同程度地投入海基、空基、陆基系统，加强对有关数据的收集、分析，为进一步完善搜寻方案提供支持、参考。美国派出的"蓝鳍金枪鱼"自主式水下航行器，可以潜入水下4500m深处，能以最高75cm的分辨率搜寻水下物体，为水下搜寻提供了大力支持。直至本书收笔之际（5月1日），它已搜索完发现黑匣子声纳的水下核心区域，仍未发现飞机残骸和黑匣子。据统计，全世界至少26个国家的89架飞机和近百艘舰船参与了搜救行动，主动开放领海、领空，贡献敏感技术和先进装备，展现了人道主义和国际合作精神。对失联飞机开展这样大范围、长时间的联合搜救搜寻行动，是史无前例的。

二是开展事件调查、家属安抚等善后工作。在搜救工作的同时，有关国家还开展了信息追踪分析、事件情况调查、乘客家属安抚、新闻媒体发布等工作。事件发生后，马航成立专门小组与乘客及机组成员的亲属联系，并于3月8日上午11时40分在北京丽都饭店召开记者会，介绍航班失联情况，公布乘客名单。随后，马来西亚成立事件调查小组，中国、美国、英国、澳大利亚积极参与，检查假护照登机情况，对失联客机机长家里飞行模拟训练机数据以及机载山竹果等货物进行调查。有关方面也都开展了联合行动，泰国方面拘捕了约300人的假护照制作、售卖团伙。4月5日，马来西亚再次举行新闻发布，宣布成立一个由独立调查员领导的调查组，其成员包括来自中国、美国、英国、法国以及澳大利亚等国的授权代表；同时成立三个部级委员会，即家属委员会、技术监督委员会和搜查行动资源部署委员会，以推进马航失联客机的相关工作。波音公司和马来西亚方面也对飞行数据、驾驶舱通话等进行技术调查。在搜寻过程中，有关国家还开展了信息追踪分析、事件情况调查、乘客家属安抚、新闻媒体发布等工作。有关方面针对这次飞机失联事件也开展了诸如事件调查与行动协同、媒体信息获取和发布、家属权益保护和心理疏导等方面的研讨、支持。社会各界也对这一涉及公共安全事件给予了强烈的关注，无论在电视、报纸等传统媒体，以及微博、微信等新兴媒体都表达了个人、群体乃至官方的关切。对失联飞机事件处置的国际复杂性和艰巨性来说，是十分罕见的。

(2) 中方高度重视，积极组织有关方面全力应对

一是高层领导亲自协调应对。这架失联航班飞行的目的地是中国，机上载有154名中国乘客，最初判断的失联海域也处于中国海域附近。中国国家领导人高度重视失联飞机搜救搜寻工作，飞机失联发生时，正值中国一年一度的全国人民代表大会和中国人民政治协商会议期间，敏感性和关注度更高，中国政府迅速作出反应，从外交到搜救、从调查到安抚均采取了非同一般的措施。习近平主席多次要求做好搜救和家属安抚工作，亲自出面协调有关国家，并派特使前往马来西亚。李克强总理多次与马来西亚总理纳吉布、澳大利亚总理通电话，协商加大搜救搜寻力度，协调做好事件调查和家属安抚工作，并与前方搜救船长视频通话，了解指导搜救工作。国家领导人对失联事件的应对工作给予了密切关注和指导支持，这种对失联飞机处置的重视程度，是前所未有的。

二是迅速启动应急响应处置。中国得知马航MH370航班失联的有关消息后，立即联系有关国家核实情况，启动相关应急机制开展处置工作。在马航发布第一份声明后不久，中国外交部、北京首都国际机场立即启动应急机制；交通运输部召开紧急会议，宣布立即启动一级应急响应，成立马航失联客机应急反应领导小组，立即开展各项应急工作，要求专业救助船和巡航救助飞机做好应急出动准备；国家海洋局派遣在附近海域执行任务的海警3411号紧急赶往客机疑似失联海域搜索。中国外交部紧急启动境外中国公民和机构安全保护工作部际联席会议机制，部署应急救援和善后安抚等工作，并牵头组成中国赴马来西亚联合工作组，做好交涉及对中国赴马来西亚家属的协助和引导工作。中国驻马来西亚、越南、澳大利亚等使领馆立即核实了解情况，敦促驻在国政府全力搜寻失联客机，及时通报相关信息。中国民航局与马来西亚、越南、澳大利亚等国航空管制部门保持密切联系沟通，迅速核清航班信息及中国大陆乘客具体情况，成立事故调查组和专家组，积极主动参与事件调查。公安部派出工作组赴马来西亚协助开展公民身份识别和假护照查验等工作。这种国际国内快速响应的状态，展示出的良好而协调的工作效率是鲜见而值得称道的。

三是全力投入国际搜救搜寻行动。交通运输部紧急启动海上搜救部际协调机制，会同海洋局、军队有关部门成立马航失联客机应急反应领导小组，按照国际搜救公约和相关法律法规，制订中国舰船搜救工作方案，积极协调海事、救捞、海警、海军等单位10余艘专业搜救船舰及中远、中海运等企业船舶和几十艘中国籍过往商船、渔船参与搜救，根据情况调整完善搜救工作方案，确定重点搜救方向，配合做好搜寻工作，并针

对印度洋疑似水域远离商船航线、"雪龙"号极地科考船距离疑似水域最近的情况,调动"雪龙"号船驶抵疑似海域参与搜救。同时,中方积极与国际海事卫星组织联系,要求其从人道主义考虑,通报有关失联客机与卫星通信的数据信息;调动中国20多颗卫星和多架飞机参与搜寻(图6-53),统筹协调卫星资源,制定卫星观测计划,建立共享机制,提高卫星观测针对性和数据研判效率,全力为搜救失联客机提供支持保障。此外,中国外交部多次敦促马来西亚严格遵守相关国际公约,协调国际社会搜救力量全力开展搜寻,尽快找到飞机残骸,还向25个国家通报了有关情况,请其协助开展搜救。这种军地联合行动和不惜代价的投入,在规模和资源上都是空前的。

图6-53　3月23日中国空军的飞机停泊在澳大利亚空军基地,准备在南印度洋搜寻MH370航班

图片来源:http://big5.chinanews.com:89/tp/hd2011/2014/03-23/324303.shtml

四是全面做好家属安抚和权益保护工作。中国政府成立了马航失联客机乘客家属安抚工作协调小组,负责统筹协调在京乘客家属安抚工作,积极主动做好法律咨询、航空理赔、医疗救治、心理辅导、情绪安抚等相关服务保障工作,引导家属依法理性维权,确保不发生意外事件。期间,每日召开例会,同时在国际国内乘客家属暂住地开展安抚工作,及时沟通反馈有关信息,协调解决具体问题,并督促马航方面每天召开家属见面会,回应家属诉求。同时,按照《蒙特利尔公约》等法律规定和国际惯例,提早研究提出索赔依据、标准等意见建议,积极为失联航班乘客家属提供法律援助。这种对本国公民生命的重视和权益的保护,是绝无仅有的。

## 2. 事件应对特点分析

这次客机失联事件非同寻常,在世界民用航空史上十分罕见。客机失联事件是马来西亚建国60多年以来最严重的突发事件,其政府缺乏应对如此重大事件的能力和经验,给事件处置带来很多质疑和被动。

1) 信息发布不及时、不确定、不全面。作为客机所有方，马航和马来西亚政府拥有搜救和调查的主导权，但出于种种原因，马来西亚方面信息发布不详尽、不全面、不透明，没及时分享有价值的原始信息和雷达数据，使来自不同消息源的调查和信息常常出现矛盾，致使搜救时间有所延迟、重点搜寻区域多次重大调整，指向的飞机失联地点从泰国湾、马六甲海峡、安达曼海、苏门答腊岛海域，直到南印度洋，给搜救工作带来很大被动，引发各方尤其是乘客家属强烈不满。特别是到后期，西方媒体报道的信息，包括飞机引擎制造公司收到自动下载数据显示失联后还飞行了一段时间等，倒逼马来西亚方面才逐渐吐露早已掌握的一些相关情况，时至3月24日，马方最终确定飞机失联在南印度洋海域。但至本书截稿时，仍未在该区域搜寻到任何飞机残骸部件，之前收到的黑匣子音频讯号也因电池能量耗尽已中断。可以说，信息缺失和误导是导致这次国际搜救搜寻行动更为复杂的重要原因。

2) 搜救行动难度大。由于国际统筹不够，各国搜救活动缺乏协同，对搜救目标区域的研判信息也不透明，影响搜救的展开与效率。而由于飞机是马航的，事件发生在马来西亚、越南交界海域，中国对此没有管辖权，只有在相关国家同意后才能派军舰前往该海域，制约了搜救的及时开展。加之，该海域距离中国大陆直线距离超过一千公里，中途中国救援搜寻飞机没有可以补给的基地，难以到达该海域开展有效搜救。同时，基于有限的信息，国际调查很多推论都是在各种假设条件下得出的，如飞行姿态和方向调整时间推断、飞机速度和飞行距离推算等均存在较大不确定性，导致搜寻区域不断变化和扩大。加之，不同海域情况各异，各国搜救搜寻能力也有很大不同，尤其是南印度洋水域面积大，一些区域人迹罕至、海况和海底地形不明、气候条件复杂，如一开始澳大利亚宣布发现的疑似物体位于印度洋海域的中心区域，距珀斯约3200km，水深约3000m，海况复杂，搜寻飞机从珀斯起飞，经长距离飞行，到达搜寻区域后，搜寻时间较短、范围有限、效率不高。因此，这次寻找失联客机工作，是最大规模、最具难度和挑战的搜寻行动，也是迄今为止最昂贵的搜救搜寻任务。

3) 不利的舆论环境逆袭关注热点。在事件的初始阶段，一方面，一些媒体持续不断对马来西亚官方发布消息进行不加辨别地转载报道，这种常规性做法让报道陷入被动。特别是，对于军方雷达显示客机有折返现象、客机失联后到底飞了多长时间等问题，马来西亚方面的"避而不谈"经媒体放大后，在网络上催生了各种猜测，包括飞机已在秘密地点着陆、冒用假护照登机、副驾驶邀美女进入驾驶舱等以及飞机遭劫持或飞行员故意坠机等各种消息满天飞，出现了猜测-否认-谣言的舆情，舆论环境十分不利。一些媒体在马航失联客机事件报道中所体现出来的情绪化与耸动性，也反映出急功近利、理性思辨缺失的情绪，商业与利益的绑架、民粹与民族主义的裹挟等挑战之外，社交传播碎片化、快餐化、情绪化的特性，进一步影响着传播生态与舆论环境。在社交网络、人际传播持续扩张的时代，传播情绪化与耸动性的倾向，是媒体人、媒体组织、媒体平台以及广大受众，为捍卫文明社会中的理性价值，需要警惕的。另一方面，一些媒体人被特殊的舆论环境排除在权威信息渠道之外，无法获得真实的信息；或者在信息源头和舆论环境间搜寻热点新闻，努力发声，以获得"点击率"，这导致了独家新闻与夺人眼球的消息共生，让社会关注迭拓漂移，使公众困惑，对真相缺位失望。客观的情况是，失联客机由美国波音公司制造，发动机生产商是英国公司；发送电子脉冲信号的飞机通信寻址报告系统由美国公司提供，而接收信号的国际海事卫星组织总部位于伦敦，这些现代信息技术间的关联和专有，再加上失联事件本身的复杂敏感性，导致媒体自身较难把握辨别信息的真实性，无所适从而困惑的舆论环境，又怎么能够良好地满足公众的关注需求和愿望呢？

4）事件后续处置难度大。一是 MH370 航班后续搜寻工作包括黑匣子的搜寻工作仍将持续较长时间，据有关专家预计，随着时间的推移，黑匣子电力用尽后将不再发出信号，搜寻工作将更加困难，可能需要更长时间；二是事件调查工作虽然已经展开，但是事件本身还有许多疑点重重的地方，涉及多个方面和诸多专业领域，要揭开真相，还需要国际间的通力配合和不懈努力；三是乘客家属安抚和赔偿工作复杂繁重。善后赔偿所适用的法律和诉讼地可能涉及多个国家，各国赔偿标准不一、法律各异、家属诉求不同，协调难度大，尤其是中国乘客较多，长时间的期待与悲痛及不确定的搜寻结果已经引发个别乘客家属情绪失控，给政府带来很大压力，安抚成本更大；四是此次事件应对中暴露出国际救援合作方面还存在不少问题，需进一步完善国际间空难、海难等联合搜救救援机制，强化信息、资源共享，切实提升效率；五是在民用航空领域，还需要有针对性地加强国际公共安全管理合作，进一步规范国际航空航海规则，严格安全检查，强化各种反恐措施；六是从公共安全和科学探索的角度，加强对迄今为止人类尚不熟知的海域、陆域测绘和探索，同时进一步提升航空器、深潜器和黑匣子等机载应急设备的性能，保障飞行安全及应急需要。

4月29日，澳大利亚牵头的在南印度洋搜索 MH370 客机残骸工作进入水下搜索阶段，空中搜索工作正式结束。4月30日，马来西亚举行新闻发布会，公布了失联航班的初步调查报告。马航发表声明表示尽管各方已开展了或许是人类历史上最大规模的深入搜寻行动，必须面对马航客机失踪这一事实，客机迄今下落不明，机上乘客和机组人员命运未卜。澳大利亚联合协调中心已宣布在南印度洋的搜寻工作接下来将进入新阶段，在新阶段，马来西亚政府将与澳大利亚、中国政府及其他国际伙伴、专业公司一道，在搜寻区域部署先进技术力量进行密集的水下搜寻。马航承诺继续向家属提供支持，调整提供服务和支持的方式。建议乘客家属不再待在酒店，而是在各自熟悉的家庭环境里，在亲戚和友人的支持和照料下，获取马航提供的搜寻、调查等最新进展信息以及其他支持。马航将关闭全球家属协助中心，在吉隆坡和北京设立马航家属支持中心。

后续支持和服务的详细计划将告知家属本人。为满足乘客家属急切的经济需求,马航将尽快支付预付款给有权要求赔偿的乘客直系近亲属。

截至5月1日,书稿撰写完成之际,多国联合搜救搜寻行动仍在持续,"蓝鳍金枪鱼"自主水下航行器已完成水下核心区约 $314km^2$ 的搜寻未果。据专家推测,理论上MH370客机黑匣子电力已耗竭,已不能发射脉冲信号,这给搜寻工作带来更大难度。但是作者坚信,无论多么困难,这个谜定能解开,一定能够揭示马航客机失联真相。

### (三)启示

马航MH370客机失联事件引发了全球的广泛关注,已成为人类公共安全管理领域一只"黑天鹅",带给人们的思考和认识也远不止上面所说的几个方面,无论是科学技术还是公共安全管理,都值得人们去探讨。若无其他因素影响,作者仅从航班失联的角度,以有限的知识和信息,从本书的常态与应急统合管理的视角,归纳下述5点启示。

#### 1. 完善国际区域间协调合作机制

在此次马航失联事件发生的同时,世界上也发生着其他重大国际事件,比如克里米亚公投、朝鲜和韩国在争议海域对射炮弹事件,以及伤亡人数更多的"4·16"韩国客轮沉没事故,即当地时间2014年4月16日上午8时58分许,一艘载有470余名乘客的"岁月(SEWOL)号"客轮在韩国西南海域发生浸水事故而下沉。韩国总理27日召开紧急发布会表示对"岁月号"沉船事件负责,宣布引咎辞职。当日,韩国总统接受总理的辞职。截至5月1日,据有关媒体报道,遇难人数升至221人,仍有81人失踪。这些重大事件的发生,表明当今国际和平与发展的主题下,也有冲突和矛盾。虽然这些国际事件不断发生,瞬息万变,但在涉及公共安全的人道主义救援救助方面的合作是无条件的、也是积极的,并富有建设性的,这是当今现代社会的共识。这样的合作不应隐瞒事实,封闭线索,隔离消息,不施援手,而要不计前嫌、形成机制,全力投入,最大限度地联手救援生命,抗御灾难,减少损失。

在世界经济全球化的背景下,公共安全环境复杂性、关联性越来越强,许多突发事件的发生发展往往具有跨国际、跨区域特点。加强日常国际间协调合作机制建设,增强国家间沟通与合作,在常规工作中就密切联系、建立信任关系,有利于在应急状态下打破区域分割、国家隔阂,共享信息和资源,紧密合作,最大程度减少突发事件发生及其损害。跨国合作机制在当前公共安全环境下应运而生、应时而起,是应对跨区域突发事件和重特大突发事件大范围合作的需要。各国要积极推动国际合作机制,按照自愿参与、平等互助的原则,与各方签订合作协议,明确合作原则、合作内容、联动方式,确定信息通报、指挥协调、队伍和装备调用等各个环节的具体要求和各有关方面的具体职责。在这种机制下处置突发事件时，要注意发挥联合统一指挥的优势，设立联合现场应急指挥部，提高应对处置工作的协同性和效率。

中国作为世界第二大经济体、联合国常任理事国，随着国际地位不断提高、国际影响日益扩大，从维护国家利益、履行国际义务和彰显负责任国家形象的高度来看，有必要进一步加强国际区域间合作，参与不同形式的联合应急演练演习，达到磨合机制、锻炼队伍的目的。特别在丝绸之路经济带、21世纪海上丝绸之路建设中，加强与周边国家的跨境应急管理合作，强化信息通报、联合救援和资源共享，重视灾害预警和联合预防，并积极向应急资源共建、人才培养、应急产业发展等方面拓展。

### 2. 进一步加强国际间信息和资源共享

现代社会，人类已经具备了比较先进的科技信息手段来监测自然环境变化和人类社会本身的活动，但是这些科技信息手段往往只是运用于某一区域、某一领域或某一时间段，还不能达到全球，甚至宇宙环境下的全面深入的监测要求。即使是航天技术发达的美国，也难凭一国之力保证全天候、全分辨率、全球监控。常规状态下，获取某一指定区域或领域的连续监测信息，可以通过建立监测系统或者信息共享来达到目的。应急状态下，只能依靠各国多种科技信息间的共享来提供全面、深入、全时程的监测数据。这种常规状态下建立共享、共用的机制，在应急状态下能更有效的彰显其作用。

这次马航事件集中暴露出一些信息共享、资源共用等方面的一些问题，给应急状态下事件处置工作带来很大被动，也造成许多资源浪费。比如国际上虽然成立了一些空间和通讯合作组织，但在平时对各国空基监测系统统筹不够，在常态辨识和信息共享方面协调不到位，导致应急状态下各自为战、信息隔绝，影响了处置的效率。因此，从国际公共安全管理的角度，对相关科技手段、信息情报、救援物资和专业队伍等，在常规状态下就应该建立共享、共用的机制，才能够在应急的状态下更有效的发挥作用。

各有关国家要在国际条约和国际惯例的框架下，建立信息通报制度，加强信息平台互联互通，实现数据共享，加强预警机制建设，组织开展联合监测、联合预警，及时将可能波及毗邻地区的突发事件及预警信息等通报相关方面，协调配合积极应对。要在联动机制合作协议中，对合作各方共享应急资源作出明确规定，要求一旦发生突发事件，根据事发地的需求，在应急救援人员、装备、物资等方面给予全力支持。从另一个角度，要探索建立跨国日常战略救援物资储备制度，推行跨国资源保障联动，形成适宜的应急物资生产、储备、调配机制。

### 3. 加强国际视野下行动能力建设

马航事件暴露出许多国际应对方面能力的薄弱环节，必须从应急和常态统合管理的角度予以分析和改进。要使先进的科技装备、手段措施、专业队伍能在关键时候与应急状态下充分发挥作用，必须加强常规状态下的研发建设，有的放矢、形成机制，强化演练、提升能力，形成多维高效联动的良性状态。因此，要在国际视野下探索改进，切实加强日常的反应行动能力建设，科学规划相关人才、技术、装备、科研等，不断提高保障水平、技术装备水平和协调组织水平，科学有效应对各类突发事件。

一是充分发挥卫星等尖端装备作用。从这次事件看，海上搜救的范围非常大，可谓大海捞针，各有关国家的卫星资源发挥了重要的识别和定位作用，但在效率方面还有很大提升的空间。比如，中国首次调动20多颗卫星调整姿态，不惜付出损坏或缩减卫星寿命的代价，进行海上搜寻和排查，发现了多处疑似物体，发挥了重要的排除和定位作用。但我们也要看到，这些都是在应急状态下联动的，如果能够在常态下进行一些针对性的设计和演练，可能会大大增强联动能力。因此，充分发挥国际海事卫星组织等作用，加强日常联动演练，提高卫星观测针对性和数据研判效率，必将能进一步发挥其在应对突发事件方面的作用。二是切实增强突发事件救援力量。要充分依靠和发挥国际海事组织和国际海上人命救助联盟等国际组织作用，加强跨国搜救力量的合作，加强搜救队伍和力量建设，强化各支队伍的协作配合，加强经常性、针对性的演练，提高协同作战能力。同时，要充实强化日常救援物资储备品种和数量，加强常态的救援救助、船舶补给等方面的合作，确保应急之需。三是要切实提高科技研发和应用水平。要从实际出发，加大科技研发应用力度，研制性能更稳定的飞行器定位仪器和更先进的水下测量探测设备，提高航空、航海及深潜科技装备水平，切实加强已有尖端科学技术在民用救援救灾中的应用。国际救捞联合会等组织应进一步推动先进救捞技术经验的推广交流，提高国际救捞救援合作和效率水平。

### 4. 提升新闻报道的时效性和透明度

良好的舆论环境和氛围有利于突发事件应急处置工作的开展，而舆论氛围的营造不仅需要建立日常公平的国际规则，也需要新闻媒体在常态下就加强自律、主动传递正能量，只有这样，才能切实提高突发事件应急报道的效率。一是营造国际间良好的舆论环境。常规状态下，来自各国各方面的媒体可能因为价值取向不同、新闻视角不同、关注热点各异，掌握信息资源的国家、组织或机构有时会有针对性地挑选一些媒体，而排斥另外一些媒体。但是，在面对人道主义救援时，对所有媒体都应该一视同仁，以便让更多的公众及时了解到真实情况和工作进展。同时，有关方面要切实加强重大突发事件权威信息发布，及时澄清谣言或不实信息，防止给处置工作带来被动和干扰。二是新闻媒体以负责务实的态度进行报道。客观、真实是新闻报道的原则，媒体必须坚守这一原则不动摇，强化自律管理。失实和夸张的报道，不仅会误导公众，造成事件真相的误读，也会对事件相关方带来新的伤害，甚至会影响国际间关系。在这次马航事件的报道中，个别媒体将许多猜测性臆断性的不实信息进行报道，给事件相关方特别是失联乘客家属造成了很大伤害，马方已宣布保留追究不实报道的权力。另一方面，媒体自身要主动去适应舆论环境，不能习惯性地将常规采编报道模式当做应急状态下的方式，也不能把临时成立的应急报道组织就当做是媒体应急报道本身。要认真研究应急报道和常规报道的差异，不仅是在程序上，更应该在能力上有所提升。

在这次马航客机失联事件报道中也反映出，中国媒体与西方媒体在国际新闻事件报道竞争中仍然差距很大，其实质是科技、工业、军力等综合力量的较量。切实加强中国媒体与其他国际主流媒体以及相关国际机构的合作，建立日常沟通联络机制，增强主动权和话语权日显重要。

### 5. 承担责任和义务，保护合法权益

突发事件发生后，除做好搜寻搜救、开展事件调查等工作外，还必须高度重视受害方的权益保护和安抚工作，加强信息沟通，充分理解支持合理诉求，妥善做好法律咨询、理赔赔偿、心理辅导、情绪安抚等善后工作。一是预先厘清各方责任义务。在常规状态下，各有关国家如果能在相关合作机制框架下，立足长远建立突发情况时各方行动规范，明确承担的责任与义务，那么在出现应急状况时，有关各方就能在此框架下进行理性思考和处置；反之，如果仅靠应急状态时临时构建规则和机制，相关处置工作将不能很好的开展，或者说不能取得良好的成效。二是责任方要以积极的态度主动履行责任。事件发生后，有关责任方要按照相关国际公约和法律规定，积极主动承担责任，对受害方进行保护、赔偿。如果按惯例先行赔付，家属可以预先在精神上和其他方面不被反复折腾，接受事实；同时进行如前的搜寻，如果能找到，赔付费用作为这一事情相关人员的补偿，因为当事人必然经受身心损害乃至痛苦折磨，补偿也是必须的！这比对这么长时间的期待绝望再赔付更人性，更易于安抚家属。这也是应急处置中考虑后期工作不足，对家属长久身心关乎不够，因此也给善后工作带来更多难度的原因。如果找不到，这些预先赔付费用也可作为最终赔偿的一部分，不会给当事方增加额外的赔偿费用，却能缓解家属的情绪激动，增加工作的主动性。当事国政府和民众要充分理解受害方在紧急情况下的情感和心理表达与排解，从人道主义角度出发，帮助其化解情绪和心理阴影，回应并解决其合理诉求。三是帮助受害方依法理性表达诉求。在保护受害方合法权益的同时，要帮助受害方快速度过情绪失控和不稳定期，使其正确认识和冷静对待既有现实，利用现有法律和规则寻求帮助、表达诉求，防止受害方以非正常的状态、情绪去影响社会或他人的正常状态和秩序。为此，在常态下要开展必要的法制教育和素质教育知识宣传，培养公民包容、理性的气度，构建成熟的大国公民意识。

当今，随着中国"走出去"战略的推进，海外利益不断拓展，涉外事件明显增加，保护中国公民合法权益任务越来越繁重。要充分发挥境外机构和公民保护有关协调机制

作用，进一步研究完善涉外应急机制，修订完善有关应急预案，提高防范和应对涉外突发事件能力。

## 第七节　国际突发事件与合作

### 一、利比亚撤侨行动

#### （一）行动基本情况

2011年，北非地区国家政局突变引起世界舆论关注。突尼斯、埃及的政局变动波及整个中东，受到最直接冲击的是地处这两个国家之间的利比亚。埃及反政府力量用基本和平的方式，迫使执政长达30年的穆巴拉克总统下台，这使利比亚境内外的反政府力量深受鼓舞，他们采用各种手段以图推翻执政长达40余年的总统卡扎菲。从2月15日开始，利比亚第二大城市班加西等地出现武装冲突，利比亚军警开枪镇压。在外部干涉势力渗透帮助下，利比亚国内局势大乱，出现了严重骚乱和内战，最终卡扎菲政府被推翻，卡扎菲本人被击毙。当时，利比亚发生的内战严重威胁到在该国的几万中国侨民和商务劳务人员的人身财产安全。

中国和利比亚自1978年8月9日建立大使级外交关系以来，两国关系发展迅速。进入21世纪以后，两国在经济贸易、大型工程上的合作不断加深扩大，中国公司承揽了一些基础设施建设和能源、通信等大型项目，在利比亚工作的人员也不断增加。截至2010年年底，中国在利比亚约有3.5万侨民和商务劳务人员，多集中在能源、交通和通信三大领域工作。2011年2月16日开始，利比亚局势持续动荡，各地出现了打砸抢烧事件，一些中资公司的项目营地遭到暴徒袭击，成千上万名中国工人被迫离开营地。随着利比亚爆发骚乱及流血事件的不断升级，外国侨民开始争相逃离这一动荡之地，局势逐渐失控、恶化，当地中国侨民身处险境，财物被抢，人身安全也难以得到保证，在此情况下，中国政府启动了应急机制，开始从利比亚大规模的撤侨行动。

2011年2月22日，中国国务院成立应急指挥部，直接负责对在利比亚的侨民实施撤离的行动。在指挥部的统一指挥下，紧急启动撤侨安全保障工作应急机制，制定了海、陆、空、多国多点立体协同的撤离方案，并立即实施（图6-54）。2月23日深夜，中国派出的首架包机从北京首都机场起飞，并于24日早晨抵达利比亚首都的黎波里，包机上载有中国外交部官员，并装载了食品、药品等应急物资。此后，中国各航空公司派出大型飞机从北京、上海、广州等多地前往的黎波里、开罗等机场接回中国侨民（图6-55）。

由于中国在利比亚侨民达3.5万人之多，仅靠空运方式短时间内难以完成撤离任

图 6-54 利比亚撤侨方案示意图

图 6-55 中国空军运输机赴利比亚执行撤侨任务

务,为此,又制定了租用他国船舶海上撤离的方案。在国务院应急指挥部的指挥下,中国驻利比亚大使馆组织在利比亚中国公民从陆路撤向的黎波里和班加西,在这两个城市的港口等待中国政府租用的海轮撤离。24日,从希腊开出的三艘船中的两艘抵达班加西港,每艘可运送2000多名侨民。这可使撤出的中国侨民乘船先到希腊和马耳他避险,再乘机返回中国。24日晚,最早开出的两艘船满载侨民返抵希腊克里特岛。

由于在利比亚其他地区的中国侨民距离的黎波里和班加西较远,在局势十分危险的情况下,尽快让大部分侨民脱离险境是首要目标。为此,中国政府与埃及和突尼斯政府协商后,指示侨民可从陆路紧急向埃及、突尼斯边境靠拢。从23日起,中国政府驻两国的大使馆紧急租用近百辆大客车提前在边境等待接护。

为使中国在利比亚侨民撤离安全无误,中国政府首次调派军舰前往地中海警戒护航。25日,中国国防部宣布,调派在亚丁湾执行反海盗护航任务的中国海军军舰"徐州号"导弹护卫舰通过苏伊士运河,进入地中海为运送中国侨民的船只护航(图6-56)。中国民航从25日起,两周内安排15架飞机不间断穿梭飞行,将中国侨民全部接运回国。

图6-56 "徐州号"军舰为中国侨民撤离利比亚的船舶护航(远处为"徐州号")
图片来源:http://news.xinhuanet.com/foto/2011-12/13/c_122416548_7.htm

到27日,约两万名中国在利比亚侨民已撤离。28日,中国国防部宣布,派出四架军用运输机前往利比亚塞卜哈机场接运困在利比亚的中国侨民。到3月10日左右,在利比亚的中国侨民3.5万人已全部安全撤离,中国从利比亚大规模撤侨行动基本结束。其中,1.5万人乘船撤到希腊后乘机回国;其余两万人或从利比亚乘机回国,或从陆路撤到突尼斯、埃及再乘机回国,或从海路撤到马耳他再乘机回国。

(二)行动特点分析

1. 统一指挥,周密组织,各方协同配合

中国撤侨应急指挥部按照"生命至上、安全第一"的行动方针,先后多次召开紧急会议,研究指挥各阶段的撤离工作,及时解决重点难点问题,明确了撤离指导思想、工作方针、行动方案,确保了整个撤离行动高效有序推进。前方工作组不畏艰险,奔赴一线,靠前组织,加强协调联络。有关驻外使领馆和在利比亚的中央企业联合成立4个现场指挥部,负责落实具体工作。党政军各有关部门、中央企业和有关地方成立专门领导机构,落实各项具体措施。通过加强领导和各方密切配合,为撤离行动提供了坚强组织保障和协同合力。

### 2. 加强信息收集研判，制定海陆空多渠道撤离方案

在利比亚政府机构基本瘫痪、对外通信中断的情况下，多方搜集情报信息并保持信息畅通至关重要。应急指挥部全面掌握了中国在利比亚企业和受困人员的数量与分布状况，并摸清了港口、机场、道路的通行与安全状况，为合理制定撤离方案提供了有力保障。通过研判掌握的信息，确定了先危后安、先近后远、分批撤离的原则，将安全形势最危急的班加西作为前期撤离工作的重点区域，集中人力物力，重点攻关，为后续行动赢得了主动。创造性地运用"摆渡"模式，将在利比亚的人员先集中到第三国安置，再安全转运回国，使他们在第一时间脱离危险。实施海陆空分批撤离方案，按照区域和运输条件，分别确定撤离路线和相关措施。确定班加西、米苏拉塔、的黎波里和塞卜哈四地为集中点，将周边人员向四地集结并统一撤出。就近租用外籍大型邮轮，加快撤离速度。采用国内民航包机、租用外籍包机和派出军机三种方式，实施空中撤离。提前考虑后续转运工作，妥善做好回国后的疏散安排。

### 3. 争取国际协助，确保安全有序撤离

中国多年来建立的良好国际环境为此次撤离提供了有力支持。在联合国安全理事会最终作出在利比亚设立禁飞区决定以前，中国通过外交努力，争取了宝贵的时间，为撤侨行动抢占了有利时机；协调三十多个相关国家在飞越许可、无护照人员通关、安全保护、租机租船、军舰通行、地面保障等方面提供便利，为撤离行动提供大力支持；迅速协调落实第三国临时安置点，为人员撤离、转运开辟绿色通道。此外，本着国际人道主义精神，按照国际法和外交管理，帮助12个国家的2100多名中资企业外籍雇员和外国公民安全撤离。

## （三）启示

### 1. 良好国内国际环境和统一高效指挥协调是撤侨行动的有力支撑

改革开放以来，中国国力得到大幅度提升，无论是在经济还是在外交方面，都有长足的发展，这为应对国际间的突发事件，提供了有利条件。此外，在面对突发危机展开行动时，国家动员模式充分展示出了中国集中力量办大事的制度优势，集中力量和资源，统一步调和行动，迸发出数倍于平时的强大机制活力。利比亚撤侨行动是新中国成立以来规模最大、距离最远、情况最复杂，也是最迅速的侨民撤离行动。中国政府在短短的三四天时间内就安全撤离了最为紧迫的1.2万人，事实证明，经历过1998年抗洪抢险和汶川、玉树抗震考验的中国政府，应对突发事件的能力极强。中国迅捷组织、动

员各部门力量，调配专机、舰船参与撤侨。中国驻利比亚、埃及、突尼斯、希腊、意大利、约旦等国大使馆全力以赴，为侨民提供各种帮助，解决交通、食品、住宿、签证等问题。这次行动检验了国家组织动员指挥的力量和机制，也为今后应对类似的国际突发事件积累了丰富的经验。作者认为，其中最主要的经验之一就是，将日常的国力积累、能力机制建设，通过高度统一的组织指挥体系，与国际突发危机事件处置需求紧密有机衔接起来，从而在短时间内发挥出非同一般的作用。这样的紧密衔接绝不是简单的、仓促的，而是在以往有效经验积累基础上，客观分析评价形势发展，有效动用、发挥最为精干的力量和最为迅捷的机制作用。若从常态和应急统合管理的角度来看，便是运用多目标管理的方法和与之相协同的手段，将常态管理与应急管理的交互区间无缝而有机衔接起来，从而发挥出更加强大的管理效能和作用，取得了令世人瞩目的成效，这是常态与应急统合管理的最高现实表现，无疑也是一个很好的管理科学案例。

### 2. 形式多元的信息管理平台是现代公共安全统合管理体系的关键环节

利比亚撤侨行动规模之大，速度之快是历史空前的。面对各种复杂情况，中国政府以高效率的动员和组织协调能力实施撤离行动，确保了撤离行动的顺利进展。除了中国已经具备较强的经济实力和物质条件之外，综合运用现代信息技术、全面加强信息搜集研判也是关键的一环。在利比亚政府机构基本瘫痪、对外通信中断的情况下，外交部和商务部组织有关驻外机构多方搜集中国在利比亚企业和受困人员数量与分布情况；利用当地互联网络仍然畅通的条件，通过QQ、微博等新兴媒体，及时沟通情况，并由专人负责传递信息及指令，以保证信息畅通，为领导决策、制定撤离方案和统一指挥提供了有力保障。试想，此次行动涉及数万人，不仅动用了国内的客机、货船、军舰，还租用国外客船、游船、客车、旅店，有些撤离线路还需要转经第三国，涉及国家外交，虽然国家成立应急指挥部统筹协调，并派出前方工作组，与驻外使馆联动，但是如此统一、有序、快速的行动都是基于强大、准确的信息，没有信息的支撑，就难以实现多部门、多层级的信息互通、救援力量优化调度和应急资源优化配置。因此，充分吸收和运用现代最新信息技术，打造多元格局的现代信息管理平台是未来公共安全工程管理发展的必然要求，也是常态与应急统合管理不可或缺的重要内容和关键环节。

## 二、中泰防洪合作

### （一）合作背景

2011年3月开始，泰国大部地区遭遇强降雨，北部地区洪水泛滥，特别是泰国湄南河（又称昭批耶河）流域洪水灾害严重。2011年7月25日后，受台风"洛坦"及连续降雨影响，泰国北部、东北部及中部遭遇了50年来最严重的水灾，62个府（621个县)、近280万户家庭、900万人受灾。2011年10月,受高潮位顶托和上游洪水下泄影响,曼谷受到严重威胁,多处防洪设施告急,正常的生产生活秩序遭到破坏,城区面临洪水淹没的风险(图6-57)。

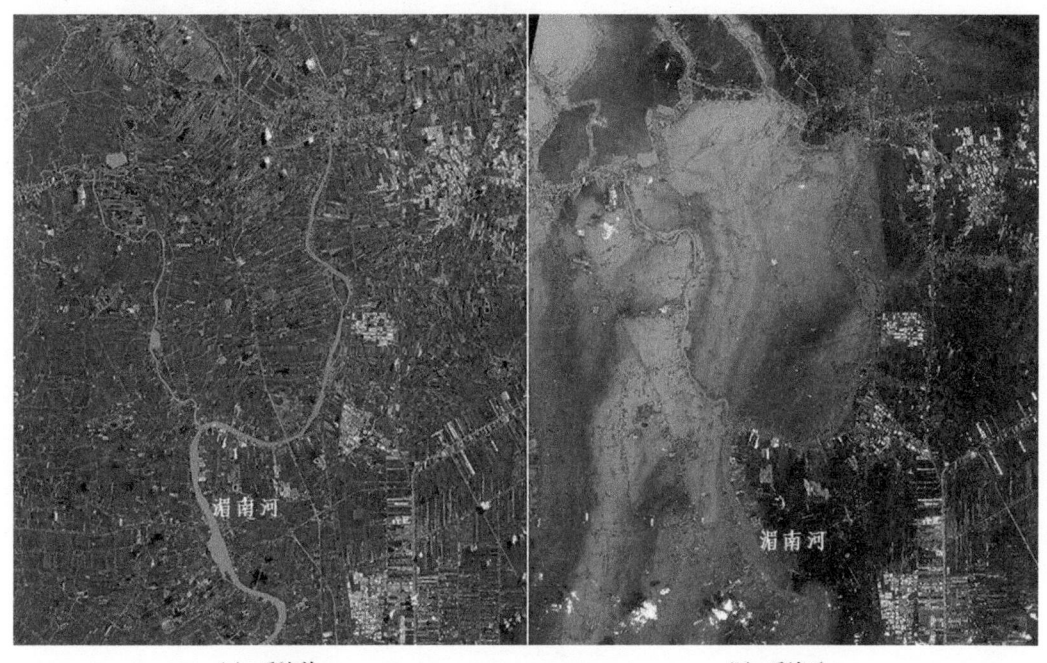

(a) 受淹前　　　　　　　　　　　(b) 受淹后

图6-57　湄南河下游受淹前后对比

### 1. 降水持续时间长,洪水量级巨大

进入雨季以来,泰国湄南河流域发生多次强降雨过程,上游北部地区降雨偏多2成,其中9月偏多近5成,中部地区偏多1.5成到3倍。由于降雨偏多,造成湄南河发生特大洪水。据泰国水文部门分析,本次洪水总量近160亿 $m^3$,远远超出水库蓄洪能力和河道过流能力,前期拦蓄洪水的上游水库为保安全不得不排洪运用;上游4条支流洪水汇入湄南河形成的洪峰在10月中旬后期通过湄南河曼谷河段,最大流量近 $4000m^3/s$;10月16日为曼谷湾天文大潮期,高潮位期间海水对湄南河洪水形成严重顶托,受其影响,湄南河曼谷河段控制站水位达到2.29m,接近或超过历史最高水位,仅低于湄南河该河段堤顶高程(2.5m)0.21m,使得曼谷遭受最为严重的洪水围困,10月15~18日是曼谷河段水位最高期,也是曼谷城市防洪的最关键时期(图6-58)。

### 2. 洪水影响范围广,经济损失严重

泰国地势北高南低,湄南河由北向南贯穿全国,流域面积为18万 $km^2$,占全国总面积的35%,年径流量为229亿 $m^3$。泰国首都曼谷位于湄南河下游三角洲,地势平坦,

图 6-58　2011 年 11 月泰国总理府外用沙袋堆起了防洪堤
图片来源：http：//roll. sohu. com/20111101/n324175432. shtml

属沿海河网地区，河道洪水受海潮高潮位顶托，影响河道洪水排泄入海，以往经常有不同程度的洪水灾害发生，如 1995 年洪水。湄南河两岸也大范围遭受过严重洪水灾害。

2011 年，受 6 月份以来持续降雨的影响，泰国北部地区洪水泛滥，持续降雨使得上游仅有的两座大型水库早在 7 月份就基本蓄满，由于调洪能力有限，两大水库均持续泄洪。湄南河流域持续洪水过程导致沿河一些堤防漫溢或者溃决，大量农田被淹，一些重要工业生产基地被迫停产，公路交通中断，旅游产业受到直接影响。据当地有关部门估计，直接经济损失达到 10 000 亿铢以上。

### 3. 曼谷遭受洪水威胁，严重影响正常社会秩序

曼谷位于湄南河下游，市中心距曼谷湾 40km，是全国政治、经济、文化、教育、交通运输中心及全国最大的城市，人口约为 800 万。洪水一度使得曼谷直接处于其威胁之下，多处防洪设施告急，正常的生产生活秩序遭到了严重破坏。2011 年的洪水过程多，峰高量大、持续时间长，10 月上旬已造成湄南河曼谷以上河段部分堤段出现漏水、漫水、溃堤，湄南河流域有 10 个府受灾严重（图 6-59）。曼谷以北地区一片泽国，曼谷城区纵横构筑的分流渠水位普遍超过渠顶，渠顶临时构筑的子堤挡水高度达 1.0 ~ 1.5m 甚至更高，城区局部洼地受涝严重，抽水排涝设备 24 小时不间断运行。

为应对洪水灾害，泰国成立了由多位部长组成的防洪救灾指挥中心，动员政府、军队和社会力量参加抢险，组织指挥、应对措施务实，取得了一定的成效。但是，由于湄南河下游地区地势低洼，受潮水顶托，排水不畅，上下游地区需要联动，使得防洪形势

图 6-59　受淹的大城府工业区内的汽车

图片来源：http://news2.ycwb.com/picstorage/2011-11/15/content_3627260_8.htm

更为复杂，而泰国国内防洪技术力量不足，迫切需要国际社会的援助。鉴于中国拥有历次成功应对特大洪水灾害的丰富经验、完善的防洪指挥体系和雄厚的技术力量，泰国政府请求中国政府提供防洪技术支持和防洪物资援助。

受泰国政府邀请，2011 年 10 月 14 日，中国政府派出由作者率领的防洪专家组赴泰国进行防洪救灾技术支持。通过一段时间的紧张工作，专家组帮助泰国政府应对了曼谷城区最为紧张时段的防洪任务，并对当时及未来的防洪救灾工作提出了建设性的咨询意见，传递了"中泰一家亲"的友谊，有力地支持了泰国政府防洪救灾工作，开辟了"防洪救灾的外交方式"，得到了泰国政府的肯定，并为后续中泰国际合作做了有益的工作。

（二）中泰防洪合作内容

1. 中方为泰国提供防洪救灾应急处置咨询建议

2011 年，泰国面临历史上最为严峻的洪水灾害威胁，泰国政府紧急向中国政府请求援助，经国务院批准同意，中国政府于 10 月 13 日中午开始组建专家组；14 日晚上 9 点半，作者作为组长的专家组抵达泰国，并立即参加了当晚的抗洪抢险会商。专家组在泰国期间两次乘直升机前往灾区查看，16～18 日在曼谷城区经受洪水威胁最为严峻的时刻，专家组三次前往抗洪一线现场查看和会商，协助抗洪抢险，为确保曼谷主城区不被洪水淹没做出了努力。专家组两次与指挥中心有关专家和负责人交换意见，并与大使馆实时磋商贯彻落实中国政府支援救灾的有关政策要求，及时报送相关信息，联合召开新闻发布会。专家组在有限的时间内通过会商交流、现场查看、文献查询和媒体信息等渠道获得尽可能多的当地资料，结合泰国防汛工程体系现状和防洪规划情况提出了具有针对性的、中英文对照的应急防洪救灾处置咨询建议报告。在报告中，针对防汛工作组织协调、一线防汛工作重点、监测会商和研判措施、受灾人员避险转移、受淹地区排水、社会救济和灾害扶助等防洪具体工作提出了相应意见，形成了应急防洪解决方案，以协助泰方实现当时紧急状态下灾害防控的目标；同时，还因时制宜地提出了未来开展湄南河流域防洪体系规划建设的建议和意见，指出洪水过后，除总结本次防洪应急处置经验外，更重要的是根据流域的特征和经济社会发展需求，制定全流域防洪规划，切定适宜的防洪标准，并积极赢得社会各方和民众支持，因地制宜、急用先行地抓紧实施，确实构筑起防御洪水的工程和非工程措施体系；要根据流域防洪要求，合理产业布局，优化配置资源，确保安全发展。专家组当面向时任泰国总理英拉呈交了这份咨询报告。同时，建议泰国政府根据气候变化和泰国防洪抗旱需求，建立专门的防汛抗旱议事协调机构，以策今后应对水旱灾害的需要。泰国政府对专家组的咨询意见和所做的工作给予了积极评价。

### 2. 中方对防洪规划设计提出建议

作为2011年中泰防洪应急合作的延伸，2012年泰国总理到访中国期间，再次专门邀请中国政府派出防洪专家组为泰国提供了全方位的防洪政策咨询，对泰国国家总体长效化防洪规划体系建设提出系统意见。6月6~20日，由22名防洪专家组成的专家组对泰国湄南河流域进行了实地查勘，并对湄南河流域的防洪设施建设和泰国防洪政策体系建设提出了咨询建议。6月20日，中国防洪专家组正式向泰国政府递交了《泰国湄南河流域防洪咨询报告》，这还包括《泰国湄南河流域2012年度汛措施专题咨询报告》《泰国防汛决策指挥体系建设专题咨询报告》和《泰国湄南河流域防洪工程建设专题咨询报告》等3项专题报告。这些建议包括：确定湄南河重要河段设计洪水、洪水调度方案、工程建设、流域综合规划、国家级指挥机构、防洪指挥中心建设等。

2013年，时任泰国副总理包巴索来华访问期间，对这些建议给予了高度肯定，并要求对泰国抗旱方面也给予咨询规划援助。

### （三）启示

### 1. 国际应急合作与日常交流是全球化背景下常态与应急统合管理的需要

此次中泰两国在防洪安全和水利领域内开展的一系列工作，对于促进两国间其他领域的国际合作，促进双方在专业领域的互补具有重要的积极作用。中方专家代表团此次对泰方的援助，不仅为泰国南部洪灾提供宝贵意见，帮助泰方有效应对洪水威胁，也为双方防洪、水利专家的交流提供了机会，对两国今后在水利领域的进一步合作提供了契机。加强中泰双边的水利合作与交流，建立双边磋商机制，积极开展水文报讯、防洪减灾等领域合作，积极发挥中国在国际涉水事务中的建设性作用，为促进睦邻友好合作作出积极贡献。当前，世界发展呈现全球化趋势，国际分工愈加明显，各个国家发展出了自己独特的比较优势，拥有独具特色的技术、人才以及管理经验。一国在面对公共安全危机事件时，有可能面临技术缺乏、人才短缺、处理经验不足或是专业装备少等问题。要做到迅速、高效的应对处置，必须具备全球的视野，从全球的角度审视常态与应急统合管理的需要，加强国际应急合作和日常交流，协调全球资源来实现高效的统合管理。在全球化的背景下，统合管理需要更加广阔的合作空间，建立更好的国际合作机制，才能在短时间内更好地集中常态管理中储备的技术、装备以及培养的人员、队伍的效能，来解决发生在某一地点、区域的实际需要。这是统合概念下更加强调的要求。

### 2. 国际应急援助有助于推动国家之间构筑常态的专业合作机制

此次中方专家组赴泰支援，得到泰方的充分肯定。中泰两国借此机会，寻求在水利行业的深入合作，从应急合作延伸到常态合作。中方对于泰国南部洪水受灾区的灾后重建和水力发电设施的建设，将起到重要作用。两国在水利水电技术、水资源利用以及国际河流开发等方面的交流进一步加强。要从全局和战略的高度，深刻认识加强水利国际合作的重大意义，全面把握水利国际合作的新形势、新要求，切实增强使命感、责任感和紧迫感，在更大范围、更广领域和更高层次上推进国际合作，更好地为推动水利科学发展、和谐发展和又好又快发展服务。

此外，成立于 2001 年的中国国际救援队同联合国人道主义事务协调办公室（OCHA）、国际搜索与救援咨询组（INSARAG）、联合国灾害评估与协调队（UNDAC）等，紧密联系，配合中国外交政策，积极参与联合国人道主义紧急救援事务，并同友好国家的救援队保持着良好的合作关系，如瑞士、新加坡、德国、荷兰等国的救援队。中国国际救援队先后参加过阿尔及利亚、伊朗等国内外大型灾害救援，在阿尔及利亚地震救援行动中，第一次参加国际救援行动的中国国际救援队依靠着先进的科技水平，成功搜救幸存者一名，挖出遇难者四名。在参与救援的 38 支救援队中，总共搜救出幸存者两名，中国国际救援队是震区第二支成功搜索到幸存者的队伍。

为推动国际应急救援配合，中国和周边一些国家经常举行灾害救援国际演练，以提升国家间务实合作，建立灾害通报与援助合作机制，促进政府交流，通过合作营造友好的地区环境。

### 3. 开展专业特色外交带动互信合作有助于国家间实现多目标联动

国家之间广泛开展专业领域合作交流有利于促进区域稳定，以此次中泰水利合作为例，进一步巩固了中老缅泰湄公河合作机制，同时也为加快侦破湄公河惨案，切实维护湄公河航运安全起了重要的推动作用。2011年10月5日上午，中国籍商船"华平号"和缅甸籍商船"玉兴8号"在湄公河金三角水域遭遇袭击，"华平号"上的6名中国船员和"玉兴8号"上的7名中国船员全部遇难。后来被打捞出来的遗体极其惨烈——死者大多从背后反铐，船员头上缠满胶带，背上有无数的枪眼。此事引起中泰两国高度关注，在作者抵达泰国的第二天，由多个部门组成的中国政府联合工作组即抵达泰国清莱府，与泰方开展现场勘查及磋商。经过多方努力，2012年5月，制造湄公河惨案、盘踞"金三角"地区的特大武装贩毒集团首犯糯康在老挝被中、老警方联手抓获。当月10日，被移交中方。2012年12月20日，糯康被云南省高级人民法院二审判处死刑，3月1日被依法执行死刑。期间，针对湄公河流域严峻的安全形势，中、老、缅、泰召开了湄公河流域执法安全合作会议，通过了《湄公河流域执法安全合作会议纪要》，发表了《关于湄公河流域执法安全合作的联合声明》，在联合办案、建立中老缅泰湄公河流域执法安全合作机制、共同打击跨国犯罪、开展联合巡逻执法等方面达成广泛共识。时任泰国总理在多种场合中国领导人时都称，感谢中方为泰国抗洪救灾提供的帮助，并表明泰方愿为推动东盟-中国合作，维护南海和平稳定发挥积极作用。2012年泰国总理英拉还在来中国访问前接受中国媒体专访时表示，中国是东盟"负责任和具有建设性的合作伙伴"，泰国决心致力于发展与维持中国与东盟的友好合作关系。作为东盟的主要创始成员国之一，泰国有条件在进一步促进中国与东盟合作关系方面发挥更大作用。这种多目标联动更多地表现在国际间、区域间、国家间的常态与应急统合管理需求上。

2012年4月，泰国总理在访问中国期间专门到访国家防汛抗旱总指挥部和水利部，并提出了在防汛抗旱以及水资源管理等方面进一步加强合作的愿望。

## 专栏

# 泰国湄南河2011年洪水观察与启示
### 刘 宁

2011年受持续降雨的影响，泰国北部地区洪水泛滥，特别是泰国重要的湄南河（又称昭披耶河）流域，持续洪水过程导致沿河一些堤防漫溢或者溃决，大量农田被淹，一些重要工业生产基地被迫停产，公路交通中断，旅游产业受到直接影响。据当地有关部门估计，直接经济损失达到10 000亿铢以上。洪水使得泰国首都曼谷直接处于洪水威胁之下，多处防洪设施告急，正常的生产生活秩序遭到了严重破坏。

受泰国政府邀请，2011年10月水利部派出了一个由多方专家组成的中国政府赴泰防洪专家组赴泰国进行防洪救灾咨询，通过近一个星期的紧张工作，专家组对泰国当时的防洪救灾提出了大量咨询建议；2012年汛前，受泰国政府邀请，中国政府再次派出了防洪咨询专家组赴泰工作，中国专家在泰期间的高效工作给泰国政府和人民留下了深刻印象，受到了当地政府和相关部门的高度评价和肯定。

## 1 洪水灾害成因简析

湄南河是泰国最为重要的河流，流域面积为18万$km^2$，占全国总面积的35%，年径流量为228.8亿$m^3$。泰国首都曼谷位于湄南河下游，市中心距曼谷湾40km，是全国政治、经济、文化、教育、交通运输的中心及全国最大的城市，人口约800万。

近些年来，湄南河多次遭受重大洪水灾害，1983年、1995年、2006年、2011年连续遭受特大洪水灾害影响，而曼谷则更是多次被洪水围城，是有其深层原因的。

1）从自然条件来看，湄南河流域属典型的季风气候区，是洪涝干旱等自然灾害易发区域。特别是随着全球气候变暖问题日益突出，降雨量的时空分布更加复杂多变，洪涝灾害发生发展的规律更加复杂，给洪涝灾害的防范带来了更多的不确定性。

另外，曼谷是著名的低海拔城市，尽管曼谷湾潮差并不大，但由于湄南河下游坡降平缓，潮位顶托影响很大（图1），近些年受全球气候变暖海平面上升影响，洪水威胁尤显严重。特别是曼谷在经济发展过程中大量抽取地下水，导致城市地面逐年下降，加重了曼谷城区洪水风险。据有关资料分析，地处冲积平原的曼谷目前平均海拔不到2m，而在气候变化影响下泰国湾的海平面在未来还有可能继续上升，因此，曼谷的防洪形势有可能继续恶化。

曼谷地势低洼，多河流，后来又挖了许多运河，到了19世纪，遂成为河道纵横的水上都城。但在曼谷经济起飞的20世纪六七十年代起，城市周边原有的一些排洪河道相继被填平，排洪能力急剧下降。这些都使得湄南河下游，尤其是曼谷的防洪形势更加严峻。

2）大范围的强降雨是湄南河2011年洪水灾害的直接原因。2011年6月下旬至12月上旬，湄南河全流域降雨达1439mm，比多年平均高出143%，特别是强降雨集中在8、9月份，形成了偏胖型的特殊洪水过程。这种洪水过程对于湄南河这种比降平缓、洪水传播速度缓慢的河道是十分不利的。从历史洪水资料分析结果

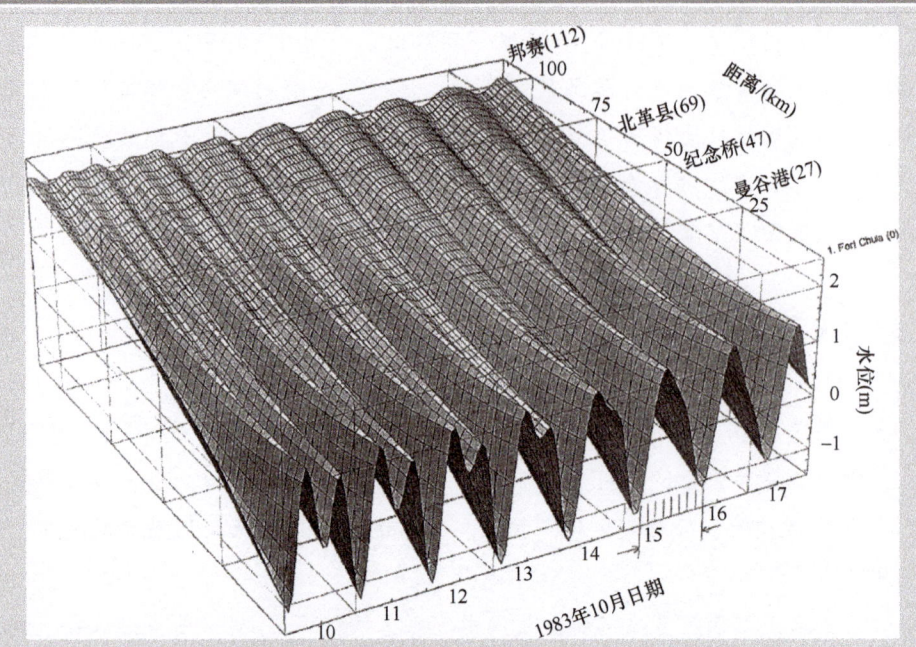

图1　湄南河下游河道1983年洪水水位变化三维过程图

看，2011年洪水的洪峰流量在近些年的几次典型洪水事件中并不是最大的，而造成的灾害损失却十分严重，这与2011年洪水的特殊形状是分不开的。如图2为湄南河下游控制站那空沙旺水文站实测得到的2011年，2006年洪水流量过程对比，可见2011年洪水的洪峰流量比2006年小20%以上，但大流量持续时间则较长，这种肥胖型洪水过程对下游平原构成严重威胁。加上下面将要谈到的河道萎缩等原因，致使下游地区雪上加霜，形成了十分严重的洪涝灾害。

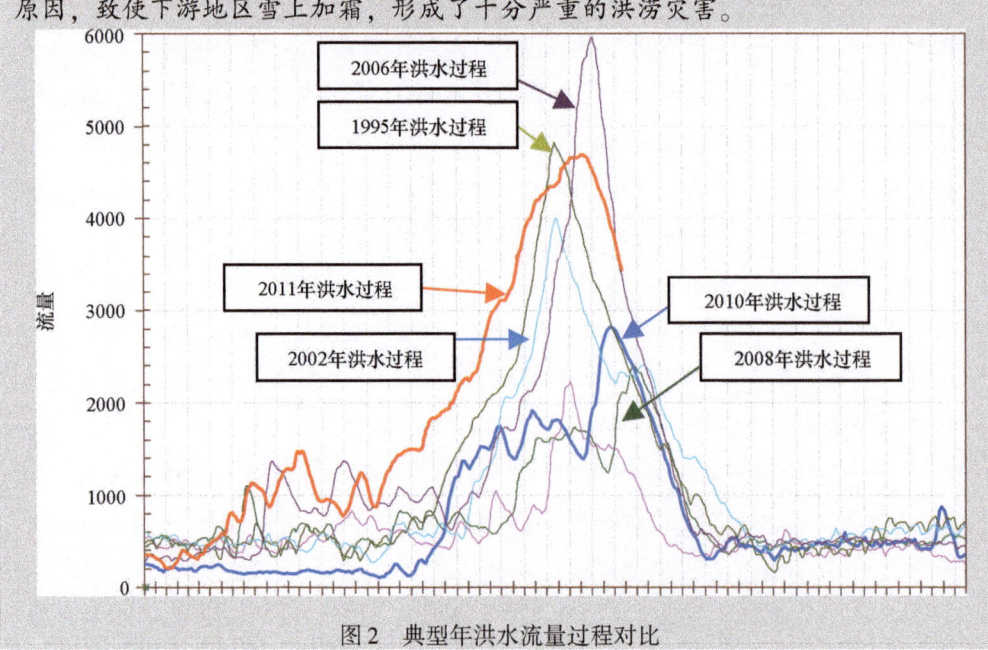

图2　典型年洪水流量过程对比

3）河道行洪能力明显下降。2011年洪水后，一些学者和技术人员对其洪水量级进行了分析，比较典型的是丹麦的DHI根据一些重点水文站的水位资料分析认为，2011年湄南河洪水达到了100年一遇以上量级。由于一场洪水过程中决定致灾特性的因子非常复杂，用某个指标来判断洪水特性往往并不准确，以湄南河2011年洪水为例，采用洪水总量、洪水持续时间、洪峰流量、洪水水位（不同水文站）等指标分析得到的结果差别很大，有些指标还可能受到其他因素的直接影响。如图2，对比2006年、1995年、2011年历次典型洪水过程发现，2011年洪水的洪峰流量明显小于1995年、2006年的洪水，这表明，湄南河下游河道有明显萎缩现象，行洪能力显著降低，因此河道过流能力的降低是造成2011年洪水灾害严重的另一个重要原因。

4）应急响应能力亟待提高。湄南河下游河道比降平缓，洪水行进速度较为缓慢，这对及时排洪入海较为不利，但对于人们争取时间采取应急响应措施则是相对有利的。通过制定行之有效的预案措施，有组织地开展应急响应，实施避险除险措施，是可以有效降低灾害损失的。特别是在洪水持续时间长的特殊情况下，有效的应急响应措施对于保证社会稳定，尽可能减少财产损失，避免人员伤亡十分重要。2011年大水之后，世界银行组织专家对湄南河2011年洪水灾害损失进行了初步统计，结果见表1。可以看出，以制造业为代表的工业园区损失达10 000亿泰铢以上，从泰国湄南河流域实际的地貌环境分析，通过有效的应急响应减少这类损失是完全可能的。

表1　湄南河2011洪水灾害损失分类简表

| 项目 | 损失估计/10亿泰铢 | 说明 |
| --- | --- | --- |
| 制造业 | 10007 | 主要为工业园区损失 |
| 旅游业 | 95 | 6~12月共6个月 |
| 家庭房屋及个人财产 | 84 | — |
| 农业 | 40 | 农业作物损失 |

## 2　泰国湄南河防洪策略评价

泰国是一个洪水灾害发生频繁的国家，尤其是国内最大河流湄南河的防洪问题长期以来受到泰国政府和相关部门的特别关注，早在19世纪初期，泰国即开始了湄南河流域的第一个总体规划，当时的规划主要集中在水资源利用上，对流域防洪考虑较少。1964年，湄南河上游建成了泰国第一座库容超过100亿$m^3$的大坝——普密蓬水坝，该坝坝高154m，总蓄水量达122亿$m^3$，1977年，另一座大坝昭披耶水坝在湄南河上游建成并投入使用，这两座水库虽然主要是为了流域能源供应和稻田灌溉，但在历次的洪水中也发挥了重要的减灾作用。早在20世纪80年代，特别是1983年大洪水后，泰国组织编写了第一个湄南河流域的防洪减灾综合规划，该规划主要集中在湄南河下游曼谷地区的洪水灾害问题，提出了在曼谷的北部和东部修建一定标准的防洪堤防作为主要防洪措施。1995年再次发生特大洪水灾害后，泰国政府及有关部门对湄南河的防洪问题进行进一步反思，开始了一系列湄南河流域防洪减灾研究工作。首先是根据1995年洪水实际情况，制作完成了下游地区洪水风险图，其次是由世界银行资助，泰国亚洲国际工程技术大学AIT为技术支撑单位开始了湄南河下游重点防洪规划，国外一些研究机构包括日本的JICA，丹麦的DHI等参与了规划的制定工作。该规划的重点是通过开辟分洪措施增加湄南河下游的排洪能力。主要是以流域数值模型为技术工具，调洪演算分析了两个不同分洪措施对于改善曼谷地区防洪形势的作用，这两个方案分别称为东线方案和西线方案。通过经济效益对比，并从工程可行性判断，规划推荐采用西线方案。该方案考虑在昭披耶大坝下游的湄南河上建闸，将部分洪水分至昭披耶河西边的 Tha Chin 河，充分利用该河下游的行洪能力，规划分水 $1000 m^3/s$，同时加大湄南河东侧已有的 Praong Chaiya-Nuchit 运河泄流能力辅助泄洪 $500 m^3/s$，两处分洪共计 $1500 m^3/s$，这样可以大大减轻湄南河下游，特别是曼谷地区的防洪压力（图3）。但由于各方面原因，该规划方案一直没有真正实施。

## 3 值得反思的几个问题

### 3.1 防洪减灾规划的可操作性至关重要

从上述有关描述已经看出，泰国在湄南河整体防洪规划上还是做了一些工作的，但可惜的是，大部分规划措施长期搁置而未能很好地实施，其中一个重要原因就是规划制定过程中对有关技术的可操作性考虑不足，致使实施困难。防洪减灾规划的制定应该全面考虑相关区域的宏观经济发展目标，充分论证技术实施的可行性和基本条件，并提出保障实施规划的相关措施。

### 3.2 工程措施与非工程措施的有机结合

经济发展与人口增加导致了快速城市化与洪泛地区经济活动更加频繁，洪水风险可能显著增加。如在城市洪水风险问题上，由于城市的快速发展，老城区人口增加，新城区快速扩张，洪水风险往往表现在老城区排水能力不足，新城区居民对新的居住环境不熟悉，对城市防洪特点不甚了解，最终造成了风险对象对面

# 第六章 典型案例分析

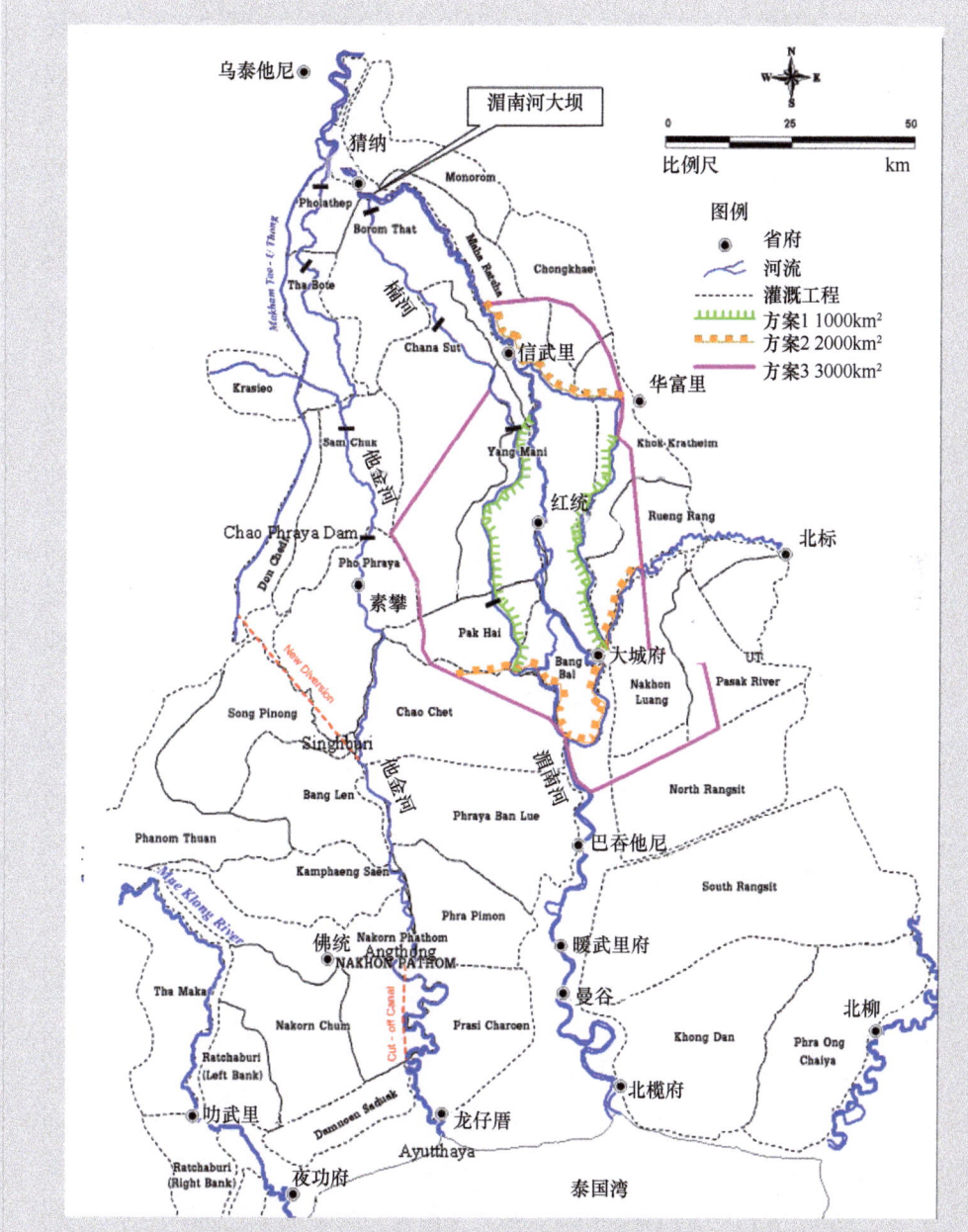

图3 湄南河下游防洪规划示意图

临的风险缺乏快速且正确的应对措施。其次，解决方法不一样。发展中国家的大多数洪水风险问题是由于工程措施不够所引起的。目前，加强非工程措施的概念往往是由发达国家的专家们提出来的，但必须清楚，非工程措施的作用是解决剩余洪水风险问题，只有当具备一定基础条件的工程措施时才能发挥出应有的作用。如在亚洲的许多发展中国家，亚行、世行，还有一些国际组织都投入了大量人力物力试图增强这些国家的非工程措施，但效果欠佳，往往只能就具体灾害过程临时应付一些较小规模自然灾害风险问题，不能从根本上解决区域内的可持续发展，对于稍大一些的自然灾害就更加无能为力。归咎其原因，缺乏必要的基础工程措施是重要的一环，更有效的方法应该是一定基础工程措施与必要的非工程措施相结合，才能实现高效的风险抵御能力。对于发达国家，基础工程措施是足够的，在已有的基础工程措施上再去扩张工程措施对于抗风险能力方面的投入产出比往往达不到期望值，相反，通过非工程措施来提高已有工程措施的效率反而能够达到事半功倍的效果。非工程措施的作用除了必要的基础工程设施外，还依赖于区域内人群对象的文化素养，大量非工程措施的作用都是通过具体人群的亲身实践才能够表现出来的，如预警预案的制定与执行；土地合理利用方案的制定与执行，都需要实际制定与实施的群体对象整体素质的提高。

### 3.3 国际洪水管理新理念的正确解读

近些年，国际洪水管理理论界强调了与洪水和谐相处，给洪水以空间的基本洪水管理理念，这些理念从简单的理论概念看无疑是正确的，但如何在防洪减灾实践中辩证地落实到具体措施上仍然存在较大的认识差距。以本次泰国洪水灾害为例，湄南河下游大量河道堤防的防洪能力较差，建设的规模和质量控制标准也不统一，洪水通过时经常发生漫堤溢流的情况，这种状况对于泰国盛产水稻的农业生产区无疑是利大于弊，但对于工业区和城市居民生活区就显得极为不适应。因此与洪水和谐相处要根据不同的环境条件因人因地而异，采取不同的洪水管理战略。

### 3.4 加强应急能力建设是提高减灾能力的重要环节

洪水灾害事件有一定的随机性，特别是在气候变化背景下，极端天气事件变得更加不可预见，许多以往可循的规律可能会被打破，这就需要提高人类对不确定事件的应急处置能力。从2011年泰国湄南河流域洪水灾害的应急处置情况看，泰国在应急准备、处置等方面还存在一些需要完善的地方。中国是洪水频发的国家，在应急准备与应急工程处置方面面临一些与泰国防洪减灾工作共同的问题，建议中泰开展合作，就湄南河流域的防洪减灾预案体系、洪水风险评价技术、防洪工程应急查险除险技术开展合作，提高两国整体防洪减灾能力。

### 3.5 统一指挥、协调行动是应急处置的关键

泰国湄南河本次洪水所带来的灾害影响是流域性的，受灾地区的主要症结是排水不畅，影响面广，牵涉因素多，统一指挥，协调行动十分重要。由于洪水持

续时间长，保证社会稳定，尽可能减少财产损失，避免人员伤亡是应急响应的主要目标，要达到这些目标，除了需要考虑工程措施和非工程措施二者并举的原则外，加强统一协调指挥是应急处置取得成效的关键。通过协调行动，充分考虑流域上下游左右岸的相关关系，将工程排险与人员避险相结合，设计撤离方案时要按多种不利的可能情况制定切实可行的综合行动方案。

湄南河中下游的防洪应急处置工程措施主要集中在如何加快排水速度，需要从整个受灾地区的整体形势考虑切实可行的排水方案，本次灾害应急处置过程中，泰国有关方面对下游局部地区通过泵站抽排措施进行排水考虑较多，由于上游洪水还在源源不断补充，在下游局部通过泵站排水的效果并不是很理想，实际减灾作用有限。从湄南河下游整个区域的河道分布特征看，通过区域内整体协调考虑，综合利用流域支流河道和其他排水渠系从湄南河中上游合适的位置做较长远的排水安排可能更加有效（如泄流渠泄水、泵站抽水、虹吸排水等）。

实施上游工程排水措施后，下游堤防溃决的可能性依然存在，为尽可能减轻灾害，在实施上游排水工程措施的同时，在下游应同时开展相关措施确保堤防安全是重点。实践证明，国内采用的汛期巡堤查险，及早发现险情，尽快施以除险措施，确保堤防安全的一系列措施是行之有效的。泰国湄南河的洪水过程发展缓慢，大多数堤防规模并不大，有利于险情的预警和处置，只要及时发现险情并及时处置应该是能够控制洪水灾害的扩大和发展的。根据已有资料及水文、气象预报，预警堤防漫溢的时间和位置，再预估应急处置中不同施工手段和设备及其调运到现场的可能性、现场施工条件、工程量、施工的难易程度、参建队伍的施工能力等，从而大致推求实施工程措施可用的时间，为工程措施方案制定提供时间依据。但在这方面，泰国的相关措施明显不足，很多险情从预警到处置都不够及时和恰当，在一些地方造成了不必要的灾害损失。

## 4 结论

洪水灾害的发生是不以人的意志为转移的，重要的问题是人们怎样以积极的态度去应对，尽可能减少灾害损失。2011年泰国湄南河的洪水灾害对于泰国人民是一场难以忘却的灾难，对于世界也是一次重要的经验教训。它告诫人类，自然灾害不可避免，任何侥幸心理都是不现实的。

（本文发表于《中国工程科学》2013年第4期）

## 三、多瑙河水污染事件

随着工业和城镇的发展，近年来突发水污染事件逐渐增多，影响也越来越广泛。仅以最近的3次水污染事件为例来说，2013年12月，中国杭州发生自来水异味事件，影响整个杭州市居民饮水，浙江省环保厅组织有关部门对水样开展检测，基本认定引起异味的主要物质是邻叔丁基苯酚，并对涉及该类物质的企业采取停产停排等控制性措施，之后还进一步加大对河流沿线执法监管力度，加强污染综合整治，重点建立上下游区域联防联控、重点企业自查自证、重点企业监管抽查、饮用水源预警监测、自来水厂应急响应等5大机制来保障饮水安全。2014年1月9日，美国西弗吉尼亚地区发现自来水异味。随即，环保部门展开大检查，发现当地一家化工厂化学品贮藏罐发生泄漏，流入该州州府查尔斯顿附近的埃尔克河，并影响位于河流下游的西弗吉尼亚美国供水公司水处理厂，影响自来水用户约30万人。由于事故检测、受污水源排水等过程复杂且耗时，此次污染事件的后续影响持久，受影响地区餐饮停业、学校暂时停课。事发后，当地政府第一时间宣布进入紧急状态并及时采取一系列措施，控制了事态的进一步恶化。2014年4月10日，中国兰州市威立雅水务集团公司检测显示，4月10日17时出厂水苯含量高达$118\mu g/ml$，22时自流沟苯含量为$170\mu g/ml$；11日2时检测值为$200\mu g/ml$，均远超出国家限值的$10\mu g/ml$，发生苯超标事件。事件导致兰州市西固区停水，主城区市民自来水使用受限。接到报告后，甘肃省迅速启动公共突发事件的相关预案，兰州市成立自来水苯指标超标事件应急处置领导小组，连夜安排有关部门进行监测复核，并立即启动应急预案，迅速采取有效措施，做好应急处置，向水厂沉淀池投加活性炭，吸附有机物，降解苯对水体的污染，停运北线自流沟，排空受到污染的自来水，南线输水管道正常供水等措施化解事件影响。至4月12日，事故调查表明，此次自来水苯超标系兰州石化管道泄漏所致。经过几天的奋战，至4月15日，兰州主城区的城关、七里河、安宁、西固四区全部解除了应急措施，全市自来水恢复正常供水。这三起水污染事件在当时影响广泛，但是相比2006年蒂萨河水污染事件来说，其只能算"不太严重"的污染事件。

中国国际界河和跨界河流众多，且大多位于河流上游，一旦发生事故污染，必将对下游国家造成不利影响。2005年发生在松花江的污染事故，为我国跨界河流的水环境保护敲响了警钟，对如何应对突发事件提出了新的挑战。2006年1月，作者率中国水利代表团赴奥地利、匈牙利和罗马尼亚三国，对多瑙河流域管理及国际合作进行了访问考察，调研了多瑙河流域管理模式及其国际合作有关情况，并重点了解蒂萨河水污染事件处置情况（图6-60）。在处理此次跨界污染事故中，国际公约、区域条约和双边协定发挥了重要作用（刘宁，2010）。此外，国家间的良好关系和有效的双边机制也是解决事故影响的关键。在这些方面欧洲为我们提供了很有价值的借鉴。

图 6-60　蒂萨河水污染示意图

## （一）事件基本情况

### 1. 事件发生情况

世纪之交，多瑙河可谓命运多舛。1999 年，多瑙河遭受了科索沃战争带来的一场浩劫。在北约轰炸了南斯拉夫的潘切沃石油化工综合企业和诺维萨德炼油厂后，大量有毒污染物质流入多瑙河及其支流，并向下游地区扩散，对那些使用多瑙河河水的城镇构成了威胁。

2000 年 1 月 30 日，罗马尼亚北部地区奥拉迪亚镇一座由罗马尼亚和澳大利亚联合经营的乌鲁尔金矿污水沉淀池发生泄漏事故，大量氰化物及铅、汞等重金属有毒物质流入多瑙河的支流蒂萨河。3 月 15 日，位于罗马尼亚西北部的巴亚伯尔砂矿区一个蓄污水池的围堰突然破裂，含有大量重金属废料的污水流入匈牙利境内的蒂萨河。污水顺流而下进入多瑙河，匈牙利、南斯拉夫、保加利亚等多瑙河下游国家深受其害（图 6-61）。

### 2. 事件特点

（1）连续两次污染导致"雪上加霜"

蒂萨河是多瑙河的一条支流，是一条比较重要的国际河流，从匈牙利东部流入南斯拉夫，并在其首都贝尔格莱德附近约 50km 的地方汇入多瑙河，为沿岸国家、城市和人们提供了丰富的水源、水产和优美的风景。

图 6-61　多瑙河的渔民正在打捞河中的死鱼

图片来源：http://news.sina.com.cn/w/156063.html

2000年1月30日和2000年3月15日，蒂萨河流域连续发生两次严重污染事故。相距仅6周时间，给流域生态环境和两岸居民生活生产带来不可挽回的严重影响。

(2) 污染物数量多毒性大

罗马尼亚奥拉迪亚镇乌鲁尔金矿的氰化物废水大坝漫坝，导致大约10万 $m^3$ 含有氰化物和其他各种重金属物质的工业废水泄入附近的拉奥什河，接着进入索梅什河。整个被氰化物污染的水域长约10km，污染河水顺流而下，流经匈牙利整个东北部地区400多千米长的蒂萨河。到2月11日，被污染的蒂萨河河水在与匈牙利接壤的卡尼扎小城一带进入南斯拉夫境内，随后在那里进入多瑙河。2000年3月15日的污水泄漏事故使蒂萨河至少20km的河面全部变成黑色。

与罗马尼亚紧邻的匈牙利，首当其冲地成为这场特大环境灾害的受害者。在发生污染事件最初的日子里，据估计当地政府和居民收集到200多吨腐烂的死鱼，随后，这一数字增加到1241t。以鱼为食的动物——水獭、狐狸、各种鸟类也成为其牺牲品。进入河流系统的污染物进一步扩散到匈牙利的东部地区，并且春季洪水引起的第二次溢出——约有2万多立方米毒泥浆进一步混合在1月的毒水中。后来测试结果表明，溢出物里含有铜、铅、锌。罗马尼亚官方称，氰化物的浓度达到7800mg/L，而容许水平是0.1mg/L。当时已发现罗马尼亚共存在109处潜在污染源，这些污染源在任何时候都可能释放出有毒废物。

(3) 污染影响范围广、时间长

污染泄漏的累积效应对环境具有相当大的影响。有毒河水污染了正在生长的优良农地、果园和葡萄园。有毒物质在土壤中渗透，对土壤造成长期损害。按照相关专家的观点，水在相当短的时间内就可以变得清洁，然而由于土壤的缓释作用，蒂萨河中的氰化物浓度要回到以前的状态约需要 15 年的时间。当时欧盟专家小组估计，在受污染地区，一些特有的生物物种将灭绝。有关专家说，至少需要 20 年才能恢复生态平衡。

蒂萨河生态系统食物链的污染、生命的破坏，严重损害的不仅仅是鱼和其他动物以及植物，还给大约 2.5 万居民带来了苦恼。食物链、环境、休闲旅游、经济都受到了影响。由于水受到污染，从河中获取饮用水、钓鱼、游泳等活动都被禁止。蒂萨河和其他受到污染的河流、湖泊中残留下来的为数不多的鱼也被认为不适宜人类消费，渔民、鱼商和饭店因此失去了生计，以前受欢迎的旅游度假胜地变得空无一人。

(二) 事件应对特点

1. 及时通报，全力应对

事故发生后，根据有关国际公约和罗马尼亚与匈牙利签署的双边保护协定，罗马尼亚方面及时向匈牙利通报了事故情况和可能危害。但由于事出突然，罗马尼亚政府没有来得及采取更有效的措施来限制污染物向下游输送。接到罗马尼亚政府关于污染事故的通告后，匈牙利中央政府和地方政府立即公告民众，并组织、调动物资为应对事故开展准备工作。匈牙利政府立即关闭以蒂萨河为饮用水源的所有自来水厂，同时在蒂萨河沿岸城镇大量张贴公告，告诫居民不能饮用河水，更不能吃河中的死鱼。匈牙利总理维克托还下令成立了一个特别委员会进行损失评估，为赢得国际诉讼做准备，也为善后清理工作提出措施。

2000 年 2 月 12 日，沿蒂萨河两岸所有原南斯拉夫城市官员汇集，进行紧急磋商，会议发出紧急呼吁，期望蒂萨河两岸的民众想方设法打捞河中的死鱼，以免造成二次污染；要求沿岸两国所有餐馆、饭店取消菜单上的鱼。

2. 国际社会援助高效务实

事故引起了国际上的广泛关注，获得了大量的国际援助。事故发生后就有 200 万个沙袋运送到沿河防范工作中最危险的地段，此后 6 天内，约有 576 万个沙袋运送到匈牙利。国际协作大大超过了受污染影响居民的期望，其中最直接的重要帮助主要来自乌克兰、波兰、捷克斯洛伐克。美国提供了价值 24.5 万美元的援助，包括沙袋、发电机、链锯、帐篷、毯子、睡袋、胶靴、防水衣、食品、集水箱等。

由于洪水的影响，Tiszaliget（索尔诺克市邻近最大的地区）周边受到严重威胁，加上这个地区的特殊位置，大坝加固任务迫在眉睫。为了实施这一工程，索尔诺克市从DEZA和瑞士灾难管理局收到了34.2万瑞士法郎捐赠。索尔诺克市的姐妹城市以及国际上的友人也都捐赠了资金、沙袋和消毒剂等物资。

### 3. 责任追究及索赔争议大

事件发生后，罗马尼亚政府、匈牙利政府和原南斯拉夫政府委托联合国环境规划署着手对此次事故的损害进行科学评价。来自14个国家的25名专家组成调查组前往受害地区，考察了事故的破坏程度。在事故后实施了"蒂萨河调查（ITR）"项目，之后保护多瑙河国际委员会（ICPDR）又开展了多瑙河联合调查项目（The Joint Danube Survey, JDS）对蒂萨河污染进行研究。

匈牙利国会环境保护委员会在考察了损害报告后，按照损害评估结果对外宣告了污染灾区是"自切尔诺贝利核泄漏事故以来最严重的环境灾难"。实际上，早在1999年罗马尼亚政府就多次向埃斯梅拉达公司发出书面警告，明确要求这家企业立即检查所有的污水处理设备，确保氰化物等危险物品的储存安全，而这家公司根本不听警告，事发后对应负的责任也一再推诿。对于埃斯梅拉达公司的这种做法，匈牙利民众感到极其愤怒，纷纷走上街头举行抗议游行。最后的结果是：罗马尼亚总理下令调查泄漏原因，国家环境部长提议成立一个联合委员会评估事故的危害程度；埃斯梅拉达公司则表示要帮助匈牙利清理被污染的区域，但强调这种行为仅仅是"善意"的帮助，而非责任问题。

污染事故发生后，匈牙利和原南斯拉夫政府正式要求导致这起事故的责任方进行赔偿，但有关方面在事故的责任追究及索赔问题上争执不下。

匈牙利向金矿公司提出约1亿美元的赔偿要求，埃斯梅拉达公司承担50%，罗马尼亚政府承担45%，其余由私人投资者承担。匈牙利政府同时希望该金矿能够改进冶金技术，安装氰化物分解设备，为剩余水排放做好准备，重建水坝体系，并建造应急大坝。

埃斯梅拉达公司起初拒绝承担任何责任，在进入"自愿管理"阶段——破产程序的第一步后，罗马尼亚以矿主正在办理公司破产手续为由，对走出国界的损害责任进行了争辩。

匈牙利政府官员表示，匈牙利和罗马尼亚之间由于蒂萨河受污染而出现的损失赔偿问题应当通过外交途径而不是通过打官司来解决。除了恢复蒂萨河的生态平衡外，匈牙利和罗马尼亚两国还应致力于本地区的长远发展。双方的合作不仅有利于两国之间这一问题的解决，而且也有助于合理使用国际社会为此提供的资金。

## (三) 启示

### 1. 完善的法规预案和应急机制是快速反应的先决条件

国际法规关于跨界河流水污染防治和突发事件处置的原则主要有五个，一是毫不迟疑地迅速通知其他可能受到影响的国家；二是立即采取措施预防、减少和控制污染；三是谁污染谁付费；四是双方协商解决；五是协商不成可将争端提交国际法院（即海牙国际法庭）或国际仲裁。

此次污染事件中，匈牙利政府接到通报后迅速反应，公告民众，关闭自来水厂，并组织、调动物资应对事故的到来。这些及时的反应，避免了人员伤亡。对国际河流来说，要针对各种可能发生的突发事件，建立预测预警系统，提前开展风险分析，并根据预测分析结果，对可能发生的跨界河流突发事件进行预警，以迅速应对可能发生的突发事件。同时要提高应急处置技术，完善应急装备及设施，加快建设跨界河流应急管理信息平台，形成跨界河流应急管理的科技支撑体系。从长远考虑，还应研究建立必要的跨界河流应急机制，做到统一指挥、反应灵敏、功能齐全、协调有序、运转高效，科学有序地开展跨界河流突发事件应急处理工作。同时要与各方建立固定的双边或多边应急协调机制，确保接触渠道和信息畅通，及时沟通情况，加强协商，研究对策，快速反应，以便共同应对跨界河流突发事件。

### 2. 工业布局应该考虑防灾减灾的需求

导致这次重大污染事故的原因是工矿企业存储工业废水的大坝先后发生了漫溢或破裂，而其下游没有拦截措施，污水直接流向河流，由此引发大面积污染。如今，随着经济社会的发展，不仅工矿企业数量大为增加，各种化工企业、核工业更是增长迅速，这些企业一旦发生事故，造成的损害更为严重和深远。因此要强化对工业布局规划的指导，将防灾减灾的需求纳入规划、建设和生产过程，尤其是对可能导致危机的生产部门或公司布局，以及可能导致生产事故因素的预先防范应该有所考虑安排，以免一旦发生灾难性事故，波及范围无法控制，要预先制定有效的拦、截、引、消等应急措施，尽最大可能的将突发危机事件化解于无形，或将损失降到最低。

### 3. 国家间常规合作机制更显应急突发处置策略的意义

污染事故发生后，罗马尼亚、匈牙利和南斯拉夫三国立即加强合作，共同研究制定应急措施，及时邀请有关国家和国际组织的专家对事故造成的影响进行评估，并将评估结果向公众宣布，缓解了公众的担忧。同时三国于2000年3月25日签署了联合采取有效措施防止河流污染的协议书。根据协议书，三国将各派3名专家成立三方工作委员会，对各自境内蒂萨河沿岸可能的污染源进行分析，并依据国际标准进行风险测试；同时建立短期和中长期计划，加强河流预警系统的现代化建设，严格水质监测制度，及时、准确地对水样数据进行分析和处理。

为应对此类突发事件，国家间应制定多方合作公约，以便开展国际间救援和事后有效处置，不至于因上游国家的一些应急处置措施不当和索赔争议而导致下游国家或地区灾害加重或局面更难以应对，甚至造成国家关系紧张。从这里可看出，建立国家间的常规管理协作机制，对应急事件的突发处置策略更具现实意义，因之也更彰显出统合管理的必要性和重要性。

# 第七章 公共安全工程统合管理策略

## 第一节 适应性策略分析

### 一、新时期适应性策略要求

正如第四章论述，新时期公共安全工程管理适应性策略需要与"以人为本"的理念相适应，与经济社会发展相适应，与生态文明建设相适应，与法治社会建设相适应，与创新型国家建设相适应。通过统合管理的理论研究和公共安全典型案例分析，可以发现现代社会对公共安全事件的敏感度在增加，社会公共安全工程管理的要求在提升，相比而言，随着社会财富的集聚和社会发展构成以及自然开发程度的变化，公共安全的风险发生概率也在增加，而安全保障能力和安全管理水平能否与之相适应，给公共安全工程管理策略提出了严峻的挑战和更高的要求。作者认为，基于传统单一管理模式下的策略已难适应这一挑战和要求，从管理的过程来看，常态管理应该是应急管理预防与准备的延伸，也是应急管理工作制度化、程式化后的结果，这是常态管理与应急管理最初层级上的关系，更是近代管理科学发展在更高层级上提出的新要求，两者不再是简单的关联关系，而是在各自形成了管理理论、方法，并有着非常丰富的实践积累基础上，符合当今社会发展要求和公共安全工程管理需求的一种再融合的统合管理过程和方式。这种方式，无疑是现代适应性更好的公共安全工程管理策略之一，在这样的管理方式下，需要充分考虑安全事件风险发生概率、过程、效应和措施的有效性、主体的适应性等因素，研究构建新时期公共安全工程管理的策略框架。这一策略框架的特征，突出表现为以下六个方面的转变或升级。

1. 从"危机管理"向"风险管理"转变

危机的产生实质上是风险孕育的过程结果。随着现代科技进步和全球化发展，各类风险和灾难性事件的影响范围和程度随之不断扩大，正所谓"蝴蝶效应"混沌现象可以在大尺度空间和时间上得以实现，这意味着全球性的风险社会已经到来。一般认为，现代社会中由于人口增长、科技进步、生态环境恶化以及社会冲突等因素的存在以及它们之间的相互作用，使得各种类型的危机由潜在状态转变为公开发作状态的概率大大增加。而且随着信息化、网络化、全球化、城镇化以及贫富差距等因素的不断强化和扩大,危机一旦发生就会造成巨大危害的概率也大大增加。一个社会若缺乏有效的危机预防和权变管理能力以及社会管理能力,则会加剧灾难给人类造成的危害和损失(刘庆顺等,2011)。可见,随着危机管理参与主体的多元化,单一危机背景下的应急管理已经无法适应,这也是公共安全事件应急管理常态化的必然要求和前提。实现从"危机管理"向"风险管理"转变的目标,需要并且有了充分的条件,那就是现代社会已具备应用最新科学技术、可最充分利用的资源、最机动而雄厚的力量来实施监测、预警危机事件发生的风险概率,并加以积极而有效的应对处置。关键是如何设定并执行好相对于这些需求和应对的管理策略,这不仅要依靠政府自身的力量,还要充分动员吸纳社会力量参与公共安全工程管理,从而有效运用公共安全常态与应急统合管理方法,真正实现社会发展与安全保障的转型与升级。

### 2. 从"事中管理"向"全周期系统管理"转变

尽管应急管理常常表现为在危机事件发生后才被人们注意的一种"事中管理"状态,但大量案例表明,应急管理实质上是对一个系统工程进行管理的过程,需要从系统的角度思考和寻求解决问题的办法。因此,看待和处置危机事件必须兼顾事情的前端与后缘,即从风险事件的中段拓展至整个过程,实施"全周期管理"。这就需要在管理中统筹兼顾风险事件的前应急管理时期、应急管理时期、后应急管理时期,针对不同时期的特征选取适宜的处置办法。

其中,前应急管理时期往往就处于常态管理之中,一般可分为缓解和预备两个阶段。在缓解阶段,管理任务的重点是分析宏观形势,筛查潜在风险源,评估各种危机情景的发生过程及影响程度,初步确定重点风险因子或风险防控重点对象,制定风险防控预案等;在预备阶段,重点是做好应急救援的前期准备工作,包括具体实施计划、建立预备队伍、筹集调拨应急物资、检查应急救援设施、开展应急救援演练等活动。应急管理时期,即通常所说的"事中管理",其关键就是把危机或风险控制在最小范围内,为实现这一目标可以在现实允许范围内采取各种措施或手段,包括实施应急管理预案、采取临时管制措施等,其目的都是为了有效处置公共安全事件的影响,降低人员和财产损失,保障社会安全、稳定。在后应急管理时期,其过程就是应急措施逐步回归常态,处置应急管理时期遗留的一些短期无法解决的问题,如对受灾人员心理健康的维护、社会环境和社会秩序的重建等,并对应急管理的效果进行总体和专项评估,总结经验教训,根据需求将一些应急管理措施常态化、制度化,真正实现公共安全问题的"全周期系统管理"。

### 3. 从"单一目标管理"向"多目标综合管理"升级

传统公共安全工程管理理念是建立在对单一灾害的预防和救援目标基础上的,而现实中往往是多个灾害同时发生,例如,日本"3·11"大地震发生后,又发生巨大海啸,海啸破坏了沿海的核电厂引发核危机,同时还伴随着卫生、饮水安全等多方面的问题。随着人们对公共安全工程管理的需求和要求日益提高,单一的有效目标管理,显然不能够合理统筹分配政府和社会救援力量。面对可能引发的新危机,必须充分考虑生命、生产、生活等方面的目标需求,并结合现代3S技术、雷达监测技术、核物理技术、现代通信技术、计算机网络技术等一大批现代科学手段,实现从"单一目标管理"向"多目标综合管理"相结合转变,建立科学的公共安全工程管理、监测、评估体系,全面提升公共安全工程管理能力和管理水平。

### 4. 从"特定事件时段管理"向"多尺度时序管理"升级

传统的应急管理工作模式是短时应急管理,即在危机事件发生后或紧急状态出现后才对事件作出必要反应,临时组织动员、集中资源,在短时间内较少顾及成本地投入大量人力物力进行危机事件的化解和减灾,这往往给人一种"临时抱佛脚"的感受。这种应急管理模式应对眼前的多、考虑长远的少,着眼局部的多、考虑全局的少,立足"抗"的多、考虑"防"的少。若要多维、有序、高效地应对危机事件,就应该从多尺度时序上考虑安排应急管理的方案措施,这就要求实现从"特定事件时段管理"向"多尺度时序管理"升级。从长期宏观发展战略层次上,以灾害演化规律为基础,将各类灾害在不同时期的状态纳入到区域公共安全工程管理规划和应急预案之中;在中尺度时段上,划定风险区划,并据此优化防灾、救灾资源和人员布局;在短尺度时段上,编制应急预案,保障灾害应急救援及时展开。这样的管理升级,需要有针对性的策略支持,无论是从宏观尺度上研究的、中观尺度上布局的、还是特定事件本身处置的,都应有相应的人力、财力、物力保障。

### 5. 从"不完全信息决策"向"多源信息科学决策"升级

观察典型案例的常态管理与应急管理的实际统合过程,不难发现,高新技术的运用,尤其是信息网络技术的运用更值得重视。利用信息技术、网络技术打造"电子政府",是西方国家20世纪末开始的政府管理领域的重大变革。在我国,广西壮族自治区南宁市就利用先进通信技术,创建了现代化的城市应急联动系统;北京市海淀区也利用信息技术建立了全国第一个公共卫生安全监测体系。因此,把高新技术手段运用到公共安全工程管理工作中去,是实现传统的"不完全信息决策"转变为"多源信息科学决策"的重要途径,有助于促进科学高效的预警机制和决策机制建设,有助于提升公共安全工程管理决策制定的科学性、及时性与有效性。在高科技应用上,应注意减少技术运用的"盲点"和"误区",提高技术抗干扰能力,防止决策信息的不合理泄漏。

### 6. 从"各主体分离应对"向"多主体联动应对"升级

以往在面临公共安全危机时，通常是基于现有的社会管理体制与机制，由各部门分别组建救援力量参与相应领域的救援工作，虽然一般也会成立临时的指挥机构，统一协调应灾救灾工作，但总的来看各部门"各自为战"的现象还是非常明显，基本属于一种分离式的危机应对方式。在公共危机爆发时，社会绝大多数都是期待政府来应对。这是有道理的，政府是公共安全事件应对的主体，把它的责任往高处定义既符合中国传统，也符合当今社会政治制度的价值取向。但在实际的应对中，公民个人的应对能力在第一时间是无可替代的。再强大的政府应对能力也需要时间到达和展开，而自我力量始终伴随个体存在，自我应对能力强的人显然能多一份安全。在很多公共安全事件中，人员伤亡原本可以避免，协作不紧密和个人关键时刻处置失当都可能是悲剧背后的原因。在公共安全事件威胁面前，政府和个人无疑是一个应对公共安全事件的共同体，因此加强个人应对能力的培训与提升政府管理能力同等重要。然而，无论是自然灾害还是社会安全事件，通常涉及医疗、通信、交通等诸多方面的多个部门，有时甚至需要动用全社会的力量投入抢险救灾，需要从灾前预防、灾中救援、灾后重建等不同时期、不同范围内合理安排政府机构、非政府组织、志愿者，及社会团体的人力、物力、财力、资源等参与灾害应对全过程，通过建立和实施社会系统立体综合应对体系以最大限度地减少人员伤亡与财产损失。各主体分离还是多主体联动直接关乎危机事件处置应对的成本和效率，在某种意义上也关系着危机事件处置的成败与否，甚至还关联着社会的发展和矛盾。因此，在公共安全事件应对中，坚持预防为主、防抗结合的方针，在科学减灾理念的指导下，使政府、社会和公众在灾前准备、灾中应急、灾后恢复与重建的减灾全过程中，形成一个有机的整体，实现从"各主体分离应对"向"多主体联动应对"升级，具有十分重要的意义。

## 二、适应性策略要求统合管理

通过上述6个方面的分析，可以发现，新时期公共安全工程管理需要常态与应急统合策略，简要表述如下：

一是在风险管理方面。要将极端事件还原重置于事件的整体序列之中，识别事件发生的概率和后果，通过常态的管理降低其发生的概率，通过应急处置降低其发生后的负面效应，因此这是一个常态和应急统合管理的过程。

二是在全周期系统管理方面。就是要认知公共安全事件孕育、发生发展、终结停止以及效应消除的全过程，并针对不同发展阶段采取相应的措施进行"防"或"治"，因此这更是一个常态和应急统合管理的过程。

三是在多尺度时序管理方面。应急事件一般持续时间相对较短，否则将转化为常态化事件，而多尺度时序管理的思路是将长、中、短时序的管理进行系统合成，将长时段尺度的规划、中时段的计划和短时段的处置有机地结合起来，管理决策目标面向于公共安全的整个系统，包括常态和应急两类情景，因此这也是一种常态和应急统合管理的方式。

四是在多目标综合管理方面。公共安全工程管理实质上是一个不同需求之间的协调和博弈过程，常常需要在紧急状态下放弃一些常态的目标，以强化对基本的、重要的目标的保障，而在常态管理中，要考虑特殊情景下目标保障的需求，因此这也有常态和应急统合管理的意义。

五是在多源信息科学决策方面。不同的公共安全工程管理目标，通常对于基础信息精度的要求是不一样的。一般而言，管理的时段越短，其信息所需的精度就要高。比如常规水质监测的频次为每月1次，而突发性水污染事件的水质监测频次要密集的多，甚至要进行实时监测。因此，多源信息采集与管理系统的建设也需要考虑常态和应急统合的问题，既要针对常态管理需要进行大范围、稳定频次、系统性的监测，也要考虑应急管理的需求，建立小尺度、专项性、移动式的监测系统，对比特殊信息与常态信息的关系，防止信息不足、信息噪声和信息冗余，实现科学决策。

六是在多主体联动应对方面。由于公共安全应对的常态和应急参与主体有很大不同，比如军队和NGO组织，只有在情况紧急时才会参与到相关领域的危机应对中来。因此，公共安全多主体联动参与或应对系统的建立，其核心是常态和应急统合管理机制的建设。

由此可见，公共安全统合管理在一定意义上是现代公共安全工程管理适应性策略的核心问题和策略本身，也是该策略研究制定的方法和基础。无论是从已经发生并处置的典型案例去观察分析，还是从现代管理科学发展的要求去认识探究，常态与应急统合管理都是现代社会公共安全工程管理乃至社会公共管理的实践积累和有效方法，也是新时期社会公共安全工程管理适应性策略的"呼唤与需求"。

## 第二节 统合管理策略总体构想

公共安全常态与应急统合管理的核心是把常态与应急管理策略有机结合起来。因此，在这一统合策略下，重点建设公共安全法律法规及预案体系、公共安全工程管理体系、公共安全运行体系、基础信息支撑体系、工程技术体系、管理调度体系等六大内容，提升常态与应急统合管理关键能力，是公共安全统合管理系统建设的基本框架要求。

## 一、基于统合管理理念的公共安全法规及预案体系设想

公共安全工程管理离不开法律法规的授权与规范,其意义在于为政府部门及相关机构的管理行为提供法理基础,包括涉及公共安全的基本法、专门法律和预案体系等多个层面。从公共安全工程管理的需求出发,法律法规也是公共安全常态管理建设的一项重要内容,需要在立法阶段就将常态与应急统合的理念贯穿其中,使各项法律法规和预案在平常状态下发挥"防灾"作用,在应急状态下发挥"减灾"作用,形成应急管理体现常态管理、常态管理协同应急管理的立法、执法和普法体系。

第一,公共安全基本法律体系建设。从法律层面来说,当遇到突发性公共安全事件,进入应急管理意味着应急法律与管理手段将发挥效力,常规法律赋予公民日常的一些权利就会受到限制,那么这样就会带来问题:由应急管理取代相应常态管理的行为是否合法,在什么样的状况下是合法的,其合法的依据是什么?对于公民来说,有权利知道判断其是否合法的理由是否真实,是否具有客观必要性,政府必须按照法律准则给公众一个可以检验的"说法"等。以中国为例,很多时候避险转移是有效应对灾害的方法,但在什么条件下启动避险转移,转移多少人员,持续多长时间,转移后的安置和补偿等都会涉及此类问题,在一定社会条件下,很难仅仅用"生命安全第一"这样的概念去说服公众并解释相应的行为。《宪法》的有关条款及《突发事件应对法》能够回答一些有关这方面的问题,但是公共安全问题涉及面广,不确定性因素众多,现状应急和常态相关法律法规仍然存在一些空白、衔接不明甚至冲突,还需要不断结合统合管理实践开展法理策略研究,根据形势变化修改完善相关条款与具体办法,明确政府必须遵守的法律程序、规范行为和监督管理。

第二,公共安全工程管理实施层面的专门法律体系建设。针对公共安全灾害类型多样、变化情形难以准确预料等问题,国内外大多数国家都采取在基本法律框架下制定专门的灾害应急法律法规予以应对,如中国的《防洪法》《森林法》《消防法》《传染病防治法》《保险法》等。这些专门的法律法规根据相应的技术规范和一般规律,结合实践经验来制定特定危机情形下的防治与管理途径,包括对紧急情况下物资、设施、人员的征用和补偿程序等,从而在应急管理过程前后有效保障公民合法权益,实现应急与常态法律在操作层面的衔接与过渡。现在面临的问题是已有的专门法律法规将应急与常态统合策略考虑得是否充分,还有哪些方面应该制定专门的法律法规,以及这样的专门法律法规在现代社会发展需求中适应性如何,是否是唯一的或富有实效的统合管理意义上的法律策略体系?

第三,公共安全操作层面的各类安全事故预案体系建设。基本法和专门法律解决的是应急状态下管理主体实施管理行为的方向性、原则性问题,而在实践操作中如何快

速、有效地采取应对措施,就需要建立各级、各类应急状态下的预案应对体系,包括应急预案管理办法、突发事件分级标准、预警响应的级别划分、应急预案编制规范等。至关重要而又直接关系着公共安全工程管理能力与水平的是,如何进而将各类应急预案体系建设及具体实施推进至城镇社区、企业、农村等基本单元,扩大预案体系覆盖面,真正做到"纵向到底、横向到边",并在科学测报预警的情况下,充分发挥应急预案的强制性作用和行动指南功能,体现现代公共安全工程管理的需求,这也是统合管理策略的着眼点和着力点所在。

## 二、面向统合管理需要的公共安全工程管理体系概念设计

常态与应急统合管理是一个非常复杂的系统工程,需要政府机构内部、国内非政府组织、国际相关机构组织实现多维度、多层次的联合互动,形成高效的协作机制。

第一,理顺政府各级机构在公共安全工程管理中的职责关系。绝大多数突发应急事件涉及多个政府部门,在日常工作中就需要合理解决各部门、各级管理机构之间的职责关系,使各部门或机构对自身在公共安全事务处置中明晰角色定位,做好自己该做的事情,避免行动无序导致效率不高或造成不良后果。要做好这些,首先需要建立一个综合协调机构来统一指挥,实现对多部门、多机构的人力和资源等的科学调配;其次,需要对公共安全事件类型进行系统分类,明确各类灾害事件的管理责任主体,尤其是在多部门、多领域交叉的安全事务中更需要明确;再者,需要处理协调好常态管理机构或部门与应急管理机构或部门之间的协作互动关系,完善关联决策机制,建立强有力的统合管理组织体系。

第二,完善政府机构与非政府组织之间的协同关系。非政府组织是公共安全事务管理实践中不可或缺的力量,必须加强政府机构与非政府组织协同机制建设,弥补政府在公共安全工程管理中的不足。首先,政府需要从法律层面为非政府组织的建立与运行提供支持与活动空间,既明确非政府组织的合法性,同时也对各类组织的活动予以规范和制约;其次,在政府机构建立专门负责与非政府组织协同、协调的部门,缩短管理中的信息传递链条,实现快速启动、高效运转;再次建立适宜的非政府组织监管制度,引导非政府组织自律发展,培育其社会公信力。

第三,强化国内与国外机构组织之间的合作关系。积极参与国际公共安全方面事务是提升本国政府公共安全工程管理能力、引领公共安全工程管理潮流的助推剂。其中,重点加强与国外政府应急管理机构、国际性救援组织团体在信息共享、安全技术、科学研究、专业培训、救援机制、突发事件响应与应急处置等方面的学习、交流与合作,借鉴并引进其好的经验和技术方法,借助其救援力量和救援设备,汲取其引以为戒的失败教训,以更好地应对突发危机事件。与国际上的合作,要把引进来和走出去放在同样重

要的地位,在学习国外先进技术、提升自身管理能力和管理水平的同时,积极走出国门,参与国际突发应急事件的救援、恢复重建等工作,完善涉外突发事件应对工作协调机制,增强防灾、应灾、救灾、减灾实践积累,向国际社会展示良好形象。

## 三、适应统合管理实践的公共安全运行体系框架

政府机构作为公共安全工程管理的主体,除了优化现有的政府组织机构外,在常态与应急统合管理实践中还需要建立与之相适应的工作机制。分析政府机构现有组织关系,一般包括"横向机制",即同级政府机构之间的工作机制,以及"纵向机制",即同一系统不同级别机构之间的工作机制。

第一,强化"横向机制"在公共安全工程管理事务中的高效运转。部门联动、资源共享、形成合力是公共安全统合管理策略的本质要求,为使部门间在这一策略要求下发挥出数倍于单一行使职能时的作用,必须要在日常工作机制中就设置好部门间有效联动的程序和规定。为此,一是形成部门间信息交互机制。信息是联合的第一步,部门间的协作首先从信息的交流与共享开始,通过交流使各部门统一对公共安全问题的认识,全面客观地掌握安全事件的发展态势,采取科学的处置途径。与此同时,还要逐步深入,实现公共安全多维信息交换、共享,提高部门间信息资源利用效率。二是形成多部门资源通用机制。探索在突发事件救援中多部门人力、物资、资金、设备等资源通用互补机制,形成快速、高效的公共安全响应、救援体系,避免因部门壁垒而造成的救援机会丧失。三是形成多部门技术与力量联合机制。探索多部门间的管理者、技术人员及专业团队交互联合和互通互补机制,合力提升公共安全工程管理水平。

第二,完善"纵向机制"在公共安全工程管理事务中的通联效能。由于时空差异、资源条件等方面的限制,如何进一步提高现行工作机制效率,避免推诿扯皮,充分发挥人力、物力、财力效能,是统合管理策略下公共安全运行体系设置的难点。为此,要攻克这样的难关,就需要从上至下,优化各层级管理部门的人员与物资配备,强化信息、资源交流,保障管理渠道的畅通,减少运行环节、降低行政成本,提高应急效率,全面审视、系统整合、科学规范社会公共安全各个子系统的各项工作,健全配合程序,形成统一、高效的工作机制。一个值得关注的事实是,国家与地方之间的行业部门"垂直管理",在常态与应急状态下均是有别于行业部门"指导管理"的,"纵向机制"的不同工作模式,需要在统合管理策略下更好地发挥其作用。

另外,"纵向机制"中还要特别关注的一个重要方面是,如何构建上级和下级务实高效的联动机制,充分发挥上级的统筹指导作用和下级的主观能动性?这也是包括中国在内的各国不断探求的永恒话题,更是统合管理理念下的重要研究方向。为此,在不断研究探索中,实行"分级负责、属地为主、中央支持"的救灾机制是经无数次实践证

明了的宝贵经验，既能使下级和基层就近统一指挥、提高救灾效率，又能使上级和中央最高决策机构摆脱具体微观的工作，而从宏观层面给予下级更需要的政策、技术、物资支持，这样调动和发挥了两方面的长处和积极性。从管理策略上说，这正是常态和应急统合管理的核心理念和内涵所在，也逐渐成为国际社会通用做法。为实现这一目的，这就要求在设计公共安全运行体系框架时，把这种上下级良性联动的机制融入"纵向机制"整体系统中，切实发挥其统合管理效能。

## 四、体现统合管理属性的技术信息支撑体系要点

信息共享是常态与应急统合管理的基础和媒介，构建系统高效的基础信息支撑体系是实现统合管理目标的必然要求。尤其是重点要做好公共安全信息的基础科学与技术研究，合理规划公共安全信息网络系统建设，完善公共安全信息综合管理平台。

第一，加强公共安全工程管理基础科学与技术研究。一是加强基础理论与方法研究，如各类突发公共事件的形成、演化机理、成灾机制，应急灾害的分析、评估、预测、仿真、优化、决策理论方法，防灾减灾工程中涉及的材料、结构、管理等领域的基础科学问题研究；二是加强应急通讯、监测、数据采集、数据传输、观测分析仪器、新型救援医疗设备、集成决策支持系统等防灾减灾技术与工具的研发工作；三是扩大和深化新形势下为公共安全常态与应急管理工作规范化、制度化提供依据的法律、政策基础研究。

第二，合理布局公共安全信息监测网络系统。信息监测网络是公共安全信息的主要来源，是常态与应急统合管理、决策的信息基础。一是做好公共安全信息监测网络规划的顶层设计，合理布局各类安全信息监测节点；二是在总体框架下细致安排各类安全信息监测站网布局，充分利用已有资源，避免重复建设；三是完善监测信息的收集、传输、存储与预处理功能，为信息的深度发掘提供基础支撑。

第三，完善公共安全信息综合管理平台建设。综合信息平台是对各类安全管理信息汇总、交互、分析、反馈的中心，是公共安全工程管理的最关键环节。一是做好信息综合平台的系统框架设计，满足多系统对接、融合、互联互通、信息共享及决策支持等功能需求，制定和规范信息采集标准；二是整合多部门、多领域的信息系统资源，如气象、水文、地震、地质、海洋、公安、民政、卫生等多部门已有的信息集合系统；三是加强对多源信息的综合处理、分析、评估、预测及决策支持，真正实现为公共安全提供全面系统的信息服务。

## 五、兼筹统合管理任务的工程与非工程体系建设

工程与非工程体系建设是实现公共安全常态与应急统合管理目标的有力措施，布局

合理、运行得当的工程与非工程体系对于保障公众安全起着至关重要的作用。

首先，将公共安全常态与应急统合管理的基本理念运用于基础设施建设规划中，根据区域公共安全形势及特征，合理优化工程布局。如在城市建设、水利工程建设、交通基础设施建设、电力通信设施建设等各种工程与非工程建设规划中，一开始就要从工程选址、设计、建设、运营等一系列环节中考虑该设施在常态与应急状态下的功能及对应的防灾减灾建设标准。通过研究完善城市建筑抗灾设防标准，对城市灾害风险进行评估，落实抗灾减灾要求，保障城市在极端条件下仍能够满足一定的交通、通信、供电、供水、供气、卫生等需求；通过合理布局水利工程时空分布，考虑生态保护目标，充分发挥水利设施防洪抗旱功能，兼顾发电、航运等效益；通过提升航空、铁路、公路、水路通行能力，建设立体交通运输网络，逐步形成具备突发状况下的经济运输保障系统；电力、通信网络建设要合理规避灾害高发易发区域，重点提高突发状况下的供电保障能力与应急通信网络服务功能。

其次，将统合管理的要求贯穿于工程与非工程体系安全运行过程的各个环节。从工程运行管理机构、安全运行管理制度、安全管理技术及安全管理培训多个层面入手，将常态与应急统合管理的基本理念融入各个环节中，明确工程运行管理责任主体，明晰各管理部门或人员的管理职能，严格安全生产管理程序，提高安全管理技术的掌握程度及新技术的推广应用，定期对管理人员开展安全教育培训，提高管理人员的安全意识及安全管理技能，从人员、设施、技术多层面保障工程的安全运行，实现工程预期的功能和效益。

第三，主动加强工程与非工程体系防灾减灾能力建设。树立主动防灾减灾的思想，根据工程所在地区的灾害特点，有针对性地建立灾害监测与预警体系，对可能产生的灾害隐患进行全面、系统的评估，并针对可能出现的灾害性后果制定有效的防灾减灾预案或应对措施。例如，地震高发区要重点加强学校、医院、文化娱乐、大型商场等人群密集区的工程建设抗震设防监管，提高房屋建筑的抗震能力和民众的防震自救意识；洪涝灾害多发区则重点加强防洪排涝工程建设，根据需要科学建立蓄滞洪区；地质灾害易发区则要加强地质灾害监测，开展群防群治，对城镇等人口密集区进行合理规划布局，增强抗灾能力。同时，根据需要建立一定规模和数量的应急救援基地，将应急设施与日常设施有机结合，实现常规设备与应急设备的通用转化，提高工程与非工程体系设施、设备的利用率。

## 六、统合管理目标下的资源配备与调用体系设定

人力、物力、财力是实现公共安全常态与应急统合管理目标的资源性保障，也是统合管理资源配备与调用体系设定的主要内容。

第一，积极推进应对公共安全问题的各类专业队伍建设。完善的专业救援队伍体系是提高突发事件救援效率的关键所在，如医疗救治、卫生防疫、化学品处置、森林消

防、海上救援、地震救援、电力抢修、矿山救护等各类专业性较强的救援队伍，能够在某一灾害发生时制定科学合理的救援方案，具有专门的救援设备及专门的救援知识与救援经验。与此同时，通过探索和完善应急救援队伍的建设、培训、考核、分类、认证等管理机制，努力推进专业队伍与临时救援队伍的协调机制建设，实现将这些专业队伍与军队、武警、社会志愿者团体等抢险救灾力量有机整合，充分借助现有的资源力量，形成强大的应急处置救援能力。

第二，完善公共安全物资储备与调用体系。在强化应急物资储备库布局及建设的基础上，重点推进应急物资储备优化布局和管理模式建设，健全不同种类救援设施、救援装备的统一调度与协作机制，探索高效的多部门、多地区、多行业应急物资协同保障、预警预报与信息共享运行机制。对中央和地方各类重要储备物资实施动态监测管理，构建以生产企业为基本单元的统一应急物资生产能力储备体系，保障物资的及时补充与更新。同时，激发社会企业参与到物资储备体系中的积极性，制定减税、政策优先等优惠措施，将国家储备与社会储备有机结合起来，实现应急资源的高效、合理调配。

第三，建立健全公共安全资金保障机制。队伍的建设、救援物资的储备都离不开资金的支持，因此，建立健全有效的公共安全应急救援资金筹措与投放机制是重中之重。在国家层面，一方面需要建立完善中央和地方应急管理资金的投入、拨付制度，通过各级财政预算中予以优先安排，保证公共安全事务有钱可花；同时强化财政审计制度，提高资金使用效率，以统合管理目标任务为导向，把资金尽可能高效地投放在需要的地方。同时，还需要引导社会团体、企业、个人、国际组织等参与到公共安全工程管理中来，鼓励公民、法人和其他非政府组织提供物资、资金和技术支持，开辟更加多元化的资金筹措渠道。

## 第三节 统合管理策略构建重点措施

考虑现代管理科学视域下的公共安全工程管理需求，借鉴国内外公共安全工程管理的成功经验和典型做法，针对当前公共安全工程管理体系建设的实际进展和突出问题，从管理理念、法律法规、建设规划、管理效率、应急预案、信息平台、宣传教育、专业队伍、学习能力等方面，结合公共安全统合管理策略特点与需求，讨论其构建的重点措施。

### 一、树立减灾就是发展的理念

理念先于制度，制度引导技术。人类千百年来应对灾害的历史实践告诉我们，只有树立正确的灾害管理理念，重视防灾减灾对公共安全工程管理的突出作用，用发展的眼光认识和应对灾害问题，才能设计出能够有效应对灾害威胁、利于人类社会长远发展的制度体系，才能更好地运用科学技术预防和减少灾害的影响及造成的损失，从根本上改变人类应对灾害的困局。从近几十年来现代公共安全工程管理发展的历程及现状可以看出，单纯的减灾思想、减灾模式及相应的制度和技术体系已经远远不能适应当前及未来公共安全的需求，把减灾与科学发展、可持续发展相结合，把减灾建设融入经济建设、政治建设、社会建设、文化建设、生态文明建设，把减灾管理置于社会常态与应急统合管理之中将是未来公共安全工程管理发展的趋势。其中，根本性的问题就是应对灾害的基本理念问题。灾害的破坏效果及影响力可能是巨大的，但如果能够减少灾害发生的频次，提高对灾害的承受力，缩小其影响的范围，那么其实际效益显而易见。从某种程度上说，防灾减灾保存了区域发展的资本与潜力，防灾减灾就是社会发展的行动。

## 二、基于统合管理视野的公共安全法规修订

法律法规体系建设是公共安全工程管理的基础和保障，也是实施各项管理措施的依据。在实践中，需要根据公共安全工程管理的动态变化需求，从统合管理视域出发，对公共安全工程管理的基本法律、专门法律及其配套的法规、制度等进行及时修订完善，为统合管理实际行动及时准确地提供依据。以2007年颁布实施的《中华人民共和国突发事件应对法》为例，作为中国第一部应急管理的专门法律，针对应急管理工作中存在的突出问题，对突发事件的预防与应急管理、监测与预警、应急处置与救援、事后恢复与重建等方面作了具体的规定，在应对近年来一系列重特大突发事件中发挥了不可替代的重要作用。但是在实际操作层面还需要制定大量配套制度和措施，如财产应急征收征用补偿制度、应急物资储备保障制度、突发事件监测和预警制度等。另外，各级地方政府还需要配合做好制度建设，审查有关突发事件应对方面的规范性文件，并加强地方性应对突发事件应对措施的立法研究。

## 三、用统合管理思维制定相关规划

从宏观的角度来说，区域公共安全事件预防与应对需要从长远着手，充分考虑区域自身的自然地理特征与经济社会系统结构特征，合理规划区域功能与发展目标，做好区域风险图及风险预防与应对规划，修建必要的风险防范工程。尤其是地震、暴雨洪水、泥石流等多发地区，需要加以特殊考虑和特别研究，在规划阶段就要全面摸清各类灾害发生的具体地带和路径，禁止或者限制在上述地区修建城镇、从事工商业活动。科学规划城市建设区域和建设规模，合理优化城市功能，严格监督工程的防震、防洪质量，科学预防灾害发生，提升人类社会经济发展对环境的适应能力。例如，号称"城市良心"的排水系统不仅需要考虑日常的城市排水，还需要结合雨洪和集水情况进行配置建设，

否则就会造成城市瘫痪或淹没，带来难以承受的损失。与此同时，还需要结合区域灾害发生特征，调整经济社会系统结构，合理布局重点产业，如在我国西北一些地区，水资源短缺，但煤、石油、天然气等能源蕴藏量十分可观，基于区域可持续发展的考虑，除了可以从其他区域调水之外，还可以通过调整工业、农业产业布局，采用节水灌溉措施减少农业用水，将置换出来的水量用于发展工业，从而推动区域产业的平衡发展，客观上也降低了区域公共安全问题发生的可能性，提高了区域公共安全适应能力。

## 四、提升现有管理组织统合运行效率

在公共安全组织管理体制方面，通常是不同类型的事件由不同的部门来负责管理，仅针对某一行业领域，缺乏一个综合的、常设性的协调管理机构，不能形成合力，当遇到较为复杂的安全事件时难以协同应对。随着经济社会的发展，新领域、新形式、新类型的公共安全问题不断出现，如网络信息安全、手机信息安全等，公共安全问题呈现出多样化、耦合化、新型化和个性化的趋势，公众对公共安全的需求也日益迫切。

要应对日益增多的复杂公共安全问题，首先必须构建并完善统一的公共安全组织管理机制，将综合治理、统合管理的思想变成体制、形成机制、建成保障。该机制至少应当包括信息资料系统、监测预警系统、决策系统，负责分析突发公共安全事件的性质，制定解决公共安全问题的方案，并协调组织各相关部门迅速有效地解决突发公共安全问题。与中央相对应，各地方可构建统合管理运行机制，承担和组织相关力量处置突发公共安全事件。

其次，要建立起真正的公共安全统合管理体制，还必须把事情做实做细，把公共安全工程管理提到应有的高度。将应急管理、公共安全工程管理与对地方政府绩效的评价、考核结合起来，把适宜的人力、财力、物力有效投入到公共安全防范上去，使公共安全工程管理体制、运行机制、应急保障等更好地结合起来，降低公共安全工程管理成本，提高其效率，减少公共安全事件的危害。

第三，在强调政府主导作用的同时，最大限度地调动社会资源，拓宽社会参与渠道，形成全民动员、集体参与、上下联动、网络应对的综合治理格局，注重非政府组织在公共安全领域的积极作用，由政府做联动机制的总指挥，进行统一规划和安排，加强对非政府组织的支持力度；同时明确各非政府组织的职责，职责功能重叠的及时进行协调整合。与此同时，充分发挥地方基层政府在公共安全事件防范应对中的积极作用，形成"上下联动、分级负责、以地方为主"的应对协调工作机制。

## 五、完善公共安全事件统合处置的预案体系建设

预案具有应急规划、纲领和指南的作用，是应急管理理念的载体。从本质上看，制

定预案实际是把非常态实践中的隐性常态因素显性化，也就是对历史经验中带有规律性的做法进行总结、概括和提炼，形成有约束力制度性条文。启动和执行预案，就是将制度化的内在规定性转为实践中的外化确定性。完善突发事件统合处置预案，首先要做好风险分析工作以及应急资源的普查和整合工作。在应急处置方面，职责、措施、程序要明确，加强应急预案的培训和演练并在实践中不断完善，同时建立健全应急预案和应急能力的科学评价体系。在预案编制前要明确权责关系，利用先进的信息技术建设一套多层次、多领域、动态管理的应急预案体系，以及坚持预防与应急相结合、常态和非常态相结合的预案体系。另外，在预案编制时要考虑其可操作性，并且结合实际应用修改完善，注重对预案执行细节及执行主体进行详细阐述，对一些有益的做法可以进行硬性规定，甚或可以尝试上升到法律规定，将预案措施与应急处置紧密结合，使政府工作向大众延伸、"落地"。

## 六、推进公共安全信息统合交互平台建设

信息是保障公共安全的关键性要素，信息化能使公共安全工程管理"如虎添翼"。目前，不同的行业或领域均建立了相对独立的信息管理系统，但由于缺少统一的规划和要求，重复建设、格式各异、标准不一、自成体系，难以实现信息和资源的充分共享与优化配置，致使一些基础性、共享性数据库长期低水平重复建设，难以形成公用信息平台及基础数据库，难以对公共危机进行全面的监测预警，难以在减灾与应急机制中为决策指挥及信息传递提供更有力的支撑。因此，要通过推进公共安全信息交互平台建设，从工作制度、流程、标准等多个层面逐步细化，实现信息的共享共用，提高公共安全工程管理效率和保障水平。

具体来说，一要建立信息发布平台，以现代媒体为依托，及时有效地发布权威的公共安全信息。只有保证信息的公开，才能赢得公众的大力支持和配合，引导整个社会的积极参与，限制负面影响的进一步扩大，同时也能使政府的管理行为受到必要的监督，增加政府的责任感。二要建立信息应急联动机制，形成以信息监测、信息报告、信息共享、信息分析、信息发布为主要构件的信息保障机制，以便在危机发生时迅速协调社会各方力量，调动应急有效资源，实施紧急救援。三要加强信息管理的标准化建设。信息报告是当前安全管理的薄弱环节之一，需要加快信息报告相关标准、通用表格的开发和优化，强化信息通报和共享，形成跨部门、跨区域的信息网络，进而实现全流程数据表格化、标准化管理。

## 七、培育统合常态与应急处置的专业队伍

很多国家实行了军队非战争行动计划，即军队积极参与社会危机事件处置与应对，

实际发挥着"突击队"和"主心骨"的重要作用。这种平战结合的模式，在一定意义上也是公共安全统合管理方式在应急救援中的具体体现。除此之外，要强调的是，仅仅凭借军队的参与和救援仍难以满足现代社会突发事件的应对处置要求。现代社会突发事件的应对处置不同于传统的人海会战、突击队式的临时应急行动，而是特别强调科学性、系统性、程序性和专业性。专业队伍是公共安全工程管理体系建设的重要组成部分，是防范和应对突发事件的重要力量。加强和健全应急救援队伍，在预防和处置各类突发事件中具有重要作用。建设专业的突发事件应对处置队伍要坚持专业化与社会化相结合，提高人员的应急救援能力和社会参与程度；坚持立足实际，按需发展，兼顾政府财力和人力，充分依托现有资源，避免重复建设；坚持统筹规划、突出重点，逐步加强和完善应急救援队伍建设，形成规模适度、管理规范的应急救援队伍体系。

具体来说，一是建设综合性应急救援队伍，如以公安消防队伍为依托组建相应的综合应急救援队伍，除承担消防工作以外，同时承担地震、建筑施工事故、道路交通事故、空难事故、恐怖袭击、群众遇险等抢险救援任务，协助有关专业队伍做好水旱灾害、气象灾害、地质灾害、森林火灾、生物灾害等自然灾害，矿山事故、危险化学品事故、水上事故、环境污染、核与辐射事故和公共卫生事件等突发事件的抢险救援工作。二是按照专业特点建立相应的应急救援队伍，如气象灾害应急队伍、防汛抗旱队伍、地质灾害应急队伍、矿山与危险化学品应急救援队伍、公用事业保障应急队伍、公共卫生应急队伍、突发环境污染事件应急队伍、动物防疫和农作物重大生物灾害应急队伍、反恐应急队伍等，同时建立应急救援专业人才库，根据突发事件应对工作需要，聘请有关专家组成应急救援专家组，通过专家组在应对处置突发事件时发挥专业优势，为应急救援提供决策咨询和技术支撑。总之，专业队伍要做到常备不懈、专业精湛，召之即来、来之能战、战之能胜，并能与突发事件应对处置的一般性社会力量有机联动，整体上形成统一、高效的应对合力。

## 八、强化统合管理的科技支撑体系建设

进行突发公共安全事件的监测、识别、预报和预警，提前做好应对准备，是提升公共安全管理能力的关键所在。以地震这一公共安全事件为例，当今地震预报仍然是世界性难题，因此在应对地震突发事件中应急管理显得更为突出，而事实上，如果常态管理中的预报水平能够大幅度提升，那么地震灾害的应对该是另外一番景象。由此可见，公共安全统合管理对科技支撑的要求更高。可喜的是，在气象、洪水等灾害预报领域我国已经取得了较大的进步，为灾害预警和提前采取避险措施提供了重要的信息支撑。无论如何，逐步完善各类公共安全事件的监测预警预报网络系统，提升其识别和预报预警能力是未来公共安全工程管理发展的必然要求。一是监测方面。在完善现有气象、水文、

地震、地质、海洋和环境等监测站网的基础上，适当增加监测密度；提高遥感数据获取和应用能力，建设卫星遥感监测系统；构建包括地面监测、海洋海底观测等自然灾害立体监测预报体系；推进监测预警基础设施的综合运用与集成开发，加强预警预报模型、模式和高新技术运用，完善预警预报决策支持系统。二是信息发布方面。在现有的公共卫生防疫、气象地震洪涝等信息预报系统的基础上，与公共安全密切相关的重点行业和企业（如旅游、金融、航空、电力供应、公共供水、公共通信、防化污染等）建立预警信息系统和灾害预警预报信息发布机制，在进行常规动态分析的同时，充分利用各类传媒方式，准确、及时发布灾害预警预报信息。三是突发事件研判方面。制定科学、统一的突发事件风险隐患分级分类标准，做好风险隐患普查数据的统计和分析，逐步建立对危险源的分级、监控和评价工作机制，实现公共安全工程管理的规范统一。

## 九、深化公共安全统合应对的教育宣传培训

公共安全工程管理体制和机制是人类在经历了培训各式各样的灾害，付出惨痛的代价后的经验智慧结晶。例如，日本是一个地震灾害极为频繁的国家，在一次次血的教训中，人们不断总结经验教训，探索预防和减少地震灾害的方法与途径，建立了世界上先进的地震灾害预防与应急救援机制，开展了全民性的灾害防范自救互救教育培训，大大降低了地震带来的危害。可见，总结历史经验教训，学习先进的管理技术与方法，提升公共安全的总结和学习能力是推动公共安全工程管理发展的重要方面。强化公共安全工程管理的学习能力，一方面要不断总结自身成功的经验和失败的教训，另一方面还要吸收消化其他国家和地区的先进管理方法，同时不断在实践中探索改进，勇于创新，将这些好的经验形成理论、机制、法制，更好地服务于社会。

日常公共安全意识的培养是公共安全工程管理的重要组成部分，是形成安全文化的基础。目前，由于缺乏长期性、全面性、自觉性的公共安全教育，预案的演练实效性不强等原因，导致社会公众的公共安全防范意识淡薄，普遍认为公共灾害事件是小概率事件，存在侥幸心理，缺乏基本的防灾和自我保护意识，遇到危机时往往不知所措，更谈不上主动参与危机处置。公共安全意识的强弱，直接影响到政府公共安全管理的效果，因此许多国家不惜花费巨资对国民从小进行安全意识教育和培养。这样的投入和培养实质上就是统合管理在教育宣传方面的传递和表现。可见，结合国情需要，建立系统的公共安全文化教育体系，在危机防范意识教育、危机中道德责任感的培养、科学知识的普及、应对危机的心理教育等方面进行宣传，利用培训机构等各种载体进行、教育，经常性开展灾害模拟和救灾演习，使公众对危机形成科学认识并具备较强的承受能力是公共安全工程管理不可或缺的内容之一。

# 第八章 中国水资源统合管理观察与实证

水是万物之母、生存之本、文明之源，同时又具有鲜明的利害两重性，少则干旱，多则洪涝。受全球气候变化和人类活动的影响，水资源的不确定性因素增多，极端水灾害事件发生频率增加，对经济社会造成的影响也不断加大，并呈现涉水灾害的常态化趋势。据统计，1991~2010年的20年间，中国有9年发生了特大干旱，发生频次为45%（徐海亮，2011）；每年全国水污染事故都在1700起以上，其中2005~2011年发生了15起重大的水污染事故。同时，我国水资源短缺问题严重，正常年份经济社会缺水量仍达500多亿 $m^3$，近2/3城市存在不同程度的缺水问题。

在传统"兴利"和"除害"二元治水方针的指导下，对水的管理通常分为正常状态下的水资源管理和应急状态下的防洪抗旱减灾管理两大部分。前者属于常规水资源管理的范畴，其管理途径主要是以"供"和"控"为主；后者属于防汛抗旱管理的范畴，其中洪涝的调控途径以"泄"和"排"为主，抗旱的调控途径以"保"和"限"为主。一个完整的水文过程包括枯水段、平水段和丰水段，对于水资源问题来说，不同时段下的调控目标是相互联系、相互影响，甚至相互冲突的。如防洪除涝的"泄"和水资源管理的"供"就存在内在的矛盾，常态下的供水水源与抗旱情景下的供水水源又是紧密联系的。面对中国水安全特有的问题和因社会发展而出现的新问题，如何按照国家"节水优先、空间均衡、系统治理、两手发力"的思想要求，兴水惠民，需要研究各类水灾害应急处置与水资源常态管理相结合的手段，归纳总结两者统合管理的一般规律，提出发展方向和措施建议，不仅可以提高涉水事务的安全保障程度和管理效率，而且对社会安全领域应急与常态统合管理具有典型的示范意义。

## 第一节 中国水资源情势

### 一、水资源及其开发利用概况

中国地处北太平洋西岸，位于亚洲季风区，降水和水资源条件主要受热带和副热带季风、中高纬西风带和青藏高原地形等因素的综合影响。根据全国水资源评价的成果，中国1956~2000年系列多年平均降水深为649mm，降水总量为6.17万亿 $m^3$，形成径流性水资源总量为2.84万亿 $m^3$，其中地表水资源量为2.73万亿 $m^3$，不重复的地下水资源量为1077亿 $m^3$。

受所处地理位置和大气环流控制，中国水资源时空分布很不均匀。多年平均年降水量从东南向西北方向递减，降水量等值线大体上呈东北—西南走向。400mm 降水深等值线始自东北大兴安岭西侧，终止于中尼边境西端，由东北至西南斜贯我国全境，800mm 降水深等值线位于秦岭、淮河一带，如图 8-1。

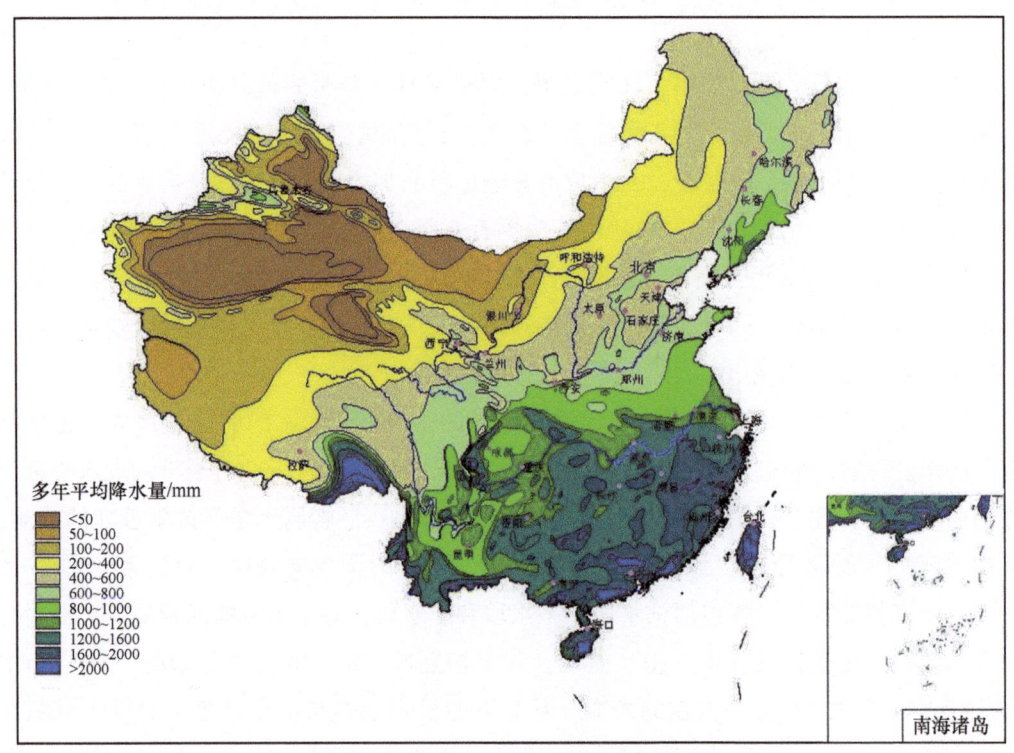

图 8-1　中国多年平均年降水量分布图

中国水资源的空间分布表现为南多北少、东多西少的复杂分布格局。北方有松花江、辽河、海河、黄河、淮河和西北诸河 6 个一级流域，国土面积占全国的 64%，人口占 46%，耕地面积占 60%，粮食产量占 51%，水资源量仅占全国的 19%；南方有长江、珠江、太湖及东南诸河、西南诸河 4 个一级流域，国土面积占全国的 36%，人口占 54%，耕地面积占 40%，粮食产量占 49%，但水资源量却占到全国的 81%，如图 8-2。

受季风气候影响，中国是世界上中低纬度降水和河川径流年内集中程度高、年际变化大的国家之一。中国降水年内分配极不均匀，南方地区大部分测站多年平均连续最大 4 个月降水量约为多年平均年降水量的 55%；北方地区绝大部分测站多年平均连续最大 4 个月降水量超过多年平均年降水量的 70%，其中华北、东北、西北内陆河等局部地区可达 80% 以上，部分测站甚至超过 90%。全国及南北方降水分布如图 8-3。

中国各地区降水还普遍存在连丰、连枯现象，其中北方更为明显。北方地区大多数雨量站连丰、连枯期分别为 2~6 年和 4~7 年，连丰、连枯期平均年降水量与多年平均年降水量的比值分别为 1.2~1.7 和 0.6~0.8。南方地区大多数雨量站连丰、连枯期均为

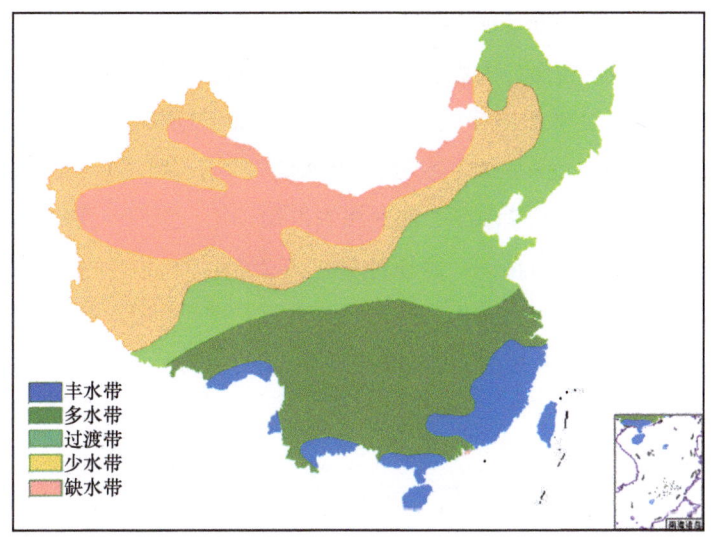

图 8-2 中国水资源分布图

3~7 年，连丰、连枯期平均年降水量与多年平均年降水量的比值为 1.2、0.8 左右。近年来，中国北方地区连遇干旱年份，导致水库蓄水不足、地下水补给量大幅下降。如北京市自 1999 年来降水持续偏少（图 8-4），水库蓄水量不足，2012 年北京市大中型水库共蓄水 15.2 亿 m³，比 1999 年初减少 17.6 亿 m³。

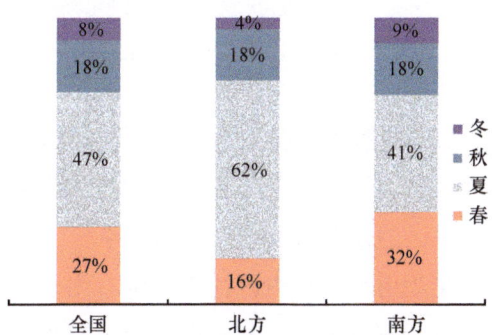

图 8-3 中国及其南北方降水的四季分布

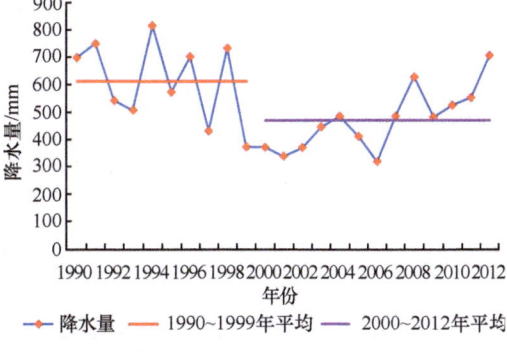

图 8-4 北京市 1990~2012 年降雨分布

中国是世界上水利建设历史最悠久的国家之一。1949年以后，中国政府对水利事业高度重视，投入了大量的资金、人力、物力，水利事业得到了空前的发展。全国供水量从1949年的1031亿$m^3$增加到2010年的6022亿$m^3$，增加了近5倍，年均增长2.9%。2010年供水量中地表水源占81.1%，地下水源占18.4%，其他水源占0.5%；在用水量中，生活用水占12.7%、工业用水占24.0%、农业用水占61.3%、生态环境补水（仅包括人为措施供给的城镇环境用水和部分河湖、湿地补水）占2.0%。从1997~2010年的用水情况来看，中国用水总量呈现出缓慢上升趋势，其中生活用水和工业用水量持续增加，而农业用水受气候和实际灌溉面积的影响呈现出波动的态势（图8-5）。

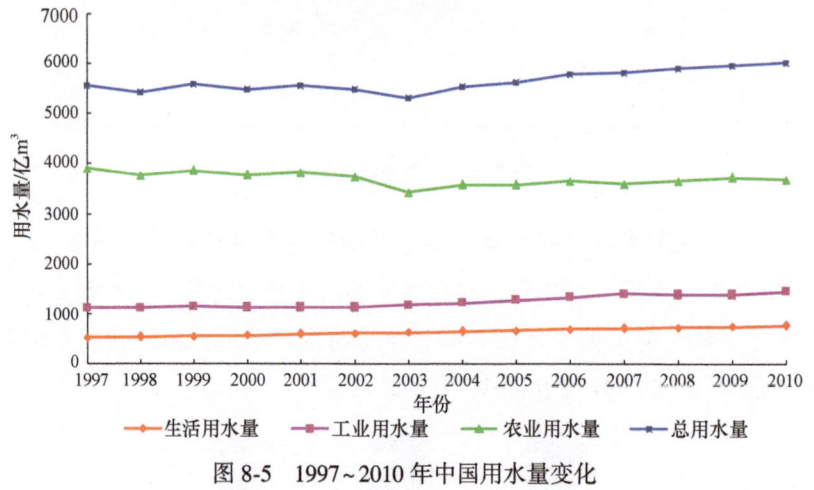

图8-5　1997~2010年中国用水量变化

在空间分布上，由于中国的南北方水资源自然条件差异较大，加上水资源开发利用的难度差异，因此不同地区水资源开发利用程度差别较大。南方水资源开发利用率较低，仅为13.3%，而北方地区的开发利用率达到44.7%。

在时间分布上，由于农业用水占到中国社会经济总用水量的60%以上，导致中国社会经济用水受年度降雨过程影响较大，呈现明显的季节性分布特征。特别是北方地区，主要种植作物为冬小麦和夏玉米，由于作物生长期的特殊性，用水量主要集中在4~6月份（图8-6）。

## 二、水资源的严峻形势

### （一）水资源整体宏观稀缺

中国多年平均降水深649mm，是全球陆域平均值的80%左右。中国水资源总量约为2.84万亿$m^3$，低于俄罗斯、巴西、美国、加拿大和印度尼西亚，位居世界第六位，但中国国土面积位居世界第三位，因此单位国土面积产水量在世界大国中位居下游。

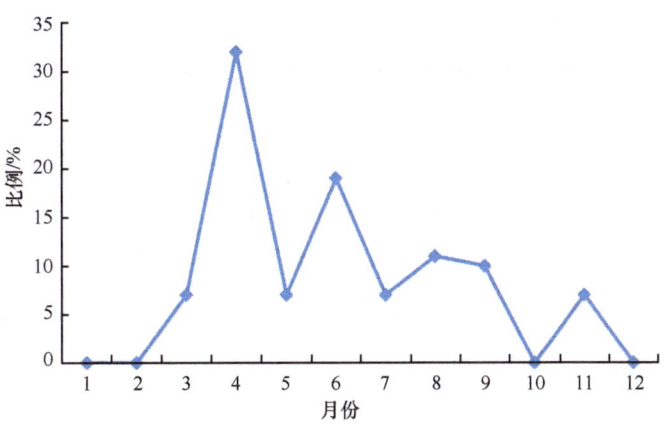

图 8-6　河北省农业灌溉水量逐月比例

中国是世界上人口最多的国家,根据 2010 年 11 月第六次全国人口普查的结果,中国总人口为 13.7 亿人。巨大的人口规模导致水资源宏观稀缺特性明显,中国人均水资源占有量为 2100m³ 左右,仅为世界平均水平的 28%,列世界第 125 位,属于水资源短缺国家。与其他国家相比,中国人均水资源量是日本的 1/2、美国的 1/5、印度尼西亚的 1/7、澳大利亚的 1/9、俄罗斯的 1/13 以及加拿大的 1/50,如图 8-7。

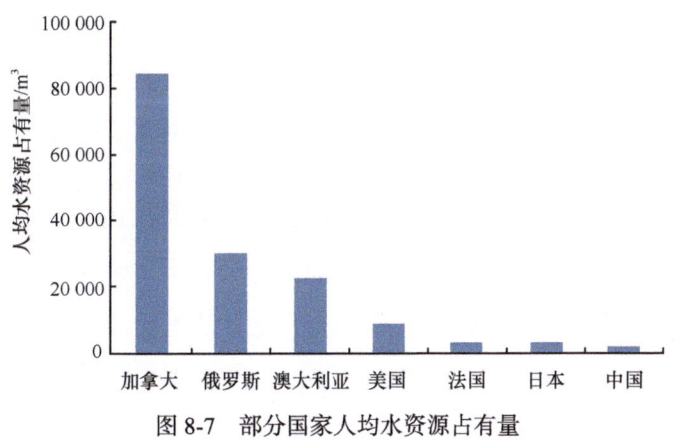

图 8-7　部分国家人均水资源占有量

中国是一个发展中大国,今后一个时期人口总量还要增加,保障粮食安全至关重要。中国现有耕地面积约为 121.3 万 km²,居世界第四位,耕地亩均占有水资源量为 1440m³。为保证国家的粮食安全,中国长期以来大力发展灌溉面积,目前已经发展为世界第一灌溉大国。中国现状有效灌溉面积约为 60.3 万 km²,灌溉率为 49.6%,生产全国 75% 的粮食和 90% 以上的经济作物,水利对粮食生产的贡献率达到 40% 以上。由于大规模的农业灌溉需求,水资源宏观稀缺特性更加显著。

由于水资源空间分布不均,中国局部地区水资源形势更为严峻。例如,地处中国北部地区,人口密集的海河流域自进入 21 世纪以来就处于干旱少雨期,人均水资源量仅为 267m³，低于国际公认的人均 300m³ 的维持人类生存最低标准。

## （二）干旱与洪涝并存

中国气候受季风影响显著，致使各地降雨均具有明显的阶段性，多降雨和少降雨常呈持续且交替出现的特点，因此旱涝灾害在时间上往往存在来水成涝、去水成旱、旱涝急转的现象；在空间上则常常出现南涝北旱、南旱北涝的现象。

据 1951~2010 年资料统计，中国东北地区干旱次数达 20 次以上，洪涝次数达 13 次以上；黄淮海地区干旱次数达 35 次以上，洪涝次数达 20 次以上；长江流域以及华南地区在 60 年中有 45 年发生了不同范围、不同程度的干旱，而 5~7 月受涝 30 次以上。总体来看，华北、东北、西南地区呈干旱化趋势，而华南地区、长江流域在向湿润化发展。从受旱面积来看，20 世纪 50 年代受旱面积最小，60 年代有了明显增加，70 年代比 50 年代增加近 1 倍，80 年代和 90 年代也基本保持增长趋势，过去的 10 年里受旱面积大幅增加；受涝面积也有明显的阶段性，在 20 世纪 50 年代至 60 年代中前期较大，60 年代中期至 80 年代初期略微减小，80 年代中前期至今洪涝面积一直呈增加趋势。总体来看，全国的旱涝成灾面积均在增加，造成了重大的经济损失和人员伤亡。

2000 年以后，在全球气候变化的大背景下，极端气象条件发生频率大大增加，导致各区旱涝灾害频发。例如，2009 年 7 月，中国中部和北部的甘肃、内蒙古、山西等地遭受大旱，而广西、江西、湖南、湖北一带却暴雨成灾，呈现北旱南涝之势。同一时期内在一个地区组织抗洪抢险，在另外一个地区又要动员抗旱，这种旱涝并存的局面对中国的防灾、减灾、救灾能力提出了极大考验。同时，各区的旱涝急转现象也愈发突出。如 2010 年 4 月，广西、云南、贵州等省份发生大旱，超过 2000 万人受灾，耕种面积减少 7.34 万余公顷；但 5 月末这些地区随即出现了大面积降雨，形成涝灾并引发城市内涝、山体滑坡等其他灾害；截至 7 月，3 省所受经济损失已超过 10 亿元。2011 年，长江中下游在罕见的春夏连旱后，6 月份却发生了大范围超强降雨过程，导致多条河流发生超警戒水位以上的洪水。旱涝灾害在时间和空间上的交替发生增加了旱涝灾害的复杂性，需要政府在极短的时间内转换抗灾类型，增加了防灾调度的难度。

## （三）北方地区水资源变化明显

受气候变化和下垫面演变的影响，中国水资源数量发生了一定的变化，其中北方地区变化尤其显著。对比 1980~2000 年系列和 1956~1979 年系列水资源评价的成果，就全国而言，降水量变化不大，地表水资源量和水资源总量略有增加；南方地区河川径流量和水资源总量增加幅度接近 5%；而北方地区水资源量减少明显，以黄河、淮河、海河和辽河流域最为显著。北方 4 个水资源一级区降水量减少 6%，河川径流量减少 17%，水资源总量减少 12%，其中海河流域降水量减少 10%，河川径流量减少 41%，水资源总量减少 25%；淮河流域山东半岛降水量减少 16%，河川径流量减少 53%，水资源总量减少 34%。这种空间演变格局使得北方水少南方水多空间分布特点更为突出。近年来，北方局部地区呈现出降水偏多现象，尤其是 2012 年华北地区、2013 年东北地区降水比常年明显偏多。

### （四）极端水文事件发生频率加大

全球气候变暖加剧了自然水循环的速率，增加了与气温、降水相关的暴雨、干旱、台风等极端气象事件发生的几率。受气候变化的影响，中国旱灾发生的频率和强度近年来有明显增长的趋势，旱情呈现从北向南、从西向东扩展的趋势。不仅传统北方缺水地区旱灾呈高发态势，如 2008 年新疆大旱、2009 年和 2011 年的北方大旱等；南方多雨地区季节性干旱也日趋严重，湘江流域、鄱阳湖湖滨平原、四川盆地、云贵高原等传统丰水地区都出现了严重干旱，如 2006 年川渝大旱，2010 西南地区发生的特大干旱，2013 年长江中下游地区的高温干旱。旱灾受灾面积、成灾面积和经济损失均有增长的趋势，20 世纪 50 年代平均成灾面积为 5.18 万 $km^2$，90 年代增长到 11.94 万 $km^2$，进入 21 世纪后，2000~2008 年 9 年干旱平均成灾面积超过了 14 万 $km^2$（图 8-8）。近 10 年来，中国年均因干旱造成的粮食损失达 655 亿斤，占年均粮食总产量的 7%，年均造成经济作物损失达 333 亿元，因旱减少的工业产值年均 2300 多亿元。

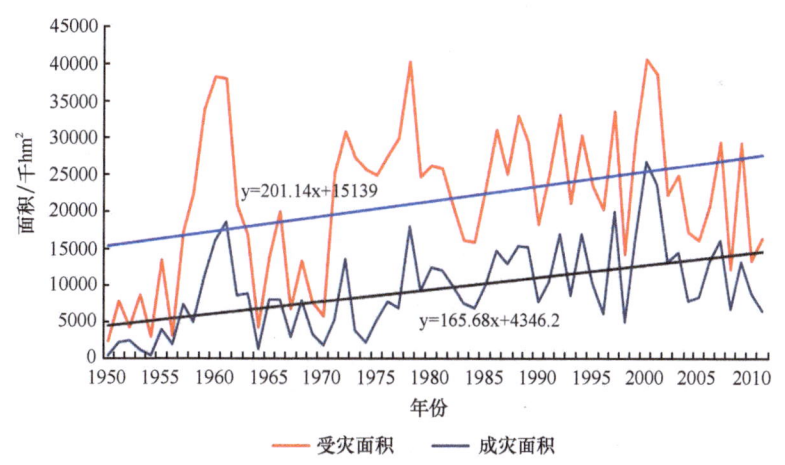

图 8-8　1950~2011 年中国干旱灾害受灾及成灾面积变化趋势

随着中国江河治理的深入，大江大河的洪水灾害有所减轻，特别是华北和西北地区洪水灾害明显减少。1949~2010 年海河流域发生了 9 次大的洪水灾害，其中 8 次都发生在 1980 年以前，1980 年后仅在 1996 年发生了一次大洪水，洪水发生频率大幅度减少。但是中国南方中小河流的洪涝灾害损失加大，已经占到全国的 70%~80%，特大暴雨洪水导致的山洪灾害损失增加十分明显。2000~2009 年全国平均洪水受灾面积为 $1.12 \times 10^7 hm^2$，年均灾害损失 1112 亿元，其中山洪灾害损失所占比例越来越高。

此外，酷暑、冰冻等极端气温事件和强台风出现频率较20世纪中期明显增加，每年都有7~8次台风登陆，有些台风如2006年的"桑美"超强台风、2010年的"莫拉克"台风、2013年的"尤特"超强台风，风力之强、降雨之大、影响之广历史罕见。

### （五）水资源调配能力有待提高

为解决用水需求和天然来水不相匹配的问题，必须建设相应的水资源配置工程以协调用水和需求的关系，包括建设蓄水工程实现时间上的协调，建设调水工程实现空间上的协调等，水资源配置能力是表征水资源安全保障程度的重要指标。新中国成立以来，特别是改革开放以来，中国开展了大规模的水利建设。据2013年发布的水利普查成果，全国共有各类水库9.8万余座，总库容为9323亿$m^3$；水电站46758座，总装机容量为3.33亿kW。兴建了一批跨流域调水工程，总设计调水规模约150亿$m^3$，举世瞩目的南水北调东、中线工程分别在2013年、2014年建成通水。全国现状供用水总量超过6000亿$m^3$，水资源的有效供给为经济社会发展、民众安居乐业提供了有力保障。

与水资源自然禀赋、经济社会发展需求以及发达国家状况相比，中国水资源配置能力还不够高，突出表现在四个方面：一是水资源调配工程能力仍显不足。根据2007年全球人类与水库大坝发展数据显示，人类发展指数（human development index，HDI）与人均水库库容有良好的相关关系，HDI大于0.9的国家，如澳大利亚、美国、英国等，属发达国家，人均库容拥有量为2924$m^3$；HDI为0.8~0.9的国家，如俄罗斯、阿根廷、巴西等，属较发达国家，人均库容拥有量为2476$m^3$；HDI为0.7~0.8的国家，人均库容拥有量为571$m^3$。中国人均库容拥有量仅为696$m^3$，远低于发达国家的水平。二是调配工程能力空间分布不均。中国北方地区水资源调配能力强，如黄河流域和海河流域，水库库容与河流全年径流量相当；而西南地区骨干控制性水利工程少，抵御干旱风险能力较低。三是现状配置能力的效力得不到充分发挥。全国9.8万多座水库中，大多数建于20世纪的50~70年代，急需开展除险加固。四是配置工程的运行调度与管理水平还有待提高。包括来水和需水的预测预报技术、水资源实时调度技术和数字化智能决策技术等都急需进一步创新和提高。

中国地域辽阔，横跨多个气候分区，下辖10个一级流域，自然的应急水事件多发于局部地区和特定时段，为时空互补调配、常态应急相济提供了基本条件。基于区域水资源自然禀赋和面临的水资源问题，为保障我国水安全，应从流域水文全过程的视角出发，统筹区域常态水资源管理和极端情景下的防洪抗旱管理，实施面向年内和年际的全水文过程综合调控，即实行水资源的常态和应急统合管理。

## 第二节 中国水资源常态与应急管理现状

### 一、水资源常态管理现状

#### （一）水资源常态管理体制

《中华人民共和国水法》规定"国家对水资源实行流域管理与行政区域管理相结合的管理体制"，"国务院水行政主管部门在国家确定的重要江河、湖泊设立的流域管理机构（以下简称流域管理机构），在所管辖的范围内行使法律、行政法规规定的和国务院水行政主管部门授予的水资源管理和监督职责"。在部门分工上，《中华人民共和国水法》规定"国务院水行政主管部门负责全国水资源的统一管理和监督工作"，"国务院有关部门按照职责分工，负责水资源开发、利用、节约和保护的有关工作"。可以看出，中国的水资源管理实行的是流域与区域相结合、水资源统一管理下多部门分工协作的组织模式。

由于水管理涉及多方面的问题，因此，中央、流域、地方各层面之间的指导和协调关系也比较复杂。中国水管理体制框架如图8-9。

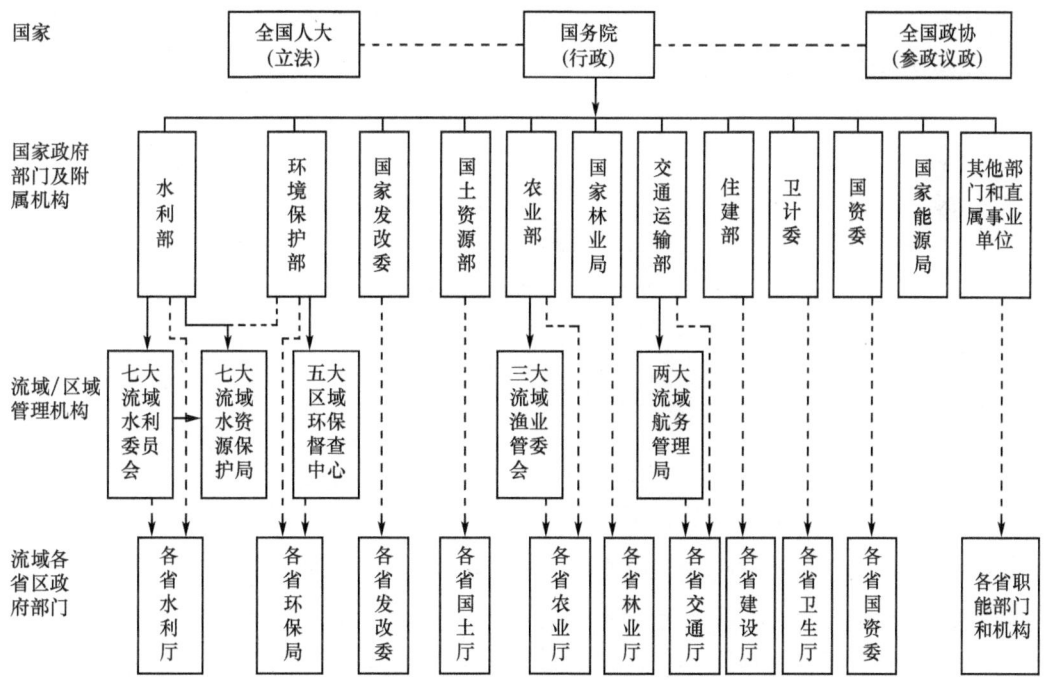

图8-9 中国水管理组织结构图

注：①由于防汛抗旱和水土保持流域机构不是常设机构，在该图中没有显示；②七大流域水利委员会和七大流域水资源保护局包括长江、黄河、淮河、海河、松辽、珠江和太湖流域；五大区域环保督查中心包括华东、华南、西北、西南和东北；三大流域渔业管理委员会包括长江、黄河和珠江流域；两大流域航务管理局包括长江和珠江流域

## (二) 水资源常态管理制度

在巨大的人口规模和快速的经济社会发展压力下，中国当前面临着突出的水资源问题，集中表现为缺水、水环境污染、水生态退化和水资源系统脆弱性加大。为应对中国的水资源问题，中国政府采取工程和非工程措施并重的方法，在完善工程技术体系的基础上，大力推进水法规和管理制度体系建设，涉水法规体系不断完善。

近年来，为了促进水资源可持续利用和经济发展方式转变，推动经济社会发展与水资源水环境承载能力相协调，保障经济社会长期平稳较快发展，中国提出用水总量、用水效率和水功能区限制纳污"三条红线"。针对中国水资源过度开发的问题、水资源低效利用和浪费、超量排污和水体污染等三大类水资源问题，大力推进和实施最严格水资源管理制度，用制度严格界定经济社会系统取用水的外部边界、约束供给条件下水资源利用的内部边界以及特定水功能区水质目标下向水体排放污染物的外部边界，为水资源的管理提供依据，实现水资源开发利用过程中的合理配置、节约与保护的目标。为保障最严格水资源管理制度的有效实施，将三条红线指标纳入各地政府的考核体系，实行地区行政长官负责制度，解决了制度的有效性问题。

最严格的水资源管理制度与其上位制度、保障制度共同构成了中国常态水资源管理制度体系，实现对水资源开发利用的全过程管理，制度间的关联关系如图 8-10 所示，制度系统的基本构成见表 8-1。

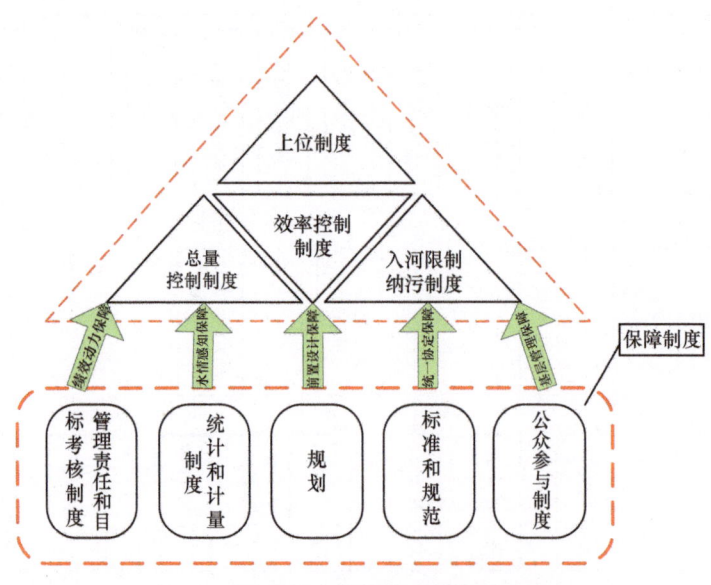

图 8-10 中国的水资源管理制度关联关系

### 第八章 中国水资源统合管理观察与实证

**表 8-1 中国的水资源管理制度基本内容**

| 制度类型 | | 具体法律法规 |
|---|---|---|
| 上位制度 | | 《中华人民共和国水法》 |
| | | 《中华人民共和国防洪法》 |
| | | 《中华人民共和国水污染防治法》 |
| | | 《中华人民共和国水土保持法》 |
| | | 《中华人民共和国抗旱条例》 |
| | | … |
| 分项基本制度 | 用水总量控制制度 | 《取水许可和水资源费征收管理条例》 |
| | | 《建设项目水资源论证管理办法》 |
| | | 《建设项目水资源论证导则》 |
| | | 《水文水资源调查评价资质和建设项目水资源论证资质管理办法》 |
| | | 《建设项目水资源论证报告书审查工作管理规定》 |
| | | 《取水许可管理办法》 |
| | | 《取水许可监督管理办法》 |
| | | 《水量分配暂行办法》 |
| | | 《黄河水量调度条例》 |
| | | 《黑河干流水量调度管理办法》 |
| | | … |
| | 用水效率控制制度 | 《水利工程供水价格管理办法》 |
| | | 《城市供水价格管理办法》 |
| | | 《水利部关于水权转让的若干意见》 |
| | | … |
| | 水功能区限制纳污制度 | 《中华人民共和国水污染防治法实施细则》 |
| | | 《入河排污口监督管理办法》 |
| | | 《排污费征收使用管理条例》 |
| | | 《饮用水水源保护区污染防治管理规定》 |
| | | 《淮河流域水污染防治暂行条例》 |
| | | … |
| 保障制度 | 管理责任和目标考核制度 | 《关于授予黄河水利委员会取水许可管理权限的通知》 |
| | | 《关于国际跨界河流、国际边界河流和跨省（自治区）内陆河流取水许可管理权限的通知》 |
| | | … |
| | 统计和计量制度 | 《中华人民共和国水文条例》 |
| | | 《水文监测环境和设施保护办法》 |
| | | 《水利部计量工作管理办法》 |
| | | 《水利计量认证程序规定》 |
| | | 《水利计量认证现场评审细则》 |
| | | 《水利统计管理办法》 |
| | | … |

续表

| 制度类型 | | 具体法律法规 |
|---|---|---|
| 保障制度 | 标准和规范 | 《水利标准化工作管理办法》 |
| | | 《地表水环境质量标准》（GB3838—2002） |
| | | 《污水综合排放标准》（GB8978—1996） |
| | | … |
| | 公众参与制度 | 《关于加强农民用水户协会建设的意见》 |
| | | … |

## （三）水资源管理适应性分析

### 1. 协调性分析

流域是以地表产汇流过程为主体的自然水循环单元，经济社会取用水形成的社会水循环则以行政区域为基本单元，因此中国水资源管理采取流域和行政区域相结合的形式，事实也充分证明了这一基本组织形式设计的科学性和有效性。但在实际过程中，仍然存在以下两方面的协调性问题。

一是流域管理与行政管理间的协调。流域管理和行政区域管理是两种不同性质的管理模式，流域管理的边界往往与行政区划不重合。一个流域可能跨越几个行政区，而一个行政区也可能包含几个不完整的流域区，比如河南省是产粮大省，幅员面积16.7万 $km^2$，地跨长江、黄河、淮河、海河4个一级流域，无论是水量分配，还是水资源调度管理等工作，都涉及流域和区域管理的协调问题。为此，一些专家学者提出"水资源要实行以流域为基础的，流域管理与行政区域管理相结合的管理体制"。这些专家学者之所以强调以流域为基础的流域管理与行政区域管理相结合的管理体制是因为在水资源实际管理工作中，曾经出现过一些流域与区域管理不协调的问题。比如在省界管理断面上，水资源管理就曾经出现过激烈的区域水事纠纷，这种情况在漳河水量分配及水资源管理中有典型案例可查，为此中国水利部海河流域委员会专门成立了正司局级的漳河上游管理局，以便及时按照有关法律法规协调化解这些情况导致的水事纠纷，实践证明是有效的。现实中，由于水资源的流动性，流域与区域的水资源管理必然会存在协调的问题，纵观国际的水资源管理，也存在此类自然与社会关系协调的水资源管理问题。《中华人民共和国水法》（简称《水法》）明确规定："国家对水资源实行流域管理与行政区域管理相结合的管理体制"，实际上已经明确了在一定情况下水资源流域管理的主导作用，关键在于管理过程中，各方面管理者要有共同的意识，不因一隅之利而有损甚至有害于整个流域的水资源管理目标。必须在法律的框架下进一步强化水资源管理的协调力度，建立健全实际管理工作中良性的协调机制，以统合管理的概念方法促进水资源流域管理与行政区域管理的有机结合，兼顾整体和局部的利益需求，通过优化配置，科学保护、合理开发等方式利用好有限的水资源，有效解决水资源时空分布不均及经济社会发展与水资源开发保护的不适应性问题。

二是水行政主管部门与其他涉水部门之间的协调。按照《水法》规定，中国实行水资源统一管理。但由于中国治水历史悠久，具有传统的管理方式，加之水资源的基础性、稀缺性和多利性，促进了涉水产业的蓬勃发展，不同行业和部门从各自发展角度强调了对水资源的利用、保护和管理，由此也带来水资源管理层面上的一些不协调问题。如河北沧县发生过"红豆局长"事件，该县张官屯乡小朱庄的地下水变成了红色，近800只鸡饮用后死亡，村民连400米深的井水也不敢喝，因为也是粉红色的，做饭只能用纯净水。这一情况被披露后，该县环保局局长在接受采访时声称，"红色的水不等于不达标的水，放上一把红小豆煮出来的饭也可能是红色的"。对此，以工浩院士为代表的水资源管理方面的专家学者给予了驳斥，指出水资源的质量管理中，水的颜色改变本身就是评价水质的一项重要指标。据有关专家检测，导致水体变色的苯胺在小朱庄村污染严重区域水体中含量超标70多倍，而苯胺是可能造成人体肾脏损伤的毒性物质。该事件被社会高度关注，该局长遭到谴责并被撤销了职务，随后该县也积极开展了区域地下水污染综合治理。但由这件事反映出来的涉水管理部门间的协调问题值得深思。

就目前中国地下水管理来说，统一行政管理职能在水利部门，监测主要在水利、国土部门，排污监控主要由环保部门负责，而废污水的收集处理则主要属于城建部门管辖。这样的管理机制在遇到类似问题时容易造成问题的复杂化与管理责任的模糊化，不利于事情的快速有效解决。一旦事情发生发酵，仅凭某一官员或所谓技术权威的"雷人"瞎话，是蒙骗不了当代社会公众理性思维的。《水法》中规定的中国实行水资源统一管理既是水资源公权的概念要求，也是对水资源管理机制的顶层设定。因此，国家水行政管理部门与涉水管理部门须在法律法规要求下，统筹协调，有效化解各部门分散管理与水资源整体统一性以及经济社会发展一体化之间的不适应性问题。作者认为，以统合管理的思维方式去考虑解决这样的不适应性问题，可能会更为有效，因为在实质上统合管理的思维方式，就是将水资源的日常管理与水资源出现特殊需求时的管理紧密联系在一起，进行管理模式的设定和管理方法及管理过程的有机融合。

## 2. 统合性分析

当前，我国水资源实际管理过程中还存在一些值得关注的现象：

一是国家在水资源管理制度上进行了顶层设计，在实际管理中也进行了有益的实践，取得了巨大的成效，积累了丰富的经验，并依据经济社会发展需求和生态文明建设的要求，在管理过程中进行了动态的调整和把握，形成了中国特色的水资源管理制度和模式，但一些值得关注的现象也表明，在管理机制上仍有需要强化"协作联动"之处。

以河流排污总量控制为例,《水法》和《中华人民共和国水污染防治法》(简称《水污染防治法》)分别对核定水域纳污能力、排污总量,划分水(环境)功能区的责任部门进行了规定,并在多年的实施中发挥了重要作用,有效控制了排污总量,一定程度上遏制了污染的恶化。但由于水环境功能区划和水功能区划、水体纳污能力和排污总量、水域的限制排污总量和实际排污总量等概念的类似性,容易造成实际管理的不协调现象,出现了一些管理内容互相冲突、有关责任和义务规定模糊、处置机制不顺畅等问题。另一个例子是水环境质量监测,《水污染防治法》第18条规定:"地面水体的水环境质量状况由环保部门组织监测;重要江河流域的水资源保护机构,负责监测其所在流域的省界水体的水环境质量状况,并向国家水利部门、环境保护部门和流域水资源保护领导机构报告";《水法》第32条规定:"县级以上地方人民政府水行政主管部门和流域管理机构应当对水功能区的水质状况进行监测"。比对两处规定,不难看出环保行政部门、水行政部门和流域机构都可以对地面水体的水环境质量进行监测。在一定社会发展阶段下,这种多重监测是必要的,在实际中也可以起到互相补充、互相验证的重要作用,但如果没有良好的统合机制,易造成监测资源的浪费,甚至监测数据不一,监测结果难以定论的现象。

二是流域综合管理立法工作仍处于起步阶段。2011年中国国务院第604号令公布了《太湖流域管理条例》,并于当年11月1日起开始施行,开创了中国流域综合性行政立法的先河。除此之外,中国目前已实行的流域水资源管理法规还有《淮河流域水污染防治暂行条例》(1995年)、《黄河水量调度条例》(2006年)、《黑河干流水量调度管理办法》(2009年)等。从覆盖面来看,长江、珠江、海河、松花江、辽河和一些内陆流域的水资源管理立法仍处于空白状态;从规定的内容来看,已颁布的法律法规更注重水量分配和调度或水污染防治等单一管理领域。从统合管理的需求出发,中国流域综合性立法应将《水法》的法规要求与流域水资源管理的特点和实际紧密结合起来,将流域水资源管理的一般性需求和特殊需求有机统合,将实践证明行之有效的各项管理措施规范化,并以法规的方式予以规定,这是以水资源的可持续利用保障流域经济社会可持续发展的重要保障。

三是某些管理工作还需要专门的制度安排。首先表现为某些管理方面需要的法规制度分散于各个单行法的条款中。以节水为例,《水法》中规定了节约用水和建设节水型社会的原则性要求,并且针对性地对节水领域主要工作作出了规定,但由于《水法》涉及水资源规划、开发利用、配置、节约、保护等方方面面,难以对节水领域作出专门的完整规定;《取水许可和水资源费征收管理条例》针对取供水环节规定了管控的行政手段和节水的利益调节机制,并不涉及用耗水和排退水环节;《城市供水条例》针对城市供水的水源、工程建设、供水经营、供水设施维护等进行了规定,不涉及农业的节水;《水污染防治法实施细则》则主要针对排退水环节,管控面也较窄。其次,在管理的操作层面和保障层面有不少政策和规章，但缺少更高效力的法规与之呼应，对其支撑。如《建设项目水资源论证管理办法》《水利工程供水价格管理办法》《入河排污口监督管理办法》《水量分配暂行办法》《取水许可管理办法》《水利部计量工作管理办法》《水利计量认证程序规定》《水功能区管理办法》《中央分成水资源费使用管理暂行办法》等，呈现出碎片化的趋势，需要对其有机的梳理，以将其中的原则性、战略性和关联性要求进行统合凝练，形成完整的制度性法规文件。

四是一些制度在管理过程中缺乏程序性规定。目前有关流域水资源管理的国家立法和地方立法，绝大多数都是实体性立法，而很少有程序性立法。但如果实体性的规定没有程序性的规定相配合，管理中难以执行到位，利益相关方的矛盾难以化解。缺乏程序性立法是执法难的重要原因。学界一直以来讨论的一个重要问题就是，地方环保部门在财政经费以及人事任免上主要取决地方政府，虽然有大量关于环境保护、企业排污、严格执法方面的规定，但为什么"执行难"问题普遍存在？《中华人民共和国环境保护法》明确规定了政府的责任："地方各级政府应当对本辖区环境质量负责"，"并采取措施改善环境质量"，"对造成严重环境污染的单位，地方政府应限期治理，对逾期未完成治理任务的单位还应责令关停"。显然，如果各地方政府及其主管部门都能严格实施其法定环境监管职责，排污单位也都能自觉履行其环境守法义务，污染纠纷必然也会大大减少，可事实并非如此。管理者因有顾忌而在程序上又没有强制规定，其管理的成效就必然会打折扣，甚或流于形式。

此外，若从水资源统合管理的需求来看，一些协调利益相关方的机制还有待强化。例如，河流上下游之间的补偿制度，水使用权和排污权的交易制度，水信息（包括污染信息）的共享和通报制度，突发事件的预警和应急处置制度，水污染损害的认定和评估及其保险制度等。还需要充分发挥社会团体及个人和非政府组织的作用，并要在利益相关方的博弈和协调过程中及时研究和解决出现的新问题，不断寻求更为有效的管理方法与模式。

## 二、水资源应急管理现状

按照应急种类，水资源应急管理可分为汛旱应急管理和水污染应急管理。本节仅对水资源汛旱应急管理作了分析，以下所提的水资源应急管理均指水资源汛旱应急管理。

### （一）水资源应急管理体制

中国历来对应急状态下的防洪除涝和干旱应对问题高度重视。早在1950年6月，中国就正式成立了中央防汛总指挥部，统一领导指挥全国防汛抗洪工作。1988年，国务院和中央军委决定撤销中央防汛总指挥部，成立国家防汛总指挥部。1992年，将国家防汛总指挥部更名为国家防汛抗旱总指挥部（简称国家防总）。但不论如何更名，都是由国务院领导担任总指挥，加强对水旱灾害防御的统一领导和指挥，将应急状态下的水资源管理作为管理工作的重中之重。从黄河的防汛护岸到长江的抗洪抢险，中国的防汛抗旱管理机构在工程建设、汛前准备、队伍组织、物资储备、防洪调度、抢险救灾等各个环节都发挥着重要的作用，并逐步形成了以23个部委和军队单位为成员、由水务部门和涉水单位组成的多部门协调、水利部统一管理的职能架构，具体组织形式如图8-11所示。

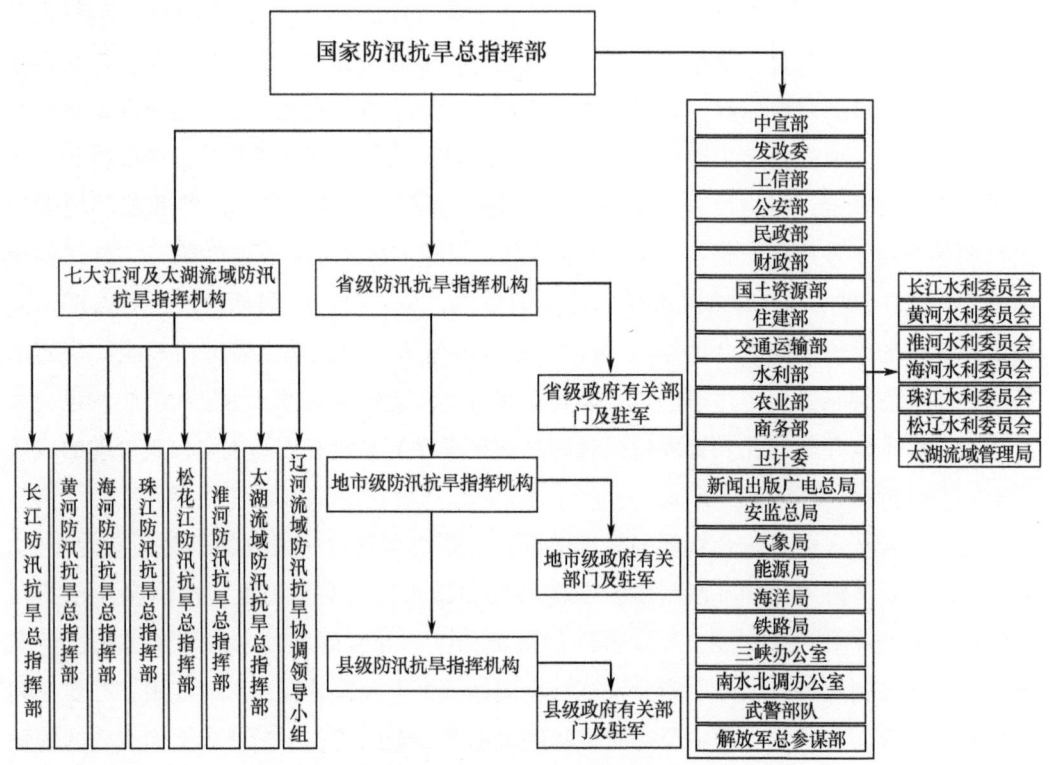

图8-11 水资源防汛抗旱应急管理组织机构体系示意图

中国水资源应急管理实行各级人民政府行政首长负责制，统一指挥、部门协作、分级负责。国家防汛抗旱总指挥部是中国防汛抗旱管理的决策中枢，其具体工作由水利部承担。

## （二）水资源应急管理运行机制

水资源应急管理是指为了降低水资源突发事件的危害，基于对造成突发事件的原因、突发事件发生和发展过程以及所产生影响的科学分析，有效集成社会各方面资源，采用现代技术手段和现代管理方法，对突发事件进行有效的应对、控制和处理的一整套理论、方法和技术体系。中国的水资源应急管理主要针对那些对社会具有负面影响的灾害性自然现象或人为事故，如江河洪水、渍涝灾害、山洪灾害、干旱灾害、供水危机、水体污染等。目前，中国的水资源应急管理流程如图 8-12 所示，其核心是预警、响应、评估和恢复。

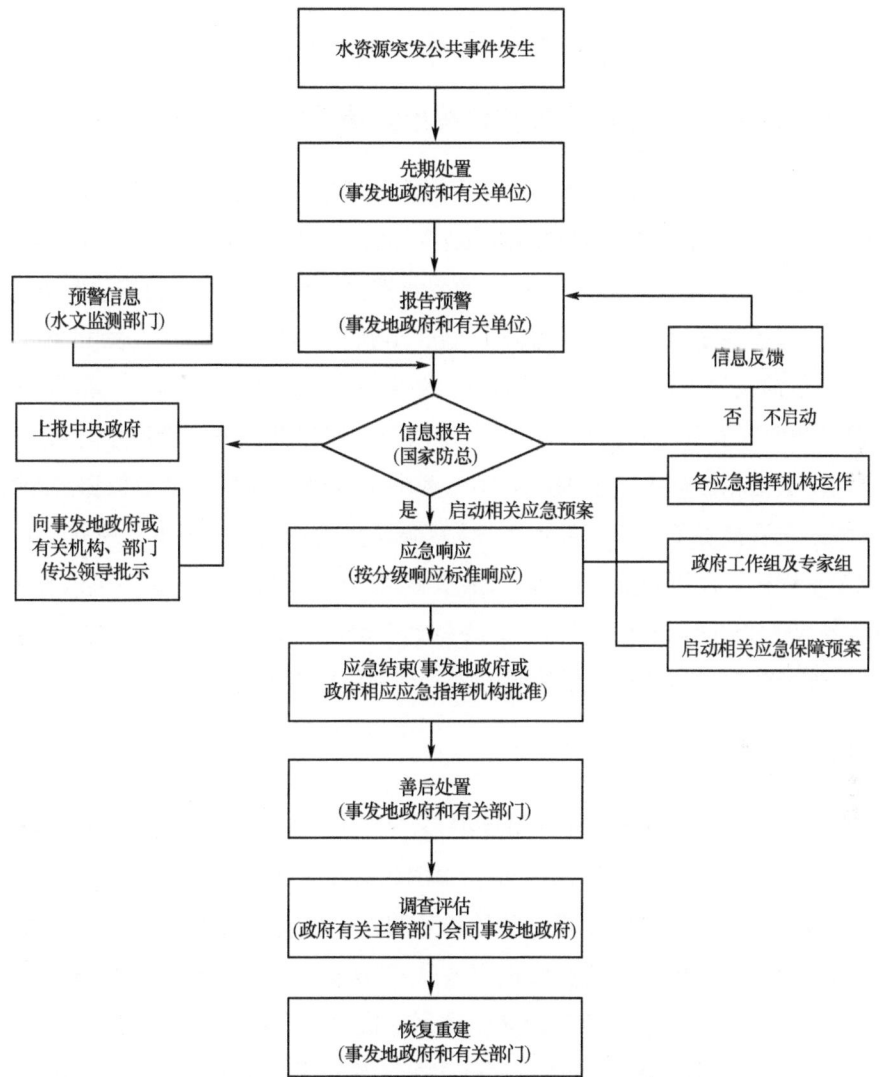

图 8-12 中国水资源防汛抗旱应急管理流程

按照《国家防汛抗旱应急预案》的规定，国家防总视汛情、旱情、灾情发展和影响程度，及时启动应急响应，加强部门联合会商，科学调度防洪抗旱工程，及时组织人员转移和抢险救灾，迅速派出工作组或专家组赶赴现场指导开展防汛抢险和抗旱救灾工作，以快捷有效的方法预防灾害发生或遏制险情灾情的发展蔓延。

除了防汛抗旱突发事件，水资源突发事件还包括水污染突发事件。按照《国家突发环境事件应急预案》的规定，在国务院的统一领导下，全国环境保护部际联席会议负责统一协调突发环境事件的应对工作,各专业部门按照各自职责做好相关专业领域突发环境事件应对工作,各应急支持保障部门按照各自职责做好突发环境事件应急保障工作,以高效快捷遏制突发水污染蔓延,采取措施积极应对乃至消除影响。

(三) 水资源应急管理保障体系建设

1. 水资源应急管理法律法规和预案规划情况

水资源应急管理需要法律法规和预案规划作为依据,为此有关方面强化了一系列工作。继1997年颁布《中华人民共和国防洪法》之后,2000年国务院颁布了《蓄滞洪区运用补偿暂行办法》,随后下发了《关于加强蓄滞洪区建设与管理的若干意见》,为蓄滞洪区建设管理和调度运用提供了保障。2009年颁布实施的《中华人民共和国抗旱条例》,改变了以前抗旱工作无法可依的局面。近年来,国家批复实施了《国家防汛抗旱应急预案》,修订了长江、黄河、淮河、永定河、大清河等流域防御洪水方案和洪水调度方案,制定了松花江洪水应急调度方案,为洪水管理和调度提供了依据。2008年以来,国务院还先后批复了长江、黄河等七大流域防洪规划以及全国抗旱规划,为全面开展防汛抗旱工程建设谋篇布局。目前,《洪水影响评价管理条例》《蓄滞洪区管理条例》《抗旱预案》等编制工作正在抓紧进行。各省、自治区、直辖市也陆续颁布实施了一大批防汛抗旱配套法规,为防汛抗旱的规范化、法制化提供了有力保障。

2. 水资源应急管理队伍情况

改革开放以来,随着外出务工人员的增多,中国的防汛抢险和抗旱救灾工作从依靠群众为主向专群结合转变。截至2013年,中国政府在全国七大江河、重点水库和重点海堤组织建设了102支重点防汛机动抢险队,117支省级防汛机动抢险队,232支市、县级防汛机动抢险队。1999年起,解放军建设了19支抗洪抢险专业应急部队,2009年武警水电部队正式纳入国家应急救援队伍体系。同时,全国累计建成县级抗旱服务队2144个,乡镇级抗旱服务队9038个,聘任国家防总防汛抗旱专家152名。水资源应急管理队伍建设专业化、技术化、常备化特征明显。

3. 防洪抗旱减灾监测预警体系

1998年以来,以国家防汛抗旱指挥系统为龙头的防洪抗旱现代化建设全面推进,监测、预报、预警和调度的现代化水平进一步提高。预测预报预警方面,初步建成了水雨情监测系统、台风预报预警系统和大江大河主要河段的洪水预报系统,正在建立大江大河重要河段的洪水调度及仿真模拟系统。截至2012年,中国20多个省建立了1000多个旱情监测站,有5个省建设了旱情监测网络。信息采集上,全国建成水文测站3.7

万余处、报汛站点 8600 多个、大江大河水文自动测报系统 50 多套，150 多座水库建设了水文自动测报系统。国家防汛抗旱指挥系统项目已建成水情、工情和旱情等信息的采集系统，约 60% 的防汛信息可在 30 分钟内汇集到国家防总。指挥调度上，国家防汛抗旱指挥系统项目建成了连接国家防总与 7 个流域机构、31 个省份的计算机骨干网络和异地视频会议会商系统。抗洪抢险上，机械化抢险堵口技术、电子化险情探测技术、数字化远程监控技术已得到初步应用，防汛抗旱现代化建设迈出了坚实的步伐。

### 4. 水资源应急管理资金保障情况

水资源应急管理资金中针对防汛抗旱的部分主要包括特大防汛抗旱补助费、中央水利建设基金（度汛应急部分）、防汛抗旱专项资金等。

水资源应急资金的筹集，坚持"地方自力更生为主，国家支持为辅"的原则。各地区在遭受特大水旱灾害时，会采用多渠道、多层次、多形式的办法筹集资金。首先从地方财力中安排防汛抗旱资金，地方财力确有困难的，可向中央申请特大防汛抗旱补助费。其他方面的应急保障资金则包括由国家财政部核拨的自然灾害生活救助资金、水利农业林业救灾资金、地质灾害补助资金、水毁公路补助资金等。

### 5. 应急物资保障情况

应急物资是指中央财政在水利部部门预算中安排专项资金，由水利部负责购置、储备和管理，用于支持遭受严重洪涝干旱灾害地区开展防汛抢险、抗旱减灾、救助受洪灾旱灾威胁群众应急需要的各类物资。应急物资管理坚持"定额储备、专业管理、保障急需"的原则。中央物资储备定额由国家防总根据全国抗洪抢险、抗旱减灾的需要确定。物资储备由水利部或已授权的代储单位与仓库代储，水利部负责管理和调用。近年来，中央财政进一步加大了防汛抗旱应急物资的投入力度，调整增加预算支出和补助项目，全国防汛抗旱应急物资储备已经比较完备。截至 2013 年，中央防汛抗旱物资仓库共有 28 个，现存应急物资价值 5 亿元，防汛应急物资储备品种达 30 种，抗旱应急物资储备品种达 26 种。

## （四）适应性分析

经过不懈努力，近年来中国水资源应急管理能力得到显著提升。在全球气候变暖、极端天气气候事件频发的背景下，自然灾害风险防范、监测预警、应急保障、科技支撑、社会动员等工作卓有成效，最大限度减轻了水灾害的损失。但是，由于水资源的应急管理涉及部门较多，管理中依然存在着不少有待完善的地方。

### 1. 统一指挥管理能力大幅提高，基层组织能力建设仍需加强

为进一步加强流域防汛抗旱工作的组织管理，近年来，长江、黄河、淮河、海河、

松花江、珠江、太湖 7 个流域成立或重组了防汛抗旱统一管理的指挥机构，有防汛抗旱任务的县级以上政府都建立了防汛抗旱指挥机构，中央、流域、省、市、县各级防汛抗旱组织指挥体系已建立健全。各级防办还不断探索新思路、新举措，综合能力得到显著提高，使得防汛抗旱的地位不断提升，基层组织机构不断强化，管理机制不断增强。

尽管中国有防汛抗旱任务的县级以上人民政府都设置了防汛抗旱指挥机构，但作为防御水旱灾害最直接、最有效的乡镇一级却只有少数设置了防汛抗旱指挥机构。同时，作为各级防汛抗旱指挥部的办事机构，各级防办负责防汛抗旱日常管理工作，履行的是政府行政管理职能，但仍有较多的防汛抗旱管理机构与所承担的职能不适应，存在着人员编制偏少、专业技术人员不足和管理职能不到位等问题。

### 2. 体制机制不断完善，资源分散和协调联动不够问题亟待解决

多年的防汛抗旱工作实践证明，防汛抗旱工作实行行政首长负责制是一条成功的经验。各级政府切实加强对防汛抗旱的组织领导，强化体制机制建设明确责任、落实措施，高度负责、靠前指挥，有效动员全社会的力量，形成强大合力，保证了抗洪抢险和抗旱救灾各项措施的高效顺利实施，取得了巨大的减灾效益。

中国水资源应急管理的突出特点是要整合日常分属于不同管理部门的职责，形成合力，统一指挥，密切协作，以应对可能发生的灾害事件，这有利于较好地发挥各方面积极性，但仍然存在资源分散、协调联动不够等问题。完善中国的急管理体制，要立足国情，借鉴国际有益经验，按照"统一领导、综合协调、分类管理、分级负责、属地管理为主"的总体要求，形成"政府统筹协调、社会广泛参与、防范严密到位、处置快捷高效"的应急管理工作机制，全面加强各级应急管理机构建设，强化统一指挥和综合协调，提高快速反应能力。

### 3. 预案体系初步形成，完整性和针对性还要进一步提升

完善的应急预案是取得应急抢险胜利的先决条件。以 2007 年淮河洪水防御为例，防汛准备工作行动早，准备充分。5 月中旬，国家防总专门组织工作组对淮河进行了防汛抗旱工作检查。根据治淮工程的进展情况，国务院批复了《淮河防御洪水方案》，细化了各量级洪水的安排，淮河防总和沿淮各省对淮河 22 个行蓄洪区的调度预案，包括行蓄洪区的调度运用规定、安全撤离与组织、报警与通信、安置措施、生活保障、卫生防疫等作了详细的补充完善。这些预案在 2007 年淮河防汛抗洪工作中发挥了极为重要的作用。

中国防汛抗旱预案体系初步形成，但仍存在体系不完整、种类不齐全、覆盖面不广、可操作性不强、运行机制不完善等问题，难以有效应对突发水旱灾害。要根据形势的变化按照有关规定，组织编制或修订防汛抗旱应急预案，江河、湖泊防御洪水方案和洪水调度方案，抗旱预案和江河水量调度方案，以及各类专项方案预案。方案预案要覆

盖防汛抗旱工作的方方面面，不断细化、逐步完善，增强预案的针对性、实用性和可操作性。

### 4. 预警体系基本建成，监测预警能力提高需要不懈努力

与发达国家相比，中国各类监测网络建设还不健全，灾害评估和预警能力仍然不足。按照《突发事件应对法》和《国家突发公共事件总体应急预案》的要求，监测预警体系是突发事件应急管理的第一道防线。许多突发事件的发生都是有苗头和征兆的，如果做到早发现、早报告、早预警、早处置，就有可能将其消除或控制在萌芽状态。要统筹规划、分级实施信息共享机制建设，建立统一的突发事件信息系统，实现各级政府及其有关部门、专业机构、监测网点信息系统的互联互通，加强跨地区、跨部门的信息交流合作；进一步规范信息报告制度，完善报送程序、时限和内容，建立信息报告激励机制和责任追究制度；完善突发事件监测网络体系，加强监测设施设备建设；建立完善的隐患定期排查和动态跟踪机制，提高信息收集能力和分析研判能力；加强突发事件预警能力建设，建立统一的预警制度和预警级别划分标准，提高预警的时效性、准确性，拓宽预警渠道，扩大预警的覆盖面。

## 三、水资源常态与应急管理统合管理实践

无论是常态还是应急状态的水资源问题都属于水资源综合管理以及水安全问题的研究范畴，也是社会公共安全问题的重要组成部分。在水资源管理领域将各类水灾害应急处置和水资源常态管理手段结合起来正在成为一种发展趋势，即进行水资源常态与应急的统合管理，把经济社会发展与灾害事件可能导致的结果，通过管理加以控制或加以归并，让常态管理具有以减灾为目标的性质，同时也让应急管理具有以发展为目的的因素，形成适应自然与社会发展的全方位统合管理，最终实现人与自然和谐条件下的社会管理目标最优化。目前，中国在水资源常态与应急统合管理方面的实践主要包括雨洪水利用、地下水调蓄、水库联调、洪水资源化、汛限水位动态控制、跨流域水资源调配和建设战略备用水源等。

### （一）雨洪水利用

#### 1. 雨水直接利用

中国真正意义上的城市雨水资源化利用研究和应用开始于20世纪80年代后期，当时，面对日益紧张的城市供水形势，个别城市开始考虑雨水资源的收集利用问题，尝试着在一些建筑物上安装雨水收集系统，但由于没有配套的雨水处理和回用系统，实际利

用成效不大。进入 21 世纪以来，中国城市雨水资源化利用的进程明显加快，技术水平也迅速提高。2001 年国务院批准了包含有雨洪利用规划内容的"21 世纪初期首都水资源可持续利用规划"，推动北京市的城市雨水资源化利用（图 8-13）。在理论支撑和实践经验都已经具备的情况下，2001 年，河北省邢台市在其下属的八城区全面建立了雨水利用示范工程。上海、西安、青岛、深圳等城市，也相继开展了城市雨水收集利用的相关工作。2005 年，由中国建筑设计研究院主编的国家标准"建筑与小区雨水利用技术工程规范"完成，使中国的城市雨水资源化利用初步走上了标准化道路。

图 8-13　北京某公园的下凹式绿地

### 2. 洪水利用

目前中国年缺水总量约为 500 亿 $m^3$，而全国江河多年平均入海水量约为 16 000 亿 $m^3$，仅长江多年平均入海水量约为 9760 亿 $m^3$，即使在特枯年也有 6000 多亿 $m^3$ 入海。因而人们在防汛抗旱实践中，开始重视洪水的资源特性，逐步调整"入海为安"的旧防洪思路与"单一农业抗旱"的旧抗旱思路为"坚持防汛抗旱并举，实现由控制洪水向洪水管理转变，由以农业抗旱为主向城乡生活、生产和生态全面主动抗旱转变，促进人与自然的和谐"，其中工程标准化是基础，管理规范化是关键，洪水资源化是核心，技术现代化是动力，保障社会化是支撑。

洪水资源化是从中国实际情况出发，按照新时期治水思路，全过程、全方位、多角度地转变"入海为安"的思想，统筹防洪减灾和兴利，综合运用系统分析、风险管理、信息技术等现代理论、管理方法和科技手段，对洪水资源进行合理配置，在保障防洪安全的同时，努力增加水资源的有效供给，维系良好生态，为全面建成小康社会提供有力的支撑。洪水资源化具有鲜明的时代性，针对传统水利、传统做法而提出，是中国经济社会发展的客观需要，是治水理念更新的产物，是兴利与除害结合、防洪与抗旱并举在新时期的一个具体体现。

简单地讲，洪水资源化就是要利用工程措施和非工程措施，加强洪水管理，确保人民生命安全，减少财产损失，最大限度地满足人民生活、生产和生态用水的需要。工程措施包括：农田水土保持；城市雨水收集；利用水库蓄洪，将汛期洪水转化为非汛期供水，将丰水年洪水转化为枯水年供水，将丰水地区洪水通过跨流域调水转化为缺水地区供水；将汛期洪水用于补源和灌溉；将洪水作为调沙用水和驱污用水，利用洪水输送水库或河道中的泥沙和污染物等。非工程措施包括：进一步制定和完善与各项工程开发、利用以及维护等相关的法律法规，加强防汛抗旱法制建设；建立和健全各级防汛抗旱指挥、办事机构及其社会保障队伍，依法明确和细化社会各部门的防汛抗旱职责，完善以行政首长负责制为核心的各项责任制，做到统一指挥，各负其责；将各种现代化技术与防汛抗旱实践相结合，努力提高现有水利工程的管理水平；加强执法和监督，以法律手段规范防汛抗旱工作顺利进行。

## （二）水资源的战略储备

加强水资源战略储备是应对极端和突发事件的有效措施，也是水资源应急和常态综合管理的重要内容。水资源战略储备建设，一方面通过保留一部分水量不能随意开发以保障水资源开发利用总量控制目标的实现；另一方面这部分预留水量是区域（流域）在应对极端干旱或水污染、自然灾害、战争等突发事件时的重要水源保障。建立水资源战略储备制度，全面推动城市和人口集中地区水资源战略储备建设将大力提高区域（流域）水资源应急供给和安全保障能力，是水资源常态与应急综合管理的一项基本制度。

当前，中国城市水源地突发事件总体呈逐年上升趋势，水源问题的紧迫性和重要性使得水源地保护日趋成为政府与公众关注的焦点。面对突发性城市水安全事件的威胁，在科学管理、尽量避免水安全事件发生的同时，加强城市应急水源地的规划与建设是必由之路。备用水源地规划、建设和保护应该注意以下几个问题：①备用水源地规模要适度，不应该与基本水源地规模一样，备用水源主要保障在应急情况下城市基本的用水需求，特别是人畜饮用水的需求，而不是整个城市的全部用水，避免不必要的浪费。②备用水源地不是次要水源，可以由水质较差的水域充当，而是作为备用的饮用水源地，水质应该更好，水源地及周边的水资源保护要求应该更高。③备用水源地的运用主要是应急的，不应该作为常用水源使用。在城市主要水源地出现问题时，不可能完全靠备用水源来解决全城的供水问题，而应该与严格的需求管理和应急管理结合运用，重点保证应急情况下居民生活用水、医院和食品生产等民生用水。

在太湖流域，已经有研究提出可以通过建设相对独立的堤防与太湖相隔离而形成备用水库,外部水质好的情况下引入优质来水,而在外部水质较差的情况下封闭进水通道,避免影响水库水质。这样就能够保障备用水库中的水质优于太湖水质,达到饮用水水质标准,同时可通过联合调度,将备用水库中的水有计划地逐步置换,使得优水先用,如图 8-14。

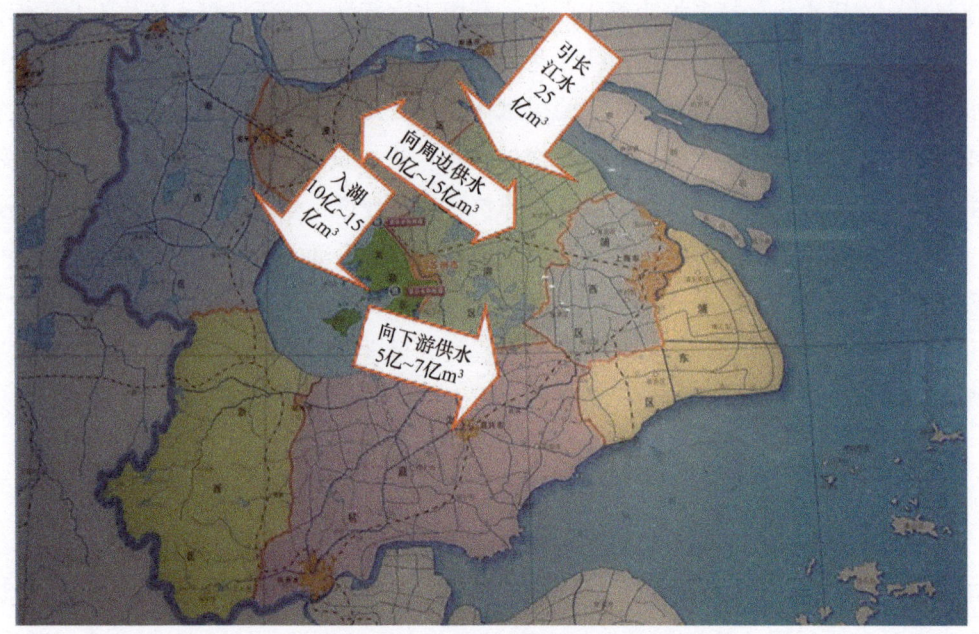

图 8-14 引江济太调水试验工程水量运动示意图

(三) 各类持水空间的科学运用

1. 地下水调蓄

有计划地增加地下水资源战略储备也是中国采用的一种有效的应急常态统合管理方式。近 20 年来,北京市采用地下水调蓄方式对水资源进行时间和地域上的再分配,取得了显著的效益。实践证明,这是解决水资源不足的有效方法之一。对海河和辽河等地下水供水比重较高的缺水流域,严格控制地下水开采总量,禁止开采深层地下水,利用南水北调水置换超采地下水,逐步恢复地下水的涵养能力,增加地下水战略储备;对于西北地区,加强产水区生态保护和水源涵养,加快骨干水利工程建设,增加流域储水能力,增强应对干旱能力。

河北省位于中国东中部地区,是海河流域内超采地下水的典型省份。按照南水北调中线工程的总体规划,中线工程全线完成后,每年将有约 30 亿 $m^3$ 的水资源交由河北省调蓄。河北省水利科研人员提出了利用"地下漏斗"建地下水库存水,调蓄引江水的设想。初步研究证明,山前平原区建库条件和入渗条件相当优越,在此区域内建设地下水库调蓄引江水，具有建设维护成本低、水量损失少、管理方式简捷、供水保障率高的优点。据相关统计数据显示，地下调蓄模式的配套工程投资共计需投入 200 多亿元，较地表水库模式减少投资 100 多亿元，且没有拆迁和移民，节省了大量土地和人员编制。同时，从蒸发量来看，地表水库每年能蒸发 1.4m，而地下水库蒸发量很小，减小了损失量。此外，修建地下水库对当前河北的地下水漏斗有一定改善作用，可以逐渐修复地下水生态环境。如果能进一步调整受水区的供水规划，将使一些处于长期"透支状态"的地下水系统得以"休养生息"。目前，石家庄市正在谋划利用滹沱河河道兴建地下水库。《石家庄市地下水库建设与滹沱河市区段水环境质量评价》已经于 2010 年 1 月完成，初步评价结果显示，山前地下水库的设想是可行的，未来可以作为地下水超采区实施水资源常态与应急统合管理的参考。

### 2. 水库联调

根据调度目标不同，水库群的调度方式和调度基本原则也不相同。比如，当对水库群进行灌溉及供水调度时，以总弃水量最小拟定各个水库的蓄水和放水次序，梯级水库上游水库应先蓄水后供水，库群中如有调节能力高、汛期结束较早的水库应先蓄水，在供水期按总供水要求进行补偿调节。此外，利用水库大坝进行流域或区域生态调节或补偿的生态联合调度（比如前面提到的万家寨、三门峡、小浪底水库之间的调水调沙调度）以及应对紧急事件的应急联合调度（比如发生地震时，震区水库要尽快降低水库水位）等都需要根据实际情况科学地进行水库群的联合调度，从而满足不同的优化调度目标。

水库群的联合调度是流域水资源优化配置的重要组成部分。从更大范围内来看，还可以通过实现河湖水库联通工程对跨流域的水资源进行优化调度。中国的南水北调工程就是基于跨流域的水资源调度而修建的。中国南涝北旱，南水北调工程通过跨流域的水资源调度，大大缓解中国北方水资源严重短缺的问题。南水北调总体规划包括东线、中线和西线三条调水线路。通过三条调水线路与长江、黄河、淮河和海河四大江河的联系，构成以"四横三纵"为主体的总体布局，实现中国水资源南北调配、东西互济的合理配置格局，如图 8-15 所示。

黄河上游先后建成了龙羊峡、刘家峡等 17 座干流水库，可以有效控制上游的大洪水，这为洪水资源利用奠定了坚实基础，而中游万家寨、小浪底等水库群也可充分利用时间差、空间差进行错峰削洪，将减灾、拦洪、减淤三道难题一起解决。2003 年，黄河发生历史罕见的秋汛，黄河水利委员会在保证防洪安全的前提下，进行了龙羊峡、刘家峡、万家寨、小浪底水库的综合水量协调。这次"四库联调"充分利用了黄河上中游干支流的水库群，通过科学调度、防用结合的手段，采取适当减小上游水库的泄量，尽量把来水蓄在龙羊峡、刘家峡两库，并使小浪底水库蓄水到允许范围最高水位的措

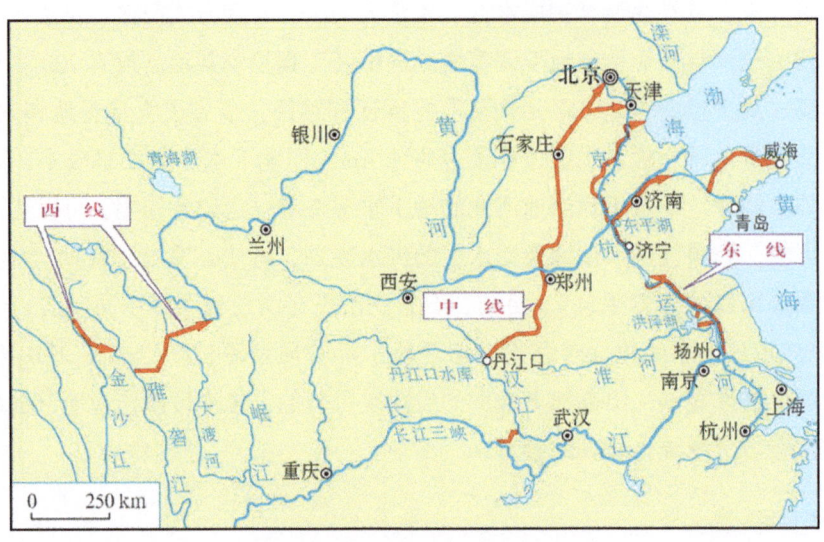

图 8-15 南水北调工程示意图

施,最终实现了减灾和洪水资源化双赢:不仅减轻了小浪底水库防洪压力,还使近百亿 $m^3$ 的洪水变成水资源存入水库,为当年秋季和来年春季黄河下游用水、引黄济津、确保黄河不断流储备了充足的水源,如图 8-16 所示。

图 8-16 经"四库联调"后 2003 年黄河首次洪峰到达济南泺口站未超警戒

3. 汛限水位动态控制

在洪水资源化中,水库具有举足轻重的地位。在进行水库设计时,通常根据洪水特性、水文预报条件和水库调节性能,从安全和经济角度尽可能把汛限水位定在正常蓄水位之下，设计防洪兴利共用库容以容纳洪水，并在汛末拦蓄部分洪水以蓄满。因此，汛限水位是水库协调防洪和兴利矛盾的关键。然而，若水库在实时调度阶段严格按照设计的汛限水位来控制水库实时水位，则对于汛期只发生一两次较大洪水的水库而言，汛期往往抓不住时机蓄水，汛后难以充满共用库容。为此有的水库在设计阶段采用常规调度方式设计汛限水位，而在实时调度阶段采用洪水预报调度方式，还有的水库在实时调度阶段密切关注天气预报信息，随时调整水库下泄量等。这些都为实时调度阶段汛限水位控制运用留下了活动空间。

目前中国已建水库 98 000 多座，总库容为 9323 亿 $m^3$，供水量约占全国年用水量的 70% 左右，其中库容在 1 亿 $m^3$ 以上的大型水库 756 座。由此可见，在中国水资源供需矛盾突出的今天，开展水库汛限水位动态控制方法研究是十分必要和紧迫的。事实上，当各项水利工程措施达到一定规模，为了进一步缓解水资源短缺和洪水泛滥问题，采取汛限水位动态控制措施，加强现有水库工程管理，挖掘其防洪、兴利的效益潜力，提高洪水资源化水平，也是水利工程系统自身发展的必然。

经过调研，2002 年，国家防汛抗旱总指挥部办公室按照从提高洪水资源利用率，为国民经济可持续发展提供强有力的支持与保障全局出发，将"汛限水位设计与运用"作为水利部重大科技攻关项目，组织有关高校和科研院所，结合 12 座大型试点水库进行专题研究。目前，正在由水利水电规划设计总院主持编制"汛限水位动态控制导则"，相信随着水文气象预报科学理论的发展，流域水、雨情自动测报系统和预报调度系统的建设，以及洪水预报和降雨预报精度的提高，基于水库汛限水位控制运用现状，综合运用系统分析、风险管理等基本原理，使进一步开展水库汛限水位控制方法研究成为可能。

### 4. 跨流域水资源调配

为实现流域和区域之间水资源的调配，在有条件的地方，特别是来水频率不同步的地区，跨流域调水工程经常成为提高特殊干旱年份或是连续干旱年份供水安全保障的重要途径。如南水北调工程受水区的黄河、淮河和海河流域，其特枯年来水量较平水年减少 30%~60%，局部地区情况更为严重，特殊干旱年份区域水安全受到严重威胁。南水北调工程外调水一方面增加了区域绝对供水量，能够使得特殊干旱年份或连续干旱年份黄淮海流域的缺水率降低 10% 以上，且外调水供给有很高的保证率，加上当地供水基本上能解决特枯年份黄淮海各流域的基本用水需求，如生活用水和重点工业用水，从而对于区域的经济发展和社会稳定起到重要保障作用。

## 四、水资源常态与应急统合管理的需求性分析

### （一）水资源统一管理的应有之义

中国《水法》明确要求对水资源实行统一管理，统一管理既包括在防洪、取水、节水、排水等过程和领域实行统一管理，还包括实现地表水和地下水的统一管理，水量和水质的统一管理，政府、市场和公众的统一管理等。随着水问题的日渐突出，继续强有力地实行水资源统一管理是今后水资源管理的基石与前进方向。水资源常态与应急统合管理是法律要求的水资源统一管理的科学管理方法之一，它是通过将常态的供水、节水、排水管理与应急状态的防洪、抗旱、水污染等危机事件管理相结合，并依靠水利科技进步提出的与现代管理科学相适应的管理方法，是实现水资源统一管理的有效方式和手段，为水资源统一管理提供了管理模式和管理路径上的有力支持。

### （二）更适应国家水安全要求

国家水安全是国家和经济社会可持续发展的一种环境和条件，水安全问题是客观存在的，只要有人类活动和水文循环，就会出现水安全问题。中华民族长期以来的治水历史探索和实践，形成了都江堰、坎儿井、京杭大运河等智慧结晶，为国家统一和管理制度的形成奠定了基础。国家水安全的两个主体性安全是防洪安全和供水安全，在全球气候变化和中国经济社会快速发展的背景下，一方面极端水文事件频发，即地理气候环境决定的水时空分布不均带来的水灾害等水安全老问题，使区域防洪压力倍增；另一方面水资源短缺、水质恶化，即水生态损害、水环境污染等水安全新问题越来越突出，越来越紧迫，水资源对于经济社会发展的瓶颈作用不断凸显，展现出应急管理和常态管理进一步统合的明显要求。在此情势下，进一步强化水资源的统一配置、调度和管理，加强常态管理与应急管理的统合，坚持"节约优先、空间均衡、系统治理、两手发力"的思路，成为促进国家防洪安全和供水安全，从而进一步保障粮食安全、经济安全、生态安全和国家安全的必然要求。

### （三）更有利于水生态文明建设

水生态文明建设的内涵包括四方面，一是水生态的认知文明，包括全社会正确的水生态伦理价值观的确立、水资源节约保护意识的普及、经济社会与水生态系统相互依存伴生关系与规律的科学认知等；二是水生态的制度文明，即维持水生态系统健康和水资源高效循环利用的有效社会制度安排；三是水生态系统相关的行为文明，包括水资源开发的科学性、利用的高效性、排污的有序性等内容；四是水生态本身的物理载体文明，主要体现在水生态系统的完整性上，包括水文、河流地貌、水体物理化学环境和生物等

方面。实行水资源常态和应急统合管理本身即是一种更深层次认识和把握水循环及其与社会经济系统内生互动关系的表现形式，对于推动水管理改革发展具有重要作用，能增强水资源开发利用的科学性和高效性，是促进水生态文明建设的有效措施。

### （四）促进涉水管理科学发展

改革开放 30 多年来，中国在制度建设、经济发展、生态保护等方面都取得了长足进步。在具有中国特色的社会主义建设初期，很多方面的制度都是通过边探索边建立的方式形成的，这在水资源管理体制机制的发展中，也留下了深刻的烙印。随着科学发展观、生态文明建设等理念的提出和实践，水资源管理体制机制也需要在更高的层面上进行科学设定，并在实践中加以检验和完善。随着体制建设和改革开放的进一步深入，水资源管理体制机制必然会向更科学的顶层设计与预先设计发展方向转变。作者认为，当今中国已开展了大量水资源常态和应急统合管理的研究和实践，只是在对其系统观察和理论探索方面需要给予更大的关注。多年的实践和经验积累，使得更科学的管理模式、方法、机制、法规呼之欲出，水资源常态和应急统合管理或能更好适应涉水管理的科学发展。

需要指出的是，每项管理制度都具有强烈的时代特征和历史烙印，尤其是水资源管理更具传统性，其管理制度的发展不可能突变，而是一个长期的渐进过程。此外，不同区域的水资源自然属性、社会状况都存在很大差异，在某个区域适应性很强的水资源管理方式，在另一个区域或上升到流域层面就不一定适应，流域范畴的管理经验与国家的管理视野也不一定相适应。因此，应该充分尊重已有的水资源管理方式，在水资源统一管理的要求下，不断探索更有针对性的、具有分类管理特征的科学管理方式，包括本书提出的更侧重于应急管理的统合管理方式。

## 第三节 水资源统合管理

加强社会公共安全工程管理是维护国家安全、保障国家利益的重要举措，实施常态与应急统合管理则是有效提高公共安全工程管理水平的重要手段。通过分析研究水资源应急管理和常态管理相结合的典型案例，其结论、方法、措施等对其他类社会公共安全工程管理也具有很好的启示和借鉴作用。

### 一、水文过程与管理分析

所谓水资源常态与应急统合管理，就是立足于自然水文的年内与年际整体过程，将正常状态下的水资源管理和非正常状态下的应急管理有机结合起来，实施基于自然水循环全过程调控的水资源管理，从而实现将水资源开发利用、防洪除涝和抗旱减灾等有机的融合，提升水循环调控效率，增强水安全保障程度。

水文过程是指随时间变化的水文现象，一个完整的水文过程可以通过历年的水文数据进行重现。水文过程是一个十分复杂的过程，包含有两种成分：一是确定性成分，如水文过程周期变化和趋势变化，另一种是随机成分，表现为水文现象的纯随机波动。对于一个完整的自然水文过程来说，周期性是其最大的特征，即年内和年际的丰枯变化，趋势性和随机性特征叠加在周期性特征上，形成水文过程的整体特征。年周期是水文过程最显现的周期（图8-17）。此外，在一个更长的时间尺度上，受太阳黑子、大气环流等其他因素影响，不同流域还有更长的周期性，如中国的海河流域，降水有明显的5年和22年周期，在百年尺度上有一个约80年的丰枯周期。

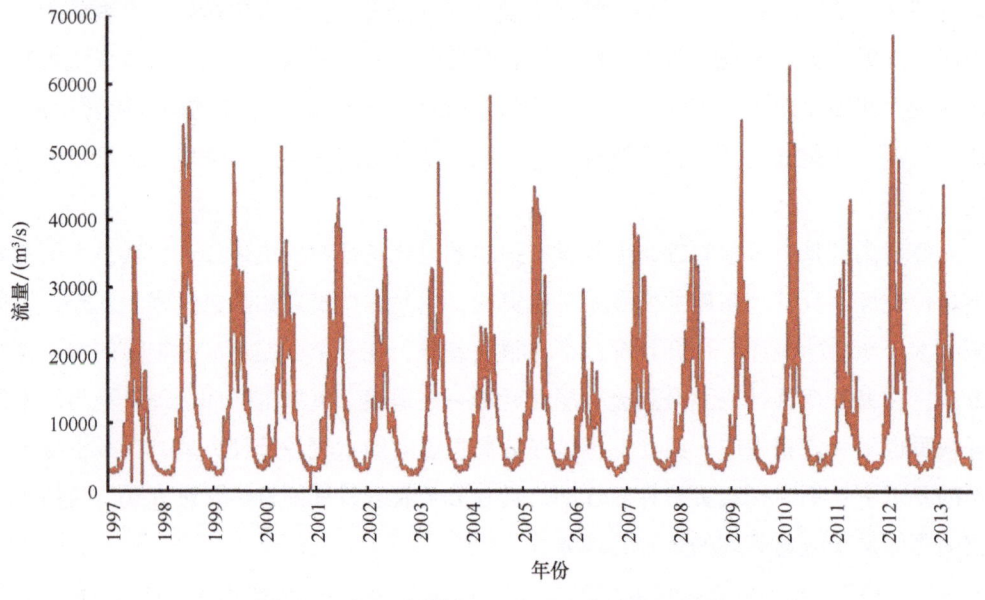

图8-17　长江寸滩站1997~2013年流量过程图

年内周期是水文过程最显著的统计特征，按照多年统计的年内来水的多寡，年内水文过程可大致划分为三个阶段，即平水段、枯水段和丰水段。在中国，大部分地区5~9月为丰水期、12~2月为枯水期，其余为平水期。这种划分对于南北地区有所差异，其中南方丰水期要略早于北方，另外还有冰川区域的春汛、黄河的凌汛等。同时，受随机性的影响，一个地区的丰水、平水和枯水段是一个大致相对的概念，每年都存在一定的变化。

对于一个区域的年内水文过程，其水量分布过程如图8-18所示，其中绿线表示由降雨形成的对区域地表和地下水的实时补给所提供的供水量，红线表示区域社会经济耗水需求量。丰水期降雨量大，除满足生产生活用水需求外，还形成对当地地表水、地下水的年度补给量，以及河道正常下泄量。当降雨出现峰值，河道正常下泄能力难以满足水量下泄要求时，则出现不可控下泄洪水，严重时形成洪水灾害。在枯水期，由于降雨直接形成的供水能力降低，社会经济耗水需求反而在一定程度上较丰水期有所增加，二者之间呈现一定差额，那么在丰水期或者是丰水年通过地下水、人工调蓄工程等所蓄存的水将发挥供水效用。当地下水、人工调蓄工程等的年内、年际调节供水量总量大于这一差额，则区域水资源供需可达到平衡，反之呈现缺水状况，此时区域供水将通过挤占生态用水、限制用水等非常规方式实现，但是当缺水量达到区域不可承受范围时，干旱灾害就会来临。

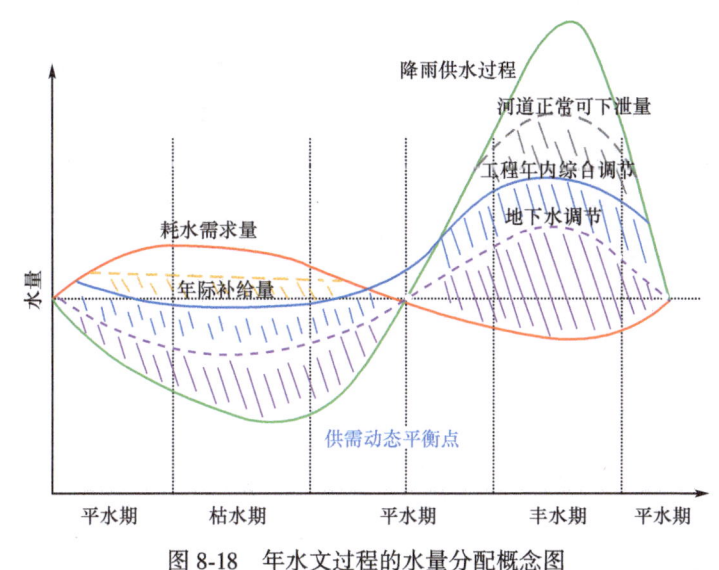

图 8-18 年水文过程的水量分配概念图

为了实现天然水文过程与经济社会用水需求、天然下泄排水能力的平衡，需要对水循环进行科学调控，其中在非汛期主要是供用水的管理，在汛期主要是以排水为主的洪水管理。当来水超出一定标准范围，包括低于某一标准或高于某一标准，水循环调控则转为应急调控，其中非汛期为抗旱管理，汛期为防洪管理。对于单独的枯水期或者丰水期来讲，应急管理与常态管理是可以相互转化的。枯水期，水资源战略储备数量越多，常态管理的范围就越大，应急管理的范围就减小；丰水期，地下水与工程的调蓄能力越大，常态管理的范围就越大，应急管理的范围就越小。对于年内水资源管理来讲，枯水期的抗旱管理与丰水期的防洪管理密切关联。随着在丰水期调蓄能力的增强，不可控下泄洪水量减少，地下水与人工调蓄工程水资源蓄存量增加，将直接提高非汛期的干旱抵御能力。另外，枯水期和平水期包括抗旱管理在内的供水管理，为丰水期防洪管理提供必要防洪库容，才能发挥人工调蓄工程的防洪效用。

人工调蓄工程的运行调度是水循环调控的重要手段，但是受地质条件、资金投入条件等影响，人工调蓄工程建设规模受到限制。另外，即使地质条件适宜和资金投入充沛，也必须科学规划人工调蓄工程调蓄能力。这是因为降雨的不确定性大，超大规模调蓄能力建设会导致调蓄工程能力冗余，造成浪费。因此，水循环调控必须实行适宜的调蓄工程与科学管理相结合。

## 二、全水文过程的区间分析

根据水文过程偏离平均值的程度，结合经济社会发展的用水保障需求，可以将水管理分为常态管理和应急管理。所谓常态，是指一般、普通、经常或平常的状态，对于水文过程的常态管理也就是指对于一定概率范围内的水文事件或是过程进行调控和管理，如 $P=90\%$ 概率范围以内；应急状态是指突然发生的、紧急的状态，对于水文过程的应急管理是指对于一定概率以外的水文事件或是过程进行调控和管理，如 $P=90\%$ 概率范围以外。对于应急状态，可以进一步细分为一般应急状态和危机管理状态，其中危机管理状态是指更小概率水文事件发生情境下的管理，如 $P=97.5\%$ 以外或是连续几个 $P=75\%$ 的枯水年。不同水文过程对应的状态详见图 8-19。

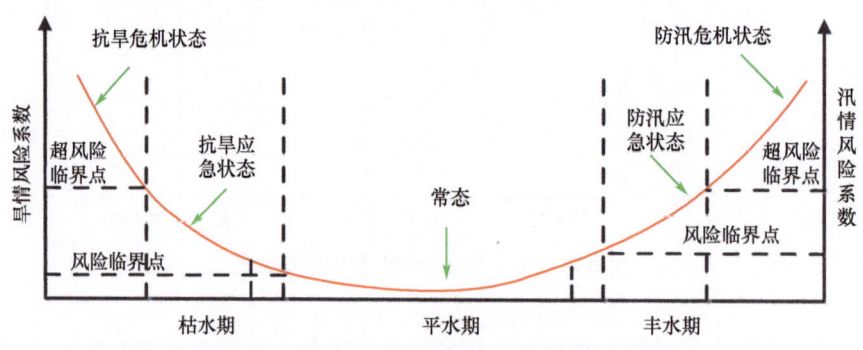

图 8-19 基于水文过程区间的水管理状态划分

## 三、水管理状态指标划分

对于天然状态下水文过程，水管理状态指标则可以根据其降水或是河川径流（来水）的概率区间来确定，包括定义 $P=90\%$ 为应急状态，$P=97.5\%$ 为危机状态，并采取相应的措施。事实上，一方面在大规模人类活动影响下，天然的水文过程或多或少地被改变或改造，另一方面由于水循环调控的主体和目标均是人和经济社会系统，因此，水管理状态的划分还要面向水循环调控服务的对象。基于上述两方面分析，构建两个指标来表征人类活动影响下的水文过程区间变量，作为水管理状态划分依据。

### （一）水量频率指标

所谓水量频率指标，就是将单一的河道来水频率拓展为综合来水频率，以此综合表征区域水情特征。综合来水在传统的河川径流来水的基础上，进行了两方面的拓展：一是除考虑地表水蓄水和来水情况以外，同时考虑地下水蓄水和土壤水墒情状况；二是将未来一定预见期的来水预报信息纳入增量的范畴。综合上述三方面信息进行系列排频，确定综合水情频率。计算公式如下：

$$Q = f(r+q+g+s+\mu \cdot r', t) \tag{8-1}$$

式中，$Q$ 表示综合水量指标；$r$ 表示断面来水量；$q$ 表示地表蓄水量；$g$ 表示地下蓄水量；$s$ 表示土壤含水量；$\mu$ 表示风险系数；$r'$ 表示预见期内预报来水量；$t$ 表示时间。

### （二）压力频率指标

实际上，对于一个特定的区域，除了区域水量绝对值的排频信息以外，其水管理状态还与供水（包括抗旱）和防洪的能力有着密切关系。实际上，对于枯水期以供水为主的水资源抗旱管理来说，除了实际来水以外，风险程度还与供水能力和需求量有关系；对于丰水期的防洪而言，除去实际来水以外，风险程度还与区域的防洪能力有关系。因此对于某个特定区域，在不同时段管理状态的划分还需加上上述信息，因此，干旱枯水期在式（8-1）的基础上演化为式：

$$p = Q \cdot f\left(\frac{c}{d}\right) \tag{8-2}$$

式中，$p$ 为压力指标；$c$ 表示区域供水能力；$d$ 表示区域用水需求量。

在防洪丰水期，式（8-1）则演化为式：

$$p = Q \cdot f(a) \tag{8-3}$$

式中，$a$ 表示区域防洪能力。上述指标的确定和计算需要进一步的深入研究。

## 四、不同水文过程状态的水资源管理路径

通常说的水资源管理是指常态管理，也就是指在水资源系统各部门正常运转，各功能正常发挥作用的情况下，进行的旨在保持水资源系统正常状态的常规水资源管理活动。水资源应急管理是指管理部门在特殊情境或发生突发事件，带来严重危害的情况下，积极采取技术手段和管理方法，降低突发事件危害的行为。水资源应急管理可分为预防与应急准备、监测与预警、应急处置与救援、事后恢复与重建四个过程。水资源应急管理又是一个动态管理，包括预防、预警、响应和恢复四个流程，均体现在突发事件管理的各个阶段。

对于水循环的常态管理，无论是以水资源开发利用为目标，还是以防洪除涝为目标，关键是防止调控累积效应的发生，因而，其调控的基本路径是控制管理。其中对于水资源开发利用的管理主要有两部分内容：一是满足经济社会合理用水需求，主要是水

资源配置和供水管理的内容；二是控制水资源开发利用总量，减少水资源开发利用的随意性，核心是实现取耗水和排污总量的控制，主要是需水和用水管理。这种控制管理讲求计划性、制度性、配合性，是理性的控制过程。按照2011年中央一号文件和国务院对于全国水资源综合规划的批复，力争2015年、2020年和2030年将全国年用水总量分别控制在6350亿$m^3$、6700亿$m^3$和7000亿$m^3$以内。对于水资源的应急管理，无论是抗旱和防洪除涝管理，管理的核心是降低损失、规避风险，因此特殊情境下的水循环调控途径是风险管理，如洪水来临时对水位、淹没甚至是溃坝的风险预估，干旱状态下对供水减少、农业生产的风险预估，这种管理讲求时效性、随机性和独立性。风险管理的思想是根据风险的高低，确定合理的调控和管理目标，选择适宜的调控和管理措施。

事实上，无论洪水还是干旱均统一在一个完整的水文过程当中，防洪、供水、抗旱是不同水文阶段下针对不同目标进行的水资源调控行为，各阶段之间是相互联系、相互影响、相互冲突和相互转化的，这也是实现雨洪水资源化、实施水资源战略储备的科学前提。例如，防洪除涝的"泄"和水资源管理的"供"本身就存在内在的矛盾，但在雨洪水调控措施下，造成洪涝的多余水资源量通过水文过程的调节就能够转化为干旱情况下的抗旱水源。针对平水时期开展的水事活动是常态的水管理范畴，其核心是水资源管理，包括水资源配置、节约和保护，管理行为的基本目标是保障经济社会发展的用水需求，同时控制和降低水资源不合理的开发利用所带来的外部性，大体可以分为供水管理、需水管理和水生态环境管理；针对丰水期和枯水期开展的水事活动是应急的水管理，核心是防灾减灾管理和特殊标的的管理，前者包括洪涝灾害管理、干旱灾害管理、突发性的水事件管理，后者包括特殊需求的水管理，如奥运会、世博会等重大活动的水安全保障管理。

## 第四节 水资源统合管理适应性对策

基于中国水资源本底条件、发展情势和管理现状，在对全水文过程统合管理内涵进行解析的基础上，吸收国际有益经验，作者认为，下述几方面的管理策略更适应于水资源统合管理的要求。

### 一、实施风险管理战略

当前，中国针对洪水与干旱灾害主要是采取应急管理的手段，一些地区防洪与抗旱预案制度不完善，遇到洪灾或旱情，临时组织发动，临时采取应急措施，导致防洪与抗旱决策缺乏周密计划和全面考虑。应改变遇灾抗灾这种被动的防洪与抗旱工作方式，采取"预防为主、防抗结合、综合应对"的防洪抗旱工作方针，加强风险的识别与管理，采取综合预防措施，实现向洪涝干旱灾害风险管理的战略转变，才能做到防患于未然，全面提高防洪与抗旱工作效果。

实现风险管理，首先应建立水资源风险评价机制，加强水资源应急预案编制。水资源常态和应急统合管理体系建设，通过预案的制定、机制的完善和体制的健全，寓危机管理于常态管理当中。从国家、流域、地方不同尺度开展相应水资源风险评估，加强并适时更新防洪、干旱等风险图编制。加强对特殊情景的研究与判别，科学制定应急预案，进一步健全预案种类，提高基层预案覆盖面。以消除紧急状态下的信息不确定性为突破，完善水资源应急管理政策，建立特殊情景下信息交汇和公开体系，消除应急管理的不确定性，明确各种状态下各主体目标责任，完善水资源管理工作机制。

其次，应加强水资源统合管理法律法规建设，制定各项配套制度，实现洪涝干旱灾害风险管理的制度化、规范化。风险管理的效能来源于科学完备的制度保障，具体的经验做法和规律性认识，需要通过制度建设予以规范和升华，更好地指导实际工作。2007年公布实施的《中华人民共和国突发事件应对法》（简称《突发事件应对法》）为应对各类突发公共事件提供了共同性规范，但是应对突发事件是一项纷繁复杂的工作，仅靠一部基本法律是不能完全涵盖的。当前，应根据《突发事件应对法》有关规定，抓紧组织起草修订各类专项风险管理法律法规，努力构建完整的风险管理法制体系，使中国洪涝干旱灾害风险管理进入制度化、规范化、法制化轨道。

第三，应加强常态情况下的风险防范意识和极端情况下的灾害应对能力宣传教育。当前中国全民的风险防范意识还不足，地方政府在教育群众掌握避灾、救灾知识和自救、互救本领方面做得还不够。建立政府部门、新闻媒体和社会组织协同开展防灾减灾宣传教育的机制，将防灾避险、自救互救等应急救援知识纳入国民教育体系，重点加强对学生、进城务工人员、高危行业和领域生产人员的宣传和培训。通过科普读物、宣传册、报纸、电视、网络等多种方式，加强防汛抗旱减灾知识、相关政策、法规的宣传和普及，完善分层分级的专业人员动员机制，编制专业教材，开展应急抢险相关知识、技术、措施的培训。继续开展"世界水日"、"中国水周"和"全国城市节水宣传周"等宣传活动。深入宣传节水的重大意义，推行节约用水措施，推广节水新技术、新工艺，倡导节水和低碳生活方式，提高公众的水忧患意识和节约保护意识，动员全社会力量积极参与节水型社会建设，形成全民动员、全社会共同防灾减灾的良好局面。

## 二、构建多元化信息共享平台

洪水与旱情的监测信息对于在灾害发生前降低洪灾与干旱风险，以及在洪水期与干旱期间采取适当的防洪与抗旱措施是至关重要的。应构建多元化信息采集、传输、处理、分析、评价、预测、预报与预警等现代化功能于一体的信息服务平台，通过汇总有关部门和地方的水情旱情实时信息，结合地理信息等基础数据，在电子地图上快速制作各种专题图；同时利用信息平台对洪水与干旱的发展趋势进行科学的预测和分析，在信息获取的基础上，通过分析、预测洪水与干旱发生发展规律，识别洪水干旱风险发生的时间、空间、类型（如暴雨洪水、山洪、融雪洪水、冰凌洪水和溃坝洪水）与等级，将大幅提高洪涝干旱灾害的预警预报能力，为风险管理提供重要科技支撑。

多元化信息平台体系的基础信息包括来水情况信息、用水过程信息、配水系统信息以及防汛抗旱应急避险系统信息等。来水情况信息主要包括降水、产流、蒸发、水库水位等，在风险管理中，需要上述来水情况的长时间序列资料。用水过程信息主要包括用水对象、供水范围、用水总量等社会经济系统的供用水信息。配水系统信息主要包括配水水源的选取、配水工程调蓄容量的确定、超蓄的风险分析等。防汛抗旱应急避险系统信息包括不同频率洪水的淹没情况、风险区社会经济情况等。

实现信息共享是促进水资源常态与应急统合管理的基本条件与要求，有必要作为一项基本制度加以规定和执行。在常态与应急统合管理中，水信息的共享主要体现在三个方面，一是水资源常态管理部门与应急管理部门之间的信息共享，保障各自管理措施的全面性和均衡性；二是水资源管理部门与涉水部门之间的信息共享，包括气象、地质、环保、建设等部门，提高常态与应急统合管理的科学性；三是政府部门与社会公众之间的水信息共享，提高公众对于水资源常态与应急管理的认识，保障各种常态与应急统合管理措施的顺利执行，同时积极听取公众意见，改善水资源管理方式。

## 三、形成流域共通联动的水系统

加强水资源安全保障，离不开水利工程的基础支撑。在技术经济可行的条件下，在考虑常规的供水、节水措施的基础上，加强重要工程建设，形成联动的工程调度网络体系，是实现水资源应急与常态统合管理的重要内容。具体包括：

### （一）构建河湖水系连通工程

经过新中国成立以来大规模的水利建设，中国主要江河的防洪体系已初步建立，中小河流也已具备防御一般洪水的能力。但在多年的演化过程中，主要江河下游河床淤高、河道淤积、阻塞，与河连通的众多湖泊洼淀由于垦殖等原因，调蓄能力大幅降低，有的河道基本的调蓄作用和输水排水功能逐渐丧失，已严重危及区域防洪安全。同时，近年来中国干旱灾害表现出频次增高、持续时间延长和灾害损失加重等特点，工农业争水、城乡争水、国民经济挤占生态用水现象越来越严重。根据地区的水资源条件和生态环境的整体特点，参照国家主体功能区规划战略，通过河湖连通合理调整河湖水系格局，改善水资源与经济社会发展布局的匹配程度，既有助于加快水体流动性，增强水环境承载能力和水生态的修复，同时也对于提高区域水资源统筹调配和洪涝干旱风险应对能力有着巨大作用。打通河湖水系通道，对于维护洪水蓄滞空间、合理安排洪涝水出路、降低洪水风险，保障防洪安全有重要作用；以河湖连通加强水源建设，可以构建抗旱应急水源通道，增强水源调配的机动性，提高应对气候变化和突发事件的能力，营建一个经济社会协调发展和生活生产安全的环境。

### （二）合理配置和调度水资源

中国水资源总量虽然丰富，但时空分布极不均匀，水旱灾害严重。随着经济社会的发展，水资源的供需、开发利用与保护的矛盾日益突出。因此，流域水量联合调度是充分发挥水利工程建设的兴利作用，促进水资源合理调配和可持续利用的必然举措。一方面要加强防洪控制性工程建设，提高河道堤防标准，加强水库的"拦卡补枯"调蓄能力，尤其在洪涝灾害多发地区，扩大蓄水工程的总库容及兴利库容能力，能更好地保障流域的工农业生产和城市供水安全；另一方面实施骨干水库群联合优化调度，切实有效拦蓄降雨资源，提高降水的河道内直接利用能力，尤其在受地理条件限制无法建设大型拦蓄水工程的地区，开展区域间联合调度，通过保障上游来水的方式确保当地供水安全，具有重要作用。在现有水源地已无法保证区域发展的用水要求的地区，适当考虑引水工程，并加强区域节水型社会建设。同时进一步加快病险水库的除险加固工作，提高已建水库的安全运行能力，解决小型水库的安全隐患问题。

### （三）构建水的"三网合一"体系

以自然河湖水系为依托的水网，主要依靠三方面的支撑以实现其兴利减灾和维护其天然的生态环境属性功能。一是工程基础。无论是水资源的开发利用，还是防汛除涝减灾，都是对天然水循环过程的目标性调控，工程手段是不可缺少的路径支撑，包括水库、闸坝、渠系、河道整治等诸多类型的水利基础设施。二是信息支持。通过水循环调控实现面向目标的兴利减灾和生态环境保护，必须是基于有效过程信息的科学调控，包括水情信息、蓄水信息、水生态信息、水环境信息、工程信息和相关经济社会信息等，以消除水循环调控的随机不定性。三是调度管理。水调度管理是水循环调控的规则和指令，防洪、供水、生态修复与环境保护、航运、发电等目标的实现均需要通过科学的调度管理来实现，包括单目标的达到和多目标的协调。因此，水循环的调度管理是利用水信息，发挥工程效用的控制性行为。为实现水领域的常态和应急统合管理，迫切需要实现实体层面的物理网、信息层面的信息网和管理层面的管理网的"三网合一"，促进水流、信息流和业务流一体化融合，实现多目标属性下的水资源统一调配和管理。

## 四、统筹常态与应急管理制度

导致中国水资源利用效率低下和水危机产生的根本原因,并不完全在于水资源的短缺或缺少节水技术和污水处理循环利用技术,而在很大程度上归因于缺乏一种能够有效地在不同情况下促进水资源高效配置和节约用水的水资源统合管理模式。这就需要水资源管理过程中在常态时期为应急做准备,应急时期为常态做准备。这种水资源常态与应急统合管理的一个关键就是认识到这两个状态在空间和时间上的相互关系,尤其在两个状态相互转化的时候,及时调整水资源管理模式,协调各个部门,统筹管理、信息共享,完善应急管理预案及各部门之间协调机制。

建立常态与应急统合管理机构。完善行政首长为核心的管理机制,能在常态与应急管理部门之间搭建有效的沟通与协商平台,从行政手段上保障各项统合管理措施得到执行,同时加强水行政主管部门内部对于常态与应急统合管理的重视与认知程度,促进常态与应急统合管理的全面开展。管理机制对统合管理中出现的问题进行分析和决策,对重点任务进行部署和推动。

建设常态与应急统合管理的联立体系。常态与应急管理部门各自管理措施和重要文件的出台需报送对方部门进行征求意见或备案。以常态管理部门为例,其制定各项管理措施和出台相关文件时,应报送应急管理部门进行审核或征求意见,应急管理部门根据水资源应急管理的要求,对相关措施和文件中不利于统合管理的部分提出质疑,针对性提出相关建议,形成水资源常态与应急管理部门之间的工作业务互动机制。

推进常态与应急统合管理的分类实施。促进常态与应急管理部门的融合,使得部门在行使管理职能时更加充分和全面地考虑各方面利益,将常态与应急统合管理落到实处,同时避免职能分离造成的人力、物力和财力浪费。除人员和职能的联合外,还包括考核机制的联合。建立起常态与应急管理目标的综合考核机制,避免管理中的单一目标化,进一步促进常态与应急统合管理的实行。同时,也应积极发挥市场的决定性作用,通过购买服务、利益调整、水价调控等方式强化水资源的节约、保护。

通过各级水行政主管部门管理机构、部门联立体系和基层一体化管理体制的建立,形成水资源常态与应急统合管理的构架,并通过各项基本制度的建立,促进和保障常态与应急统合管理的实行。

## 五、健全多部门联动工作机制

构建统一、高效的组织管理体系是实现水资源应急与常态管理的重要内容。这样的联动机制,是基于山水田林湖系统的有机连接,不因行政部门的分别设立而被割裂,也是基于常态与应急统合管理的方法需要。常规状态下,水利、环保、城建、农业、林业、地质等部门需要建立部门日常沟通与协调机制;应急状态下,需要进行统一指挥和部署,全面落实以行政首长负责制为核心的各项防汛抗旱责任制,建立多部门协调、上下多级联动的机制。

中国的水资源常态管理工作主要由各行政区域相关水行政主管部门负责,同时中央有关部门也相应设立不同的管理机构,对水资源实行分行业分层次交叉管理。除了水行政主管部门外,环保部门管理水质监测和污染物排放,建设部门管理城市供水系统,地质部门管理地下水事务。而在应急管理方面,中国公安、防汛、人防、海事等部门都有相对完整的应急体系,如何使得应急资源、应急信息、应急队伍等得到有效整合是关键所在。美国、日本、英国等发达国家都建立了一个综合应急管理中心,应急中心一般都能将消防、警察、急救、公共事业等部门统一建置于内,进行统筹有效的应急管理。因此,将各部门的应急系统整合到统一的综合应急平台上,既能解决应急资源分散难题,实现信息高度共享,又能发挥部门作用,提高部门的处置能力。

完善中国水资源的常态和应急统合管理体制,建立多部门联动工作机制。要立足国情,借鉴国际有益经验,进一步理顺中央、地方、职能部门及专业水资源管理机构相互之间的职责关系,建立健全科学、高效的应急管理组织体系,初步形成"政府统筹协调、社会广泛参与、防范严密到位、处置快捷高效"的常规和应急统合管理工作机制。全面加强各级常规和应急统合管理领导机构、办事机构和专项机构建设,强化统一指挥和综合协调,提高快速反应能力。按照"统一指挥、反应灵敏、协调有序、运转高效"的原则,完善突发事件预防处置各个环节的运行机制。重点加强协同联动机制建设,建立相互协调的应急响应级别标准,细化明确各方面的职责分工,形成上下贯通、军地协调、全民动员、区域协作的工作框架。按照"及时准确、公开透明、有序开放、有效管理、正确引导"的方针,健全完善水资源信息监测机制、信息报告和信息共享机制、常规与应急动态转化机制、社会动员和参与机制以及信息发布和舆论引导机制、国际合作机制等。

## 六、构筑现代的科技支撑体系

应急事件具有的突发性、紧急性和高度不确定性等特点,发达国家不约而同地将构建公共安全网的科技支撑平台作为应对措施的重点内容,具体包括四个层面的内容:一是为完善灾害应急管理提供科学认知,摸清变化环境下的水文过程与水文事件孕育、发生、发展、演变和时空分布特征,以及灾种之间、灾害与生态环境、灾害与社会经济发展之间的相互关系；二是为提高灾害应急管理水平提供技术支撑，综合运用遥感、地理信息、定位与网络通讯技术，研发相关关键防控技术和定量监测技术，及时捕捉各种异常现象的发生，严密跟踪其发生发展过程和变化趋势；三是加强对突发灾害事件快速反应和应急处置的技术支持，以信息、智能化技术应用为先导，发展国家应急管理多功能、一体化应急保障技术，形成科学预测、有效防控与高效应急的管理技术系统；四是建立健全信息共享的灾害应急管理科研体制，优化整合各类科技资源，将依靠科技建立自然灾害防御体系纳入国家和各地区各部门发展规划。

在科技支撑平台建设中，要特别重视应急监测预警技术的研发和应用，强化监测技术装备的轻便性、易用性、耐用性、先进性和适用性，确保不受时间、地点、空间等的限制，实现跨区域、大范围内的统一监控、统一管理、统一指挥和资源共享，满足国家突发公共事件应急处置体系的要求。在推进常态和应急统合管理的过程中，应积极建立管理科技支撑体系，加快管理技术及装备开发，包括监测监控技术、卫星雷达遥感技术、图像识别技术、地理信息系统（GIS）、移动监控指挥技术和通信技术等。加强防灾减灾应用研究和技术开发，运用信息技术、生物技术、新材料、空间技术等，开发防灾减灾新装备和新产品。加强国家突发事件应急管理平台建设技术研究，构建国家应急管理早期监测、快速预警、高效处置一体化的应急指挥平台。

需要说明的是，这些策略的设定是需要结合实际进行专门研究才能够确定的，并非仅仅靠作者和一些概念就能够科学的提出和建立。因此，本章的一些构想都是初阶的，并没有做过针对性的分析，更不对已有的水资源管理策略进行优劣分析，旨在对常态与应急统合管理这一管理概念和方法适用于水资源管理的可行性和操作性进行探讨，不尽之处，在所难免，愿与读者共商讨教。

## 专栏

### 中国水文水资源常态与应急统合管理探析

刘 宁

受水文水资源自然禀赋和经济社会发展规模与阶段的驱动，加之全球气候变化影响的叠加，中国当前的水文水资源问题突出，与能源、环境并列为影响经济社会可持续发展的三大制约性因子，人们普遍关心中国的水文水资源能否支撑庞大人口规模的食物供应，能否支撑社会经济的平稳较快发展，能否解决缺水、水污染和生态退化问题，能否妥善应对气候变化的影响。科学认识中国水文水资源情势与问题，创新水资源管理模式与途径，是保障国家水资源安全的重大现实问题。

# 1 基于现实的中国水文水资源问题观察与管理实践启示

## 1.1 中国水文水资源情势及问题观察

人多水少、水资源时空分布不均是中国的基本国情水情。近50年来，受气候变化和人类活动的综合影响，中国水文水资源整体朝着不利的方向演变，进入21世纪以来，这种演变的趋势仍在继续。2001~2009年多年平均值与1956~2000年多年平均值比较，就全国而言，降水减少2.8%，地表水和水资源总量分别减少5.2%和3.6%；其中最缺水的海河区减少显著，降水减少9%，地表水减少49%，水资源总量减少31%，中国北少南多的水资源格局进一步加剧。受水文水资源的自然禀赋、经济社会规模与发展阶段以及全球气候变化等因素的影响，中国正面临着4大水文水资源问题：

(1) 水资源整体宏观稀缺

中国水资源条件先天不足，全国平均单位国土面积水资源量仅为29.9万 $m^3/km^2$，为世界平均水平的83%。受庞大人口规模影响，中国人均水资源量仅为$2100m^3$，不足世界人均占量的1/3，在水资源有统计的国家中排名第127位，位居后列。中国耕地面积大，亩均水资源量为$1440m^3$，约为世界平均水平的1/2。中国水资源时空分布很不均匀，与耕地资源和其他经济要素匹配性不好，加上工程设施体系的不完善，华北、西北、西南以及沿海城市等地区水资源供需矛盾突出，正常年份全国缺水达500亿 $m^3$。

(2) 水环境污染严重

中国地表水体和地下水体污染十分严重，点源污染不断增加，非点源污染日渐突出，水污染加剧的态势尚未得到有效遏制。2010年全国水功能区达标率为46.0%，全国667个地表水集中式饮用水水源地中，合格率达100%的水源地占评价总数的53.1%，全年水质均不合格的水源地有37个，占评价总数的5.5%。全国763眼监测井中，水质在Ⅳ~Ⅴ类监测井占62.0%。目前中国水污染呈现出复合性、流域性和长期性，已经成为最严重和最突出的水资源问题。

(3) 水生态系统退化

受经济社会用水快速增长和土地开发利用等因素影响，中国水生态系统退化严重,江河断流、湖泊萎缩、湿地减少、水生物种减少和生境退化等问题突出,淡水生态系统功能整体呈现"局部改善、整体退化"的态势。北方地区地下水普遍严重超采,全国年均超采200多亿 $m^3$,现已形成160多个地下水超采区,超采区面积达19万 $km^2$,引发了地面沉降和海水入侵等环境地质问题。

(4) 极端旱涝/突发事件频发

全球气候变化加剧了自然水循环的速率,增加了与气温、降水相关的暴雨、干旱、台风等极端气象事件发生增加的几率。近年来,中国洪旱灾害发生的频度增强,北方地区主要农业区的干旱面积呈现扩大趋势,特大旱涝事件发生频繁,如2003年和2007年淮河大水,2005年珠江流域大水,2006年川渝大旱,2008年新疆大旱,2009年北方大旱,2010年西南地区特大干旱,2011年北方干旱等。据统计,1991~2010年的20年间,中国有9年发生了特大干旱,发生频次为45%。此外,人为的突发性水污染事件、城市供水系统故障事件发生的频率也在增加。

## 1.2 水文水资源常态与应急管理实践

在传统除害和兴利治水思路的指导下,对水的管理通常分为正常状态的水文水资源管理和应急状态的防洪抗旱减灾两大部分,分别针对一般情景的平水时期和特殊情景的枯水和汛期,前者属于常规水资源管理内容,其管理路径主要是"供"和"控"为主;后者属于防汛抗旱管理内容,其中洪涝的调控途径是以"泄"、"排"为主,抗旱的调控途径主要以"保"和"供"为主。为满足经济社会发展与减灾目标的客观需求,针对中国当前面临的水资源问题,在雨洪水资源化、水资源战略储备和各类储水空间的科学运用方面已经开展了相应的工作。

(1) 雨洪资源化

洪水资源化是指在不成灾的情况下,尽量利用水土保持工程、水库、拦河闸坝、自然洼地、人工湖泊、地下水库以及海洋水库等拦蓄洪水,以及延长洪水在河道、蓄滞洪区等的滞留时间,恢复河流及湖泊、洼地的水面景观,改善人类居住环境,最大可能补充地下水。应用洪水资源化的思想,可将防汛和抗旱联系起来,真正实现"兼顾防洪、水资源合理利用和生态环境建设,坚持兴利除害结合"。以北京市城市雨水资源化利用为例,近10年来北京市城区已完成雨水利用工程22项,在建雨水利用工程近20项,在有效缓解城市雨洪灾害的同时,也增加了城市可利用水资源量,实现水资源的"以丰补枯",是缓解城市缺水问题的重要措施之一。

### (2) 水资源战略储备

为应对经济社会发展与气候变化、水文周期变化以及极端和突发水事件的威胁，根据实践需求逐步建立长期、中期和短期的水资源战略储备机制，这是丰水和平水时期常态水资源管理与枯水期应急管理结合的主要措施，是"以平缓枯"的重要途径。实施水资源战略储备有多种途径，如建设地下水战略储备和备用水库等。在北京市、河北省等地下水供水比例较高的缺水地区，通过控制地下水开采总量，禁止深层地下水开采，并利用汛期雨洪资源进行地下水回补，逐步恢复地下水的涵养能力，增加地下水战略储备取得了显著的效益。实践证明，这是解决水资源不足的经济合理的方法之一。

### (3) 各类储水空间的科学运用

所谓储水空间是各类自然或是人工可用于储存大量水资源的空间，包括地表储水空间和地下储水空间，地表储水空间主要包括河湖水系、湿地洼淀、水库和其他人工储水建筑物与设施等，地下储水空间主要包括松散介质含水层、裂隙含水层、具有封闭边界的喀斯特地下含水层。各类储水空间特别是失水空间的科学运用，可以实现枯水季节水资源开发利用腾出的空间，用于丰水期蓄积雨洪水，可以实现水资源开发利用和缓解防洪除涝的"双赢"，是"以枯解丰"的重要途径，具体可以通过蓄滞洪区建设与超采区治理和地下水库建设相结合等措施来实现，如中国北方松散介质含水层是主要的地下水开采层位，在中国北方人类聚居的平原和盆地区，松散介质含水层的水文地质条件或地下水超量开采形成的地下水位降落漏斗具备建设地下水库的条件。

## 1.3 对水文水资源管理的启示

### (1) 常态和应急水文水资源管理是不同水文阶段下的水资源管理手段

事实上，无论洪水还是干旱均统一在一个完整的水文过程当中，防洪、供水、抗旱是不同水文阶段下针对不同目标进行的水资源调控行为，各阶段之间是相互联系、相互影响、相互冲突和相互转化的。这也是实现雨洪水资源化、实施水资源战略储备的科学前提。例如，防洪除涝的"泄"和水资源管理的"供"本身就存在内在的矛盾，但在雨洪水调控措施下，造成洪涝的多余水资源量通过水文过程的调节就能够转化为干旱缺水、满足用水需求的抗旱水资源。针对平水时期开展的水事活动就是常态的水管理范畴，其核心是水资源管理，包括水资源配置、节约和保护，管理行为的基本标的是保障经济社会发展的用水需求，同时控制和降低水资源不合理开发利用所带来的外部性，大体可以分为供水管理、需水管理和水生态环境管理；针对丰水期和枯水期开展的水事活动就是应急的水管理，核心是防灾减灾管理和特殊标的的管理，前者包括洪涝灾害管理、干旱灾害管理、突发性的水事件管理，后者包括特殊需求的水管理，如奥运会、世博会等重大活动的水安全保障管理。

（2）常态与应急相结合的水文水资源管理模式将是未来水文水资源管理的发展趋势

无论是常态的还是应急状态的水文水资源问题都属于水文水资源综合管理以及水安全问题的研究范畴，也是社会公共安全问题的重要组成部分，从目前的研究进展来看，流域水资源综合管理（Integrated Water Resource Management，IWRM）自1992年在爱尔兰召开的国际水与环境大会在《都柏林宣言》中作为推荐的水资源管理模式以来，已经成为国内外关注和研究的热点，但缺乏针对突发性水问题的管理模式；水安全问题的提出源于发达国家对干旱缺水、生态退化等因素带来的国家安全保障问题的关注，而国内则更多是从资源角度考虑洪水、干旱带来的资源安全问题，提倡在流域综合管理的基础上建立风险管理机制，并提出突发水安全问题的应急管理措施，但是对常态的、风险小的水安全问题关注较少；社会公共安全领域则更加关注政府对突发事件的应急响应与应急管理的机制和预案研究，并开始注意到突发事件的常态化趋势。可见，在水资源管理领域将各类水灾害应急处置和水资源常态管理手段结合起来正在成为一种发展趋势，即进行水资源常态与应急的统合管理。

## 2 水文水资源常态与应急统合管理的初步认知

### 2.1 常态与应急状态及其相互关系

常态通常指持续出现或是经常发生的状态，又称正常状态或一般状态。常态管理，是指相对于平稳的社会环境和自然环境处于正常运行态势下所进行的管理，其目的是为了维持正常的需求，防止累积效应的发生，尽量减少应急发生的几率，管理的途径主要是控制管理。

应急状态是指特殊的或不经常出现的，或需要采取某些超出正常工作程序的行动以避免事故发生或减轻事故后果的状态，有时也称为紧急状态，大致可分为自然灾害、重大事故和重大社会事件3种。应急管理是指为应对各种危机情景所进行的信息收集与分析、问题决策、计划与措施制定、化解处理、动态调整、经验总结和自我诊断的全过程。其最重要的特点是在非常情况下牺牲部分利益，保全大局，管理的目的是维护系统在特殊情境下的可持续运行，管理的路径主要是风险管理。

常态和应急状态的区分体现在3个方面，即状态存在或是发生的概率特征、事件发生的差异性影响或结果、管理或应对途径的差别化。基于系统视域的角度，常态和应急状态之间存在密切关系，主要表现在两方面的关系：①依存关系。一个领域的常态和应急状态，均是同一事件序列在不同时空区间内的表现，之间存在密切的动态依存关系，如干旱和洪水都是同一水文系列不同概率区间的事件，与平水时段或状态是相互依存和相互影响的。②转换关系。应急状态往往都是从常态情境发展而来的，其演变的具体路径包括渐变与突变，如旱涝灾害的发生是一个逐步发展和渐变的过程，突发性的水污染事件则是一个突变的过程，因此进入应急状态往往体现在某一特征阈值上。此外，常态和应急状态还是相对于经济社会系统的管理能力的一个概念，对于不同时期或不同阶段的抵御能力，由于其管理的控制标准也是不一样的，常态和应急状态的划分也是不同的，比如在生产力水平较低的时期，由于其工程技术体系的不完善，在发生10年一遇的洪水时，可能就要进入应急状态，而在区域防洪工程技术体系发展到较高水平时，20年一遇的洪水发生时也可能处于常态管理的范畴。

## 2.2 对常态与应急统合管理的认知

由于常态管理与应急管理之间存在着密切的辩证统一关系，因此，尽管常态和应急状态的情景和管理的路径存在差异，但综合两方面情景统合管理的思想长期存在，并被运用于管理的实践当中。常态和应急统合管理，将理性的控制过程和高效的风险减免机制相互结合，通过博弈应急管理和常态管理各自牺牲一部分利益，实现全局最优。表征是应急管理常态化，常态管理应急化；本质是各种极值的均化，即把风险转化，做到"大事化小，小事化了"，降低风险发生的不确定性。常态管理和应急管理的特征与方式见表1。一般情况下，常态采用常态管理手段，应急状态采取应急管理手段。对于统合管理，同时考虑常态和非正常方式进行管理。由于突发事件不是一成不变的，其中未预料事件占了部分比例，所以应急管理不是消极防守，应对这些未预料事件，首先要建立应急预案，在日常过程中就要采用经济、法律、科技等一系列的手段对风险灾害进行预防，提高应急决策能力。同时，还要把握好原则，并根据实际情况随机应变，提高危机处理能力。

**表1 常态和应急统合管理方式**

| 管理方式 | 理念 | 常态 | 应急状态 |
|---|---|---|---|
| 分离管理 | 着眼当前——轻谋浅虑 | 居安思安 | 居危思危 |
| 统合管理 | 既着眼于当前，又着眼于未来——深谋远虑 | 居安思安，居安思危 | 居危思危，居危思安 |

# 3 水文水资源常态与应急统合管理理论探析

## 3.1 常态与应急统合管理的水循环基础

常态和应急管理实质上是对水循环过程的某一区段采取人工调控措施的行为。对于一个完整的自然水文过程来说,年际和年内的丰枯周期性变化是其最大的特征,趋势性和随机性特征则叠加在周期性特征上,形成水文过程的整体特征。一个区域的年内水文过程可大致划分为3个阶段,即平水段、枯水段和丰水段。受随机性的影响,不同阶段的划分是一个相对的概念,随着自然地理特征、季节的变化而有所差异。不同水文区段的水量分配过程如图1所示,其中绿线为由降雨形成的对区域地表和地下水的实时补给所提供的供水量,红线为区域社会经济耗水需求量。丰水期降雨量大,除满足生产生活用水需求外,还形成对当地地表、地下水的年度补给量,以及河道正常下泄量。当降雨出现峰值,河道正常下泄能力难以满足水量下泄要求时,则出现不可控下泄洪水,严重时形成洪水灾害。在枯水期,由于降雨直接形成的供水能力降低,社会经济耗水需求反而在一定程度上较丰水期有所增加,二者之间呈现一定差额,那么在丰水期或者是丰水年通过地下水、人工调蓄工程等所蓄存的水将发挥供水效用。当地下水、人工调蓄工程等的年内、年际调节供水量总量大于这一差额,则区域水资源供需可达到平衡,反之呈现缺水状况,此时区域供水将通过挤占生态用水、限制用水等非常规方式实现,但是当缺水量达到区域不可承受范围时,干旱灾害发生。

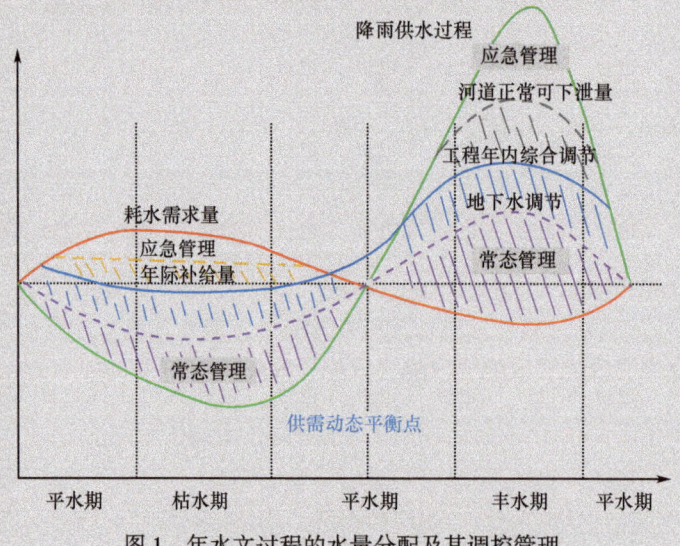

图1 年水文过程的水量分配及其调控管理

为了实现天然水文过程与经济社会用水需求、天然下泄排水能力的平衡，需要对水循环进行科学调控，其中在非汛期主要是供用水的管理，在汛期主要是以排水为主的洪水管理。当来水超出一定标准范围以外包括低于某一标准或高于某一标准，水循环调控则转为应急调控，其中非汛期为抗旱管理，汛期为防洪管理（图1）。

### 3.2 基于全水文过程的水资源常态与应急统合管理

水资源常态与应急统合管理，就是立足于自然水文的年内与年际整体过程，将正常状态下的水资源管理和非正常状态下的应急管理有机结合起来，实施基于自然水循环系统全过程调控的水资源管理，从而实现将水资源开发利用、防洪除涝和抗旱减灾等有机融合，提升水循环调控效率，增强水安全保障程度。具体来说，对于水文过程的常态管理也就是指对于一定概率范围内的水文事件或是过程进行调控和管理，如 $P=90\%$ 概率范围以内；对于水文过程的应急管理是指对于一定概率以外的水文事件或是过程进行调控和管理，如 $P=90\%$ 概率范围以外。对于应急状态，可以进一步细分为一般应急状态和危机管理状态，其中危机管理状态是指更小概率水文事件发生情境下的管理，如 $P=97.5\%$ 以外或是连续几个 $P=75\%$ 的枯水年。不同水文过程对应的状态及相应的管理模式如图2。

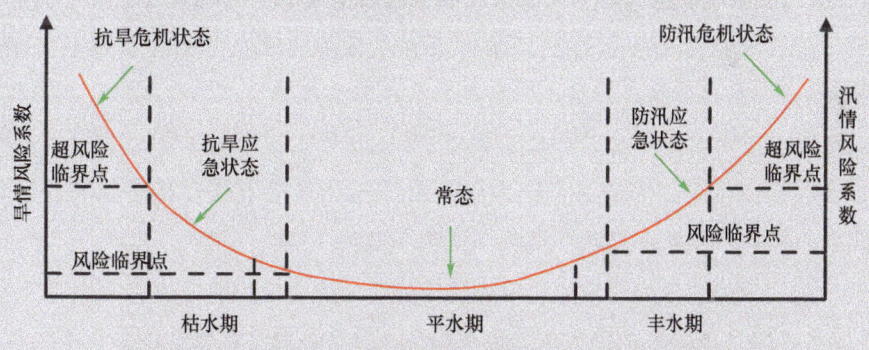

图2　基于全水文过程区间的水资源常态和应急统合管理

### 3.3 中国水文水资源常态与应急统合管理的策略思考

随着信息技术的发展，水文水资源信息共享平台等新技术的使用也为中国水文水资源常态与应急统合管理提供了新的工具。目前，针对中国水文水资源情势及存在问题，提出水文水资源常态与应急统合管理实践的基本思路，即"以丰补枯，以平缓枯，以枯解丰，丰枯联调，化害为利"，降低洪涝灾害风险，提升供水安全保障程度，提高水管理和调控效率。

## 3.4 实现水文水资源常态与应急统合管理的模式体系结构探讨

(1) 全过程水信息共享融合

实现信息共享是促进水资源常态与应急统合管理的基本条件与要求，有必要作为一项基本制度加以规定和执行。在常态与应急统合管理中，水信息的共享主要体现在3个方面：①水资源常态管理部门与应急管理部门之间的信息共享，保障各自管理措施的全面性和均衡性；②水资源管理部门与涉水部门之间的信息共享，包括气象、地质、环保、建设等部门，提高常态与应急统合管理的科学性；③政府部门与社会公众之间的水信息共享，提高公众对于水资源常态与应急管理的认识，保障各种常态与应急统合管理措施的顺利执行，同时积极听取公众意见，改善水资源管理方式。

(2) 水循环状态识别控制

正确把握和识别水循环状态的临界变化，及时采取相应的常态或应急调控措施是实现水资源统合管理的关键。水循环系统常态、防汛应急及抗旱应急状态的识别调控主要包含两个方面内容：①防汛应急状态的识别调控，多年来，通过防汛实践经验的不断积累总结，中国已经建立了警戒水位、保证水位等较为成熟的防汛特征指标及相应的应急管理预案体系，在历年防汛工作中发挥了巨大作用；②抗旱应急状态识别调控，经过多年努力，中国已经建立了降水距平、土壤相对湿度、城市干旱缺水率等旱情指标，近年来又开展了江河湖库及地下水体旱警水位（流量）试点研究，湖南省等南方部分地区已经取得了较好试点效果，这些指标的建立和完善将为抗旱应急管理提供重要的技术支撑。

(3) 各类水工程联合运用

水利工程特别是大型枢纽水库的优化调度是实现水资源常态与应急统合管理的重要措施，在技术保障条件下建立起水利工程的优化调度制度是促进统合管理发挥实效的重要手段。具体来说，优化调度就是发挥水利工程调节作用，使其防洪、供水、发电、生态等多重效用达到最理想化实现。这就要求在汛期根据水文预报结果合理调节汛限水位，达到蓄水的目的，保障现阶段防洪功能和后期供水功能的最优化实现；在非汛期合理配置库存水量的下放与不同用水户的供水，保障工程效益的持续发挥，在发生干旱时有效应对，逐步核减各用水户供水量，实现应急和常态统合管理。

(4) 流域水资源统一调配

水资源综合配置制度是常态与应急统合管理的一项基本制度，通过对区域和流域水资源在各种水文条件下的综合优化配置，明确各种水文条件下区域（流域）的水资源供需状况，作为水资源常态与应急综合管理的基础。水资源综合配置结果一方面作为常态管理的基本依据，指导水资源合理分配和利用；另一方面通过对极端水文条件，主要是极端干旱情况下的水资源供给与需求进行平衡分析，探究干旱应急状态下的水资源开源和节流措施。通过综合配置，促进常态与应急管理的联合。

(5) 涉水事务综合管理模式

加强水量调度过程中的部门协调和体制改革，是常态与应急统合管理重要的组织保障。由于面向全水文过程的水资源管理实际上是防洪、抗旱和水资源开发利用的内容集成，加之调控过程涉及不同的层面和多方利益，在体制上必须实行涉水事务统合管理体制，以克服多头管水带来的职能交叉或是联系不紧的问题。

## 4 结语

水文水资源统合管理是在民生水利理念下，努力适应中国水文水资源条件和情势的探索，是水文水资源常态和应急管理双重情景中的策略选择，是对未来水文水资源管理发展模式的积极研讨。

目前，水文水资源统合管理技术理论尚不成熟，需要学术界和管理部门勇于创新与实践，为变化环境和发展进程中的中国水资源安全提供更好的管理模式。

（本文发表于《水科学进展》2012年第24卷第2期）

# 参 考 文 献

安红昌，颜辉，刘丽红. 2007. 中美公共安全管理比较. 中国安全科学学报, 17（10）：81-84.
柴生秦. 2000. 新公共管理对中国行政管理改革的借鉴意义. 西北大学学报（哲学社会科学版），(2)：146-141.
陈庆云. 2000. 关于公共管理研究的综合评述. 中国行政管理，(7)：16-19.
陈永安. 2003. 当前政府建立应对突发事件应急管理系统的思考. 云南行政学院学报，(4)：19-22.
陈振明. 2000. 走向一种新公共管理的实践模式——当代西方政府改革趋势透视. 厦门大学学报（哲学社会科学版），(2)：76-84.
邓国良，贾江滔. 2005. 公共安全危机安全问题处置研究. 北京：中国人民公安大学出版社.
冯武生. 2007. 安全：和谐社会永恒的主题. 喀什师范学院学报, 28（2）：33-35.
冯占军. 2007. 社会安全体系构建与保险业的发展. 长江论坛，87（6）：46-50.
高小平，侯丽岩. 2005. 危机管理方法论初探. 中国行政管理，(5)：75-79.
葛全胜，彭桂堂. 1999. 自然灾害. 南宁：广西教育出版社.
郭济. 2008. 政府应急管理实务. 北京：中共中央党校出版社.
郭永龙，武强，王焰新，等. 2004. 中国的水安全及其对策探讨. 安全与环境工程，11（1）：42-46.
国家海洋局. 2011. 2011年中国海洋灾害公报.
国家林业局森林病虫害防治总站. 2000-02-28. 森林病虫害防治工作任重道远. 中国绿色时报.
赫治清. 2007. 中国古代灾害史. 北京：中国社会科学出版社.
胡代平，雷爱中，李宗明，等. 2007. 水安全与应急管理的探讨. 科技和产业，7（4）：1-2.
江见鲸，徐志胜等. 2005. 防灾减灾工程学. 北京：机械工业出版社.
金磊. 2004. 中国综合减灾立法体系研究. 国家行政学院学报，(6)：45-48.
金磊. 2008. 美国城市公共安全应急体系建设方法研究. 规划师，(2)：81-84.
金太军. 1997. 新公共管理：当代西方公共行政的新趋势. 国外社会科学，(5)：21-25.
雷仲敏. 2004. 我国城市公共安全管理模式构想. 上海市经济管理干部学院学报，(1)：13-20.
李保林. 2005. 和谐社会的内涵、特征及机制建设探析. 湖湘论坛，(6)：16-18.
李程伟，张德耀. 2005. 大城市突发事件管理：对京沪穗邕应急模式的分析. 国家行政学院学报，(3)：48-51.
李树刚，常心坦. 2008. 灾害学. 北京：煤炭工业出版社.
李小晖. 2005. 国内学术界关于政府危机管理研究综述. 甘肃理论学刊，(3)：26-30.
李彦斌，李涛，张文泉. 2004. 管理科学面临复杂性科学的挑战. 北京航空航天大学学报（社会科学版），(02)：28-31.
李永红，高照良. 2009. 我国汶川特大地震的特点及其防震措施探索. 产业与科技论坛，8（3）：29-34.
历史地震目录. 中国国家地震局. http://www.cea.gov.cn/publish/dizhenj/468/496/index.html.
历史地震数据信息. 中国地震台网. http://www.ceic.ac.cn/AdvSearchHandler.
刘长敏. 2004. 危机应对的全球视角. 北京：中国政法大学出版社.
刘承水. 2007. 关于城市公共安全管理的思考. 城市问题，(4)：80-83.

刘春兴, 刘海斌, 骆有庆. 2011. 森林生物灾害承灾体脆弱性分析：一个概念框架. 世界林业研究, 24（2）: 59-63.

刘春雁. 2006. SARS与公共管理相关问题研究回顾. 辽宁教育行政学院学报, （11）: 55-56.

刘宁. 2006. 工程目标决策研究. 北京: 中国水利水电出版社.

刘宁. 2010. 多瑙河利用保护与国际合作. 北京: 中国水利水电出版社.

刘宁. 2010. 现代水资源系统解析与决策方法研究. 北京: 科学出版社.

刘苹. 2007. 对我国公共卫生危机管理的思考. 卫生软科学, （4）: 37-39.

刘庆顺, 刘亚丽, 申海岗. 2011. 基于矩阵管理模式的应急管理常态化研究. 合作经济与科技, （2）: 84-85.

刘全勇. 2008. 多中心参与下的公共危机治理. 宿州教育学院学报, （6）: 30-31.

刘亚娜, 罗希. 2011. 日本应急管理机制及对中国的启示以"3·11"地震为例. 北京航空航天大学学报（社会科学版）, 24（5）: 16-20.

刘艳. 2004. 试析日本危机管理机制及其对中国的启示. 中国人民公安大学学报, （1）: 125.

柳长顺, 陈献, 乔建华. 2004. 流域水资源管理研究进展. 水利发展研究, （11）: 19-22.

柳云飞, 周晓丽. 2007. 中国公共危机决策中的问题与对策分析. 社科纵横, （7）: 43-45.

卢敏, 张洪海, 宋天文, 邱艳梅. 2005. 区域水安全研究理论及方法探析. 人民黄河, 27（10）: 6-8.

陆忠伟. 2003. 非传统安全论. 北京: 时事出版社.

马海韵, 张骏阳. 2012. 非政府组织参与公共危机治理的研究. 南京工业大学学报（社会科学版）, 11（2）: 77-84.

马宗晋, 张业成, 高庆华, 等. 1998. 灾害学导论. 湖南长沙: 湖南人民出版社.

麦永雄. 2003. 社会治安控制学北京: 中国人民公安大学出版社.

毛劲歌, 蒋义龙. 2008. 从南方雪灾看我国公共危机预控机制问题. 求索, （5）: 64-65.

莫纪宏. 2003. 中国紧急状态法的立法状况及特征. 法学论坛, （4）: 6-13.

莫于川. 2003. 我国的公共应急法制建设——非典危机管理实践提出的法制建设课题. 中国人民大学学报, （4）: 97-102.

倪芬. 2004. 俄罗斯政府危机管理机制的经验与启示. 行政论坛, （11）: 89.

邱德华. 2005, 区域水安全战略的研究进展. 水科学进展, 16（2）: 305-312.

闪淳昌. 2005. 建立突发公共事件应急机制的探讨. 中国安全生产科学技术, （2）: 26-28.

沈荣华. 2005. 非政府组织在应急管理中的作用. 新视野, （5）: 44-46.

史培军, 刘婧, 徐亚骏. 2006. 区域综合公共安全管理模式及中国综合公共安全管理对策. 自然灾害学报, 15（6）: 9-16.

孙关宏. 2009. 关于化解社会矛盾与实现社会和谐的思考. 探索, （6）: 60-63.

孙平华. 2008. 论生命权的国际人权法保护. 人权, （3）: 24-28.

孙向利. 2008. 经济危机爆发的原因及启示. 中国集体经济, （5）: 8-9.

唐钧. 2003. 从国际视角谈公共危机管理的创新. 理论探讨, （5）: 83.

唐钧; 杨玉琴. 2012. 风险管理在公共事务管理中的应用. 北京. 中国减灾, （21）: 42-44.

万军, 汪军. 2004. 应急管理中的政府责任和权力综述. 兰州学刊, （4）: 217-220.

王德迅. 2004. 日本危机管理研究. World Economics and Politics, （3）: 65.

王乐夫, 马骏, 郭正林. 2003. 公共部门危机管理体制: 以非典型肺炎事件为例. 中国行政管理, （7）: 22-26.

王礼茂, 郎一环. 2002. 中国资源安全研究的进展及问题. 地理科学进展, 21（4）: 333-340.

王晓东, 王冠军, 姜付仁. 2005. 卡特里娜飓风的影响及启示. 水利发展研究, （12）: 8-13.

王郅强，麻宝斌. 2004. 突发公共事件的应急管理探讨. 长白学刊，(2)：37-41.

魏宗雷. 2002. 美国的危机管理机制. 国际资料信息，(11)：3-6.

乌尔里希·贝克. 2003. 从工业社会到风险社会（上篇）——关于人类生存、社会结构和生态启蒙等问题的思考. 王武龙，编译. 马克思主义与现实，(3)：26-45.

吴超，吴宗之. 2006. 公共安全知识读本. 北京：化学工业出版社.

夏保成，刘凤仙. 1999. 国家安全论. 长春：长春出版社.

夏保成，张平吾. 2011. 公共安全管理概论. 北京：当代中国出版社.

夏保成. 2006. 西方公共安全管理. 北京：化学工业出版社.

邢涛，纪江红. 2004. 世界上下五千年（近现代卷）. 北京：北京出版社.

徐海亮. 近10年来我国干旱灾害趋势变化及其灾害链之二——试析与社会环节关联的结构性干旱. http：//economy. guoxue. com/？p=2981，2011-8-10.

许亦武. 2008. 构建四大安全体系推进和谐社会建设. 江南论坛，(6)：50-51.

薛澜，钟开斌. 2005. 突发公共事件分类、分级与分期：应急体制的管理基础. 中国行政管理，(2)：102-106.

颜烨. 2007. 利益分割时期的安全事故与政府改进问题. 西南大学学报：社会科学版，(6)：104-111.

杨玲玲. 2005. 当前我国社会安全运行的问题、原因及对策研究. 中共云南省委党校学报，6（1）：31-35.

杨平，黄华. 2005. 确保公共安全，建设和谐社会. 广东行政学院学报，(4)：81-83.

于安. 2006. 突发事件应对法着意提高政府应急法律能力. 中国人大，(14)：24-25.

于建嵘. 2009. 当前我国群体性事件的主要类型及其基本特征. 中国政法大学学报，(6)：114-120.

余潇枫. 2007. 非传统安全与公共危机治理，浙江大学出版社：29-31.

俞超锋，许月萍，林盛吉. 2010. 水资源综合管理研究进展. 人民黄河，32（12）：12-15.

曾祥兴，李康生. 2010. 流感百年：20世纪流感大流行的回顾与启示. 医学与社会，23（11）：4-6.

战俊红. 2008. 西方国家公共安全管理起源探寻. 河南理工大学学报（社会科学版），9（2）：146-149.

战俊红，张晓辉. 2007. 中国公共安全管理概论. 北京：当代中国出版社.

张成福. 2003. 公共危机管理：全面整合的模式与中国的战略选择. 中国行政管理，(7)：5-10.

张海波. 2012. 公共安全管理：整合与重构. 北京：生活·读书·新知三联书店.

张康之. 2000. 论政府的非管理化——关于"新公共管理"的趋势预测. 教学与研究，(7)：30-36.

张立荣，冷向明. 2007. 协同学语境下的公共危机管理模式创新探讨. 中国行政管理，(10)：102-106.

张晓玲. 2006. 人权理论基本问题. 北京：中共中央党校出版社. 第68页.

张新梅，陈国华，张晖，等. 2006. 我国应急管理体制的问题及其发展对策的研究. 中国安全科学学报，(2)：83-88.

张勇. 2011. 突发事件应急管理. 北京：人民出版社.

赵秀玲. 2005. 城市化与城市公共安全管理. 南阳师范学院学报（社会科学版），(5)：49-51.

郑振宇. 2008. 从应急管理走向公共安全管理——应急管理发展的必然趋势. 福建行政学院学报，(6)：24-29.

中国农业百科全书总编辑委员会茶业卷编辑委员会，中国农业百科全书编辑部. 2011. 中国农业百科全书：昆虫卷. 中国农业出版社.

中国行政管理学会课题组. 2004. 建设完整规范的政府应急管理框架. 中国行政管理，(4)：9-12.

中国行政管理学会课题组. 2005. 政府应急管理机制研究. 中国行政管理，(1)：20-23.

中华人民共和国国家统计局. 2013. 2013中国统计年鉴. 北京：中国统计出版社.

中华人民共和国国土资源部. 2011. 2011年中国国土资源公报.

# 参考文献

中华人民共和国民政部. 2011. 2011 年社会服务发展统计公报. 中华人民共和国民政部.

周宝砚. 2009. 美国政府公共危机管理的得与失——以"卡特里娜"飓风和"丽塔"飓风灾害事件处理为例. 中国应急救援, (5): 39-42.

周定平. 2008. 关于社会安全事件认定的几点思考. 中国人民公安大学学报（社会科学版）, (5): 121-124.

周泽宇. 2004. 政府控制农作物生物灾害研究. 中国农业大学.

朱正威, 张莹. 2006a. 发达国家公共安全管理机制比较及对我国的启示. 西安交通大学学报（社会科学版）, 26 (2): 46-49.

朱正威, 张莹. 2006b. 发达国家公共安全理念论述. 深圳大学学报（人文社会科学版）, 23 (1): 21-25.

左然. 2003. 突发公共安全问题的类型和特点. 中国党政干部论坛, (9): 46.

左小麟. 2007. 地方政府公共危机控制能力建设研究. 云南行政学院学报, (6): 97-100.

A. 库尔曼. 1991. 安全科学导论. 赵云胜, 魏伴云, 罗云, 等译. 武汉: 中国地质大学出版社.

Aguirre B. 2002. Can sustainable development sustain us?. International Journal of Mass Emergencies and Disasters, 20 (2): 111-125.

Akella M R, Batta R, Delmelle E M, et al. 2005. Base station location and channel allocation in a cellular network with emergency coverage requirements. European Journal of Operational Research, 164 (2): 301-323.

Alexander D, 2002. From civil defense to civil protection-and back again. Disaster Prevention and Management, 11 (3): 209-213.

Anthony Giddens. 1991. Modernity and self-Identity: Self and society in the late modern age. California: Stanford University Press.

Beck U. 1992. Risk society: Towards a new modernity. London: Sage Publications.

Berke P R, Kartez J, Wenger D. 1993. Recovery after disaster: Achieving sustainable development, mitigation and equity. Disasters, 17 (2): 93-108.

Bertalanffy L V. 1968. General system theory. NewYork: George Braziller Inc.

Britton N R, Clarke G J, 2000. From response to resilience: Emergency management reform in new zealand. Natural Hazards Review, 1 (3): 145-150.

Curtin T, Hayman D, Husein N. 2005. Managing a crisis. New York: Palgrave-McMillan.

Daniels R S, Daniels C L. 2000. Transforming government: The renewal and revitalization of the federal emergency management agency. Birmingham: Alabama.

David E Bloom, et al. 2007. Demographic change, social security systems, and savings. Journal of Monetary Economics, (54): 92-114.

Dyrnon. 2003. An analysis of emergency map symbology. International Journal of Emergency Management, 227-237.

Fend L, Luo G. 2008. Flood risk analysis based on information diffusion theory. Human and Ecological Risk Assessment, 14 (6): 1330-1337.

Furukawa. 2000. An institutional framework for Japanese crisis management. Journal of Contingencies and Crisis Management, 8 (1): 3-14.

Geis D. 2000. By design: The disaster resistant and quality of life community. Natural Hazards Review, 1 (3): 151-160.

Giddens A. 1990. The consequences of modernity. California: Stanford University Press.

Gleick J. 2012. The information: A history, a theory, a flood. NewYork: Vintage.

Gordon J S. 1999. The great game-the emergence of wall street as a world. power (1653~2004).

Haken H. 2012. Advanced synergetics. NewYork: Springer-Verlag Berlin and Heidelberg GmbH & Co. K.

Hermann C F. 1972. International crisis: Insights from behavioral research. New York: New York Press.

Hood C A. 1991. Public management for all seasons. Public Administration, 69 (1): 3-19.

Keller A Z, Meniconi M. Al-Shammari I, et al. 1997. Analysis of fatality, injury, evacuation and cost data using the Bradford Disaster Seale. Disaster Prevention and Management, 6 (1): 20-29.

Kmitchell J. 2004. Hazards and disasters in the United States: a brief review of public policies, programs, coordination and emerging issues. Rutgers University.

Koizkmaz K A. 2009. Earthquake disaster risk assessment and evaluation for Turkey. Environmental Geology, 57 (2): 307-320.

Landesman L Y. 2001. Public health management of disasters: the practice guide. American Public Health Association, Washington DC.

Li Y, Ahuja A, Padgett J. 2012. Review of methods to assess, design for, and mitigate multiple hazards. Journal of Performance of Constructed Facilities, 26 (1): 104-117.

Lindell M K, Prater C S, Perry R W, 2006. Fundamentals of emergency management. FEMA.

Ljung L. 1998. System identification: Theory for the user. Lonton: Prentice Hall.

McEntire D A. 2003. Searching for a holistic paradigm and policy guide: A proposal for the future of emergency management. International Journal of Emergency Management, 1 (3): 298-308.

Meyerv, Haased, Scheuer S. 2009. A multicriteria flood risk assessment and mapping approach. Flood Risk Management: Research and Practice. 1687-1693.

Montgomery V W. 2011. Dynamics of leadership in public service: Theory and practice. New York: M. E. Sharpe. Inc.

Pollitt C, Bouckaert G, 2000. Public management reform: A comparative analysis. New York: Oxford University Press Inc.

Quarantelli E L. 1998. What is a disaster? Berlin: Kluwer Academic Publishers.

Quarantelli E L, Dyne R R, 1977. Response to social crisis and disaster. Ann. Rev. Sociol., (3): 23-49.

Robert, H. 1998. Looking for answers: Suggestions for improving how we evaluate crisis management. Safety Science, 30 (5).

Rosenthal U. 2001. Managing crises: Threat, dilemma, opportunities. Springfield: Charles C. Thomas Publisher Ltd., 6.

Sang O C, Ralph S B. 2006. When practice matters more than government plans: A network analysis of local emergency management. Administration & Society, 37: 651-678.

Shaluf M, Ahmadun F I R. 2006. Disaster types in Malaysia: an overview. Disaster Prevention and Management, 15 (2): 286-298.

Shaluf M. 2007. Disaster types. Disaster Prevention and Management, 16 (5): 704-717.

Shiwaku K., Shaw R., 2008. Proactive co-learning: a new paradigm in disaster education. Disaster Prevention and Management, 17 (2): 183-198.

Waugh W L. 2000. Public administration and emergency management. Washington: Emergency Management Institute.

Wilson J, Kellin G L. 1982. Broken windows: The police and neighborhood safety. The Atlantic Monthly, 249 (3): 29-38.

Wybo J L, Lonka H. 2002. Emergency management and the Information Society: how to improve the synergy. International Journal of Emergency Management, (1): 183-190.

Yeung R W. 2008. Information theory and network coding. NewYork: Springer-Verlag New York Inc.

# 附　录

## 访学研究汇报稿

——这是在为期四个半月（一个学期）的访学结束后，作者在哈佛大学肯尼迪学院ASH中心举行的一个汇报演讲材料。这既是访学研究成果的一个主要脉络，也是学习研究过程的一种纪念。在临近访学结束的时候，作者以公开演讲的方式就课题研究内容和初步成果进行了汇报，记得ASH中心托尼·赛奇主任参加了这次汇报研讨会，并就几个关心的问题进行提问，我都一一做了回答；来自中国的刘奕副教授以及其他国家的学者也都给予了很大关注，当时碍于用英文演讲和回答，不一定解释得十分清楚，但看去他们给予了满意的赞许。这样的演讲，在美国的学校里面是经常进行的，它是一个宣讲自己观点的平台，往往宣讲者还要自备一些食品来回馈参与者，作者在这期间也参与了很多这样的研讨会、论坛，而我这个演讲研讨会是由ASH中心安排的，自己没费太多的精力和时间。演讲结束后，学院的一些教授和学者留下了作者的联系方式并拿走了此汇报材料，回国后，并还保持着这方面的联系和研究。实际上，这项研究得到过许多哈佛肯尼迪学院和ASH中心专家、教授的帮助，将这个研究汇报材料附录于此亦是对他们的感谢和致意。

附　录

## 1. Introduction

### 1.1 Severe challenges and threats to the world

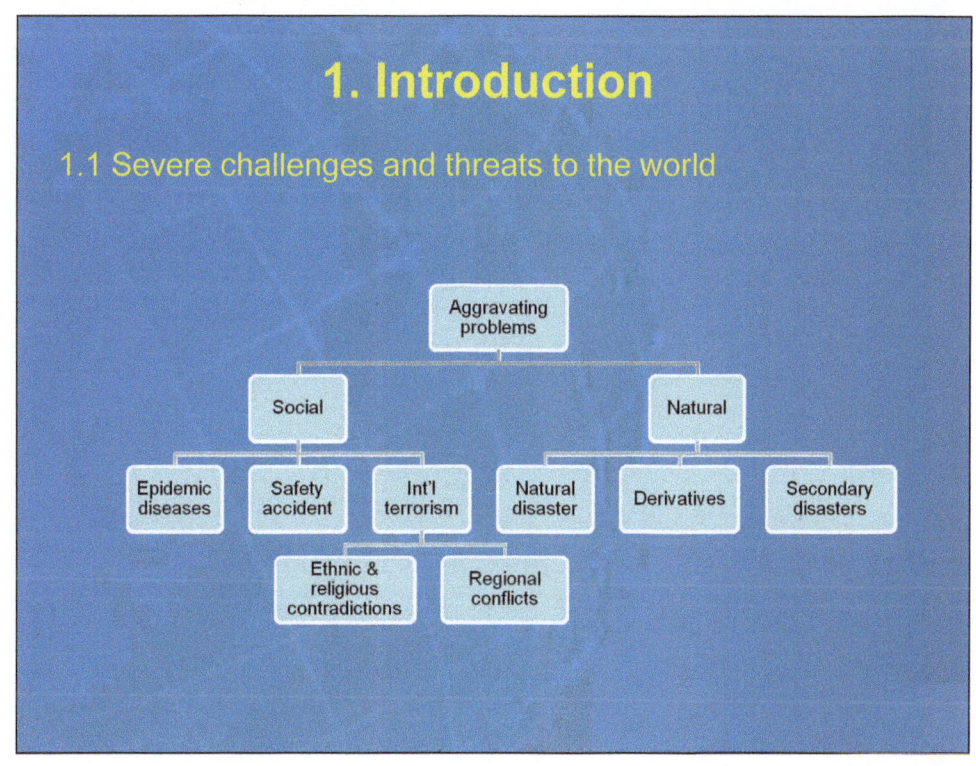

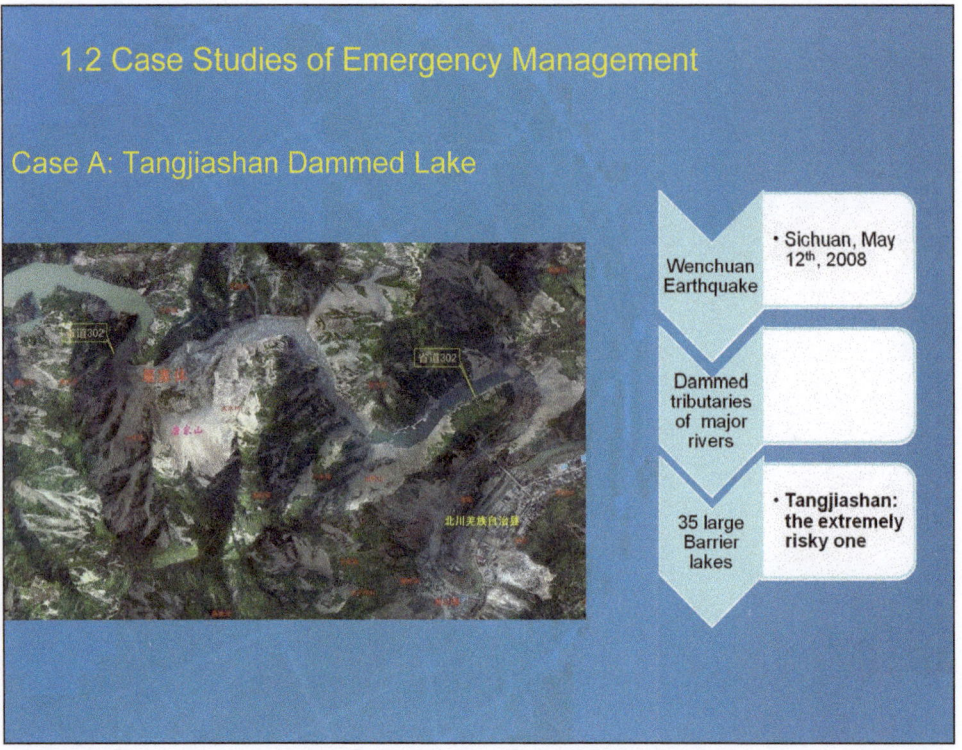

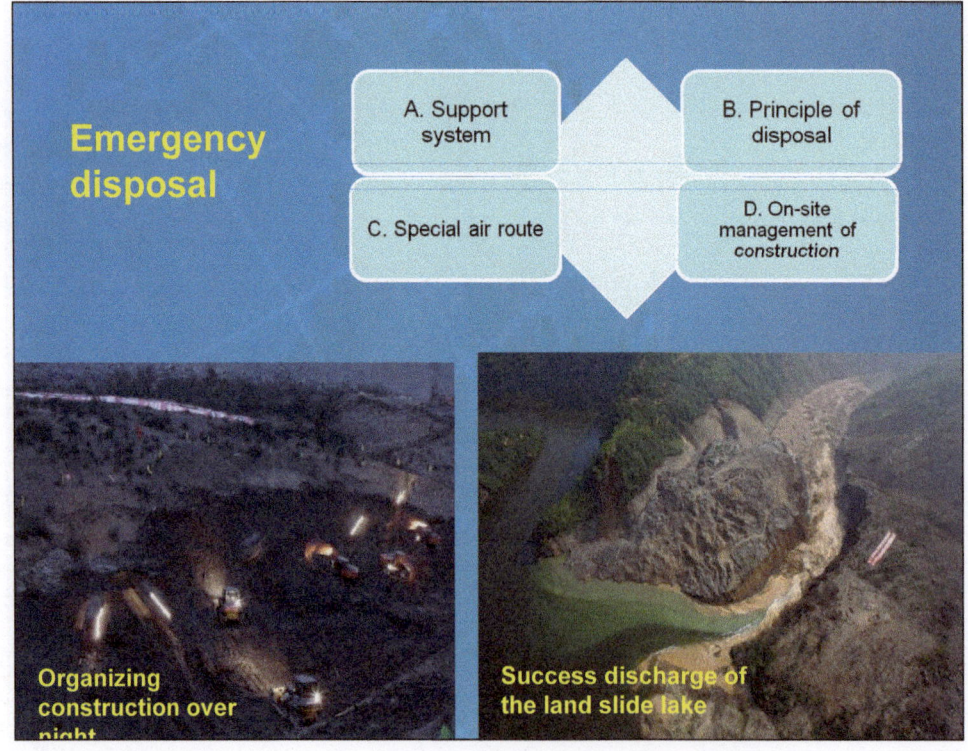

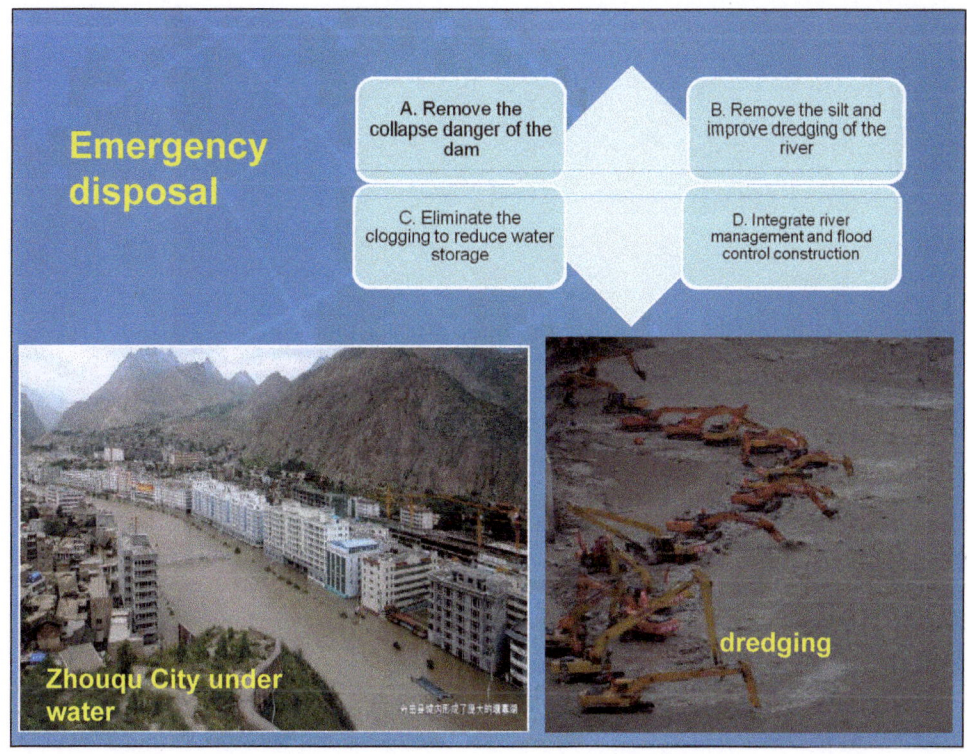

## 1.3 Emergency response experiences of developed countries

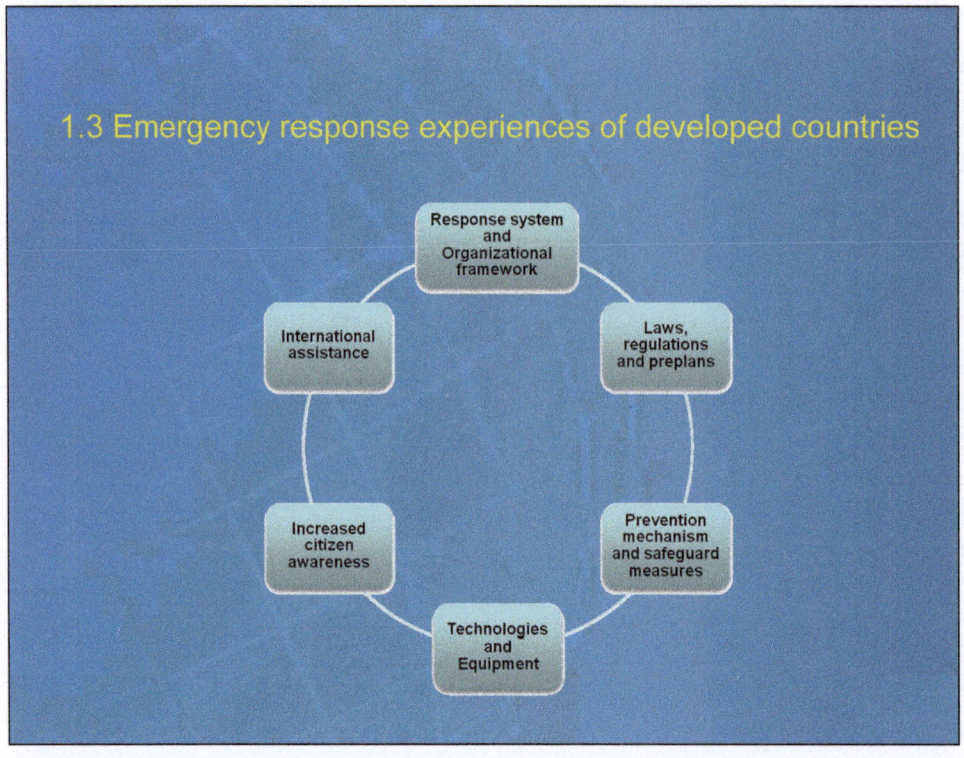

### Experiences of the U.S.

| Experiences\Country | U.S. |
|---|---|
| System & Framework | See the "structural schema" |
| Laws, regulations | Disaster Relief and Emergency Assistance Act, U.S. National Emergency Plan, Guidelines for Emergency Planning |
| Mechanism & safeguard measures | $ 800 million for training; $1.6+ million NPOs |
| Tech & Equipment | Remote sensing technology of meteorological satellites, Earth resources satellites, etc. |
| Citizen Awareness | Disaster Self-help Package at home; "three things": passport, credit cards and overseas emergency card |
| Int'l Assistance | still actively seeking for international assistance |

附 录

## Structural schema of U.S. emergency management system

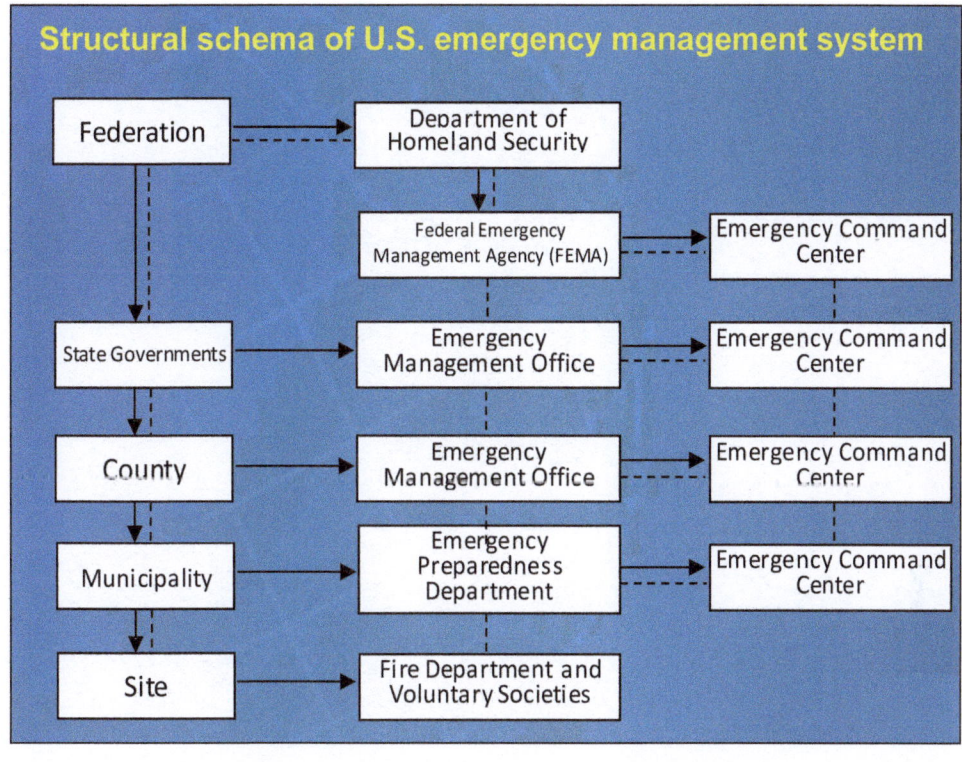

## Experiences of other countries

| Experiences\Country | France | New Zealand Australia Singapore | Japan |
|---|---|---|---|
| System & Framework | | | |
| Laws, regulations | Earthquake Relief Act and Natural Disaster Response Plans. | Civil Defense Law | |
| Mechanism & safeguard measures | independent inspection departments for daily monitoring | | |
| Tech & Equipment | | | advanced and complete disaster prevention and communication networks and systems |
| Citizen Awareness | | | buy an emergency card before going abroad |
| Int'l Assistance | | | |

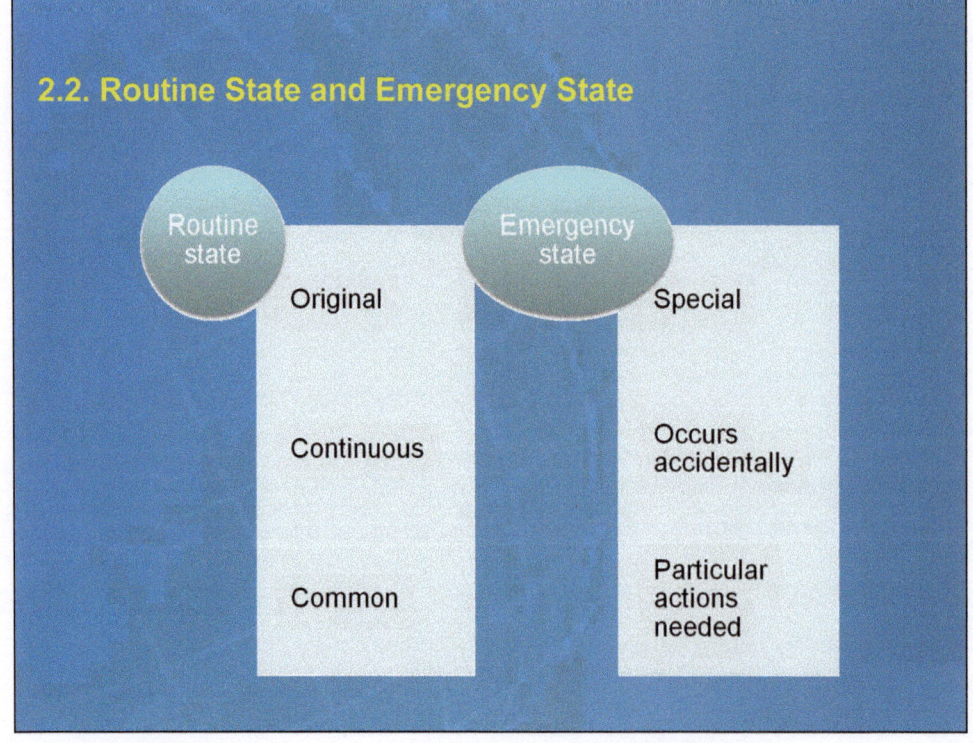

## 2.2. Routine State and Emergency State

| D/C | Aspects | Routine | Emergency |
|---|---|---|---|
| Difference | 1. Probability | High | Low |
| | 2. Influence & Results | Predictable | Unpredictable |
| | 3. Management & Process methods | Conventional | Unconventional |
| Connection | 1. Dependency | the expressions of events of the same series at different places and time; One dynamically depends on the other. | |
| | 2. Transformation | The emergency often evolves from the routine state. The evolution path includes gradual change and abrupt change. | |

## 2.3 Routine and Emergency Management: an interesting story

## 2.3 Routine and Emergency Management

| Category | Routine Management | Emergency Management |
|---|---|---|
| Major objectives | maintain routine requirements | Maintain sustainable running of the system in special situations |
| Major means | control management | Risk management |

## 2.4. Coordinated Management: Definition

- Definition of *Coordinated Management*
  - coordinates **Emergency** response with **Routine** management by keeping a balance
  - combines rational controls with high efficiency risk reduction mechanisms
  - For both routine and emergency states to achieve optimal outcomes.

## 2.4. Coordinated Management: a comparative view

| Management Method | Idea | Routine State | Emergency State |
|---|---|---|---|
| Separated | Focus only on the present, which is short-term thinking. | Be prepared for nothing in times of safety. | Be mindful of the danger when in trouble. |
| Comprehensive | Focus on the present and future, which is a foresight. | Be prepared for danger and defend safety in times of safety. | Be mindful of the danger when in trouble and strive to prevent and fight against any danger. |

## 2.4. Coordinated Management: formulation

➤ Formulation of *Coordinated Management*

$$C_O \sim A \ni \cap \{a_i\} \quad (i=1,2)$$

- $C_O$ is the coordinated management
- A is the corresponding social scope of each area and class
- $a_i$ is the pure routine management or emergency management
- $\{a_i\}$ is the set of routine management and emergency management
- $\sim$ is the objective state of social management and the set of normal management and emergency management

## 2.4. Coordinated Management: *Graphical representation*

> Graphical Representation of *Coordinated Management*

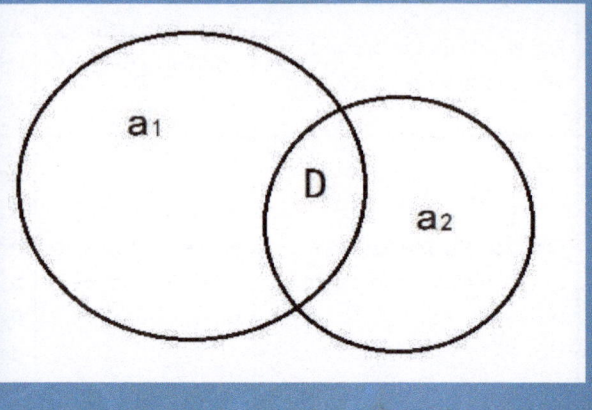

## 2.4. Coordinated Management: factors and contribution rate

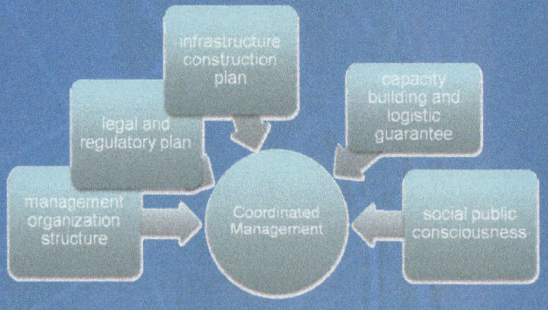

In coordinated management Co, weighting function $p=p(\xi)$, quantity function $q=q(\xi)$ are introduced, therefore, the contribution function is

$$E(Co) = \int_a p(\xi)q(\xi)d\xi$$

附 录

# 3. Water Resources Management

## 3.1. Analysis of Water Management

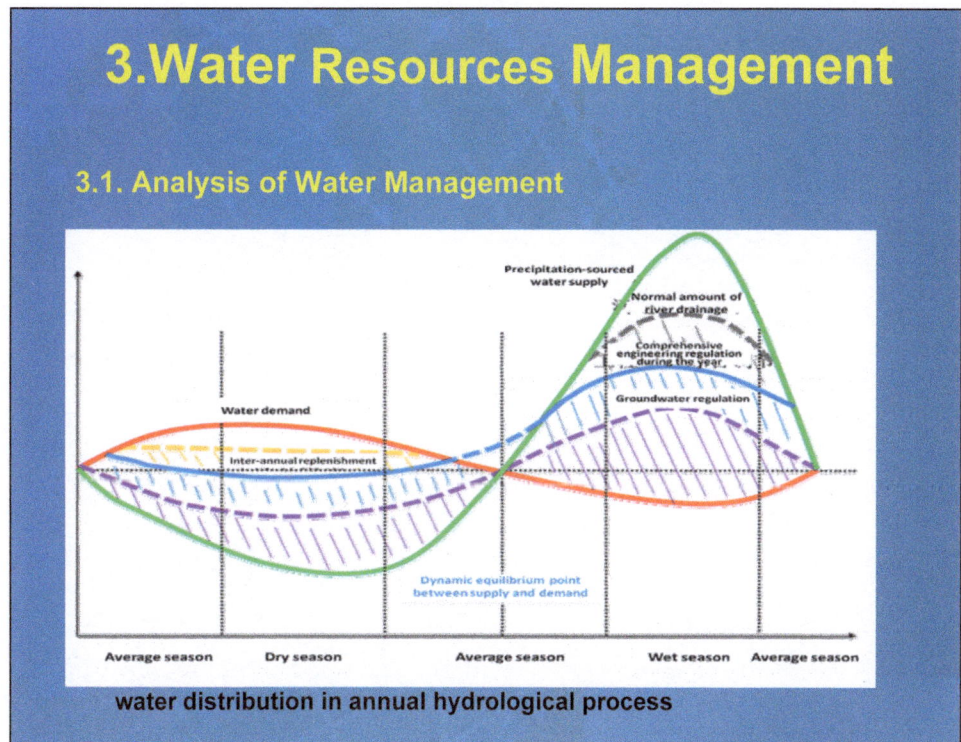

water distribution in annual hydrological process

## 3.1. Analysis of Water Management

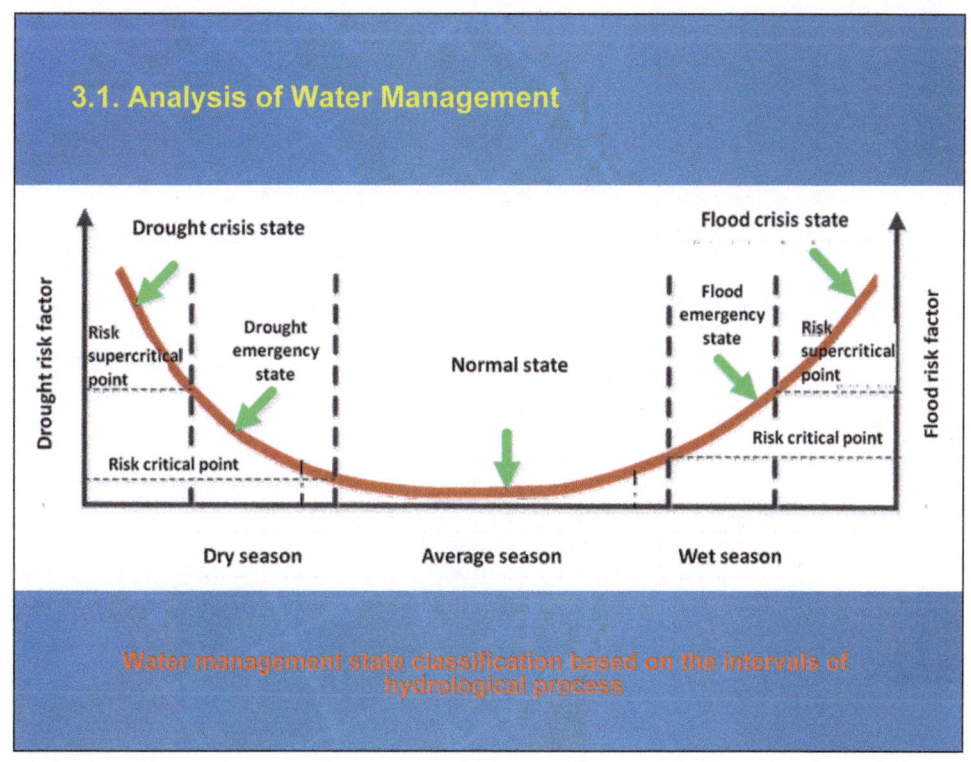

Water management state classification based on the intervals of hydrological process

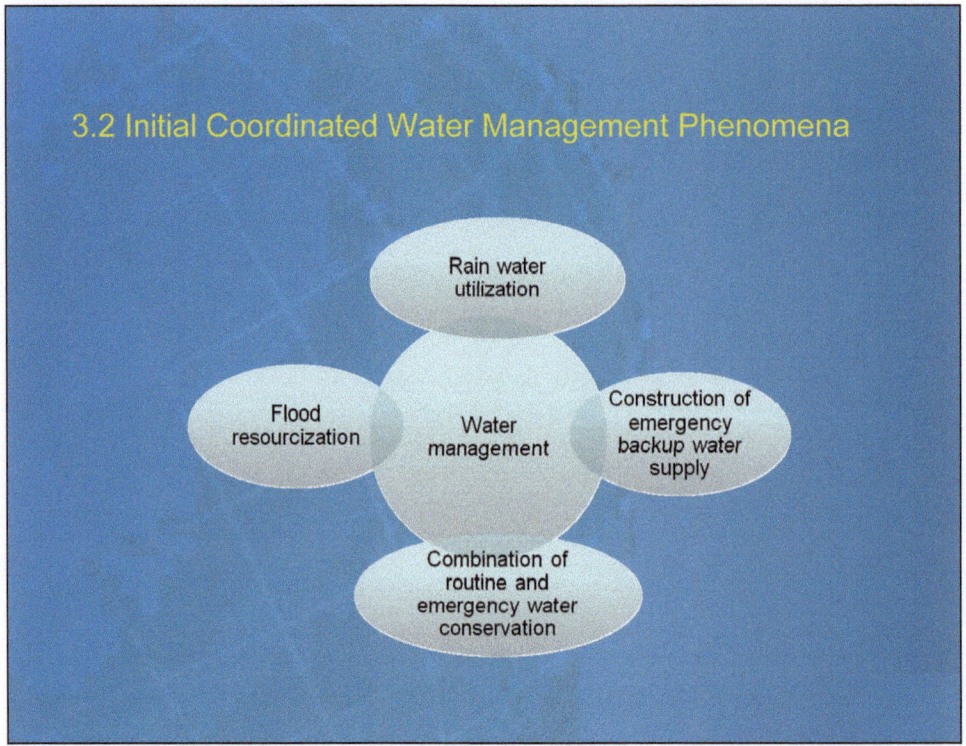

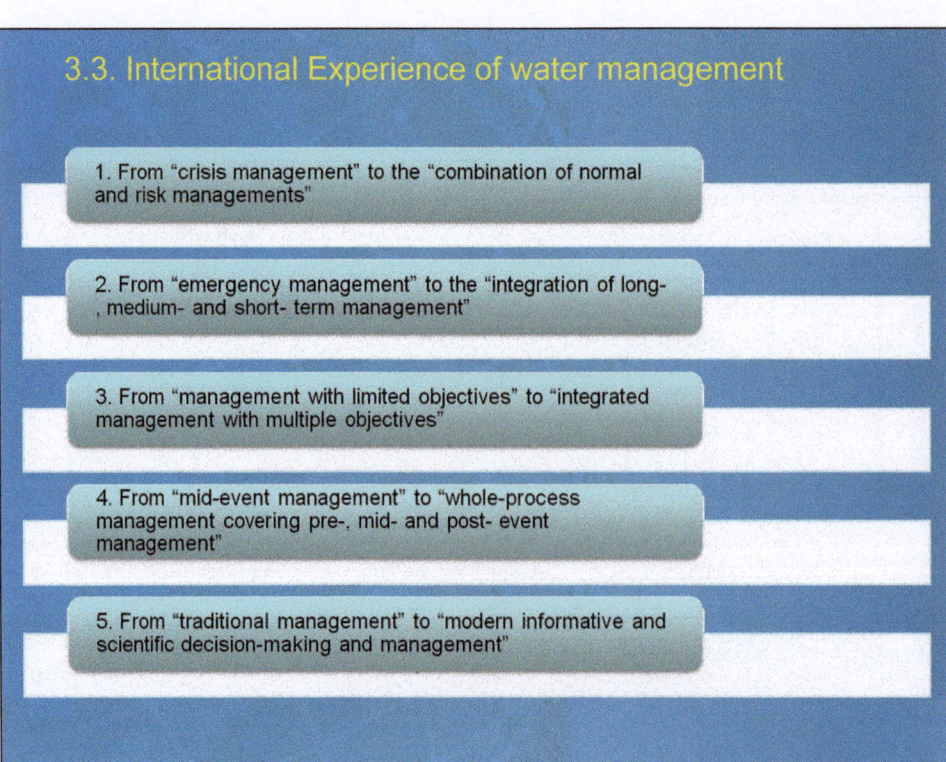

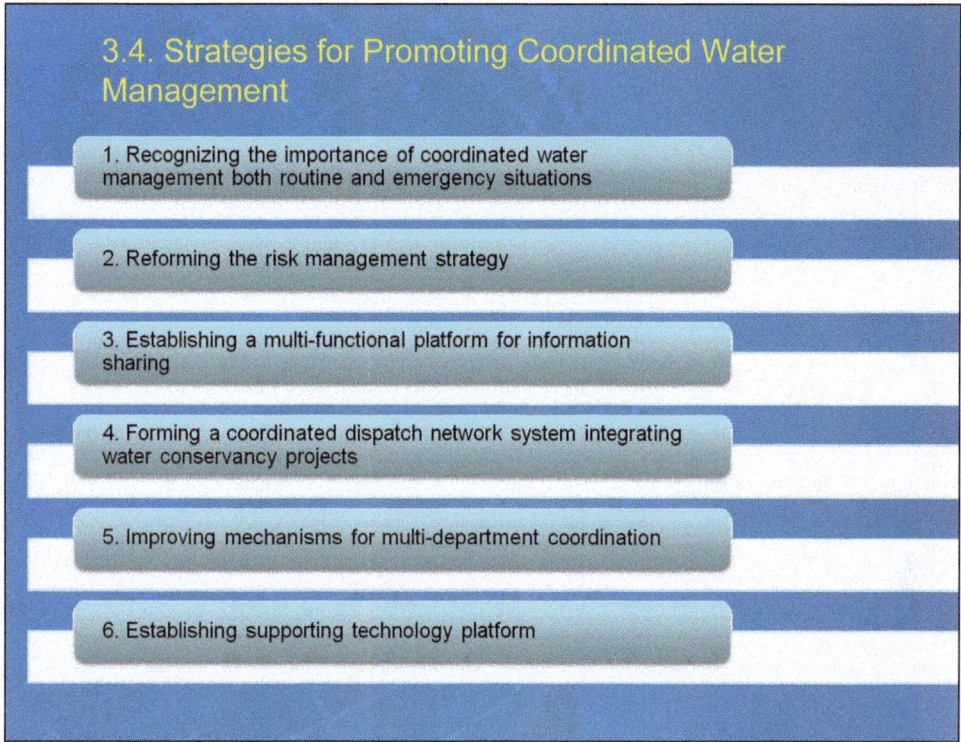

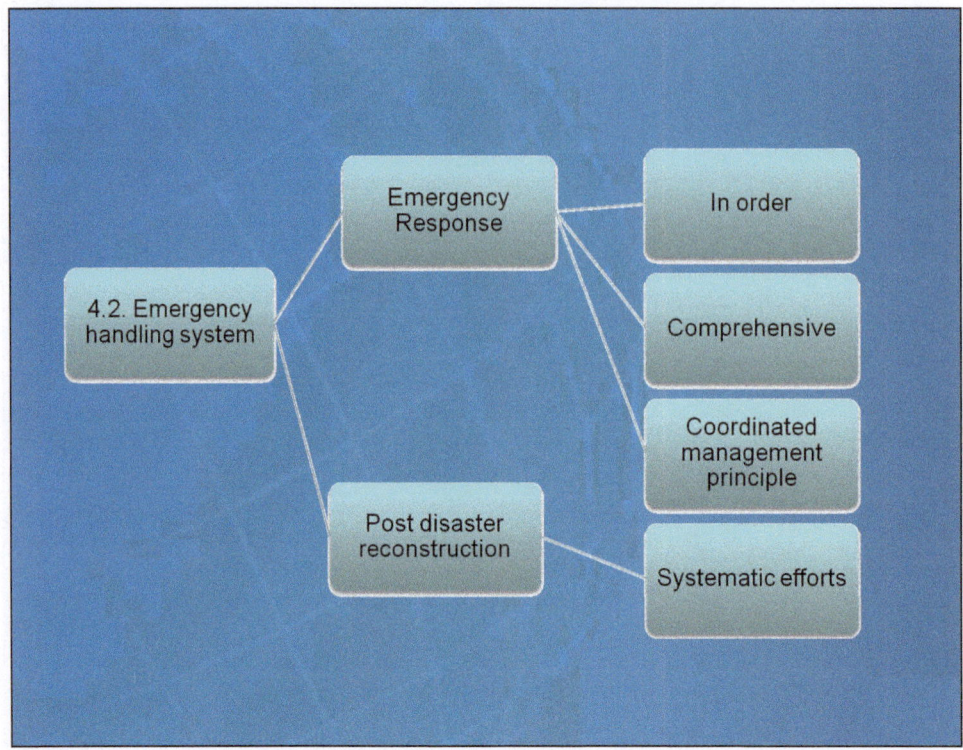

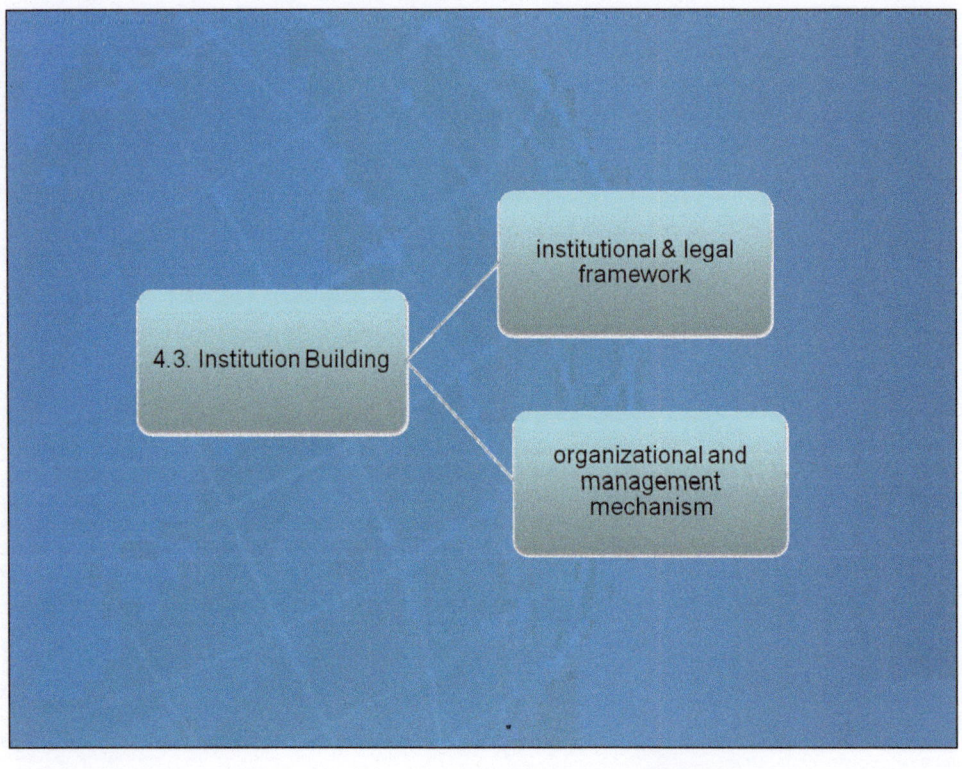

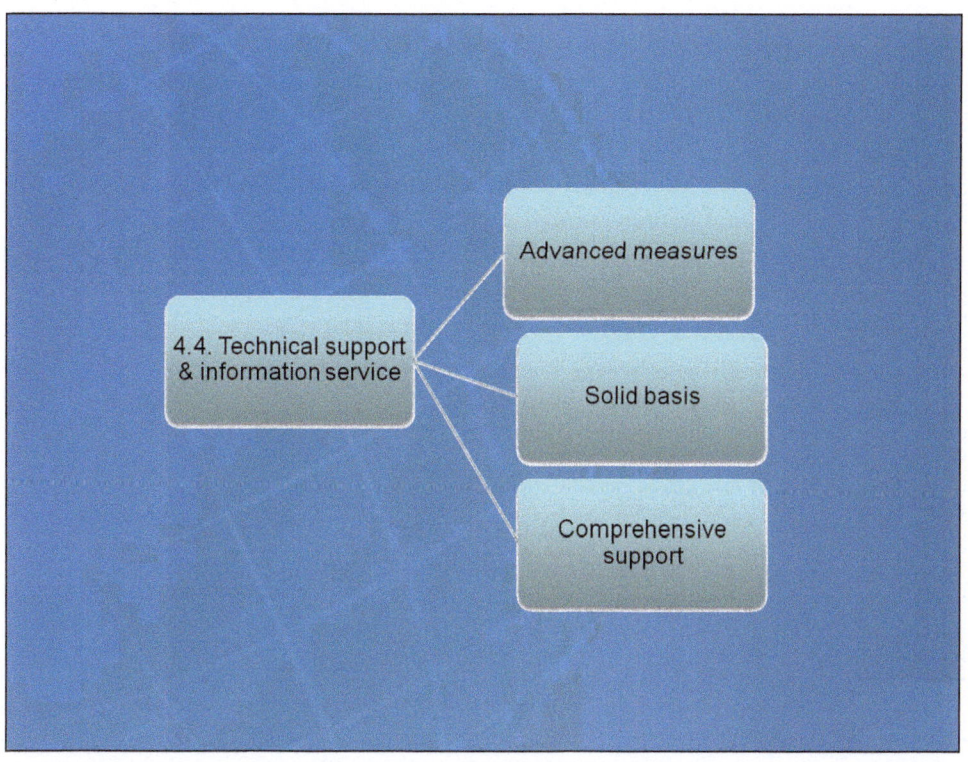

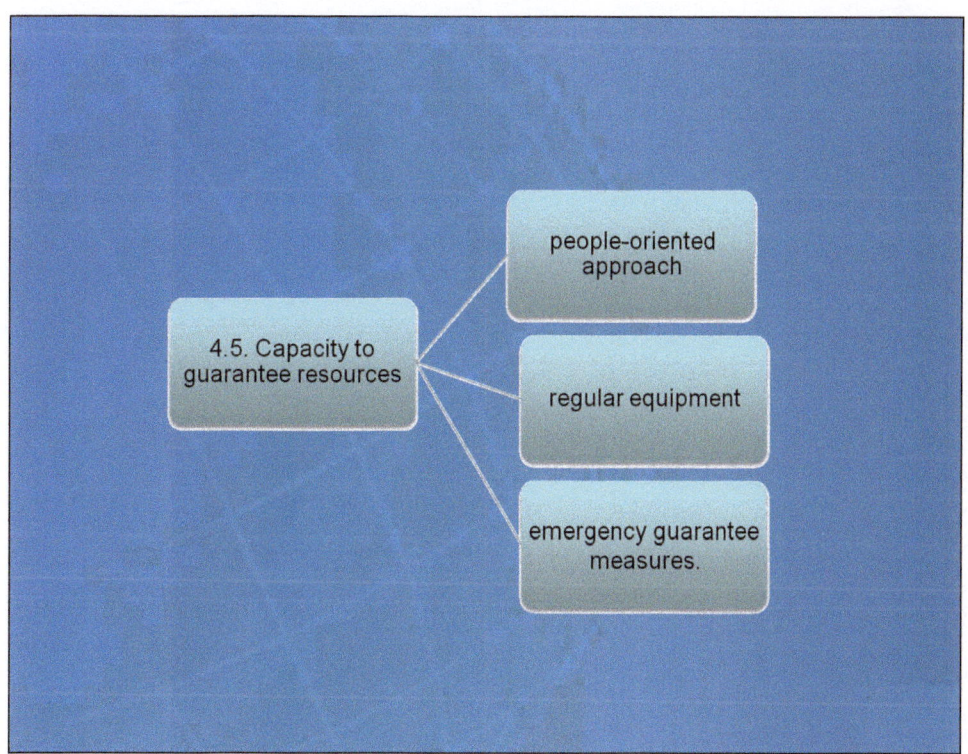

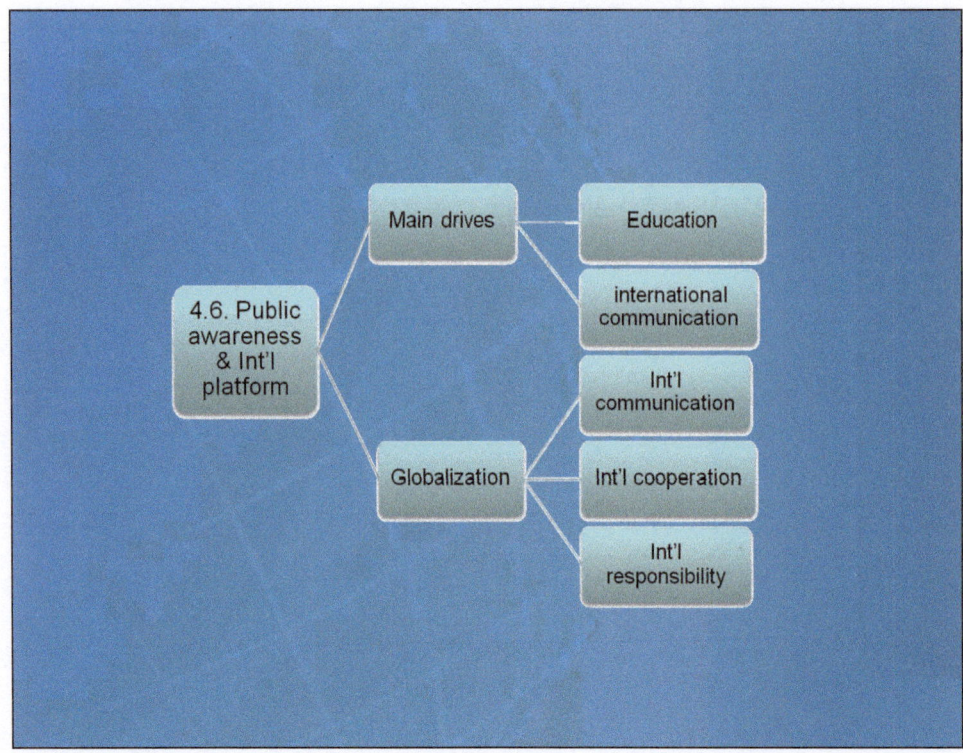

# 索　引

## A
安全　1
安全保障　140
安全生产管理　302

## B
巴亚伯尔砂矿　357
白蛾　41
白龙江　264
阪神大地震　230，231
保护多瑙河国际委员会（ICP-DR）　360
暴风雪　28
北京"7·21"特大暴雨　25
北京奥运会　10
避风港　296
避难所　231
边际成本　186
病原体　309
博弈　15
不确定性　158
不完全信息决策　365

## C
层次化　154
常平仓　13
常态与应急统合管理　186
承灾体　141
城市生命线　44
赤潮　38
创新型国家　169
次贷危机　51
次生灾害　19

## D
代田法　100
单一目标管理　364
地下漏斗　402
地下水调蓄　402
地震速报　212
地质灾害　35
地中海　340
蒂萨河水污染事件　356
电子政务　198
对口支援　216
多尺度时序管理　365
多米诺骨牌　200
多目标层次化　154，155
多目标优化决策　192
多目标综合管理　364
多瑙河水污染事件　356
多元化信息共享　413
多源信息科学决策　365
多主体联动应对　366

## E
厄尔尼诺　30

## F
发展与保护　10
法治社会　168
防汛抗旱　9
防汛抗旱物资　397
飞行模拟训练器　327
非传统安全　138
非典型性肺炎　49
非工程措施　388
非战争行动　376
非政府组织　66
分级负责　163
分散管理　69
风暴潮　38
风险管理　1，70
佛罗里达州　283
复合灾害链　225

## G
甘肃舟曲泥石流堵江　264
刚田法　100
工程管理　161
工矿商贸事故　43
公共安全　16
公共安全工程管理　55
公共卫生事件　42，45
公众危机意识　108
古典管理理论　146
冠状病毒　309
管理策略　1，367
管理科学　145
管理效益　144
国际海事卫星组织　327
国家安全　18，110
国家安全委员会　108
国家防汛抗旱指挥系统　396
国家防汛抗旱总指挥部　394
国家减灾委员会　110
国家森林防火指挥部　110
国家水安全　406
国务院安全生产委员会　110

国务院抗震救灾指挥部 110
国务院食品安全委员会 110

## H

海冰 39
海浪 39
海啸 37, 225
海洋灾害 37
寒潮 28
河湖水系 414
河南"75·8"特大暴雨 25
核泄漏事件 225
核战争威胁 62
黑龙江流域大洪水 7
黑天鹅事件 1
黑瞎子岛 8
黑匣子 328
红十字会 85
洪水资源化 400
蝴蝶效应 157
华尔街金融事件 2
环境演变 19
荒政 99
混沌系统 156
霍乱 48

## J

极端水文事件 385
减灾管理 7
交通运输事故 43
金融危机 4
经济安全事件 50
经济危机 50
居民消费价格指数 11
巨灾保险 129
决策理论 191

## K

肯尼迪学院 2
恐怖袭击 49

控制论 145
跨流域水资源调配 405

## L

拉尼娜 30
雷暴 28
利比亚撤侨行动 338
涟漪反应 54
联邦安全会议 90
联动机制 85, 131
良渚文明 5
流感 47
龙卷风 27
路基箱 172, 270

## M

马航MH370航班失联事件 326
湄公河惨案 348
湄南河 342
美国国土安全部 64, 73
美国飓风中心 285
民防 62
墨西哥湾 283

## N

南方低温雨雪冰冻灾害 107
南旱北涝 384
南涝北旱 384
南水北调 403
能源安全 18
纽约股票交易委员会 4

## P

平衡态 157

## Q

气候变化 141
气象灾害 20, 25
切尔诺贝利 45
禽流感 48
青海玉树地震 218

青年志愿者协会 127
情景构建 218
氰化物 357
全过程风险管理 158
全面紧急事态管理 70
全水文过程 410
全危险方法 70
全周期系统管理 364
群体性事件 52

## R

人道主义 337
人际关系学说 146
人类发展指数 386
日本福岛地震 225

## S

三网合一 415
森林草原火灾 41
山东胶济铁路安全事故 107
山洪灾害 273
山西襄汾尾矿库溃坝事故 107
熵 160
社会安全事件 42, 49
社会动员 114
社会危机意识 106
涉外突发事件 53
生命线工程 176
生命优先 65
生命周期理论 71
生态安全 18, 143
生态文明建设 12
生物灾害 20
圣何塞铜金矿 304
失衡风险 14
世界贸易中心 319
事故灾难 42
事中管理 364

# 索引

适应性策略　　1
双子塔楼　　320
水安全　　406
水管理状态指标　　410
水旱灾害　　31
水环境污染　　388
水库联调　　403
水利普查　　386
水量频率指标　　410
水生态退化　　388
水生态文明　　406
水文过程　　407
水循环调控　　409
水资源常态与应急管理统合管理　　399
水资源风险评价　　413
水资源管理路径　　411
水资源配置能力　　386
水资源系统　　388
水资源战略储备　　401
丝绸之路　　335

## T

泰培　　26
泰坦尼克号沉船事故　　43
唐家山堰塞湖　　240
唐山大地震　　20
塘山土垣　　6
特定事件时段管理　　365
统合管理　　188
统合机制　　289
统一调度　　65
统一管理　　69, 163

## W

王家岭煤矿透水事故　　298
危机管理　　75
汶川特大地震　　240
乌鲁尔金矿　　357

物联网　　198
物资保障　　127
物资储备　　127

## X

西藏易贡堰塞湖　　256
系统工程　　158
系统管理　　163
系统论　　143, 145, 150
显性特征　　15
现代管理科学　　147
相对关系　　185
向量优化　　191
校安工程　　174
校舍补强计划　　231
效高本少　　12
效率管理　　164
效用理论　　191
协同发展　　157
协同论　　152
心理抚慰　　223
信息安全　　18
信息公开　　65, 107
信息孤岛　　197
信息科学　　152
信息论　　145, 150
行为科学理论　　146
序参量　　157
蓄滞洪区　　396
汛限水位动态控制　　404

## Y

雅安芦山地震　　232
亚洲金融危机　　51
衍生灾害　　19
堰塞湖　　171
依法管理　　65
以人为本　　142, 166
因险适举　　13

应急管理　　1, 7
应急规划　　124
应急物资储备　　108
应急响应　　326
应急预案　　106, 120
应急状态　　179
应灾预案　　289
有准备的社区理论　　70
舆论环境　　333
雨洪水利用　　399
郁金香泡沫　　3
孕灾环境　　162

## Z

灾害风险　　12
灾害损失　　10
灾难自救包　　96
战略管理　　57
政府组织　　66
知识管理　　155
志愿者　　127
治安事件　　18
致灾因子　　162
智利矿井塌方　　304
中国地震台网中心　　212
中泰防洪合作　　342
舟曲特大山洪泥石流　　2
周期性　　156
筑坝建城　　5
转化关系　　185
资金保障　　128
自救互救　　108
自然灾害　　7
自适应　　156
自组织　　156, 157
综合紧急事态管理　　70
综合协调　　110
组织管理　　57
最严格水资源管理　　388

## 其他

1929~1932年的经济大萧条 50
1979年美国"三里岛事件" 78
1984年印度"博帕尔事件" 78
1987年美国"拉夫运河事件" 78
1998年长江流域大洪水 105

"9·11"恐怖袭击事件 319
"凤凰2号"搭载舱 304
"卡特里娜"飓风 27, 283
"蓝鳍金枪鱼"自主式水下航行器 329
"丽塔"飓风 283
"桑美"超强台风 290
"徐州号"导弹护卫舰 340
"雪龙"号极地科考船 331

《备荒储备法》 61
《国家突发公共事件总体应急预案》 106
《科学管理原理》 145, 146
《论管理理论丛林》 147
《蒙特利尔公约》 331
《水利法》 101
《中华人民共和国突发事件应对法》 106

# 跋

2010年12月18日，刘宁通过了赴美国哈佛大学肯尼迪学院访学的面试。当我在电话中告诉他这个消息的时候，我能够听得出他声音中的喜悦和迟疑。他一方面为能有机会潜心学习研究而高兴，另一方面放心不下艰巨而繁重的防汛抗旱防台风工作。

那之后有一年的时间，我们电话联系或开会遇见，都了解到他一直在积极准备，一方面是语言，另一方面是研究课题。2012年1月16日，暂时放下繁忙的工作，他的赴美访学终于成行了，和他同期前往哈佛大学的还有新疆维吾尔自治区的艾尔肯·吐尼亚孜副主席。1月23日是他们在哈佛大学正式开学的日子，正值农历春节，恰巧也是刘宁生日。那一天，他专门打电话给我拜年，我也代表中国国家外国专家局（简称外专局）向哈佛大学的中国"肥佬（fellow）"们致意，并祝愿他们在美国诸事顺利、学业有成。

他在哈佛期间，我们始终保持着密切联系，他的研修课题——"中国公共安全适应性策略：常态与应急统合管理"还征求过我的看法。他联系了中国地震局、清华大学、中国政法大学等单位灾害防治、食品安全、公共管理方面的学者，成立了学习小组，共同探讨危机治理的问题。让这些高级领导干部和学者们暂时离开工作岗位，在大洋彼岸的世界名校求学，心无旁骛地开展专业研究，这也达到了我们设立这个项目的初衷。我从外专局驻纽约办事处以及ASH中心的其他人那里了解到，刘宁几乎每天都在图书馆、中心办公室听讲座、查资料，他旁听的课程很多，包括小布什政府总统经济顾问委员会主席高利·曼昆（Greg Mankiw）教授的"经济学原理"；曾经为四位美国总统（尼克松、福特、里根、克林顿）做过顾问的大卫·哥根（David Gergen）教授的"成为领袖"；奥巴马总统的老师，2008年竞选中担任奥巴马法律顾问的劳伦斯·彻布教授的"世界中的美国——关于宪法的思考"；哈佛大学前任校长、克林顿时期美国财政部部长、奥巴马时期美国国家经济委员会（National Economic Council，NEC）主席，负责金融海啸后美国经济复苏政策的劳伦斯·H. 萨默斯（Lawrence H. Summers）教授的"美国经济政策"等。

刘宁与肯尼迪学院首任院长，著名决策专家格拉汉姆·阿里森（Graham T. Allison）教授相谈甚笃，阿里森教授当即把他被《纽约时报》评为"2004年10本最具影响力的书"的《核恐怖主义：终极预防灾害》赠与刘宁。"软实力"的倡导者约瑟夫·奈教授与刘宁见过几次面后也成了朋友。有一次他们俩约好共进午餐，结果那天约瑟夫·奈教授拔了牙，他们就在肯尼迪学院门口的日本餐厅里点了碗煮得最烂的面条，边吃边聊。他还曾经拜会过诺贝尔经济学奖得主，哈佛大学资深教授 Amartya Sen。他还曾借开会之机，专门向哈佛大学校长——Catharine Drew Gilpin Faust 教授请教。他也曾专程赴华盛顿拜访世界银行，并与时任副行长的林毅夫先生进行了晤谈。

作为刘宁的面试官之一，新世界集团的董事纪文凤女士见到我时经常讲起刘宁。刘宁和她讨论了访学期间生活、研究方面的体会，并对研究成果充满了自信。在第 10 期公共管理高级培训班见面会时，刘宁特别介绍了在哈佛大学访学的经验。她深感刘宁非常珍惜这次访学机会，对哈佛大学以及美国的很多情况了然于胸，并深入思考了美国社会制度的利与弊、社会管理的优与劣，已成为一名真正的哈佛学者。由此，我看到了刘宁非常强的适应能力和高度的责任感，他在国外专业研究的深度和求学期间的刻苦程度，更体现出其为国家民族繁荣发展之努力，为解决当今问题而孜孜以求的赤子之情，他亦行亦思、上下求索，饱含着拳拳报国之心。

刘宁的研究成果最终得到了哈佛大学的重视。ASH 中心主任、哈佛大学肯尼迪政府学院终身教授托尼·赛奇（Tony Saich）多次与我谈起刘宁毕业前的英文演讲，认为很有观点和实际意义。他说刘宁时常去听肯尼迪学院资深教授、世界银行资深水利顾问以及巴西事务主管约翰·布里斯科（John Briscoe）的《水与发展》这门课。刘宁在水利专业问题上的认识和思考以及丰富的经验让教授相见恨晚，为此布里斯科专门请刘宁面谈，并特别请他作为课程的专邀教授。哈佛大学在公共管理方面颇具研究影响力的教授海曼·罗纳德［Herman（Dutch）B. Leonard］多次与刘宁进行研讨，肯尼迪政府学院资深危机管理专家阿诺德·荷维特（Arnold M. Howitt）教授几乎每周都要与刘宁讨论危机和应急管理方面的研究，并诚邀刘宁作为他的研究组成员赴新加坡参加第二届亚洲公共政策论坛，肯尼迪政府学院也曾打算请刘宁主持编写教学案例。

在哈佛大学的访学让刘宁有了相当大的收获，他对这样的交流研究方式感到受益颇丰，他曾在访学的时候就发来邮件，提出了评比这一研学方式的建议和想法，并拟写了评比大纲，给我留下深刻印象。信中说，这是他在研学期间，专门从波士顿赶到华盛顿，聆听了时任国家副主席习近平会见华人华侨的讲话后，有感而发的。更令我感慨的是，刘宁回国后，仍然继续着他访学期间的研究课题。这一研究从开始立意准备到目前基本完成，已经连续研究了 4 年多的时间。这样一种精神，委实令人钦佩。他的工作繁重而紧张，而且大部分时间都需要应急处理，但又必须从常规管理的角度来考虑，因此他在统合应急和常态管理方面体会深刻。能够在繁忙的工作中继续深入推进研究工作并结合实际案例进行分析，以达到指导实践的目的，这正是我们举办这样交流访学的目的所在。

刘宁参加的是中央组织部、国家外国专家局组织，香港新世界集团资助，由哈佛大学肯尼迪学院 ADH 中心具体实施的新世界访问学者项目。该项目为我国高级领导干部拓展视野、提升能力、增进交往提供了一个很好的平台，亦为中国文化传播和管理理念对外交流做出了贡献。

刘宁在 2012 年 6 月份完成哈佛大学访学之际，写下了一篇散记，题目是"哈佛季节"。其中有这样一段话："我虽在秋天到来之前便匆匆离开了哈佛，却已然将她冬日的沉静、春天的生机和夏时的热烈收进了行囊，静候一段佳酿：不论何时何地，当把绵薄之力献给祖国的一刻，就是我心中最美的金秋……衷心祈愿耕耘的学子们，修得哈佛丹田气，访学波士顿悟意，炼出远渡般若指，描绘中国梦神奇。"在刘宁的这本带着访学色彩，具有国际视野，工作实践与理论知识相结合的专著即将付梓之际，我乐于为之题跋并致贺，并作为纪念以飨读者。

中华人民共和国人力资源和社会保障部副部长  
中国国家外国专家局局长  张建国

2014 年 5 月于北京